体育院校通用教材

运动生理学

（第6版）

王瑞元　孙　飙　主编
全国体育院校教材委员会　审定

人民体育出版社

图书在版编目（CIP）数据

运动生理学 / 王瑞元，孙飙主编. -- 6版. -- 北京：人民体育出版社，2022（2025.7重印）

体育院校通用教材　普通高等教育"十一五"国家级规划教材

ISBN 978-7-5009-5991-5

Ⅰ. ①运… Ⅱ. ①王… ②孙… Ⅲ. ①运动生理学－高等学校－教材 Ⅳ. ①G804.2

中国版本图书馆CIP数据核字(2021)第034454号

运动生理学

王瑞元　孙飙　主编

出版发行：人民体育出版社

印　　装：廊坊市蓝华印刷有限责任公司

开　本：787×1092　16开本　　印　张：25.75　　字　数：583千字
版　次：1978年9月第1版　2022年12月第6版
印　次：2025年7月第6版第6次印刷（总第74次印刷）
书　号：ISBN 978-7-5009-5991-5
印　数：75,001—95,000册
定　价：75.00元

版权所有·侵权必究
购买本社图书，如遇有缺损页可与发行与市场营销部联系
联系电话：(010) 67151482
社　　址：北京市东城区体育馆路8号（100061）
网　　址：https://books.sports.cn/

《运动生理学》编写组

主　　编　王瑞元　教　授　北京体育大学
　　　　　孙　飙　教　授　南京体育学院

副 主 编　周　越　教　授　北京体育大学
　　　　　田振军　教　授　陕西师范大学
　　　　　李良鸣　教　授　广州体育学院
　　　　　汪　军　教　授　北京体育大学

编写成员（以姓氏笔画为序）
　　　　　于　亮　教　授　北京体育大学
　　　　　王　艳　教　授　北京体育大学
　　　　　王瑞元　教　授　北京体育大学
　　　　　田振军　教　授　陕西师范大学
　　　　　刘洪珍　教　授　曲阜师范大学
　　　　　汤长发　教　授　湖南师范大学
　　　　　许寿生　教　授　北京体育大学
　　　　　孙　飙　教　授　南京体育学院
　　　　　孙君志　教　授　成都体育学院
　　　　　苏艳红　教　授　辽宁师范大学
　　　　　李良鸣　教　授　广州体育学院
　　　　　何　辉　研究员　北京体育大学
　　　　　汪　军　教　授　北京体育大学
　　　　　宋　伟　副教授　陕西师范大学
　　　　　张日辉　教　授　沈阳体育学院
　　　　　周　越　教　授　北京体育大学
　　　　　孟思进　教　授　武汉体育学院
　　　　　赵　丽　教　授　北京体育大学
　　　　　高晓娟　副教授　郑州大学
　　　　　曹振波　教　授　上海体育大学
　　　　　傅　力　教　授　天津医科大学
　　　　　熊开宇　教　授　北京体育大学

序（第6版）

PREFACE

从 2002 年第 4 版《运动生理学》的出版到现在，转眼 20 年过去了，历史又展开了新的一页。在这段期间，生理学作为一门历史悠久的传统学科，正随着研究进展而呈现出崭新的面貌。运动生理学作为其中一个分支，也随之不断进步，这种进步反过来又丰富了生理学的整体内涵。新版在第一篇运动生理学基础中，论及了运动与免疫的关系，反映了这方面的新进展。这样的例子在书中可谓不胜枚举。

正如作者在前言中指出的，在这一版中，对全书的内容做了认真的梳理后重新编排，把全书分成三篇。第一篇介绍运动生理学基础知识作为铺垫，对运动训练和运动健身两部分，按其不同的特点分别论述，这显然是一种恰当的安排。此外，对部分章节做了调整、删除或增补，这也是十分合理的，一方面体现了作者们通过教学实践后，在认识上的进步，同时也借此机会，作为对体育界同仁们对本书的建议和意见集中的反应。这本书所做的这些修改，使它更加符合教育部提出的要求，也更加贴近有关专业的教师和学生对教材的需要。当然我也很高兴地注意到，本版仍然保留了前几版的优点：文字通顺、流畅，解释概念简明、准确。

经过多年的磨砺，《运动生理学》已经成为一本优秀的教科书和参考书。随着时间的推移，内容将与时俱进，编写人员也会有所调整，但我相信，它的传统和风格不会变，质量则会日益提高。

中国生理学近年来发展迅速，一个重要的标志性事件是第 39 届国际生理学大会（IUPS）2022 年成功举行，各专业委员会都起了重要的作用，运动生理学专业委员会也卓有贡献。我完全相信，运动生理学将继续在生理学的百花园中展现其独特的风采。

承王瑞元、孙飙教授雅嘱，是为序。

中国科学院院士、复旦大学教授

杨雄里

FOREWORD
前 言
（第6版）

全国体育院校通用教材《运动生理学》教材编写组，在中国生理学会运动生理学专业委员会的大力支持下，组织全国7所体育院校和6所综合性大学20名多年从事运动生理学教学、科研工作的专家、学者，编写了新版体育院校通用教材《运动生理学》和《运动生理学实验》，以及配套辅助教材《运动生理学习题集》。目前，新教材已通过审定，由人民体育出版社出版，在全国推广使用。

根据教育部颁布的《普通高等学校本科专业类教学质量国家标准》精神和体育学学科发展和教学需要，新版《运动生理学》教材分为两个版本：供体育教育、运动训练学及相关专业使用的版本和供运动人体科学及相关专业使用的版本。本版本《运动生理学》供体育教育、运动训练学及相关专业使用。

在新教材编写过程中，教材组多次召开教材编写研讨会，就教材的体系、内容、重点，以及如何满足新时代教学改革需要等方面，进行了深入研讨，并对新编《运动生理学》教材稿件进行了反复讨论、多次修改、几易其稿。新版《运动生理学》修订工作认真遵循"三基"（基础理论、基本知识、基本技能）、"五性"（思想性、科学性、先进性、启发性、适用性）、"三特定"（特定对象、特定要求、特定限制）的原则，在完整呈现生理学知识体系的前提下厚基础、重应用，对2012年版教材进行了较大篇幅的修订，主要进行了如下调整。

1. 重新规划了教材体系

新版《运动生理学》由运动生理学基础、运动训练生理学和运动健身生理学三篇共二十二章组成。

第一篇"运动生理学基础"由绪论、运动与骨骼肌、运动与血液、运动与循环机能、运动与呼吸、运动与物质能量代谢、运动与肾脏、运动与感觉、运动与神经系统、运动与内分泌和运动与免疫十一章组成。该篇在介绍人体生理学基本内容的基础上，着重介绍与运动训练和运动健身有关的生理学基础知识，如各器官、系统在运动过程中发挥的作用，以及运动对各器官、系统的影响等内容。为学生学习和掌握"运动训练生理学"和"运动健身生理学"提供理论基础。

第二篇"运动训练生理学"由运动技能学习与控制，有氧、无氧工作能力，身体素质，运动过程中人体机能变化规律，特殊环境与运动和运动机能的生理学评定六章组成。该篇在介绍运动生理学的理论与方法的基础上，着重突出了与体育教学和运动训练相关运动生理学理论、知识和方法。掌握本篇内容可更好地运用运动生理学的理论、知识和方法指导体育教学和运动训练实践。

第三篇"运动健身生理学"由运动与代谢综合征、儿童少年生长发育与体育运动、女性与体育运动、衰老与运动和运动健身的生理学基础五章组成。学习本篇内容，可掌握运动健身的生理学原理和健身方法，更好地指导大众进行运动健身。

2. 调整了有关章节

在"运动训练生理学"篇中将旧版教材中的"运动性疲劳"和"运动过程中人体机能变化规律"两章合并为一章，增加了教材的系统性。根据教材使用单位反馈意见，删除了旧版教材中的"运动项目的生理学特点"和"体能"两章。并将这两章中应该保留的内容合并到其他章节中。

3. 增加了新的章节

免疫系统的功能对人体的健康非常重要，但旧版教材中缺少相关内容。在运动训练和运动健身时，不同运动负荷会对人体免疫系统产生不同的影响。适宜的运动可提高免疫功能，而不适宜的大负荷运动会降低人体的免疫能力。因此，在新版教材的运动生理学基础篇中增加了"运动与免疫"一章。糖脂代谢异常是现代文明病的共同发病原因，而科学运动可有效防治糖脂代谢异常。因此，在"运动健身生理学"篇中增加了"运动与代谢综合征"一章。使读者更好地了解糖脂代谢异常对机体产生的不良影响，以及运动改善糖脂代谢异常促进身体健康的机理。通过新增加的这两章，使读者更加深刻了解运动健身的生理学原理，为体医融合、运动促进健康和全民健身服务奠定理论基础。

4. 为了拓展运动生理学知识，本版教材的读者可通过扫描二维码获得更多的学习资源

本教材既可作为全国体育教育专业、运动训练学专业和相关专业本科生的通用教材，也可作为运动人体科学和相关专业本科生、体育学各专业研究生的参考教材和体育工作者的参考用书。

在教材中尚存不当与错误之处，敬请批评指正。

2022 年 12 月 18 日

PREFACE

序
（第5版）

新版的体育院校通用教材《运动生理学》是国家教育部普通高等教育"十一五"国家级规划教材，由中国生理学会运动生理学专业委员会组织全国运动生理学专家编写完成，其科学性、权威性不言而喻。我谨代表中国生理学会对新版《运动生理学》的出版表示热烈的祝贺。

第29届北京奥运会和第16届广州亚运会的成功举办，预示着中国向着世界体育强国的目标大踏步地前进，体育科技工作在"十一五"期间也有了突飞猛进的发展。而这一切都与我国运动生理学的进步息息相关。不仅如此，在竞技体育之外的大众健身领域，运动生理学也起到了重要的科技保障作用。

新版《运动生理学》的作者们，进一步完善了生理学及运动生理学中经典的教学内容，系统介绍了运动对各个器官的影响，并且就运动对不同性别、年龄人群的生理影响做了专门的论述。在骨骼肌疲劳性损伤机制、内分泌、脑功能、特殊环境与运动等方面还引入了国内学者和国际同行的最新研究成果。为了指导运动员科学训练和群众体育的科学开展，在"体能""运动处方"等应用性很强的方面也扩充了内容。

新版《运动生理学》的出版是运动科学发展的需要，也是运动科学发展的必然。相信本教材的问世，不仅对于运动生理教学发挥不可替代的作用，而且将会在竞技体育和大众健身的应用方面产生积极的影响。

教材的编写是一项认真、严肃、细致且艰苦的工作，对于编写一本高质量的教科书更是如此。在本书编写过程中，主编与各位作者付出了艰辛的劳动。"谁言寸草心，报得三春晖"。在"十二五"期间，本书撒下的科学种子必将生根、开花，在我国竞技体育和大众健身的前进中结出丰硕的成果。

中国生理学会理事长　范　明
2010 年 10 月 1 日

PREFACE

序（第4版）

运动生理学是人体生理学的一个重要分支，以研究在体育运动的过程中人体各器官的功能所发生的变化规律及其机制为主要目标。科学的体育锻炼和卓有成效地提高体育运动的技术水平，都离不开对这些规律和机制的了解。近年来，与生理学的其它分支一样，运动生理学研究已深入到细胞和分子水平；随着新技术，新方法的日益广泛的应用，运动生理学蓬勃开展起来，已成为生理学百花园中一支耀眼的奇葩，对增强体质和提高运动成绩起着越来越重要的作用。

我国运动生理学的研究和教学有一定的传统。在改革开放之后，随着一批中青年学科带头人和研究骨干的脱颖而出，迅速成长，运动生理学领域已经形成了一支富有朝气、团结的队伍，在几个主要的分支，取得了一系列重要的教学和研究成果，并培养了一批新生力量。王瑞元教授会同全国各体育院校的专家编写的这本《运动生理学》，系统总结了多年的教学经验，反映这一领域的最新研究成果，为体育院校的有关系科的本科生、研究生提供了一本有特色的、优秀的教科书和参考书。

通览全书，有几个显著的特点给人的印象特别深刻。首先，各章在提供相关的生理学背景知识的基础上，都紧扣与运动相关的生理学主题。以第一章"骨骼肌的功能"为例，在介绍骨骼肌的结构和活动机制的基础上，对骨骼肌的收缩的力学表现以及肌纤维类型与运动能力的关系作了系统的阐明。其次，本书涉及面甚广，与运动相关的各种器官（或系统）的生理性表现及机制均有论及，还有专门章节论述女性、老年人的生理特点与体育运动，运动的时间生物学等，为读者勾画了一幅运动生理学的全景图。第三，本书充分注意了理论性和实用性的兼顾，随着读者对理论知识掌握的逐渐深入，在不少章节提供了很多实用性强的参考资料。此外，全书以流畅的文笔，较好地把握了运动生理学知识的脉络，这是本书的另一优点。

新中国成立以来，我国民众的体质不断增强，竞技运动的水平迅速提高，在奥运会上我国运动员的优异成绩凸显了新一代中国人的风貌，其中运动生理学工作者功不可没。面临强劲的国际挑战，运动生理学将大有作为，本书的问世可谓正当其时。

作为中国生理学会的现任理事长，我热烈祝贺本书的出版。同时，我也借此机会，代表学会向运动生理学界的同仁们表示热情的支持。中国生理学需要均衡的发展，而运动生理学无疑是不可或缺的一个重要分支。

是为序。

中国科学院院士
中国生理学会理事长
杨雄里
辛巳春于复旦大学

CONTENTS 目录

第一篇　运动生理学基础

第一章　绪　论 ········· 002
- 第一节　运动生理学概述 ········· 002
- 第二节　生命活动的基本特征 ········· 005
- 第三节　人体生理机能的维持与调节 ········· 007
- 第四节　人体生理机能调节的控制 ········· 009
- 第五节　运动生理学研究的热点 ········· 011

第二章　运动与骨骼肌 ········· 012
- 第一节　骨骼肌的结构特点与收缩原理 ········· 012
- 第二节　肌纤维类型与运动能力 ········· 022
- 第三节　骨骼肌的收缩机能 ········· 026
- 第四节　运动对骨骼肌的影响 ········· 031
- 第五节　肌电的测试原理与应用 ········· 036

第三章　运动与血液 ········· 039
- 第一节　血液的组成和生理功能 ········· 039
- 第二节　运动对血液的影响 ········· 044
- 第三节　运动员血液中重要指标及其生理意义 ········· 050

第四章　运动与循环机能 ········· 051
- 第一节　循环系统概述 ········· 051
- 第二节　心脏生理 ········· 052

第三节　血管生理 ·· 059

第四节　心血管活动的调节 ·· 065

第五节　运动与心血管机能 ·· 069

第六节　心电的测试原理与应用 ·· 074

第五章　运动与呼吸 ·· 078

第一节　肺通气 ·· 078

第二节　气体交换和运输 ··· 084

第三节　呼吸运动的调节 ··· 092

第四节　运动对呼吸机能的影响 ·· 093

第六章　运动与物质能量代谢 ··· 100

第一节　物质代谢 ·· 100

第二节　能量代谢 ·· 108

第三节　运动与物质和能量代谢 ·· 114

第四节　体温 ·· 118

第七章　运动与肾脏 ·· 123

第一节　肾脏的基本结构与血液循环 ·· 123

第二节　尿的生成及排出过程 ··· 125

第三节　泌尿功能对机体酸碱平衡的影响 ·· 131

第四节　运动对泌尿机能的影响 ·· 134

第八章　运动与感觉 ·· 137

第一节　概述 ·· 137

第二节　视觉 ·· 139

第三节　听觉与位觉 ··· 145

第四节　本体感觉 ·· 150

第五节　其他感觉 ·· 151

第六节　运动对感觉功能的影响 ·· 153

第九章　运动与神经系统 ··· 155

第一节　概述 ·· 155

第二节　神经元活动的一般规律 ·· 159

第三节	反射活动的一般规律	161
第四节	神经系统的感觉分析功能	165
第五节	神经系统对内脏活动、本能行为和情绪的调节	168
第六节	脑的高级功能	169
第七节	睡眠	174
第八节	躯体运动的神经调控	175
第九节	运动对神经系统的影响	184
第十节	脑电的测试原理与应用	187

第十章 运动与内分泌 ··········· 191

第一节	内分泌、内分泌系统与激素	191
第二节	主要内分泌腺的内分泌功能	196
第三节	其他组织器官的内分泌及激素	204
第四节	运动与内分泌功能	204

第十一章 运动与免疫 ··········· 208

第一节	免疫机能概述	208
第二节	运动对免疫机能的影响	213
第三节	运动免疫抑制现象及其调理	215

第二篇 运动训练生理学

第十二章 运动技能学习与控制 ··········· 220

第一节	运动技能概述	220
第二节	运动技能的学习进程	224
第三节	影响运动技能学习发展的因素	226
第四节	运动技能迁移	228

第十三章 有氧、无氧工作能力 ··········· 230

第一节	概述	230
第二节	有氧工作能力	234
第三节	无氧工作能力	244

第十四章　身体素质 ·· 250

 第一节　力量 ·· 250

 第二节　速度 ·· 257

 第三节　耐力 ·· 259

 第四节　平衡 ·· 260

 第五节　柔韧 ·· 262

 第六节　灵敏 ·· 263

 第七节　协调 ·· 265

第十五章　运动过程中人体机能变化规律 ································ 267

 第一节　赛前状态与准备活动 ······································· 267

 第二节　进入工作状态 ·· 270

 第三节　稳定状态 ·· 272

 第四节　运动性疲劳 ··· 273

 第五节　恢复过程 ·· 283

 第六节　脱训与尖峰状态训练 ······································· 289

第十六章　特殊环境与运动 ·· 292

 第一节　高原环境与运动 ··· 292

 第二节　高温高湿环境与运动 ······································· 297

 第三节　冷环境与运动 ·· 299

 第四节　失重环境与运动 ··· 301

 第五节　水环境与运动 ·· 303

第十七章　运动机能的生理学评定 ··· 306

 第一节　运动员身体各系统机能评定指标及方法 ············· 306

 第二节　身体机能的综合评定 ······································· 312

 第三节　适宜运动量的生理学评定 ································ 316

第三篇　运动健身生理学

第十八章　运动与代谢综合征 ··· 320

 第一节　代谢综合征 ··· 320

 第二节　运动与糖代谢异常 ·· 323

第三节　运动与脂代谢异常 ………………………………………………………… 328
　　第四节　运动与心、脑血管机能异常 ……………………………………………… 334

第十九章　儿童少年生长发育与体育运动 …………………………………………… 339
　　第一节　生长发育概述 ……………………………………………………………… 339
　　第二节　儿童少年运动时的生理应激 ……………………………………………… 341
　　第三节　儿童少年对运动训练的生理适应 ………………………………………… 346
　　第四节　儿童少年主要身体素质发展特点 ………………………………………… 347

第二十章　女性与体育运动 ……………………………………………………………… 352
　　第一节　女性生长发育及衰老的阶段划分 ………………………………………… 352
　　第二节　女性生理机能特点 ………………………………………………………… 353
　　第三节　女性运动的特殊问题 ……………………………………………………… 355

第二十一章　衰老与运动 ………………………………………………………………… 364
　　第一节　衰老的概念与机理 ………………………………………………………… 364
　　第二节　老年人生理特点 …………………………………………………………… 366
　　第三节　运动对老年人健身作用 …………………………………………………… 371
　　第四节　老年人健身运动原则 ……………………………………………………… 374

第二十二章　运动健身的生理学基础 …………………………………………………… 377
　　第一节　运动对健康的促进作用 …………………………………………………… 377
　　第二节　运动处方的基本理论 ……………………………………………………… 382

参考文献 …………………………………………………………………………………… 392

第一篇

运动生理学基础

第一章 绪 论

◇【教学目标】

通过本章内容的学习,掌握运动生理学的概念、任务和研究方法,以及生命活动的基本特征;熟悉人体生理机能的维持与调节、人体生理机能调节的控制;树立学好运动生理学为体育教学、运动训练和全民健身服务的理念。

第一节 运动生理学概述

一、运动生理学的概念、任务

(一)运动生理学的概念

生理学(physiology)是生命科学的一个分支,是研究生物体的生命活动现象和机体各组成部分功能活动变化规律的科学。依据研究对象,可将生理学分为动物生理学、植物生理学、人体生理学等。

人体生理学(human physiology)是一门研究人体生命活动现象和人体各组成部分功能变化规律的科学。它主要研究在正常状态下,人体内各种细胞、组织、器官和系统的功能,以及在整体情况下,各细胞、组织、器官和系统与身体部分之间的相互联系和作用,人体适应环境变化而维持正常生命活动的过程、规律和机理。人体生理学是医学和人体科学重要的基础学科。

运动生理学(sport and exercise physiology)是人体生理学的一个分支,是研究人体的运动能力和对运动的反应与适应过程的科学。运动生理学主要研究在运动过程中,人体各种细胞、组织、器官和系统的机能变化,及其协同工作的能力和机理,进而观察其对人体运动能力的影响;同时,还要观察运动对人体的形态和机能产生适应性变化的影响。运动生理学是体育科学中一门重要的应用基础理论学科。

根据研究的对象和任务不同,运动生理学可分为运动锻炼生理学(exercise physiology)、环境运动生理学(environmental exercise physiology)和运动训练生理学(sport physiology)。

(二)运动生理学的任务

运动生理学的任务是在对人体生命活动规律有了基本认识的基础上,揭示体育运动对人体机能影响的规律及机理，阐明运动训练、体育教学和运动健身过程中的生理学原理，指导不同年龄、性别和训练程度的人群进行科学的运动锻炼，以达到提高竞技运动水平、增强体质、延缓衰老、提高工作效率和生活质量的目的。运动生理学主要研究一次性运动对人体产生的应激性反应和长时间运动产生的生理性适应。

二、运动生理学的研究方法与研究水平及其关系

实验研究法是运动生理学研究的基本方法，通过实验观察和分析人体在运动过程中机能活动的变化过程及其因果关系。运动生理学的各种理论和观点绝大部分是从实验中获得并总结出来的，又不断在实践中受到检验。

（一）运动生理学的研究方法

1. 动物实验法

根据生物进化观点，人与动物特别是哺乳动物，有许多结构和功能相似之处。因此，可用动物实验的研究结果间接地探讨人体的生理功能变化及其机制。

动物实验一般分为急性实验和慢性实验两类。急性动物实验就是以完整动物或动物的器官、组织为研究对象，在人工控制的实验环境条件下，短时间内对动物某些生理活动进行观察和记录，或对动物的器官、组织进行测试分析的实验。急性动物实验通常是破坏性的、不可逆的，可能会造成实验动物的死亡。由于急性实验的实验条件易于控制、观察直接、无关因素的影响少、结果易于分析等，所以实验效果比较准确。

慢性动物实验是在实验动物清醒状态下，以动物整体为实验对象，对动物生理参数和反应等进行长期实验和观测。慢性动物实验一般采取温和的、非致死性的实验方法，动物存活时间长，在整体上进行实验观测，更接近生理情况。

应当指出，相当多的生理学和运动生理学的知识是从动物实验中获得的。动物实验是研究生理学和运动生理学不可或缺的手段。但是应用动物实验得到结论时，应充分考虑人和动物之间的差异，不可简单地生搬硬套。

2. 人体实验法

运动生理学中的人体实验法分为实验室测试法和运动现场测试法。

实验室测试法是指让受试者在实验室按照一定的研究目的而设计的运动方案进行运动（如在跑台、功率自行车上运动），利用各种仪器设备测试运动员在运动过程中的各种生理指标变化，观察不同强度和形式的运动对人体某些生理机能的影响。

运动现场测试法是指在运动现场直接监测运动员运动前、运动中和运动后的恢复过程中某些生理机能变化，借以了解不同运动项目的生理特点，或不同人群在完成同一运动项目时的生理反应。例如，用心率遥测仪测定运动时运动员的心率变化，就是典型的运动现场测试法。这种方法的特点是符合运动的实际情况。但在运动实践中往往难度较大、测试条件不易控制。因此，运动现场测试法在运动生理学研究中往往受到实验条件的限制。

（二）运动生理学的研究水平

组成身体的基本单位是细胞，细胞经过分化形成了许多形态、结构和功能不同的细胞

群。形态相似、结构和功能相同的细胞群形成组织。一些组织按一定的次序联合起来，形成具有一定功能的器官。一些器官进一步有序地连接起来，共同完成一项或几项生理活动，就构成了系统。人体就是由各种细胞、器官和系统相互联系、相互作用和相互协调而构成的复杂而统一的整体。因此，运动生理学研究根据研究任务和实验对象不同可分为整体水平、器官和系统水平、细胞和分子水平。整体水平、器官和系统水平的研究属于宏观研究，细胞和分子水平的研究属于微观研究。

1. 整体水平研究

整体水平研究是指在整体水平上研究在一定的环境条件下运动时人体的机能变化，人体各器官、系统之间的相互关系，以及人体各器官、系统对运动的反应与适应过程。例如，研究人体运动时心血管系统的机能、呼吸系统的机能、内分泌机能、物质和能量代谢、肌肉组织利用氧能力等的变化，以及它们对运动的适应等都属于整体水平的研究。在运动生理学发展早期，由于受理论水平和实验技术限制，研究只能在整体水平上展开。这一水平的研究属于整合生理学（integrative physiology）的范畴。整体水平的研究是运动生理学研究的一个重要方面。

2. 器官和系统水平研究

人体运动时的整体机能表现，是建立在各器官、系统机能水平和机能活动的密切协调配合基础之上的。为探讨人体运动时的机能变化，必须对各器官系统的机能进行研究。器官和系统水平研究是指研究每个器官、系统在运动中的机能有何变化，这种变化是怎样发生、发展的，变化的条件是什么，受哪些因素制约，以及这种变化对运动中的整体机能变化将产生什么影响等。例如，在运动中，心血管系统的机能会发生较大的变化，表现为心率、血压、心输出量升高。探讨引起这些指标升高的因素及变化特点就是器官和系统水平研究。这一水平的研究属于器官或系统生理学的范畴。

3. 细胞和分子水平研究

器官由一些具有特殊功能的细胞群组成。各器官、系统的生理机能取决于这些具有特殊功能的细胞群。而每个细胞的生理功能又依赖于构成细胞的生物分子。细胞和分子水平的研究主要是研究运动时细胞内各亚微结构的机能，以及各生物分子的特殊理化变化过程。目前，研究大负荷后骨骼肌超微结构变化，收缩蛋白和骨架蛋白的组成变化，以及线粒体、生物膜、酶系统等功能变化，均属于细胞和分子水平的研究。这一水平的研究属于分子生物学（molecular biology）和细胞生物学（cell physiology）的范畴。

（三）宏观研究和微观研究的关系

从宏观水平研究深入到微观水平研究，是运动生理学发展的要求和必然趋势。只停留在宏观水平的研究无法了解运动导致的人体机能和形态学适应的机制。因此，运动生理学研究必须从宏观研究深入到微观研究，以探讨运动训练和健身的生理学机制。

进行细胞和分子水平研究的优点是可直接、客观分析某一局部生理现象的机制。但是，在微观水平上采用某个或某几个指标，只能解释一些孤立的微观生理现象，或揭示一些相互独立的生理机能的成因。这样就难免存在一定程度上的片面性或不完整性。因此，在运动生理学研究中,只重视微观水平的研究是不够的,必须在宏观研究的指导下,开展深入的微观研究,然后将微观研究的结果进行综合分析,在整体水平上分析人体的机能。例如,对运动性疲劳的研究,当人们发现在整体水平上不能对运动性疲劳的产生原因提出令人满意的解析时,就把研究深入到细胞和分子水平。对细胞的物质能量代谢、酶活性、肌纤维类型组成、生物膜功能、细胞内亚细胞结构和功能、细胞内功能蛋白质分子的结构变化,以及胞浆内离子动力学等进行研究,从不同角度探讨运动性疲劳的产生原因,为在整体水平上阐明运动性疲劳的成因提供依据。

因此,把细胞和分子水平研究与整体水平研究有机结合,在运动生理学研究领域促进分子生物学、细胞生理学和器官生理学更加紧密结合,形成整合运动生理学（integrative sport and exercise physiology）是十分必要的。

第二节　生命活动的基本特征

生物体的生命现象主要表现为五个方面的基本特征,即新陈代谢、兴奋性、应激性、适应性和生殖。

一、新陈代谢

新陈代谢（metabolism）是生物体自我更新的最基本的生命活动过程。新陈代谢包括同化和异化两个过程。生物体不断地从体外环境中摄取有用的物质,将其合成、转化为机体自身物质的过程称为同化过程（assimilation）,也称合成代谢（synthesis）;生物体不断地将体内的自身物质进行分解,并把所分解的产物排出体外,同时释放出能量供应机休生命活动需要的过程称为异化过程（dissimilation）,也称为分解代谢（catabolism）。在新陈代谢过程中,物质合成时,即在同化过程中需要吸收能量;而在物质分解时,即在异化过程中将释放能量。因此,在新陈代谢过程中,物质代谢（material metabolism）和能量代谢（energy metabolism）是同时进行的,是同一过程的两个方面。任何物质都蕴藏着一定的能量,同样,物质代谢也必然伴随着能量的产生、转移和利用,任何能量的转移也必然伴有物质的合成和分解。同化过程和异化过程是同时进行和相互依存的两个生理过程。由此可见,生物体通过同化和异化过程可以不断地自我更新。生物体内的同化和异化过程是一系列十分复杂的生物化学反应过程,这些复杂的生物化学反应过程有赖于酶的存在和作用。新陈代谢是生命活动的最基本特征,新陈代谢一旦停止,生物体的生命活动也就结束了。

二、兴奋性

机体所处的环境是经常变化的,在正常情况下,机体可感受外界环境变化的刺激并做出适当的反应。

在生物体内可兴奋组织具有感受刺激、产生兴奋的特性称为兴奋性（excitability）。能引起可兴奋组织产生兴奋的各种环境变化称为刺激。神经、肌肉和腺体等组织受刺激后,能迅速地产生可传布的动作电位,即发生兴奋,这些组织被称为可兴奋组织。在生理学中将这些可兴奋组织接受刺激后所产生的生物电反应过程及表现称为兴奋（excitation）。因此，可兴奋组织感受刺激产生兴奋能力的高低反映了该组织兴奋性的高低。

可兴奋组织有两种基本的生理活动过程。一种是由相对静止状态转变为活动状态，或是兴奋性由弱变强，这种活动是兴奋性活动；另一种是由活动状态转变为相对静止状态，或是兴奋性由强变弱，这种活动是抑制性活动。人体的各种生理功能活动，既有兴奋性活动也有抑制性活动，两者既对抗又协调，并可相互转化。兴奋和抑制是对立统一的生理活动过程。

三、应激性

人体内各种组织对外界环境变化（刺激）具有不同的反应，可兴奋组织受到刺激后可产生兴奋。如肌肉表现为收缩，腺体表现为分泌，神经的反应则表现为产生并传导神经冲动。而其他组织，如上皮、骨骼等，它们不属于可兴奋组织，受到刺激后不能产生兴奋，但可引起细胞代谢发生改变等变化。这种细胞代谢等方面的变化也是一种反应。机体或一切活体组织对周围环境变化具有发生反应的能力或特性称为应激性（irritability）。活体组织应激性的表现形式是多方面的，既可以是生物电活动，也可以是细胞的代谢变化。而兴奋性则只是指可兴奋组织受到刺激后发生生物电变化的过程。因此，具有兴奋性的组织必然具有应激性，而非可兴奋组织只有应激性没有兴奋性。

四、适应性

生物体长期生存在某一特定的生活环境中，在客观环境的影响下可以逐渐形成一种与环境相适应的、适合自身生存的反应模式。生物体所具有的这种适应环境变化的能力称为适应性（adaptability）。例如，长期居住在高原地区的居民，其血液中的红细胞数量远远超过平原地区的居民。这种适应性反应对高原居民是十分必要的，因为血液中红细胞数量的增多大大提高了血液运输氧的能力，从而有效地克服了高原缺氧给人体带来的不良影响，创造了适应客观环境而生存的条件。再如，运动员经过长期的力量训练可使肌肉的力量和体积增加，经过长期的耐力训练可使肌肉耐力、心肺功能得到改善等，这些都是人体对环境变化产生适应的结果。

五、生殖

生物的生命是有限的，必须通过生殖（reproduction）过程进行自我复制和繁殖，使生命得到延续。人体发育到一定阶段时，男性和女性发育成熟的生殖细胞在适宜的环境中结合时，可孕育出与他们相似的子代个体，这一生理过程称为生殖。因此，生殖是生命的基本活动。但是，近些年由于生物技术的发展，可以通过克隆技术使生命得到复制，传统的生殖理论和观念受到挑战。

第三节　人体生理机能的维持与调节

一、内环境及其稳态

人体由各种细胞、组织和器官组成。它们的生理活动在空间和时间上紧密配合，相互协调成一个统一的整体。人体的细胞、组织与外界环境不直接接触，而是生存于细胞外液中。细胞新陈代谢所需的养料由细胞外液提供，细胞的代谢产物也排到细胞外液中，通过细胞外液再与外环境发生物质交换。因此，为了区别整个机体所生存的外环境，将细胞生存的环境——细胞外液称为机体的内环境（internal environment）。

细胞生存要求内环境各项理化因素相对稳定。然而，内环境理化性质不是绝对静止不变的，而是各种物质在不断交换、转变中达到相对平衡状态，即动态平衡状态，这种平衡状态称为稳态（homeostasis）。由于细胞不断进行着新陈代谢，会产生大量废物，不断扰乱内环境的稳态。特别在运动过程中，人体的内环境可由某些代谢产物的陡增而发生急剧变化，外环境的强烈变化也可影响内环境的稳态，为此，机体的血液循环、呼吸、消化和排泄等生理功能必须不断地进行调节，使内环境处于相对稳定状态。

稳态是一种复杂的动态平衡过程，一方面代谢过程使稳态不断地受到破坏，而另一方面机体又通过各种调节机制使其不断地恢复平衡。总之，整个机体的生命活动正是在稳态不断受到影响，而又不断得到维持的过程中得以顺利进行的。人的生存过程就是无数个不断维持内环境稳态的过程。

二、生理机能的调节

人体对内、外环境变化能产生适应性反应，正是人体十分完善的调控机制对各种生理功能进行相应调节的结果。人体内环境相对稳定及生物节律的维持和存在，显然也是通过体内调控机制实现的。

人体各种生理机能的调节是通过神经调节、体液调节、自身调节和生物节律四种途径实现的。

（一）神经调节

神经调节（neuroregulation）是指在神经活动的直接参与下所实现的生理机能调节过程，是人体最重要的调节方式。神经活动的基本过程是反射（reflex）。反射活动的结构基础是反射弧（reflex arc）。反射弧包括感受器（receptor）、传入神经纤维（afferent nerve fiber）、反射中枢（reflex center）、传出神经纤维（efferent nerve fiber）和效应器（effector）五个环节（图1-1）。感受器能接受刺激并产生神经冲动；传入神经将感受器所产生的神经冲动传入中枢；中枢在脑和脊髓，能对各种刺激进行分析判断，产生反应信息；传出神经将中枢对刺激所作出的反应信息传递至效应器；效应器对刺激产生相应的生理反应。例如，当血液中氧分压下降时，颈动脉体等化学感受器感受到血氧下降的信息而产生兴奋，通过传入神经将信息传至呼吸中枢并使之兴奋，再通过传出神经使呼吸肌运动加强，吸入更多的氧气使血液中氧分压回升，维持内环境的稳态。反射弧任何一个部分的结构或功能受到损坏，反射活动都不能完成。

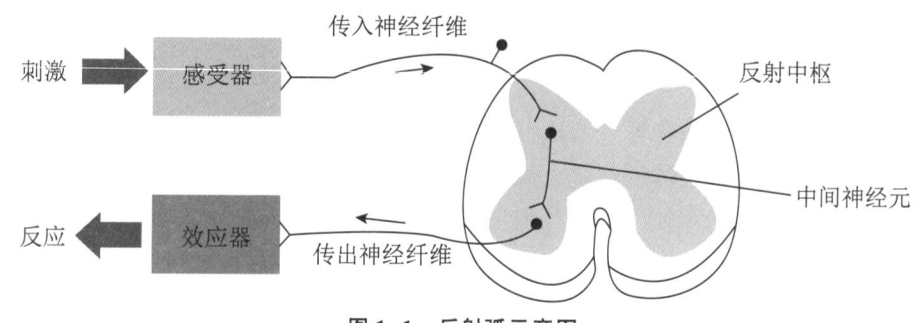

图 1-1　反射弧示意图

反射活动分为两种：一种是非条件反射（unconditional reflex），另一种是条件反射（conditional reflex）。非条件反射是人体先天具有的维持生命的基本反射活动，其反射弧和反应都是固定的。条件反射是后天通过学习获得的，是个体在生活过程中逐渐建立起来的反射活动。

神经调节具有反应快、准确、作用时间短的特点。

（二）体液调节

人体血液和其他体液中的某些化学物质，包括：①内分泌腺分泌的激素，如胰岛素、肾上腺素等；②某些组织细胞产生的某些化学物质，如组胺、5-羟色胺、细胞因子等；③细胞的代谢产物，如二氧化碳（CO_2）、乳酸等，可借助于血液循环，到达全身或某些器官、组织，从而引起某些特殊的生理反应。这种调节过程是通过体液的运输来实现的，因而称为体液调节（humoral regulation）。被调节的细胞或组织称为靶细胞（target cell）或靶组织（target organ）。许多内分泌细胞所分泌的各种激素，就是借体液循环的通路对机体的功能进行调节的。例如，胰岛的β-细胞分泌的胰岛素能调节组织、细胞的糖与脂肪代谢，有降低血糖的作用。当血糖浓度升高时，胰岛的β-细胞分泌活动加强，胰岛素分泌增多，机体对血糖的吸收和利用加强，最终使血糖浓度保持相对稳定。

除激素外，某些组织、细胞产生的一些化学物质或代谢产物，虽不能随血液到身体其他部位起调节作用，但可在局部组织液内扩散，改变邻近组织细胞的活动。这种调节可看作局部性体液调节，或称为旁分泌调节。

在人体内，很多内分泌腺本身直接或间接地受到神经系统的调节。在这种情况下，体液调节是神经调节的一个传出环节，是反射传出通路的延伸。这种情况可称为神经—体液调节。例如，肾上腺髓质接受交感神经的支配，当交感神经系统兴奋时，肾上腺髓质分泌的肾上腺素和去甲肾上腺素增加，并共同参与机体的调节（图1-2）。

神经调节的特点是比较迅速且精确，体液调节的特点是比较缓慢、持久且弥散，两者相互配合使生理功能调节更趋于完善。

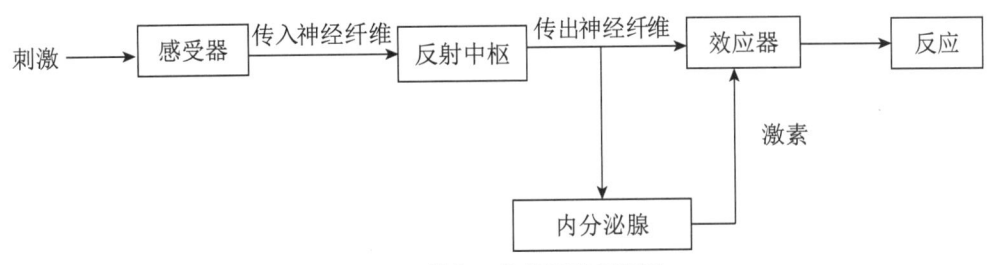

图 1-2 神经—体液调节示意图

(三) 自身调节

自身调节（autoregulation）是指组织、细胞在不依赖于外来神经或体液调节的情况下，自身对刺激发生的适应性反应过程。例如，骨骼肌或心肌收缩前的长度对其收缩力量有调节作用。在一定范围内肌肉的初长度增加时，收缘力量会相应增加，而肌肉的初长度缩短时，收缩力量就减小。一般来说，自身调节的幅度较小，不十分灵敏，但对于生理功能的调节仍有一定意义。

有时一个器官在不依赖于器官外来神经或体液调节的情况下，器官自身对刺激发生的适应性反应过程也属于自身调节。

(四) 生物节律

生物体在维持生命活动过程中，除了需要进行神经调节、体液调节和自身调节外，各种生理机能活动会按一定的时间顺序发生周期性变化，这种生理机能活动的周期性变化，称为生物的时间结构或生物节律（biorhythm）。生物节律可按其发生频率的高低分为近似昼夜节律、亚日节律和超日节律三大类。

由于生物体内生理活动的节律性变化，使生物体对内、外环境的程序性变化具有生物"预见性"，产生了更完善的适应过程。

第四节 人体生理机能调节的控制

运用控制论（cybernetics）原理分析人体的调节活动时，人体的各种功能调节可分为三种控制系统。

一、非自动控制系统

在控制系统中，控制部分不受受控部分的影响，即受控部分不能通过反馈活动改变控制部分的活动，这种控制系统称为非自动控制系统（non-automatic control system）。例如，在应激反应中，当应激性刺激特别强大时，可能由于下丘脑神经元和垂体对血中糖皮质激素的敏感性减退，导致血液中糖皮质激素浓度升高时不能反馈抑制它们的活动，使应激性刺激引起的促肾上腺皮质激素与糖皮质激素持续分泌。这时，肾上腺皮质能不断地根据应激性刺激的强度做出相应的反应。在这种情况下，刺激决定着反应，而反应不能改变控制部分的活动。这种控制系统无自动控制的能力。

非自动控制系统是一个开环系统（open loop system），在体内非自动控制系统的活动较少。

二、反馈控制系统

在控制系统中，控制部分不断受受控部分的影响，即受控部分不断有反馈信息返回输入给控制部分，并改变它的活动，这种控制系统称为反馈控制系统（feedback control system）。反馈控制系统是一个闭环系统（closed loop system），具有自动控制能力。

反馈控制系统分为比较器、控制部分、受控部分和感受装置四个主要环节（图1-3）。输出变量的部分信息经感受装置检测后转变为反馈信息，回输到比较器，由此构成闭合回路。在不同的反馈控制系统中，传递信息的方式是多种多样的，可以是电信号（神经冲动）、化学信号（某些化学成分的浓度）或机械信号（压力、张力等）。但最重要的是，这些信号的数量和强度变化中所包含的准确和足够的信息。

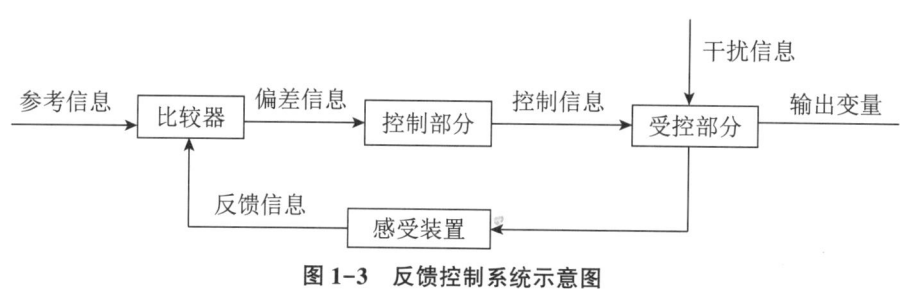

图1-3　反馈控制系统示意图

在人体生理功能调节的自动控制系统中，如果受控部分的反馈信息能减弱控制部分活动，这样的反馈称为负反馈（negative feedback）。负反馈是可逆的，是维持人体生理机能活动经常处于稳态的重要调节机制。如在人体正常体温、血压、心率和某些激素水平等指标的维持过程中，负反馈调节发挥着重要作用。负反馈调节是维持稳态的重要途径。但这种调节方式只有在外界干扰使受控变量出现偏差以后才会发挥作用，所以，负反馈调节总是要滞后一段时间才会发挥作用，且在纠正偏差时容易产生波动。

与负反馈相反，如果反馈信息能促进或加强控制部分活动，这种反馈称为正反馈（positive feedback）。正反馈往往是不可逆的，是不断增强的调控过程，直到整个生理过程结束为止。如排尿反射、分娩过程、血液凝固等均属于正反馈调控过程。

人体各种功能都能在外界各种干扰因素的不断作用下较好地保持稳态，这显然还有另外的控制系统在发挥作用。

三、前馈控制系统

在调控系统中，有时干扰信息在作用于受控部分引起输出效应发生变化的同时，还可以通过感受装置直接作用于控制部分。这种干扰信息对控制部分的直接作用称为前馈（feedforward），如图1-4所示。在前馈调控过程中，机体的控制部分可在其输出效应尚未发生偏差而引起反馈之前，就对受控部分发出纠正信息，使机体的控制过程不出现波动较大和反应滞后的现象，从而更有效地保持生理功能活动的稳态。因此，前馈控制系统所起的作用是预先监测干扰，防止干扰的扰乱；或是超前洞察动因，及时作出适应性反应。条件反射活动是一种前馈控制系统活动。例如，动物见到食物引致唾液分泌，这种分泌比食物进入口中后引致唾液分泌来得快,而且富有预见性,更具有适应性意义。

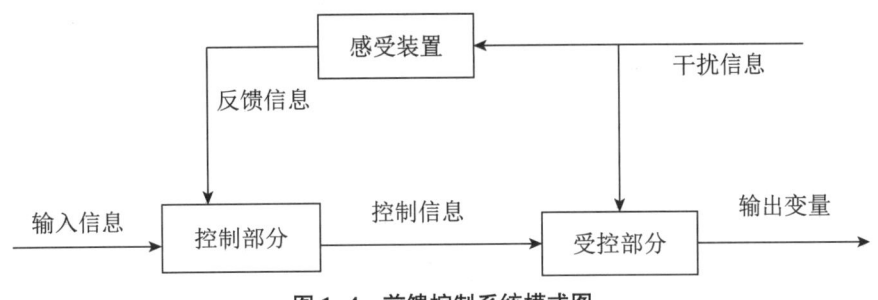

图1-4 前馈控制系统模式图

第五节 运动生理学研究的热点

运动生理学研究的热点包括以下九部分内容,详见二维码。

运动生理学的研究热点

一、运动时物质与能量代谢

二、运动性疲劳产生机理及消除方法

三、运动与氧化应激

四、运动对骨骼肌形态和机能的影响

五、运动对心脏形态和机能的影响

六、运动对骨骼的影响

七、运动健身的理论与方法

八、运动与控制体重

九、运动与免疫机能

◎【思考题】

1. 运动生理学的研究任务是什么?
2. 运动生理学的研究方法有哪些?
3. 生命活动的基本特征是什么?
4. 人体生理机能是如何调节的?
5. 人体生理机能调节的控制是如何实现的?
6. 目前运动生理学研究的主要热点有哪些?

(北京体育大学 王瑞元)

第二章 运动与骨骼肌

◇【教学目标】

通过本章内容的学习，掌握骨骼肌收缩的基本原理、肌纤维类型的划分和在运动训练中的应用；熟悉骨骼肌不同收缩形式的生理特点；了解肌电图在体育科研中的应用，以及运动对骨骼肌形态和机能的影响等基本知识；培养学生能够利用骨骼肌收缩原理和肌纤维类型特点指导运动员选材和训练的能力；树立钻研、创新的科学精神和思维方式；增强学生为国家的竞技体育和全民健身事业做贡献的知识水平。

肌肉收缩是完整机体的主要活动形式之一，许多生理功能都借此得以实现。人体内的肌肉组织包括骨骼肌、心肌和平滑肌三种。骨骼肌是人体内最多的组织，约占体重的40%。在运动过程中，骨骼肌收缩是人体运动的动力。人体各种形式的运动，主要是靠骨骼肌收缩活动来完成的。

第一节 骨骼肌的结构特点与收缩原理

肌细胞又称肌纤维（muscle fiber），是肌肉的基本结构和功能单位。成人肌纤维直径为60μm，长度为数毫米到数十厘米。每条肌纤维外面包有一层薄的结缔组织膜，称为肌内膜。许多肌纤维排列成束（即肌束），表面被肌束膜包绕。许多肌束聚集在一起构成一块肌肉，外面包以结缔组织膜，称为肌外膜（图2-1）。

每一块肌肉的中间部分一般膨大而称为肌腹，两端为没有收缩功能的肌腱。肌腱直接附着在骨骼上，骨骼肌收缩时通过肌腱牵动骨骼而产生运动。

一、骨骼肌的超微结构及肌丝滑行学说

（一）肌原纤维和肌小节

每个肌细胞含有数百至数千条与肌纤维长轴平行排列的肌原纤维（myofibril）。肌原纤维的直径为1~2μm，纵贯肌细胞全长。每条肌原纤维的全长都由暗带（A带）和明带（I带）呈交替规则排列，在显微镜下呈现有规律的横纹排列，故骨骼肌也称横纹肌(图2-1、图2-2)。

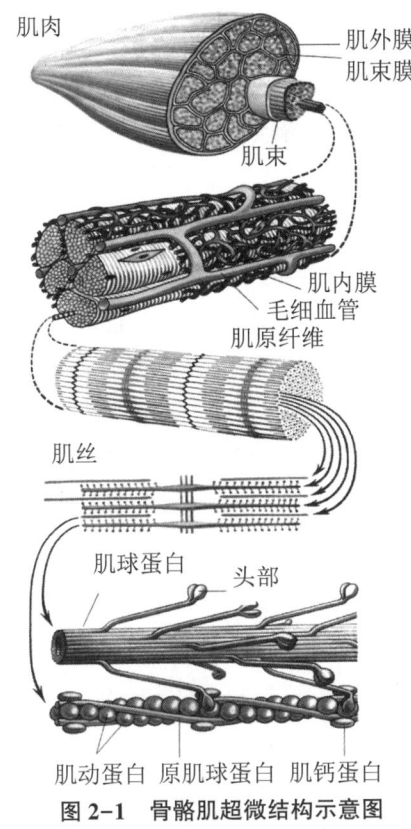

图 2-1 骨骼肌超微结构示意图

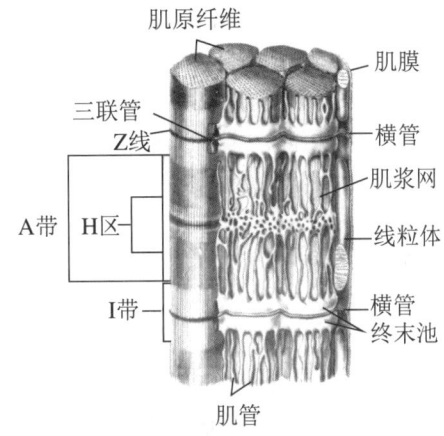

图 2-2 肌管系统结构示意图

肌原纤维由粗、细两种肌丝按一定规律排列而成。实际上由于粗肌丝的存在而形成了 A 带。细肌丝连接于 Z 线，纵贯 I 带全长，并伸入 A 带部位，与粗肌丝交错对插。在一个肌小节中，来自两侧 Z 线的细肌丝在 A 带中段未相遇而隔有一段距离，即为 H 区，此时 H 区的肌丝成分只有粗肌丝，而 H 区以外的 A 带中，粗、细肌丝并存。当肌肉被动拉长时，肌小节长度增大，此时细肌丝从暗带重叠区被拉出，使 I 带长度增大，H 区也相应增长（图 2-2）。

两条 Z 线之间的结构是肌纤维最基本的结构和功能单位，称为肌小节（sarcomere）。肌小节的长度变化范围为 1.5~3.3μm，肌肉收缩时较短，舒张时较长，肌肉安静时肌小节的长度为 2.0~2.2μm（图 2-2）。

粗、细肌丝相互重叠时，在空间上呈现严格的规则排列，每一根粗肌丝被 6 根细肌丝包围。粗、细肌丝间这种密切的空间关系，为肌细胞收缩时粗、细肌丝的相互作用创造了条件。

(二) 肌管系统

肌原纤维间有两种不同的小管系统，即横小管系统（T-system）和纵小管系统（L-system）。这些肌管系统是骨骼肌兴奋引起收缩耦联过程的形态学基础。横小管系统是肌细胞膜从表面横向伸入肌纤维内部的膜小管系统。纵小管系统，即肌质网系统。细胞内肌质网常围绕每条肌原纤维形成花边样的网，其走行方向和肌纤维纵轴平行。肌质网在接近横小管处形成特殊的膨大，称为终末池（terminal cistern）。每一个横小管和来自两侧的终末池构成复合体，称为三联管（triad）结构。横小管与纵小管的膜在三联管结构处并不接触，中间有约12nm的间隙，故这两种小管的内腔并不相通（图2-2）。

（三）肌丝的分子组成

蛋白质占肌肉干重的75%～80%，与收缩机制有关的蛋白质占肌肉蛋白质的50%～60%。肌细胞收缩的物质基础是粗、细肌丝。

1. 粗肌丝

粗肌丝主要由肌球蛋白组成，一条粗肌丝中约有200个肌球蛋白分子。每个肌球蛋白分子呈双头长杆状，由一对重链和两对轻链组成。重链构成了肌球蛋白的杆状尾部，而轻链则构成了肌球蛋白的头部。许多肌球蛋白的杆状部分集束构成粗肌丝的主干，其头部向外突出，形成横桥，如图2-1所示。横桥部具有三磷酸腺苷（ATP）酶活性，可分解ATP而获得能量，用于横桥的运动。在一定条件下，头部可与细肌丝上的肌动蛋白呈可逆性结合，并产生粗、细肌丝的相对滑行，导致肌肉收缩。

2. 细肌丝

细肌丝主要由肌动蛋白、原肌球蛋白和肌钙蛋白组成（图2-3）。

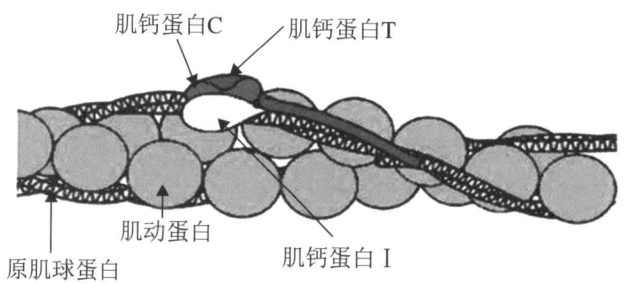

图2-3 细肌丝结构示意图

（四）肌丝滑行学说

赫胥黎（Huxley）等发现，肌肉缩短时A带的长度不变，而I带和H区变窄。在肌肉被拉长时，A带的长度仍然不变，I带和H区变宽。同时发现，无论肌小节缩短还是被拉长，粗肌丝和细肌丝的长度都不变，但两种肌丝的重叠程度发生了变化。根据以上发现，赫胥黎等提出了骨骼肌收缩的肌丝滑行学说（sliding-filament theory）。肌丝滑行学说认为，骨骼肌细胞的肌原纤维由粗肌丝和细肌丝构成。肌肉的收缩和舒张均通过粗、细肌丝间的相互滑行而发生，肌丝本身的长度不变。当肌肉收缩时，由Z线发出的细肌丝在某种力量的作用下向A带中央滑动，结果相邻的各Z线互相靠近，肌小节的长度变短，从而导致肌原纤维缩短，以致整条肌纤维和整块肌肉缩短（图2-4）。

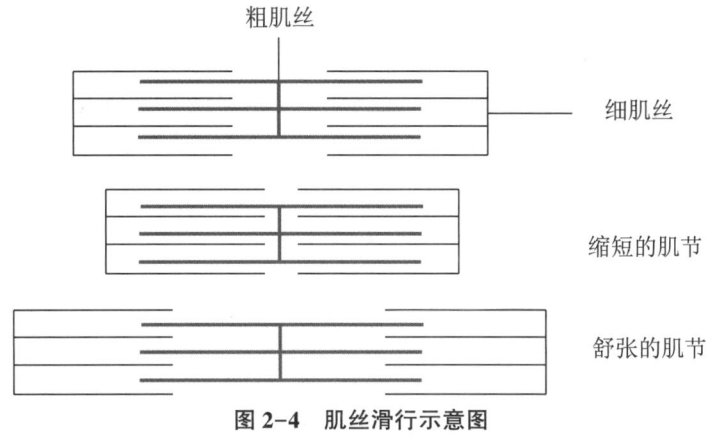

图 2-4 肌丝滑行示意图

二、骨骼肌细胞的生物电现象

一切活组织的细胞都存在电活动,这种电活动称为生物电。生物电现象是一种普遍存在又十分重要的生命现象。可兴奋组织细胞在受到刺激发生兴奋时,出现一种称为动作电位(action potential)的电变化。动作电位对组织细胞产生生理反应起着先导和触发作用。因此,将动作电位的出现作为可兴奋组织细胞兴奋的标志,并且将组织细胞产生动作电位的能力称为兴奋性。利用适当的仪器设备,可以将动作电位记录下来。临床上和运动人体科学研究中广泛应用的心电图(ECG)、脑电图(EEG)和肌电图(EMG)所记录的就是各相应组织细胞动作电位的综合电位变化。生物电在运动人体科学研究中的应用也非常广泛。如利用心电图评定运动员的心脏功能;利用脑电图评定运动员的大脑机能变化;利用肌电图评定骨骼肌的机能和进行运动技术分析等。

(一)静息电位

细胞处于安静状态,细胞膜内外所存在的电位差称为静息电位。这种电位差存在于细胞膜两侧,所以又称跨膜电位或简称膜电位。静息电位相对恒定,据测定,哺乳类动物神经细胞的静息电位绝对值为70~90mV。若以细胞膜外电位为零,细胞膜内电位则为-90~-70mV。

静息电位产生原理可以用"离子学说"来解释(图2-5)。离子学说认为,细胞内外各种离子的浓度分布是不均匀的,细胞膜对各种离子通透具有选择性。

由于神经细胞和骨骼肌细胞静息电位与动作电位的产生原理相似,下面就以神经细胞为例叙述静息电位与动作电位的产生原理。哺乳类动物神经细胞内的钾离子(K^+)浓度是细胞外的28倍,而钠离子(Na^+)、氯离子(Cl^-)细胞外浓度分别是细胞内的13倍和30倍。另外,细胞内的负离子主要是大分子有机负离子,如蛋白质等(以A^-表示)。因此,如果细胞膜允许离子自由通过,它们将以扩散的方式顺浓度梯度产生K^+和A^-的外流(由细胞内向细胞外流动)以及Na^+和Cl^-的内流(由细胞外向细胞内流动)。但是,细胞膜对离子的通透是有选择的。当细胞处于静息状态时,细胞膜对K^+的通透性大,而对Na^+的通透性较小,仅为K^+通透性的1/100~1/50,而对A^-则几乎没有通透性。所以,就形成在静息时K^+向细胞外流动。离子的流动必然伴随着电荷的转移,这一过程使细胞内因丧失带正电荷的K^+而电位下降，同时，使细胞外因增加带正电荷的 K^+ 而电位上升，这就必然造成细胞外电位高而细胞内电位低的电位差。所以，K^+ 的外流是静息电位形成的基础。随着 K^+ 外流，细胞膜两侧形成的外正内负的电场力会阻止细胞内 K^+ 继续外流。当促使 K^+ 外流的、由浓度差形成的向外扩散力与阻止 K^+ 外流的电场力相等时，K^+ 的净移动量就会等于零。这时细胞内外的电位差值就稳定在一定水平上，这就是静息电位。由于静息电位主要是 K^+ 由细胞内向外流动达到平衡时的电位值，所以，又把静息电位称为 K^+ 平衡电位。

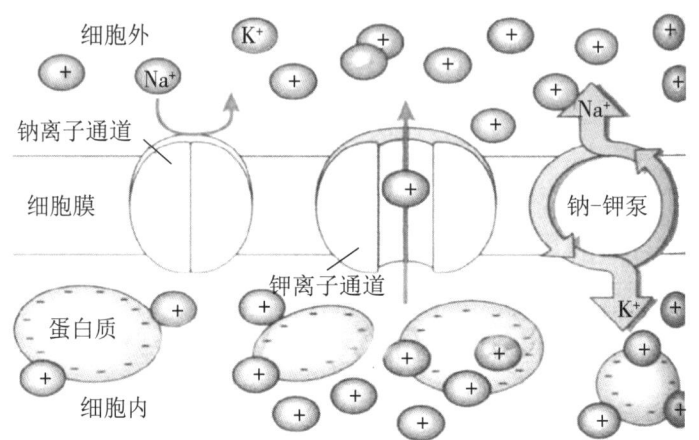

图 2-5 静息电位的形成原理

（二）动作电位

可兴奋细胞兴奋时，细胞内产生的可扩布的电位变化称为动作电位，它是一个连续的电位变化过程。另外，它在细胞的某一部位一旦产生，就会迅速向四周扩布。动作电位是在静息电位的基础上产生的电位变化。

以神经轴突为例，用细胞内记录法所得到的动作电位变化过程如图 2-6 所示。

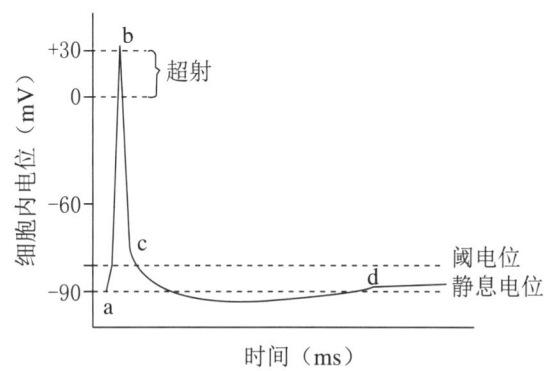

ab：动作电位的上升支；bc：动作电位的下降支；abc：动作电位的锋电位；cd：动作电位的后电位。

图 2-6 动作电位示意图（细胞内记录）

1. 动作电位变化过程

静息相，在静息时细胞处于极化状态。所谓极化状态是指细胞膜内外存在外正内负的电位差,即静息电位的状态,这是动作电位的初始状态。

动作电位是在静息电位基础上爆发的一次电位快速上升又快速下降,以及随后的缓慢波动过程。它包括锋电位和后电位两种电位变化,或者说包括去极化和复极化两个时相。其中,锋电位特别是它的上升支是动作电位的主要成分。一般所说的动作电位就是指锋电位。

2. 动作电位的产生原理

动作电位的产生原理也可以用离子学说来解释。离子学说认为,由于 Na^+ 在细胞外的浓度比细胞内高得多,它有由细胞外向细胞内扩散的趋势。而离子进出细胞是由细胞膜上的离子通道来控制的。在安静时膜上 Na^+ 通道关闭,当作用于细胞膜上的刺激达到一定强度时(阈刺激),膜上的 Na^+ 通道被激活而开放,Na^+ 顺浓度梯度瞬间大量内流,细胞内正电荷增加,导致电位急剧上升,负电位从静息电位水平减小到消失,进而出现膜内为正、膜外为负的电位变化,形成锋电位的上升支,即去极化和反极化时相。当膜内正电位所形成的电场力增大到足以对抗 Na^+ 内流时,膜电位达到一个新的平衡点,即 Na^+ 平衡电位。与此同时,Na^+ 通道逐渐失活而关闭,K^+ 通道逐渐被激活而重新开放,导致 Na^+ 内流停止,产生 K^+ 快速外流,细胞内电位迅速下降,恢复到兴奋前的负电位状态,形成动作电位的下降支,即复极化时相。

(三) 兴奋性的变化过程

在动作电位变化过程中,神经细胞的兴奋性也发生相应的变化。兴奋性变化分为绝对不应期、相对不应期、超常期和低常期(图2-7)。

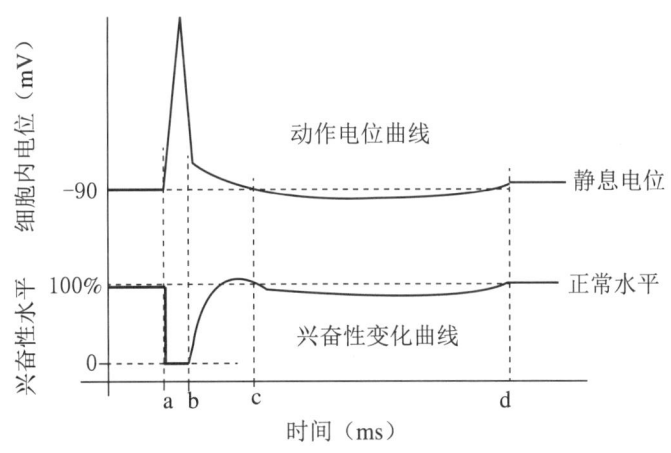

ab:锋电位——绝对不应期;bc:后电位前部——相对不应期、超常期;cd:后电位后部——低常期。

图 2-7 动作电位变化与兴奋性变化之间的关系

动作电位有以下特点:①"全或无"现象。任何刺激一旦引起膜去极化达到阈值,动作电位就会立刻产生,它一旦产生就达到最大值,动作电位的幅度也不会因刺激加强而增大。②不衰减性传导。动作电位一旦在细胞膜的某一部位产生,它就会向整个细胞膜传播,而且它的幅度不会因为传播距离增加而减弱。③脉冲式。由于不应期的存在,使连续的多个动作电位不可能融合，两个动作电位之间总有一定间隔。

（四）动作电位的传导

动作电位一旦在细胞膜的某一点产生，就沿着细胞膜向各个方向传播，直到整个细胞膜都产生动作电位，这种在单一细胞上动作电位的传播叫作传导。神经纤维上动作电位的传导是双向的。在无髓神经纤维上，动作电位是以局部电流的形式进行传导的（图2-7），动作电位传导相关内容详见二维码。

三、神经—肌肉接头的兴奋传递

细胞间的兴奋传递有两种情况：一种是神经细胞之间的兴奋传递；另一种是神经细胞与肌细胞之间的兴奋传递。这两种传递过程有相似之处，在此仅对神经细胞与肌细胞之间的兴奋传递进行叙述。

（一）神经—肌肉接头的结构

神经—肌肉接头的结构又称为运动终板（motor end plate）。运动神经的末梢发出许多细小分支，并且在终末部分膨大。此处的细胞膜较正常部位要厚些，被称为突触前膜，或称为终板前膜、接头前膜；与之相对应的骨骼肌细胞膜称为突触后膜，或称为终板后膜、接头后膜；突触前膜与突触后膜的间隙称为突触间隙，或称为终板间隙、接头间隙（图2-8）。

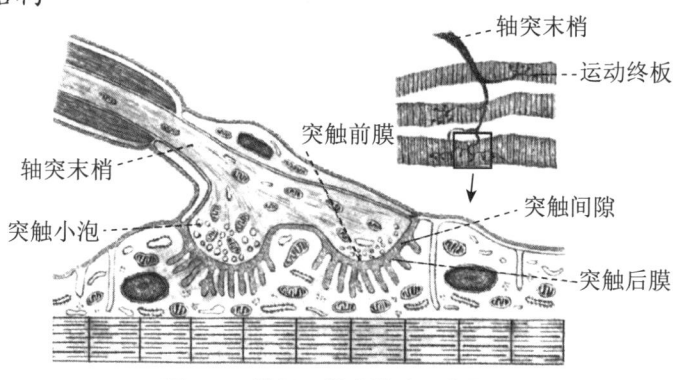

图2-8 神经—肌肉接头示意图

（二）神经—肌肉接头的兴奋传递

如图2-8所示，当动作电位沿神经纤维传到轴突末梢时，引起轴突末梢处的接头前膜上的钙离子（Ca^{2+}）通道开放，Ca^{2+}从细胞外液进入轴突末梢，促使轴浆中含有乙酰胆碱的突触小泡向接头前膜移动。当突触小泡到达接头前膜后，突触小泡膜与接头前膜融合进而破裂，并将乙酰胆碱释放到接头间隙。乙酰胆碱通过接头间隙到达接头后膜后，和接头后膜上的特异性乙酰胆碱受体结合，引起接头后膜上的Na^+、K^+通道开放，使Na^+内流、K^+外流，结果使接头后膜处的膜电位幅度减小，即去极化。这一电位变化称为终板电位。当终板电位达到一定幅度（肌细胞的阈电位）时，可引发肌细胞膜产生动作电位，从而使骨骼肌细胞产生兴奋。

四、兴奋—收缩耦联过程

通常把以肌细胞膜电变化为特征的兴奋过程和以肌丝滑行（图2-9）为基础的收缩过程之间的中间过程称为兴奋—收缩耦联（excitation-contraction coupling）。兴奋—收缩耦联过程包括以下三个主要步骤。

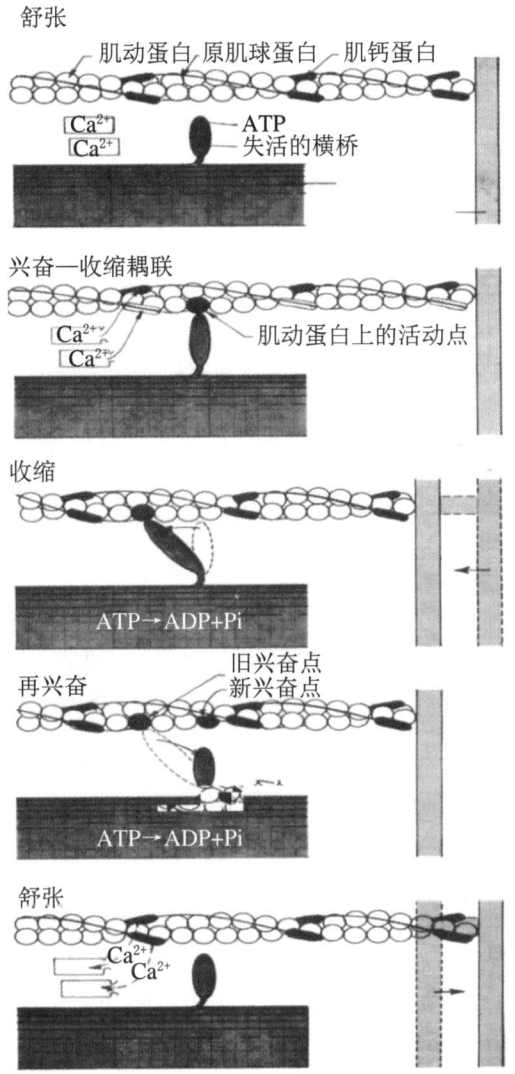

肌肉舒张时原肌球蛋白掩盖了肌动蛋白上的结合位点，横桥不能与之结合；当 Ca^{2+} 与肌钙蛋白结合时，肌钙蛋白和原肌球蛋白的构型发生改变，使肌动蛋白上被原肌球蛋白掩盖的结合位点暴露出来，横桥与之结合，并拉动细肌丝滑行，肌肉表现为收缩。

图 2-9 肌丝滑行原理示意图

（引自：Donald K. Mathews and Edward L. Fox）

（一）通过横小管的传递

兴奋（动作电位）通过横小管系统传导到肌细胞内部。横小管是肌细胞膜的延续，动作电位可沿着肌细胞膜传导到横小管，并深入到三联管结构。

（二）三联管结构处的信息传递

横小管膜上的动作电位可引起与其邻近的终末池膜及肌质网膜上的大量 Ca^{2+} 通道开放，Ca^{2+} 顺着浓度梯度从肌质网内进入肌浆，肌浆中 Ca^{2+} 浓度升高后，Ca^{2+} 与肌钙蛋白结合。原肌球蛋白呈双螺旋状，在安静状态下，原肌球蛋白分子位于肌动蛋白的活性位点之上，阻碍横桥与肌动蛋白结合。当细胞内 Ca^{2+} 浓度增高时，肌钙蛋白与 Ca^{2+} 结合，引起整个肌钙蛋白分子构型改变，进而引起原肌球蛋白分子变构，暴露肌动蛋白分子上的活性位点使肌动蛋白与横桥得以结合（图 2-10），最终导致肌纤维收缩。

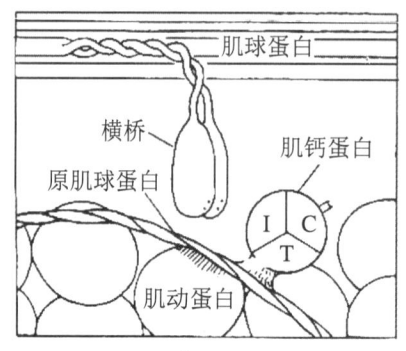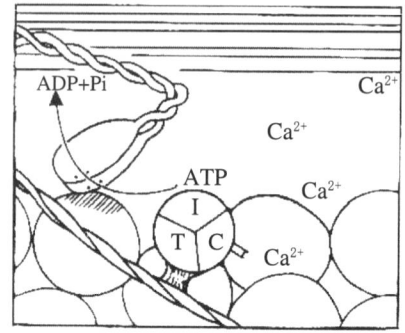

图 2-10　Ca^{2+} 通过和肌钙蛋白结合，诱发横桥和肌动蛋白之间的相互作用

（三）肌质网对 Ca^{2+} 的再回收

肌质网膜上存在钙泵（Ca^{2+}-Mg^{2+} 依赖式 ATP 酶），当肌浆中的 Ca^{2+} 浓度升高时，钙泵将肌浆中的 Ca^{2+} 逆浓度梯度转运到肌质网中贮存，从而使肌浆中 Ca^{2+} 浓度保持较低水平。由于肌浆中的 Ca^{2+} 浓度降低，Ca^{2+} 与肌钙蛋白亚单位 C 分离，最终引起肌肉舒张。

五、运动单位及其募集

（一）运动单位

一个 α-运动神经元和受其支配的肌纤维所组成的最基本的肌肉收缩单位称为运动单位（motor unit，MU）。

根据生理功能的不同，可将运动单位分为两类，即快收缩运动单位和慢收缩运动单位。快收缩运动单位的肌纤维兴奋时发放的冲动频率较高，收缩力量大，但容易疲劳，氧化酶的含量较低，属于快肌运动单位。慢收缩运动单位的肌纤维兴奋时发放的冲动频率较低，但发放可持续较长的时间，氧化酶的含量较高，属于慢肌运动单位。

运动单位的大小是不同的。一个运动单位中的肌纤维数目因肌肉不同而有所差别。如眼外直肌每个运动单位只有 5~7 条肌纤维，而腓肠肌有 200 多条肌纤维。一般说来，一个运动单位中的肌纤维数目越少就越灵活，但产生的力量小；一个运动单位中的肌纤维数目越多则产生的张力越大，但灵活性差。每个运动单位又可分成许多亚单位，每个亚单位由 10~30 条肌纤维组成。

在同一运动单位中，肌纤维的兴奋与运动是同步的，而同一肌肉中不同运动单位的肌纤维活动则不一定是同步的。

（二）运动单位募集（运动单位动员）

运动单位募集（motor unit recruitment）是指骨骼肌在完成收缩力量增加时，激活更多运动单位的现象。运动单位募集也可称为运动单位动员（motor unit involvement，MUI）。

肌肉收缩时参与的肌纤维数目越多，产生的张力就越大。由于肌肉中所有的肌纤维都属于不同的运动单位,因此,同时兴奋的运动单位数目决定了张力的大小。

运动单位募集反映了在一个特定肌群中运动神经元被激活的数量,也代表了在肌群中肌纤维被激活的数量。在肌肉收缩增加过程中,运动单位的募集顺序是从最小到最大,即对应的是慢收缩运动神经元到快收缩运动神经元,这被称为亨尼曼大小原则。

当肌肉做持续最大收缩运动时,运动单位募集可以达到最大水平,肌肉力量会随收缩时间的延长而下降,但运动单位募集基本保持不变(图2-11A)。这说明在最大力量收缩时,肌肉运动单位募集已经达到了最大值,随着疲劳程度的增加不会有新的运动单位再参与工作。由于肌纤维动作电位的产生和传导是相对不疲劳的,因此,在整个肌肉收缩过程中,运动单位募集始终保持最大水平。但由于肌肉疲劳时每个运动单位的收缩力量相对下降,因此,在持续最大用力收缩过程中,肌肉张力逐渐下降(图2-12B)。

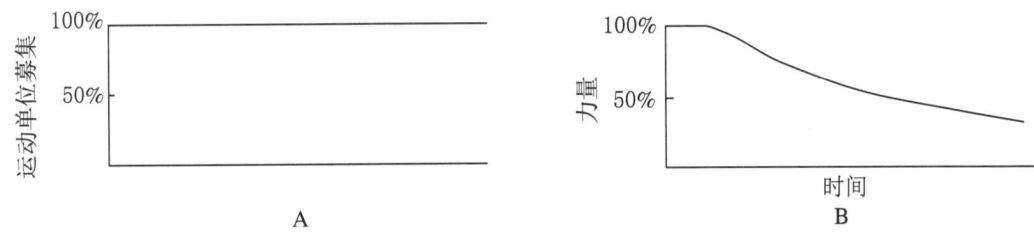

当肌肉做持续最大收缩时,运动单位的募集达到最大水平,肌肉力量会随时间延长而下降(B),运动单位的募集基本保持不变(A)。

图2-11 肌肉用最大力量收缩时肌力与运动单位募集的关系

(引自:Richard A. Berger)

如果让肌肉保持次最大力量(50%最大力量)收缩至疲劳,可以发现,在持续的收缩过程中,肌肉的张力可以基本保持不变(图2-12B),但运动单位募集却逐渐升高(图2-12A)。这是因为在次最大力量的收缩中,开始阶段只需要募集较少数量的运动单位就可以产生足够的力量,随着疲劳程度增加,参与工作的每个运动单位的收缩力量会有所下降。为了维持肌肉力量,就必须募集较多的运动单位参与工作,因此,在一定范围内,肌肉力量可以得到维持,但运动单位募集却随着疲劳程度的增加而增加。

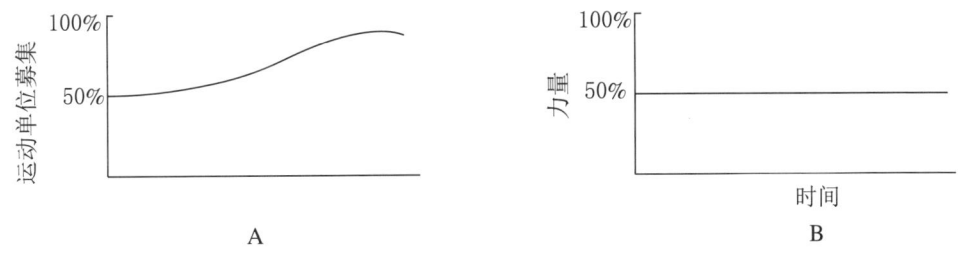

随着收缩时间的延长,参与工作的运动单位会发生疲劳,要保持力量不变(B),就需要募集更多的运动单位,因而运动单位的募集会逐渐增加(A)。

图2-12 肌肉用50%最大力量持续收缩时肌力与运动单位募集的关系

(引自:Richard A. Berger)

第二节 肌纤维类型与运动能力

对骨骼肌纤维类型的划分,依据肌纤维的颜色、收缩速度和肌纤维机能、代谢特点等有不同的分类方法。

一、肌纤维类型的划分

根据不同分类方法,可将肌纤维划分为如下几种类型。

(一)根据肌纤维的收缩速度划分

根据肌纤维的收缩速度可将肌纤维划分为快肌纤维(fast-twitch,FT)和慢肌纤维(slow-twitch,ST)。

(二)根据肌肉的色泽划分

根据肌肉的色泽可将肌纤维划分为红肌和白肌两种肌纤维。如果再结合肌肉的收缩速度,可将肌纤维划分为快缩白、快缩红和慢缩红三种类型。

(三)根据肌纤维的收缩速度及代谢特征划分

皮特(Peter,1997)利用肌原纤维 ATP 酶、琥珀酸脱氢酶或 α-磷酸甘油脱氢酶染色的方法,根据肌纤维的收缩速度及代谢特征可将肌纤维划分为快缩—糖酵解型(fast glycolytic,FG)、快缩—氧化—糖酵解型(fast oxidative glycolytic,FOG)和慢缩—氧化型(slow oxidative,SO)。

(四)根据肌球蛋白重链同功型划分

肌球蛋白由两条分子量约为220KD 的重链(myosin heavy chain,MHC)和两条分子量为16~27KD 的轻链(myosin light chain,MLC)组成。肌球蛋白重链决定着肌球蛋白性状。成年哺乳动物骨骼肌中有四种不同的 MHC 异形体,它们是 MHC-Ⅰ、MHC-Ⅱa、MHC-Ⅱx(或MHC-Ⅱd)和 MHC-Ⅱb 异形体。一般认为 MHC-Ⅱx(或 MHC-Ⅱd)是一种过渡型。肌纤维表现型的变化和肌纤维组成的变化形成了肌肉功能对环境适应性的基础。现在已经很明确肌球蛋白重链同功型是反映肌纤维类型的标志性蛋白。某些因素或者特殊环境,如运动、衰老、电刺激、微重力环境、模拟失重、肌肉激素水平的变化等因素均可引起 MHC表型的变化。各种肌纤维分类对应关系见表 2-1。

表 2-1 肌纤维分类对应表

速度和颜色	速度和代谢特征	肌球蛋白重链亚型	
快缩白	FG	MHC-Ⅱ	MHC-Ⅱb
快缩红	FOG		MHC-Ⅱa
慢缩红	SO	MHC-Ⅰ	

二、肌纤维的形态特征、机能特征及代谢特征

(一) 形态特征

不同肌纤维的形态学特征不同。快肌纤维的直径较慢肌纤维大,含有较多收缩蛋白。快肌纤维的肌浆网也较慢肌纤维发达。慢肌纤维周围的毛细血管网较快肌纤维丰富。并且,慢肌纤维含有较多的肌红蛋白,因而导致慢肌纤维通常呈红色。与快肌纤维相比,慢肌纤维含有较多的线粒体,并且线粒体的体积较大。在神经支配上,慢肌纤维由较小的运动神经元支配,运动神经纤维较细,传导速度较慢,一般为 $2\sim8m/s$;而快肌纤维由较大的运动神经元支配,神经纤维较粗,其传导速度较快,可达 $8\sim40m/s$。

(二) 机能特征

1. 肌纤维类型与收缩速度

快肌纤维收缩速度快,慢肌纤维收缩速度慢。

在人体的骨骼肌中,快肌运动单位与慢肌运动单位是相互混杂的,一般不存在单纯的快肌与慢肌。但每块肌肉中,快肌与慢肌运动单位的分布比例是不同的。通过肌肉收缩时所表现出的力量—速度曲线(图 2-13A)可以看出,肌肉中如果快肌纤维的百分比较高,肌肉的收缩速度较快,则力量—速度曲线向右上方转移。

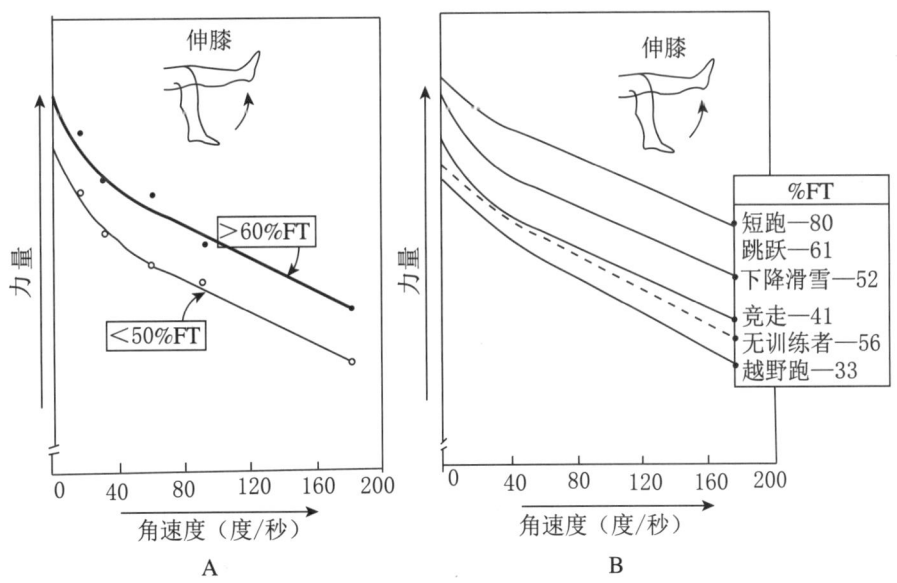

快肌纤维百分比高者,力量—速度曲线向右上方转移。

图 2-13 无训练者 (A) 和快肌纤维百分比不同的运动员 (B) 的力量—速度曲线

(引自:Edward L. Fox)

2. 肌纤维类型与肌肉力量

肌肉收缩的力量与单个肌纤维的直径和运动单位中所包含的肌纤维数量有关。由于快

肌纤维的直径大于慢肌纤维,而且快肌运动单位中所包含的肌纤维数量多于慢肌运动单位。因此,快肌运动单位的收缩力量明显大于慢肌运动单位。

在人体中,快肌纤维百分比较高的肌肉收缩时产生的张力较大。让受试者进行最大力量伸膝时发现,股外肌快肌纤维百分比较高的人,最大伸膝力量也较大,最大伸膝力量与快肌纤维百分比成正比。

由于收缩力量和速度均与肌肉中快肌纤维百分比有关,快肌纤维百分比较高的肌肉的收缩速度和力量均大于慢肌纤维百分比较高的肌肉,故快肌纤维百分比较高的肌肉的力量—速度曲线向右上方转移(图2-13A)。因此,运动员在完成某一动作时,如果参与工作的肌肉中快肌纤维百分比较高,则在同样的运动速度下能发挥较大的力量,而当肌肉力量相同时能产生较大的收缩速度。

图2-13B表示的是不同项目运动员的力量—速度曲线。可以看到,快肌纤维百分比越高的运动员,其力量—速度曲线在图中的位置越靠近右上方。那些从事需要发挥较大爆发力的运动项目(如短跑、跳跃及投掷等项目)的运动员,比其他运动员能在更高的运动速度下发挥更大的力量。也可以看到,快肌纤维百分比最低的耐力项目运动员(如越野跑),其曲线甚至低于无训练者。

从图2-13B中也可看出,尽管无训练者的快肌纤维百分比(56%)仅稍低于短跑(80%)和跳跃(61%)项目的运动员,但是由于缺乏训练,其肌肉的收缩力量及速度均较低,甚至低于快肌纤维百分比分别为52%和41%的高山滑雪和竞走项目的运动员。说明运动训练对肌肉的收缩力量和速度均有明显的影响,运动员通过运动训练可以使力量—速度曲线向右上方转移。

3. 肌纤维类型与疲劳

不同类型的肌纤维抗疲劳能力不同。图2-14比较了人的快肌纤维和慢肌纤维的抗疲劳特性。当以每秒180°的角速度重复完成最大用力伸膝运动时,在开始阶段股外肌中快肌纤维百分比为61%的受试者,其伸膝时股外肌的肌肉力量远远大于快肌纤维百分比为38%的受试者。而当继续进行重复收缩时,快肌纤维百分比为38%的受试者的力量下降速度较慢,而快肌纤维百分比为61%的受试者的力量下降速度较快,并且很快低于快肌纤维百分比为38%的受试者。由此可以认为,和慢肌纤维相比,快肌纤维在收缩时能产生较大的力量,但容易疲劳。

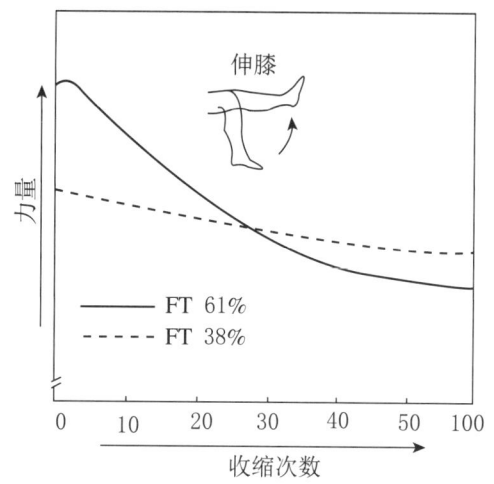

图2-14 快肌纤维和慢肌纤维与疲劳的关系

慢肌纤维抵抗疲劳的能力比快肌纤维强得多。这是因为慢肌纤维中的线粒体体积大且数目多,线粒体中有氧代谢酶活性较高,肌红蛋白的含量也比较丰富,毛细血管网较为发达,因而慢肌纤维的有氧代谢潜力较大。快肌纤维比较容易疲劳,这与快肌纤维的有氧代谢能力较低有关。快肌纤维含有较丰富的葡萄糖酵解酶，有氧代谢能力低，而无氧酵解能力较高。所以，在收缩时所需的能量大都来自糖的无氧代谢，从而引起乳酸大量积累，最终导致肌肉疲劳。

（三）代谢特征

慢肌纤维中氧化酶系统如细胞色素氧化酶（CYTOX）、苹果酸脱氢酶（MDH）和琥珀酸脱氢酶（SDH）等的活性都明显高于快肌纤维。慢肌纤维中作为氧化反应场所的线粒体大而多，线粒体蛋白（线粒体蛋白主要是各种氧化酶）的含量也较快肌纤维多；快肌纤维中线粒体的体积小，而且数量少，线粒体蛋白含量也少。实验证明，慢肌纤维氧化脂肪的能力为快肌纤维的4倍。

快肌纤维中一些重要的与无氧代谢有关的酶的活性明显高于慢肌纤维。如镁-三磷酸腺苷酶（Mg-ATPase）活性为慢肌纤维的3倍；肌激酶（MK）活性为慢肌纤维的1.8倍；肌酸激酶（CK）活性为慢肌纤维的1.3倍；乳酸脱氢酶（LDH）活性为慢肌纤维的2~2.5倍。可见快肌纤维的无氧代谢能力较慢肌纤维高。快肌纤维和慢肌纤维的一些不同的特性见表2-2。

表2-2 快肌和慢肌运动单位的比较

特性	快肌（FT）	慢肌（ST）
有氧能力	低	高
无氧能力	高	低
毛细血管密度	低	高
收缩时间	快	慢
收缩力量	大	小
动员模式	速度类活动	耐力类活动
在运动员中的分布	高（非耐力运动员）	高（耐力运动员）
疲劳性	快	慢

三、运动时不同类型运动单位的募集

在运动中不同类型的肌纤维参与工作的程度依运动强度而定。高耐克（Gollnick）等让受试者以64%最大摄氧量（$\dot{V}O_{2max}$）强度运动，发现慢肌纤维中的糖原首先被消耗，继而转向快肌纤维。甚至当慢肌纤维中的糖原完全空竭时，快肌纤维中还有糖原剩余。而以150% $\dot{V}O_{2max}$强度运动时，快肌纤维中的糖原首先被消耗。说明，在以较低的强度运动时，慢肌纤维首先被募集，运动强度较大时，快肌纤维首先被募集。

在运动训练时，采用不同强度的练习，可以发展不同类型的肌纤维。为了增强快肌纤维的代谢能力，训练计划必须包括大强度的练习；如果要提高慢肌纤维的代谢能力，训练计划就要由低强度、持续时间较长的练习组成。

四、肌纤维类型与运动项目

一般人上下肢肌肉的慢肌纤维百分比平均为 40%~60%。但从每个受试者来看，慢肌纤维百分比最低的为 24%，最高的为 74.2%，相差范围很大。这说明在一般人中肌纤维的百分比分布范围很广。

研究发现，运动员的肌纤维组成具有项目特点。参加时间短、强度大的项目的运动员，其骨骼肌中快肌纤维百分比较从事耐力项目运动员和一般人高；而从事耐力项目运动员的慢肌纤维百分比高于非耐力项目运动员和一般人；既需要耐力又需要速度项目的运动员（如中长跑、自行车等），其肌肉中快肌纤维和慢肌纤维百分比相当（图 2-15、图 2-16）。

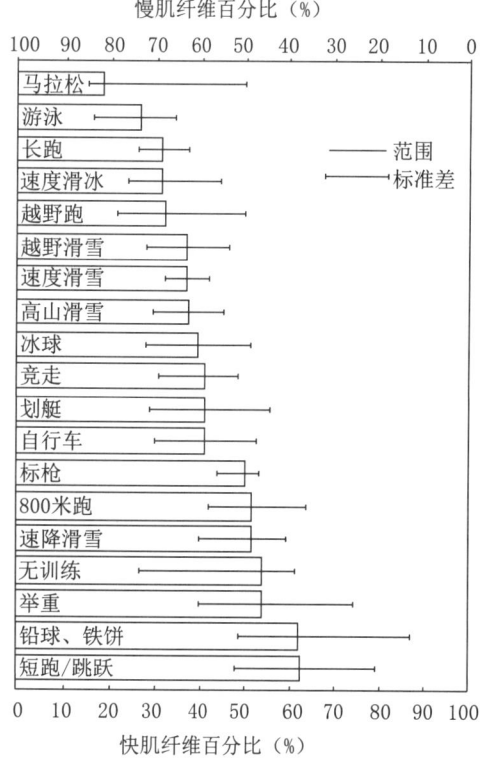

图 2-15 男运动员肌纤维类型分布

（引自：Edward L. Fox）

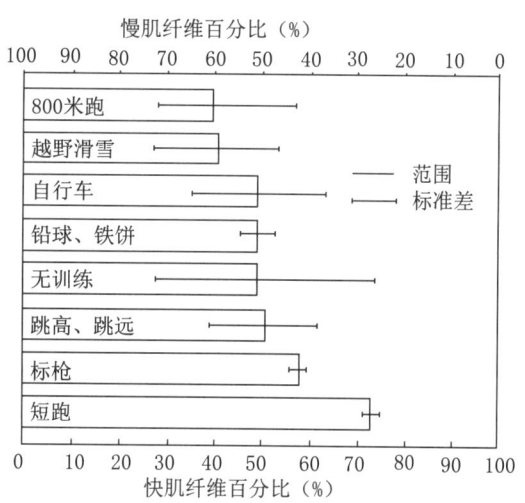

图 2-16 女运动员肌纤维类型分布

（引自：Edward L. Fox）

第三节 骨骼肌的收缩机能

骨骼肌作为一个黏弹性体，既具有伸展性和弹性，同时也受肌肉内部肌束和细胞内组织成分间的摩擦力的影响，进而影响其收缩机能。骨骼肌收缩时，在其长度变化的同时也表现出一定的张力和收缩速度。因此，可以根据相应的收缩特性将其分为向心收缩、等长收缩、离心收缩、等张收缩和等速收缩等收缩形式。

一、骨骼肌物理特性对收缩机能的影响

骨骼肌在受到外力牵拉或负重时可被拉长，这种特性称为伸展性。而当外力或负重取消后，肌肉的长度又可恢复，这种特性称为弹性。虽然骨骼肌具有伸展性和弹性，但是肌肉的伸展程度和所受外力或负荷并不呈线性关系，而是当外力和负荷逐渐增大时，其长度逐渐增加，幅度逐渐降低。而且，当外力或负荷取消后，肌肉的长度也不是立即恢复。这种现象是由骨骼肌在被拉长或回缩时肌浆内各分子间的摩擦力造成的。因此，除上述两种物理特性外，骨骼肌还具有黏滞性。黏滞性是由于肌浆内各分子之间的相互摩擦作用所产生的。可见骨骼肌不是一个完整的弹性体，而是一个黏弹性体。

骨骼肌的物理特性受温度影响。当温度下降时，肌浆内各分子间的摩擦力加大，肌肉的黏滞性增加，伸展性和弹性下降；当温度升高时，肌肉黏滞性下降，伸展性和弹性增加。在运动实践中，做好充分的准备活动，使肌肉温度升高，降低黏滞性，提高肌肉伸展性和弹性，有利于运动员提高运动成绩。

二、骨骼肌的收缩形式及其比较

当肌肉收缩时，肌原纤维内的肌动蛋白丝和肌球蛋白丝相对滑动。其滑动幅度可根据肌肉工作需要而定。肌肉收缩可表现为整块肌肉的长度发生变化，也可不发生变化。根据肌肉收缩时的长度变化，把肌肉收缩分为向心收缩、等长收缩和离心收缩及复合式的超等长收缩。另外，从其他收缩特性，如张力、速度等来分类，可以将肌肉收缩分为等张收缩和等动收缩。

(一) 按照骨骼肌收缩时长度变化分类

根据骨骼肌收缩时长度变化特点，可以把骨骼肌收缩形式分为向心收缩、等长收缩、离心收缩和超等长收缩。

1. 向心收缩

肌肉收缩时，长度缩短的收缩称为向心收缩（concentric contraction），又称缩短收缩。向心收缩时肌肉长度缩短、起止点相互靠近，因而引起身体运动。此时，肌肉张力增加出现在前，长度缩短发生在后。向心收缩是骨骼肌主动用力的收缩形式。肌肉向心收缩时，是做功的，其数值为负荷重量与负荷移动距离的乘积。

2. 等长收缩

肌肉在收缩时其长度不变，这种收缩称为等长收缩（isometric contraction），又称为静力收缩。肌肉等长收缩时由于长度不变，因而不能克服阻力做机械功。

等长收缩有几种情况：①肌肉收缩时对抗不能克服的负荷，如试图拉起根本不可能拉起的杠铃时，肱二头肌所进行的收缩就是等长收缩。②当其他关节由于肌肉离心收缩或向心收缩发生运动时，等长收缩可使某些关节保持一定的位置，为其他关节的运动创造适宜的条件，如做蹲起动作时，腿部和臀部的某些肌肉做向心收缩，同时肩带和躯干的某些肌肉发生等长收缩以保证躯干的垂直姿势。③要保持一定的体位，某些肌肉就必须做等长收

缩，如体操中的"十字支撑""直角支撑"和武术中的站桩，参加工作的肌肉就是做等长收缩。

3. 离心收缩

肌肉在收缩产生张力的同时被拉长的收缩称为离心收缩（eccentric contraction）。如下蹲时，股四头肌在收缩的同时被拉长，以控制重力对人体的作用，使身体缓慢下蹲，起缓冲作用。因此，肌肉做离心工作也称为退让工作。再如，搬运重物时将重物放下，或下坡跑和下楼梯等也需要肌肉进行离心收缩。肌肉离心收缩可防止运动损伤。如从高处跳下时，脚先着地，通过反射活动使股四头肌和臀大肌产生离心收缩。些时，由于肌肉离心收缩的制动作用，减缓了身体的下落速度，不至于使身体造成损伤。离心收缩时肌肉做负功。

★向心收缩、等长收缩和离心收缩三种不同骨骼肌收缩形式的比较

（1）力量

肌肉最大收缩时产生张力的大小取决于肌肉收缩的类型和收缩速度。同一块肌肉，在收缩速度相同的情况下，离心收缩或者超等长收缩可产生最大的张力。离心收缩产生的力量比向心收缩大50%左右，比等长收缩大25%左右。

关于肌肉离心收缩为何能产生较大的张力，一般认为有如下两个方面的原因：首先是牵张反射，肌肉受到外力的牵张时会反射性地引起收缩。在离心收缩时肌肉受到强烈的牵张，因此会反射性地引起肌肉强烈收缩。其次是离心收缩时肌肉中的弹性成分被拉长而产生阻力，同时肌肉中的可收缩成分也产生最大阻力。

（2）肌电

在等速向心收缩和离心收缩时，肌电与肌张力在一定范围内呈直线关系。积分肌电（IEMG）值与肌肉张力成正比。在负荷相同的情况下，因为离心收缩动员的肌纤维数量少所以离心收缩的积分肌电较向心收缩低。

（3）代谢

在输出功率相同的情况下，肌肉离心收缩时所消耗的能量低于向心收缩，其耗氧量也低于向心收缩。肌肉离心收缩时其他与代谢有关的生理指标的反应（如心率、心输出量、肺通气量、肺换气效率、肌肉的血流量和肌肉温度等）均低于向心收缩。

（4）肌肉酸疼

很早就发现，肌肉做退让工作时容易引起肌肉酸疼和损伤。研究表明，肌肉大负荷离心收缩引起肌肉延迟性酸疼和肌纤维超微结构改变以及收缩蛋白代谢的变化最显著，等长收缩次之，向心收缩最低。

4. 超等长收缩

超等长收缩（plyometric contraction）是指骨骼肌工作时先做离心式拉长，继而做向心式收缩的一种复合式收缩形式。

超等长收缩的优点在于，在做离心收缩工作时，肌肉先被迅速拉长，在肌肉被拉长过程中，肌肉中的牵张感受器受到刺激并产生兴奋，导致肌肉产生牵张反射性收缩。当肌肉

被拉长后产生的弹性势能及牵张反射性收缩,以及主动向心收缩所产生的力量形成合力时,肌肉将产生较大收缩力。如跳深练习时,股四头肌进行的就是一种典型的超等长收缩。

超等长练习与其他力量练习相比,更接近比赛时人体的运动形式,肌肉发力突然,技术结构相似,传递速度快,因而可得到更好的训练效果。

完成超等长练习时,肌肉最终收缩力量的大小是由肌肉在离心收缩中被拉长的速度和长度所决定的,而且肌肉被拉长的速度比被拉长的长度更为重要。

(二) 按照骨骼肌收缩时产生的张力、收缩的速度特点分类

根据骨骼肌收缩时产生的张力、收缩的速度特点,可以把骨骼肌收缩形式分为等张收缩和等动收缩。

1. 等张收缩

肌肉张力在肌肉开始缩短后即不再增加,直到收缩结束。这种收缩形式称为等张收缩(isotonic contraction),有时也称为动力性或时相性收缩。

在向心收缩过程中,所谓的等张收缩是相对的,尤其是在体情况下,更是如此。肌肉收缩过程中,往往通过骨的杠杆作用克服阻力做功。在负荷不变的情况下,要使肌肉在整个关节活动范围内以同样的力量收缩是不可能的。如当肌肉收缩克服重力垂直举起杠铃时,随着关节角度变化,肌肉做功的力矩也会发生变化,因此,需要肌肉用力的程度也不同。在整个运动范围内,肌肉用力最大的一点称为"顶点"。出现"顶点"主要是因为在此关节角度下杠杆效率最差,加上肌肉缩短损失一部分力量,而促成了"顶点"的产生。因此,在整个关节的运动范围内,只有在"顶点"肌肉才有可能达到最大力量收缩。这是等张训练的不足之处。

2. 等动收缩

在整个关节运动范围内,肌肉以恒定的速度,且外界的阻力与肌肉收缩时肌肉产生的力量始终相等的肌肉收缩称为等动收缩(isokinetic contraction)。由于在整个收缩过程中收缩速度是恒定的,等动收缩有时也称为等速收缩。在运动实践中,自由泳的划水动作就具有等动收缩的特点。

等动收缩和等张收缩具有本质上的不同。肌肉进行等动收缩时,在整个运动范围内都能产生最大的肌张力,等张收缩则不能。此外,等动收缩的速度可以根据需要进行调节。因此,理论和实践证明,等动练习是提高肌肉力量的有效手段。

通常要让肌肉做等动收缩必须有专门的仪器设备(即等动练习器)才能实现。等动练习器的主要部件是一个速度控制器。速度控制器可以保证无论参与工作的肌肉在收缩时产生多大的张力,其收缩速度不变,同时速度可调。在练习中可根据不同的目的和要求选择适当的速度。另外,还有力量的测试和记录装置,用来评定运动时的肌肉力量。

骨骼肌在做向心收缩时可以是等张收缩或等动收缩。同时,在做离心收缩时,也可以等张收缩或等动收缩的形式来进行。

三、骨骼肌收缩的力学表现

人体所有的运动都是在对抗阻力的情况下产生的,因此,肌肉力量在运动中具有至关

重要的作用。运动员在其他条件相同的情况下，肌肉力量的大小是决定运动成绩的主要因素。

（一）绝对力量与相对力量

某一块肌肉做最大收缩时所产生的张力为该肌肉的绝对肌力。肌肉的绝对肌力和肌肉的横断面大小有关，肌肉的横断面越大，其绝对肌力越大。而肌肉横断面的大小又取决于组成该肌肉的肌纤维数量和每条肌纤维的粗细。

绝对肌力只能反映肌肉力量的大小，不能反映肌肉每条肌纤维力量的大小。因此，引入了相对肌力的概念。相对肌力是指肌肉单位横断面积（一般为 $1cm^2$ 肌肉横断面积）所具有的肌力。如果某一块肌肉的绝对肌力为 60kg，肌肉横断面积为 $20cm^2$，则相对肌力为 $3kg/cm^2$（60/20=3）。

在整体情况下，一个人所能举起的最大重量称为某人的绝对力量。绝对力量的大小和体重有关，在一般情况下，体重越大绝对力量越大。如果将某人的绝对力量除以体重，可得到某人的相对力量，即每公斤体重的肌肉力量。如有甲乙两名受试者的绝对力量都是150kg，甲的体重为75kg，乙的体重为60kg。则甲的相对力量为每公斤体重2kg（150/75=2）。乙的相对力量为每公斤体重2.5kg（150/60=2.5）。因此，相对力量可更好地评价运动员的力量素质。

（二）肌肉力量与运动

1. 力量—速度曲线

肌肉收缩的快慢和所克服的外部阻力相关。当负荷较小时，肌肉收缩速度加快；当负荷较大时，肌肉收缩速度减慢。肌肉收缩时产生的张力大小，取决于活化的横桥数目；收缩速度则取决于能量释放速率和肌球蛋白ATP酶活性，与活化的横桥数目无关。

图2-17表示的是在运动中产生最大力量与运动速度之间的关系。当受试者在等动练习器上，以每秒0°～180°的速度伸膝时，记录下最大力量。当收缩速度为每秒0°时，此时产生的张力最大，这就是所谓的等长收缩。当运动速度增加时，肌肉产生的张力下降。

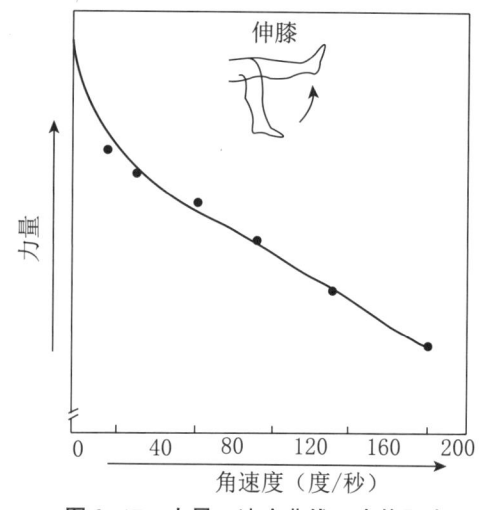

图2-17 力量—速度曲线（在体肌肉）

（引自：Edward L. Fox）

从力量—速度曲线上可以看出，在其他因素相同的情况下，要想得到较快的收缩速度，就必须降低负荷量。如果要克服更大的负荷阻力，肌肉的收缩速度就要减慢。通过不同负荷量的训练，可得到不同的训练效果。小负荷训练可使肌肉的收缩速度得到提高。大负荷进行训练，虽然可使肌肉力量得到较好的发展，但无助于收缩速度的提高。如果要达到最大的输出功率，得到最佳的训练效果，就必须采用最适负荷和速度。

2. 肌肉力量与运动速度

肌肉力量增加可以提高运动速度。一个人的力量从 100kg 增加到 120kg，那么他克服 100kg 负荷的速度就会比力量增加前快。当负荷量依次下降到 90kg、80kg、70kg 或 60kg 时，运动速度会越来越快。用最大等长力量与肢体运动速度相关的研究显示，力量越大的人动作速度越快。在负荷相同的条件下，力量越大动作速度越快。

3. 肌肉力量与爆发力

人体运动时所输出的功率，实际上就是运动生理学中所说的爆发力，是指人体单位时间内所做的功。

爆发力的计算公式为：

$$P = \frac{F \times D}{t} \tag{1}$$

由于

$$F = m \times a \tag{2}$$

所以公式（2）又可以写成：

$$P = \frac{m \times a \times D}{t} \tag{3}$$

式中：P 为功率（爆发力）（kg·m/s）；F 为力（kg）；D 为位移的距离（m）；m 为质量（kg）；a 为加速度（m/s^2）；t 为做功时间（s）。

在运动中使器械或人体体重（m）产生加速度（a）所需要的力（F）来自肌肉收缩。肌肉收缩使力量和加速度增加，加速度增加，完成运动所需要的时间（t）减少，从而使运动的输出功率（P）增加。在某些运动项目中，如投掷、短跑、跳跃、举重、拳击和橄榄球等项目，运动员必须有较大的爆发力。绝对爆发力除以体重就是相对爆发力。

在训练中是极大限度地提高相对爆发力还是绝对爆发力，取决于在所从事的运动项目中哪种素质更为重要。如短跑、跳跃等项目的运动员应保持较轻的体重，需要通过训练使肌肉的相对力量得到提高，同时又要使肌肉的收缩速度得到提高。对需要提高绝对爆发力的运动员，如投掷项目运动员，应增加肌肉的体积，提高运动员的绝对爆发力。这样可能使加速度有所下降，但不应下降到引起绝对爆发力下降的水平，此时需要找到使绝对爆发力与加速度两者结合能达到最佳运动能力的那一点。

在机体中，爆发力的产生还与神经中枢的骨骼肌总体控制有关，如运动单位的募集、主动肌、拮抗肌、固定肌之间的协调配合等。

第四节　运动对骨骼肌的影响

不论是一次性的剧烈运动，还是长期的运动训练都会对骨骼肌产生深刻的影响。骨骼肌的收缩引起各种形式的运动，同时也因其强烈的收缩使骨骼肌在超微结构层面产生断裂和损伤。长期的运动训练可以使骨骼肌纤维形态和代谢特征发生较大的适应性变化。

一、一次性运动对骨骼肌的影响

无论是普通人还是优秀运动员，从事不适应的运动负荷或大负荷运动，运动停止后

24~72h，运动肌会产生不同程度的酸痛，并伴随僵硬、肿胀和肌力下降等症状。肌肉酸痛不发生在运动期间或运动后即刻，而是在运动后24h开始逐渐加剧，因而称为延迟性肌肉酸痛（delayed onset muscle soreness，DOMS）。延迟性肌肉酸痛一般持续1~4天，5~7天后消失。现普遍认为，延迟性肌肉酸痛是不适应的运动方式，尤其是离心运动诱发的一种亚临床疼痛症状，一般不用经过临床治疗可自行治愈。在运动后，如果给予参与工作的肌肉针刺、按摩、理疗等手段进行处理，延迟性肌肉酸痛的症状会减轻，持续时间会缩短。肌肉酸痛可直接影响运动员的运动成绩，还可能引发运动损伤。

（一）延迟性肌肉酸痛与骨骼肌超微结构改变

骨骼肌在发生延迟性肌肉酸痛的同时，会伴随着骨骼肌纤维超微结构发生变化，这种变化在离心运动后更明显。研究表明，运动导致的骨骼肌纤维超微结构改变主要表现为肌节缩短，Z带扭曲、增宽、部分或全部消失，M线模糊、扭曲或消失，肌丝排列改变，粗细肌丝相互位置紊乱，部分肌丝断裂或消失等（图2-18、图2-19）。

运动后即刻骨骼肌的超微结构基本正常；运动后24h骨骼肌的超微结构发生改变，肌丝排列开始出现紊乱，肌节的长短不一；运动后48h，骨骼肌的超微结构发生严重改变，肌丝排列紊乱，肌节结构消失；运动后72h，骨骼肌超微结构改变开始恢复。

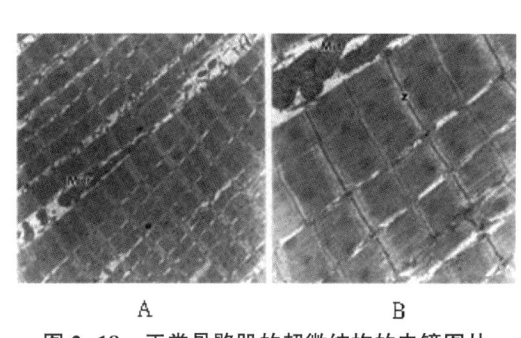

图2-18 正常骨骼肌的超微结构的电镜图片

图2-19 运动导致的延迟性骨骼肌超微结构改变

和延迟性肌肉酸痛一样，运动性骨骼肌纤维超微结构变化也具有延迟性特点，因此也称为延迟性骨骼肌纤维超微结构改变（delayed onset muscle ultrastructure change，DOMUC）。延迟性骨骼肌超微结构改变的特点是：运动后即刻结构变化程度较小，运动后24~72h变化程度逐渐加剧，5~7天恢复正常。

在运动后骨骼肌出现延迟性肌肉酸痛、超微结构改变的同时，还会伴随着肌肉僵硬、肿胀和收缩力量下降等症状。

（二）延迟性肌肉酸痛的产生机理

当骨骼肌承受了不适应的运动负荷或大负荷后，一方面，受试者会感觉到肌肉酸痛、僵硬；另一方面，骨骼肌超微结构会发生改变。延迟性肌肉酸痛和骨骼肌超微结构改变是一个事物的两个方面。当骨骼肌超微结构改变时，必然伴有延迟性肌肉酸痛的发生；而当骨骼肌有延迟性肌肉酸痛时，也必然有骨骼肌超微结构改变。一般说来，能解释延迟性肌肉酸痛的学说也能解释骨骼肌超微结构改变。

1. 肌肉痉挛学说

肌肉痉挛学说（muscle spasm theory）首先由德·弗里斯（De Vries，1961）提出。该学说认为，延迟性肌肉酸痛是由于骨骼肌局部发生痉挛造成的。由于痉挛使肌肉中的微血管受到挤压以致局部肌肉缺血，导致 P 物质等酸痛物质积累，这反过来又进一步刺激疼痛神经末梢，反射性地加剧了肌肉痉挛和局部缺血状态，进而形成恶性循环，最后导致延迟性肌肉酸痛。

2. 肌肉损伤学说

肌肉损伤学说（muscle damage theory）首先由霍夫（Hough，1902）提出。该学说认为，延迟性肌肉酸痛是由骨骼肌纤维损伤造成的。支持该学说的证据是大负荷运动后骨骼肌纤维会发生超微结构改变，且认为骨骼肌超微结构改变就是一种肌肉损伤。有的学者称为运动性肌肉损伤（exercise-induced muscle damage，EIMD）。也有人将运动导致的骨骼肌超微结构改变定义为骨骼肌微损伤。

另外，运动可导致骨骼肌细胞膜的通透性增大，使骨骼肌中的一些酶，如肌酸激酶（CK）、乳酸脱氢酶（LDH）等由细胞内流出，进入血液。血液中这些酶（肌酸激酶、乳酸脱氢酶等）数量的增多，通常也作为肌肉损伤的间接指标。这些酶在血液中浓度增加意味着骨骼肌细胞膜通透性增加和细胞膜损伤。

3. 急性炎症学说

急性炎症学说（acute inflammation theory）是由史密斯（Smith）和张（Cheung）等在系统地分析了延迟性肌肉酸痛与肌肉炎症反应（如肿胀、炎症因子浸润）之间的关系之后提出的。该学说的主要观点是：骨骼肌中含多种蛋白水解酶，在肌肉损伤后，这些蛋白水解酶降解损伤的蛋白质结构，结果不仅使缓激肽、组胺和前列腺素在损伤区域堆积，还使单核细胞和中性粒细胞浸润到肌肉损伤部位，使损伤肌肉内部出现水肿。最终，炎症因子和升高的渗透压刺激Ⅳ类神经感受器，引起肌肉酸痛。

4. 骨骼肌蛋白降解学说

骨骼肌蛋白降解学说（muscle protein degradation theory）由王瑞元等提出。该学说认为，延迟性肌肉酸痛和骨骼肌超微结构改变是由于运动导致骨骼肌收缩蛋白和骨架蛋白降解，使骨骼肌骨架解体，最终导致骨骼肌超微结构改变。研究表明，大负荷运动会导致骨骼肌中包括肌球蛋白（myosin）、肌动蛋白（actin）在内的收缩蛋白，以及包括结蛋白（desmin）、肌联蛋白（titin）、伴肌动蛋白（nebulin）在内的骨架蛋白等降解或解聚过程加强，而合成过程降低。由于收缩蛋白和骨架蛋白的降解或解聚，使维持骨骼肌正常收缩功能的细胞骨架受到破坏，从而在形态上表现出骨骼肌超微结构改变，在功能上表现出收缩能力下降。骨骼肌蛋白的降解导致骨骼肌的炎症过程发生，因而也会诱发延迟性肌肉酸痛。

根据骨骼肌蛋白降解学说，运动导致的骨骼肌超微结构改变是生理性的、一过性的，是骨骼肌中蛋白质代谢、重组的生理过程。它不是肌肉损伤，在正常情况下可自行恢复。但如果当骨骼肌超微结构改变还没有恢复就进行下一次大负荷运动，久而久之就会使骨骼肌超微结构改变发生积累，当这种积累达到一定程度就会发生运动损伤。

5. 钙离子损伤学说

该学说认为，延迟性肌肉酸痛是由于运动造成肌细胞内钙离子浓度增加，高浓度的钙离子对肌细胞有损伤作用。大负荷运动产生的高张力使细胞膜受到牵拉，从而激活 Ca^{2+} 通道，Ca^{2+} 顺浓度梯度进入细胞内。另外，细胞膜的损害首先可造成 Ca^{2+} 内流，其次造成运动后肌质网功能下降，摄钙能力下降也可导致胞浆内高钙。

肌细胞内异常高钙可通过以下途径对肌纤维造成损伤：①高 Ca^{2+} 激活了钙依赖性蛋白酶，使肌纤维内结构蛋白质降解；②线粒体为了缓冲肌浆内高钙而摄取了超量的 Ca^{2+}，抑制了细胞内呼吸和 ATP 生成，使 ATP 的再合成能力降低；③由于 Ca^{2+} 是肌肉收缩的起动因子，肌细胞内 Ca^{2+} 增高，使肌纤维收缩丧失控制，处于痉挛状态。

（三）延迟性肌肉酸痛的防治

1. 热疗

运动后对肌肉进行热敷可减轻延迟性肌肉酸痛和超微结构改变，其原因是：①肌组织温度增加，改善了结缔组织伸展性和关节活动范围，导致肌组织抗损伤能力加强；②热疗加快了血液流动速度，进而加快了肌组织性炎性介质的清除速率。

2. 静力牵张

在大负荷运动后，对参加工作的肌肉进行静力牵张，可有效地减轻肌肉的延迟性酸痛和超微结构改变。关于静力牵张促进运动导致的延迟性肌肉酸痛和超微结构改变的恢复作用的机理，有待于进一步研究。

3. 按摩

与静力牵张一样，在大负荷运动后，对参加工作的肌肉进行按摩，可有效地促进肌肉酸痛和超微结构改变的恢复。按摩治疗延迟性肌肉酸痛的机理是由于按摩产生的机械压力导致血流加快、肌肉张力减少和神经兴奋性改变。

4. 冷敷或冷疗

冷敷是非常有效的控制局部出血、肿胀，控制炎症的好方法，可以有效地减弱延迟性肌肉酸疼的症状。

每次冰敷的时间需控制在 20min 以内，温度最好是 0°C，冰敷的频率一般间隔 1~2h，可以根据皮肤表面的温度高低和肿胀疼痛的情况来增减冰敷的频率。

5. 针刺

卢鼎厚用斜刺针法治疗肌肉损伤获得很好的疗效。随后研究发现，针刺和静力牵张能显著地促进离心运动导致的骨骼肌超微结构改变的恢复。在对大负荷运动后的骨骼肌进行针刺后发现，和对照组相比，针刺 3h 后骨骼肌只有少数肌节可见超微结构改变，针刺 24h 后骨骼肌的超微结构恢复正常。

二、长时间运动对骨骼肌的影响

关于运动训练能否导致肌纤维类型转变目前还有争论。一种观点认为,每个人生来肌纤维类型的分布比例就已经确定,而且这种比例不能通过训练和其他方法得到改变。持这种观点的人认为,优秀运动员某种肌纤维占优势的现象是"自然选择"的结果,也就是说人的肌纤维类型组成是先天决定的,只有那些肌纤维组成占优势的运动员才能取得好成绩。另一种观点则认为,运动员长时间系统地从事某一专项运动训练,可使肌肉结构和机能产生适应性变化,通过训练可导致运动员肌纤维组成发生适应性改变,即"训练适应"的观点。上述两种观点各有一些实验支持,但都缺乏足够的证据。

不论运动训练能否改变肌纤维类型,但运动训练能使肌纤维形态特征和代谢特征发生较大的变化是毋庸置疑的。运动训练至少可以从以下两个方面对肌纤维类型产生较大的影响。

(一)肌纤维选择性肥大

萨尔庭(Saltin)发现耐力训练可引起慢肌纤维选择性肥大,速度、爆发力训练可引起快肌纤维选择性肥大。实验证明,通过10周的举重训练,快肌纤维面积由5473μm^2增加到7140μm^2($P<0.05$)。考斯特尔(Costil)发现长跑运动员慢肌纤维的相对面积要比快肌纤维的相对面积大22%($P<0.05$)。不同项目的赛跑运动员慢肌纤维相对面积见表2-3。

表2-3 赛跑运动员慢肌纤维相对面积

项目	性别	例数	慢肌纤维相对面积(STarea%)
短跑	男	2	22.7
	女	2	28.6
中跑	男	18	62.1
	女	7	60.4
长跑	男	14	82.9

(引自:Costil,1976)

萨尔庭对6名成年男受试者进行了5个月的长跑训练。在训练前后测定了受试者的最大摄氧量、慢肌纤维百分比、慢肌纤维相对面积、琥珀酸脱氢酶活性和磷酸丙糖激酶等指标后发现,受试者的最大摄氧量、慢肌纤维相对面积、琥珀酸脱氢酶和磷酸丙糖激酶在训练后都显著提高($p<0.01$),但慢肌纤维百分比却没有明显提高($p>0.05$),见表2-4。

表2-4 长跑训练对肌纤维的影响

指标	训练前	训练后	P
最大摄氧量(L/min)	3.9	4.5	<0.01
慢肌纤维百分比(ST%)	32.0	36.0	>0.05

续表

指标	训练前	训练后	P
慢肌纤维相对面积（STarea%）	27.9	38.1	<0.001
琥珀酸脱氢酶（SDH）[mmol/（g·min）]	4.7	9.1	<0.001
磷酸丙糖激酶[μmol/（g·min）]	27.1	58.8	<0.01

（二）酶活性改变

肌纤维对训练的适应还表现为肌肉中有关酶活性的有选择性增强（表2-4、表2-5）。考斯特尔研究了不同项目赛跑运动员和无训练者腿肌中琥珀酸脱氢酶（SDH）、乳酸脱氢酶（LDH）及磷酸化酶（PHOSP）的活性，发现在长跑运动员的肌肉中，与氧化供能有密切关系的琥珀酸脱氢酶活性较高，而与糖酵解及磷酸化供能有关的乳酸脱氢酶及磷酸化酶活性较低。短跑运动员则相反，乳酸脱氢酶和磷酸化酶活性较高，而琥珀酸脱氢酶活性较低。中跑运动员居短跑和长跑运动员之间。

表2-5 短、中、长跑运动员肌肉中酶活性的差异

项目	性别	例数	琥珀酸脱氢酶（SDH）	乳酸脱氢酶（LDH）	磷酸化酶（PHOSP）
短跑	男	2	12.9	1287	15.3
中跑	男	7	14.8	868	8.4
长跑	男	5	16.6	767	8.1
无训练者	男	11	7.4	822	7.6

（引自：Costil，1976）

第五节 肌电的测试原理与应用

骨骼肌在兴奋时，会由于肌纤维动作电位的传导和扩布，而发生电位变化，这种电位变化称为肌电。用适当的方法将骨骼肌兴奋时发生的电位变化引导、记录所得到的图形，称为肌电图（electromyogram，EMG）。

骨骼肌收缩时的肌电活动通过电极引导、生物电放大器放大、显示器显示、计算机数据采集等过程，转变成为可通过计算机进行计算、处理的数据，然后用适当的计算机软件进行分析处理，为医学诊断和科学研究提供可靠的依据。利用肌电研究骨骼肌的机能是运动生理学、运动医学常用的方法之一。

一、肌电信号的分析

肌电信号分析可分为"时域分析"和"频域分析"两种方法。时域分析中反映肌电信号振幅的指标包括积分肌电（integral electromyographic，IEMG）、均方根振幅（root mean square，RMS）等指标。频域分析常用的指标有平均功率频率（mean power frequency，MPF）和中心频率（median frequency，MF）。

积分肌电是指在一定时间内肌肉中参与活动的运动单位放电总量。即在时间不变的前提下，其值的大小在一定程度上反映参加工作的运动单位的数量多少和每个运动单位的放电大小。均方根振幅是指肌肉放电的有效值，其大小取决于肌电幅值变化，一般认为与运动单位募集和兴奋节律的同步化有关。均方根振幅往往用来描述数据静态特性，反映的是在一定时间内的肌肉放电的平均水平。

平均功率频率表示的是通过功率谱曲线重心的频率。中心频率表示的是在能量谱中将能量谱的总能量一分为二的频率。

二、肌电在体育科研中的应用

在体育科学研究中，肌电图被广泛地应用在以下几个方面。

（一）利用肌电图测定神经的传导速度

如果对神经通路的两个或两个以上的点给予电流刺激，可以从该神经所支配的肌肉上记录诱发电位，然后根据下列公式计算出神经的传导速度。

$$V = S/t$$

式中：V 为神经传导速度（m/s）；t 为两刺激点从刺激开始到肌肉开始收缩的时间差（s）；S 为两刺激点之间的距离（m）。

（二）利用肌电评定神经和肌肉的机能状态

肌肉疲劳时其肌电活动也会发生变化，因此可以用肌电评定骨骼肌的机能状态。

1. 肌肉工作过程中肌电幅值的变化

肌电幅值是指肌电信号的振幅大小。在肌电研究过程中，反映肌电幅值的指标有积分肌电和均方根振幅。

在肌肉等长收缩至疲劳的研究过程中发现，在一定的范围内，肌电幅值随着肌肉疲劳程度的加深而增加。帕特甫斯基（Petrofsky）让受试者的抓握肌以20%～70%最大肌力（MVC）的五种不同力量做等长收缩至疲劳的过程中，发现均方根振幅呈线性增加。70%最大肌力以上的等长收缩至疲劳时，虽然均方根振幅在整个收缩过程中也随疲劳的加深而增大，但增大的幅度逐渐减小。

以最大强度以下的肌力进行等长收缩时，肌电的幅值随着时间的延长而增加；而用最大肌力进行等长收缩时，随着肌力的下降肌电的幅值也逐渐下降。

疲劳时肌电幅度升高是由于肌肉在持续的工作过程中，先参与工作的运动单位发生疲劳。为了维持工作，必须动员其他新的运动单位参与工作，这就是所谓的运动单位的募集。由于运动单位数量的增加，积分肌电增加。

2. 肌肉工作过程中肌电频谱变化

研究表明，在肌肉工作过程中，肌电的频率特性可随着肌肉的机能状态的改变而发生变化。反映肌电频率特性的指标有平均功率频率和中心频率。

在研究肌肉持续工作至疲劳过程中发现，随着疲劳程度的加深，肌电的频谱左移，即平均功率频率降低。肌肉工作的负荷强度越大，疲劳的程度越大，平均功率频率和中心频率的减小就越明显。

（三）利用肌电评价肌力

当肌肉以不同的负荷进行收缩时，其积分肌电同肌力成正比，即肌肉产生的张力越大积分肌电越大。柯米（Komi）让受试者以4.5cm/s的速度做匀速的屈肘运动，肌肉的收缩形式分别为向心收缩和离心收缩。不论是疲劳前还是疲劳后，肱桡肌在工作中的积分肌电都随着肌张力的加大而增高，并存在线性关系。

（四）利用肌电进行动作分析

在运动过程中可用多导肌电记录仪将肌电记录下来，然后，根据运动中每块肌肉的放电顺序和肌电幅度，结合高速摄像等技术，对运动员的动作进行分析诊断。

目前，肌电分析技术在运动技术分析和评价中的应用越来越广泛。如利用肌电技术对田径、体操、举重、摔跤、足球、排球、篮球、乒乓球、网球、滑冰等诸多项目中的一些技术动作进行分析和评价，有效而及时地纠正运动员的错误动作，促进运动员运动技能的形成及运动成绩的提高。

◎【思考题】

1. 试述骨骼肌肌纤维的收缩原理。
2. 试述在神经—肌肉接头处动作电位是如何进行传递的。
3. 骨骼肌有几种收缩形式？它们各有什么生理学特点？
4. 为什么在最大用力收缩时离心收缩产生的张力比向心收缩大？
5. 骨骼肌肌纤维类型是如何划分的？不同类型肌纤维的形态特征、机能特征及代谢特征是什么？
6. 从事不同项目运动员的肌纤维类型的组成有什么特点？
7. 运动时不同类型肌纤维是如何被动员的？
8. 延迟性肌肉酸疼的产生原因与防治方法有哪些？
9. 试述肌电图在体育科研中的应用。

（北京体育大学　周　越）

第三章 运动与血液

CHAPTER 03

◎【教学目标】

通过本章内容的学习，了解血液的理化特征与血型；掌握血液在机体物质运输、机能调节、防御和保护等方面发挥的作用；掌握血液指标的意义及应用；培养学生在运动训练中使用血液指标监控与评定的能力；树立学生在训练和比赛中自觉具有反兴奋剂的意识。

血液主要由血浆和血细胞组成。血液有营养组织、调节人体温度、调节酸碱平衡、调节器官活动和防御有害物质等重要作用。

第一节 血液的组成和生理功能

血液是一种由血浆和血细胞组成的液态组织，在心血管系统内循环流动。血细胞为血液的有形成分，包括红细胞、白细胞和血小板。血浆是血细胞以外的液体部分。血浆除含有大量的水分外，还含有多种化学物质、抗体和激素等。血细胞内的物质不断地透过细胞膜与血浆中的物质进行交换。

一、血液的组成

（一）血细胞与血浆

从血管中取出的血液，一般称为全血。如在全血中加入适量抗凝剂，血液不凝固，保持液态。经离心沉淀后，血液可分为上、下两层。上层呈淡黄色的透明液体称为血浆，占全血的50%~60%；下层呈暗红色的不透明固体部分称为红细胞。在红细胞的上方，有一薄层的白色物质，是血小板和白细胞。血细胞占全血的40%~50%。血细胞中主要是红细胞，它在全血中所占的容积百分比称为红细胞比容（hematocrit value）或红细胞压积（hematocrit，Hct）。健康成人的红细胞比容，男子为40%~50%，女子为37%~48%。血小板和白细胞约占全血的1%。

流出体外的血液如不加抗凝剂处理，几分钟后就会凝固成胶冻血块。在室温内搁置1h以上，血块缩小，并在血块周围出现少量黄色澄清液，称为血清。血清与血浆虽是血液的液体成分，但成分不完全相同。主要区别在于血浆含有纤维蛋白原，而血清不含有纤维蛋白原。这是因为血液凝固时，血浆中的液体纤维蛋白原转为固体的纤维蛋白，网罗血细胞成为血块。

(二) 血液与体液

人体内含有大量的液体,即人体内的水分和溶解于水中的各种物质,统称为体液,占人体体重的60%~70%。体液的大部分存在于细胞内部,称为细胞内液,是构成细胞质的基本成分,占人体体重的30%~40%。小部分存在于细胞外部的液体,称为细胞外液,占人体体重的15%~20%。细胞外液主要包括存在于血管中的血浆和存在于各种组织细胞间隙的液体(也称组织液)。血浆约占人体体重的5%,组织液约占人体体重的15%。

二、血细胞生理

(一) 红细胞生理与血红蛋白功能

1. 红细胞生理

正常成熟的红细胞(erythrocyte, or red blood cell, RBC)没有细胞核,形状圆而扁,边缘较厚(约2μm),中央薄(约1μm),直径为6~9μm。红细胞在血管中流动时可因血流速度和血管口径不同而暂时改变形态,这种变形能力是影响血液流变性的重要因素。红细胞的寿命平均为120天,衰老的红细胞被巨噬细胞吞噬。正常成年男子每立方毫米血液中含有红细胞450万~550万个,平均为500万个,成年女子每立方毫米血液中含有红细胞380万~460万个,平均为420万个。红细胞的作用是运输O_2和CO_2、缓冲血液的酸碱度。

2. 血红蛋白的功能

血红蛋白(Hemoglobin, Hb)是红细胞内的主要成分,是一种结合蛋白质。每一血红蛋白分子由一分子珠蛋白和四分子亚铁血红素组成,珠蛋白分子量约占96%,亚铁血红素分子量约占4%。红细胞携带O_2和CO_2这一机能是靠红细胞内的血红蛋白来完成的。血红蛋白中的亚铁(Fe^{2+})在氧分压高时(肺内),易与氧结合,生成氧合血红蛋白(HbO_2),这种现象称为氧合作用。在氧分压低时(组织内),与氧容易分离,把氧释放出来,供细胞代谢之需要,这种现象称为氧离作用。

血红蛋白也能与CO_2结合成氨基甲酸血红蛋白,又称碳酸血红蛋白,在组织内(CO_2分压高)与CO_2结合,到肺内(CO_2分压低)放出CO_2。血红蛋白如此不断地运输O_2和CO_2,吐故纳新。另外,血红蛋白不仅有运输O_2和CO_2的作用,还有缓冲血液酸碱度的作用。

运动员经过系统的运动训练,血液的有形成分会发生一些变化。正常情况下,血红蛋白的变化与红细胞的变化是一致的,运动中凡能影响红细胞的因素都能影响血红蛋白。

(二) 白细胞生理

白细胞(leukocyte, or white blood cell, WBC)无色,有核,体积比红细胞大。根据形态、功能和来源可分为粒细胞、单核细胞和淋巴细胞。粒细胞又分为中性粒细胞、嗜酸性粒细胞和嗜碱性粒细胞。各种白细胞在白细胞总数中所占的百分比叫白细胞分类计数,简称白细胞分类。白细胞是机体实施免疫功能的最重要成分,白细胞数量的变化,直接影响机体的免疫功能。

正常人安静时血液中白细胞数为每立方毫米 4000~10000 个，白细胞的生理变动范围较大，一日之内，下午比早晨多；运动时比安静时多；进食后、炎症、月经期和分娩期都会增多。训练程度、季节气候对白细胞也有影响。

（三）血小板生理

血小板（platelets, or thrombocyte）是从骨髓中成熟的巨核细胞裂解下来的小块胞质。血小板在止血、凝血及纤溶过程中起着重要作用，还与毛细血管的完整性保持有关。其作用的发挥与本身所具有的黏附、聚集、释放等生理功能是分不开的。正常成人血小板的含量为每立方毫米 10 万~30 万个，平均寿命为 7~14 天。在运动后、饭后、组织损伤、大量失血及传染病后恢复期，血小板增加；月经开始时，血小板减少。血小板减少到 1/5（每立方毫米 2 万~5 万个）时，皮肤和黏膜下会出现血瘀点。

血小板的功能和生理特性主要表现有黏着、聚集、释放、收缩和吸附。这些特性与血小板的止血和凝血功能密切相关，一旦这些特性失常，血小板的功能也就会发生紊乱。

三、血液的理化特性

血浆和血细胞含有大量的水和化学物质，因此，使血液表现出下列理化特性。

（一）颜色和比重

血液的颜色取决于红细胞内的血红蛋白的含量。动脉血含氧多，呈鲜红色；静脉血含氧少，呈暗红色；皮肤毛细血管的血液近似鲜红色。血浆和血清因含胆红质，故呈淡黄色。正常人全血的比重在 1.050~1.060，全血的比重主要取决于红细胞的数量和血浆蛋白的含量。

（二）黏滞性

血液在血管内运行时，由于液体内部各种物质的分子或颗粒之间的摩擦，而产生阻力，使血液具有一定的黏滞性。液体的流动性一般是通过黏度来反映和度量的，因此，反映血液流动性和黏滞性的最重要标志就是血液的黏度。液体的黏滞性和流动性互成反比关系，即黏性越大流动性越小。正常人血液的黏滞性为蒸馏水的 4~5 倍，血浆的黏滞性为蒸馏水的 1.6~2.4 倍。

血液黏滞性主要取决于红细胞的数量和血浆蛋白的含量，另外，还有血细胞形状及在血流中的分布特点，表面结构和内部状态，易变形性以及它们之间的相互作用等。例如，登山运动时，由于空气稀薄，氧分压低，红细胞增多，血液黏滞性升高；长跑运动时，由于大量出汗，其结果引起血液浓缩，红细胞比例相对增大，血流阻力加大，血流速度缓慢，导致血压升高。所以，血液黏滞性对血流速度和血压都有一定影响。

（三）渗透压

渗透压是一切溶液所固有的一种特性，它是由溶液中溶质分子运动造成的。水分子通过半透膜向溶液扩散的现象称为渗透现象，简称渗透。

血液的渗透压一般指血浆渗透压。血浆渗透压由两部分组成，绝大部分来自血浆中的晶体物质，包括各种电解质的离子。其中，最主要的是氯化钠（NaCl），其次是碳酸氢钠（$NaHCO_3$）和非电解质的小分子化合物，如葡萄糖、尿素等。由晶体物质产生的渗透压称为晶体渗透压。另一部分来自血浆中的胶体物质，包括各种蛋白。其中最主要的是白蛋白，其次为球蛋白。由胶体物质产生的渗透压称为胶体渗透压。胶体渗透压较小，为25~30mmHg，胶体渗透压虽小，但可防止过多水分渗透出毛细血管，对水分出入毛细血管起着调节作用。所以，胶体渗透压对水在体内各部分体液中的分布具有重要作用。

正常人在体温37℃时，血浆渗透压约为5330mmHg，以血浆的正常渗透压为标准，与血浆正常渗透压近似的溶液称为等渗溶液（isotonic solution），如0.9%NaCl（生理盐水）、5%葡萄糖溶液等。高于血浆正常渗透压的溶液称为高渗溶液，低于血浆正常渗透压的溶液则称为低渗溶液。

血浆渗透压相对稳定，这是维持细胞正常机能活动所必需的条件。通常血细胞和组织细胞的渗透压都与血浆渗透压相等，从而使细胞保持正常形态和功能。红细胞在高渗NaCl溶液中，由于高渗溶液吸水力强，红细胞失水发生皱缩，丧失功能。在低渗NaCl溶液中，由于水分进入红细胞内过多，引起膨胀，最终破裂，红细胞解体，血红蛋白被释放，这一现象总称为红细胞溶解（haemolysis），简称溶血。红细胞对低渗溶液具有不同的抵抗力，表示红细胞具有不同的脆性。对低渗溶液抵抗力小，表示脆性大，反之，则表示脆性小。

血浆渗透压在正常生理情况下有一定的变动。在进行剧烈肌肉运动时，由于大量排汗和代谢产物（乳酸等）进入血液，渗透压暂时升高，大量饮水后，可以降低渗透压。但是这些变化可以很快通过肾脏排泄和皮肤泌汗进行调节，从而维持相对恒定的状态。

（四）酸碱度

正常人血浆的pH值为7.35~7.45，平均值为7.40。人体生命活动所能耐受的最大pH值变化范围为6.90~7.80。血浆pH值通常维持相对恒定，是因为血浆是缓冲溶液。血液中含有数对具有抗酸和抗碱作用的物质（称为缓冲对），统称为缓冲体系。缓冲体系中每一个缓冲对是由一种弱酸与该种弱酸的盐组成的。血液中的缓冲对如下。

1. 血浆中主要缓冲对

$NaHCO_3$（碳酸氢钠）/ H_2CO_3（碳酸）；蛋白质钠盐/蛋白质；Na_2HPO_4（磷酸氢钠）/ NaH_2PO_4（磷酸二氢钠）。

2. 红细胞中的主要缓冲对

$KHCO_3$（碳酸氢钾）/ H_2CO_3（碳酸）；血红蛋白钾盐/血红蛋白；氧合血红蛋白钾盐/氧合血红蛋白；K_2HPO_4（磷酸氢二钾）/ KH_2PO_4（磷酸二氢钾）。

血液中最为重要的缓冲对是血浆H_2CO_3与$NaHCO_3$这一缓冲对。在正常情况下，$NaHCO_3$/ H_2CO_3比值为20:1。若要保持这一正常比值，需要通过呼吸功能调节血浆中的H_2CO_3浓度和通过肾脏调节血浆中的$NaHCO_3$浓度，以及代谢等方面的配合作用。

例如，组织代谢所产生的酸性物质进入血浆，与血浆中的$NaHCO_3$发生作用，形成H_2CO_3（弱酸）。在碳酸酐酶（CA）作用下，H_2CO_3又解离为CO_2由呼吸器官排出，从而减低酸度，保持血液的酸碱度。又如，肌肉运动时的代谢产物——乳酸（HL）等进入血液后，部分被肝脏重新合成为肝糖原,另一部分在血浆中与碳酸盐类结合形成碳酸(H_2CO_3)和乳酸钠(NaL),H_2CO_3在碳酸酐酶(CA)的作用下分解为CO_2和H_2O,缓冲血液的酸度,其反应如下:

$$HL+NaHCO_3 \longrightarrow NaL+H_2CO_3 \xrightarrow{CA} CO_2+H_2O$$

当碱性物质(主要来自食物)进入血浆后与弱酸发生作用,形成弱酸盐,降低碱度。经过这两方面的调节,血液的酸碱度就能维持相对恒定。体内产生酸性物质往往多于碱性物质,所以,血液中的缓冲物质抗酸的能力远远大于抗碱的能力。

血液酸碱度的相对恒定,对生命活动有重要意义。如果血液 pH 值的变动超过正常范围,就会影响各种酶的活性,从而引起组织细胞的新陈代谢、兴奋性及各种生理机能的紊乱,甚至会出现酸或碱中毒现象。

碱储备。血液中缓冲酸性物质的主要成分是$NaHCO_3$,通常以每100mL血浆的$NaHCO_3$含量来表示碱储备量。常采用HL和$NaHCO_3$结合生成H_2CO_3,H_2CO_3再解离出CO_2,通过CO_2含量推算出$NaHCO_3$的含量。碱储备的单位是以每100mL血浆中H_2CO_3能解离出的CO_2的毫升数来间接表示,正常为50%~70%。

碱储备是一个很重要的生理生化指标,它能反映身体在运动时的缓冲能力,从而了解体内的代谢情况。有人测定运动员的碱储备量比未受过训练的人高10%。经常锻炼的人可使血液的缓冲能力提高,碳酸酐酶的活性增强。

四、血型与输血原则

详见二维码。

血型与
输血原则

五、血液的生理功能

(一)维持内环境的相对稳定

血液能维持水、渗透压、酸碱度和体温等的相对稳定。这些因素的相对稳定会使人体的内环境相对稳定。只有在内环境相对稳定时,人体组织细胞才有正常的兴奋性和生理活动。

(二)运输

血液不断地将从呼吸器官吸入的氧和消化系统吸收的营养物质运送到身体各处,供给组织细胞进行代谢;同时,又将全身各组织细胞的代谢产物(二氧化碳、水、尿素等)运输到肺、肾、皮肤等器官排出体外。

(三)调节

血液将内分泌器官分泌的激素运输到周身,作用于相应的器官(靶器官),改变其生理活动,起着体液调节作用。所以,血液是神经—体液调节的媒介。

通过皮肤的血管舒缩活动，血液在调节体温过程中发挥重要作用。温度升高时，皮肤血管舒张，血液将体内深部产热器官产生的热运送到体表散发；温度降低时，皮肤血管收缩，减少皮肤的血流量，以维持体温。

（四）防御和保护

血液中的白细胞对于侵入人体的微生物和体内的坏死组织都有吞噬分解作用，称为细胞防御。血浆中含有多种免疫物质，如抗毒素、溶菌素等（总称为抗体），能对抗或消灭外来的细菌和毒素（总称为抗原），从而减少传染性疾病发生的风险。血小板有加速凝血和止血作用，机体损伤出血时，血液能够在伤口凝固，防止继续出血，对人体具有保护作用。

第二节　运动对血液的影响

血量即循环系统内所含血液的总量，包括循环血量和少量的贮存血量。其中循环血量也称为血容量，包括血浆容量和血细胞容量。

一、运动对血容量的影响

（一）一次大负荷运动对血容量的影响

一次大负荷运动对血容量的影响，取决于运动的强度、持续时间、项目特点、环境温度、湿度、热适应和训练水平等。

从事短时间大强度运动时，循环血浆容量和血细胞容量都明显增加，而血细胞容量增加较明显。短时间运动时循环血量增加，主要是由于储血库里的血被动员进入循环，但是总循环血量出现下降，主要是因为毛细血管血液流向肌肉。而短时间运动出现的血液相对浓缩，其原因可能为储血库的血中血浆量相对较少，血细胞容量较大，进入循环血中使血细胞浓度相对增高，另外也可能是毛细血管静水压升高，导致毛细血管内液体流向组织间。

在长时间耐力性运动时，血浆量减少10%~15%。如果是因为运动强度或者环境等状况导致流汗，则血浆量的减少会更多，从而导致身体脱水，严重影响运动能力。同时，血浆量的下降，还会导致血液浓缩现象。

（二）长期运动训练对血容量的影响

正常成年人的血量占体重的7%~8%。人体在安静状态下，大部分血量都在心血管中迅速流动，这部分血量称为循环血量。还有一部分血量潴留在肝、脾等处，流动缓慢，血浆较少，红细胞较多，这部分血量称为贮存血量。

长期从事耐力运动可提高循环血量的适应能力，还可提高循环血量的总容量。

运动时由于贮存的血液被动员，使循环血量增加。运动员循环血量增加比无训练者大得多，而且以耐力性项目运动员增加更显著。一般人约增加10%，运动员可增加25%~30%，甚至以上。同时，由于各部位血管口径发生了变化，使血液大部分可能流向工作肌。运动时骨骼肌血流量比安静时可增加4~20倍，心肌血流量可增加3~5倍，而内脏、皮肤等部位的血流量却比安静时减少2~5倍。

耐力训练运动员循环血量要高于非运动员（表3-1）。

表3-1　耐力训练运动员和非运动员的循环血量及其成分

指标	运动员	非运动员
循环血量（L）	6.4	5.5
相对循环血量（mL/kg）	95.4	76.3
循环血浆量（L）	3.6	3.1
相对循环血浆量（mg/kg）	55.2	43.0
循环红细胞量（L）	2.8	2.4
相对循环红细胞量（mg/kg）	40.4	33.6
血细胞容积（%）	42.8	44.6

（引自：廖克尔，1977）

二、运动对红细胞与血红蛋白的影响

（一）运动对红细胞数量的影响

红细胞数量因运动而发生变化，其数量变化与运动的种类、强度和持续时间有关。有报道称，在100% $\dot{V}O_{2max}$ 强度运动后即刻，红细胞数量比运动前增加10%左右，运动后30min也还有5%的增加。

1. 一次性运动对红细胞数量的影响

一般认为，进行短时间大强度快速运动比进行长时间耐力运动红细胞增加得更明显。在同样时间的运动中，运动量越大，红细胞增加就越多。不过这种增多在很大程度上与血浆的相对和绝对减少有关，不能以单位容积血中红细胞的绝对数值作为评定红细胞数量变化的依据。

运动后即刻观察到的红细胞数增多，主要是由血液重新分布的变化引起的。长时间运动时，排汗和不感蒸发的亢进引起血液浓缩。运动中，肌细胞中代谢产物，如乳酸、无机磷酸盐等浓度升高，使细胞内渗透压增高、毛细血管中血浆渗透压梯度增大、K^+进入细胞外液使肌肉毛细血管舒张，这些因素均造成血浆水分向肌细胞和组织液移动，也使血液浓缩增加。而对于短时间运动后即刻的红细胞增多，有人认为，这主要是因为贮血库释放的较浓缩的血液进入循环血，相对提高了红细胞的浓度。在短时间的静力性或动力性运动中，肌肉持续紧张收缩使静脉受到压迫，血液流向毛细血管增多，使毛细血管内压升高，血浆中的水分渗出，也使血液出现浓缩。

运动中红细胞的数量会暂时性增加，在运动停止后便开始恢复，1~2h后可恢复到正常水平。

2. 长期运动训练对红细胞数量的影响

经过长时间、系统的运动训练，尤其是耐力性训练的运动员在安静时，其红细胞数并不比一般人高，有的甚至低于正常值，被诊断为假性贫血。这种现象在耐力性项目运动员中较为常见。值得注意的是，须具体加以分析才能区别真性贫血和假性贫血。目前国内运动员所采用的检测贫血的指标是按照临床医学的方法和标准，即以单位容积中血红蛋白的含量（g/dL）和以单位体积中红细胞的数量进行评定。这样，无法从整体上（如红细胞总量或单位体重中红细胞数和血红蛋白含量）加以评定。实际上，很多资料表明，运动员红细胞总量较一般人有明显增加。斯特朗（Strand）等报道，耐力训练可使人体血容量增加8%，其中血浆容量增加较多，红细胞容量增加相对较少。艾利特（Elite）等报道，耐力项目运动员红细胞容量增加15%，但血浆容量增加得更多。

由于运动员血容量增加与红细胞量增加相比在很大程度上是以增加血浆量为前提的，所以，血细胞容量的相应指标，如红细胞数、红细胞压积、血红蛋白含量等比一般人有降低的趋势。虽然单位体积的红细胞数、血红蛋白量不高，但红细胞总数和血红蛋白总量较高。

安静时运动员红细胞和血红蛋白总量增加，与进行紧张训练和比赛时（特别是跑步时），红细胞的工作性溶解作用刺激了红细胞和血红蛋白的生成机制有关。

由于红细胞和血红蛋白生成，仅保证所增加的循环血量中红细胞和血红蛋白维持"正常"浓度，维持运动员的红细胞和血红蛋白生成之间的正常比值，所以，单位容积内红细胞中血红蛋白的含量同正常值无明显差别甚至偏低。这种现象应视为运动员血液系统对训练的一种适应性反应。

安静时运动员的红细胞浓度下降和红细胞压积下降具有一定的意义。因为它降低了血黏度，减少了血循环的阻力，减轻了心脏负荷。而在肌肉运动时，血浆的水分丧失使血液比安静时相对浓缩，保证血红蛋白含量的相应提高，但又不至于明显影响血液的流变性，所以，优秀的运动员运动中血黏度、红细胞压积等没有明显变化。这表明，他们能承受血液中较大幅度的工作性变化而使血液维持在正常状态，并且在提高氧的运输能力上仍有较大的机能潜力。

由上述原因造成的红细胞数量偏低或血红蛋白含量下降而诊断为运动性贫血者，我们称为假性贫血，是红细胞机能性稀释的反映，是一种适应及健康的表现，不能误认为"贫血"。但也不能忽视有一些运动员是由于真正的运动性贫血而造成的红细胞数和血红蛋白含量的下降，虽然血液某些指标的测定结果相似，但发生机制和机能反应是与假性贫血有区别的。

（二）运动对红细胞压积的影响

运动时红细胞数量的变化直接影响红细胞压积的变化。其红细胞压积值的变化基本与红细胞数量的变化相一致。

在一定的温度和切变率（切变率是指流动的两层液体之间每单位距离内的流动速度，与液体黏度成反比，即低切变率时黏度升高，高切变率时黏度降低）下，正常人红细胞压积是影响血液黏度的主要因素。在正常黏度范围内增加红细胞数和血红蛋白浓度将有利于更好地运输氧，增加带氧能力。当压积超过50%以上时，血黏度将随细胞压积变化呈指数关系上升。此时，单位体积血液中的红细胞数目越多，则红细胞压积越高，血液黏度越高，使血循环阻力增加，对运动产生不利的影响。与此相反，红细胞比容降低时，虽红细胞数量减少，但却能降低血黏度，增加血液流动性，因而在全身或局部血压降低时，可改善微循环血流，增加氧气供应。

运动中红细胞数量和红细胞压积的变化与训练水平有关。另外，从事不同类型的运动和项目也会有所差别。对我国自行车运动员定量负荷前后红细胞压积的测定表明，优秀运动员运动前后红细胞压积没有明显变化，而训练水平较低的运动员红细胞压积在运动后即刻明显增加。这是因为训练水平较低的运动员，运动时由于红细胞压积增加（血液浓缩）使血黏度增加，致使循环阻力增加和心脏负担加重，从而限制或降低了运动能力。当然，血黏度增加的同时还引起一系列的连锁反应，如清除代谢产物、调节体温和运送营养物质的能力降低等。这些因素都会加速运动性疲劳的发生。因此，红细胞压积的变化和血黏度可作为评定耐力运动员机能的参考指标。

（三）运动对红细胞流变性的影响

1. 红细胞流变性

正常情况下，红细胞各自呈分散状态存在于流动的血液中，并在切应力作用下很容易变形，即被动地适应血流状况而发生相应的改变，以减少血流的阻力。红细胞的这一特性称为细胞的流变性。红细胞的高度变形能力，使它能顺利通过小于自身直径的微血管和狭窄部位。因此，红细胞的流变性是影响血液流动的重要因素，也是影响体内红细胞寿命和微循环有效灌注的重要因素。此外，红细胞膜的不断变形运动，还有助于促进细胞内成分的充分扩散转运，大大增加了氧气的转运效率。在某些情况下，如果红细胞的流变性下降，红细胞可发生聚集及变形性低下的改变，这将增加血黏度，影响血液的流速和氧气的交换。

红细胞流变性可通过测定红细胞渗透脆性、红细胞悬液黏度、红细胞滤过率、红细胞压积和红细胞电泳率等指标反映出来。

2. 运动时红细胞流变性的变化

运动时红细胞流变性依运动强度、运动持续时间和训练水平不同而有所差别。一次性极限强度运动也会使红细胞滤过率下降、悬浮黏度增加、红细胞变形性降低，并且这种变化可持续1h以上。对马拉松跑等超长距离项目运动员血液流变学研究结果发现，男、女马拉松运动员跑后红细胞滤过能力降低10%~20%，血浆渗透压升高。血浆渗透压升高是造成红细胞变形性降低的主要原因。

红细胞变形性降低可使血液流变性降低，并影响组织供氧和心脏负荷加重，使运动成绩下降，对运动后恢复也有不良影响。运动后心血管意外的发生可能与此有关。因此，无训练者不宜进行一次性高强度的极限运动。但经过系统训练的运动员安静时红细胞变形能力增加，有人认为，这是因为运动加快了对衰老红细胞的淘汰，代替以年轻的红细胞，降低了红细胞膜的刚性，增加了红细胞膜的弹性。

（四）血红蛋白与运动

1. 运动员血红蛋白正常值的评定

我国成年男性血红蛋白浓度为120~160g/L，成年女性为110~150g/L。血红蛋白过低或过高都会影响运动员的运动能力。血红蛋白低于正常值，即出现贫血，氧和营养物质供给不足，必然导致机体工作能力下降。血红蛋白值过高时，血液中红细胞数量和压积也必然增多。这样，血流的黏滞性增大，造成血流阻力增加和心脏负担加重，使血液动力学改变，也会引起身体一系列的不适应和紊乱。当血红蛋白为140g/L时，血黏度为4单位；血红蛋白为200g/L时，血黏度为6单位。正常生理活动应保持血黏度在4~5单位。因此，保持血红蛋白值在最适程度范围，可使运动员达到最佳机能状态，这也是科学训练的有效途径之一。

由于运动员血红蛋白值存在个体差异，不能用一个统一的正常值标准来评定其血红蛋白含量，因此，应针对每一个个体情况进行测定和分析。通过观察和分析运动员血红蛋白含量的变动，掌握运动员机能状态，有的放矢地调整运动员身体机能达最佳状态。另外，还可通过测定运动员的血红蛋白预测运动成绩等，应用血红蛋白指标时应注意的问题详见二维码。

血红蛋白指标的应用

2. 血红蛋白指标与运动员选材

实践证明，按每个运动员的血红蛋白平均值，可将血红蛋白值的个体差异分为三个类型：偏高型、正常型和偏低型。每一个基本类型中又可分为两个亚型，即标准差（SD）大于10g/L为波动大者，小于10g/L为波动小者。因此，理论上可以把运动员的血红蛋白分为六个类型。但在实际工作中经常遇到的只有四个类型：偏高波动小者、正常波动大者、正常波动小者和偏低波动小者。运动训练实践证明，运动选材以血红蛋白值高、波动小者为最佳。这种类型运动员能耐受大负荷运动训练，从事耐力性项目运动较好。而以血红蛋白值偏低、波动小者为较差。

在运动员训练期间，每周或每隔一周测定一次血红蛋白，1~2个月就可以基本判定运动员属哪种类型。但也要注意，分析时应根据运动训练的实际情况综合分析，并和同队的其他队员进行横向比较才较为客观。这个指标在耐力性项目或速度耐力性项目运动员选材时可做参考。

三、运动对白细胞的影响

（一）运动时白细胞变化的三个时相

早在20世纪30年代就有人报道运动后外周血中白细胞增多的现象，之后又有众多的研究观察到这一现象。苏联的叶果罗夫和兰道斯把运动引起的白细胞增多称为运动白细胞增多症，并将其分为三个时相，即淋巴细胞时相、中性粒细胞时相和中毒时相（表3-2）。

表3-2 运动过程中白细胞三个时相的变化

时相	中性粒细胞（%）			嗜碱性粒细胞（%）	嗜酸性粒细胞（%）	淋巴细胞（%）	单核细胞（%）	白细胞总数（个/mm³）
	幼稚	杆状	分叶					
安静时	1~2	2~5	55~65	0.5~1	2~5	25~30	3.8	5000~8000

续表

时相	中性粒细胞（%）			嗜碱性粒细胞（%）	嗜酸性粒细胞（%）	淋巴细胞（%）	单核细胞（%）	白细胞总数（个/mm³）
	幼稚	杆状	分叶					
淋巴细胞时相	1~2	2~5	44~55	0.5~1	2~5	40~50	3.8	10000~12000
中性粒细胞时相	1~2	26	65~75	0.5~1	1	12	3.8	10000~18000
中毒再生阶段	1~2	10~12	60	0.5~1	0	5~10	3.8	30000~50000
中毒变质阶段	1~2	26	60	0.5~1	0	5~10	3.8	20000~50000

（引自：克列托甫尼科夫）

淋巴细胞增多时相的主要特点是白细胞总数略有增加，可达每立方毫米1万~1.2万个，淋巴细胞数增加40%~50%，中性粒细胞相对减少10%~15%。这些时相在肌肉始动工作时、短时间轻微体力活动后及赛前状态都可出现。此时淋巴细胞增多，主要是由于肌肉活动使贮存血释放进入血液循环、淋巴结也释放大量淋巴细胞进入血液循环所致。

中性粒细胞增多时相的主要特点是白细胞数明显增加，可达每立方毫米1.6万~1.8万个。其中，中性粒细胞明显增加，淋巴细胞减少到10%~12%，嗜酸性粒细胞减少到1%~2%。此时相是有训练的运动员在进行长时间中等强度运动或大强度运动后出现的。

中毒时相可分为两个阶段——再生阶段和变质阶段。再生阶段的特点是白细胞总数大大增加，可达每立方毫米3万~5万个，嗜酸性粒细胞消失。变质阶段的血液中白细胞被破坏，白细胞总数开始减少。出现中毒时相是没有训练的人在进行长时间的、大强度的力竭性运动时，引起造血器官机能下降的不良反应。

（二）运动时白细胞的变化

研究表明，白细胞总数和淋巴细胞增加的最大幅度出现在最大负荷运动停止后即刻。其增加的幅度随最大负荷运动的持续时间延长而加大。以较低的强度运动时，无论是持续短时间（5min）还是长时间（30min），运动停止后即刻白细胞总数和淋巴细胞数的增加幅度都显著低于最大负荷运动后即刻。随着运动时间的延长，白细胞总数和淋巴细胞数的增加幅度反而减少。检测结果还表明，不同持续时间的运动后淋巴细胞数量的增加幅度总是大于白细胞总数的增加幅度。这些结果说明，运动后即刻白细胞总数和淋巴细胞数的增加幅度主要与运动负荷有关，而与运动负荷的持续时间关系较小。在30min以内的一次性运动后，无论运动的强度如何，白细胞增多的主要成分仍是淋巴细胞。

（三）运动后白细胞的恢复

运动后白细胞的恢复与运动强度和持续时间有关。运动强度越大，持续时间越长，白细胞的恢复速度就越慢。

运动引起的白细胞数量变化对机体的免疫功能有何影响，许多学者在这方面进行了探讨。爱德华（Edward）等发现，运动后外周血中白细胞数增加的同时伴有淋巴T细胞百分比的下降，TH/TS细胞比例下降（即辅助性T细胞与抑制性T细胞之比下降），这是细胞免疫功能下降的重要标志。运动后所发生的白细胞数量变化能否影响机体免疫功能，主要取决于白细胞数量变化的幅度和持续的时间。变化幅度小且变化持续时间短，不会影响免疫功能；变化幅度大，持续时间长（恢复慢），将对机体免疫功能产生深刻影响。

第三节　运动员血液中重要指标及其生理意义

血液含有大量与人体生理活动有关的成分。从全血、血清和血浆中测得的某些生化指标、酶、激素等指标的变化，是评价身体代谢水平、机能状态以及诊断疾病的重要依据。除了以上各节介绍的血液及血细胞指标，其他血液中可检测的指标详见二维码。

可检测的血液指标

◎【思考题】

1. 试述血液的组成与功能。
2. 试述运动对红细胞的影响。
3. 试述如何应用血红蛋白指标指导科学训练。

（武汉体育学院　孟思进）

第四章　运动与循环机能

◇【教学目标】

通过本章内容的学习，掌握心肌的生理特征、心脏泵血功能的评定及运动对心血管的影响；熟悉心电图的测试原理与应用、动脉血压产生的机制及影响因素；了解血液循环的概念、各种血管的功能特点、心血管活动的调节过程；培养学生运用心电图测试技术的能力，以及对安静和运动时心脏功能进行分析的能力；增强学生通过体育锻炼促进心血管健康的科学理念。

第一节　循环系统概述

循环系统（circulatory system）是个相对封闭的管道系统，包括心血管系统和淋巴系统两部分。心血管系统由心脏、血管以及存在于心脏和血管内的血液组成，血管部分包括动脉、毛细血管和静脉。

一、血液循环及其机能

在整个生命活动过程中，心脏不停地跳动，推动血液在心血管系统内循环流动，称为血液循环（blood circulatory）。血液循环的主要功能是保证体内 O_2、CO_2、各种营养物质、代谢产物及各种体液调节物质的运输，维持内环境稳定，调节体温，以及分泌生物活性物质，对全身其他多个脏器进行调节。

血液循环机能在生命活动中具有重要作用，对于机体的运动能力来说，循环机能更是起到了关键作用。机体通过血液循环将肌肉活动和肺通气相互耦联，从而保证了人体运动时供能系统的正常运转(图4-1)。在这一系统中，心脏的活动对维持机体血液循环起着最关键的作用。

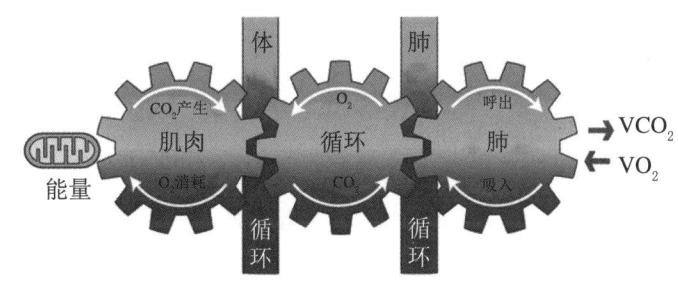

图 4-1　循环系统在肌肉活动和肺通气中的耦联作用

二、心脏的结构与血液循环途径

心脏是一个由心肌组织和瓣膜结构构成的中空器官,其主要功能是通过心肌的收缩推动血液流向身体各组织细胞,经由血液完成细胞与外界的物质交换过程。人类的心脏通过室间隔将其分隔为完全独立的左心和右心,通过二尖瓣和三尖瓣将左、右心脏分别分隔为左、右心房和左、右心室。心室肌收缩时血液从左心室射入主动脉,经各级动脉分支后到毛细血管,血液中物质与组织细胞物质在毛细血管处完成交换后,由动脉血转为静脉血,经各级静脉汇集后,分别由上、下腔静脉流入右心房,由右心房到右心室,完成体循环(大循环)过程。在左心室血液射入主动脉的同时,右心室亦收缩,将血液射入肺动脉,血液流经肺毛细血管时完成气体交换,由静脉血转为动脉血,此后经肺静脉流回左心房、左心室,完成肺循环(小循环)过程。在血液循环过程中,心肌的收缩舒张引起心脏血管各部位压力差,加上房室瓣、动脉瓣、静脉瓣等结构类似单向"阀门"的作用,保证了血液的单向流动。

第二节 心脏生理

心脏是血液循环的动力装置,是实现泵血功能的肌肉器官。在生命过程中,心脏不断做收缩和舒张的交替活动,舒张时容纳静脉血返回心脏,收缩时把血液射入动脉,为血液流动提供能量。通过心脏的这种节律性活动以及由此引起的瓣膜的节律性开启和关闭,推动血液沿单一方向循环流动。心肌的厚度会因位置和承受压力程度而有所不同。由于左心室需要克服比右心室大得多的阻力,将血液推向身体各部位,右心室只需将血液推向肺部完成气体交换,因此,左心室壁的肌肉厚度约为右心室的3倍,收缩力明显比右心室强。心肌和骨骼肌均属于横纹肌,但心肌细胞之间通过闰盘结构连接,使心肌纤维间的连接更加牢固,并且几乎能够使兴奋传导在细胞间同时进行。

一、心肌的生理特性

根据组织学和生理学特点,可以将心肌细胞分为工作细胞和自律细胞。工作细胞包括心房肌和心室肌,具备肌细胞的基本结构和功能特征,含有大量的肌原纤维,主要执行收缩功能。自律细胞主要包括窦房结细胞和浦肯野细胞,这类细胞从结构和功能方面都发生了特化,能自动有节律地产生和传导兴奋,组成了心内特殊传导系统。

心肌细胞具有自动节律性、传导性、兴奋性和收缩性四种生理特性。其中,自动节律性、兴奋性和传导性以心肌细胞的生物电活动为基础,属于电生理特性;收缩性以心肌细胞内的收缩蛋白的功能活动为基础,属于机械特性。在这四种特性中,工作心肌细胞不具有自动节律性,自律细胞不具有收缩性。心肌的电生理特性和机械特性紧密联系,收缩前先有动作电位产生,而后通过兴奋—收缩耦联引起心肌收缩;而收缩活动改变的信息可传递至细胞膜,从而影响电活动。异常情况下,会出现心肌细胞有电活动但不能产生收缩的现象,称为兴奋—收缩脱耦联。

(一) 自动节律性

自动节律性（autorhythmicity），是指心肌在没有外来刺激条件下，能自动产生节律性兴奋的能力或特性，简称自律性。在心肌组织中分布着一类特殊心肌组织——自律细胞，它们主要由位于上腔静脉与右心房结合处的窦房结细胞和房室交界处的浦肯野细胞组成。自律细胞相互联系组成特殊传导系统，自身产生的兴奋通过特殊传导系统传向工作细胞，引起工作细胞的兴奋及收缩。

在特殊传导系统中，不同部位的自律性存在差异。窦房结的自律细胞自律性最高，它产生兴奋并控制整个心脏活动的自律组织，故窦房结被称为心脏活动的正常起搏点，以窦房结为起搏点的心脏节律称为窦性节律（sinus rhythm）。窦房结自身每分钟兴奋约100次，但由于受到心迷走神经的制约，所产生的兴奋通常表现为70次/分钟左右。由于个体差异不同，正常心跳次数波动在60~100次/分钟。正常情况下，其他部位的自律组织仅起传导兴奋的作用，而不表现出其自身的节律性，所以，被称为潜在起搏点。在窦房结异常，不能完成起搏功能的情况下，潜在起搏点的自律性可能显现出来，主导心脏搏动，心跳次数会明显减慢，此时异常的起搏点称为异位起搏点。

(二) 传导性

心肌的传导性是指心肌细胞具有传导兴奋的能力或特性。心肌的收缩以生物电兴奋为前提，窦房结自律细胞产生的兴奋通过自律细胞构成的特殊传导系统传递到工作细胞，引起工作细胞兴奋从而产生收缩。心脏的特殊传导系统主要包括窦房结、房室结、房室束、左右束支和与工作心肌细胞相连的浦肯野纤维。兴奋由特殊传导系统传至工作心肌细胞并引起兴奋，其传导途径见图4-2。兴奋传导至房室交界处时，传导速度较慢，称为房室延搁，之后才传向心室，这就使心室在心房收缩完毕之后才开始收缩，不至于产生心房和心室收缩发生重叠的现象，有利于心室的充盈和射血。

在心脏内，心肌细胞之间通过闰盘端对端互相连接，闰盘内较多存在的缝隙连接保证了兴奋可以跨细胞传递。连接之间距离很近(<3nm)，且出现相互连通的亲水性通道，形成一个低电阻的区域，兴奋以局部电流的形式通过缝隙连接直接进入临近细胞，并引起动作电位且迅速扩布。所以，虽然心房和心室兴奋收缩不同步，但由于闰盘的存在，使心房肌各细胞的兴奋和收缩几近同步，心室肌各细胞的兴奋和收缩亦几近同步。

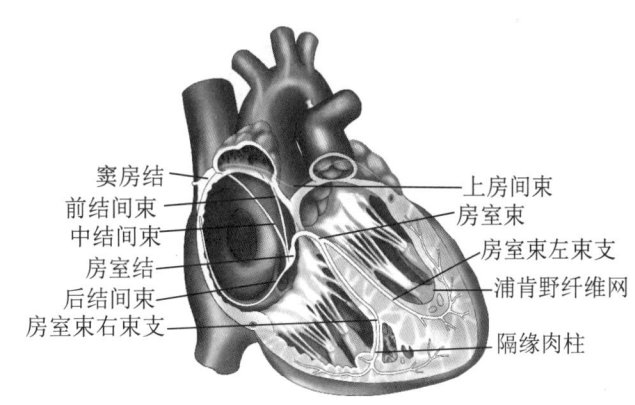

图4-2　心肌特殊传导系统兴奋传导过程

(三) 兴奋性

心肌的兴奋性是指心肌细胞在受到刺激时产生兴奋（动作电位）的能力。通常情况下,心肌接收由窦房结产生的、经特殊传导系统传递来的动作电位而兴奋,其兴奋性受心交感神经和心迷走神经影响。前者可提高其兴奋性,引起心跳加快、心肌收缩力加强;后者可降低其兴奋性,引起心跳减慢、心肌收缩力减弱。如同骨骼肌,衡量心肌兴奋性的高低,也可以采用阈刺激作为指标,阈刺激高表示兴奋性低,阈刺激低表示兴奋性高。

心肌细胞每产生一次扩布性兴奋之后,兴奋性都要经历有效不应期、相对不应期和超常期,然后才恢复到正常周期性变化。心肌细胞产生兴奋后,在一段短暂时间内,任何强度的刺激都不产生第二次兴奋,这段时间称为心肌的绝对不应期。随着时间的推移,心肌的兴奋性逐渐恢复,此时给予心肌细胞阈上刺激,则可能引起心肌再次兴奋,这段时期称为相对不应期。在绝对不应期稍长的一个时期内,细胞对阈上刺激也不能产生可传导的动作电位,这一时期称为有效不应期。动作电位结束即刻的一段时程,心肌兴奋性会稍高于正常水平,在受到阈下刺激时也会产生兴奋,此期称为超常期。之后兴奋性恢复到正常水平(图4-3)。

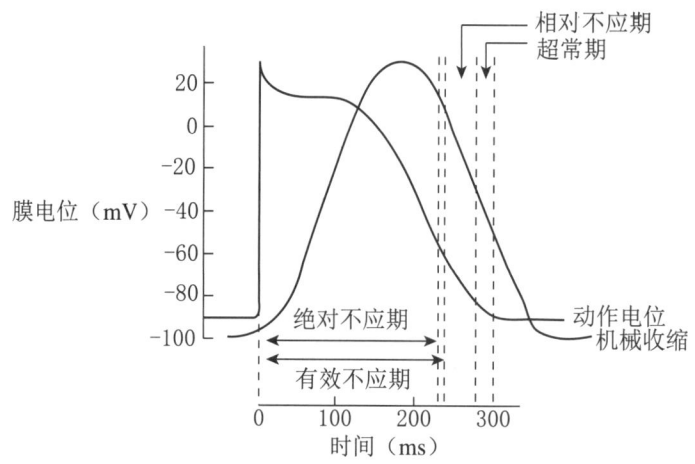

图4-3 心室肌动作电位期间兴奋性的变化及其与机械收缩的关系

需要强调的是,和骨骼肌细胞相比,心肌细胞兴奋性变化的特点是有效不应期特别长,可达200ms(相当于整个收缩期和舒张早期),而骨骼肌有效不应期仅约2ms。正是这种特点使心肌兴奋收缩一次后有足够长的时间舒张静息,而不会像骨骼肌那样出现完全强直收缩,使心脏能够有节律地舒缩活动,从而保证心脏泵血活动的正常进行。

通常情况下,心脏按窦房结的节律进行活动,窦房结发出的兴奋都是在前一次兴奋的不应期过后才传到心房和心室。因此,心房和心室都能按窦房结的节律进行收缩和舒张的交替活动。但在某些异常情况下,如果在心室肌的有效不应期后、下一次窦房结兴奋到达前,心室受到一次外来刺激,则可提前发生一次兴奋和收缩,分别称为期前兴奋和期前收缩。在临床中,期前收缩通常被称为早搏。由于期前兴奋也有自己的有效不应期,所以,紧接着期前收缩之后的一次窦房结的兴奋传到心室时,常常正好落在期前兴奋的有效不应期中,此时不能引起心室兴奋,而要等到再一次窦房结的兴奋传到时才发生收缩。因此,在一次期前收缩之后,往往出现一段较长的心舒张期,称为代偿间歇(图4-4),随之才恢复窦性节律。但在窦性心率较慢时,下一次窦房结的兴奋也可以在期前兴奋的有效不应期结束后才传到心室，在这种情况下，代偿间歇将不会出现。

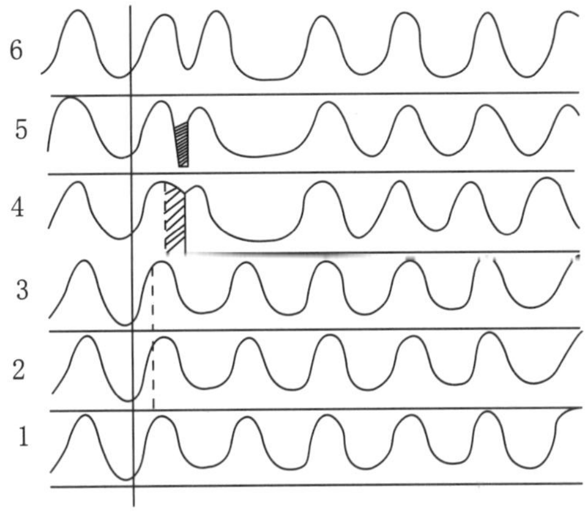

虚线表示给予电刺激的时间。曲线 1~3：刺激落在有效不应期内，不引起反应；曲线 4~6：刺激落在相对不应期内，引起期前收缩和代偿性间歇。

图 4-4　期前收缩和代偿间歇模式图

（四）收缩性

心肌细胞和骨骼肌细胞一样，在接受刺激发生兴奋后，诱发肌质网释放 Ca^{2+}，分解 ATP，消耗能量，粗肌丝横桥扭动引起细肌丝滑入，致使肌细胞缩短，发生心肌收缩。心肌的收缩力受前负荷（收缩前所承受的负荷）、后负荷（收缩后所承受的负荷）、心肌收缩能力、细胞外 Ca^{2+} 浓度、运动、肾上腺素等的影响。另外，心肌收缩与骨骼肌收缩过程相比较，有其自身的特点，主要表现如下。

1. 自动节律性收缩

由于心脏存在特殊传导系统，其中的细胞具有自动节律性，窦房结是引起心肌收缩的兴奋源，窦房结有节律地产生兴奋而引起心肌收缩。而骨骼肌收缩的兴奋源是运动神经中枢，不能通过自身来引起肌肉的收缩。

2. 对细胞外液的 Ca^{2+} 浓度有明显依赖性

心肌细胞的肌质网终末池不发达，容积很小，储存 Ca^{2+} 量比骨骼肌少，因此，受细胞外 Ca^{2+} 浓度改变影响较大。心肌兴奋—收缩耦联所需的 Ca^{2+} 除终末池释放外，有 10%~20%需要依赖细胞外液中的 Ca^{2+}，通过钙离子通道内流来补充。兴奋过后，肌浆中的 Ca^{2+} 一部分返回终末池储存，另一部分则转运出细胞。当血液等细胞外液 Ca^{2+} 浓度下降时，可导致心肌收缩力减弱。

3. "全或无"同步收缩

骨骼肌产生的同步收缩只能通过不同运动神经元和神经末梢同时发放神经冲动来引发，兴奋不能在细胞之间直接传递。由于各神经元的兴奋性高低各不相同，所以，其同步收缩性较差。心肌由于低电阻闰盘的存在，兴奋能通过闰盘在细胞间迅速传递，可以将整个心房肌或心室肌看成一个功能合胞体，兴奋传至心房或心室时，几乎同时遍及整个心房或心室肌细胞，从而引起所有心房肌或心室肌同时收缩。显然，对心室肌来说，这种同步收缩可大大提高心室的泵血效果。由于存在同步收缩，心脏要么不收缩，如果发生收缩，其收缩就达到一定强度，称为"全或无"式收缩。

4. 不发生强直收缩

心肌发生一次兴奋后，其有效不应期特别长，可达 200ms。在有效不应期内，心肌细胞不再接受任何刺激而发生兴奋和收缩，因此，心脏不会产生强直收缩，始终保持收缩和舒张交替的节律活动，从而保证了心脏的充盈与射血。

二、心脏的泵血功能

心脏的节律性收缩和舒张对血液的驱动作用称为泵血功能或泵功能，它是心脏的主要功能。心脏收缩时，将血液射入动脉，并通过动脉系统将血液分配到全身各组织；心脏舒张时，血液通过静脉回流到心脏。左、右心室的泵血过程相似，而且几乎同时进行。心脏泵血功能的评定是医学和运动实践中经常遇到的问题，主要通过检测泵功能的指标来实现。

（一）心动周期与心率

心脏的一次收缩和舒张构成一个机械活动周期，称为心动周期（cardiac cycle）。心脏每分钟搏动的次数称为心率。心率是指一分钟的心动周期数，二者成反比关系：

$$心动周期 = \frac{60}{心率}$$

每一心动周期可分为收缩期和舒张期，其长短与心率的快慢有关。例如，以心率 75 次/分钟计算，则一个心动周期为 0.8s，其中，心房收缩约为 0.1s，舒张期约为 0.7s，心室收缩期约为 0.3s，舒张期约为 0.5s。如果心率加快，心动周期相应地缩短，收缩期和舒张期也都相应缩短，其中，舒张期缩短更为显著（表 4-1）。

表 4-1 心率与心动周期的关系

心率（次/分钟）	收缩期（s）	舒张期（s）	心动周期（s）
75	0.35	0.45	0.80
90	0.32	0.34	0.66
120	0.28	0.22	0.50
150	0.23	0.17	0.40

可见，心率过分增快时，由于舒张期的显著缩短而使心室充盈不足，从而影响心脏的泵血功能。另外，心肌耗能量明显增加，容易导致心肌疲劳。

正常成年人安静心率为 60~100 次/分钟，平均约 75 次/分钟，若超过 100 次/分钟称为窦性心动过速，低于 60 次/分钟则称为窦性心动过缓。心率有明显的个体差异，不同年龄、性别和不同的代谢状况，心率都不同。新生儿的心率可达 130 次/分钟以上，随着年龄增长，心率逐渐减缓，到 15~16 岁时，已接近成年人水平。在成年人中，女性的心率较男性快 3~4 次/分钟。训练良好的耐力运动员，安静时心率较慢。同一人在不同的生理条件下，心率也有很大差别，熟睡时心率最慢，卧位比立位时慢，体力活动、进食后、体温升高时及情绪激动和精神紧张时心率都会加快。

每个人的心率增加均有一定限度，这个限度称为最大心率（maximum heart rate，HR-max）或极限心率。最大心率与年龄密切相关，随着年龄的增加而有所下降，平均每年减少 0.7~0.8 次/分钟。因此，最大心率可以粗略采用下列公式表示。

$$最大心率（次/分钟）= 220 - 年龄（岁）$$

需要说明的是，由于个体心率差异很大，且受机能水平、性别等因素的影响，上述公式推测值仅为粗略值，不适用于在科研工作中确定具体研究对象的最大心率和不同个体的横向比较研究。而在科研或训练监控中，常使用实验室或场地测试获得最大心率。事实上，机体运动中所表现的最大心率只能代表当时身体机能状态下的最大心率，以及反映身体对高心率刺激的耐受程度。随着机体对高心率刺激的适应和运动能力的提高，最大心率亦会有波动。

心率是了解循环系统机能的简单易行指标，也是反映身体整体代谢水平的重要指标，其快慢直接表现心脏收缩的情况。可以通过安静心率、运动时心率增加情况，以及运动后心率恢复速率来反映心脏收缩功能、运动强度以及整体机能状态。研究表明，运动训练对最大心率无影响或使其略有降低。

（二）每搏输出量与射血分数

1. 每搏输出量

每搏输出量（stroke volume，SV）指一侧心室一次心脏搏动所射出的血液量，简称搏出量。左、右心室搏出量基本相等。每搏输出量是心室舒张末期容积与收缩末期容积之差，正常成年人安静时每搏输出量约 70mL（60~80mL），随着代谢水平的提高而增加，达到最大值后，如果代谢水平进一步提高，搏出量有可能下降。

搏出量是反映心脏收缩功能的重要指标，受静脉回心血量和心肌收缩力的影响，一定范围内搏出量随着静脉回心血液增加（如身体从立位改为卧位）而增大。因为回心血量的充盈增加了心肌纤维收缩的初长度，反射性地提高心肌收缩力，通过增加心室舒张末期容积来提高搏出量。另外，当心交感神经兴奋、肾上腺素和去甲肾上腺素分泌增加时，心肌纤维收缩性也会明显增强，通过加强收缩，减小心室收缩末期容积（余血量）也可提高搏出量。

2. 射血分数

心室在每次收缩射血时，并不能将心室内血液全部射出。以左心室为例，每搏输出量占左心室舒张末期的容积百分比，称为射血分数（ejection fraction，EF）。

$$射血分数（\%）= \frac{搏出量（mL）}{左心室舒张末期容积（mL）} \times 100\%$$

射血分数是反映心脏泵血功能的重要指标。正常成年人安静时的射血分数为 55%~65%，在代谢水平增高（如剧烈运动）时，心肌收缩力增强使搏出量增加，射血分数会明显增加。射血分数下降表明心脏泵血功能的降低。与搏出量相比，射血分数能更准确地反映心脏的泵血功能。若单纯以搏出量作为指标而不考虑心室舒张末期容积是不全面的。心脏功能正常时，每搏输出量与舒张末期容积是相适应的。即心室舒张末期容积增大时，每搏输出量相应增加，其射血分数不变。但若心室病理性扩大时，心室功能减退，每搏输出量可能与正常人无异，但其射血分数明显下降。

(三) 心输出量与心指数

1. 心输出量

心输出量（cardiac output，CO）又称每分心输出量（minute volume，MV），是指一侧心室每分钟射出的血液量。左、右两侧心室的心输出量基本相等，通常以左心室每分射血量来表示。心输出量等于每搏输出量与心率的乘积。心输出量除与机体代谢水平相适应外，还因性别、年龄和生理状况不同而有差异。正常成年人安静状态下的心输出量为4.5~6.0L/min，在剧烈运动时可提高到25.0~35.0L/min。女性比同体重男性的心输出量约低10%，青年的心输出量高于老年。心输出量反映机体单位时间的血液循环量，是评定心泵功能最重要的指标之一。

2. 心指数

对于不同身高体重的个体而言，相同的心输出量并不能保证单位身体体积获得相同的供血量，还需考虑其身材对机体相对供血量的影响。实验表明，人体的心输出量并不与体重成正比，而与身体体表面积成正比。以单位体表面积（m^2）计算的心输出量称为心指数（cardiac index，CI）。安静和空腹情况下测定的心指数称为静息心指数，可以作为分析比较不同个体间心脏泵血功能的评定指标。

中等身材的成年人静息心指数为3.0~3.5L/（min·m^2）。心指数随生理条件不同而不同。年龄在10岁左右时，静息心指数最大，可达4.0L/（min·m^2）以上；以后随着年龄的增长而逐渐下降，到80岁时，静息心指数接近2.0L/（min·m^2）。肌肉运动时心指数随运动强度的增加而增高，妊娠、情绪激动和进食时心指数也会增高。

3. 心输出量的影响因素

心输出量的直接影响因素是每搏输出量和心率，因此，影响每搏输出量和心率的因素都有可能影响心输出量的大小。而每搏输出量的多少主要取决于心室的前负荷、后负荷和心肌收缩力等。

每搏输出量是心室舒张末期容积和收缩末期容积之差，舒张末期容积增加或收缩末期容积减少都会引起搏出量增加。而舒张末期心室容积受到心舒张期静脉回心血量的影响，因此，只要有助于静脉回流的因素都可导致搏出量的增加。如由立位改为卧位，由于重力的原因，有利于静脉血的回流，心脏舒张期延长也有助于静脉回流，这都会导致搏出量明显增大。如果运动引起交感神经兴奋、儿茶酚胺分泌增加，可引起心肌收缩力增强，使心室收缩末期余血量减少，更多的血液射入动脉，搏出量也会明显增加。可见，静脉回心血量和心肌收缩力直接影响到每搏输出量，从而间接影响到心输出量。

心率是影响心输出量的另一个重要因素。在一定范围内，心输出量随着心率的加快而增加，但超过一定心率范围，心输出量将不再随心率的加快而增加，心率过快时甚至还会随之减少。究其原因，是搏出量随心率而发生改变。在一定范围内，搏出量随着心率的加快而增加，此时心输出量因心率和搏出量的共同增加而明显增高。随着心率的继续加快，搏出量的增加减慢甚至停止，此时达到最大搏出量，一般人心率通常在 120~130 次/分钟时，搏出量达到最大。当心率进一步加快至 140~150 次/分钟时，由于心动周期缩短，特别是心脏舒张期大幅缩短，使静脉回心血量减少，搏出量开始降低，降低的程度随心率的加快而增大。当心率超过 180 次/分钟后，由于心率加快对心输出量的增高幅度已经低于搏出量减少对心输出量的降低幅度，使心输出量呈下降趋势。可见，并不是心率越快，心输出量越大。同样，如果心率过缓（低于 40 次/分钟），虽然舒张期延长，心脏能获得足够的血液充盈，使每搏输出量有所增加，但因心率过低，每分输出量同样会减少。

（四）心力储备

心脏的泵血功能能够广泛适应机体不同生理条件下的代谢需要，表现为心输出量可随机体代谢率的增长而增加。健康成年人静息状态下的心输出量为 4.5~6.0L/min。剧烈体育运动时，心率高达 200 次/分钟以上，心输出量可达 25~30L/min，为安静值的 5~6 倍，表明心脏泵血功能有较大的可变性。心输出量随机体代谢需要而增加的能力，称为心力储备（cardiac reserve）或心泵功能储备。心脏每分钟能够射出的最大血量，称为最大心输出量。心力储备可以用最大心输出量与安静心输出量之差来表示。心力储备包括搏出量储备和心率储备，搏出量储备用最大搏出量与安静搏出量之差来表示，心率储备用最大心率与安静心率之差来表示。

心力储备的大小反映心脏泵血功能对代谢需要的适应能力以及心脏的训练水平。有良好耐力训练的人其最大心输出量可达静息输出量的 6~7 倍，个别优秀耐力运动员甚至可达到静息输出量的 8 倍（40L/min 以上）。有些研究资料认为：坚持体育锻炼的人，心肌纤维较粗，心肌收缩能力增强，因此收缩期储备增加；同时，由于静息心率因训练而减慢，故心率储备也增大。例如，优秀耐力运动员的静息心率可低到 50 次/分钟以下，而运动时最高心率达 190~200 次/分钟，搏出量仍不减少，使最大心输出量大幅度增加。

（五）心室舒张功能

研究发现，心室舒张功能较收缩功能更加敏感地反映心肌泵血功能状态。当心肌出现疲劳或早期损伤时，心肌收缩功能通过代偿调节作用并未表现出下降，此时，心脏射血量并无明显降低，这种射血量的维持是通过加强心肌收缩功能完成的。同时，心肌舒张功能可出现明显减弱，主要表现在心室血液快速充盈速率和快速充盈量下降，心室血液充盈量减少，最终导致心脏泵血功能降低。

第三节 血管生理

遍布于人体各组织、器官的血管（动脉、毛细血管和静脉）是一个密闭的管道系统，它们与心脏一起构成了心血管系统。各类血管的结构特点不同，在血液循环中发挥着不同的作用。随着心脏的节律性收缩和舒张，血管的容积、管内压力也发生周期性改变，主要表现为血液压力的变化和动脉管壁的搏动。

一、血管的功能特点

血管可按组织学结构和生理功能不同进行分级。按组织学结构可分为大动脉、中动脉、小动脉、微动脉、毛细血管、微静脉、小静脉、中静脉和大静脉；按血管生理功能可分为弹性贮器血管、分配血管、毛细血管前阻力血管、交换血管、毛细血管后阻力血管和容量血管等。

动脉是将血液从心脏送至毛细血管的血管，静脉是将毛细血管内血液送回心脏的血管，毛细血管则是连接动、静脉血管的血管。由于各级血管所处的部位、管径和管壁厚度不同，构成管壁的内皮、弹力纤维、平滑肌和胶原纤维成分差异，故具有不同的功能（图4-5）。

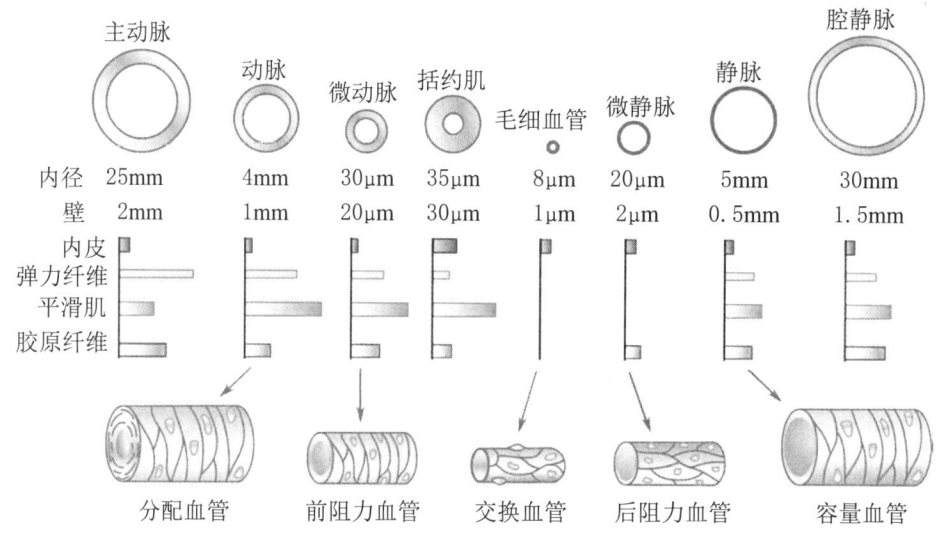

图4-5 各级血管的基本组织及功能示意图

弹性贮器血管是指主动脉和大动脉，其管壁较厚，含有丰富的弹力纤维，在左心室射血时，主动脉和大动脉壁能被动扩张，将一部分血液暂时储存起来并缓冲血压波动，当心室舒张且主动脉瓣关闭后，被扩张的动脉管壁发生弹性回缩，把射血期储存的那部分血液继续推向外周。弹性贮器作用使心室的间断射血转化为血液在血管中连续流动，同时，使心动周期中血压的波动幅度变小。

分配血管是指中动脉，即从大动脉分支直到小动脉前的各级动脉管道。其管径逐渐变细，管壁逐渐变薄，管壁中的弹力纤维逐渐减少，而平滑肌的成分逐渐增多。分配血管的功能主要是将血液运输至各器官组织。

毛细血管前阻力血管是指小动脉和微动脉，其管壁内径只有20~30μm，对血流阻力很大，血液在血管系统中流动时所受到的阻力主要来自此处。在微动脉和毛细血管交接处的血管壁有平滑肌环绕，构成毛细血管前括约肌，属于毛细血管前阻力血管的一部分，主要控制毛细血管的启闭，起着毛细血管血流量阀门的作用。

交换血管是指毛细血管，位于动、静脉之间，管径很细，仅由一层扁平内皮细胞构成，其外只有一薄层基膜，故通透性很大，因数量多故总的截面积非常大。血液在毛细血管内的流速十分缓慢，使此部位成为血管内血液与血管外组织液进行物质交换的场所。

毛细血管后阻力血管是指微静脉，其管径较小，对血流产生一定的阻力，但其阻力在总阻力中占比较小。毛细血管后阻力血管可影响体液在血管内和组织间隙内的分配情况。

容量血管是指静脉血管，静脉和相应的动脉比较，其数量较多、口径较大而管壁较薄，故容量大。此外，静脉血管的可扩张性也大，较小的压力变化可使容量发生较大的变化。在安静状况下，60%~70%的循环血量容纳在静脉中。静脉的口径发生较小变化时，静脉的血量就可发生较大变化，而压力的变化并不大。静脉的这种特性使它在血管系统中起着血液储存库的作用。

二、动脉血压和动脉脉搏

（一）动脉血压

血压（blood pressure，BP）是指血液在血管内流动时对单位面积血管壁的侧压力。平常我们所说的血压是指动脉血压，即血液对单位面积动脉管壁所产生的侧压力。血压的单位是国际标准压强计量单位千帕（kPa），但人们通常用传统的毫米汞柱（mmHg）来表示血压的高低（1mmHg=0.133kPa，1kPa=7.5mmHg），目前两种表示方法并用。为方便阅读和学习，本书以 mmHg 表示血压单位。

1. 动脉血压的形成

动脉血压的形成是在有足够的血液充盈的前提下，由心室收缩射血、外周阻力、主动脉和大动脉的弹性贮器协同作用产生的。

心血管系统中有足够的血液充盈是动脉血压形成的前提条件。循环系统中血液的充盈程度可以用循环系统平均充盈压（mean circulatory filling pressure，MCFP）来表示，它的高低取决于血量和循环系统容积之间的相对关系。若血量增多或循环系统容积减小，则循环系统平均充盈压增高；若血量减少或循环容积增大，则循环系统平均充盈压降低。

心室收缩射血是形成动脉血压的必要条件，它为血压的形成提供能量。每次射出的血量在心缩期只有约 1/3 的血液流向外周，其余的 2/3 血液潴留在主动脉内，对管壁施加侧压力，拉长了管壁的弹性纤维，使动脉管壁被动扩张。通过这种方式，将一部分能量以势能的形式储存于被拉长的弹性纤维中。心室舒张时，在心缩期被扩张的主动脉由于管壁弹性纤维的回缩，压迫血液继续向外周流动，保证了血流的连续，并保持一定的血压。

外周阻力主要是指小动脉和微动脉对血流产生的阻力，它是影响血压形成的重要因素。心脏每次射出的血液在血管中流动时，由于血液质点的相互摩擦，以及血液与血管壁的摩擦而产生血流阻力，特别是外周小动脉和微动脉，由于其数量庞大，血管口径变化较大，对血流形成的阻力较大。

主动脉和大动脉的弹性贮器对血液循环起着两种作用：一是把心室收缩时释放的一部分能量以势能的形式储存起来，于心舒期推动血液继续流动；二是缓冲动脉血压的变化，使心室收缩时动脉血压不致过高，舒张时动脉血压不致过低。这种弹性贮器作用可以减小动脉血压在一个心动周期中的波动幅度。

2. 动脉血压的正常值

动脉血压在一个心动周期中，随着心室的收缩和舒张而发生规律性的波动。收缩压（systolic blood pressure，SBP）是指心室收缩期中达到最高值时的血压。舒张压（diastolic blood pressure，DBP）是指心室舒张末期动脉血压达到最低值时的血压。收缩压在一定程度上反映心脏收缩力和大动脉的弹性贮器能力，舒张压在一定程度反映外周阻力高低，即小动脉、微动脉的弹性状况。收缩压和舒张压之差称为脉压。一个心动周期中每一瞬间动脉血压的平均值称为平均动脉压（mean arterial pressure，MAP）。由于心脏的收缩期比舒张期短，所以，平均动脉压的数值较接近舒张压，约等于舒张压与1/3脉压之和。

我国健康青年人安静状态收缩压为 100~120mmHg，舒张压为 60~80 mmHg，脉压为 30~40mmHg，平均动脉压接近100mmHg。人们习惯将动脉血压表示为"收缩压/舒张压"，并注明测量单位 mmHg 或 kPa。正常人的血压随年龄、性别及生理情况而变化。随着年龄的增高，动脉血压也逐渐升高，但收缩压的升高比舒张压的升高更加显著。男性动脉血压一般比女性略高。体力劳动、运动或情绪激动时血压可暂时性升高。

正常成年人血压标准的制定经过了多次改变，主要根据大规模流行病学资料分析获得。根据《中国高血压防治指南（2018年修订版）》的标准，安静时收缩压≥140mmHg 和（或）舒张压≥90mmHg，即可认为是高血压。具体规定见表4-2。

表4-2 血压水平的分类及定义

分类	收缩压（mmHg）	舒张压（mmHg）
正常血压	<120 和	<80
正常高值	120~139 和（或）	80~90
高血压	≥140 和（或）	≥90
1级高血压（轻度）	140~159 和（或）	90~99
2级高血压（中度）	160~179 和（或）	100~109
3级高血压（重度）	≥180 和（或）	≥110
单纯收缩期高血压	≥140 和	<90

国际上，2017年美国心脏协会/美国心脏病学会（AHA/ACC）共同发布的高血压指南，将高血压定义为收缩压≥130 mmHg 或舒张压≥80mmHg。

3. 影响动脉血压的因素

动脉血压的变化是多种因素综合作用的结果，凡是能影响心输出量、外周阻力和循环系统血液充盈程度的因素都能影响动脉血压（表4-3）。现将影响动脉血压的各种因素分别叙述如下。

表4-3 影响动脉血压的因素

因素	收缩压（SBP）	舒张压（DBP）	脉压
每搏输出量（SV）↑	↑↑	↑	↑

续表

因素	收缩压（SBP）	舒张压（DBP）	脉压
心率（HR）↑	↑	↑↑	↓
外周阻力↑	↑	↑↑	↓
主动脉和大动脉的弹性贮器作用↓	↑↑	↓	↑
循环血量与血管容积比↓	↓	↓	—

注：↑为上升；↓为下降；↑↑为显著上升；—为变化不明显。

(1) 每搏输出量

每搏输出量的变化主要影响收缩压。每搏输出量增加时，心脏收缩射入主动脉的血量增多，动脉管壁所承受的压强增大，故收缩压明显升高。舒张期末，大动脉内存留的血液即使比每搏输出量未增加以前略有增多，但也不会增加得太多。因此，当每搏输出量增加而外周阻力和心率变化不大时，动脉血压的变化主要表现在收缩压明显升高，而舒张压升高幅度低于收缩压升高幅度，脉压增大。在运动中，每搏输出量增加，收缩压显著升高，而舒张压增加的幅度不大。

(2) 心率

心率的变化主要影响舒张压。如果心率加快，而每搏输出量和外周阻力都没有变化，由于心舒期缩短，在心舒期内流至外周的血液也就减少，造成心舒期末储存于大动脉中的血液增多，舒张期血压也就升高，脉压减小。反之，心率减慢时，舒张压降低，脉压增大。

(3) 外周阻力

外周阻力主要影响舒张压。如果搏出量不变而外周阻力加大，心舒期中血液向外周流动的速度减慢，心舒期末存留在动脉中的血量增多，舒张压升高。外周阻力增加时，收缩期血压也升高，收缩压升高使血流速度加快，但由于收缩压的升高不如舒张压的升高明显，所以，脉压变小。反之，当外周阻力减小时，舒张压的降低比收缩压的降低更为明显，故脉压加大。可见，在一般情况下，舒张压的高低主要反映外周阻力的大小。

(4) 主动脉和大动脉的弹性贮器作用

弹性贮器作用主要是缓冲心动周期中动脉血压的波动幅度，减小脉压的作用。主动脉和大动脉管壁的可扩张性和弹性在短时间内不会有明显的变化，但老年时，由于动脉管壁中的弹力纤维变性，主动脉和大动脉口径变大，容量也增大，而可扩张性和弹性变小，作为弹性贮器的作用减弱。因此，老年人动脉血压的波动（即脉压）较青年人大。

(5) 循环血量与血管容量

在正常机体内，循环血量与血管容量相适应，体循环平均充盈压（正常时约为7mmHg）是形成动脉血压的前提。但在失血时，循环血量减少，此时如果血管容量改变不大，则体循环平均充盈压必将降低，使回心血量减少，心输出量随之减少，动脉血压显著降低。如果循环血量不变，而血管容量大大增加，也会造成回心血量减少，导致心输出量减少，动脉血压降低。

为了便于分析，以上都是在假设其他因素不变的前提下，讨论某一因素变化对动脉血压产生的影响。实际上，在完整的机体中，这样的情况几乎不存在。也就是说，在各种不同的生理情况下，上述各种影响动脉血压的因素都可能发生改变。因此，在某种生理情况下动脉血压的变化，往往是各种因素相互作用的综合结果。

(二) 动脉脉搏

动脉脉搏（arterial pulse）是指在每个心动周期中，因动脉内的压力和容积发生周期性变化而引起的动脉管壁周期性波动。动脉脉搏产生后沿着血管壁向外周传递出去，因此在浅表的动脉上可用手触摸到这种搏动。中医学的切脉就是以手指的触觉和压觉，分析桡动脉脉搏的频率、强弱以及其他特征，将其作为诊断疾病的重要指标之一。正常情况下，脉搏的次数和心率是一致的。运动实践中，常测定桡动脉、颞浅动脉及颈动脉等处的脉搏来代替心率，从而了解运动强度、运动恢复状况和运动员身体机能水平。

三、静脉血压和静脉回心血量

(一) 静脉血压

当体循环血液经过微动脉到毛细血管动脉端时，其血压值为 40~50 mmHg；经毛细血管到达微静脉时，血压下降至 15~20mmHg。随着血液回流，静脉血压越来越低，右心房作为体循环的终点，血压最低，接近于零。通常将右心房和胸腔内大静脉的血压称为中心静脉压（central venous pressure），而各器官静脉的血压称为外周静脉压（peripheral venous pressure）。中心静脉压的高低取决于心脏射血能力和静脉回心血量的相互关系。一方面，如果心脏射血能力较强，能及时地将回流入心脏的血液射入动脉，中心静脉压就较低。反之，心脏射血能力减弱时，中心静脉压就升高。另一方面，如果静脉回流速度加快，中心静脉压也会升高。因此，在血量增加，全身静脉收缩；因微动脉舒张而使外周静脉压升高等情况下，中心静脉压都可能升高。中心静脉压可反映心脏功能状态和静脉回心血量，是判断心血管功能的重要指标。

(二) 静脉回心血量

1. 静脉回心血量的特性

静脉回心血量在单位时间内等于心输出量，取决于外周静脉压和中心静脉压的差，以及静脉对血流的阻力。静脉回心血量大小决定了心脏舒张末期心室血量，直接影响到心脏每搏射血量。故凡能影响外周静脉压、中心静脉压以及静脉阻力的因素，都能影响静脉回心血量。

2. 影响静脉回心血量的因素

(1) 体循环平均充盈压

体循环平均充盈压主要反映血管系统的血液充盈程度。充盈程度越高，静脉回心血量越多。当血流量增加或容量血管收缩时，体循环平均充盈压升高，静脉回心血量也就增多。反之，血量减少或容量血管舒张时，体循环平均充盈压降低，静脉回心血量减少。

(2) 心肌收缩力

心肌收缩为血液在循环系统中运行提供动力，心肌收缩力与静脉回心血量呈正变关系。心脏收缩时将血液射入动脉，舒张时则可从大静脉抽吸血液。心肌收缩力增强时，心脏收缩射血越充分，心室内剩余的血量减少，舒张时心室内压越低，对心房和大静脉内血液的抽吸力量增强，静脉回心血量也就增多；反之，则静脉回心血量减少。

（3）体位改变

体位改变主要影响静脉的跨壁压，进而改变回心血量。当体位从卧位转变为立位时，身体低垂部分的静脉因跨壁压增大而扩张，容量增大，故回心血量减少。长期卧床的病人，静脉管壁的紧张性较低，可扩张性较高，加之腹壁和下肢肌肉的收缩力量减弱，对静脉的挤压作用减小，此时，由平卧位突然站起来时，可因大量的血液因重力作用而瘀滞于下肢，使回心血量减少，导致心输出量减少，动脉血压降低，引起脑部供血不足而发生头晕甚至昏厥。体位改变对回心血量的影响，在高温时更为明显。在高温环境中，皮肤血管舒张，皮肤血管中容纳的血量增多。如果人在高温环境中长时间站立不动，更易引起头晕和休克。

（4）骨骼肌的挤压作用

运动时，下肢骨骼肌收缩对肌肉内或肌肉间的静脉血管产生挤压作用，使静脉回流加快。同时，因静脉内有瓣膜存在，使静脉内的血液只能向心脏方向流动而不能倒流。因此，骨骼肌和静脉瓣膜一起，对静脉回流起着"泵"的作用，称为"静脉泵"或"肌肉泵"。肌肉泵对于立位时降低下肢静脉压和减少血液在下肢静脉内潴留具有重要的意义。

（5）呼吸运动

呼吸运动能促进静脉回流，起着"泵"的作用，称为"呼吸泵"。由于胸膜腔内压为负压，胸腔内大静脉的跨壁压较大，故经常处于充盈扩张状态。在吸气时，胸腔容积加大，胸膜腔负压值进一步增高，使胸腔内的大静脉和右心房更加扩张，压力也进一步降低，因此，有利于外周静脉内的血液回流至右心房。呼气时，胸膜腔负压值减小，由静脉回流入右心房的血量也相应减少。

第四节　心血管活动的调节

心血管活动的调节，包括神经调节、体液调节和自身调节。心脏虽然因窦房结的自动节律性而产生自动有节律的兴奋收缩，但其收缩的强度和频率要受到机体的神经系统功能和内分泌物质的影响。当机体各器官、组织的新陈代谢情况不同时，对心血管功能的需要也不同。通过神经活动和体内化学物质可以对心脏和各部分血管的活动进行调节，从而满足各器官、组织对血流量的需要。

一、神经调节

（一）心脏和血管的神经支配

1. 心脏的神经支配

心脏受心交感神经和心迷走神经双重支配，心交感神经兴奋增强心脏的活动，而心迷走神经兴奋则抑制心脏的活动。

心交感神经节前纤维起自脊髓胸段 1~5 节灰质侧角的神经元,在星状神经节或颈神经节中更换神经元,节后纤维组成心上、心中、心下神经进入心脏,支配窦房结、房室交界、房室束、心房肌和心室肌。心交感神经节后纤维末梢释放的递质是去甲肾上腺素,它对心脏有兴奋作用,可使心率加快,心肌收缩力量加强。

心迷走神经的节前纤维起源于延髓的疑核,到达心脏后,在心内神经节换元,节后纤维支配窦房结、房室交界、房室束及其分支,心室肌只有少量迷走神经纤维支配。心迷走神经节后纤维末梢释放的递质是乙酰胆碱,它对心脏有抑制作用,可使心率减慢,心肌收缩力量减弱。

2. 血管的神经支配

支配血管平滑肌的神经称为血管运动神经,可分为缩血管神经和舒血管神经。在各类血管中,除了真毛细血管外,其他血管的管壁都分布有平滑肌,通过神经调节或平滑肌自身活动,可改变血管管径大小,从而调节血流量。

体内大多数血管只接受交感缩血管神经纤维的单一支配。交感缩血管神经纤维的节前纤维起源于脊髓胸Ⅰ~腰Ⅲ节段灰质的中间外侧柱内,释放乙酰胆碱,节后神经元位于椎旁和椎前神经节,其节后纤维一部分沿动脉管壁分布,还有一部分加入躯体神经干内,分布到四肢及头部末梢血管,释放去甲肾上腺素。交感缩血管神经纤维紧张性增强时,血管平滑肌收缩,血管的口径缩小,血流量减少,动脉血压增高。反之,当紧张性活动减弱时,小动脉舒张,外周阻力减小,血压下降。

一小部分血管除接受交感缩血管神经纤维支配外,还接受舒血管神经纤维支配。舒血管神经纤维主要有交感舒血管神经纤维和副交感舒血管神经纤维两种。交感舒血管神经纤维主要分布在骨骼肌,其末梢释放的递质是乙酰胆碱。交感舒血管神经纤维不同于交感缩血管神经纤维,它在静息时不参与血管调节,只有当情绪激动、恐慌和准备做剧烈肌肉活动时才发挥调节作用,使肌肉中的血管扩张,血流量增加。副交感舒血管神经纤维只限于脑血管、肝血管及外生殖器等的血管,其末梢释放的递质也是乙酰胆碱。由于这类神经纤维的分布只局限于少数器官,因此,只有调节局部血流量的作用,对整个循环系统的外周阻力影响很小。

(二) 心血管中枢

在中枢神经系统中,与控制心血管反射有关的神经元集中的部位称为心血管中枢(cardiovascular center)。与心血管活动有关的神经元广泛地分布在自脊髓至大脑皮质的各级部位,其中延髓是调控心血管活动最重要的中枢部位,下丘脑也在心血管活动调节中起重要作用。

1. 延髓

延髓的心血管中枢是调节控制心血管活动的基本中枢,对维持心血管最基本正常活动起着重要的作用,它与同样位于延髓的呼吸调节中枢一同被称为"生命中枢"。延髓心血管中枢至少可以包括以下四个部分的神经元,即位于延髓头端腹外侧部的缩血管区、位于延髓尾端腹外侧部的舒血管区、位于孤束核的传入神经接替站以及位于延髓的迷走神经背核和疑核的心抑制区。

延髓心血管中枢主要对血压、心输出量和器官血流量分配等进行调节，其活动受到下丘脑等上位中枢的直接影响。

2. 延髓以上部位的心血管神经元

位于延髓上方的脑干部分及大脑和小脑都有调节心血管活动的神经元，其中下丘脑是调节心血管活动十分重要的整合部位。在大脑中，特别是边缘系统的一些结构能够影响下丘脑或脑干其他部位的心血管神经元的活动，使心血管活动适应于身体所处的各种生理、心理状态。此外，大脑皮质运动区兴奋时，可引起骨骼肌中的血管舒张。刺激小脑的一些部位也可引起心血管活动的反应。

（三）心血管反射

当生理状态或内外环境发生变化时，神经系统对心血管活动的调节是通过心血管反射（cardiovascular reflex）进行的。这些活动能维持体内环境的相对稳定，使有机体适应于外界环境的各种变化。体内较重要的心血管反射有压力感受性反射、化学感受性反射和本体感受性反射。

1. 压力感受性反射

在颈动脉窦和主动脉弓的血管外膜下有丰富的、对压力变化非常敏感的感觉神经末梢，分别称为颈动脉窦压力感受器和主动脉弓压力感受器。当动脉血压突然升高时，上述感受器兴奋，冲动分别经窦神经（入舌咽神经）和迷走神经进入延髓。一方面使心迷走中枢的活动加强，另一方面使心交感中枢和交感缩血管中枢活动减弱，使心脏的活动减弱、减慢，血管外周阻力下降，从而使动脉血压恢复到正常水平。机体在血压突然升高时，通过压力感受器，可发射性地引起心率减慢、心输出量减少、血管舒张、外周阻力减小，血压下降，称为压力感受性反射（baroreceptor reflex）或减压反射（depressor reflex）。减压反射是一种典型的负反馈调节，它的生理意义在于保持动脉血压的相对稳定。减压反射主要对迅速出现的动脉血压变化进行调节，对缓慢增加的血压变化不敏感。

2. 化学感受性反射

在颈动脉体和主动脉体分布有化学感受器，当血液缺 O_2 或 CO_2、H^+ 浓度增加时，可刺激使其兴奋，冲动沿窦神经和迷走神经传入延髓，引起化学感受性反射（chemoreceptor reflex）。它一方面刺激呼吸中枢，引起呼吸加强；另一方面刺激心血管中枢，使心率加快、心输出量增加、脑和心脏的血流量增加，而腹腔内脏和肾脏的血流量减少。

在正常情况下，化学感受性反射对呼吸起明显调节作用，但对心血管活动的影响较小。只有在缺氧窒息、失血、酸中毒等异常情况下，才对心血管活动发挥比较明显的作用，使血压升高，改善血液循环。

3. 本体感受性反射

骨骼肌的肌纤维、肌腱和关节囊中有本体感受器。肌肉收缩时，这些感受器受到刺激，反射性地引起心率加快，血压升高。目前认为，剧烈的肌肉运动开始阶段的心率急剧加快是神经反射引起的，而本体感受性反射可能参与了其中的调节。

二、体液调节

体液调节是指血液和组织液中的化学物质对心肌和血管平滑肌的调节作用。有些体液因素是通过血流携带的，可广泛作用于心血管系统；有些则在组织中形成，主要作用于局部的血管，对局部组织的血流起调节作用。

（一）肾上腺素和去甲肾上腺素

由肾上腺髓质分泌的肾上腺素和去甲肾上腺素在化学结构上同属儿茶酚胺类。当情绪激动、体力劳动或剧烈的肌肉运动时，交感神经兴奋，肾上腺髓质细胞分泌肾上腺素和去甲肾上腺素进入血液，使心率加快，心肌收缩力量加强，心输出量增加，血压升高；使皮肤、肾脏、肠胃等内脏的血管收缩，骨骼肌和肝脏中的血管及冠状血管舒张，有助于血液的重新分配，以满足其代谢增强的需要。肾上腺素和去甲肾上腺素对心血管的作用有许多共同点，但由于不同的受体结合能力差异，它们对心脏和血管的作用也不尽相同。肾上腺素主要表现出增强心脏活动，升压作用较弱；去甲肾上腺素则主要表现出升高血压，强心作用较弱。

（二）肾素—血管紧张素系统

肾素—血管紧张素系统（renin-angiotensin system，RAS）是人体重要的体液调节系统，主要功能是调节人体血压、水分、电解质和保持机体内环境的稳定。肾素是由肾脏近球细胞分泌的一种蛋白水解酶，进入血流后可将血浆中的血管紧张素原转变成有活性的血管紧张素。血管紧张素具有直接强心升压作用，也可通过刺激交感神经中枢以及促使交感神经末梢释放去甲肾上腺素，使心脏收缩加快、加强，心输出量增加，使皮肤及内脏器官血管显著收缩，最终导致外周阻力增加，血压升高。当人体大量失血时，由于血压显著下降、肾血流量减少而使肾素大量分泌，血管紧张素也相应增加，使机体的外周血管出现广泛而持续的收缩，从而防止血压过度下降。可见血管紧张素的产生，是机体抵抗低血压的一种应急措施。

（三）血管升压素

血管升压素是在下丘脑视上核和室旁核的一些神经元内合成并进入垂体后叶，经垂体后叶释放进入血液循环，主要通过促进肾远曲小管和集合管对水的重吸收，减少尿生成量，提高基础血量而升高血压，故又称为抗利尿激素。血管升压素是已知最强的缩血管物质之一，它在维持细胞外液量的恒定和动脉血压的稳定中都起着重要的作用。

（四）其他调节物质

其他的各类体液调节因素，如心房钠尿肽、内皮素、血管紧张素Ⅱ、一氧化氮（NO）、前列腺素等物质也对心血管活动产生重要的影响。

心房钠尿肽（ANP）可使血管舒张，外围阻力降低；也可使每搏输出量减少、心率减慢、心输出量减少及抑制肾素—血管紧张素系统。内皮素（ET）具有加强心肌、平滑肌的收缩力，强烈的升血压作用。血管紧张素Ⅱ（AngⅡ）具有收缩全身微动脉，使动脉血压升高，调节冠脉循环，增加心肌收缩力，促进心内交感神经末梢释放儿茶酚胺的作用。一氧化氮（NO）是一种引起血管平滑肌增强的舒张物质。前列腺素（PG）是一组脂肪酸类物质，几乎存在于全身各种组织中，并在多数组织中具有舒血管的作用。

三、自身调节

心血管的自身调节包括心脏泵血功能的自身调节和组织器官血流量的自身调节。在一定血压变动范围内，器官、组织的血流量仍能通过局部的机制得到适当的调节。这种调节机制存在于器官组织或血管本身，故也称为自身调节。一般认为主要有以下两类。

（一）代谢性自身调节局部机制

当组织代谢活动增强时（如肌肉运动），局部组织中氧分压降低，代谢产物积聚增加，CO_2、H^+、腺苷、ATP、K^+等能刺激局部的微动脉和毛细血管前括约肌舒张，使局部的血流量增多，从而向组织提供更多的氧，并带走代谢产物，这一效应称为代谢性自身调节。在一些功能性活动变化较大的器官，如骨骼肌和皮肤，这种自身调节的局部舒血管效应很明显，即使在同时发生交感缩血管神经活动增强的情况下，该部位的血管仍然舒张。

（二）肌源性自身调节机制

许多血管平滑肌本身经常保持一定的紧张性收缩，称为肌源性活动。血管平滑肌还有一个特性，即当被牵张时，其肌源性活动加强。因此，当供应某一器官血管的灌注压突然升高时，由于血管跨壁压增大，血管平滑肌受到牵张刺激，造成其肌源性活动增强。这种现象在毛细血管前阻力血管段特别明显。肌源性自身调节的结果是当器官的血流阻力增大时，器官血流量能保持相对稳定。

第五节　运动与心血管机能

机体在运动时，会对心血管系统产生一系列的影响。心血管系统在运动时保持在高水平状态下运转，保证了机体运动能力的发挥。

一、一次性运动对心血管机能的影响

一次性运动可促使人体心血管机能产生反应，引起各项心功能指标发生变化，以满足机体代谢迅速增长的需要。

（一）运动时心率的变化

运动可导致心率明显增高，运动时心率变化速率与幅度因运动强度和时间而异（图4-6）。研究表明，机体完成单一较小强度运动时，心率在运动初期出现迅速上升，达到一定水平后，较长时间维持在一个波动不大的范围，提示这段时间各系统机能处于相对稳定状态。随着运动的持续，机体各系统机能平衡被破坏后，心率将出现再次增高直至达到最大心率，此次心率的升高可视为机体的运动疲劳点。机体完成单一大强度运动时，由于其代谢水平很高，各系统机能水平不能保持在相对稳定的状态，因此，此时心率的变化

将持续增高至最大心率而不出现平台。

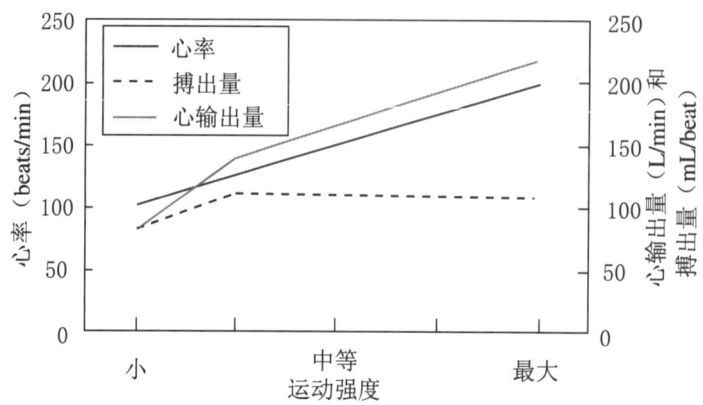

图 4-6 心率、搏出量和心输出量随运动强度的变化情况

运动心率或脉搏的变化情况可以作为评定运动强度的生理负荷指标，通常将心率从 185 次/分钟（或 190 次/分钟）到最大心率的运动强度称为极限强度，170~185 次/分钟（或 170~189 次/分钟）为亚极限强度，150~169 次/分钟为大强度，120~149 次/分钟为中等强度。

此外，心率也可作为评定运动者机能状态的客观生理指标，通过测定基础脉搏（晨脉）、运动前心率、定量运动负荷后心率、最大心率及心率恢复速率等指标，可在一定程度上反映机体的机能水平，亦可通过心率或脉搏来控制运动强度。

（二）运动时每搏输出量和心输出量的变化

运动可明显提高每搏输出量和心输出量。运动引起血流速度加快，静脉回心血量增加，使舒张末期心室容积升高，同时通过交感神经兴奋及儿茶酚胺分泌增加使心肌收缩力增强，减小收缩末期心室容积，二者共同作用导致每搏输出量明显增加，搏出量的增加和心率的加快使心输出量显著增大（图 4-7）。当心率超过 150~160 次/分钟时，由于心舒期缩短导致静脉回心血量减少，心肌收缩力的增强程度有限，使搏出量逐渐减少。当心率超过 180 次/分钟时，由于搏出量的大幅度减少，心输出量亦可能随之下降。当然对于普通人群和优秀运动员，其研究结果并不完全一致。

（三）运动时动脉血压的变化

运动导致动脉血压的收缩压显著增高，在剧烈运动时收缩压可高达 190mmHg，甚至更高。不同运动形式的动脉血压的舒张压变化情况不同。①动力性运动时，收缩压明显升高，舒张压的变化相对较小，甚至可能略有下降。主要原因是动力性运动导致心脏收缩增强，血流速度加快，使血压升高，但同时运动时交感舒血管神经兴奋使外周血管扩张，加之肌肉收缩的推挤加快静脉回流，使动静脉压力差增加，促进了动脉血外流，使外周阻力相对下降，以上升压和降压两种因素的共同作用使舒张压变化幅度较小。②静力性运动时，由于憋气使胸腔压力增大，后负荷增高，搏出量有所下降，心室余血量较多，静脉回流阻力亦增加，加之肌肉紧张性收缩对外周血管的静力性压迫，外周血流不畅，外周阻力显著增高，结果使收缩压的升高幅度相对较小，而舒张压十分明显地升高，对小血管造成很大的压力（图 4-7）。

中老年人由于血管硬化程度增加，弹性下降，脆性增加，因此在大强度静力性运动时，因外周阻力过大易发生小血管的破裂，故应尽量少进行大强度静力性运动。

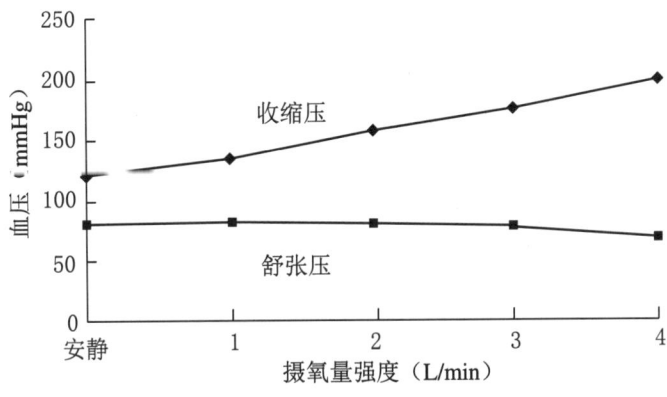

图 4-7 血压随运动强度的变化情况

测定清晨卧床血压和一般安静时血压对训练程度和运动疲劳的判定有重要参考价值。随着训练水平的提高，运动员安静时的血压可略有降低。如果清晨卧床血压较同年龄组血压高 15%~20%，可能是运动负荷过大或运动疲劳所致。测定定量负荷前后血压及心率的升降幅度和恢复状况，可检查心血管系统机能并区别其机能反应类型，从而对心血管机能做出恰当的判断。

（四）运动时血流量的变化

运动时心输出量增加，但增加的心输出量并不是平均分配给全身各个器官的。通过体内的调节机制，各器官将进行血流量的重新分配。其结果是参与运动的肌肉的血流量明显增加，不参与运动的骨骼肌及内脏的血流量减少（图 4-8）。在运动开始时，皮肤血流也减少，但以后由于肌肉产热增加，体温升高，通过体温调节机制，使皮肤血管舒张，血流增加，以增加皮肤散热。

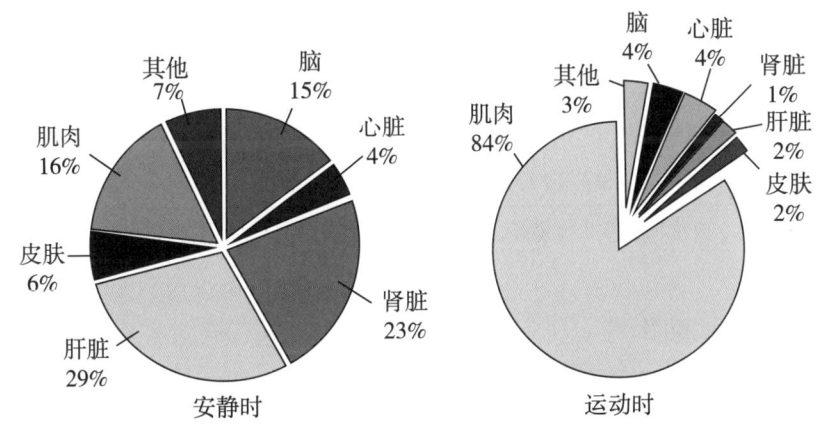

图 4-8 安静和运动时各器官血流的分配

运动时各器官血流量的重新分配具有十分重要的生理意义，即通过减少对不参与活动的器官的血流分配，保证有较多的血流分配给运动的肌肉。由于阻力血管舒张，肌肉中开放的毛细血管数目增加，使血液和肌肉组织之间进行气体交换的面积增大，气体扩散的距离缩短，从而能满足肌肉运动时增加的氧耗。有学者曾经推算，人在做剧烈运动时，由于内脏器官、皮肤和不参与运动的肌肉阻力血管收缩，可以从心输出量中省出大约 3L/min 的血液分配至运动的肌肉。如果每 100mL 动脉血的含氧量为 20mL，则即使心输出量不增加，仅通过血流量的重新分配，就可向运动的肌肉多提供 600mL/min 的氧。对于心脏机能不健全的人来说，运动时心输出量的增加有限，因此，血流量的重新分配就显得更为重要。

运动时血流量重新分配的生理意义，还在于维持一定的动脉血压。如果没有不活动器官的缩血管效应，仅有运动的肌肉的舒血管效应，总的外周阻力就会减小，动脉血压也就要降低。或者说，必须使心输出量大大增加，才能使动脉血压维持在原先的水平。

二、长期运动对心血管机能的影响

长期进行运动训练，可促使人体心血管系统的形态、机能和调节能力产生良好的适应，从而提高运动时的工作能力。心血管对运动训练的适应概括起来有以下几个方面（表 4-4）。

表 4-4 心血管对长期的耐力和力量训练的适应

状态	指标	耐力训练	力量训练
形态的适应	左心室质量	↑	↑
	左心室内径	↑↑	↑或—
	左心室壁厚	↑	↑↑
	隔膜壁厚	↑	↑↑
安静时的适应	心率（HR）	↓	↓或—
	搏出量（SV）	↑↑	↑或—
	心输出量（CO）	—	—
	收缩压（SBP）/舒张压（DBP）	↓或—/↓或—	↓或—/—
运动时的适应	心率（HR）	—	—
	搏出量（SV）	↑↑	↑或—
	心输出量（CO）	↑↑	↑或—
	收缩压（SBP）/舒张压（DBP）	↓或—/↓或—	↓或—/↓或—

注：↑为增加；↓为降低；↑↑为显著上升；—为没有变化。

（一）运动性心动徐缓

运动训练可以使机体出现安静心率明显低于正常值的现象，称为运动性心动徐缓。在优秀耐力性运动员中特别明显，心率常降到 40~50 次/分钟，最低者竟达 21 次/分钟。导致运动性心动徐缓发生的原因，是安静状态心迷走神经紧张性相对增高，而心交感神经的作用减弱。运动性心动徐缓是可逆的，停止训练一段时间后，心率可以恢复到接近正常值。一般认为，运动员的运动性心动徐缓是经过长期训练后心功能改善的良好反映，故可将运动性心动徐缓作为判断训练程度的参考指标。

运动心脏安静时虽然心率较低，但由于心脏肥大而表现出较高的搏出量，因此，安静状态下的心输出量与普通心脏无明显差异。但因其较低的心率，使每分钟能量消耗远较普通人低，表现出安静状态下心功能出现心率低、搏出量高的能量节省化现象。研究发现，安静状态下运动员主要因较大的静脉回心血量而使搏出量增加，剧烈运动时通过增加心肌收缩力、减小收缩末期心室余血量来保证搏出量不会出现下降。

（二）运动性心脏肥大

长期系统的运动训练使运动员心脏发生明显的增大，称为运动性心脏肥大。普通人心脏体积约为本人的拳头大小，重量为200~300g。运动员心脏通常明显超过这一重量，有的甚至超重一倍以上，其中，以耐力性和力量性运动员尤其明显，速度性运动员心脏肥大程度较小。

运动性心脏肥大表现在心腔扩大和心肌肥厚两方面。超声心动图和影像测试等方法研究表明，长期承受耐力性运动刺激的心脏肥大以心腔内径扩大为主，心肌肥厚为辅；长期承受力量性运动刺激的心脏则以心肌肥厚为主，其心腔内径的改变相对较小甚至无改变（图4-9）。

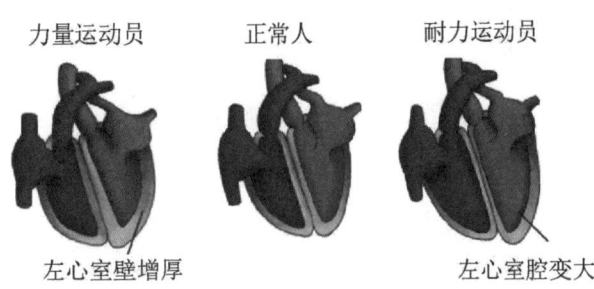

图4-9 普通人和运动员心脏的对比示意图

运动性心腔扩大主要是由于经常性的耐力运动刺激，使静脉回心血量增加，逐渐引起心肌纤维肌小节数量和长度增加，导致心腔由功能性扩大转化为器质性扩大。运动性心肌肥厚是心肌细胞对运动刺激的一种良好适应性反应，是一种功能性代偿，它和临床上冠心病、肺心病和风湿性心脏病后期常出现的病理性心脏肥大明显不同。前者心肌收缩功能增强，泵血效率显著提高，搏出量增大，且终止运动后一段时间，肥大心脏可逐步恢复到正常状态（可重塑性）；后者心肌收缩功能减弱，搏出量减少，心余血量增加，肥大一经出现将不可逆转。

（三）心脏泵血功能改善

一般人和运动员在安静状态下或从事最大运动时的心输出量、搏出量及心率（心输出量=搏出量×心率）的变化可用下列数据说明（表4-5）。在安静状态下，两类心脏的供血量并无显著区别，但普通心脏以较高的心率和较小的搏出量保证机体供血，而运动心脏则以较低的心率及较大的搏出量保证机体供血，以较小的能量消耗保证同样的供血量。同时，安静状态下低心率使运动心脏的心率储备增大，有助于心力储备的提高。在运动时，随着运动强度的增加，无训练者每搏输出量随着心率的增加会轻微下降，而运动员心脏几乎不出现每搏输出量的下降。

表 4-5　一般人和运动员在不同状态时的心功指标变化

状态	级别	心输出量（mL/min）	搏出量（毫升/次）	心率（次/分钟）
安静时	一般人	4970	71	70
	运动员	5000	100	50
最大运动时	一般人	22000	113	195
	运动员	35000	179	195

运动训练不仅使心脏在形态和机能上产生良好适应，而且可使调节机能得到改善。在进行定量工作时，有训练者心血管机能动员快、潜力大、恢复快。运动开始后，能迅速动员心血管系统功能，以适应运动的需要。此时，心脏较普通心脏泵血功能变化幅度小，主要因为运动员运动能力强，完成同样的运动更轻松，从而表现出较小的生理反应。进行最大强度运功时，有训练者在神经和体液的调节下可发挥心血管系统的最大机能潜力，充分动员心力贮备，心泵功能表现出更高水平。同时，有训练者运动后恢复期短，也就是说运动时机能变化很大，但运动一停止就能很快恢复到安静时水平。

三、体育运动与心血管意外

运动性猝死比较公认的定义为：运动过程中或运动后 24h 内发生的非创伤性意外死亡。绝大多数运动性猝死与心血管相关，35~40 岁发生运动性猝死的主要原因是冠心病；小于 35 岁年轻人发生运动性猝死的最常见的原因是肥厚型心肌病和先天性冠状动脉畸形，其他依次为中度左心室肥厚、心肌炎、致心律失常右室心肌病、二尖瓣脱垂、冠心病、主动脉瓣狭窄、扩张型心肌病、离子通道疾病引起的心律失常、主动脉夹层和其他先天性心脏病等。

运动性猝死主要是因为剧烈运动导致交感神经极度兴奋，心肌收缩力加强，心率加快，血压升高，以满足运动时机体的生理需要，导致心脏电生理紊乱，诱发心室颤动等致命性心律失常。

有代谢性疾病和心血管疾病的患者如要参加体育锻炼，应在病情稳定后，在专业医生的指导下进行运动负荷试验评估。对于没有明显症状的人群尤其是中老年人，参加竞技性运动前也应做好评估。在运动中，若出现运动性猝死的情况，应尽快利用 AED（自动体外除颤器）对患者进行除颤和心肺复苏，是最有效控制猝死的办法。

第六节　心电的测试原理与应用

正常人体心脏窦房结自动、有节律产生的兴奋，通过特殊传导系统按一定的途径和时程，依次传向心房肌和心室肌，引起整个心脏的兴奋，整个心房肌、心室肌形成的动作电位可经心脏周围的导电组织和体液传导到体表。通过将引导电极置于肢体或躯体的一定部位记录的心脏电变化曲线称为心电图（electrocardiogram，ECG）。心电图反映心脏兴奋的产生、传导和恢复过程中的生物电变化，它是心脏机械收缩活动的先决条件。分析研究心电图对了解心脏活动情况和诊断心脏疾病有重要的价值。

一、心电图产生的基本原理

心电图的形成原理可以用膜极化学说（或电偶学说）和容积导体的原理来解释。心肌细胞在静息状态时，膜外排列阳离子带正电荷，膜内排列同等比例阴离子带负电荷，保持平衡的极化状态，不产生电位变化。当细胞一端的细胞膜受到刺激（阈刺激）时，其通透性改变，使细胞内外正、负离子的分布发生逆转，受刺激部位的细胞膜出现除极化，使该处细胞膜外正电荷消失而其前面尚未除极的细胞膜外仍带正电荷，从而形成一对电偶。电源（正电荷）在前，电穴（负电荷）在后，电流自电源流入电穴，并沿着一定的方向迅速扩展，直到整个心肌细胞除极完毕。此时心肌细胞膜内带正电荷，膜外带负电荷，称为除极状态。嗣后，由于细胞的代谢作用，使细胞膜又逐渐复原到极化状态，这种恢复过程称为复极过程。复极与除极先后程序一致，但复极化的电偶是电穴在前、电源在后，并较缓慢向前推进，直至整个细胞全部复极为止。心脏内任何时候形成任何方向的电偶都能通过人体这一容积导体传到体表，并在体表记录心脏的电变化。

二、正常心电图的波形及间期的意义

常规心电图的记录通过在上下肢和胸前安置的电极，可以从不同角度记录12个导联心电变化情况。包括3个标准肢体导联（Ⅰ、Ⅱ、Ⅲ），3个加压单极肢体导联［加压右上肢导联（aVR）、加压左上肢导联（aVL）、加压左下肢导联（aVF）］和6个单极胸导联（$V_1 \sim V_6$）。其中以标准Ⅱ导联所记录的心电图最为典型，通常进行单导联心电监护时都记录此导联。以下以标准Ⅱ导联心电图（图4-10）为例，介绍心电图各波及间期意义。

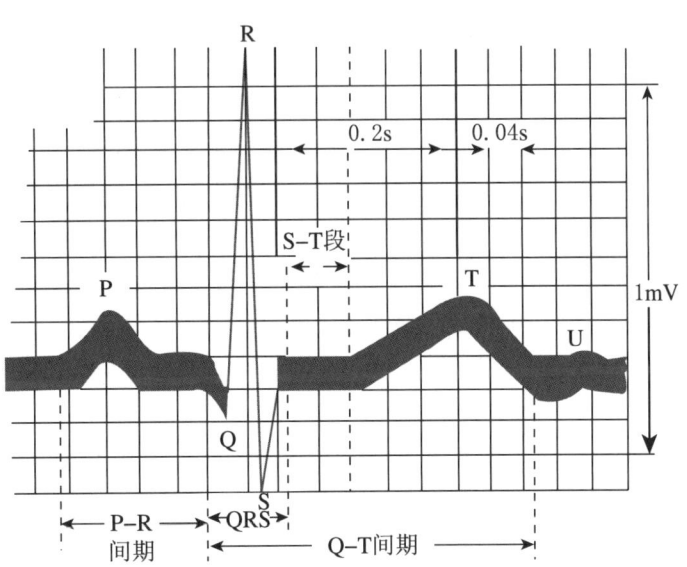

①P波：反映左右心房去极化过程的电变化。历时0.08~0.11s，波幅不超过0.25mV。
②QRS波群：反映左右心室兴奋去极化过程。历时0.06~0.10s。
③T波：反映左右心室复极化过程。历时0.05~0.25s，波幅为0.1~0.8mV。
④U波：T波之后还可能出现的低而宽的小波。历时0.1~0.3s，波幅小于0.05mV。意义和成因尚不完全清楚。

⑤P-R（或 P-Q）间期：反映兴奋从窦房结传向心室肌并引起心室肌兴奋所需的时间，称为房室传导时间。一般为 0.12~0.20s，发生房室传导阻滞时会延长。

⑥Q-T 间期：代表心室从去极化到完全复极化的时间。受心率影响较明显，心率越快，历时越短。

⑦S-T 段：代表心室各部分心肌均处于去极化状态。正常时 S-T 段应与基线平齐，出现压低或抬高常表示心肌缺血或损伤。

图 4-10 正常人心电模式图

三、心电图在体育实践中的应用

（一）动态心电图

动态心电图或称 Holter 心电监测，系霍尔特（Holter）提出并于 1961 年应用于临床。动态心电图检查仪器包括监示记录器和分析系统两部分，监示记录器可记录 24h 或更长时间的持续心电信息，经分析后，可发现常规心电图难以显示的一过性心电异常变化。因此，在临床医学中，动态心电图可提高心律失常的检出率，在判断某些症状与心率失常的关系和冠心病的诊断等方面有重要价值。在运动训练过程中，常发生运动员心电异常现象，尤其在持续大强度运动训练时更为常见。通过动态心电图能更加可靠地监测心脏电活动情况，有助于评定运动员机能状态及科学安排训练和比赛。

（二）心电图运动负荷试验

通过运动以诱发心肌缺血，导致心电图异常，借以诊断冠心病或判断受试者心脏功能的方法，称为心电图运动负荷试验（ECG exercise test）。

目前，临床常用的运动负荷试验方法有跑台运动试验、二阶梯双倍运动试验和功率自行车运动试验。①跑台运动试验时受试者在有一定坡度和速度的跑台上行走，运动负荷根据跑台的坡度和速度每 3min 增加一次，一般从 10°的坡度和 1.7km/h 的速度至 22°的坡度和 6.0km/h 的速度，共分 7 级。试验前进行常规 12 导联心电图描记，以便与监护导联心电图对照。试验过程中随时观察示波器上显示的心电图变化，如有异常应随时进行描记。在每次递增运动负荷前要先描记一次监护心电图，运动后即刻及 2、4、6、10min 各描记一次心电图。当达到预期心率（可按 195-年龄计算）或当受试者出现典型心绞痛、严重心率失常、头晕、面色苍白、步态不稳或下肢无力不能坚持运动、运动中心电图出现 S-T 段下降或下垂性下降大于 1mm 以及在运动前 S-T 段原基础上下降 1.0mm 时终止试验。跑台运动试验主要用于可疑冠心病患者的诊断，也可用于判断受试者心脏功能。②二阶梯双倍运动试验运动负荷是在每级 23cm 高的两级阶梯上往返运动，其敏感性和阳性率较低。③功率自行车运动试验的运动负荷是在功率自行车上完成的。

上述试验有明确的注意事项、禁忌证、预期心率及终止运动指标，通常情况下较为少用，对于冠心病运动诱发试验，只能在有急救设施的医院运动实验室中进行。

◇【思考题】

1. 比较心肌和骨骼肌兴奋性、传导性和收缩性的异同。
2. 分析从身体立位到卧位后心输出量和动脉血压的变化及其调节过程。

3. 试述心动周期过程中，左心室内压力、容积改变和瓣膜开闭情况。
4. 试述动力性运动和静力性运动时心输出量和动脉血压的变化情况。
5. 如何评价运动心脏的结构、功能改变？
6. 反映心血管机能状态的指标有哪些？
7. 急性和长期运动对心脏机能的影响有哪些？
8. 简述心电的测试原理与应用。

（成都体育学院　孙君志）

第五章 运动与呼吸

◇【教学目标】

通过本章内容的学习，掌握肺的通气机能、气体在血液中的运输，以及运动时合理呼吸；熟悉运动过程中肺通气的适应性变化，神经、化学因素对呼吸运动的调节；了解运动训练对呼吸机能的影响，提高运动中运用呼吸的能力；使学生体会高原、深海、太空等环境下科研训练工作的艰辛。

人体在进行新陈代谢过程中所需的能量，都是通过氧化体内的营养物质获得的。为此，人体必须从外界不断地摄取氧（O_2），同时不断地将体内产生的二氧化碳（CO_2）排出体外。这种人体与外界环境进行的气体交换称为呼吸，详见图5-1。

呼吸的功能是包含外呼吸、气体运输和内呼吸这三个环节的生理过程，通过血液循环和组织细胞的协调活动，来实现人体对O_2的摄取和CO_2的排出。通常所说的呼吸功能，仅指外呼吸功能，是通过呼吸系统来完成的。

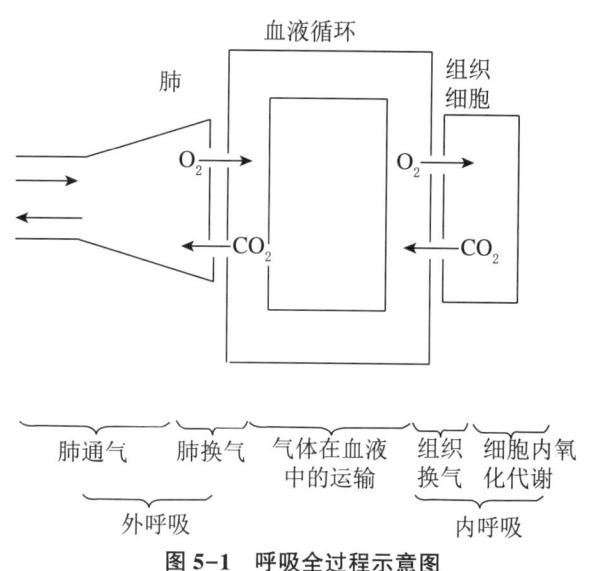

图5-1 呼吸全过程示意图

第一节 肺通气

一、肺通气的动力学

（一）呼吸运动

肺存在于密闭的胸腔中，其本身无平滑肌，不能主动扩大和缩小。但肺富有弹性纤维，肺泡具有一定的表面张力，因此，可以被动地扩大和缩小。胸廓的节律性扩大和缩小称为呼吸运动，它是通过呼吸肌的舒缩活动来实现的，构成肺的通气动力。

1. 呼吸运动的全过程

呼吸的全过程由外呼吸、气体运输、内呼吸三个环节组成（图5-1）。

①外呼吸。即在肺部实现的外界环境与血液间的气体交换，它包括肺通气（外界环境与肺之间的气体交换过程）和肺换气（肺与肺毛细血管中血液之间的气体交换过程）。

②气体运输。即气体由血液载运，血液在肺部获得的 O_2 经循环运送到组织毛细血管；组织细胞代谢所产生的 CO_2 通过组织毛细血管进入血液，经循环将 CO_2 运送到肺部。

③内呼吸。即组织毛细血管中血液通过组织液与组织细胞间实现的气体交换（又叫组织换气）。

2. 呼吸运动的形式

呼吸肌分为主要吸气肌、辅助吸气肌和呼气肌。主要吸气肌由膈肌和肋间外肌组成；辅助吸气肌由胸肌、斜方肌、胸锁乳突肌和背阔肌等组成；呼气肌由肋间内肌和腹壁肌组成。根据参与活动的呼吸肌的主次、多少和用力程度不同，呼吸运动可呈现不同的呼吸形式。

（1）平静呼吸与用力呼吸

按照呼吸的深浅，可把呼吸运动分为平静呼吸与用力呼吸。

平静呼吸是指安静状态下的呼吸运动。其特点是：吸气时，依靠膈肌和肋间外肌的收缩，使胸廓扩大，完成吸气过程；呼气时，通过膈肌和肋间外肌的舒张，使扩大的胸廓回位（恢复），完成呼气过程。膈肌形似钟罩，向上的隆起形成穹窿，膈肌收缩使穹窿顶下移，并推挤腹腔脏器向下，扩大胸廓上下径。肋间外肌收缩，肋骨沿肋椎关节旋转轴上提并向外侧翻转，同时胸骨也随之推向前上方，使胸廓前后、左右径扩大。胸廓扩大时，肺随之扩张，肺容积的增大使肺内压下降，当低于大气压时，空气进入肺泡，形成吸气；膈肌和肋间外肌的舒张，加之肺和胸廓的弹性回缩与重力作用，以及腹腔脏器恢复到原状的作用，使膈肌、肋骨回位，胸廓缩小，肺亦随之缩小，随着肺容积的缩小，肺内压上升，当高于大气压时，肺内气体排出体外，形成呼气。

用力呼吸是指吸气与呼气过程均有肌肉的收缩活动。用力吸气时，除主要的吸气肌（膈肌和肋间外肌）加强收缩外，辅助吸气肌也参与收缩，使胸廓进一步扩大，从而增加吸气量。用力呼气时，除上述吸气肌舒张外，还有肋间内肌与腹壁肌的同时收缩，前者使肋骨充分下降，后者牵动胸骨向下，并使腹内压增加，使内脏推挤膈肌上移，从而促使胸廓进一步缩小，呼气加深。

（2）腹式呼吸与胸式呼吸

膈肌舒缩时，腹部随之起伏，以膈肌活动为主的呼吸运动称为膈式呼吸或腹式呼吸。肋间肌的活动使肋骨发生提降移动，胸部也随之起伏，以肋间肌活动为主的呼吸运动称为肋式呼吸或胸式呼吸。儿童以腹式呼吸为主，成年人的呼吸形式一般都是混合式的，但女性偏重胸式呼吸，男性偏重腹式呼吸。

运动时可通过改变呼吸形式而不影响动作的正常发挥。如在双杠或地上做倒立的动作，由于臂和肩胸固定，使胸式呼吸受到限制，再用胸式呼吸既会影响臂和肩胸的固定，也会造成身体重心的不稳,故倒立时可采用腹式呼吸;若做屈体直角动作造型,腹肌的用力使腹式呼吸受到限制,此时再用腹式呼吸会造成身体造型的抖动,影响做直角动作的质量,应立即改为胸式呼吸。

(二) 肺内压

肺泡内的压力称为肺内压。气体进出肺泡是借助肺内压与大气压之间的压差实现的。在呼吸道畅通的情况下,吸气之末、呼气之末或胸廓停止运动,呼吸均会暂停,此时肺内压与大气压相等,气体停止流动。在平静吸气过程中,肺随胸廓扩大而容积增加,肺内压下降,低于大气压2~3mmHg时,空气在压差的推动下进入肺泡;随着肺内压逐渐上升,直至肺泡与大气之间的压差消失,气体才停止入肺。在平静呼气过程中,胸廓缩小,肺弹性回缩,肺内压上升,当高于大气压2~4mmHg时,肺内气体顺压差呼出;随着肺内压的逐渐下降,直到肺内压与大气压相等,呼气停止。

肌肉运动时,呼吸气体出入肺的流量与流速随运动强度和运动形式而增减,肺内压的波动幅度也发生相应变化。此外,若紧闭声门或口鼻,再用力做呼气动作(憋气)时,肺内压可高于大气压60~140mmHg。若此时做用力吸气动作,肺内压可低于大气压30~100mmHg。

(三) 胸内压

胸内压指的是胸膜腔内的压力。胸膜位于肺表面的部分为胸膜脏层,位于胸壁内表面的部分为胸膜壁层。这两个部分延续相连,形成密闭的间隙,即胸膜腔。正常的胸膜腔内没有空气而仅有一薄层浆液,从而使胸膜腔两层间的摩擦阻力减小且相互紧贴。由此可见,胸膜腔并不存在有实际意义的空隙。

胸膜腔内的压力可以通过特制的检压计进行测定(图5-2)。测定发现,胸内压在呼吸过程中始终低于大气压。通常平静呼气之末胸内压为-5~-3mmHg,平静吸气之末胸内压为-10~-5mmHg,用力吸气时负压可达-30mmHg。

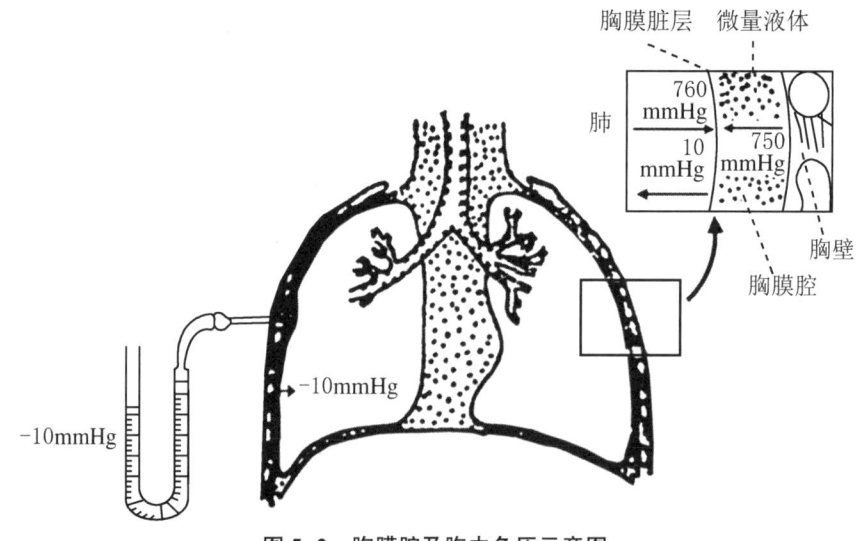

图5-2 胸膜腔及胸内负压示意图

胸膜腔内这种负压的形成与人的生长发育密切相关。婴儿出生后，胸廓和肺发育的速度不均衡，肺发育较慢，胸廓发育较快，胸廓容积大于肺。由于胸膜壁层和脏层紧贴不分，即使在呼气之末也是如此，因而肺始终处于被动牵拉状态。肺本身是有弹性的组织，肺泡又有表面张力，这两个因素使肺具有了回缩力。所以，胸膜腔内的压力应是肺的回缩力与反方向作用于胸膜腔的肺内压（或大气压）之和。

胸膜腔为负压的主要作用有：①能够牵拉肺呈扩张状态，有利于肺泡进行气体交换。②能够对位于胸膜腔内的心脏（心包膜也是胸膜的延续）、大静脉的机能产生良好的影响。尤其吸气时胸内负压的增加，对心房、腔静脉和胸导管扩张作用更加显著，从而使其容积增大，压力减小，更有利于静脉血和淋巴液的回流。另外，吸气时膈肌的下降、腹内压的升高，进一步迫使腹腔静脉血回流。因此，运动时采用深呼吸，能够有效地促进肺泡气的交换和有效地促进静脉血回心。

二、肺通气机能

肺通气的量取决于呼吸的深度，随着人体活动状态不同，通气的气量发生相应的变化。

（一）肺容量及其变化

肺所容纳的气量称为肺容量。在呼吸运动中，肺容量发生周期性变化，变化的大小取决于呼吸的深度。吸入和呼出的气体容积可用肺量计测得（图5-3）。

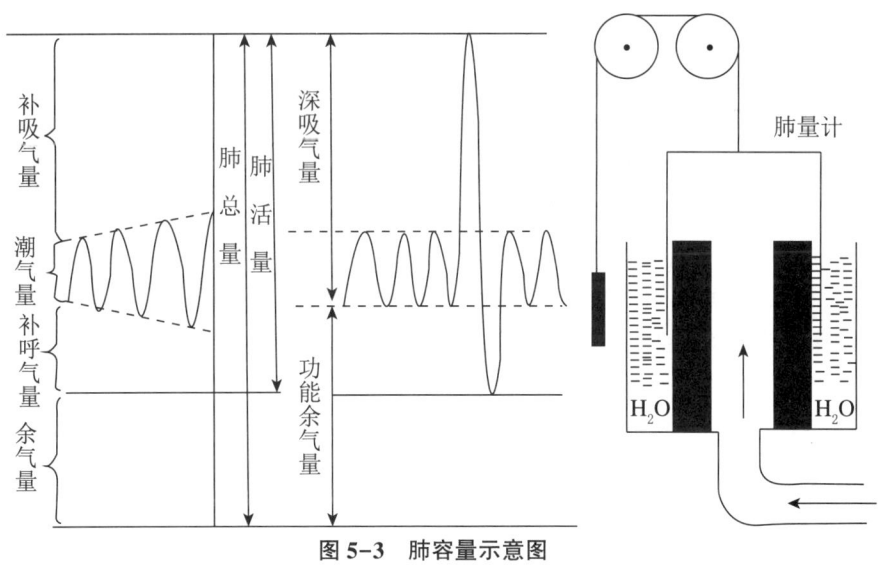

图5-3 肺容量示意图

1. 潮气量

每一呼吸周期中吸入或呼出的气量叫潮气量（tidal volume，TV）。吸气和呼气，好似潮汐有升有降，故得潮气之名，亦即呼吸深度。平静呼吸时的潮气量为400～600mL。潮气量与年龄、性别、体表面积、情绪等因素有关，运动时潮气量增大。

2. 补吸气量和深吸气量

平静吸气之后再做最大吸气时，增补吸入的气量称为补吸气量（inspiratory reserve volume，IRV）。正常成人为1500~2000mL。补吸气量与潮气量之和称为深吸气量（inspiratory capacity，IC）。深吸气量是衡量最大通气潜力的一个重要指标，胸廓的形态和吸气肌的发达程度是影响深吸气量的重要因素。

3. 补呼气量

平静呼气之后再做最大呼气时，增补呼出的气量称为补呼气量（expiratory reserve volume，ERV）。正常成人为900~1200mL。补呼气量的大小表示呼气的贮备能力。

4. 肺活量

最大深吸气后再做最大呼气时所呼出的气量称为肺活量（vital capacity，VC）。肺活量为潮气量、补吸气量和补呼气量之和，或为深吸气量与补呼气量之和。正常成人肺活量的平均值，男性约为3500mL，女性约为2500mL。运动锻炼既能使人的肺活量提高，也能延缓肺活量的衰减，高水平的运动员肺活量可达7000mL。

肺活量的大小与性别、年龄、体表面积、胸廓大小、呼吸肌发达程度以及肺和胸壁的弹性等因素有关，而且有较大的个体差异。肺活量的绝对值尚不能全面反映人的通气功能，有时用肺活量的相对值，即肺活量除以体重（mL/kg）或身高（mL/cm），来反映肺通气功能水平和做横向的比较研究。

5. 余气量和功能余气量

尽最大力呼气之后仍存留于肺内的气量称为余气量（residual volume，RV）。正常成年余气量平均值，男性为1500mL，女性为1000mL。余气量随年龄、健康状况而异，老年人大于青壮年，男性高于女性。平静呼气之后存留于肺中的气量称为功能余气量（functional residual capacity，FRC）。安静时正常成年男性约为2500mL，女性约为2000mL。从图5-4中可以看出，呼吸的深浅，决定着平静呼气水平线的高低，以及功能余气量的多少。功能余气有平衡肺泡气分压、缓冲呼与吸时出现氧分压（PO_2）和二氧化碳分压（PCO_2）过高过低的急骤变化、避免静脉血液在动脉化过程中时断时续的作用，以利于进行气体交换。因此，功能余气过多或过少，都会影响气体的交换效率。运动时若呼气阻力越大、呼吸深度越浅，功能余气量将会越多。

6. 肺总容量

肺所能容纳的最大气量为肺总容量（total lung capacity，TLC），是肺活量和余气量之和。成年男性平均为5000mL，女性平均为3500mL。其值因性别、年龄、体表面积、锻炼程度和体位而异。

（二）肺通气量

单位时间内吸入（或呼出）的气量称为肺通气量（minute ventilation，VE）。一般以每分钟为单位计量，故也称为每分通气量。若呼吸深度一致，则每分通气量为：

每分通气量=呼吸深度（潮气量）×呼吸频率（每分钟呼吸次数）

安静时成年人的每分通气量为6~8L。安静时呼吸的频率随年龄而异，5岁时平均为26次，15~20岁时平均为20次，成年后逐渐下降，平均为16次。呼吸深度和呼吸频率随人体新陈代谢水平而变化，代谢水平高时两者俱增。如剧烈运动时，呼吸频率可增至40~60次/分钟，每分通气量可增至80~150L或更多（180~200L）。

（三）肺泡通气量

肺泡通气量（alveolar ventilation，VA）是指每分钟吸入肺泡的实际能与血液进行气体交换的有效通气量。在肺通气过程中，每次吸入的新鲜气体，有一小部分将留在鼻、咽、喉、气管和支气管等管腔内，由于这部分管腔因其解剖特征没有气体交换的功能，其管腔内的气体就气体交换来说是无效的，故这部分管腔称为解剖无效腔。成年人的解剖无效腔容量约为150mL。每次呼出气时，首先会呼出留在解剖无效腔内的气体，随后才逐渐呼出肺泡中的气体，到呼气末时解剖无效腔内停留的是陈旧的肺泡气，待下次吸气时这部分气将会首先被吸入肺泡。另外，进入肺泡的气体，也可因血流在肺内分布不均而未能全部与血液进行气体交换。未能发生气体交换的这一部分肺泡容量称为肺泡无效腔。解剖无效腔与肺泡无效腔之和称为生理无效腔。因此，真正能够进入肺泡的有效气量，应是每次吸入的新鲜气量，除去生理无效腔气后的那部分气量。健康人平卧时生理无效腔等于或接近解剖无效腔，但在运动时肺泡无效腔对肺泡通气量的影响将加大。体育锻炼和运动训练可以改善肺泡的血液循环，减小肺泡无效腔，提高肺泡通气量。

若呼吸深度一致，则每分肺泡气量为：

每分肺泡通气量=（呼吸深度-生理无效腔）×呼吸频率

由于无效腔的存在，肺泡通气量总是少于肺通气量，见表5-1。

表5-1 不同呼吸频率和潮气量时的肺通气量和肺泡通气量的比较

呼吸频率 （次/分钟）	潮气量 （mL）	肺通气量 （mL/min）	肺泡通气量 （mL/min）
8	1000	8000	6800
16	500	8000	5600
32	250	8000	3200

从表5-1中可以看出，深而慢的呼吸比浅而快的呼吸的肺泡气更新要多。安静时，呼吸采用适当的深度与频率次数，既节省用于呼吸肌工作的能量消耗，又保持了一定的肺泡通气量，有利于气体交换。运动时，呼吸不仅要深而且要适当加快，这对进一步提高肺泡通气量是有帮助的，但由于用于呼吸肌工作的能量消耗增多，所以只有在进行剧烈运动、对氧需求大的情况下才采用这种方式的呼吸。

三、肺通气机能的评价

（一）肺活量

肺活量反映了肺一次通气的最大能力，也是测定肺通气功能简单易行的指标，应用较普及，常用于评定运动员的训练水平和开展国民体质监测。通过运动训练，呼吸肌的力量提高，吸气、呼气能力加强，肺活量将会增大。研究显示，人随着年龄的增长，肺活量每10年下降在9%以内为正常生理过程，超过此百分数，预示着衰老的加剧。

（二）连续肺活量

连续测 5 次肺活量，每次间隔 30s，根据 5 次所测数值的变化趋势，判断呼吸肌的机能。若肺活量后一次的比前一次的大，或与前一次的基本一致，表示呼吸肌的机能强，可看作身体机能状况的良好表现。这是因为前几次肺活量测试起到了准备活动的作用，使后来测得的肺活量升高。如果肺活量越测越下降，则认为呼吸肌处于疲劳状态，表示身体机能状况恢复不佳，或表示身体的疲劳现象未能及时消除。所以，用测定 5 次肺活量的结果，可以简单、快速地判断呼吸肌的疲劳及身体的机能状况。

（三）时间肺活量

在最大吸气之后，以最快速度进行最大呼气，记录在一定时间内所能呼出的气量称为时间肺活量（FVC）。正常成人最大呼气时，第 1 秒末、第 2 秒末、第 3 秒末呼出的气量分别占总肺活量的 83%、96%、99%，在 3s 内人体基本上可呼出全部肺活量的气量，其中第 1 秒的时间肺活量最有意义。时间肺活量是一个评价肺通气功能的较好的动态指标，它不仅能反映肺活量的大小，而且能反映肺的弹性是否降低、气道是否狭窄、呼吸阻力是否增加等情况。

（四）最大通气量

以适宜的呼吸频率和呼吸深度进行呼吸时所测得的每分通气量，称为最大通气量或最大随意通气量（maximal voluntary ventilation，MVV）。一般只做 15s 通气量的测定，并将所测得的值乘以 4，即为每分最大通气量。最大通气量是衡量通气功能的重要指标，可以用来评价受试者的通气贮备能力。为进一步了解肺通气功能的贮备能力，一般还可用通气贮量的百分比来表示：

$$通气贮量的百分比 = \frac{最大通气量-安静时通气量}{最大通气量} \times 100\%$$

正常通气贮量的百分比值应大于或等于 93%。

第二节 气体交换和运输

肺泡与肺泡毛细血管血液之间的气体交换称为肺换气。体内毛细血管血液与组织细胞之间的气体交换称为组织换气。气体的交换过程必须遵循一定的物理化学规律，即 O_2 和 CO_2 都要通过理化扩散的方式才能完成气体交换。

一、气体交换

（一）气体交换原理

1. 分压的概念

在一定容积中，一定量的气体由于气体分子的运动表现出一定的压力，混合气体的总压力等于其中各种气体所具有的压力的总和。或者说，在混合气体的总压力中，某种气体所占有的压力，就是该气体的分压（用 P 表示）。计算某种气体的分压，可以用混合气体的总压力乘以该气体在混合气体中所占的容积百分比来求得。例如，空气是混合气体，总压力（大气压）为760mmHg，空气中 O_2 与 CO_2 的容积百分比分别占20.94%和0.04%，那么 O_2 与 CO_2 在空气中的分压就是：

$$PO_2 = 760 \times 20.94\% \approx 159 \text{（mmHg）}$$
$$PCO_2 = 760 \times 0.04\% \approx 0.3 \text{（mmHg）}$$

2. 分压差与气体扩散动力

当气体与液体表面接触时，由于气体分子的运动而溶解于液体内，液体中的气体分子也能从液体内逸出，这种溶于液体的气体分子逸出的力称为该气体的张力。该气体的张力就是气体在液体中的分压，存在于液体中 O_2 和 CO_2 的张力也以 PO_2 和 PCO_2 来表示。气体分子或溶解于液体，或由液体中逸出，其运动方向和量取决于分压与张力之间的压差。若分压高于张力，气体分子溶解于液体；若张力高于分压，则气体分子从液体逸出，直至分压与张力达到平衡。若是两部分气体的分压不同，当它们接触时，气体分子将由分压高的一侧流向分压低的一侧，直至两边达到分压平衡。气体的这种从高分压向低分压流动的现象叫作气体的扩散或弥散。某一气体高分压与低分压之差叫作该气体的分压差。分压差越大，预示气体扩散越多。气体扩散的最终结果是压力平衡，分压差消失。

人体肺换气和组织换气的多少，除取决于膜的通透性和各种气体的理化特性之外，膜两侧气体的分压差是最关键的条件。分压差是实现气体交换的动力，分压差的大小决定着气体的扩散方向和扩散速率。

3. 人体不同部位的 PO_2、PCO_2

人在正常状态下，不同部位各种气体之分压较为恒定，人体不同部位的 PO_2 和 PCO_2 如表5-2所示。

表5-2　海平面空气、肺泡气、血液和组织细胞内的 PO_2 和 PCO_2（mmHg）

气体分压	海平面空气	肺泡气	动脉血	静脉血	组织细胞
PO_2	159	104	100	40	0~30
PCO_2	0.3	40	40	46	50~80

4. 气体扩散的速率

单位时间内气体扩散的容积称为气体扩散速率，它与气体的分压差、气体的温度、扩散面积及气体在液体中的溶解度成正比，与气体分子量的平方根和扩散距离成反比，其关系式为：

$$\text{气体扩散速率} = \frac{\text{分压差} \times \text{温度} \times \text{扩散面积} \times \text{溶解度}}{\sqrt{\text{气体分子量}} \times \text{扩散距离}} \times 100\%$$

5. 气体的肺扩散容量

在1mmHg分压差作用下，每分钟通过呼吸膜扩散气体的量称为气体的肺扩散容量。肺扩散容量是评定呼吸气体通过呼吸膜功能的一项重要指标,往往以测氧的扩散容量(简称氧扩散容量)来评定气体的肺扩散容量。人在安静状态下,氧扩散容量为20~33mL/(min·mmHg)。氧扩散容量与体表面积成正比。受年龄、性别及体位的影响,儿童和老年人的氧扩散容量要小于成年人,女性的氧扩散容量小于男性,直立位的氧扩散容量小于仰卧位。在同一个体中,进行运动或体力劳动时,氧扩散容量增加,这是因为此时参与气体交换的呼吸膜面积和肺毛细血管血流量的增加,以及气体交换能力的加强所致。

(二)肺换气和组织换气

1. 肺换气

在肺循环中,当来自肺动脉的静脉血液流经肺泡毛细血管时,由于肺泡气中的PO_2(102mmHg)高于静脉血中的PO_2(40mmHg),而肺泡气中的PCO_2(40mmHg)低于静脉血中的PCO_2(46mmHg),O_2由肺泡扩散进入血液,CO_2则由血液向肺泡扩散,由此形成了肺换气,从而使含O_2较少、含CO_2较多的静脉血,转变为含O_2较多、含CO_2较少的动脉血。由于肺通气不断进行,每次的通气只使1/7的肺泡气更新,故肺泡气的成分相对恒定,使肺泡气PO_2总是比静脉血高,而PCO_2总是比静脉血低。O_2和CO_2在肺部的换气过程如图5-4中箭头方向所示。

O_2和CO_2通过正常呼吸膜的扩散速度极快,当静脉血流经肺毛细血管全长的1/3时,气体交换即已基本完成,达到平衡时仅需0.3s。由此可见,肺换气有很大的时间贮备,即使在运动时血流速度加倍的情况下,也能完成气体交换。

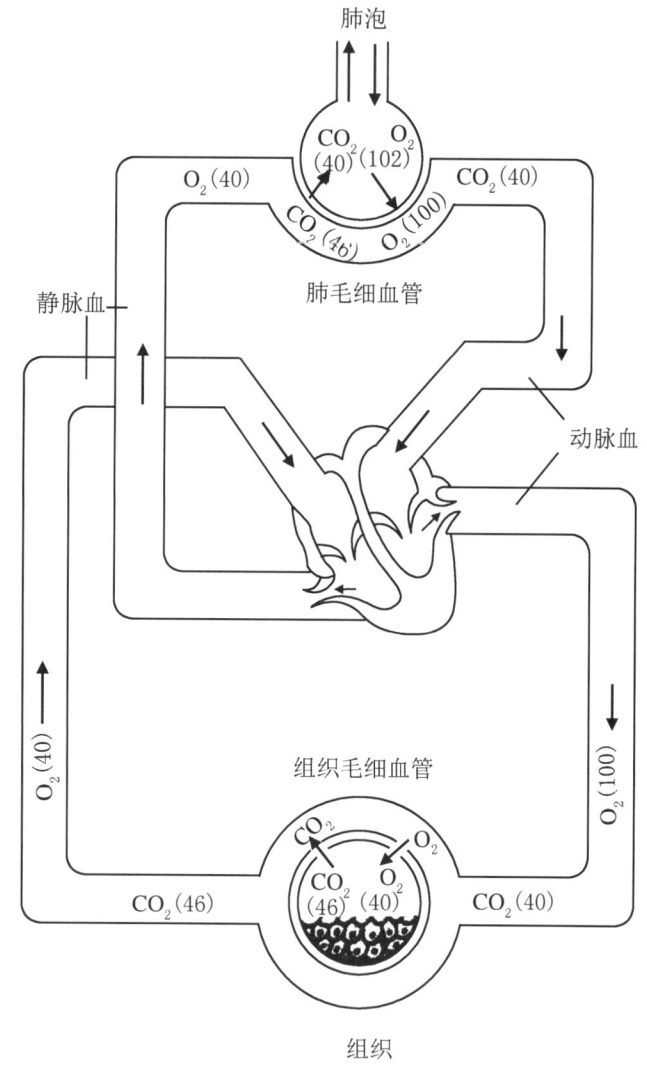

图5-4 气体交换示意图

数字为气体分压,单位为mmHg。

2. 组织换气

在组织中,当体循环的动脉血流经组织毛细血管时,由于动脉血的PO_2(100mmHg)高于组织中的PO_2(0~40mmHg),PCO_2(40 mmHg)低于组织中的PCO_2(46~80mmHg),

O_2从血液中向组织细胞扩散，CO_2则从组织细胞向血液扩散，由此形成了组织换气，其结果是使流经组织的动脉血转变为静脉血。由于细胞新陈代谢不断地消耗O_2、不断地产生CO_2，故组织细胞内的PO_2总是低于动脉血，而PCO_2总是高于动脉血。O_2和CO_2在组织的换气过程如图5-6中箭头方向所示。

组织中PO_2和PCO_2的波动受组织代谢程度的影响。运动是人体组织新陈代谢剧烈的过程之一，过多的O_2消耗和产生CO_2增加，使得组织细胞中PO_2下降（甚至降到零），PCO_2升高导致分压差加大。所以，人体在运动时，组织换气过程加快，换气量加大。

二、气体运输

肺换气和组织换气是借助血液运输O_2和CO_2而实现的。血液运输气体有两种方式，即小部分气体以物理溶解的方式进行运输，而大部分气体以化学结合的方式进行运输，这两种方式是相辅相成的。物理溶解的量虽很少，但很重要，进入血液的气体要先溶解才能发生化学结合，结合的气体也要先溶解才能从血液中逸出。物理溶解与化学结合处于动态平衡，即：

$$气体 \rightleftharpoons 物理溶解 \rightleftharpoons 化学结合$$

（一）氧的运输

进入血液的O_2只有约1.5%溶于血浆，98.5%进入红细胞与血红蛋白（Hb）结合。1g血红蛋白可结合1.34~1.36mL O_2，每100mL血液中血红蛋白与O_2结合的最大量（19~20mL），称为血红蛋白的氧容量。每100mL血液中血红蛋白实际与O_2结合的量，称为血红蛋白的氧含量。血红蛋白的氧含量占血红蛋白的氧容量的百分比称为血红蛋白的氧饱和度。若忽略不计血液物理溶解极少的O_2，测得血红蛋白的氧含量、血红蛋白的氧容量、血红蛋白的氧饱和度，可以分别代表血液的氧含量、血液的氧容量和血液的氧饱和度。当动脉血的PO_2为96~100mmHg时，其氧含量为19mL，氧容量为20mL，则氧饱和度为95%或接近100%；当静脉血的PO_2为40mmHg时，其氧含量为15mL，若氧容量不变，则氧饱和度约为75%。动脉血的氧饱和度高于静脉血的氧饱和度。

1. 血红蛋白与氧结合

在肺内，PO_2高，血红蛋白迅速与O_2结合，形成氧合血红蛋白（HbO_2），这一过程称为氧结合作用。在PO_2低的组织内，氧合血红蛋白迅速释放出O_2，分离为血红蛋白和O_2，这一过程称为氧解离作用。血红蛋白结合O_2与解离O_2的反应迅速、可逆，不需酶的催化，但受PO_2高低的影响。血红蛋白与氧结合的方程式为：

$$Hb + O_2 \xrightleftharpoons[PO_2\text{低的组织}]{PO_2\text{高的肺部}} HbO_2$$

2. 氧离曲线

氧离曲线或称氧合血红蛋白解离曲线，是表示PO_2与血红蛋白结合O_2量关系或PO_2与氧饱和度关系的曲线。氧离曲线反映了血红蛋白与O_2的结合量是随PO_2的高低而变化的，这条曲线呈"S"形，而不是直线相关（图5-5）。

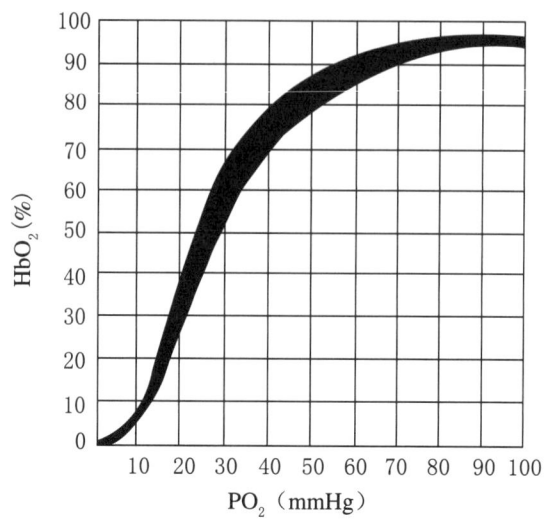

图 5-5　氧离曲线示意图

氧离曲线具有这种特点的原因在于1分子血红蛋白含有4个Fe^{2+}，4个Fe^{2+}在与O_2的结合过程中并非同时结合O_2，而是逐一按4步进行，且相互间有协同效应。即1个Fe^{2+}与O_2结合后，由于血红蛋白变构效应，其他Fe^{2+}更易与O_2结合；反之，若血红蛋白中的1个O_2释放出来，其他几个O_2也更易放出。当血红蛋白的氧饱和度为75%时，每分子血红蛋白中已有3个Fe^{2+}结合了O_2，这时所剩下的1个Fe^{2+}与O_2的亲和力增加了125倍，故氧结合作用愈加明显；若血红蛋白的氧饱和度在75%以下，说明氧结合的Fe^{2+}不足3个，亲和力无明显提高，氧解离作用愈加明显。因此，氧离曲线呈现特殊的"S"形。

"S"形氧离曲线的上段显示为当PO_2为60~100mmHg时，曲线坡度不大，即使PO_2从100mmHg降至80mmHg，血氧饱和度也仅从98%降至96%。这种特点对高原适应或有轻度呼吸机能不全的人均有好处。只要能保持动脉血中PO_2在60mmHg以上，血氧饱和度仍有90%，不至于因供O_2不足而造成严重后果。因此，氧离曲线的上段对人体的肺换气有利。

曲线下段显示出PO_2在60mmHg以下时，曲线逐渐变陡，意味着PO_2有所下降，血氧饱和度将明显下降。当PO_2为40~10mmHg时，曲线更陡，此时PO_2稍有下降，血氧饱和度就大幅度下降。释放出大量的O_2保证组织换气。这种特点对保证向代谢旺盛的组织提供更多的O_2是十分有利的。因此，氧离曲线的下段对人体的组织换气大为有利。

血红蛋白与O_2的结合和解离在多种因素的影响下，会使氧离曲线的位置发生偏移。血液中PCO_2升高、pH值降低、体温升高以及红细胞中糖酵解产物2,3-二磷酸甘油酸（2,3-DPG）的增多都会使血红蛋白对O_2的亲和力下降，氧离曲线右移，从而使血液解离更多的O_2；反之，血液中PCO_2下降、pH值升高、体温降低和2,3-DPG的减少使血红蛋白对O_2的亲和力提高，氧离曲线左移，从而使血液结合更多的O_2（图5-6）。

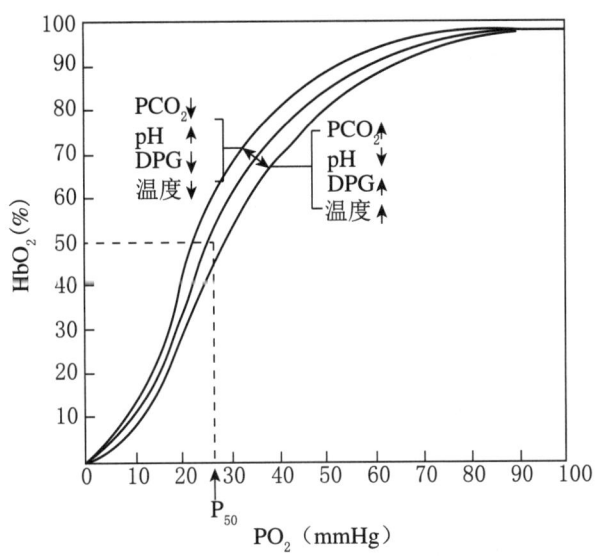

图 5-6 影响氧离曲线的主要因素

运动过程中,由于肌肉代谢加强,H^+ 和 CO_2 的产生增多,使体温上升、血中 PCO_2 升高、pH 值降低、2,3-DPG 显著增多(从平原进入海拔较高的高山时,红细胞中 2,3-DPG 也会增加),这些原因都会导致氧离曲线向右移动。氧离曲线的右移,说明在相同的 PO_2 下,血液中 HbO_2 能解离出更多的 O_2,能为机体提供更多的 O_2。另外,一氧化碳(CO)与血红蛋白的亲和力比 O_2 与血红蛋白的亲和力大 200 倍,可以和 O_2 竞争与血红蛋白的结合,减少血液对 O_2 的运输,从而使向组织扩散的 O_2 量下降,造成组织的呼吸窒息。

3. 氧储备

在正常情况下,O_2 除了维持体内的代谢消耗,还储存在体内一小部分待用。储存在血液和肺中的 O_2 有 1300~2300mL,储存在肌红蛋白中的 O_2 有 240~500mL。肌红蛋白存在于骨骼肌、心肌和肝脏中,其化学结构与血红蛋白相似。肌红蛋白与 O_2 的亲和力比血红蛋白强,在无氧代谢肌细胞 PO_2 极度下降时,氧合肌红蛋白才发挥作用,它能释出结合 90% 的 O_2 供肌肉代谢。红肌纤维含有的肌红蛋白多于白肌纤维。

4. 氧利用率

每 100 毫升动脉血流经组织时所释放的 O_2 占动脉血氧含量的百分数,称为氧利用率。计算方法为:

$$氧利用率 = \frac{动脉血氧含量 - 静脉血氧含量}{动脉血氧含量} \times 100\%$$

安静时,动脉血 PO_2 为 100mmHg 时的血氧饱和度约为 98%。正常人每 100 毫升血液的氧含量较恒定(约 20mL)。静脉血 PO_2 为 40mmHg 时的血氧饱和度约为 75%,则每 100 毫升静脉血的氧含量应为 15mL [20×75% = 15(mL)]。因此,氧利用率为 [(20-15)/20]×100% = 25%。剧烈活动时肌肉的 PO_2 可降到 20mmHg,甚至到 "0"。若以 PO_2 在 20mmHg 为例,血氧饱和度约为 35%,而静脉血的氧含量应为 (35/100)×20 = 7(mL)

（放出13mL O_2）。这时氧利用率则为（13/20）×100%＝65%，比安静时高2.6倍。在剧烈运动中，局部血流量增加3倍以上，氧利用率也提高3倍以上。因此，毛细血管血液与细胞之间的 PO_2 差增加，使 O_2 的供应比安静时高出9倍或更多，氧利用率接近100%。氧利用率可以作为评定训练程度的指标之一。

5. 氧脉搏

心脏每次搏动输出血量所摄取的氧量，称为氧脉搏，可以用每分摄氧量除以每分心率计算。氧脉搏越高，说明心肺功能越好、效率越高。据研究，氧脉搏在心率为130~140次/分钟时，最高值为11~17mL，心率过快时则有下降趋势。但目前也有运动员在从事剧烈活动时，氧脉搏值可高达23mL。氧脉搏可作为判定心肺功能的综合指标。

6. 氧通气当量

氧通气当量是指每分肺通气量和每分摄氧量的比值（VE/VO_2）。氧通气当量小，说明氧的摄取效率高，它是评价呼吸效率的一项重要指标。

人体在安静时每分肺通气量为6L，每分摄氧量为0.25L，这时氧通气当量为24（6L/0.25L）。也就是说，机体必须从24L的通气量中才能摄取到1L氧气。在最大强度运动中，最大肺通气量可达190L/min，最大摄氧量达5L/min，氧通气当量可达35，这说明在运动时，肺通气能力的增加相对高于摄氧量的增加。而在相同强度运动时，优秀耐力运动员的 VE/VO_2 较一般人低。在相同摄氧量情况下，运动员的肺通气量比无训练者要少；在相同肺通气量情况下，运动员的摄氧量较无训练者要大，即呼吸效率高，能完成的运动强度也大。

（二）二氧化碳的运输

CO_2 从组织进入血液后物理溶解的量较少，只占总运输量的6%，血液中的 CO_2 大部分是以化学结合形式存在的。CO_2 的化学结合形式有两种：一种是形成碳酸氢盐的形式（$NaHCO_3$，$KHCO_3$），占总运输量的87%；另一种是形成氨基甲酸血红蛋白的形式（HbN-HCOOH），占总运输量的7%。

1. 碳酸氢盐形式的运输

组织细胞代谢所产生的 CO_2 进入血液，主要是以 HCO_3^- 的形式运输。HCO_3^- 在血浆中形成 $NaHCO_3$，在红细胞中形成 $KHCO_3$，随血液循环运送至肺部。

由于 CO_2 和 H_2O 生成 H_2CO_3 的反应需要碳酸酐酶（carbonic anhydrase，CA）的催化，而CA在血浆中极少，在红细胞中含量丰富，所以该反应是在红细胞中进行的。CO_2 在CA的催化下与 H_2O 结合形成 H_2CO_3，后解离为 H^+ 与 HCO_3^-，即 $CO_2 + H_2O \rightarrow H_2CO_3 \rightarrow H^+ + HCO_3^-$。随着红细胞中 HCO_3^- 浓度逐渐升高，大部分 HCO_3^- 可顺浓度差向血浆扩散，并与血浆中的 Na^+ 结合成 $NaHCO_3$，少部分在红细胞内与 K^+ 结合成 $KHCO_3$。由于红细胞对正离子的通透性很小，正离子不能伴随 HCO_3^- 透出红细胞，势必造成红细胞膜内外的电位差。因此，HCO_3^- 在透出红细胞的同时，血浆中的 Cl^- 向红细胞内转移，以保持两侧离子电荷的平衡，这一现象称为氯离子转移。H_2CO_3 解离出来的 H^+ 也必须及时移去，才有利于反应继续进行。Hb 能够有效地接受 H^+，形成还原血红蛋白（HHb）。因此，在组织毛细血管中，HbO_2 放出 O_2 后与 H^+ 结合，这不仅能促进更多的 CO_2 转变为 HCO_3^-，有利于 CO_2 的运输，而且能促使更多 O_2 释放，有利于向组织提供 O_2（图 5-7）。

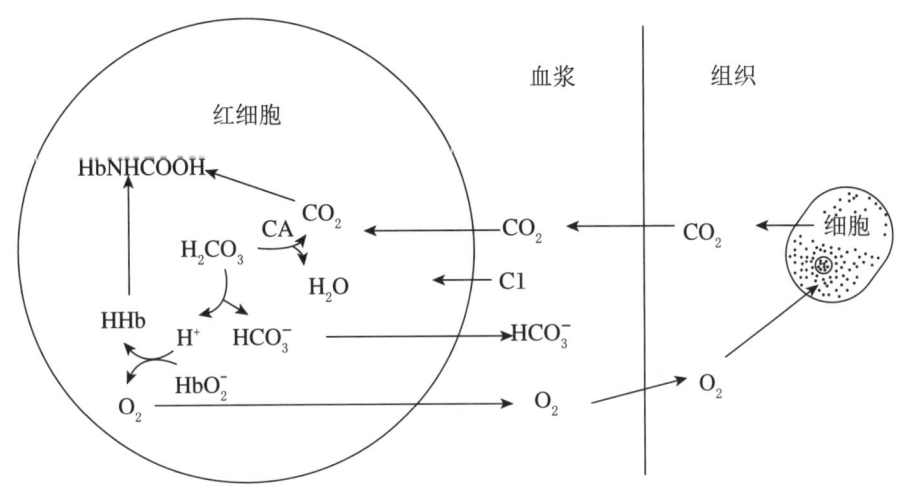

图 5-7 体循环毛细血管中的气体交换

当血液流经肺部时，上述反应向图 5-7 箭头的反方向进行。HHb 从肺泡中摄取 O_2 形成 HbO_2 和 H^+，在红细胞中 H^+ 与 HCO_3^- 合成的 H_2CO_3，经 CA 催化为 CO_2 和 H_2O，CO_2 由肺泡呼出。由于 CO_2 不断呼出，血浆中的 HCO_3^- 不断进入红细胞，为保持离子的平衡，Cl^- 又透出血浆，完成 Cl^- 的又一次转移。

2. 氨基甲酸血红蛋白形式的运输

CO_2 进入红细胞后，可直接与 Hb 分子上的自由氨基（—NH_2）结合，形成氨基甲酸血红蛋白（HbNHCOOH），即：

$$HbNH_2 + CO_2 \rightleftharpoons HbNHCOOH$$

上述反应特点是迅速、可逆、无须酶催化、运输效率高等。这种反应除了受 PCO_2 的影响，还受 Hb 与 O_2 结合作用的影响。在组织内 PO_2 低，HbO_2 释放 O_2 而结合 CO_2 形成 HbNHCOOH；在肺内 PO_2 高，HbNHCOOH 释放 CO_2 而结合 O_2 形成 HbO_2。用这种方式运输 CO_2 的量，虽只占 CO_2 总运输量的 7%，但在肺部排出 CO_2 的总量中，由 HbNHCOOH 解离出来的 CO_2 却占 20%~30%。

3. 呼吸与酸碱平衡

血液在运输 CO_2 过程中，形成了 H_2CO_3 与 $NaHCO_3$，二者是血液中的重要缓冲物质，通常 $H_2CO_3/NaHCO_3$ 的比值为 1/20。当代谢产物中有大量酸性物质时，它们与 HCO_3^- 作用生成 H_2CO_3，后者分解为 CO_2 和 H_2O，使血中 PCO_2 上升，导致呼吸运动加强，CO_2 排出量增加，因而血浆中 pH 值的变化不大。同样，当体内碱性物质增多时，与 H_2CO_3 作用，使血中 $NaHCO_3$ 等盐浓度增高，于是 H_2CO_3 浓度和 PCO_2 降低，导致呼吸减弱，呼吸的减弱又使 H_2CO_3 浓度逐渐回升，维持了其与 $NaHCO_3$ 的正常比值，因此，对血浆 pH 值的影响也较小。

由此可见，如果血液酸碱度发生变化，呼吸机能可以及时发生代偿反应。此外，肾脏在维持酸碱平衡中也起着重要作用。总之，人体的酸碱平衡是依靠血液的缓冲作用及呼吸和肾脏的作用共同进行调节的。

第三节　呼吸运动的调节

运动时呼吸（肺通气量）的调节属于多因素的调节，包括神经机制和体液机制两个方面的因素，其中神经调节机制起着主导作用（图5-8）。

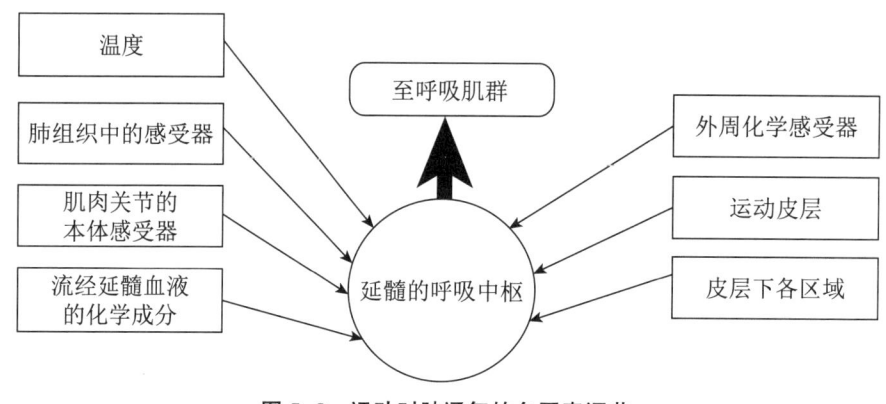

图5-8　运动时肺通气的多因素调节

一、神经调节

（一）条件反射

很多实验证明，在准备运动时呼吸功能即已加强，这种现象是在经常运动过程中形成的条件反射。进行运动时，与运动有关的语言信号和周围环境中的各种因素经常同肌肉活动时呼吸的变化相联系，多次重复即可形成条件反射。以后当有相应的刺激出现时，即可引起呼吸功能的相应变化。比赛开始前出现呼吸加深加快的反应，就是大脑皮质对环境条件变化作出的反应，从而为即将开始的运动做好准备。

（二）大脑皮质运动中枢的调节作用

运动时肺通气量的增强是由大脑皮质运动区的神经冲动刺激呼吸中枢引起的。即大脑皮质在发出神经冲动使肌肉收缩的同时，也发出冲动到达脑干呼吸中枢，使之发生兴奋，从而增强呼吸。

（三）本体感受性反射

动物实验发现，为排除肌肉主动收缩带来的其他调节因素的影响，给予动物肢体被动运动也可使肺通气量立即增大，此时切断肢体的传入神经或背根，则这一反应消失。以上现象说明这是一种反射活动。即当肢体活动时，位于肌肉和关节的本体感受器受到牵拉刺激,产生的冲动传到呼吸中枢,从而可引起肺通气的增加。

二、体液调节

体液调节机制是指由血液中一些化学成分的改变刺激周围或中枢化学感受器,而引起的呼吸增强。但大量实验说明,这种 CO_2、H^+ 增加和 O_2 减少的刺激,对加强运动时通气的作用较神经调节的小。

(一) 二氧化碳增加对呼吸机能的影响

当健康人不断增加工作负荷时,通气量可以 5 倍、10 倍或 15 倍地增加,而动脉血 PCO_2 却无任何改变。这说明,如果动脉血 PCO_2 没有相当数量的改变,那么 CO_2 就不可能是引起运动时呼吸增加的主要刺激因素。

(二) 缺氧对呼吸机能的影响

关于缺 O_2 对呼吸的刺激作用问题也有很多实验研究。通过测量在运动期间平均动脉血的 PO_2,发现仅有很小的变化,而颈动脉体和主动脉体中 O_2 的化学感受器对这些很小的变化是不敏感的。所以,运动时的呼吸增强不会是由低 O_2 刺激引起的。但也有实验发现,在轻度运动期间,呼吸增强和 O_2 的消耗显著相关;在稳定运动期间,以吸入纯 O_2 代替吸入空气时,通气量减少 10%~15%。这些现象是否与 O_2 的变化刺激了化学感受器而引起呼吸的改变有关联,还待进一步证实。

(三) 氢离子浓度增加对呼吸的影响

当进行轻度或中等强度运动时,机体由有氧代谢供给能量,此时通气量的增加可以满足 O_2 需要的增加,代谢终产物为 CO_2 和 H_2O,pH 值保持正常稳定,这时 H^+ 很低,对化学感受器的刺激可忽略不计。当进行强度大的运动时,通气量的增加不能满足机体对 O_2 的需求,有一部分能量需靠糖酵解来供给,这就造成酸性终产物(乳酸)的积累。但血液中的碱性缓冲物质可在一定的范围内将乳酸中和缓冲。只有在进行剧烈运动过程中,即贮备的碱性缓冲物质过多消耗后,H^+ 上升,血液的 pH 值才有所下降。因此,动脉血 H^+ 增加只能看作剧烈运动时呼吸增强的因素之一。

此外,运动时体液温度的升高,通过体温调节机制,在促使肺通气量增加中可能也有较重要的作用。运动时静脉血回流量的增加,腔静脉和右心房的传入冲动对呼吸也有一定刺激作用。

综上所述,运动时呼吸的变化,可能是多种因素共同调节的结果。其中,神经调节机制起主要作用,而体液机制和其他因素则起辅助和调整作用。例如,运动时通气量迅速升、降的快时相可能是由神经机制引起的,而在升与降快时相基础上的通气量慢时相,则可能由体液中化学因素的作用所致。由于这些因素共同协调作用,使肺通气量能随着运动类型、运动强度、持续时间和环境因素等的改变而改变,从而达到精确适应。

第四节 运动对呼吸机能的影响

运动时机体代谢加强,呼吸系统也将发生一系列变化,以适应机体代谢的需求和保证技术动作顺利完成。

一、一次性运动呼吸机能的变化

（一）一次性运动通气机能的变化

运动时随着运动强度的增大，机体为适应代谢的需求，需要消耗更多的O_2和排出更多的CO_2。为此，通气机能将发生相应的变化。

运动时机体表现为呼吸加深加快，肺通气量增加。潮气量可从安静时的500mL上升到2000mL以上，呼吸频率也随运动强度而增加，可由每分钟12~18次增加到每分钟40~60次。结合潮气量与呼吸频率的变化，运动时的每分通气量可从安静时的每分钟6~8L增加到每分钟80~150L，较安静时增大13~18倍。在中等强度运动中，肺通气量的增加主要靠呼吸深度的增加。而在进行剧烈运动时，肺通气量的增加则主要靠呼吸频率的增加（图5-9）。

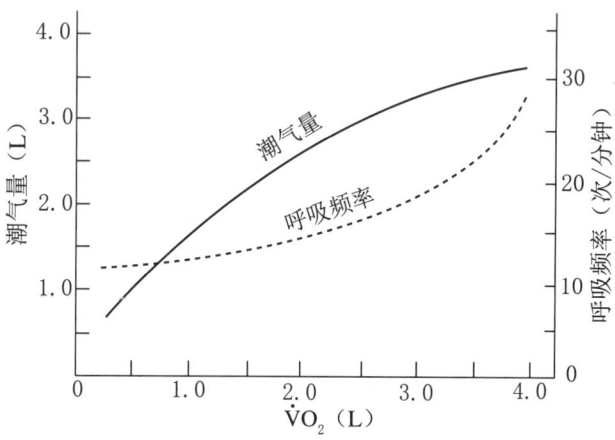

图5-9 不同强度运动时潮气量和呼吸频率的变化

呼吸深度和呼吸频率的增加，意味着呼吸运动的加剧，因此，用于通气的氧耗也将增加。据研究，人体在安静时用于通气的耗氧量只占总耗氧量的1%~2%，剧烈运动时则可增加到8%~10%。

运动过程中肺通气量的时相性变化：运动开始后，通气量立即快速上升，随后在前一时相升高的基础上，出现持续缓慢上升；运动结束时，肺通气量同样是先快速下降，随后缓慢地恢复到安静时水平（图5-10）。通气量迅速升、降的时相称为快时相；缓慢升、降的时相称为慢时相。

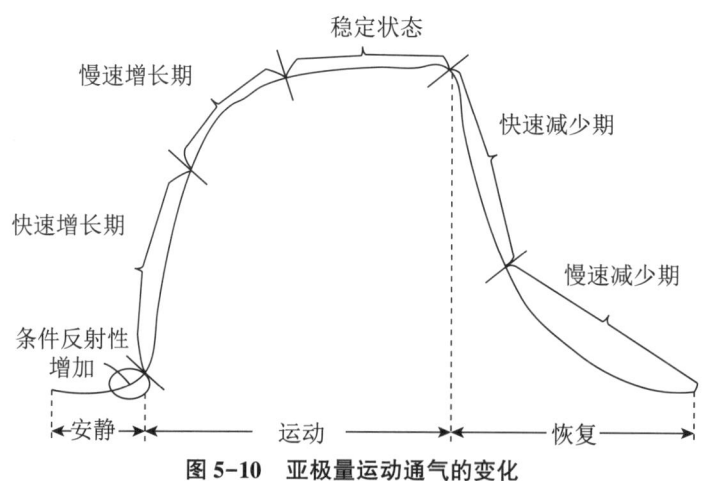

图5-10 亚极量运动通气的变化

通气的目的是摄入 O_2 和排出 CO_2，尤以 O_2 的摄入更为重要。一定量的 O_2 的摄入需要一定的通气量作保证。氧通气当量是指每分钟的通气量（VE）与摄氧量（VO_2）的比值，安静时约为 24，即机体必须从 24L 的通气量中才能摄取到 1L 氧。研究表明，人体在从事不超过 $50\%\dot{V}O_{2max}$ 的运动时，氧通气当量保持恒定不变；若从事超过 $50\%\dot{V}O_{2max}$ 的运动，每分通气量的增加将明显大于每分摄氧量的增加，即氧通气当量增加到 30~35。这时，机体要从 30~35L 的通气量中才能摄取 1L 氧。显然，运动强度增加到 $50\%\dot{V}O_{2max}$ 以上时摄取 O_2 的效率降低。氧通气当量越小，O_2 的摄取效率越高。运动生理学上把呼吸当量最小的一点称为最佳呼吸效率点（POE）。已有研究表明，$50\%\dot{V}O_{2max}$ 的运动负荷时氧呼吸当量最小，有训练的耐力性运动员甚至可以低于 20。当氧通气当量增大至 30~35 时，标志着 O_2 的摄取效率已十分低下，无训练者已坚持不了较长时间的运动；但有高度训练水平的运动员，氧通气当量达 40~60 时仍能奋力运动。在运动负荷相同时，优秀的耐力项目运动员的氧通气当量较非耐力项目运动员小。

（二）一次性运动换气机能的变化

1. 一次性运动肺换气的变化

运动时肺换气的具体变化为：①人体各器官组织代谢加强，使流向肺部的静脉血中 PO_2 比安静时低，从而使呼吸膜两侧的 PO_2 差增大，O_2 在肺部的扩散速率增大；②血液中儿茶酚胺含量增多，导致呼吸细支气管扩张，使通气肺泡的数量增多；③肺泡毛细血管前括约肌扩张，开放的肺毛细血管增多，从而使呼吸膜的表面积增大；④右心室泵血量的增加也使肺血量增多，使通气血流比值仍维持在 0.84 左右。但剧烈运动也会造成过度通气，使通气血流比值大于 0.84。这些因素的变化，使在耗氧量为 4L/min 的运动中，肺的氧扩散容量达到 60mL/（min·mmHg），当运动使耗氧量为 6L/min 时，氧扩散容量可增加到 80mL/（min·mmHg）。不参加体育锻炼的人，20 岁以后，肺换气功能将日趋降低，而经常参加体育锻炼的人，肺换气功能降低的自然趋势将推迟。

2. 一次性运动组织换气的变化

组织换气的具体变化为：①由于活动的肌肉组织需利用较多的 O_2 来氧化能量物质以重新合成 ATP，活动的肌肉组织耗氧量增加，组织的 PO_2 下降迅速，使组织和血液间的 PO_2 差增大，O_2 在肌肉组织部位的扩散速率增大；②活动组织毛细血管开放数量增多，增加了组织血流量，扩大了气体交换的面积；③组织中由于 CO_2 积累 PCO_2 的升高和局部温度的升高使氧离曲线发生右移，促使 HbO_2 解离进一步加强。运动时组织的这些变化，促使肌肉的 O_2 利用率提高，肌肉的代谢率可较安静时增高达 100 倍。

二、长期运动对呼吸机能的影响

（一）长期运动对通气机能的适应影响

长期运动时，机体在安静时的肺通气不变。虽然耐力运动不会改变肺部的结构或基本生理功能，但是会降低次最大运动强度下通气量 20%~30%。未受训练者，最大肺通气量为 100~120L/min，经过耐力运动后增加至 130~150 L/min 或更多。高强度训练运动员的肺通气量通常会增加到180L/min；而超高强度训练耐力运动员的肺通气量甚至超过200L/min。训练后增加最大肺通气量的原因有两种：在最大运动时增加潮气量和呼吸频率。横向研究表明，有训练者的肺容量的各个成分（主要是深吸气、补呼气）都比无训练者的大，这是呼吸功能良好适应运动训练的结果。

（二）长期运动对换气机能的适应影响

肺扩散或气体交换主要在肺泡进行。运动后，肺扩散不论是在休息还是在特定的次最大运动强度时都不会变化，在最大运动强度中却会增加。肺部血流（血液从心脏运送到肺）会随着运动训练而增加，特别是人体坐位或站立位时，血液会流向肺的上部，以增加肺扩散。更多血液被带向肺部进行气体交换，同时通气也会增加，所以，会有更多空气被吸入肺部。这意味着有更多肺泡参与肺扩散，从而增加了肺部气体交换。

三、运动时合理呼吸

运动时进行合理的呼吸，有利于保持内环境的基本恒定，提高训练效果和充分发挥人体的机能能力，以创造优异的运动成绩。可见合理的呼吸方法应成为该项运动技能的有机组成部分。教师应像传授动作技术一样，培养学生掌握适于该项运动特点的呼吸技巧。以下是几种改善呼吸方法的原则。

（一）减小呼吸道阻力

正常人安静时由呼吸道实现通气。通过呼吸道的呼吸，达到空气净化、湿润、温暖或冷却（当气温高于体温时）的作用。但在剧烈运动时，为减少呼吸道阻力，人们常以口代鼻或口鼻并用呼吸。其利有三：①减少肺通气阻力，增加通气；②减少呼吸肌为克服阻力而增加的额外能量消耗，推迟疲劳出现；③暴露满布血管的口腔潮湿面，增加散热途径。据研究，运动时增加口的通气，肺通气量由仅用鼻呼吸的80L/min增至173L/min。但应注意，在严寒季节里进行运动，张口不宜过大，尽可能使吸入空气经由口腔加温后再通过咽喉、气管入肺。

（二）提高肺泡通气效率

提高肺通气量有增加呼吸频率和增加呼吸深度两种方式。据研究，呼吸频率随着运动强度的增加而增加，并经2~4min达到稳定状态。而呼吸深度和肺通气量则须经3~5min才达到稳定状态。剧烈运动时，呼吸频率和肺通气量迅速上升，呼吸深度反而变浅。运动时（尤其是耐力运动），期望在吸气时肺泡腔中有更多的含O_2的新鲜空气，呼气时能呼出更多的含CO_2的代谢气体，因此，提高肺泡通气量比提高肺通气量意义更大。表浅的呼吸只能使肺泡通气量下降，新鲜空气吸入减少，这是由于解剖无效腔存在。而深呼吸能使更多的新鲜空气吸入肺泡腔中，使肺泡气中的空气新鲜率提高，PO_2也随之提高，最终导致O_2的扩散量增加。但过深、过慢的呼吸，也能限制肺通气量进一步提高，并可导致肺换气功能受阻。上述两种情况均能增加呼吸肌的额外负担，加大其O_2的消耗，容易导致疲劳。

有意识地采取适宜的呼吸频率和较大的呼吸深度是很重要的。一般来讲，径赛运动员的呼吸频率以每分钟不超过30次为宜。自由泳运动员即使有特殊需要，也不宜超过每分钟

60次。那么强调运动时的深呼吸,以偏重深吸气好还是以偏重深呼气好?当吸入气量一定时,肺泡气新鲜率的大小,取决于呼气末或吸气前存在于肺泡腔中的功能余气量。功能余气量越少,吸入新鲜空气越多,肺泡气中的PO_2就会越高。运动中有效减少肺泡腔内功能余气量的方法是尽可能地做深呼气动作(有时也叫作深吐气),从而保证机体有更多的O_2摄入。

因此,运动时(特别是在感到呼吸困难、缺氧严重的情况下)采用节制呼吸频率、适当加大呼吸深度的同时注重深呼气的呼吸方法,更有助于提高机体的肺泡通气量。例如,人在跑步或游泳时,因体内过多的负氧而出现"极点"现象,为有效克服或缓解"极点",提高O_2的摄入量,应有意识地保持有节奏的深吸气与深呼气。蛙泳时的正确呼吸应该是在水中做深呼气,将气吐尽,然后抬头出水面吸气。

(三)与技术动作相适应

呼吸的形式、时相、节奏等,必须适应技术动作的变换,必须随运动技术动作而进行自如的调整,这不仅为提高动作的质量、配合完成高难度技术提供了保障,而且能推迟疲劳的发生。这对于从事投掷、体操、技巧、武术、跳水、花样滑冰等专项的运动员来说,尤显重要。

1. 呼吸形式与技术动作的配合

呼吸的主要形式有胸式呼吸和腹式呼吸。运动时采用何种形式的呼吸,应根据有利于技术动作的运用而又不妨碍正常呼吸的原则,灵活转换。

通常有些技术动作需要胸、肩带部的固定,才能保证造型,那么这时应转为腹式呼吸。如体操中的手倒立、肩手倒立、头手倒立、吊环十字悬垂、下"桥"动作等这些需胸、肩带部固定的技术动作,采用了腹式呼吸,就会消除身体重心不稳定的影响;而另一些技术动作需要腹部固定的,则要转为胸式呼吸,如双杠直角支撑、马步站桩、上固定或下固定时的屈体静止造型动作、"两头起"的静止造型动作等,采用胸式呼吸有助于腹部动作的保持和完成。

2. 呼吸时相与技术动作的配合

通常非周期性的运动要特别注意呼吸的时相,应以人体关节运动的解剖学特征与技术动作的结构特点为转移。

一般在完成两臂前屈、外展、外旋、扩胸、提肩、展体或反弓动作时,采用吸气比较有利;在完成两臂后伸、内收、内旋、收胸、塌肩、屈体或团身等动作时,采用呼气比较顺当。如"卧躺推杠铃"练习,杠铃放下过程(臂外展、扩胸)应采用吸气,杠铃推起过程(臂内收、收胸)应采用呼气;"仰卧起坐"练习,仰卧过程(展体)采用吸气,起坐过程(屈体)采用呼气;"俯卧撑"练习,俯卧过程(两臂外展、胸扩展)采用吸气,撑起过程(两臂内收、胸内收)采用呼气。但有例外,如杠铃负重蹲起时的展体,改为呼气较好,应以完成技术动作为基础,然后考虑吸气与呼气的时相协调。

3. 呼吸节奏与技术动作的配合

通常周期性的运动采用富有节奏的、混合型的呼吸,将会使运动更加轻松和协调,更有利于创造出好的运动成绩。如周期性的跑步运动，长跑宜采用2~4个单步一吸气、2~4个单步一呼气的方法进行练习；短跑常采用"憋气"与断续性急促呼吸相结合，即每"憋气"2~12个单步（或更多）后，做一次1s以内完成的急骤深呼吸。周期性游泳运动的呼吸节奏，蛙泳可采用一次划手、一次蹬腿、一次头出水面呼吸的组合；自由泳可采用两侧呼吸，即三次划臂（打腿多少次依据个人特点而定），完成一次侧换气的组合。

（四）合理运用憋气

或深或浅吸气后，紧闭声门，做尽力呼气动作，称为憋气。通常完成最大静止用力的动作，需要憋气来配合。如大负荷的力量练习、举重运动、推铅球时的最后用力、排球的起跳扣球、拔河、"掰手腕"等，都伴有憋气的现象。憋气对运动良好的作用：①憋气时可反射性地引起肌肉张力的增加，如人的臂力和握力在憋气时最大，呼气时次之，吸气时较小；②可为有关的运动环节创造最有效的收缩条件，如短跑时憋气一方面可控制胸廓起伏，使快速摆臂动作获得相对稳定的支撑点，另一方面又避免腹肌松弛，为提高步频、步幅提供更强劲的牵引力。

人们能意识到憋气对运动有利的一面，但并不知憋气还会对人体产生负面的作用。憋气的不良影响主要有：①长时间憋气压迫胸腔，使胸内压上升，造成静脉血回心受阻，进而心脏充盈不充分，输出量锐减，血压大幅下降，导致心肌、脑细胞、视网膜供血不足，产生头晕、恶心、耳鸣、眼黑等感觉，影响和干扰了运动的正常进行；②憋气结束，出现反射性的深呼吸，造成胸内压骤减，原先潴留于静脉的血液迅速回心，冲击心肌并使心肌过度伸展，心输出量大增，血压也骤升，这对心力储备差者十分不利。特别是儿童的心脏因承受能力低而易使心肌过度伸展导致松弛，而老年人因血管弹性差、脆性大而容易使心、脑、眼等部位的血管破损。

由此看来，憋气对运动有利有弊。有时候需要通过奋力和憋气才能取得最后的胜利，那么这样的憋气是有必要的，是不可避免的。正确合理的憋气方法应该是：①憋气前的吸气不要太深；②结束憋气时，为避免胸内压骤减，使胸内压有一个缓冲、逐渐变小的过程，呼出气应逐步少许地、有节制地从声门中挤出，即采用微启声门、喉咙发出"嗨"声的呼气；③憋气应用于决胜的关键时刻，不必每一个动作、每一个过程都做憋气，如跑近终点的最后冲刺、杠铃举起、摔跤制服对手的一刹那，可运用憋气。

四、呼吸肌与运动训练

正常人吸气是主动的，呼气是被动的，而中、高强度运动以及一些慢性阻塞性肺疾病患者的呼气和吸气都是主动的。正常吸气时，膈肌所起的作用占全部吸气肌的60%~80%，因此膈肌是最主要的呼吸肌。很多对呼吸肌功能或呼吸肌疲劳的测量以及呼吸肌的锻炼都是针对膈肌进行的。呼吸肌活动是呼吸运动的原动力。20世纪90年代发现，呼吸肌也会疲劳，并在一定条件下引起通气能力下降，限制了运动成绩提升。

呼吸肌疲劳是指呼吸肌在承担负荷时所产生的收缩力和（或）收缩速度的降低，这种降低可以经休息而恢复。呼吸肌疲劳分中枢疲劳和外周疲劳，中枢疲劳是一种保护性机制。外周疲劳可能由于神经肌肉兴奋传导障碍或肌肉本身的兴奋—收缩耦联障碍所致，另外供氧不足、乳酸增加等代谢因素影响，也可导致呼吸肌的疲劳。

呼吸肌的训练主要包括肌力训练和耐力训练。和其他的骨骼肌一样，呼吸肌肌力训练基本的原则包括超负荷性、特异性和可逆性。有研究表明，60%～85%最大摄氧量运动到精疲力尽时，运动员和普通人的呼吸都没有达到最大通气量，因此是呼吸肌限制了通气量，而不是通气量限制了氧的供应。所以，可通过对呼吸肌的力量训练来增强其自主呼吸，提高通气量。同时，呼吸肌的耐力训练在一定程度上提高了呼吸肌对运动的适应能力，使通气的机械效率得到提高，因而减少了呼吸肌的代谢需求。有研究表明，在最大强度运动情况下，用于呼吸的摄氧量可以达到总摄氧量的15%，可见呼吸运动的能量代谢消耗所占比例是相当高的。因此，降低呼吸肌的代谢需求也是保证运动肌群代谢的一个重要方面。

具体训练呼吸肌的方法有：①借助呼吸肌训练仪进行。通过调整仪器中的呼气吸气阻力、呼吸深度频度等参数值，并根据仪器的提示指引，达到提高呼吸肌肌力和耐力的目的。②通过运动训练获得。进行长时间的耐力训练（如跑步、骑车、游泳）是训练呼吸肌有效、简便的方法。此外，较常用的还有简单的呼吸操，比如缩唇呼吸和膈呼吸，也称为深慢腹式呼吸，传统的气功也对呼吸肌的训练起到一定作用。

◇ 【思考题】

1. 呼吸是由哪三个环节组成的？各个环节的主要作用是什么？
2. 呼吸形式有几种？运动过程中如何随技术动作的变化而改变呼吸形式？
3. 为什么在一定范围内深慢的呼吸（尤其注重深呼气）比浅快的呼吸效果要好？
4. 试述肺通气的机能指标测定意义和评定方法。
5. 试述 O_2 和 CO_2 在血液中的运输过程。
6. 氧离曲线的生理意义是什么？哪些因素影响氧离曲线的变化？
7. 试述神经和体液因素对呼吸运动的反射性调节。
8. 试述运动时肺通气的变化及调节机制。
9. 运动时应如何进行与技术动作相适应的呼吸？如何合理地使用憋气？

（南京体育学院　孙　飙）

第六章 运动与物质能量代谢

◇【教学目标】

通过本章内容的学习，掌握三大能源物质代谢特征、三大能源供应系统的供能特点、能量代谢的测定原理；理解运动如何影响物质能量代谢；熟悉体温的产生与调节的生理过程及机制；了解人体主要营养物质的生理作用、消化与吸收的特点、代谢方式；培养学生对不同活动状态下的物质及能量供应的特征进行分析的能力；树立通过体力活动促进健康的科学理念。

第一节 物质代谢

为了维持正常的生命活动，机体必须不断地从外界环境中摄入氧气及各种营养物质，以构筑和更新机体自身的组织，称为同化作用；同时，机体自身的组成物质也不断分解成代谢产物排出体外，称为异化作用。这种机体与其周围环境不断进行的物质交换过程，称为物质代谢（material metabolism）。

一、营养物质的消化与吸收

人体所需要的主要营养物质来源于食物中的糖类、脂肪、蛋白质、水、无机盐和维生素等。这些物质经过消化器官的消化和吸收，为机体呼吸、循环、骨骼肌运动等生命活动提供了必不可少的物质能量来源。食物在消化道内被分解为可吸收的小分子物质的过程称为消化（digestion）。经消化后的营养成分透过消化道黏膜进入血液或淋巴液的过程称为吸收（absorption）。

（一）消化

1. 消化的方式

消化的方式有两种：一种是通过咀嚼、消化道肌肉的收缩和舒张活动，将食物磨碎，使之与消化液充分混合，并将食物不断地向消化道远端推送，最终把不能被消化和吸收的残渣以粪便形式排出体外，此种方式称为机械性消化或物理性消化；另一种是通过消化腺分泌的消化液来完成的，消化液中所含的各种消化酶能分别将糖类、脂肪及蛋白质等物质分解成可吸收的小分子物质，此种方式称为化学性消化。正常生理情况下，两种消化方式互相配合、共同作用，为机体的物质代谢与能量代谢源源不断地提供养料和能量。

2. 消化的过程

消化过程由口腔开始，各种营养物质在消化道各部位停留的时间、各部位产生的消化液成分与数量，以及各部位机械运动程度不同，造成营养物质在消化道各部位的消化程度差异颇大。

（1）口腔内消化

食物在口腔内经过咀嚼被磨碎，少量淀粉在唾液淀粉酶作用下分解为麦芽糖，由唾液（pH值为6.6~7.1）湿润形成的食团，经吞咽动作通过食管进入胃内。

（2）胃内消化

食物入胃后，受到胃液的化学性消化和胃壁肌肉运动的机械性消化的共同作用。正常成人胃液分泌量为1.5~2.5升/日。胃液的pH值为0.9~1.5，具有较强的酸性，其主要成分盐酸也称胃酸，不仅可以激活胃蛋白酶原，而且在进入小肠后能引起促胰液素和缩胆囊素的分泌，从而促进胰液、胆汁和小肠液的分泌。因此，胃液中完成化学性消化的主要成分是盐酸和胃蛋白酶。胃蛋白酶的作用是能够消化胶原蛋白（一种不易被其他消化酶影响的纤维蛋白），将其降解为蛋白胨和少量多肽。胃液分泌的自然刺激是进食。

食物入胃后，在胃的蠕动下，食物被磨碎，并与胃液充分混合，形成糊状食糜，进而被逐步推入十二指肠。食物由胃进入十二指肠的过程称为胃排空。食物入胃5min左右，胃排空即开始。食物的排空速度与其物理性状及化学组成有关。三大营养物质中，糖类排空速度最快，蛋白质次之，脂肪类最慢。混合食物完全排空通常需要4~6h。

（3）小肠内消化

小肠内消化是整个消化过程中最重要的阶段，食糜受到小肠的机械性消化及胰液、胆汁和小肠液的化学性消化的作用后，食物的消化过程基本完成。胰液是由胰腺分泌的具有很强的消化能力的消化液，pH值为7.8~8.4，呈碱性，正常人分泌量为1~2升/日。

胰液中含有浓度较高的碳酸氢盐，可以中和进入十二指肠的胃酸，并提供各种消化酶最适宜的pH值环境。胰液中含有的消化酶主要有胰淀粉酶、胰脂肪酶、胰蛋白酶、糜蛋白酶、核糖核酸酶及脱氧核糖核酸酶等，可以分解碳水化合物、脂类、蛋白质三大基本营养物质，因而是最重要的消化液。胆汁由肝细胞分泌，其成分复杂，包括胆盐、胆色素等，是唯一不含消化酶的消化液。胆盐是由肝细胞分泌的胆汁酸与甘氨酸或牛磺酸结合而成的钠盐或钾盐，是胆汁参与消化和吸收的主要成分。胆汁能乳化脂肪，增加胰脂肪酶的作用面积，加速脂肪的分解；促进脂肪和脂溶性维生素的吸收；中和胃酸及促进胆汁的自身分泌：肠—肝循环。小肠液为一种弱碱性液体，pH值约为7.6，渗透压与血浆相等。正常成人分泌量为1~3升/日。大量的小肠液可稀释消化产物，降低其渗透压，有利于吸收。真正由小肠腺分泌的酶只有肠激酶，具有激活胰蛋白酶原为活性胰蛋白酶、促进蛋白质消化的作用。

（4）大肠的功能

人类的大肠内没有重要的消化活动。大肠的主要功能在于吸收水分和无机盐，同时为消化后的食物残渣提供暂时贮存场所。大肠液中的黏液蛋白对肠黏膜具有保护作用，并具有润滑粪便的作用。食物残渣进入大肠后，通过大肠的机械运动使其向肛门方向推送，最终通过排便反射将粪便排出体外。

（二）吸收

1. 吸收的部位

消化道的不同部位对物质的吸收能力和吸收速度明显不同，这主要取决于消化道各部位的组织结构，以及食物在各部位被消化的程度和停留的时间。口腔及食道基本不具有吸收能力。胃能吸收乙醇和少量水分。小肠是吸收的主要部位，糖类、脂肪和蛋白质的消化产物大部分在十二指肠和空肠吸收，回肠能够吸收胆盐和维生素 B_{12}。大肠可吸收的主要是水分和盐类，一般认为，大肠可吸收其肠腔内80%的水和90%的 Na^+ 及 Cl^-。

2. 小肠内主要营养物质的吸收

水、无机盐、维生素可不经消化直接被小肠吸收入血液。人体由小肠每日吸收回体内的水分总量可达8L。食物中的铁绝大部分是高铁（Fe^{3+}），不易被吸收，还原为亚铁（Fe^{2+}）后则较易被吸收（吸收速度快2~15倍）。维生素C能将高铁还原为亚铁而促进铁的吸收。因此，运动员在大运动量训练期间，补充铁的同时一定要注意补充维生素C。糖类只有分解为单糖时才能被小肠上皮细胞吸收。蛋白质经消化分解为氨基酸后，几乎全部被小肠吸收。脂肪的消化产物（脂肪酸、乙酰甘油及胆固醇等）与胆盐结合形成水溶性复合物，才能被吸收入毛细淋巴管（长链脂肪酸）或是直接进入门静脉（中、短链脂肪酸）。此外，有些未经消化的天然蛋白质或蛋白质分解的中间产物，也可被小肠黏膜吸收，但其量极小。

（三）骨骼肌运动对消化和吸收机能的影响

骨骼肌运动可以引起骨骼肌血管扩张、血流量增加，内脏血管收缩、血流量减少，导致胃肠道血流量明显减少（较安静时约减少2/3），消化腺分泌消化液量下降。运动应激亦可致胃肠道机械运动减弱，使消化能力受到抑制。为了解决运动与消化机能的矛盾，一定要注意运动与进餐的间隔时间。饱餐后，胃肠道需要血液量较多，此时立即运动将会影响消化，甚至可能因食物滞留造成胃膨胀，出现腹痛、恶心及呕吐等运动性胃肠综合征。剧烈运动结束后，也应适当休息，待胃肠道供血量基本恢复后再进餐，以免影响消化吸收机能。

二、主要营养物质在体内的代谢

（一）糖代谢

1. 人体的糖贮备及其供能形式

糖类是人体基本的供能物质。人体内的糖类物质主要以糖原及葡萄糖的形式存在，葡萄糖是人体内糖类的运输形式，而糖原是糖类的贮存形式。人体所需能量的50%~70%由食物中的糖类物质提供，平均每克糖释放能量为17.2kJ（4.1kcal）。糖在氧化时所需要的

O_2 少于脂肪和蛋白质，因而成为人体最经济的能源。食物中的糖大多是多糖或双糖，经消化道分解成单糖并被吸收入血液后，一部分在肝脏合成肝糖原，一部分随血液运输到肌肉合成肌糖原贮存起来，一部分被组织直接氧化利用，另一部分维持血液中葡萄糖的浓度（血糖）。因而，人体的糖以血糖、肝糖原和肌糖原的形式存在，并以血糖为中心，使之处于动态平衡（图6-1）。

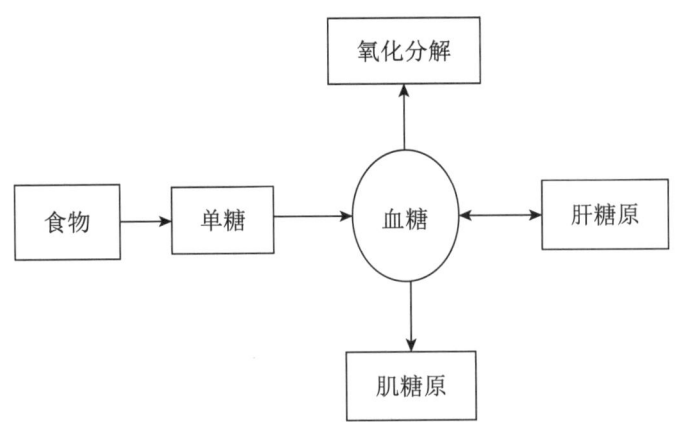

图 6-1　糖的动态平衡示意图

（1）糖原

肝糖原和肌糖原的含量是有限的，人体肝糖原约为100g，浓度为250mmol/kg，肌糖原为300~500g，浓度为80~100mmol/kg。一名进食类型为混合饮食的体脂率12%、体重65kg的成年男性，肌糖原储量约为500g（2050kcal），肝糖原储量约为110g（451kcal）。肌糖原既是高强度无氧运动时机体的重要能源，又是中大强度有氧运动时的主要能源。许多研究表明，糖原贮量（特别是肌糖原）的增多，有助于大强度耐力项目运动成绩的提高。

（2）血糖

血液中的葡萄糖又称为血糖，总量为5~6g，正常人空腹浓度为3.9~6.1mmol/L。血糖是包括大脑在内的中枢神经系统的主要能源。血糖浓度是人体糖的分解及合成代谢保持动态平衡的标志。运动员安静状态下的血糖浓度与常人无异，饥饿及长时间运动时，血糖水平下降，运动员会出现工作能力下降及疲劳的征象。肝糖原可以迅速分解入血以补充血糖，维持血糖的动态平衡。

2. 运动与补糖

由于人体内糖的贮存量相对有限，对于持续时间超过60min的运动，糖的含量常成为运动能力的限制因素。当体内肌糖原含量低于临界值（50mmol/kg湿肌）或血糖浓度降低到临界值（3.3mmol/L）时常易诱发疲劳，运动的强度必然降低或运动中止。因此，适当补糖有助于推延运动性疲劳的出现，直接或间接调节机体免疫机能，并可促进运动性疲劳的恢复，以保持运动能力、提高训练效果及比赛成绩。目前大多数学者认为，超长距离的耐力项目（如公路自行车、马拉松跑）在进行的过程中有必要进行糖的补充。

(1) 补糖时间与补糖量

研究发现，运动前或比赛前及比赛中补糖，有助于长时间运动中保持足够的血糖和肌糖原水平，预防低血糖的发生，延长肌肉利用糖作为能源的时间。目前一般认为，运动前 2~4h 补糖可以增加运动开始时肌糖原的贮量。运动前 5min 内或运动开始时补糖效果较理想。其一，糖从胃排空→小肠吸收→血液转运→刺激胰岛素分泌释放，需要一定的时间；其二，运动可引起某些激素，如肾上腺素的迅速释放，从而抑制胰岛素的释放，使血糖水平升高；其三，可以减少运动时肌糖原的消耗。应当注意的是，在比赛前 15~60min 不要补糖，以免因胰岛素效应反而使血糖降低。进行一次性长时间耐力运动时，可采用改良糖原负荷赛前补糖法进行糖补充；赛前一周逐渐减少训练量直至赛前一天休息；同时逐渐增加碳水化合物（低纤维、易消化）摄取量，从赛前第 3 天开始，膳食中碳水化合物含量达到每日所需热量的 70%~80%，或达到每日 600~800g 糖的补充［10~12g/（kg·day）］。

在长时间运动，如马拉松比赛中，可以通过设立途中饮料站适量补糖。运动后补糖将有利于糖原的恢复，而且时间越早越好。理想的补糖时间是运动后即刻及之后的 2h 内每隔 20min 连续补糖。耐力运动员在激烈比赛或大负荷量训练期，膳食中糖类总量应占其每日能量消耗的 70%，这样有利于糖原的恢复。

运动前或赛前补糖可采用稍高浓度的糖溶液（35%~40%），服用 40~50g 糖。运动中或赛中补糖应采用浓度较低的糖溶液（5%~8%），因为当摄入的饮料中糖浓度超过 10% 时，胃的排空速率就会明显下降。糖的补充应有规律地间歇进行，一般每 20min 给 15~20g 糖为宜。

(2) 补糖种类

低聚糖是一种人工合成糖（目前多使用由 2~10 个葡萄糖单位聚合成的低聚糖），渗透压低，分子量大于葡萄糖。研究表明，浓度为 25% 的低聚糖的渗透压相当于 5% 葡萄糖的渗透压，是低渗透压、高热量的液体，补糖效果较理想。因为，果糖的升糖指数较葡萄糖更低，所以，运动前补充果糖更佳。对于糖原恢复的研究发现，淀粉、蔗糖合成肌糖原的速率大于果糖，但果糖合成肝糖原的效果则比蔗糖或葡萄糖更佳。因此，补糖时应注意合理选择搭配糖的种类，同时，运动员膳食中应注意保持足够量的淀粉。

(二) 脂肪代谢

1. 人体的脂肪贮备

脂肪是人体重要的贮能和供能物质。一般认为，最适宜的体脂含量，男性为体重的 18%~23%，女性为 25%~30%。若男性体脂>25%、女性>30%，则属肥胖。肥胖增加机体负担，并易发高血压、冠心病等疾病。脂肪主要通过食物获得，人类合理膳食总热量的 20%~30% 由脂肪供给，每氧化 1g 脂肪平均释放能量 39.8kJ（9.5kcal），糖和蛋白质在体内达到一定量后也可转变为脂肪而被储存。因此，体脂含量可以通过调整食物摄入量及增减机体活动水平加以控制。体内脂肪积聚的趋势也具有一定的遗传特性。

2. 脂肪在体内的分解代谢

体脂的积聚是由于摄入的热量高于人体所需的能量，使过多的能量在体内转化成脂肪，而且机体储存脂肪的能力几乎没有限度。所以，只有设法保持摄入量与消耗量之间的平衡，才能保持人体的正常体重和体脂率。脂肪在脂肪酶的作用下，分解为脂肪酸和甘油。其中，脂肪酸在肌肉等组织中作为能源物质被利用，分别氧化成二氧化碳和水，同时释放出大量能量，用以合成 ATP。甘油可以在肝脏内转化为葡萄糖作为能源物质被利用。运动减肥是通过增加人体肌肉的能量消耗，促进脂肪的分解氧化，降低运动后脂肪酸进入脂肪组织的速度，抑制脂肪的合成从而达到减肥的目的。

(三) 蛋白质代谢

1. 蛋白质在体内的代谢

蛋白质是生命的物质基础，是细胞的主要构成成分。在体内的代谢过程中，每日的摄取量与消耗量基本相等。根据每日食物中摄取蛋白质的含氮量与排泄物中的含氮量，可以了解蛋白质代谢的情况。一般正常成人氮的收支保持平衡状态称为氮平衡（nitrogen balance）。儿童少年、孕妇、病后恢复阶段及运动训练过程中，蛋白质摄入大于排出，称为氮的正平衡。饥饿、营养不良、患消耗性疾病、衰老和大运动量训练期间，机体蛋白质消耗大于摄入，称为氮的负平衡。蛋白质的摄入量至少必须与生理需要量保持平衡。蛋白质在体内缺乏30%以上，将会影响正常生命活动。

蛋白质是人体特殊状态下的供能物质，1g 蛋白质在体内氧化分解产生约 18.0kJ（4.3kcal）的能量。但是，正常生理情况下，蛋白质的主要生理功用在于维持机体的生长发育与组织的更新修复。蛋白质作为能源物质氧化分解时，首先分解为氨基酸，氨基酸进而分解为相应的 α-酮酸及氨基。酮酸经过三羧酸循环彻底氧化分解为二氧化碳和水，释放出一定量的能量；氨则在肝脏转变为尿素，最终经肾脏随尿排出。但是蛋白质一般不用来供能，只有当运动能量消耗过多或糖摄取过少时，蛋白质才被用来供能，一般蛋白质供能量不超过运动能量消耗的10%。

2. 关于蛋白质的补充问题

由于蛋白质在人体具有特殊的作用，在运动训练过程中，运动员特别是力量、耐力项目运动员的蛋白质补充非常重要。一般认为，成人蛋白质最低生理需要量为 30~45 克/天或 0.8g/kg。生长发育期的青少年由于组织增长及再建的需要，蛋白质的需要量为 2.5~3g/kg。运动员的蛋白质供给量比普通人高，目前认为我国运动员为 1.2~2g/kg，优秀举重运动员蛋白质补充量为每日 1.3~1.6g/kg，耐力项目运动员蛋白质补充量为每日 1.5~1.8g/kg，且不能超过2g/kg。而且应注意在整个耐力训练阶段中持续补充蛋白质，以促进肌肉蛋白质的合成，预防运动性贫血的发生。

(四) 水盐代谢

1. 水及无机盐的生理功用

体液是细胞进行代谢的内部环境，其主要成分是水及各种无机盐。人体各种营养物质的消化、吸收、运输及代谢废物的排泄，均通过水来进行。因此，水具有维持物质代谢的作用，同时还具有调节体温和润滑的作用。

无机盐的生理功用包括：维持细胞内外液的容量、渗透压及电中性；维持神经、肌肉的膜电位，与维持神经肌肉细胞正常兴奋性和肌肉收缩有关，使机体具有接受环境刺激和做出反应的能力；参与血液缓冲对的构成，与维持人体的酸碱平衡有关。此外，无机盐参与人体组织构成，通过生物酶的调节作用，影响物质代谢过程等。

2. 人体的水贮备及分布

水是人体重要的组成成分，是维持生命活动必需的营养物质。成人体内含水量约占体重的60%，其中，细胞内液约占40%，细胞外液约占20%（血浆占5%，组织间液占15%）。水分布于各种组织器官和体液中。血液等体液含水量最多，可高达90%；肌肉、心、肝、脑、肾等含水量为70%~80%；皮肤含水量为60%~70%；骨骼及脂肪组织含水量最少，为12%~15%。人体的含水量受饮水及排汗量的影响较大，还因年龄、性别而异，新生儿含水量为体重的75%~80%，随着年龄的增长，体内水分减少。

水在体内有两种存在形式：一是游离水，可以自由流动，如血液、淋巴液、组织液；二是结合水，与无机盐离子及蛋白质、糖原等亲水胶体颗粒结合，参与构成器官组织，如心肌所含有的79%的水分即为结合水。游离水仅占体内水的小部分，为3~4L，人体绝大部分水以结合水的形式存在。

3. 人体的水平衡

水在人体内保持一种动态平衡状态，这是因为其来源与去路保持恒定。人体内的水有三种主要来源：①饮水，每日约1.2L。②食物摄取，每日约1L。③代谢内生水，体内物质氧化所产生，每日约0.3L，运动时主要来自糖和脂肪的氧化分解。水在体内的排出途径包括：①通过肾脏以尿液的形式排出，每日约1.5L。②经消化道随粪便排出，每日0.1~0.15L。③呼吸蒸发，每日约0.35L，运动中呼吸加深加快，水分排出增多，例如，根据测定，马拉松跑由呼吸道排出的水分可比安静状态大10倍。④皮肤排汗，每日排出非显性汗约0.5L，运动中或高温条件下排汗量增加，例如，一次马拉松比赛，运动员由汗液丢失的水分达5L左右。

人体各种途径进出体内的水分，均须经过血液这一共同途径。饮用及食物水经消化道进入血液，这些水分可以从血液进入细胞间液暂时储存，也可由细胞外液进入细胞。当细胞内水分过多时，水可由细胞渗入细胞外液，再经血液由肺、肾、皮肤等器官排出体外。可见，血液是调节体内水含量的关键环节。长时间运动中丢失的水分主要来自细胞外液，大量水分的丢失必将造成血液的浓缩。

4. 脱水及补水

脱水是指体液丢失量达体重的1%以上。人体在运动训练过程中，由于气温、运动强度、运动持续时间等因素的影响，可能产生程度不同的水分丢失，称为被动脱水。而为了达到降低体重的目的，人为地造成机体脱水则称为主动脱水。运动员的主动脱水即指运动员有目的、有计划地在长期训练过程中缓慢减轻体重（主要为体脂）以使体重处于较低的水平，或在赛前较短的时间内快速降低体重。其实质是通过赛前慢速减体重结合快速减体重等手段，在尽量不影响运动能力和健康的前提下，最大限度地减少体脂成分、适度地减少去脂体重（主要是水）。

有研究报道，长时间运动失水量达体重的2.5%时进行标准运动试验，运动能力可降低至对照水平的56%，可见脱水将严重影响运动能力。机体轻度脱水时（失水量达体重的2%左右），以丢失细胞外液为主，血容量减少，出现口渴、尿少、尿钾丢失；中度脱水时（失水量达体重的4%左右），细胞内外液的丢失程度相当，出现心率加快、体温升高、严重口渴、疲劳、血压下降；重度脱水时（失水量达体重的6%~10%），主要丢失细胞内液，可出现呼吸加快、肌肉抽搐，甚至昏迷，严重威胁机体健康及生命安全。失水量对运动能力的影响与训练水平有关。一般训练水平的运动员，在机体轻度脱水时，会影响体温调节能力、循环机能及运动能力；而训练水平高的运动员失水量在3%~4%，基本不影响运动能力。

为改善和缓解脱水状况，需要对机体进行补水。运动员的补水，应以补足丢失的水分、保持机体水平衡为原则。已经证明，比赛和训练前、中、后各阶段的补水对于减少体液丢失，维持运动能力，降低亚极量运动心率，维持血浆容量，降低热应激、热衰竭和热休克均有明显的益处。补水所采用的液体成分中应含有一定比例的糖类、无机盐类，但浓度均较低，以低渗液体为佳，并应注意少量多次。一般认为，补液中无机盐浓度不应超过20g/L，糖的浓度不能超过25g/L，每10~15min饮用150~250mL、6~12℃的低渗液体。有人建议，进行长时间耐力运动，赛前1~2min应一次性饮用500mL液体，因为在产生口渴之前进行强制性饮水，可以减少脱水情况产生；对于运动持续时间超过1h的大强度运动，运动员应补充含Na^+ 0.5~0.7 g/L的糖盐水。而运动后液体补充量一定要大于汗液的丢失量（最好为汗液丢失量的150%~200%）。

5. 运动员快速减体重

大多数按重量级别参加比赛的运动员，包括拳击、柔道、摔跤和举重等项目，为了参加有利于自己获得优异成绩的体重级别，通常都需要在参赛前把体重快速降低。运动员通过急剧地限制能量摄入、脱水或限制能量摄入结合脱水等方法，在较短的时间内主要通过减少去脂体重（主要是水）而降低体重（每周体重下降幅度大于其自身体重的4%）的方法，称为快速减体重。限制饮食和液体摄入，在热环境中或穿降重衣进行剧烈的活动，洗桑拿浴、蒸汽浴引起机体脱水是快速减体重中最广泛使用的技术。不经常使用的方法还包括服用泻药和催吐药等。

尽管脱水减体重可以在短时间内实现降重目标，但是短时间内大量脱水会引起血液浓缩、无机盐丢失，从而损害循环机能，影响肌肉工作能力。减体重期间的营养支持应以供给低热能、营养均衡膳食为原则，必要时可补充合法的运动营养补剂。赛前称重后，切忌暴饮暴食，如果短时间内大量进食，胃肠道来不及消化吸收，会引起胃肠道疾病，暴饮有时会导致浮肿，这时应少量多次地补充水分、电解质和糖，如运动饮料、高糖能量棒等，以促进体液及糖原恢复。

在赛季中反复进行这种赛前快速减重，对长远健康也会带来负面的影响。因此，运动员应该合理安排长期减体重计划，尽量减去体内多余的脂肪，且需认识到快速减体重只是减体重的一种应急措施。

第二节 能量代谢

生物体各种能源物质分解代谢过程中所伴随的能量释放、转移、储存和利用，称为能量代谢（energy metabolism）。物质代谢与能量代谢是紧密相连的。能量代谢的中心环节是发生在线粒体中的氧化磷酸化。人体单位时间内所消耗的能量称为能量代谢率。

基础代谢（basal metabolism）指人体处在清醒、安静、空腹、室温在 20~25℃ 基础状态下的能量代谢。基础代谢率（basal metabolic rate，BMR）指单位时间内的基础代谢，即在基础状态下，单位时间内的能量代谢，这种能量代谢是维持最基本生命活动所需要的、最低限度的能量。安静代谢率（resting metabolic rate，RMR）指人体安静状态下单位时间内的能量代谢。能量代谢率与体重不成比例关系，而与体表面积成正比。因此，基础代谢率以每小时每平方米体表面积的产热量为单位，通常以 $kJ/(m^2 \cdot h)$ 来表示。人的体表面积可根据 Stevenson 公式计算：体表面积（m^2）= 0.0061×身高（cm）+0.0128×体重（kg）-0.1529。基础代谢率受年龄、性别等因素影响而产生生理波动，一般男性高于女性，幼年高于成人，老年低于成人（表6-1）。另外，基础代谢受人体体温的影响，体温每升高 1℃，基础代谢率升高约 13%。基础代谢率的测定值与正常平均值相差 15% 之内均属正常，相差超过 20% 属病理情况。过度训练状态下，运动员基础代谢率升高。

表6-1 我国居民正常基础代谢率平均值 [$kJ/(m^2 \cdot h)$]

性别	年龄（岁）						
	11~15	16~17	18~19	20~30	31~40	41~50	51 以上
男性	195.5	193.4	166.2	157.8	158.6	154.0	149.0
女性	172.5	181.7	154.0	146.5	146.9	142.4	138.6

（引自：王庭槐等，2018）

一、能量代谢的测定

机体的能量代谢遵循能量守恒定律，即在整个能量转化过程中，蕴藏在食物中的化学能与所转化成的热能及所完成的外功，按其能量来折算是完全相等的。因此，测定在一定时间内机体所消耗的食物，或测定机体所产生的热量与所做的外功，均可测算出整个机体单位时间内的能量代谢量——能量代谢率。

（一）与能量代谢有关的几个概念

1. 食物的热价及氧热价

1g 食物完全氧化分解所释放出的热量称为食物的热价（thermal equivalent of food）。食物的热价分为物理热价和生物热价，前者指食物在体外燃烧时释放的热量，后者指食物在体内氧化时产生的热量。糖和脂肪的物理热价与生物热价相等，而蛋白质的生物热价小于物理热价。这是由于蛋白质在体内不能完全氧化，部分含在尿素、尿酸和肌酐等分子中的能量被排出体外的缘故。

各种能源物质在体内氧化分解时，每消耗 1L O_2 所产生的热量称为该物质的氧热价（thermal equivalent of oxygen），表示该种物质氧化时的耗氧量与释放热量之间的关系（表 6-2）。

表 6-2　三种能源物质氧化时的几种数据

能源物质	产热量（kJ/g）			耗氧量（L/g）	CO_2 产量（L/g）	氧热价（kJ/L）	呼吸商（RQ）
	物理热价	生物热价	营养学热价				
糖	17.17	17.15	16.74	0.83	0.83	21.1	1.00
蛋白质	23.43	17.99	16.74	0.95	0.76	18.93	0.80
脂肪	39.75	39.75	37.66	2.03	1.43	19.58	0.71

注：1 kcal=4.186 kJ，1kJ=0.23885kcal

（引自：姚泰等，2005）

2. 呼吸商

各种物质在体内氧化时所产生的 CO_2 与所消耗的 O_2 的容积之比称为呼吸商（respiratory quotient，RQ）。糖、脂肪、蛋白质氧化时，各物质的化学组成不同，因此其 CO_2 产量与耗氧量各不相同，呼吸商也不一样。例如，1mol 葡萄糖氧化时，需要消耗 6mmol O_2，产生 6mmol CO_2 和 6mmol H_2O，释放出一定的热量，故呼吸商为 1。脂肪和蛋白质氧化时需要消耗更多的 O_2，其呼吸商分别约为 0.71 和 0.80。一般情况下，人类摄取的食物为混合食物，其呼吸商约为 0.85（表 6-3）。表 6-3 非蛋白质呼吸商和氧热价内容详见二维码。

非蛋白质呼吸商和氧热价

3. 代谢当量

运动时的耗氧量与安静时耗氧量的比值称为代谢当量（metabolic equivalent，MET），又称梅脱。1MET 约相当于安静时 1min 的能量消耗（耗氧量），即约相当于 250mL/min 或 3.5mL/（kg·min）。2MET 相当于 2 倍安静时的耗氧量，即 500mL/min 或 7.0mL/（kg·min）。由于该指标是以安静时机体的能量消耗（耗氧量）为基础的，能使不同运动方式的运动强度得以互相比较（表 6-4），可用于评价机体运动时的相对能量代谢水平。该指标在运动处方的制定中被广泛应用。

表 6-4　不同体力活动的代谢当量

体力活动	MET 值	体力活动	MET 值
上楼	8	足球（比赛）	10
下楼	3	跳绳（中速）	10
步行（每小时5km）	3.5	舞蹈（中速）	4.5
步行（每小时7km）	4.5	蛙泳（一般速度）	10
俯卧撑	4.5	自由泳（慢速）、仰泳	8

续表

体力活动	MET 值	体力活动	MET 值
跑步（每小时 9.6km）	10	蝶泳、自由泳（快速）	11
慢跑	7	自行车（每小时 16~19km）	6
跑步上楼	15	洗碗	2.3
篮球（比赛）	6	洗衣服（手洗）	3.3
乒乓球	4	扫地、拖地	3.5
羽毛球（比赛）	7		

（二）能量代谢的测定方法

能量代谢的测定有直接测热和间接测热两种方式，其中间接测热应用较多。

1. 直接测热法

直接测量热量的产生和热量的丢失称为直接测热法。受试者在一间特殊结构的绝缘密闭的实验房间进行测试，与外界隔热并有水在墙的内外两层之间流动。水由受试者释放的热量加热，这样通过计算流经实验房间的水的体积和流入、流出时的温度差就可以得出受试者的产热量。受试者通过皮肤和呼吸道蒸发水分还会丢失一部分的热量，这部分热量可以通过收集这些水分而算出并加到总能耗中。但直接测热法价格昂贵、工作复杂，较难使用。

2. 间接测热法

间接测热的基本原理是，按照一般化学反应中，反应物的量与产物的量之间呈一定的比例关系，即定比定律。维持机体各种生理机能所需的能量来源于营养物质的氧化分解，而机体在氧化分解不同营养物质时所消耗的氧量与产生的二氧化碳量及释放出的热量之间呈一定的比例关系。因此，利用糖、脂肪和蛋白质在体内氧化时的耗氧量、二氧化碳产生量以及产生的热量之间的比例关系，可推算出机体在一定时间内所消耗的各种营养物质的量，即可推算出整个机体的能量代谢率。道格拉斯气袋法（Douglas Bag Method）是最经典的间接测热法，受试者的呼出气体经过三通单向阀全部收集到道格拉斯气袋中，每隔一定时间（30s）更换一个气袋，测试结束后，使用化学分析方法和气体流量计分别分析气袋中的氧、二氧化碳的浓度和气体容积，计算消耗热量。该方法非常烦琐且不能提供测试过程中的即时数据。

随着气体分析器、流量传感器技术的发展和计算机的应用，快速准确地分析受试者呼出气体成为现实。每口气法（Breath by Breath）通过提高采样速度减少混合室的大小，获得了和传统混合气袋法一致的测试结果。该方法已成为目前使用最广泛的间接测热法。

二、影响能量代谢的因素

(一) 肌肉活动

肌肉活动对能量代谢的影响最为显著。骨骼肌的收缩与舒张都是主动耗能过程，所需能量源于能源物质的氧化。因此，任何轻微的活动均可提高耗氧量。运动中机体耗氧量增加，消耗能量增多，产热量增加，因而能量代谢率升高。

(二) 精神活动

人在平静地思考问题时，能量代谢所受的影响并不大，产热量略有增加，一般不超过4%。但在精神紧张如烦恼、恐惧或情绪激动时，产热量显著增加。这是伴随情绪变化出现了无意识的肌紧张及促进代谢的激素释放增多等原因所致。

(三) 食物的特殊动力效应

安静状态下摄入食物后的一段时间内，人体产生的热量比食物本身氧化后所产生的热量要多。例如，摄入能产生100kJ热量的蛋白质后，人体实际产热量为130kJ，额外产生了30kJ的热量。进食能刺激机体产生"额外"热量消耗的现象称为食物的特殊动力效应(specific dynamic effect)。糖类和脂肪的食物特殊动力效应分别为6%和4%，而混合食物约为10%。额外增加的热量不能用于做功，只能用于维持体温。其产生的确切机制尚不清楚。目前认为，可能与肝脏消化氨基酸或肝糖原合成等有关。

(四) 环境温度

人体安静时的能量代谢在20~30℃环境中最稳定，环境温度过高或过低均可使机体能量代谢率升高。实验证明，当环境温度低于20℃时，代谢率开始升高；低于10℃时，代谢率显著升高。这主要是由于寒冷刺激反射性地引起战栗及肌肉紧张增强。当环境温度达30~45℃时，由于体内化学反应加速、呼吸循环功能增强等因素的作用，使代谢率升高。

三、人体运动时的能量供应与消耗

人体运动时能量消耗明显增加，能耗的增加受制于运动强度、运动持续时间等因素。

(一) 骨骼肌收缩的直接能源——ATP

肌肉活动的直接能量来源是三磷酸腺苷，即ATP。事实上，人体各种生理活动所需要的能量基本由ATP供给。例如，神经冲动传导时离子的转运；腺体分泌时分泌物透过细胞膜"出胞"作用；消化道内食物的吸收；肌肉收缩过程等。人体ATP最终来源于糖、脂肪、蛋白质的氧化分解（图6-2）。

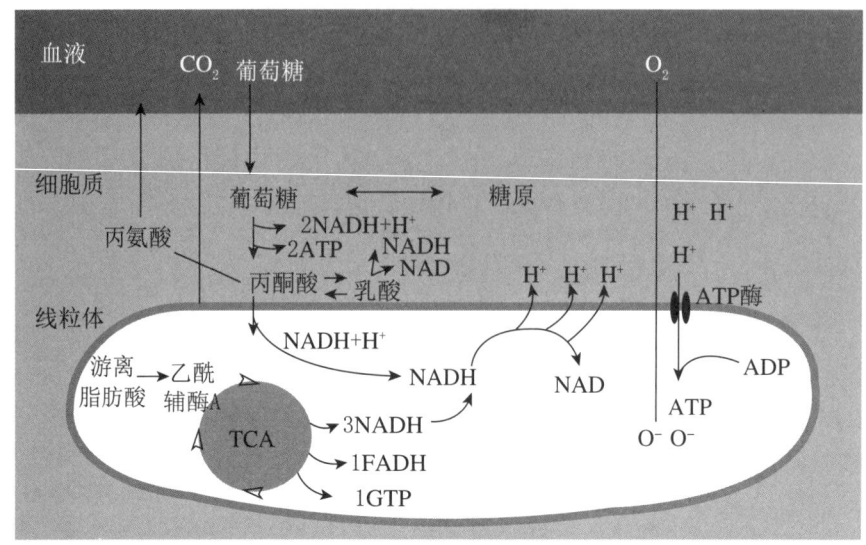

图 6-2　ATP 的生成过程

1. ATP 的贮备及输出功率

细胞内 ATP 的浓度很低，安静肌肉 ATP 含量为 4~6mmol/kg 湿肌。ATP 的最大生成率为 11.2mmolATP/（kg·s）（每千克肌肉每秒动用 ATP 的毫摩尔数），启动极为迅速。但由于 ATP 贮量有限，运动中 ATP 消耗后的补充速度成为影响运动能力的重要因素。

2. ATP 的分解供能及补充

ATP 在酶的催化下，迅速分解为 ADP（二磷酸腺苷）和无机磷酸（Pi），并释放出能量。$ATP+H_2O\rightarrow ADP+Pi$，每克分子 ATP 可释放 29.26~50.16kJ（7~12kcal）的能量。ATP 一旦被分解，便迅速补充。这一直接补充过程由肌肉中的另一高能磷酸化合物磷酸肌酸（creatine phosphate，CP）完成。CP 释出能量用以将 ADP 再合成为 ATP，同时生成肌酸（creatine，C）。$CP+ADP\rightarrow C+ATP$。肌肉中 CP 的再合成则要靠三大能源物质的分解。

（二）三种能源系统的特征

人体在各种运动中所需要的能量分别由 3 种不同的能源系统供给（表 6-5），即磷酸原系统（phosphagen system）、酵解能系统（glycolytic system）和氧化能系统（oxidation energy）。这 3 种能源系统的主要差异体现在是否需要氧气、能源底物、供能速度和供能时间、产生的废物和实际运用的专项运动等。

表 6-5　人体运动时 3 种能源系统的特征

能源系统名称	底物	贮量（mmol/kg）	可合成 ATP 量（mmol/kg）	可供运动时间	供给 ATP 恢复的物质和代谢产物
磷酸原系统	ATP	24.6		6~8s（或<10s）	CP
	CP	76.8	100		CP+ADP→ATP+C
酵解能系统	肌糖原	365	250	2~3min	肌糖原→乳酸

续表

能源系统名称	底物	贮量 (mmol/kg)	可合成ATP量 (mmol/kg)	可供运动时间	供给ATP恢复的物质和代谢产物
氧化能系统	肌糖原	365	13000	1.5~2h	糖+O_2→CO_2+H_2O
	脂肪	48.6	不受限制	不限时间	脂肪+O_2→CO_2+H_2O
	蛋白质				蛋白质+O_2→CO_2+H_2O+尿素

1. 磷酸原系统

磷酸原系统又称为ATP-CP系统。该系统主要由结构中带有磷酸基团的ATP（包括ADP）、CP构成，由于在供能代谢中均会发生磷酸基团的转移，故称为磷酸原系统。肌肉运动中ATP直接分解供能，为维持ATP水平，保持能量的连续性供应，CP在肌酸激酶作用下，再合成ATP。

CP在肌肉中贮存量很少，为15~17mmol/kg湿肌。实际上，磷酸原在运动中的可用量只占1%左右。磷酸原系统作为极量运动的能源，虽然维持运动的时间仅为6~8s，但却是不可替代的快速能源。运动训练中及恢复期，既应设法提高肌肉内磷酸原的贮备量，又要重视提高ATP再合成的速率。

2. 酵解能系统

酵解能系统又称为乳酸能系统，是运动中骨骼肌糖原或葡萄糖在无氧条件下酵解，生成乳酸并释放能量供肌肉利用的能源系统。该过程因与酵母菌乙醇发酵的过程基本相似，故称为糖酵解。糖酵解是一系列酶促反应的过程。剧烈运动时，体内供氧不足，糖进行无氧分解，经过一系列反应生成乳酸：糖原或葡萄糖→丙酮酸→乳酸。在该过程中，1分子葡萄糖生成2分子乳酸，并释放能量。这些能量由二磷酸腺苷（ADP）接收并生成三磷酸腺苷（ATP）。糖酵解也是人体某些组织、细胞（如红细胞）正常生理情况下的主要供能途径。糖酵解过程中ATP的生成量少，但酵解酶浓度高，反应速度快，在剧烈运动中可以快速提供肌肉收缩的能量。一般认为，在极量强度运动的开始阶段，该系统即可参与供能，在运动30~60s时供能速率达最大，维持运动时间2~3min。

酵解能系统与磷酸原系统共同为短时间高强度无氧运动提供能量，中距离跑等运动持续时间在2min左右的项目，主要由酵解能系统供能。而篮球、足球等非周期性项目在运动中加速、冲刺时的能量也由磷酸原及酵解能系统提供。

3. 氧化能系统

氧化能系统又称为有氧氧化系统。糖类、脂肪和蛋白质在氧供充分时，可以彻底氧化分解为二氧化碳和水，同时产生大量能量的过程，称为有氧氧化。该能源系统以糖和脂肪为主，尽管其供能的最大输出功率仅达酵解能系统的1/2，但其贮备量丰富，维持运动的时间较长（糖类可达1~2h，脂肪可达更长时间），成为长时间运动的主要能源。在某些特殊情况下，如食物中糖类供应不足或者糖、脂肪被大量消耗后，机体亦可依靠由组织蛋白分解产生氨基酸的方式供能。糖的有氧氧化产生能量较多，1分子葡萄糖完全氧化时，产生38分子ATP，为糖酵解产能的19倍。糖的有氧氧化是机体正常生理条件下及长时间运动中供能的主要方式。糖的有氧氧化过程可分为三个阶段：第一阶段，由糖原或葡萄糖分解为丙酮酸，该过程与糖酵解相同；第二阶段，由丙酮酸氧化生成乙酰辅酶A（乙酰CoA）；第三阶段，乙酰辅酶A经三羧酸循环（tricarboxylic acid cycle）生成二氧化碳和水。每个阶段均有脱氢反应，脱下的氢原子与氧化合生成水的过程中，产生大量能量，用于合成ATP（图6-3）。

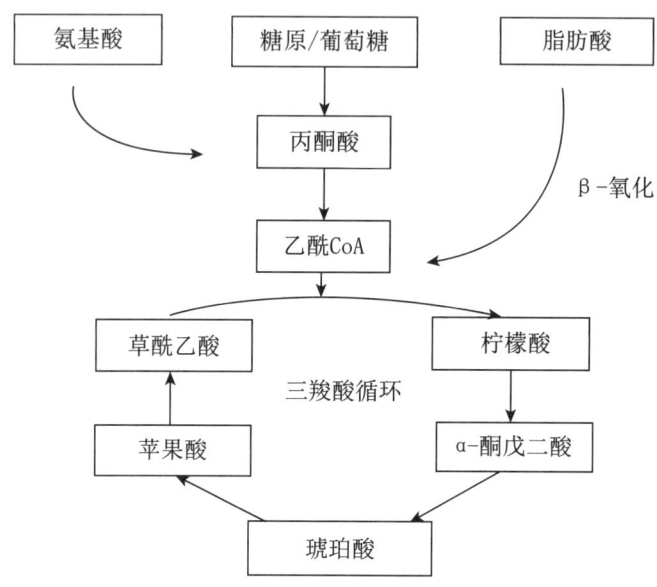

图6-3 糖、脂肪、蛋白质的有氧氧化途径

乙酰辅酶A不但是糖氧化分解的产物，而且是脂肪和蛋白质分解代谢的产物。因此，三羧酸循环实际上是糖、脂肪、蛋白质三大营养物质在体内氧化分解的共同途径。

第三节 运动与物质和能量代谢

人体运动对物质及能量代谢的影响最显著。运动刺激可以提高机体内物质代谢和能量代谢对不同运动负荷的适应能力，周而复始，从而使运动员的运动能力不断提高。

一、运动与物质代谢

人体运动时能量消耗明显增加，能耗的增加受制于运动强度、运动持续时间等因素。

（一）运动中能源物质的动员

人体的糖、脂肪、蛋白质三大能源物质在运动中的利用速率不同，糖的利用速率最快，是一种非常经济的能源，但能源物质的利用情况与运动强度密切相关。一般90%~95% $\dot{V}O_{2max}$ 以上强度运动时，肌糖原利用速率最大。在65%~85% $\dot{V}O_{2max}$ 强度运动时，肌糖原利用情况随运动持续时间的延长而降低。30% $\dot{V}O_{2max}$ 强度运动时，骨骼肌主要由脂肪酸氧化供能，很少利用肌糖原（图6-4）。在各种运动强度的持续运动过程中，40min内肌肉对血糖的吸收呈上升趋势，随运动强度的增加，上升程度增大。

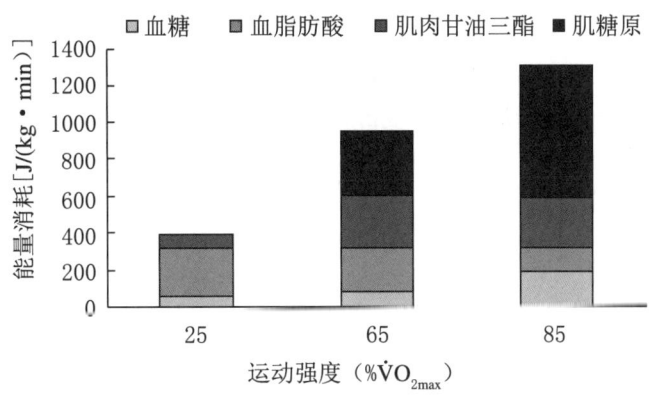

图 6-4　不同强度运动时能源物质的利用

（引自：Romijin, et al., 1993）

运动开始时骨骼肌首先分解肌糖原。如 100m 跑在运动开始 3~5s 时，肌肉便通过糖酵解方式参与供能；持续运动 5~10min 后，血糖开始参与供能，当运动强度达到最大摄氧量强度时，可达安静时供能速率的 50 倍；随着运动时间继续延长，由于骨骼肌、大脑等组织大量氧化分解利用血糖，而致血糖水平降低时，肝糖原分解补充血糖，其分解速率较安静时增加 5 倍。脂肪在安静时为主要供能物质，运动达 30min 左右时，其输出功率达最大。脂肪的分解利用对氧的供应有严格的要求，因此，在长时间运动中，当肌糖原大量消耗或接近耗竭，氧供充足时，方大量动用脂肪。蛋白质在运动中作为能源供能时，通常发于在持续 30min 以上的耐力项目。

（二）运动对物质代谢的影响

体力活动或有氧运动训练可以改善血糖向骨骼肌转运的能力，加快运动后肌糖原的恢复速率，并且增加肌糖原超量恢复幅度，从而有利于运动耐力水平的提高。随着运动员耐力水平的提高，运动中脂肪酸供能比例相应增加，产生肌糖原及蛋白质的节省化现象。无氧运动训练可以使骨骼肌中磷酸肌酸、ATP、肌糖原等无氧供能能源物质含量增加。在长时间运动中蛋白质分解代谢增加，促进了运动后合成代谢的加强，使肌肉质量提高，肌肉变得粗壮有力。因此，运动员增加食物蛋白质的摄入量，目的是增加肌肉蛋白质的数量和质量，而非作为能源贮备。

二、运动与能量代谢

人体运动中能量输出的基本过程为无氧和有氧代谢两个过程，不同运动项目需要不同代谢过程作为其能量供应的基本保证，但一切运动过程的能量供应，都是由 3 个能源系统按不同比例提供，比例的大小则取决于运动的性质和特点。因此，人体不同能源系统的供能能力决定了运动能力的强弱。

（一）不同运动项目的能量供应和能量连续统一体的概念

不同运动项目具有各自不同的技术特点，其能量供应也具有各自的特征，但任何项目运动中都不存在绝对的某一个单一能源系统的供能，而是需要 3 个能源系统按照不同比例配布、协同供能。运动项目的能量供应之间紧密相连,形成一个连续的统一整体,称为"能量连续统一体"(图6-5,表6-6)。例如,100m跑是典型的速度型项目,要求快速、高输出功率的能供,磷酸原系统为首选能源,但酵解能及氧化能系统在运动中仍占有一定比例。马拉松跑的持续时间长,运动中机体的能量供应以氧化能系统为主,但酵解能系统供能亦占有一定比例,而且,随着训练水平的提高,马拉松运动员运动中酵解能系统供能所占比例将进一步增加,有利于满足途中加速和终点冲刺时的能量需求。近年来的研究发现,人体无氧和有氧供能系统各供能50%的时间区间出现在运动开始后75s左右,这之后有氧供能系统供能比例随运动时间延长而增大(图6-6)。

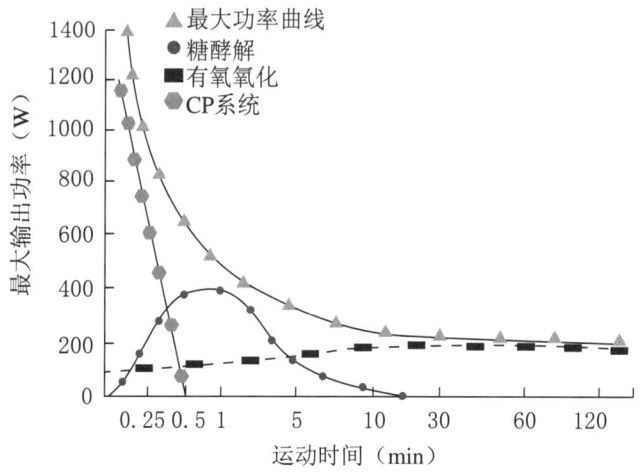

图6-5 运动时间与最大输出功率及能源系统

(引自:Billeter 等,1992)

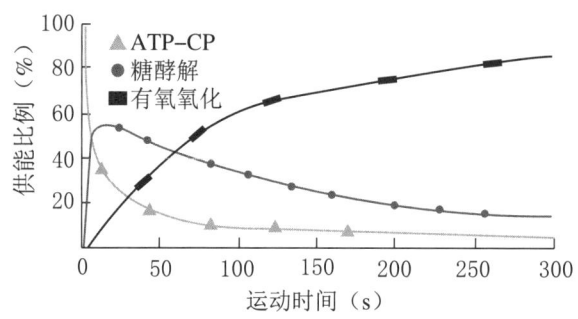

图6-6 运动时间与三大供能系统

(引自:Plowman 和 Smith,2014)

表6-6 各种运动项目的主要能量供应系统

运动项目	各能源系统所占比例(%)		
	ATP-CP 和 酵解能系统	酵解能和 氧化能系统	氧化能系统
棒球	80	20	—

续表

运动项目	各能源系统所占比例（%）		
	ATP-CP 和酵解能系统	酵解能和氧化能系统	氧化能系统
篮球	85	15	—
击剑	90	10	—
草地曲棍球	60	20	20
足球	90	10	—
高尔夫球	95	5	—
体操	90	10	—
冰球			
1. 前锋、后卫	80	20	—
2. 守门员	95	5	—
曲棍球			
1. 守门员、后卫、进攻手	80	20	—
2. 中锋	60	20	20
娱乐性运动	—	59	5
划船	20	30	50
滑雪			
1. 障碍滑雪、跳下坡	80	20	—
2. 越野滑雪	—	5	95
英式足球			
1. 守门员、边锋、前锋	80	20	—
2. 前卫、巡边员	60	20	20
垒球	80	20	—
游泳潜水			
1. 50m 自由泳、潜水	98	2	—
2. 100m 各种姿势	80	15	5
3. 200m 各种姿势	30	65	5
4. 400m 自由泳	20	55	25

（引自：Fox，1979；Burke，1986）

（二）氧化能系统在运动中的重要作用

人体运动中能量的供应以"能量连续统一体"的方式实现。就人体的 3 个能源系统而言，氧化能系统对运动中人体的能量供应具有十分重要的作用。如前所述，人体运动中能量的直接来源是分解 ATP，而 ATP 的补充则主要通过有氧氧化过程完成。可以说，人体有氧代谢过程是无氧代谢的基础。不同强度运动的能源物质利用详见二维码。近年来的研究发现，在极限运动 5~240s 时，氧化能系统

不同强度运动的能源物质利用

也发挥着重要作用。在 60s 的力竭性运动中有大约 50% 的能量来自氧化能系统供能，在运动后 30s，摄氧量可达运动员最大摄氧量的 70%~90%，在 1min 高强度运动后，摄氧量几乎达到最大值。因此，在运动训练中应该通过有效的练习方法，努力提高氧化能系统的供能能力，维持有氧和无氧供能系统间的良好平衡。

（三）健身运动的能量供应

健身运动的形式多种多样，运动强度均比较低，运动持续时间比较长，因而动用的能源物质亦与运动的特点相适应。研究表明，运动强度低于 50%$\dot{V}O_{2max}$ 时，脂肪氧化分解成为主要能源，血浆中游离脂肪酸的浓度每 2min 就更新 50%，说明脂肪代谢非常活跃。当运动强度超过 50%$\dot{V}O_{2max}$ 时，糖的分解供能显著加强。因此，健身运动的强度基本应处于 50%~70%$\dot{V}O_{2max}$，而且较理想的运动时间应为 0.5~1h。由于运动时可大量分解利用脂肪作为能源，这也是健身运动在增强体质的同时亦能产生减肥效果的原因所在。

（四）运动能量消耗的计算

详见二维码。

运动能量消耗的计算

第四节 体　温

机体的温度是影响细胞结构和功能、机体内环境稳态的重要因素，相对稳定的体温是维持正常生命活动的重要保障。人体通过体内完善的体温调节机制，包括自主性体温调节和行为性体温调节，使机体的体温通常保持在高于环境温度的相对稳定水平。

一、正常人体温度

人体在物质代谢中所释放的能量仅有约 40% 用于完成各种形式的机械功，另外 60% 则转化为热能，成为体热的来源。体温特指机体深部（心、肺、脑和腹腔脏器等部位）的平均温度。机体深部的温度通常比较稳定，但由于体内各器官的代谢水平不同，温度略有差异，但不超过 1℃。安静状态下，肝脏代谢最活跃，产热量最大，温度最高，约 38℃；运动时，骨骼肌的代谢最活跃，因而温度最高。血液循环是将体内热量传递到体表的重要途径，由于血液不断循环，机体深部各器官的温度会经常趋于一致。因此，机体深部血液的温度可以代表重要器官温度的平均值。

（一）体温的测定

体温测定的常用部位包括口腔、腋窝和直肠，前两者更常用。直肠温度的正常值为 36.9~37.9℃，口腔温度（舌下部）平均比直肠低 0.2~0.3℃，腋窝温度又比口腔温度低 0.3~0.4℃。

（二）影响体温的因素

1. 昼夜节律

体温的昼夜节律是机体的一种内在节律。一昼夜中，人体的体温呈周期性波动，表现为清晨 2：00—6：00 时体温最低，午后 13：00—18：00 时体温最高，波动幅度不超过 1℃。

2. 性别差异

成年女性的体温平均比男性高 0.3℃，可能与女性较厚的皮下脂肪影响散热有关。女性的基础体温随月经周期发生周期性变动：月经期平均体温较低，其后轻度升高，排卵日体温又降低，排卵后体温升高 0.3~0.6℃，并持续至下一个月经周期（图6-7）。排卵后体温的升高与体内孕激素水平的变化相吻合。连续测定基础体温，可以协助判断卵巢排卵的日期。

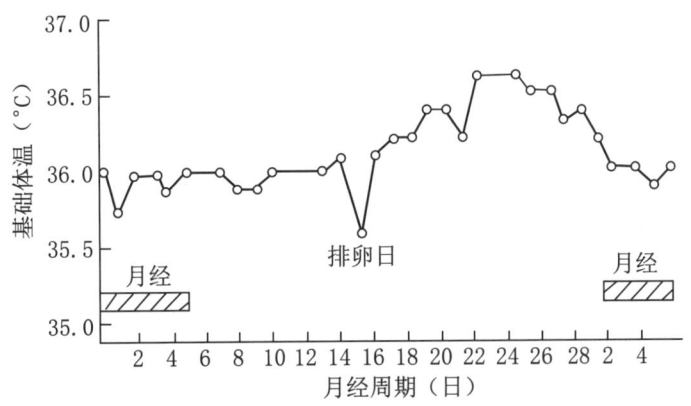

图 6-7　女性月经周期中基础体温的波动

（引自：姚泰等，2005）

3. 年龄差异

由于儿童的基础代谢率较高，体温也就略高于成人；老年人则略低于成人。

4. 肌肉活动

肌肉活动时代谢增强，产热量增加，剧烈运动中产生的热量超过当时机体所散发的热量，因此，体温超出正常水平。

5. 其他

情绪激动、紧张、进食、环境温度等因素均可能对体温产生影响。

二、体温调节

人的体温在体温调节机制的调控下，保持相对恒定，这种平衡有赖于产热和散热过程的动态平衡。

（一）产热过程

1. 产热量

人体安静状态下的产热量一般高于基础代谢 25%，而剧烈运动时的产热量可比安静时增加 10~20 倍。

2. 产热部位

人体处在安静状态时，内脏器官的产热量占机体总产热量的56%左右，脑的产热量占16%，骨骼肌的产热量只占18%左右。处在运动状态时，骨骼肌的产热量增加，成为主要的产热器官，剧烈运动时可占总产热量的90%以上。寒冷环境中，机体一方面通过骨骼肌不随意的节律性收缩（战栗）来增加产热量，另一方面通过褐色脂肪组织的代谢产热来增加产热量。

（二）散热过程

1. 散热途径

人体的热量通过4个途径不断向体外散发：由皮肤散发大多数热量，是人体最主要的散热途径；经呼吸道蒸发散发小部分热量；随尿液、粪便排泄散发；通过加温冷空气、冷食物而散发少量热量。

2. 皮肤散热方式

机体深部产生的热量主要通过循环流动的血液运输到皮肤。另外，还可以通过热传导的方式传递到体表，皮肤通过辐射、传导、对流、蒸发散热的方式，将体内热能散发。

（1）辐射散热

机体不断辐射出热射线——红外线，通过空气层被周围较冷物体吸收，这是机体安静状态下散热的主要方式（占总散热量的60%左右）。环境温度越低，机体有效辐射面积越大，辐射散热量越多。环境湿度很大时，辐射散热的效率略有降低。

（2）传导散热

这是机体的热量直接传给同它相接触的较冷物体的一种散热方式。机体深部的热量以传导的方式传到体表，然后传给与其相接触的物体，如床或衣服等。人的表皮和皮下脂肪是热的不良导体，空气的导热性能也较差，因此，空气中传导散发的热量极少。水是热的良导体，当身体浸在水中时，大量的热量得以传导给水。游泳运动员由于长期处于水环境中，机体的热量以传导方式大量散失。

（3）对流散热

这是通过空气流动来交换热量的一种散热方式。人体的热量传给机体周围的空气，空气不断流动（对流），从而将体热发散到空间。对流是传导散热的一种特殊形式。对流散热量的多少受风速影响极大。风速越大，对流散热量越多；风速越小，对流散热量越少。衣着覆盖的皮肤表层，不易实现对流，有利于保温。

（4）蒸发散热

人体通过皮肤表面水分蒸发的散热方式有两种：不感蒸发（insensible perspiration）和发汗（sweating）。不感蒸发是指人体没有汗液分泌时，皮肤和呼吸道不断有水分渗出，在未形成明显的水滴之前即被汽化蒸发掉，因而不被机体察觉。其中，皮肤的水分蒸发又称不显汗，与汗腺的活动无关，也不受生理性体温调节机制影响。环境温度在30℃以下时，不感蒸发的水分相当恒定，为$12 \sim 15 g/(h \cdot m^2)$，人体每日经皮肤蒸发水分为600~

800mL，经呼吸道蒸发水分为 200~400mL。

发汗指汗腺细胞主动分泌汗液的活动，又称可感蒸发（sensible perspiration）。人体在安静状态下，当环境温度达 30℃左右时便开始发汗。若空气湿度大，衣着较多时，气温达 25℃即可引起发汗。运动中，气温在 20℃以下时，亦可出现发汗，而且汗量往往较多。汗液约 99%的成分是水，pH 值为 4.2~7.5，其中 NaCl 约为 3g/L，还有少量的钾、尿素、乳酸、氨等。当出汗速度较快时，汗液中的无机盐没来得及重吸收，会造成体内低渗，补充水分时应适当增加无机盐的含量。

蒸发散热与环境温度、皮肤血流量及血流速度有密切关系。当环境温度等于或大于皮肤温度时，蒸发成为机体唯一的散热方式，运动中人体以此种散热方式发散热量。因此，运动员排出大量体热的同时，将会丢失大量汗液。在寒冷环境中，皮肤受到冷刺激时，血管收缩，血流减慢，由血液循环带到体表的机体深部热量减少，散热相对减少；而在炎热环境中，皮肤血流加速，促进热量散发。运动中因机体产热增多，产热、散热暂时处于不平衡状态，为增加散热量，皮肤血管舒张，血流量加大，血流速度加快，亦有利于肌肉代谢中产生的大量热能运输到体表，促进散热过程。

因精神紧张、情绪激动导致的发汗称为精神性发汗，主要见于掌心、脚底和腋窝，在体温调节中的作用不大。

（三）体温调节机理

正常人体的体温保持相对恒定，有赖于中枢神经系统对产热和散热过程不断地进行精细调节。这是一个复杂的调节过程，体温调节中枢既接收内外温度感受器传入的温度信息，又接受血液温度变化的直接刺激，整合后，经过神经调节机制调节皮肤血流量、立毛肌、汗腺及骨骼肌的活动，通过神经—体液调节途径调节内分泌系统的活动，改变机体的代谢率，从而维持机体的产热和散热平衡。

1. 体温调节机制——调定点学说

目前，大多数学者以调定点学说来解释下丘脑体温调节中枢的基本工作原理。体温调节系统是一个生物自动控制系统，机体根据一个设定的温度值，即调定点（set point），调节产热和散热过程，使体温稳定于调定点水平。

下丘脑体温调节中枢，包括调定点神经元（视前区—下丘脑前部的热敏神经元）在内，属于控制系统。调定点，即设定温度值，正常一般为 37℃左右，为热敏神经元对温热感受的阈值，调定点的高低决定着体温的水平。控制系统的传出信息控制着产热器官（如肝、骨骼肌）及散热器官（皮肤血管、汗腺）等受控系统的活动，使受控对象——机体深部温度维持在调定点设定的数值水平。体温总会受到内、外环境因素（如机体运动、气温、湿度、风速等）的影响，通过位于皮肤及机体深部的温度感受器检测，并将干扰信息反馈于调定点，经过体温调节中枢的整合，再对受控系统进行调节，建立起新的体热平衡，达到稳定体温的目的（图 6-8）。

当体温超过 37℃时，体温调节中枢的热敏神经元发放冲动增多，通过相应的神经联系，一方面促进汗腺分泌，另一方面控制交感神经的活动，使交感神经紧张性减弱，皮肤血管扩张，散热增加，体温回降。当体温低于 37℃时，机体通过抑制汗腺分泌和使全身血管收缩来减少散热；同时，通过战栗、交感神经兴奋和促进甲状腺素分泌来增加产热，使体温升高。

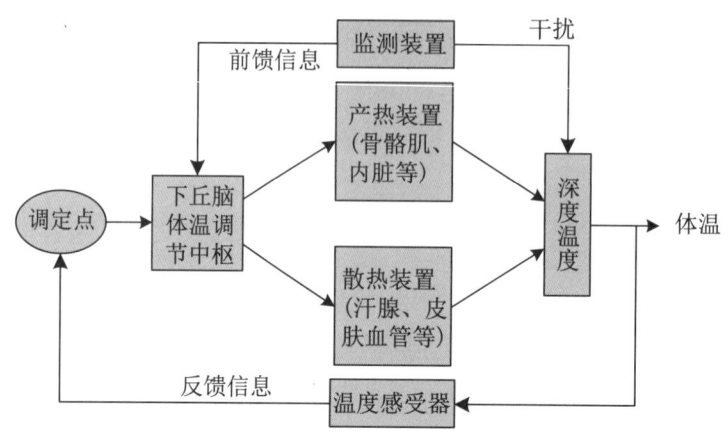

图6-8 体温调节自动控制示意图

2. 运动中体温的变化及调节

运动中由于代谢水平提高，人体产热增加，尽管经机体调节加强了散热过程，但仍不能保证体热平衡而使体温升高。运动中体温的适度升高可以提高神经系统的兴奋性，降低肌肉的黏滞性、加快收缩速度，加快肌肉血流速度，加大血流量，促进氧合血红蛋白的解离及 CO_2 的交换，从而有利于提高人体的运动能力。

研究证明，人体肌肉活动的最适温度为38℃。运动前的适度准备活动大致可使肌肉温度达到该水平。运动中体温的升高与运动强度、持续时间、环境温度、湿度、风速及运动员训练水平等因素有关。运动强度越大，持续时间越长，体温升高幅度越大。例如，中距离跑后运动员腋下温度可达37.5~38℃；长跑后升至38.5℃；超长跑后可升至39.75℃，甚至超过40℃。剧烈运动中发汗成为维持体温恒定的主要途径。一次大强度、大运动量训练，运动员的发汗量高达2~7L，同时可散发大量体热。运动员训练水平的提高，使得其机体产热和散热调节过程日臻完善。

◇ **【思考题】**

1. 进食混合性食物后，机体如何获取利用其中蕴含的各种能量？
2. 从物质和能量代谢的角度，试分析马拉松运动员运动中机体机能状态的变化及其可能机制。
3. 为什么说各种项目运动中机体不存在绝对单一的某个能源系统的供能？
4. 结合运动实例说明运动中机体的三个能源系统的供能情况。
5. 结合运动实例说明氧化能系统在运动中的重要作用。
6. 长时间耐力运动中人体体温有何变化？如何调节？

(上海体育大学 曹振波)

第七章 运动与肾脏

◇【教学目标】

通过本章内容的学习，掌握肾单位的构成、尿液的生成过程；熟悉肾小管的分泌和重吸收机制；了解调节尿量变化的主要内分泌激素及其作用，以及运动性蛋白尿、运动性血尿形成的常见原因及预防常识。培养学生自觉运用泌尿生理学知识指导长时间运动训练过程中科学补液的能力和意识，提升运动健康促进、体医融合的科学指导水平。树立科学补液的概念，促进对利尿药、尿样置换作为兴奋剂的理解，培养"干净金牌"的奥林匹克精神；促进科学健身习惯和行为的养成，防范人体水盐代谢严重紊乱而带来的对生命健康的威胁。

第一节 肾脏的基本结构与血液循环

肾为实质性器官，位于脊柱两侧，左右各一，形似蚕豆。成年人每个肾长约10cm、宽约4cm、厚约4cm，重120～150g。肾由皮质和髓质两部分组成。皮质位于肾实质浅层，富含血管；髓质位于皮质深层，由15～25个肾锥体构成。2～3个肾锥体的尖端合成一个肾乳头。尿液经集合管在肾乳头的开口进入肾小盏，再进入肾大盏和肾盂。肾盂中的尿液经输尿管进入膀胱，通过排尿反射将尿液排出体外。

一、肾单位的基本结构

肾单位是肾脏的基本结构和功能单位，由肾小体和肾小管两个不同的功能部分构成。人的两肾共有约200万个肾单位（图7-1），它与集合管共同完成尿的生成过程。虽然肾单位不包括集合管，但集合管在尿的生成，尤其是在尿的浓缩过程中具有十分重要的作用。

肾脏的排泄途径是肾小球→肾小囊→近端小管→髓袢→远端小管→集合管→肾盏→肾盂→输尿管→膀胱→尿道。

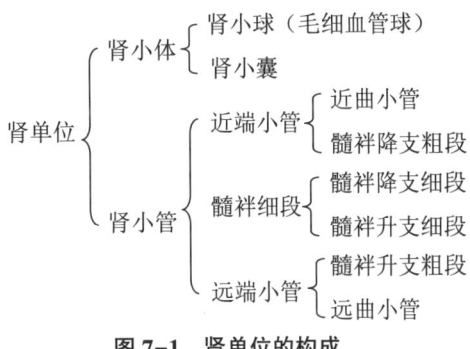

图7-1 肾单位的构成

二、肾脏的血液循环

（一）肾脏的血液供应特点

正常成人两肾重约300g，仅占体重的0.5%。健康成人安静时两肾血流量约为1200mL/min，相当于心输出量的20%~25%。血浆约占全血容积的55%，故肾血浆流量为660mL/min。肾血流量大，有利于完成尿生成功能。流经肾皮质的血量约为肾血流量的94%，因此，通常所说的肾血流量主要指皮质的血流量。肾脏血液供应最重要的特点是形成两次毛细血管网：每一肾单位的入球小动脉在进入肾小体后分支形成肾小球毛细血管网，后者汇集成出球小动脉而离开肾小球；此后，出球小动脉再一次分支形成毛细血管网，缠绕在肾小管和集合管的周围。肾脏的血液供应路线可概括为：肾动脉→叶间动脉→弓形动脉→小叶间动脉→入球小动脉→肾小球毛细血管网→出球小动脉→肾小管和集合管周围的毛细血管网→小叶间静脉→弓形静脉→叶间静脉→肾静脉（图7-2）。

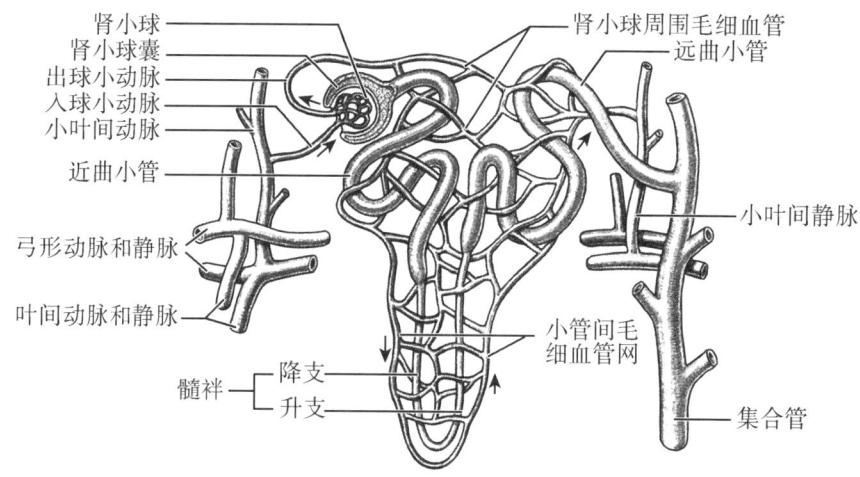

图7-2 肾单位和肾血管的结构示意图

从本质上看，肾脏血液供应中形成的两套毛细血管网因其形成的部位不同，赋予两者的功能也有所不同：肾小球毛细血管网位于入球小动脉、出球小动脉之间，在皮质肾单位入球与出球小动脉口径之比约为2:1，这势必造成肾小球毛细血管网内血压较高，这一特点有利于肾小球的滤过；由于出球小动脉血流阻力较大，因此，由出球小动脉分支而形成的肾小管周围毛细血管网的血压较低，这一特点有利于肾小管的重吸收。

（二）肾血流量的调节

1. 肾血流量的自身调节

在正常情况下，肾血流量的自身调节是维持肾血流量恒定的最重要机制。在离体肾动脉灌流实验中发现，当肾动脉灌注压在70~180mmHg范围内波动时，肾血流量基本保持稳定。因为这一过程是在排除了神经支配情况下发生的。因此，我们将动脉血压在一定范围内波动时，肾血流量保持相对恒定的现象称为肾血流量的自身调节。当肾动脉灌注压低于

70~75mmHg 或高于 160~180mmHg 时，肾血流量将随血压的波动而变化。

2. 肾血流量的神经调节和体液调节

机体通过自身调节机制，可使肾血流量与肾脏的泌尿功能相适应；那么，通过神经调节与体液调节机制则可使肾血流量与全身的血液循环相匹配。

肾交感神经兴奋时，肾血管收缩，肾血流量下降，肾小球滤过率下降。此外，体液因素也可引起肾血流量发生明显的变化：肾上腺素、血管紧张素Ⅱ等都可使肾血管收缩，肾血流量下降，肾小球滤过率下降；前列腺素和血管内皮细胞释放的一氧化氮（NO）则可使肾血管扩张。

第二节 尿的生成及排出过程

一、尿的生成过程

尿的生成过程包括肾小球的滤过、肾小管和集合管的重吸收与分泌。血液在流经肾小球毛细血管时，血浆成分（包括水、小分子溶质及小分子量蛋白质）发生超滤形成超滤液进入肾小囊内（图7-3）。超滤液在进入肾小管和集合管时，其成分发生有选择性的重吸收，进入肾小管周围毛细血管；同时，血液中的某些成分通过肾小管上皮细胞分泌进入肾小管，和未被重吸收的水分及其他物质一起排出体外。

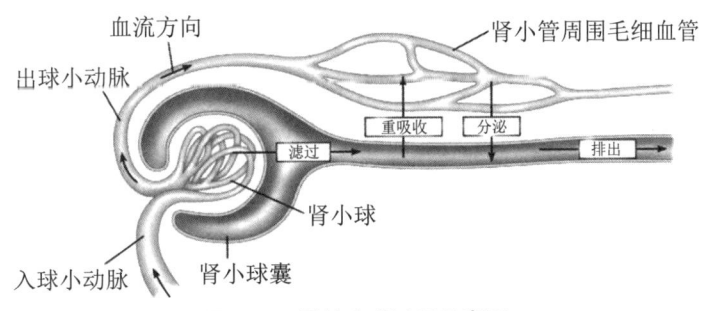

图 7-3 尿的生成过程示意图

（一）肾小球的滤过

循环血液流经肾小球毛细血管时，由于毛细血管内血压较高且滤过膜具有通透性，使除大分子蛋白质外，血浆中的水和小分子溶质均可通过肾小球滤过膜滤入肾小囊中而形成超滤液，这一过程就称为肾小球滤过（glomerular filtration）。滤过液除蛋白质含量甚少外，其他成分的浓度及酸碱度和渗透压均与血浆相似。因此，肾小球的滤过是一个超滤过程，肾小球滤液是血浆的超滤液（原尿）。

单位时间内（每分钟）两侧肾脏生成的超滤液量称为肾小球滤过率（glomerular filtration rate，GFR）。GFR 与肾血浆流量的比值称为滤过分数（filtration fraction）。据测定，GFR 与体表面积成正比，体表面积为 1.73m^2 的个体，其 GFR 为 125mL/min 左右。因此，一昼夜两侧肾脏产生的超滤液约为 180L。肾小球滤过率的大小主要取决于滤过膜的面积及其通透性和有效滤过压的大小。

1. 有效滤过压

肾小球滤过的动力是有效滤过压（effective filtration pressure，EFP）。有效滤过压=（肾小球毛细血管血压+肾小囊内液胶体渗透压）-（血浆胶体渗透压+肾小囊内压）。在正常情况下，由于滤过膜的屏障作用，肾小囊内液蛋白质含量极低，故其胶体渗透压可忽略不计，所以，有效滤过压=肾小球毛细血管血压-（血浆胶体渗透压+肾小囊内压）（图7-4）。由此可见，肾小球毛细血管血压是滤过的唯一动力，而血浆胶体渗透压和肾小囊内压是滤过的阻力。

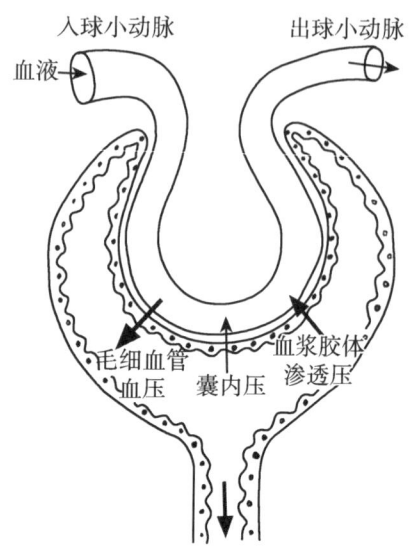

图7-4 肾小球有效滤过压示意图

如前所述，肾脏的滤过功能主要与皮质肾单位有关，且皮质肾单位入球小动脉粗而短，血流阻力较小，出球小动脉细而长，血流阻力较大，所以，肾小球毛细血管血压较其他器官的毛细血管血压高。研究发现，决定有效滤过压的因素有三种（图7-5），其特点是：①肾小球毛细血管血压平均值为6.0kPa（45mmHg），而且从入球端到出球端血压几乎相等；②肾小囊内压为1.33kPa（10mmHg），囊内压变化较小；③肾小球毛细血管血浆胶体渗透压不是固定不变的，由于液体不断滤出，血浆蛋白质浓度逐渐增加，血浆胶体渗透压就会不断上升。当有效滤过压为零时，就达到了滤过平衡，滤过便停止。

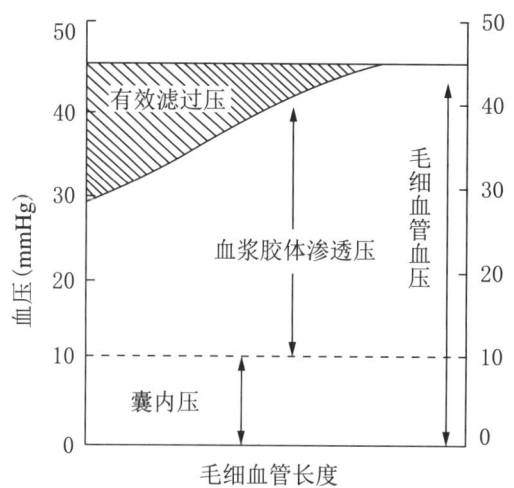

图7-5 肾小球毛细血管血压、血浆胶体渗透压和囊内压对肾小球有效滤过压的影响

由此可见，肾小球毛细血管并不是全段均有滤过作用的，只有从入球小动脉端到滤过平衡开始出现前的肾小球毛细血管才有滤过作用。

2. 影响肾小球滤过的因素

肾小球的滤过取决于有效滤过压和滤过膜的面积及通透性，因此，凡是能影响有效滤过压和滤过膜的面积及通透性的因素均能影响肾小球的滤过，详见二维码。

影响肾小球滤过的因素

（二）肾小管与集合管的重吸收

一昼夜两侧肾脏生成的肾小球滤过液有180L，然而终尿只有1.5L左右，这说明肾小球滤过液中只有约1%的水以尿的形式排出体外，99%的水和大部分溶质在流经肾小管和集合管时被重吸收了。

当肾小球滤过液进入肾小管后就被称为小管液。重吸收（reabsorption）是指物质从小管液转运至血液中的过程，根据肾小管对物质的重吸收机制不同，可以将重吸收分为主动转运和被动转运两种。

1. 近端小管中的物质重吸收

近端小管的结构有以下特点：①在肾小管上皮细胞之间存在细胞间隙；②细胞间隙靠管腔膜的一端呈紧密连接，而另一端借基膜与管外毛细血管相邻；③细胞间隙的基侧膜上存在钠泵，可将Na^+从肾小管上皮细胞内泵入细胞间隙。小管液在流经近端小管后，滤过液中约有67%的Na^+、Cl^-、K^+和水，以及85%的HCO_3^-被重吸收，而葡萄糖和氨基酸则全部被重吸收。在近端小管的重吸收过程中，Na^+的重吸收最重要，其他一些溶质和水的重吸收均依赖它。

（1）Na^+、Cl^-和水的重吸收

Na^+在近端小管的重吸收以主动重吸收为主，包括小管液中的Na^+被动扩散进入细胞内和细胞内的Na^+被基侧膜上的Na^+泵主动转运到细胞间隙两个步骤。一方面，由于Na^+的主动重吸收，从而导致水的重吸收远多于Cl^-的重吸收；另一方面，由于HCO_3^-的重吸收速率远大于Cl^-的重吸收（原因见HCO_3^-的重吸收）。因此，近端小管内Cl^-的浓度高于管外组织间液中Cl^-的浓度（高20%~40%），这就造成了小管内、外存在Cl^-浓度差，这一浓度差使Cl^-顺浓度梯度，通过紧密连接，经细胞间隙进而被动重吸收回血。在渗透梯度的作用下，小管液内的水便经跨细胞途径和细胞旁路不断进入细胞间隙，使细胞间隙内静水压不断升高；而肾小管上皮细胞周围毛细血管内的静水压相对较低，血浆胶体渗透压则较高，水就通过组织间隙进入肾小管周围毛细血管而被重吸收，水是顺溶质重吸收而产生的渗透梯度而被动重吸收的。

（2）HCO_3^-的重吸收与H^+的分泌

HCO_3^-的重吸收与肾小管上皮细胞管腔膜上进行的Na^+—H^+交换有密切关系。正常情况下，肾小球滤过的HCO_3^-有80%~90%在近端小管重吸收。HCO_3^-在血浆中是以钠盐（$NaHCO_3$）的形式存在的，滤液中的$NaHCO_3$进入肾小管后可解离成Na^+和HCO_3^-，通过肾小管上皮细胞管腔膜上进行的H^+—Na^+交换，H^+由细胞内分泌到小管液中，Na^+进入细胞内，Na^+再与细胞内的HCO_3^-一起被转运回血（图7-6）。肾小管重吸收HCO_3^-是以CO_2的形

式，而不是直接以 HCO_3^- 的形式进行的。在近端小管对 HCO_3^- 和 Cl^- 的重吸收中，由于 CO_2 的高度脂溶性，其透过管腔膜的速度明显快于 Cl^-，因此，HCO_3^- 的重吸收率明显大于 Cl^- 的重吸收率。

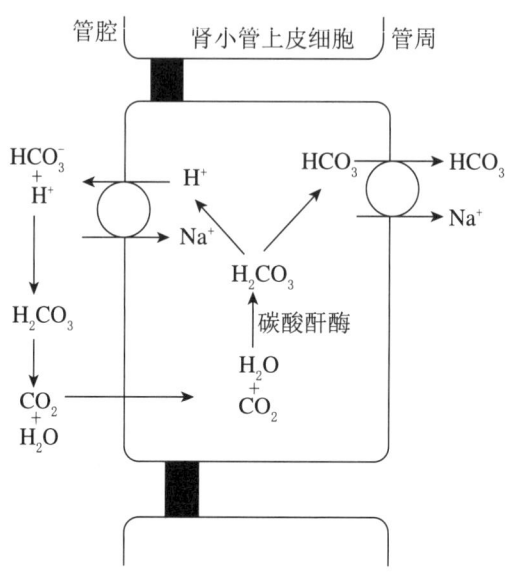

图 7-6　近端小管上皮细胞重吸收 HCO_3^- 示意图

（3）葡萄糖的重吸收

肾小球滤过液中的葡萄糖浓度与血糖浓度相同，但尿中几乎不含有葡萄糖，这说明葡萄糖全部被重吸收回血。葡萄糖重吸收的部位仅限于近端小管（主要在近曲小管）。在近端小管的管腔膜上存在同时转运葡萄糖和 Na^+ 的同向转运体，小管液中的葡萄糖和 Na^+ 与同向转运体结合后，能迅速地将葡萄糖和 Na^+ 转运至细胞内。这种转运方式称为同向转

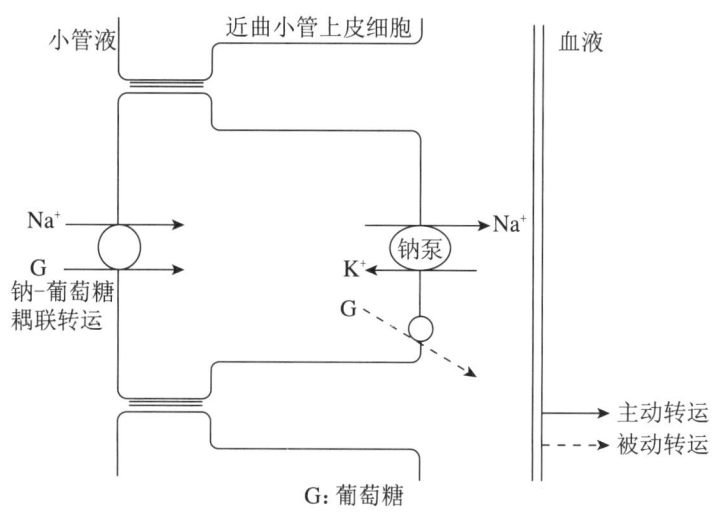

图 7-7　在近曲小管葡萄糖与 Na^+ 耦联重吸收示意图

运，Na^+ 顺电化学梯度通过管腔膜进入细胞内的同时释放的能量将葡萄糖逆浓度梯度转运至细胞内。进入细胞内的葡萄糖，再通过易化扩散方式透过管周膜进入组织间液而重吸收回血（图 7-7）。

近端小管对葡萄糖的重吸收是有一定限度的。当血浆中葡萄糖浓度超过 180mg/100mL 时，有一部分肾小管对葡萄糖的重吸收已达到极限，尿中开始出现葡萄糖，此时的血糖浓度称为肾糖阈（renal glucose threshold）。肾之所以有葡萄糖吸收极限量，可能是近端小管

管腔膜上与葡萄糖重吸收有关的同向转运体数目有限的缘故。

（4）其他物质的重吸收

肾小球滤过液中氨基酸的重吸收与葡萄糖的重吸收机制相同，但是，转运氨基酸与转运葡萄糖的同向转运体不同。正常时，进入滤液中的微量蛋白质通过肾小管上皮细胞的胞饮作用而被重吸收。此外，HPO_4^{2-} 和 SO_4^{2-} 的重吸收也是与 Na^+ 同向转运的。

2. 髓袢中的物质转运

小管液流经髓袢时，约有 20% 的 Na^+、Cl^- 和 K^+ 等物质被进一步重吸收。髓袢升支粗段 Na^+ 和 Cl^- 的重吸收机制可用 $Na^+—2Cl^-—K^+$ 同向转运模式来解释（图 7-8）。由于髓袢对水没有通透性，因而髓袢对盐的吸收大于对水的吸收，小管液通过髓袢时被稀释。

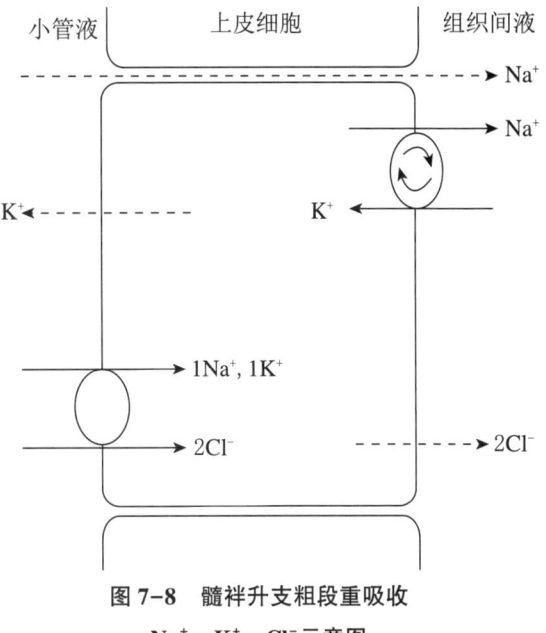

图 7-8 髓袢升支粗段重吸收 Na^+、K^+、Cl^- 示意图

3. 远端小管和集合管中的物质重吸收

小管液在流经远曲小管和集合管时，仍可有一定量的 Na^+、Cl^- 和水被重吸收。在远曲小管和集合管进行的物质转运，其重要特点是，水和 NaCl 在此的重吸收和 H^+、K^+ 的分泌与机体内的水、盐平衡情况相关联。

远曲小管后段和集合管的上皮有两类不同的细胞，即主细胞和闰细胞。主细胞基底膜上的 Na^+ 泵起维持细胞内低 Na^+ 的作用，并成为小管液中 Na^+ 经顶端膜 Na^+ 通道进入细胞的动力源泉。而 Na^+ 的重吸收又造成小管液呈负电位，可驱使小管液中的 Cl^- 经细胞旁路途径而被动重吸收，也

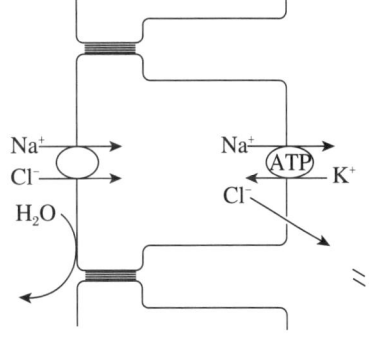

图 7-9 远曲小管后段 NaCl 重吸收机制示意图

成为 K^+ 从细胞中分泌进入小管腔的动力。在远曲小管后段和集合管，Na^+ 的重吸收是通过主细胞实现的，小管液内的 Na^+ 顺电化学梯度经主细胞管腔膜上的 Na^+ 通道进入细胞，进入细胞的 Na^+ 再在 Na^+ 泵的作用下泵至细胞间液而被重吸收（图 7-9）。

（三）影响肾小管和集合管重吸收的因素

详见二维码。

（四）肾小管和集合管的分泌

肾小管和集合管上皮细胞将自身代谢产生的物质分泌到小管液中的过程称为分泌，将血液中的某种物质排入小管液的过程称为排泄。由于二者均是将物质排入管腔，

影响肾小管、集合管重吸收的因素

通常不严格区分而统称为分泌。肾小管和集合管主要能分泌 H^+、NH_3 和 K^+，这对保持体内的酸碱及 Na^+、K^+ 平衡具有重要意义。

1. H^+ 的分泌

远曲小管和集合管分泌 H^+ 是通过闰细胞实现的。在闰细胞内，CO_2 和 H_2O 在碳酸酐酶的作用下生成 H_2CO_3，H_2CO_3 解离为 H^+ 和 HCO_3^-，H^+ 由管腔膜上的 H^+ 泵泵至小管液中，HCO_3^- 则经基侧膜回到血液中。每分泌一个 H^+，就分别可重吸收一个 Na^+ 和一个 HCO_3^- 回血（图 7-10）。

2. K^+ 的分泌

小管液中的 K^+ 绝大部分被肾小管各段和集合管重吸收入血，只有极少部分随尿液排出。尿液中的 K^+ 主要是由远曲小管和集合管分泌的。远曲小管和集合管具有主动重吸收 Na^+ 的作用，K^+ 的分泌和 Na^+ 的主动重吸收有密切的联系。在小管液中重吸收 Na^+ 进入细胞的同时，K^+ 被分泌到小管液内（图 7-10）。体内的 K^+ 主要由肾排泄。正常情况下，机体摄入的 K^+ 和排出的 K^+ 保持动态平衡。

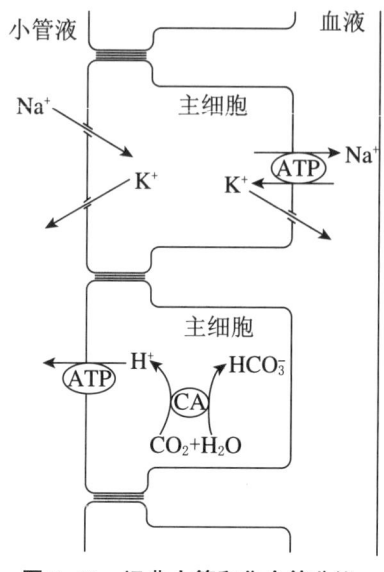

图 7-10 远曲小管和集合管分泌 H^+ 和 K^+ 示意图

3. NH_3 的分泌

远曲小管和集合管上皮细胞所分泌的 NH_3 来自本身代谢产生的 NH_3，NH_3 可通过细胞膜向小管液和小管周围组织间液扩散。NH_3 的扩散量取决于小管液和组织间液的 pH 值，因为小管液的 pH 值较低，NH_3 主要向小管液中扩散。进入小管液内的 NH_3 则和 H^+ 结合为 NH_4^+，NH_4^+ 再和小管液中的强酸盐（如 NaCl）的负离子结合，生成酸性铵盐，并从尿中排出。NH_3 的分泌，一方面可促进 H^+ 向小管液内分泌，另一方面也促进了 $NaHCO_3$ 的重吸收。

二、尿量及尿的成分、理化性质

正常成年人 24h 尿量为 1.0~2.0L，尿量的多少与饮水量的多少和其他途径所排出的液体量有关。尿液的检查通常包括尿量、颜色、比重以及尿液中的有形成分和溶解物，例如，是否有红细胞或者脓细胞、细菌等，尿液中是否有尿蛋白、尿酮体、尿胆原、尿糖及其含量等。

1. 尿量

正常人尿量受摄入的水量和其他途径排出水量影响。当摄入的水量较多且不出汗时，尿量可明显增加；反之，尿量会明显减少。因为正常成人每天产生约 35g 的固体代谢产物，最少需 0.5L 尿量才能将其溶解并排出。少尿或无尿会使代谢产物在体内堆积；多尿会使机体丧失大量水分，使细胞外液量减少。这些变化都会干扰机体内环境理化性质的相对稳定。

2. 尿的理化性质

正常新鲜尿液为淡黄色的透明液体，微酸性。尿的成分中95%~97%是水，其余是溶解于其中的固体物质。固体物质以电解质和非蛋白含氮化合物为主。正常尿中糖、蛋白质的含量极微。正常尿液pH值约为6.5，尿液的酸碱度变动范围很大（pH值可由4.5变动至8.0）。尿的酸碱度主要取决于食物的成分。正常人普通膳食条件下，新鲜尿液的比重波动在1.015~1.025g/mL。若尿的比重长期在1.010g/mL以下，表示尿浓缩功能障碍，为肾功能不全的表现。

三、尿的排出过程

尿液是连续生成的，经由集合管、肾盏、肾盂通过输尿管进入膀胱。尿液在膀胱内储存达到一定量时，即可引起反射性排尿，尿液经尿道排出体外。

（一）膀胱和尿道的神经支配

膀胱逼尿肌和内括约肌受副交感和交感神经的双重支配。盆神经中也含有感觉纤维，能感受膀胱壁被牵拉的程度。后尿道的牵张刺激是诱发排尿反射的主要信号。除盆神经外，阴部神经支配膀胱外括约肌。阴部神经为躯体运动神经，膀胱外括约肌的活动可随意控制。阴部神经兴奋时，外括约肌收缩；反之，外括约肌舒张。排尿反射时可反射性抑制阴部神经的活动。支配膀胱的交感神经起自腰段脊髓，经腹下神经到达膀胱。刺激交感神经可使膀胱逼尿肌松弛、内括约肌收缩（通过α受体）和血管收缩。交感神经也含感觉传入纤维，可将引起痛觉的信号传入中枢。

（二）排尿反射

排尿是一个反射过程，称为排尿反射。排尿反射是一种脊髓反射，但脑的高级中枢可抑制或加强其反射过程。

在一般情况下，膀胱逼尿肌在副交感神经紧张性冲动的影响下处于轻度收缩状态，使膀胱内压经常保持在10cmH$_2$O（1cmH$_2$O = 100Pa），由于膀胱具有较大的伸展性，所以内压稍升高后可以很快下降。当膀胱的容积大于300~400mL时，膀胱内压才明显升高。在此基础上，尿量稍有增加就会引起膀胱内压迅速升高。当膀胱内尿量达到一定充盈度（400~500mL）时，膀胱壁上特别是后尿道的感受器受牵张刺激而兴奋，冲动沿盆神经传入纤维传至脊髓骶段的排尿反射初级中枢，同时，冲动也上传到达脑干（脑桥）和大脑皮质的排尿反射高位中枢，并产生尿意。

若膀胱充盈后引起尿意，而条件不许可排尿时，人可有意识地通过高级中枢的活动来抑制排尿。随着膀胱的进一步充盈，引起排尿的传入信号越来越强烈，尿意也越来越强烈。

第三节　泌尿功能对机体酸碱平衡的影响

一、肾脏对机体保持酸碱平衡的生理作用

细胞生存的液体环境需要保持稳态。相对于机体内的其他离子，细胞外液H$^+$浓度极

低。例如，细胞外液 Na^+ 的浓度（142mEq/L）是 H^+ 浓度（0.00004mEq/L）的 355 万倍，但由于 H^+ 可以影响机体内几乎所有酶的活性，因此 H^+ 浓度的任何些微改变都会极大地影响机体和细胞的功能。如图 7-11 所示，血浆中酸的主

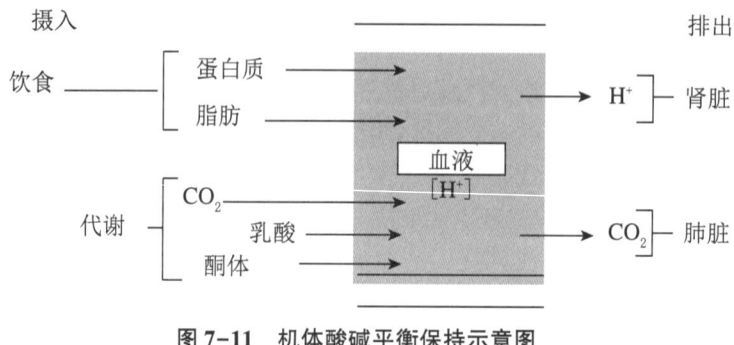

图 7-11　机体酸碱平衡保持示意图

要来源是饮食和体内代谢，酸的排出主要靠肺脏和肾脏，肾脏能够根据血浆的 pH 值来调节 H^+ 的分泌从而保持机体的酸碱平衡。人体的酸碱平衡通过血液的缓冲作用以及呼吸和肾脏的作用共同进行调节。

（一）机体调节酸碱平衡的基本机制

正常人动脉血的 pH 值能够保持在 7.35~7.45，是由于机体有三大调节系统保障 H^+ 浓度相对稳定。体液中的化学性缓冲系统是调节 H^+ 浓度变化的第一线机制。血液中的 H^+ 浓度升高可刺激外周性化学感受器，使肺通气量增加，呼出更多的 CO_2，从而排出多余的 H^+。血液中 H^+ 浓度增高时，肾脏可以通过调节 HCO_3^- 的重吸收和 H^+ 的分泌，使血中消耗的 HCO_3^- 趋于恢复正常。血液、呼吸在维持机体酸碱平衡中的作用在本书的相关章节中已经阐述，本章主要讨论肾脏在维持机体酸碱平衡中的作用。

（二）肾脏在维持机体酸碱平衡中的作用

肾脏是维持人体内环境稳态的重要脏器。肾脏通过肾小球的滤过、肾小管的重吸收及分泌，完成水、酸碱物质的跨细胞转运，进而维持细胞外液的容量与成分在正常范围之内。

当机体内酸性物质增多，血浆 H^+ 浓度升高时，肾近端小管对 HCO_3^- 的重吸收明显加强，重吸收率从 87% 升高到几乎 100%。从肾小管上皮细胞重吸收 HCO_3^- 的机制可以看出，肾小管上皮细胞每重吸收一个 HCO_3^- 和一个 Na^+ 入血，就分泌一个 H^+，这对于体内酸碱平衡稳定的维持具有重要的意义。H^+ 的分泌促进酸性铵盐（如 NH_4Cl）的生成并从尿中排出，加速了 NH_3 的分泌。NH_3 的分泌在促进 H^+ 向小管液内分泌的同时也促进了 $NaHCO_3$ 的重吸收。

肾脏调节机体酸碱变化的过程依赖于肾脏对水平衡的调节，通过对机体水平衡的调节，同时也进行酸碱平衡的调节。

（三）肾脏在保持机体水平衡中的作用

细胞赖以生存的内环境需要保持稳态，而细胞外液电解质含量和渗透压的稳态有赖于细胞外水分保持相对稳定，即水分要保持平衡。如图 7-12 所示，机体水分主要来源于饮食和体内代谢，水分的排出主要靠尿液。尿液排出的多少依赖于肾小球滤过和肾小管的重吸收，肾脏能够排出机体多余的水分（正平衡）。而体内水分不足（负平衡）时，肾脏只能尽可能地减少水的排出，不足的水分只能通过饮食摄入得到补充。

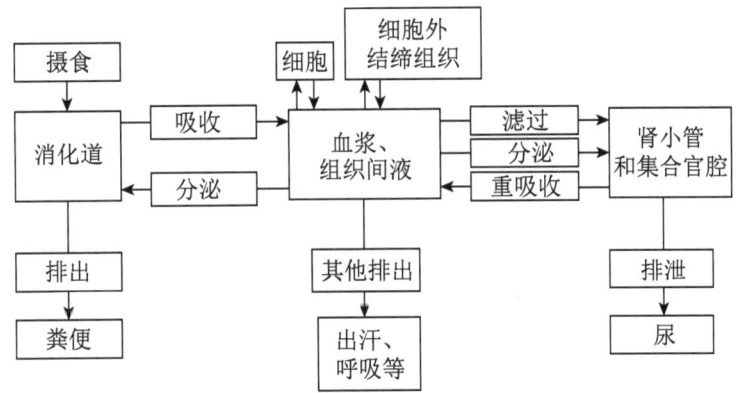

图 7-12 机体水平衡保持示意图

水分的重吸收的动力是小管液和上皮细胞间的渗透浓度梯度，由于小管液在肾近端小管的吸收完全是等渗重吸收，是不可调节的（强制性重吸收），保证了小管液内的水分绝大部分被重吸收（约70%），以满足机体的需要。肾脏对水平衡的调节主要发生在肾远端小管和集合管。

1. 尿的浓缩和稀释

小管液是血浆的超滤液，和血浆的渗透压基本相等，每天终尿中的溶质成分基本恒定。当机体缺水时，排出体外的水分减少，尿液的渗透压高于血浆，称为尿浓缩；而当体内液体过剩时，排出体外的水分增多，尿液的渗透压低于血浆，称为尿稀释。高渗尿是小管液在流经远曲小管和集合管时，水在此被重吸收，而溶质仍留在小管液中造成的。低渗尿是小管液中的溶质被重吸收而水不易被重吸收造成的。肾脏对尿液的浓缩和稀释能力在维持体内液体量的平衡和渗透压稳定方面起极为重要的作用。

2. 肾髓质部渗透浓度梯度的建立

肾皮质部组织间液的渗透浓度与血浆相等，而髓质部组织间液的渗透浓度则高于血浆，具有从髓质外层向乳头部逐步增加的特点，这就形成了肾髓质渗透浓度由外髓向内髓逐步升高的渗透梯度。肾髓质渗透梯度的形成主要是由于肾小管各段对水和溶质的通透性不同以及逆流倍增现象产生的（图7-13）。

3. 抗利尿激素

抗利尿激素（antidiuretic hormone，ADH）是9个氨基酸残基组成的一种肽类激素，由下丘脑视上核和室旁核神经元胞体合成，分泌颗粒经下丘脑—垂体束运输至神经垂体，暂时贮存在神经垂体，当机体需要时由神经垂体释放入血。

ADH 有 V_1、V_2 两种受体，V_2 受体主要分布在肾远端小管后段和集合管上皮细胞。ADH 在肾脏的

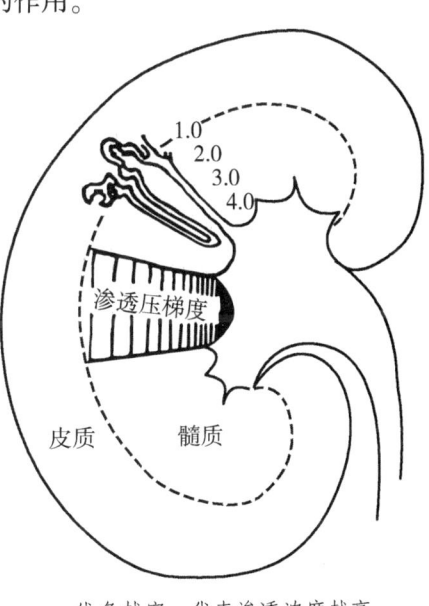

线条越密，代表渗透浓度越高。

图 7-13 肾髓质渗透压梯度的形成机制示意图

主要作用是提高远曲小管和集合管上皮细胞对水的通透性，使水的重吸收增加，尿液浓缩，尿量减少。另外，ADH 能增加髓袢升支粗段对 NaCl 的主动重吸收和内髓部集合管对尿素的通透性，从而使髓质组织间液溶质浓度增加，此时，髓质组织间液渗透浓度也随之增加，有利于尿的浓缩。

ADH 的分泌与释放受血浆晶体渗透压、循环血量等因素的调节，另外还受到其他因素的影响。例如，恶心是引起 ADH 分泌的有效刺激；疼痛、应激刺激、血管紧张素Ⅱ和低血糖可刺激 ADH 分泌；某些药物，如尼古丁、吗啡也可刺激 ADH 分泌；乙醇可抑制 ADH 分泌，故饮酒后尿量可增加。另外，影响肾小管和集合管重吸收和分泌的因素还有肾素—血管紧张素—醛固酮系统、心房钠尿肽等。

第四节　运动对泌尿机能的影响

泌尿系统是人体重要的排泄系统，尤其是在长期持续的运动训练或比赛的过程中，人体的物质代谢、能量代谢都异常旺盛，尿素、肌酐、尿酸等物质的产生及排出效率都相应增高，泌尿系统对保障人体的机能正常以及机能提升都有重要的意义。在运动的状况下，根据运动负荷强度、运动持续时间、运动环境温度湿度等不同的情况，人体机体在能源供应、内环境体液成分（如大量出汗时的水、无机盐）及 pH 值变化等方面会发生多种变化，肾脏根据机体的状况发挥调节作用来相对保持内环境稳态。

及时观察尿量和尿成分，可掌握运动对肾脏功能的影响规律，从而为客观评定运动时肾脏功能和身体机能状况提供依据。

一、尿量

运动后尿量主要受气温、运动强度、运动持续时间、泌汗和饮水量等因素影响。如夏季进行强度较大、持续时间较长的运动或强度虽不大但时间长的运动时，由于大量泌汗，故尿量减少。例如，马拉松比赛时，一般每隔 5km 设置一个饮水站，以保证运动员水的供给。

短时间运动后，尿量不会发生明显变化。高强度、大运动量比赛后，因尿量减少而影响"尿检"的取样，对此，通常在有监督的情况下，让运动员饮用一定的水或常规的等渗液，以增加尿量。

运动时由于血液重新分配，肾脏血流量减少，故运动后一段时间内尿量减少。激烈运动后尿量减少，使尿成为"浓缩"的尿液。观察运动时尿中某一成分的变化，用收集总尿量并计算该成分总含量，比用"浓缩"尿液更能反映其变化的规律。

二、运动性蛋白尿

正常人在运动后出现的一过性蛋白尿称为运动性蛋白尿。正常人安静时尿中只有极微量的蛋白质，24h 总量为 30~130mg，用一般检查尿蛋白的方法不易测出，为阴性。运动可使运动员尿中的蛋白质含量升高。当尿中蛋白质含量升高时，可通过常规的检测方法测出蛋白质的含量。检测运动性蛋白尿可以用作：①评定负荷量和运动强度；②观察机体对负荷量的适应能力；③评价运动员训练水平。

关于运动性蛋白尿的产生原因，一般公认是由于运动负荷使肾小球滤过膜的通透性改变而引起的。但对滤过膜通透性改变的原因，解释却不一致：其一，有些学者通过动物实验证明，由于运动乳酸增多引起血浆蛋白质体积缩小，肾小管上皮细胞肿胀，蛋白质被滤过到尿中；其二，有研究证明是酸性物增多导致正电荷增多，促使显正电性的蛋白质易透过肾小球带负电的滤过膜，进入滤液中；其三，有人认为是由于激烈运动，使肾脏受到机械性损伤引起的；其四，有人提出，出现运动性蛋白尿是由于激烈运动时肾血管缩小，引起血流停滞，肾小球毛细血管压升高，从而促使蛋白质滤过；其五，我国研究人员认为，运动时由于肾小球毛细血管扩张及被动充血、肾小管上皮细胞变性，造成肾脏血循障碍，引起缺血、缺氧，毛细血管通透性增加，致使尿中出现蛋白。

运动后出现的运动性蛋白尿经过一定时间休息，不需要治疗会自行消失，故认为这种变化是生理性的。影响运动性蛋白尿有如下几个主要因素。

（一）运动项目

国内外不少学者报道，长距离跑、游泳、自行车、足球、赛艇等项目运动后，运动员出现蛋白尿的阳性率高，排泄量也较大；而体操、举重、射箭等项目运动后，运动员出现蛋白尿的阳性率低，排泄量也少。这种现象可能与不同运动项目对机体产生不同的影响有关。

（二）运动负荷量

在同一运动项目中，随着负荷量的增加，则蛋白尿出现的阳性率和排出量也增加。在大负荷训练过程中，运动员刚开始承担大负荷量时，由于机体对负荷量的不适应，蛋白尿排泄量较多；循序渐进训练一段时间后，完成相同的负荷量时，蛋白尿排泄量减少。这是机体逐渐适应负荷量的表现。

（三）个体差异

运动性蛋白尿的个体差异较大，在同样负荷内容、负荷量后，有的人不出现蛋白尿，有的人则出现蛋白尿，而且排泄量的个体差异范围较大。不过，同一人在进行相同的负荷量和运动强度后，其蛋白尿排泄量是比较恒定的。因此，排泄量与自身的机能状况关系较大。所以，利用蛋白尿作为评定指标时，难以与他人比较其负荷量、训练水平和机能状况；而对于同一个体，尿蛋白指标是较客观和有效的。

（四）机能状况

人的机能状况和对负荷的适应与尿蛋白排出量有关。进行定量负荷运动，当机能状况和适应性良好时，尿蛋白排出量减少，尿蛋白恢复期缩短；反之，机能状况欠佳，适应性差时，则尿蛋白排出量增加，尿蛋白恢复期延长。一般情况下，激烈运动时，尿蛋白排泄量在运动后 15~30min 达到峰值，4h 内尿蛋白基本消失。超过 4h 甚至更长时，尿中仍有蛋白存在，这是人体机能下降的表现。当然，有关尿蛋白恢复时间也因人而异。

（五）年龄与环境

蛋白尿出现的比例随年龄的增长而降低。运动时外界的温度、海拔高度等因素，对蛋白尿的出现有显著影响。与在正常水温游泳相比，冬泳后蛋白尿的阳性率高；高原条件下，运动性蛋白尿的阳性率和排出量高于平原，这与寒冷或低压对机体和肾脏的刺激有关。环境因素引起尿蛋白排出量增加，会随着人体适应性提高而改善。

三、运动性血尿

正常人在运动后出现的一过性显微镜下或肉眼可见的血尿称为运动性血尿。肉眼观察到的血尿呈褐色或浓红茶色，显微镜下血尿为正常尿色，但可见红细胞。

出现运动性血尿，可能是由于运动时肾上腺素和去甲肾上腺素的分泌增加，造成肾血管收缩，肾血量减少，出现暂时性肾脏缺血、缺氧和血管壁的营养障碍，从而使肾的通透性提高，使原来不能通过滤过膜的红细胞也发生了外溢。另外，运动时肾脏受到挤压、打击，肾脏下垂，造成肾静脉压力增高，也能导致红细胞渗出，产生血尿。有研究表明，运动引起的自由基含量增加也可以造成运动性血尿。因此，运动性血尿可能是综合因素作用的结果。

运动性血尿多出现在激烈运动后，人并无其他症状和不适。血尿持续时间一般不超过3天，最长不超过7天。出现血尿时，可适当调整运动量，服用一些止血药或中药，通常预后情况良好。

运动性血尿受运动项目、负荷量和运动强度、身体适应能力和环境等因素的影响。跑步、跳跃、球类、拳击运动后，血尿的发生率较高；负荷量和运动强度加大过快时，如冬训、比赛开始阶段，血尿的发生率也较高；身体适应能力下降，如过度训练，也会有大量的血尿产生；在严寒条件（冬泳）和高原条件下的训练，也容易造成运动性血尿。

◇【思考题】

1. 影响肾小球有效滤过压的主要因素是什么？
2. 什么是肾糖阈？
3. 试述机体保持酸碱平衡的基本生理机理。
4. 试述肾脏在保持机体水平衡中的作用及机理。
5. 试述运动性蛋白尿和运动性血尿产生的原因。

（北京体育大学　许寿生）

第八章 运动与感觉

◇【教学目标】

通过本章内容的学习，掌握各种感觉基本生理现象和功能特点；熟悉与体育运动关系密切的位觉、本体感觉、视觉、听觉及其形成机制；了解感受器、感觉器官的一般生理特征；培养学生运用视觉、位觉，以及本体感觉理论知识指导运动实践能力；体会感觉机能在运动技能完成中的重要作用；树立科学探索、求真务实的理念。

第一节 概 述

感觉是机体的一种生理功能，感受器或感觉器官通过接受适宜刺激，并将其转换为神经冲动，经传入神经传到感觉中枢，最后通过感觉中枢的分析产生相应的感觉。通过感觉认识客观世界，并使机体能够不断适应体内、外环境的变化。

一、感觉器官及感觉

感觉器官（sense organ）是指感受器与其附属装置共同构成的结构。人最主要的感觉器官有眼、耳、前庭、鼻腔的嗅上皮、舌的味蕾、皮肤等。

感受器（sensory receptor）是指分布在体表或组织内部的一些专门感受机体内、外环境变化的结构或装置。感受器按结构分为简单感受器、复杂感受器。最简单的感受器，如体表和组织内部与痛觉有关的游离神经末梢；有些简单感受器在裸露的神经末梢周围包绕一些由结缔组织构成的被膜样结构，如肌梭和触觉小体等。复杂感受器，如眼睛是复杂的感受器，即视觉器官，视网膜中的光感受细胞——视杆细胞和视锥细胞是光感受器；耳是听觉的复杂感受器，即听觉器官，耳蜗中的感受细胞毛细胞是声波的感受器。感受器按分布部位，分为外感受器和内感受器。外感受器感受外界的环境变化，如视、听、嗅觉感受器属于距离感受器，触、压、味、温度觉感受器属于接触感受器。内感受器感受机体内部的环境变化，如本体感受器、内脏感受器和平衡感受器等。感受器还可按接受刺激性质的不同分为光感受器、机械感受器、温度感受器、化学感受器和伤害感受器等。

感觉（sensation）是客观事物在人脑中的主观反映。感受细胞把机体内、外环境中的各种刺激转变为电位变化，以神经冲动的形式通过感觉神经纤维传向中枢特定部位，最后在大脑皮质上产生各种感觉，如视觉、听觉、位觉、痛觉等。需要指出的是，一些感受器的传入冲动通常都能引起主观感觉，但也有一些感受器一般只是向中枢神经系统提供内、外环境中某些因素改变的信息，引起各种调节性反应，在主观上并不产生特定的感觉。

二、感受器的一般生理特征

（一）适宜刺激

一种感受器通常只对某种特定形式的能量刺激最敏感，这种刺激就是该感受器的适宜刺激。例如，一定波长（300~800nm）的电磁波是视网膜上视锥细胞和视杆细胞的适宜刺激；一定频率（16~20000Hz）的机械振动是耳蜗毛细胞的适宜刺激等。非适宜刺激也可以引起一定的反应，但所需刺激强度通常要比适宜刺激大得多。

（二）换能作用

各种感受器可将作用于它们的各种形式的刺激能量转换为传入神经的动作电位，感受器的这种能量转换功能称为感受器的换能作用。在感受器细胞上产生的电位变化称为感受器电位，通过递质释放量改变，引起与之有突触联系的传入神经产生动作电位；在感觉神经末梢上产生的电位变化称为发生器电位，去极化达阈电位引起传入神经产生动作电位，动作电位以"全或无"形式传向中枢。

（三）编码作用

感受器不仅将各种刺激能量转换为神经动作电位，而且将刺激所包含的环境变化信息转移到动作电位的序列中，并把这种信息的转移作用称为感受器的编码作用。

关于感受器编码作用的详细机制尚不十分清楚。实验表明，不同性质感觉的引起，与刺激的性质、被刺激的感受器的种类、传入冲动所经过的特定神经传入通路、所到达的大脑皮质的特定部位等均有关。不同强度的刺激能量可通过单一神经纤维上动作电位的频率高低来编码，也可通过参与电信号传递的神经纤维数目的多少来编码。

（四）适应现象

当某一恒定强度的刺激持续作用于感受器时，感觉神经上产生动作电位的频率会逐渐降低，这一现象称为感受器的适应。

适应可分为两类。①快适应，如皮肤触觉感受器仅在恒定压力刺激开始后的短时间内有传入冲动发放，以后虽然刺激仍在作用，但其传入冲动的频率很快降低到零。快适应感受器的特点是对刺激的变化十分敏感，它有利于机体探索新异事物或障碍物，有利于感受器和中枢再接受新的刺激，这对机体传递快速变化的信息、维持生命活动是十分重要的。②慢适应，如肌梭、腱梭及颈动脉窦压力感受器，在刺激持续作用时，一般仅在刺激开始后不久出现冲动频率的轻微降低，以后可以较长时间维持在这一水平。慢适应感受器的共同特点是适应过程发展慢，有利于机体对某些功能状态进行长时间持续的监测，并根据其变化随时调整机体的功能，从而保证调节系统运转的精度。

第二节 视 觉

视觉器官（visual organ）由折光系统和感光系统两部分组成（图8-1）。折光系统包括角膜、房水、晶状体和玻璃体；感光系统指视网膜。平行光线首先通过眼内折光系统发生折射，然后在视网膜上成像。视网膜上的感光细胞（视杆细胞和视锥细胞）将电磁波的光能刺激转换成神经冲动，经视神经传到丘脑，再向大脑皮质感觉区投射形成视觉。

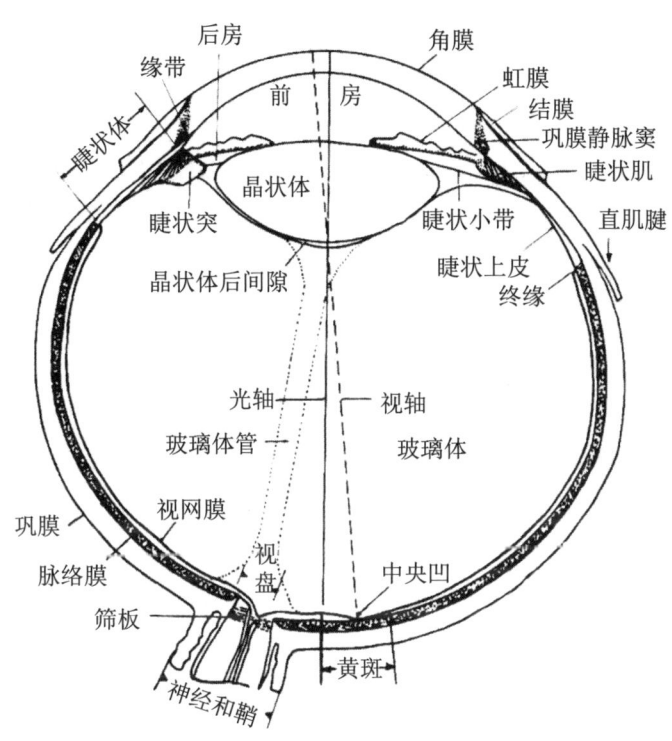

图8-1 右眼的水平切面示意图

一、眼的折光功能及调节

（一）眼的折光系统及成像

光线由一种介质进入另一种折射率不同的介质形成的单球面折光体时，只要不与折光体界面垂直，光线便会产生折射，其折射特性由界面的曲率半径和两种介质的折光率决定。人眼的折光系统是由多个折光界面组成的复杂光学系统。为了说明眼的折光成像原理，设计了与正常眼在折光效果上相同但更为简单的等效光学系统或模型，称为简化眼（reduced eye），如图8-2所示。

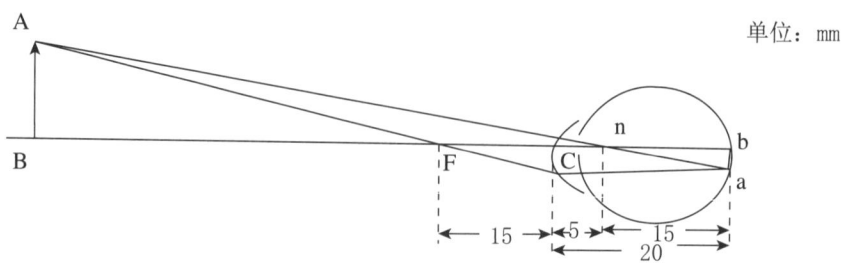

F为前焦点，n为节点，△AnB和△anb是两个相似的三角形；如果物距为已知，就可由物体大小算出物像大小，也可算出两个三角形对顶角（视角）的大小。

图 8-2 简化眼及其成像示意图

（引自：朱大年，2008）

简化眼模型由一个前后径为20mm的单球面折光体构成，折射率为1.333。此模型和正常安静时的人眼一样，来自6m以外物体的各发光点的光线（如A、B两点发出的光线），都可以认为是平行光线，经过节点n不折射。这两个光线在节点交叉，在视网膜上形成a、b两点，成为物体A、B的一个倒立实像。

（二）眼的调节

正常眼看远处（6m以外）物体时，进入眼内的光线近似平行，不需任何调节即可清晰成像于视网膜上。通常将人眼不做任何调节时所能看清的物体的最远距离称为远点。当看近处（6m以内）物体时，物像将成像在视网膜之后，造成视物模糊，正常眼通过调节折光系统可以将物像前移至视网膜上形成清晰物像。晶状体的最大调节能力可用眼能看清物体的最近距离来表示，这个距离称为近点。

1. 晶状体的调节

晶状体是一个富有弹性的双凸透镜形折光体，其周边由悬韧带将其与睫状体相连。当看近物时，睫状肌收缩，悬韧带松弛，晶状体向前后凸出，曲率增加，使物像前移到视网膜上；当看远物时，睫状肌松弛，睫状体后移，晶状体受悬韧带牵拉而相对扁平，曲率减小，物像后移至视网膜上。

2. 瞳孔的调节

一般人的瞳孔直径为1.5~8.0mm。看近物时，可反射性引起双侧瞳孔缩小，称为瞳孔调节反射。瞳孔的大小随入射光量的强弱而改变的现象，称为瞳孔对光反射。当强光刺激视网膜感受细胞后，瞳孔缩小，以防止强光对视网膜的刺激。瞳孔对光反射是双侧性的，称为互感性对光反射。在运动中，情绪过度紧张可使瞳孔扩大，这是交感神经作用的结果，对运动有不良的影响。

3. 双眼会聚

当双眼注视一个由远移近的物体时，两眼视轴向鼻侧会聚的现象称为双眼会聚，也称为辐辏反射。其生理意义是视近物时，使物像分别落在两眼视网膜的对称点上，使视觉更加清晰，并防止复视的产生。

（三）眼的折光异常

正常眼看远处（6m 以外）物体时，进入眼内的光线近似平行，不需任何调节即可清晰成像于视网膜上，这种眼称为正视眼。若眼的折光异常或眼球的形态异常，使平行光线不能聚焦于安静、未经调节的视网膜上，则称为非正视眼，如近视、远视、散光、老视。眼的折光异常和矫正调节，见表 8-1、图 8-3。

表 8-1 眼的折光异常和调节能力异常

异常	产生原因	特点	矫正方法
近视	眼球前后径过长（轴性近视） 折光力过强（屈光性近视）	视远物时物像在视网膜之前 近点和远点均移近	凹透镜
远视	眼球前后径过短（轴性远视） 折光力过弱（屈光性远视）	视远物时物像在视网膜之后 近点变远	凸透镜
散光	折光面曲率不一致	视物变形、不清	柱面镜
老视	晶状体弹性减退	近点变远	视近物时戴凸透镜

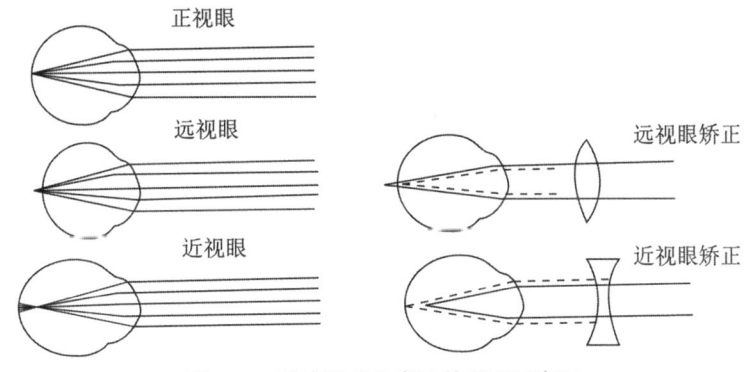

图 8-3 眼的折光异常及其矫正示意图

二、眼的感光功能

（一）视网膜的结构特点及感光机能

视网膜（retina）在组织学上可分为十层，但主要由四层细胞组成，从外向内为色素上皮层、感光细胞层、双极细胞层和神经节细胞层（图 8-4）。感光细胞层有两种感光细胞，即视杆细胞和视锥细胞。视杆细胞和视锥细胞在形态上都可分为四部分（图 8-5），由外向内依次为外段、内段、胞体和终足。其中，外段是视色素集中的部位，在感光换能中起重要作用。

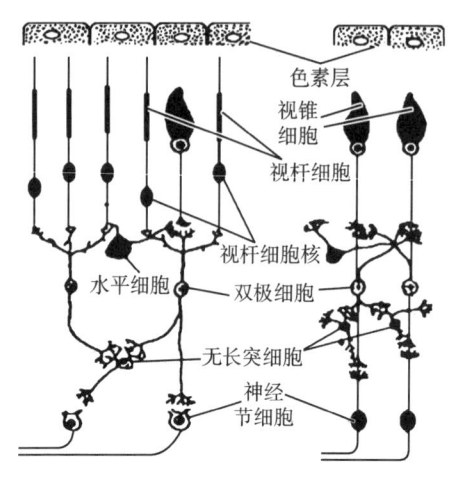

图 8-4　视网膜主要细胞层及其联系模式图　　图 8-5　两种光感受细胞模式图

左半部示周围区域，右半部示中央凹。

视杆细胞（rod cell）主要分布在视网膜的周边部分，最高密度在偏离中央凹 6mm 处，和与它们相联系的双极细胞及神经节细胞等组成视杆系统，对光的敏感度高，能接受弱光刺激，形成暗视觉，但无色觉，对被视物细节的分辨能力较差。

视锥细胞（cone cell）主要分布在视网膜的中央凹处，和与它们相联系的双极细胞及神经节细胞等组成视锥系统。它们对光的敏感性较差，只能接受强光刺激，形成明视觉和色觉，并对被视物体细节具有较高的分辨能力。

（二）视网膜的感光换能机制

视网膜的视杆细胞和视锥细胞具有感光换能机制，实现光—电换能作用（图 8-6）。

1. 视杆细胞的光化学反应

视杆细胞含有感光色素视紫红质（rhodopsin），是视蛋白与顺式视黄醛组成的一种结合蛋白。在光的作用下，视紫红质经过一系列化学反应，可迅速分解为全反式视黄醛与视蛋白。在这个分解过程中，视杆细胞产生超极化，即产生感受器电位，以电紧张的形式扩散到终足，影响终足递质的释放，于是将光刺激的信息传递给双极细胞，最终在节细胞产生动作电位，实现光—电换能作用（图 8-6）。

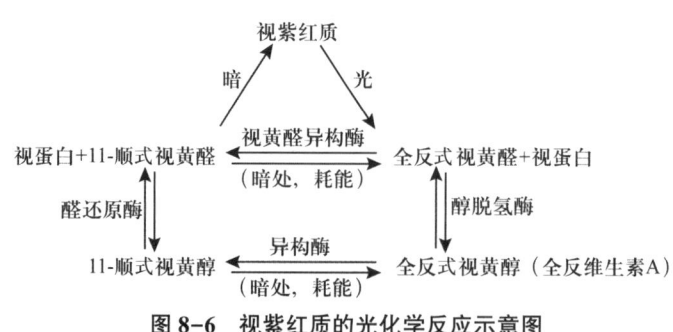

图 8-6　视紫红质的光化学反应示意图

（引自：朱大年，2008）

视杆细胞的这种光化学反应是可逆的,即视紫红质在光的作用下分解,在暗处又可以重新合成,其反应的平衡点取决于光照强度。全反式视黄醛在视黄醛酶的作用下,还原成全反式视黄醇(维生素 A 的一种形式),经眼内和肝脏有关酶的催化而变成顺式视黄醛,顺式视黄醛一旦生成就和视蛋白结合形成视紫红质。视紫红质在分解与合成的过程中,消耗一部分视黄醛,此时,需要体内贮存的维生素 A 来补充。如果维生素 A 补充不足,就会影响人在暗处的视力,即引起夜盲症。

2. 视锥细胞的光化学反应

视网膜上分布有三种视锥细胞,分别含有对红、绿、蓝三种光敏感的视色素。视锥细胞外段中含有的感光色素称为视锥色素,也由视蛋白和顺式视黄醛结合而成,只是视蛋白的分子结构略有不同。当某一波长的光线作用于视网膜时,视锥细胞外段膜的两侧也发生同视杆细胞类似的超极化型感受器电位,完成光电转换的第一步,以一定的比例使三种不同的视锥细胞产生不同程度的兴奋,最终在相应的神经节细胞上产生动作电位,以不同组合的视神经冲动传到大脑皮质就产生不同的色觉。这就是色觉形成的三原色学说。凡不能识别三原色中的某一种颜色者均称色盲(color blindness),多数是由遗传因素决定的。而对某种颜色辨别能力较正常人差者,称为色弱(color weakness)。

三、视觉生理与运动

(一) 与视觉有关的生理现象

1. 视力

视力也称为视敏度(visual acuity),指人眼分辨物体微细结构的能力。通常以分辨两点(或两平衡线)之间的最小距离为标准。由简化眼模型,根据已知的物距和物体大小,可计算出物像及视角大小(视角是指从物体的两端点各引直线到眼节点的夹角)。正常人眼在光照良好的情况下,在视网膜上的物像≥5μm(视角≥1°)能产生清晰的视觉,则该受试者的视力为 5.0,正常视力为 5.0~5.2。

视力与中央凹处视锥细胞的分布、眼的折光能力、视觉中枢分析能力及光源、背景等因素有关。在体育运动中,良好的视力是运动员判断人和运动器械的空间位置、速度快慢、距离远近及运动方位的主要条件。

2. 视野

单眼固定注视正前方一点时,该眼所能看到的空间范围称为视野(visual field)。正常人的视野范围受到面部结构、各类感光细胞在视网膜上的分布和目标物的颜色等因素的影响。一般来讲,鼻侧视野小于颞侧。不同颜色的视野也不一样,白色>黄色>红色>绿色;不同项目运动员的视野不同,足球运动员绿色视野较大。

3. 双眼视觉

两眼同时看某一物体时产生的视觉称为双眼视觉(binocular vision)。双眼视物时,不仅能看到物体的平面,还能看到物体的深度,从而形成立体视觉(stereoscopic vision)。立体视觉产生的主要原因是同一物体在两眼视网膜上所形成的像并不完全相同，右眼看到物体的右侧面较多，左眼看到物体的左侧面较多，其位置虽略有不同，但又在相称点的附近，最后经中枢神经系统的综合而得到一个完整的立体视觉。单眼视物时，根据物体表面的光线反射情况，阴影的有无以及过去的经验等因素也能产生立体视觉，但是，单眼视物所形成的立体视觉比双眼差得多。双眼视觉的优点是可以弥补单眼视野中的盲区缺损，扩大视野，形成立体视觉。立体视觉在各项体育活动中具有重要意义。如球类运动员立体视觉不完善会降低时空感，而使击球、传球、投球、接球等技术动作不准确，特别是在场地范围小、球速快的条件下，不能准确地判断对方动作及接传方向。

4. 眼肌平衡

眼球的运动是靠三对眼肌，即上、下直肌，内、外直肌和上、下斜肌控制的。眼肌平衡取决于这些肌肉的紧张和松弛是否协调。眼肌运动可使眼睛有目的地接受刺激，保证机体产生朝向反应，从而对外界的各种刺激做好准备。

当眼注视正前方时，若对称眼肌紧张度相等，眼球瞳孔在正中央处，称为正视。如果其中一条肌肉紧张度大，则瞳孔偏向一方，称为斜视。若有的人一条眼肌紧张度虽然稍大，但平时靠对抗肌紧张度的加强予以补偿，瞳孔仍然保持在正中，则称为隐斜视。由于隐斜视患者的眼肌经常处于紧张状态，容易产生疲劳，特别是在运动过程中更容易疲劳，疲劳后眼肌的调节能力易下降，从而出现斜视。因此，患有隐斜视的人在要求准确度很高的运动项目中，如射击、射箭和球类等，运动成绩会受到一定影响。运动时维持眼肌平衡，对准确判断器械的空间位置、距离大小、运动员动向及球运动的速度等都十分重要。

5. 暗适应和明适应

当人长时间在明亮环境中而突然进入暗处时，最初看不见任何东西，经过一定时间后，视觉敏感度才逐渐增高，能逐渐看见在暗处的物体，这种现象称为暗适应（dark adaptation）。暗适应进程时间长。

当人长时间在暗处而突然进入明亮处时，最初感到一片耀眼的光亮，也不能看清物体，稍待片刻后才能恢复视觉，这种现象称为明适应（light adaptation）。明适应进程很快，通常在几秒钟内即可完成。

6. 视后像和融合现象

注视一个光源或较亮的物体，然后闭上眼睛，这时可以感觉到一个光斑，其形状和大小均与该光源或物体相似，这种主观的视觉后效应称为视后像。后效应的持续时间与光刺激的强度有关，通常仅持续几秒到几分钟。

当闪光频率增加到一定程度时，重复的闪光刺激可引起主观上的连续光感，这一现象称为融合现象（fusion phenomenon）。融合现象是由于闪光的间歇时间比视后像的时间更短而产生的。能引起闪光融合的最低频率，称为闪光融合频率（flicker fusion frequency，FFF），又称为临界融合频率（critical fusion frequency，CFF），与闪光刺激的颜色和亮度、闪光光斑的大小及被刺激的视网膜部位有关，还受年龄、药物及中枢神经系统疲劳程度等的影响。因此，在运动生理中常将临界融合频率作为中枢疲劳的指标。

（二）视觉在运动训练中的作用

人眼能分辨各种物体的大小、形状、明暗、颜色、距离、动静及在空间里的相互作用。在运动员还没有熟练掌握动作技能之前，视觉起着主导作用。在运动过程中，运动员靠视觉掌握环境状况、产生空间感觉、控制本身的动作、观察赛场上的变化。在球类运动中，运动员要有良好的视力、良好的立体视觉和开阔的视野；在对抗性运动项目中，如击剑、拳击、摔跤等，需要运动员有敏锐的视力。只有视觉功能良好的运动员才有可能发挥高超的运动技术水平。

视觉对维持身体平衡起重要作用。人可以在完全没有前庭感觉和本体感觉的情况下，仅靠视觉来维持身体平衡。但快速活动或闭眼时活动的能力则需要前庭感觉和本体感觉的参与，才能保持身体平衡和姿势正确。视觉发生障碍或有缺陷时，会使运动员减弱或者丧失方向和平衡感觉，不容易保持身体平衡和姿势正确。在体育教学和训练中，培养运动员掌握运动技能的同时，也要注意视觉功能的训练。在运动中，情绪过度紧张可使瞳孔扩大，这是交感神经作用的结果，对运动有不良的影响。

第三节　听觉与位觉

耳是听觉器官，也是位觉（平衡）器官。从结构上，耳由外耳（包括耳廓与外耳道）和中耳（鼓膜、鼓室、听骨链和咽鼓管）构成的传音系统和内耳的感音系统组成（图8-7）。内耳又称为迷路，包括耳蜗、椭圆囊、球囊和三个半规管，其中椭圆囊、球囊和三个半规管统称前庭器官。

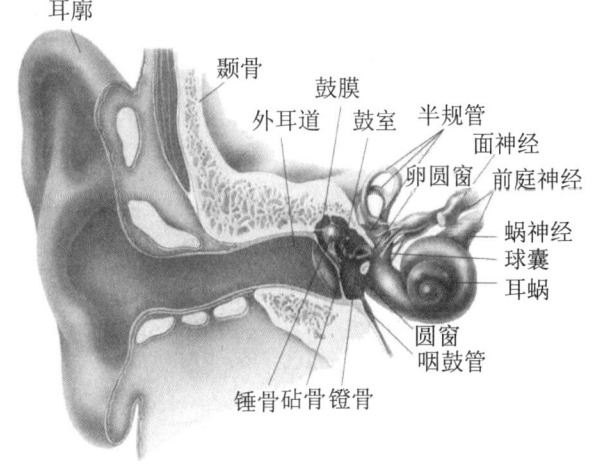

图8-7　位听器模式图

一、听觉

（一）听觉感受器的适宜刺激与微音器电位

人耳听觉感受器（毛细胞）的适宜刺激是空气振动的疏密波。外界的声波振动经外耳道、鼓膜和听骨链的传递，引起外淋巴和基底膜振动（图8-8），刺激耳蜗螺旋器感受器产生振动，它的振动使毛细胞的顶端与盖膜发生交错的移行运动，这种运动使毛细胞听纤毛发生弯曲，从而引起耳蜗内电位的一系列变化（图8-9）。毛细胞的纤毛有动纤毛（最长位于细胞顶端的一侧边缘处）和静纤毛（纤毛较短、数量较多，呈阶梯状排列）两种。研究发现，当静纤毛向动纤毛一侧弯曲时，毛细胞的顶部通道开放，大量阳离子内流引起去极化而产生感受器电位；当静纤毛向背离动纤毛的一侧弯曲时，通道关闭，内向离子流停止而出现外向离子流，造成膜的超极化。

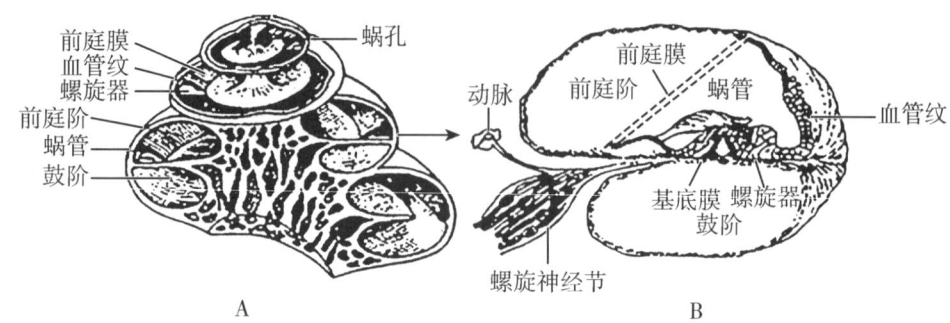

图 8-8　耳蜗纵切面及耳蜗管的横断面示意图

A. 耳蜗纵切面；B. 耳蜗管横断面。

（引自：朱大年，2008）

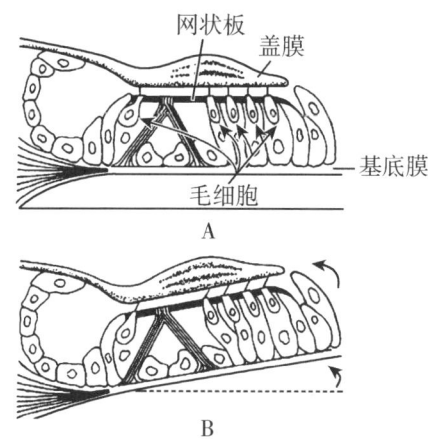

图 8-9　耳蜗基底膜螺旋器毛细胞和盖膜的移行运动

A. 静止时的情况；B. 基底膜在振动中上移时，听纤毛因与盖膜间切向运动而弯向蜗管外侧。

（引自：朱大年，2008）

当耳蜗受到声音刺激时，在耳蜗及其附近结构所记录到的一种与声波的频率和幅度完全一致的电位变化，称为耳蜗微音器电位（cochlear microphonic potential）。微音器电位是多个毛细胞在接受声音刺激时所产生的感受器电位的复合表现。微音器电位与动作电位不同，其特点是没有潜伏期和不应期，不易疲劳，不产生适应现象，其电位随刺激强度的增强而增大，具有位相性。当声音的位相倒转时，耳蜗微音器电位的位相也发生逆转，是一种交流电位变化。这就是微音器电位的波动能与声波振动的频率和幅度相一致的道理。微音器电位经突触传递，最后引起位于毛细胞底部的神经纤维产生动作电位，并以神经冲动的不同频率和组合形式对声音信息进行编码，当动作电位沿听神经传到大脑皮质听觉中枢时，产生听觉。

人对声音性质的分辨，除了耳蜗功能外，还受中枢神经各部位功能的影响。

（二）听阈与听域

通常人耳能感受的振动频率为 20～20000Hz，感受的声压范围为 0.0002～1000 达因/平方厘米（dyn/cm^2）。对于每一种频率的声波，都有一个刚能引起听觉的最低声强，称为听阈。当声强增加到一定限度时，引起的不仅是听觉，甚至是鼓膜的痛觉，此限度称为最大可听阈。从听阈到最大可听阈曲线的面积，表示人耳所能听到声音的范围，称为听域（图8-10）。正常人在声频为1000~3000Hz时，听阈最低，也就是听觉最为敏感的范围。人随年龄增长，听阈会逐渐升高。

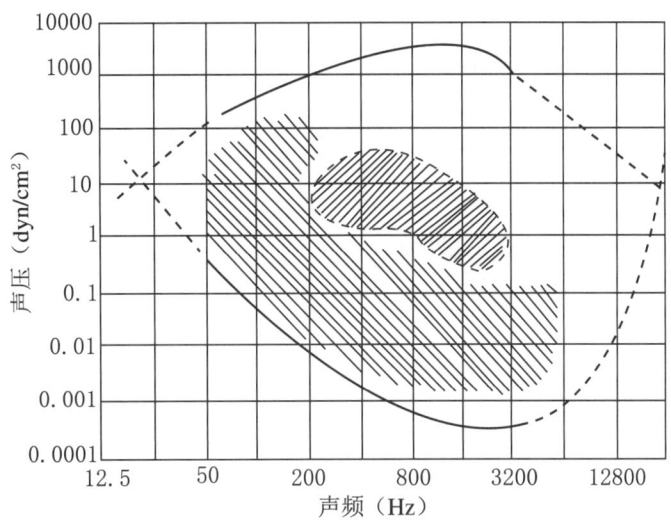

图中心部的斜线区为通常的会话语言域，下方的斜线区为次主要语言域。

图8-10 人的正常听域图

（引自：朱大年，2008）

（三）听觉在运动训练中的作用

人类通过语言互通信息、交流思想、传播知识，对人类认识和适应环境变化具有重要意义。在体育教学和运动训练中，使用口令，利用语言讲解，学生通过听觉领会动作要领，有助于学生队列整齐，更快掌握动作技能。因此，在运动训练和比赛中，适宜音量、音调和生动、简洁的讲解、口令，可以使运动员的大脑皮质听觉中枢的兴奋性集中起来，更快形成条件反射。

音乐对运动员来说也是一种良好的刺激。现在的运动训练和比赛，用音乐伴奏的项目很多，如体操、花样滑冰等。音乐的旋律有助于运动员建立良好的节奏，有时音乐的选择直接影响着比赛的成绩。在运动训练结束后，常用听音乐的方法来缓解疲劳，音乐能减轻大脑皮质的紧张，使身体更容易放松。

同时，听觉受噪声的影响，噪声也影响人体的生理功能。音量在55分贝（dB）以下对人体无损害，超过100dB，可使人的工作效率下降，生理功能明显紊乱，高强噪声甚至危害人体。强烈的噪声会导致听力障碍，大脑皮质兴奋与抑制过程失调，感觉功能和自主神经系统功能紊乱，内分泌失调，从而引起情绪不安、烦躁，心率、血压不稳定，视觉不良，反应时延长，平衡器官功能不佳，运动病的发生率上升等问题。在大型运动训练比赛时，运动员常常会受到助阵的观众大喊大叫的噪声的影响，较长时间或间断性的干扰会造成过分紧张，影响运动能力。因此，应注意平时合理安排运动员在强烈的噪声环境中进行训练或比赛，以适应正式竞赛时运动场馆的强烈噪声环境。

听觉还能使人对一定距离以外环境条件的变化预先产生适应性反应。在体育运动中，运动员借助听觉、视觉、本体感觉和前庭感觉的共同活动，控制动作的节律和速度，准确地感知空间位置、保持身体平衡，对掌握及熟练运用动作技能具有重要作用。

二、位觉

身体进行各种变速运动（加减速度运动）时会引起前庭器官中的位觉感受器兴奋而产生的感觉，称为位觉（或前庭感觉）。位觉器官（前庭器官）由椭圆囊、球囊和三个半规管构成，感受细胞都是毛细胞，适宜刺激是机械力作用。人和动物生活在外界环境中，必须保持正常的姿势，这是人和动物进行各种活动的必要条件。正常姿势的维持依赖于前庭器官、视觉器官和本体感觉感受器的协同活动。

（一）前庭器官感受毛细胞的适宜刺激

前庭器官的感受细胞也称为毛细胞，具有与耳蜗毛细胞类似的结构和功能。每个毛细胞的顶部都有一条最长的动纤毛和一些相对较短的静纤毛。毛细胞的底部分布有感觉神经末梢。各类毛细胞的适宜刺激都是与纤毛的生长面呈平行方向的机械力的作用。前庭器官中毛细胞顶部动纤毛和静纤毛受力引起电位变化，毛细胞感受外界受力刺激与电位变化的一般规律，见图8-11。当纤毛处于静息的自然状态时，静息电位为-80mV，毛细胞底部的传入神经纤维有一定频率的持续放电；当静纤毛向动纤毛一侧偏移时，毛细胞膜去极化，当去极化达阈电位（-60mV）水平时，传入神经纤维放电频率增高，表现为兴奋效应；当动纤毛向静纤毛一侧偏移时，毛细胞膜超极化（-120mV），传入神经纤维放电频率降低，表现为抑制效应。

当机体的运动状态和头部位置发生变化时，都能以特定的方式改变前庭器官中毛细胞纤毛的偏移方向而引起电位变化，通过与耳蜗内毛细胞相同的换能机制使相应的传入神经纤维放电频率发生变化，将受力变化信息传到中枢后，引起特殊的运动觉和位置觉，并产生相应的躯体和内脏功能的反射性变化。

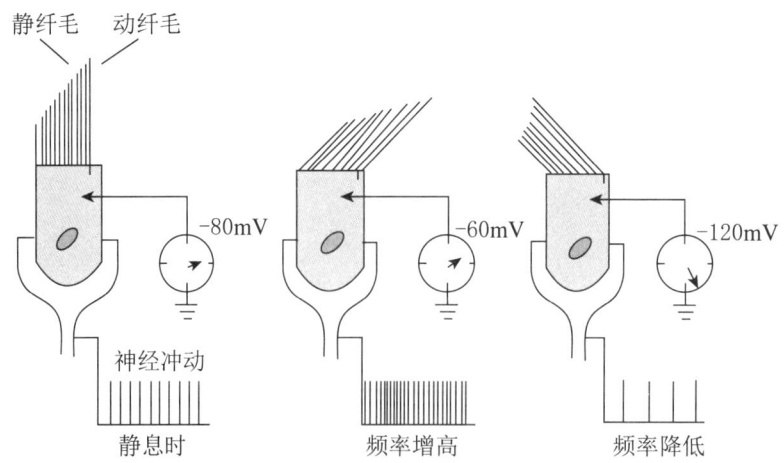

图8-11 前庭器官中毛细胞顶部动纤毛和静纤毛受力情况与电位变化关系示意图

（引自：王庭槐，2018）

1. 半规管壶腹嵴毛细胞的适宜刺激

三个半规管互相垂直，分别称为前、后和水平半规管。每个半规管均有膨大端为壶腹，壶腹壁上有壶腹嵴，壶腹嵴也含有感受性毛细胞。在内耳迷路中，半规管壶腹嵴毛细胞的适宜刺激是旋转正负加速度。水平半规管主要感受绕垂直轴左右旋转的变速运动，而前、后半规管主要感受绕前、后轴和横轴旋转的变速运动。因此，人们可以感受不同方向旋转变速运动的刺激，并做出准确的反应。

2. 椭圆囊囊斑和球囊囊斑毛细胞的适宜刺激

椭圆囊和球囊的壁上均有囊斑，分别称为椭圆囊囊斑和球囊囊斑。囊斑中有感受性毛细胞，其纤毛插入耳石膜内，耳石膜表面附着的许多小碳酸钙结晶称为耳石。其适宜刺激是耳石的重力及直线正负加减速运动和头部空间位置。当头部位置改变，如头前倾、后仰或左、右两侧倾斜时，由于重力对耳石的作用方向改变，耳石膜与毛细胞之间的空间位置发生变化，使毛细胞兴奋，冲动经前庭神经传到前庭神经核，反射性地引起躯干与四肢有关肌肉的肌紧张变化。同时，冲动传入大脑皮质前庭感觉区，产生头部空间位置改变的感觉。当人体做直线运动的开始、停止或突然变速时，耳石膜因直线加速度或减速度的惯性而发生位置偏移，使毛细胞的纤毛弯曲、兴奋，通过反射活动调整有关骨骼肌的张力，以维持身体平衡。同时，也有冲动经丘脑传入大脑皮质感觉区，产生身体在空间的位置及运动速度变化的感觉。

（二）前庭反应与前庭功能稳定性

人类前庭器官受到过强或过久刺激时会引起前庭反应。前庭反应是指前庭分析器的感受器受刺激发放强烈而频繁的冲动，反射性地引起四肢躯干肌张力的正常关系失调，使动作或身体平衡失调，还会使眼肌产生不随意的收缩和放松，引起眼球发生有规律的震颤。另外，还会引起一系列植物性机能反应，例如，晕车、晕船等引起的心率加快、血压下降、恶心、呕吐、眩晕和各种姿势反射等前庭反应现象。这些反应会严重影响一个人的工作能力，且个体差异比较大。因此，在招收飞行、舰艇、宇航人员，跳水、体操、赛艇和划船运动员时必须测试前庭反应。同样，一个跳水或体操运动员在运动过程中，要完成各种加速、旋转及翻腾等动作，都需要前庭器官参与活动，有不良的前庭反应，将不能在空中完成复杂的动作。

刺激前庭感受器而引起机体各种前庭反应的程度，称为前庭功能稳定性。其意义在于维持机体一定的姿势和保持身体平衡。前庭机能稳定性较好的人，在前庭器官受到刺激时所发生的反应较弱，有利于提高人体的工作能力。通常在定量角加速度或直线加速运动后，植物性功能或姿势反射的反应程度，均可作为判断前庭功能稳定性的指标。

（三）位觉在运动训练中的作用

某一特定性质的刺激反复、长期地作用于前庭器官，经过一段时间后，前庭器官对刺激引起的反应逐渐减小的现象，称为前庭适应。研究表明，在体育运动中，赛艇、划船、跳伞、跳水、滑雪、体操、武术、链球、投掷及各种球类运动项目，有利于提高运动员的前庭功能稳定性，使前庭器官对刺激引起的反应逐渐减小或消失。

提高前庭器官稳定性的训练方法有三种：①选择各种有加速度的旋转运动和直线运动进行的主动训练法；②人在产生加速度变化的器械上，被动地感受加速度变化进行的被动训练法；③把主动训练和被动训练相结合进行的综合训练法。

第四节　本体感觉

本体感受器是指分布在肌肉、肌腱和关节囊中的肌梭与腱梭，能分别感受肌肉被牵拉的程度及肌肉收缩和关节伸展的程度。本体感受器受到刺激所产生的躯体各部位相对位置和状态的感觉，称为本体感觉（proprioception）或运动觉。

一、本体感受器结构与功能

（一）肌梭的结构与功能

肌梭是肌肉中的一种梭形感受器，位于肌纤维之间并与肌纤维平行排列。肌梭内含6~12根肌纤维，称为梭内肌纤维。肌梭外的一般肌纤维称为梭外肌纤维。肌梭附着于梭外肌纤维上，并与其平行排列呈并联关系（图8-12）。因此，肌梭的功能是感受肌肉长度的变化。

肌梭的传入纤维分为Ⅰ类（较粗）和Ⅱ类（较细）两类。中枢的传出运动神经有支配梭外肌纤维的α-神经元和支配梭内肌纤维的γ-神经元。当γ-神经元活动加强时，梭内肌纤维收缩，可提高肌梭内感受装置的敏感性。

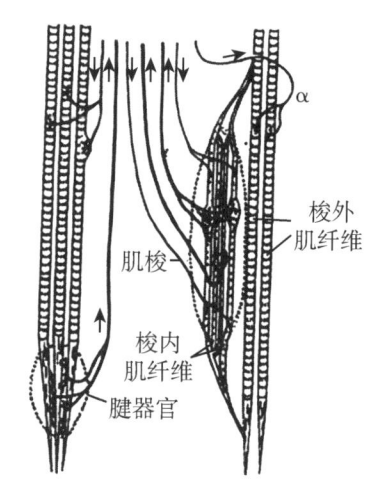

图8-12　肌梭与腱器官模式图

（二）腱梭的结构与功能

腱梭是分布在肌腱胶原纤维之间的一种张力感受器，与梭外肌纤维串联。当肌肉收缩张力增加时，腱梭因受到刺激而发生兴奋，冲动沿着感觉神经传入中枢，反射性地引起肌肉舒张。

腱梭的本体感觉反应是一种安全机制。腱梭是一种高阈值感受器，对主动肌有抑制作用，对拮抗肌有易化作用。当肌肉的收缩力和外部因素引起的力之和达到可能损伤肌腱或骨的程度时，腱梭的传入冲动会使运动神经元胞体产生抑制性突触后电位；当肌肉收缩缩短，由于过度屈或伸可能损伤关节时，腱梭可通过抑制性突触后电位，抑制主动肌，同时通过兴奋性突触后电位刺激拮抗肌的工作，从而防止肌肉受损。在摔跤运动中，偶然发生肌肉或肌腱撕裂及骨折，是因为高度激动的和去抑制的个体在运动时，肌肉积极收缩再加上拮抗肌产生的张力可能超过机体肌肉张力的极限而造成的损伤。

当肌肉受到被动牵拉时，肌梭和腱梭的传入冲动频率均增加。肌梭和腱梭的冲动可使中枢神经系统分别了解肌肉的长度受到牵张的力量，经过分析综合，能感知身体各部位的空间位置、姿势及身体各部位的运动状态。例如，当举起一物体时，肌肉被牵拉，如果负荷很重，牵拉也很重，那么将动员更多的运动单位来举起这一重物；如果负荷较轻，牵拉也较轻，那么仅有少数运动单位参加活动就能举起这一物体。

二、本体感觉在运动训练中的作用

在建立运动条件反射过程中，没有肌肉本体感觉传入冲动、条件刺激得不到强化，运动条件反射就不能形成，学习的动作技能也就不能掌握。通过本体感受器感知肌肉、肌腱、关节和韧带的缩短、放松和拉紧的状况，连续地反映到中枢神经系统，通过这种反馈系统，不断地调整、矫正运动动作，使运动技能更加协调、精确。如在牵张反射通过反馈机制控制肌肉张力时，如果肌肉的张力变得过强，则引起腱器官的抑制作用，将使其张力减少到较低水平；相反，如果张力变得过小，腱器官将停止发放冲动，抑制作用减弱，使张力又增强到原来的较高水平。运动训练中常使用"想练结合"的训练方法，或通过模仿性动作练习，来提高本体感觉对动作反馈调节的能力。

一般情况下，视觉、位觉及本体感觉相互联系，经大脑皮质的综合分析功能控制肌肉活动。肌肉活动时产生的本体感觉往往被视、听和其他感觉遮蔽，故本体感觉也称为"暗淡的感觉"，如球类运动员的"球性"。本体感觉能力必须经过相当长时间的训练才能比较明显而精确地在自己的动作过程中体验到。例如，运动员在完成熟练的动作时，动作略有变化就能感觉出来，新学的动作即使有很大毛病也不易感觉到。可见本体感受器的机能对形成运动技能具有特殊重要作用。运动实践证明，随着运动员本体感受机能的提高，运动技术水平也提高。例如，篮球、足球运动员动作技能熟练后，有时可以不用视觉来完成复杂的动作，而主要靠本体感受器机能控制球完成复杂的动作，训练水平高的运动员其控球能力强，失球次数少，而且运动速度快，表现出本体感受器具有较高的敏感性。体操、跳水运动员在空中完成翻腾、转体动作时，本体感受器的传入冲动，在时间和空间的感知上对正确完成复杂动作起着重要作用。所以，在运动实践中要使动作准确无误，必须反复练习。只有勤学苦练，本体感受器机能提高，使肌肉活动在时间和空间上更加协调，才可以促进运动动作技能形成，提高运动技能水平，同时有助于运动技术、战术的运用与创新，从而提高运动员的整体活动能力。

第五节 其他感觉

皮肤内分布有多种感受器，能产生触—压觉、冷觉、温觉和痛觉等，皮肤感觉在体育活动中也有重要作用。

一、触—压觉

触—压觉是皮肤接受机械刺激时产生的感觉。触—压觉能分辨出两点的最小距离，称为两点辨别阈（two-point discrimination threshold）。在实验室中通常将钝头两脚规的两脚同时或相继触及皮肤，能分辨出两点的最小距离来表示其值。疲劳时两点辨别阈值增大，因此，两点辨别阈可作为判断运动性疲劳的一种生理指标。

在学习与完成体育运动动作时，触—压觉对正确动作的形成具有重要意义。触—压觉与视觉、听觉、本体感觉等相结合，使机体能辨别环境中各种物体的大小、形状、硬度、光滑度及空间位置等。许多运动项目就是通过人体不同部位对体育器械的感觉来完成对器械的控制的。例如，排球运动员通过手对球的感觉，完成接发球、传球、扣球与拦网等动作。

二、冷觉与温觉

冷觉和温觉统称为温度觉。冷感受器在皮肤温度低于30℃时开始发放冲动产生兴奋，热感受器在皮肤温度超过30℃时开始引起冲动发放产生兴奋。除了皮肤，在口腔黏膜、鼻黏膜、喉黏膜、胃肠道黏膜内，也有热点和冷点。

温度觉的强度取决于温度刺激强度和被刺激部位的大小。在冷刺激或热刺激不断作用下，温度觉就会产生适应。反复用冷的刺激就能使皮肤得到锻炼，这与复杂的体温调节机能得到改进有关。人类具有在极热和极冷的环境中进行运动的非凡能力。

温度觉在运动训练中的特殊作用是通过多方面生理功能相互协调共同完成的。如长距离、超长距离的耐力跑、铁人三项、足球赛等在炎热的气候中举行，都有对参赛者具有热伤害的潜在危险。因此，这类项目运动员要注重热适应性的训练。寒冷刺激可改变神经系统与肌纤维的募集方式，使肌肉的收缩速度和爆发力下降。在寒冷环境中锻炼，神经系统的调节功能使机体各部分的反应更加灵敏、准确，从而提高机体对外界气温骤然变化的适应能力。这是人体的一种具有自我保护作用的防御性反应。

通常温度觉分析器、前庭分析器、运动分析器与其他分析器（触—压觉、视觉、内脏感觉）都进入活动状态，在不断反复练习中，这些分析器参与机能活动并与建立复杂联系的分析器形成综合分析活动。如冰雪运动中，形成了运动者特殊的"冰（雪）感""速度感"和"腾空感觉"等，运动者对冰雪的性质有很强的辨别能力，有利于技术的发挥。

三、内脏感觉

内脏有各种感受器，如血管壁上的压力感受器和化学感受器，可以把内脏的活动及其变化的信息传向中枢，而引起各种内脏感觉，如饥、渴、便意、恶心、疼痛等。内脏感觉在调节内脏功能活动中起着很重要的作用。下丘脑有渗透压、血糖以及温度等感受器。

人体在进行体育活动时，与内脏感觉作用也有关系。活动时内脏器官机能状况正常，人体才可能很好地进行体育活动，否则，就会引起不适的感觉，降低运动能力，甚至要停止体育活动。例如，饱餐后马上进行剧烈运动，常会引起腹痛而被迫停止体育锻炼。由此可见，进行体育锻炼前必须了解基本的运动生理卫生知识。

四、痛觉

皮肤痛觉是由痛觉感受器接受各种可能或已经造成皮肤损伤的各种性质的刺激引起的感觉，并伴有主观的情绪反应。内脏痛觉是主要的内脏感觉之一，内脏器官对切伤、挤压、烧灼等刺激的敏感性较小，而对牵拉刺激敏感。因此，内脏器官患病时所产生的疼痛难以感知精确的位置。

疼痛提供躯体受到威胁时的警报信号，是生命不可缺少的一种保护机能。强烈的疼痛刺激，能影响许多系统器官的活动。痛觉强度在很大程度上取决于神经系统的状态。一个意志坚强的人，能忍受较强的痛觉。如运动员在竞赛过程中，为了集体荣誉，由于偶然因素引起的痛觉完全可以被压抑，从而使痛觉减弱，甚至感觉不到疼痛。

第六节　运动对感觉功能的影响

感受器和感觉器官接受体内外刺激后传到大脑皮质，形成各种特异感觉，通过神经系统的反射调节等用以维持人体整体机能的协调统一，使身体适应内外环境的变化。同时，感觉机能对运动也会产生反应和适应。

一、一次性运动对感觉功能的影响

如果运动量小，一般来说产生24h内可消除的轻度疲劳，感觉机能变化不明显。

如果运动量偏大，疲劳没有及时消除，反应速度将减慢，辨别能力下降，感觉器官（如视觉和/或听觉）的阈值升高或下降，从而导致人体感觉机能失调，平衡感觉也会改变。因此，通常测试分析皮肤两点辨别阈、闪光融合频率和主观体力感觉等级等高级神经活动的功能变化来综合评定神经系统和感官的功能，可以用于评定运动强度和运动量是否适宜，以及疲劳程度与机体体能恢复情况的监控是否适宜。如运动时，闪光融合频率一般随着运动开始，在一段时间内逐渐增大，随后开始下降。运动量越大，下降就越快，并且下降的幅度也越大。在某些身体局部负荷较大的运动项目中，往往导致局部疲劳积累。肌电图研究可见，未消除疲劳的肌肉，由于其本体感觉功能的变化使肌肉的收缩和放松的潜伏期均延长。

如果运动量过大，运动产生的疲劳3天内不能消除，长期进行这样的大负荷过度运动训练就会引起感觉机能的显著变化。因此，测量各种感觉器官的辨别阈限及功能变化能反映疲劳消除的程度。

二、运动训练对感觉功能的影响

1. 长期适度的运动训练使各感觉器官功能提高

勤学苦练使运动员的本体感受器机能提高，运动员在完成熟练的动作时略有变化就能感觉出来。此时，神经系统调节使肌肉活动在时间和空间上更加协调，动作准确无误，就可以促进运动动作技能形成，提高运动技能水平，还有助于运动技术、战术的运用与创新，从而提高运动员整体活动能力。研究报道，长期运动训练，尤其是从事链球、铁饼和体操等项目运动可显著改善前庭机能稳定性。

2. 长期体育锻炼改善平衡感觉

研究报道，太极拳干预对改善老年姿势控制精确性和下肢膝踝关节运动感觉有良好的促进作用，可显著改善平衡能力。

三、过度训练对感觉功能的影响

运动强度或运动量过大会造成中枢神经系统抑制，产生运动性疲劳，直接表现在大脑皮质持续有节律的自发脑电活动出现异常变化，随着神经细胞抑制过程加强，通过大脑皮质参与完成的一些感觉机能下降。因此，常用一些感觉机能评价指标来监控运动员中枢神经系统的疲劳程度与消除情况。

四、体育锻炼和运动疗法对感觉功能的干预效应

研究证明，脑瘫是由未发育成熟脑的非进展性损害引起的，以运动和姿势异常为特征的综合征。可以通过主动活动和被动感觉刺激活动诱发运动，抑制异常运动，强化功能训练，促进自主反应和正常运动，利用神经感觉统合提高儿童组织和综合控制感觉信息的能力，如前庭位置觉、本体感觉和触—压觉等。具体运动疗法，如头部控制训练、翻身坐起训练、坐位训练、站立训练、步行训练等，均可改善神经肌肉关节的运动功能。

◎【思考题】

1. 试述感受器的一般生理特征。
2. 试述前庭器官的适宜刺激及位觉产生机理。
3. 试述本体感受器的结构与功能。
4. 试述人体主要感觉（视觉、听觉、位觉、本体感觉）在体育运动中的意义。
5. 试述运动对感觉机能的影响。

（沈阳体育学院　张日辉）

第九章 运动与神经系统

◇ 【教学目标】

通过本章内容的学习,掌握躯体运动的神经调控、姿势反射在运动实践中的应用;熟悉脊髓、脑干和大脑皮质对骨骼肌活动的三级调控;了解神经系统的感觉分析功能、小脑和基底神经节对运动的监控;培养学生应用姿势反射的生理学原理、脑电图的记录与分析技术在运动实践中分析运动员神经与肌肉功能状态以解决实际问题的能力;树立运用神经科学原理分析解决运动实践中问题的科学思维理念。

第一节 概 述

神经元是神经系统的基本结构和功能单位。神经胶质细胞也具有多种功能。神经元和神经胶质细胞等神经组织构成神经系统,包括中枢神经系统(脑和脊髓)与周围神经系统(感觉神经和运动神经)。神经系统是控制和协调全身各种功能活动的主要调节系统。

一、神经元与神经纤维

(一)神经元

神经元(neuron)是构成神经系统的基本结构和功能单位,包括细胞体和突起两部分(图9-1)。细胞体的形态多样,细胞大小差别也很大。细胞体包括细胞膜、细胞核和细胞质三部分。多数神经元含有一个大而圆的细胞核,细胞核染色质少,核仁明显。细胞质内除含有细胞器和包含物之外,还有特征性结构,即尼氏体和神经原纤维。

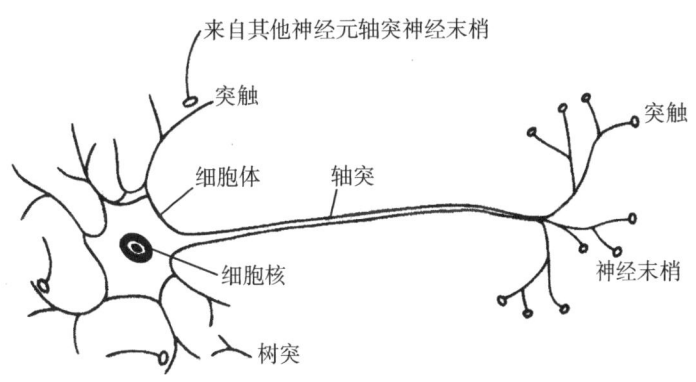

图9-1 神经元结构示意图

神经元的主要功能是接受刺激和传递信息。神经元依其功能可分为三大类:感觉神元将体内外环境变化的信息由外周传向中枢;运动神经元将信息由中枢传向外周;中间神经元在以上两类神经元间起联络作用。

(二) 神经纤维

神经元的突起可分为轴突和树突。除个别神经元外,神经元一般都有一条细而均匀的轴突,轴突因细长如纤维状,故又称神经纤维(nervous fiber)。轴突从胞体发出时常有一锥形隆起,称为轴丘。轴突也可能发自树突干的基部。轴突表面光滑,分支也少,分支自主干呈直角发出,称为侧支。有的轴突较长,可有数千倍于胞体的长度,称为长轴突神经元;有的轴突较短,称为短轴突神经元。有些神经元轴突终末形成曲张体,含有突触小泡、线粒体等,接受刺激可以释放神经递质或调质,进行突触传递或发挥局部调节作用。树突有一至多个,从细胞体发出后可反复分支,逐渐变细而终止,许多神经元树突表面发出多种形状的细小突起,称为树突棘,是形成突触的部位(图9-1)。

1. 神经纤维的分类

根据神经纤维兴奋传导速度的差异,可将哺乳动物的周围神经纤维分为A、B、C三类,其中,A类纤维再分为a、β、γ、δ四个亚类。劳埃德(Lloyd)和亨特(Hunt)在研究感觉神经时,又根据纤维的直径和来源将其分为Ⅰ、Ⅱ、Ⅲ、Ⅳ四类,其中,Ⅰ类纤维再分为Ⅰa和Ⅰb两个亚类。

2. 神经纤维的轴浆运输

轴突内的轴浆是经常在流动的,轴浆的流动具有物质运输的作用,故称为轴浆运输(axoplasmic transport)。如果结扎神经纤维,可见到结扎部位的两端都有物质堆积,且近胞体端的堆积大于远胞体端,表明轴浆运输有自胞体向轴突末梢方向的顺向运输和自末梢向胞体方向的逆向运输,且以顺向运输为主。如果切断轴突,不仅轴突远端部分发生变性,而且近端部分甚至胞体也将发生变性。可见,轴浆运输对维持神经元的结构和功能的完整性具有重要意义。

根据轴浆运输的速度,顺向轴浆运输又可分为快速轴浆运输和慢速轴浆运输两类。快速轴浆运输主要运输具有膜结构的细胞器,如线粒体、突触囊泡和分泌颗粒等。这种运输是通过一种类似于肌球蛋白的驱动蛋白(kinesin)而实现的。慢速轴浆运输是指轴浆内可溶性成分随微管、微丝等结构不断向前延伸而发生的移动。

3. 神经的作用

神经除具有功能性作用外,还有营养性作用。

神经能使所支配的组织在功能上发生变化,例如引起肌肉收缩、腺体分泌等,这一作用称为神经的功能性作用(functional action)。除此之外,神经末梢还经常释放某些营养性因子,持续地调整所支配组织的内在代谢活动,影响其持久性的结构、生化和生理的变化,这一作用称为神经的营养性作用(trophic action)。用局部麻醉药阻断神经冲动的传导,一般不能使所支配的肌肉发生代谢改变,表明神经的营养性作用与神经冲动关系不大。神经的营养性作用在正常情况下不易被觉察,但当神经被切断后即可明显表现出来,它所支配的肌肉内糖原合成减慢、蛋白质分解加速、肌肉逐渐萎缩。例如,脊髓灰质炎患者一旦前角运动神经元变形死亡，它所支配的肌肉将发生萎缩。

二、神经胶质细胞

神经胶质细胞（glial cell）是神经组织中除神经细胞以外的另一大类细胞，其数量是神经细胞的10~50倍，形态多样，细胞通常较小，胞突无树突与轴突之分，不与神经元形成突触，也不传导神经冲动。中枢神经系统中的神经胶质细胞分为两大类：一类为大胶质细胞，是中枢神经系统中主要的胶质细胞，包括星形胶质细胞和少突胶质细胞；另一类包括小胶质细胞、室管膜细胞和脉络丛上皮细胞。外周神经系统中的胶质细胞主要有形成神经纤维髓鞘的神经膜细胞（雪旺细胞）和位于外周神经节中节细胞周围的卫星细胞。

神经胶质细胞的功能主要有：①支持作用。②隔离与绝缘作用。③引发发育神经元迁移。④屏障作用。在脑和脊髓内，血液内的某些物质不能进入周围组织内，这是因为在中枢神经系统内存在一种血—脑屏障（blood-brain barrier，BBB），能够阻止血液中的这些物质进入脑和脊髓内。除此之外，在中枢神经系统内还有两种屏障，即血—脑脊液屏障和脑—脑脊液屏障。⑤修复和再生作用。⑥参与免疫应答。⑦调节神经元的功能。

三、突触

（一）突触的概念和结构

一个神经元的轴突末梢终端与另一个神经元的突起或胞体相互接触，并进行兴奋或抑制的传递，这个相接触部位称为突触（synapse）。突触的微细结构包括突触前膜、突触间隙和突触后膜三部分（图9-2）。突触前膜内侧的轴浆内含有较多的线粒体和大量囊泡，后者称为突触小泡，内含高浓度的神经递质。突触区还有一些结构既可出现在突触前，又可存在于突触后，如线粒体、多泡体、神经微管、神经丝和微丝。

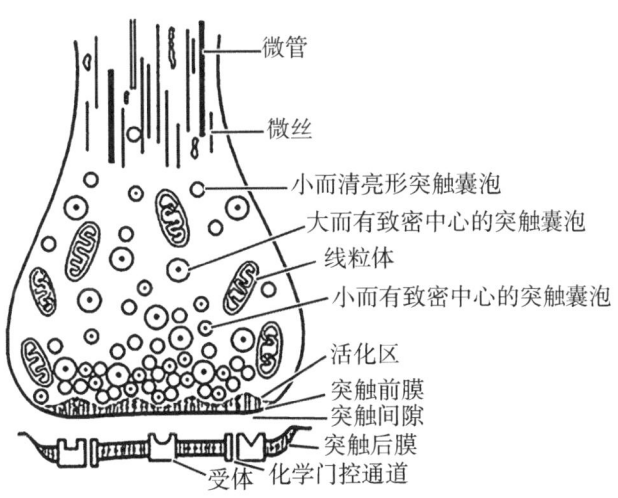

图9-2 突触微细结构模式图

（二）突触的分类

根据突触传递媒介物性质的不同，可将突触分为两大类：化学性突触（chemical synapse）和电突触（electrical synapse）。前者的信息传递媒介物是神经递质，而后者的信息传递是通过局部电流实现的。化学性突触一般由突触前成分、突触间隙和突触后成分三部分组成。根据突触前、后成分之间有无紧密的解剖学关系，可分为定向突触（directed synapse）和非定向突触（non-directed synapse）两种模式。前者末梢释放的递质仅作用于范围极为局限的突触后成分，如经典的突触和神经—骨骼肌接头；后者末梢释放的递质则可扩散至距离较远和范围较广的突触后成分，如神经—心肌接头和神经—平滑肌接头。

根据所接触部位的不同，可分为轴—树突触、轴—胞突触、轴—轴突触等（图9-3A）。此外，由于中枢存在大量的局部神经元构成的局部神经元回路，因而还存在树突—树突式、树突—胞体式、树突—轴突式、胞体—胞体式、胞体—轴突式突触，以及两个化学性突触或由化学性突触与电突触组合而成的串联性突触（serial synapses）、交互性突触（reciprocal synapses）和混合性突触（mixed synapses）等（图9-3B）。

根据突触对下一神经元引起效应的不同，可分为两类：使突触后神经元产生兴奋性效应的，称为兴奋性突触；使突触后神经元产生抑制性效应的，称为抑制性突触。

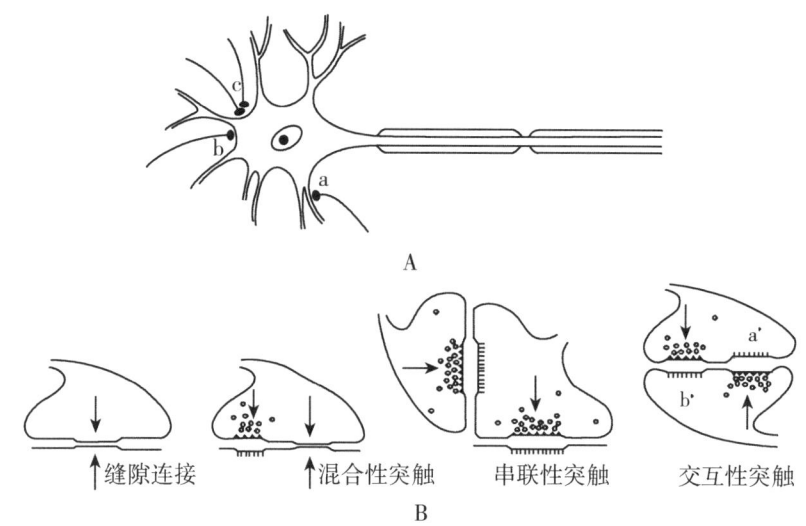

A. 突触的基本类型：a. 轴—树突触；b. 轴—胞突触；c. 轴—轴突触。
B. 几种特殊类型的突触：箭头示突触传递方向。

图9-3 突触类型示意图

四、神经递质和受体

神经递质是化学性突触传递的信息传递媒介物；神经递质须作用于相应的受体才能完成信息传递。因此，神经递质和受体是化学性突触传递最重要的物质基础。

（一）神经递质和调质

1. 神经递质的概念

神经递质（neurotransmitter）是指由神经元合成，突触前末梢释放，能特异性作用于突触后膜受体，并产生突触后电位的信息传递物质。哺乳动物的神经递质种类有很多，已知的达 100 多种，根据其化学结构可分成若干大类，如胆碱类、胺类、氨基酸类、肽类、嘌呤类、气体类和脂类等。

2. 调质的概念

除递质外，神经元还能合成和释放一些化学物质，它们并不在神经元之间直接起信息传递作用，而是增强或削弱递质的信息传递效应，这类对递质信息传递起调节作用的物质称为神经调质（neuromodulator）。

3. 递质共存

两种或两种以上的递质（包括调质）共存于同一神经元内的现象称为递质共存。递质共存的意义在于协调某些生理功能活动。

4. 递质的代谢

递质的代谢是指递质的合成、储存、释放、降解、重摄取和再合成等步骤。

（二）受体

受体（receptor）是指位于细胞膜上或细胞内能与某些化学物质（如递质、调质、激素等）特异结合并诱发特定生物学效应的特殊生物分子。位于细胞膜上的受体称为膜受体，是带有糖链的跨膜蛋白质分子。与递质结合的受体一般为膜受体，且主要分布于突触后膜上。能与受体特异结合，结合后能产生特定效应的化学物质，称为受体的激动剂；能与受体特异结合，但结合后本身不产生效应，反因占据受体而产生对抗激动剂效应的化学物质，称为受体的拮抗剂或阻断剂。激动剂和拮抗剂二者统称为配体，但在多数情况下，配体仅指激动剂。

第二节　神经元活动的一般规律

一、神经纤维的传导功能

神经纤维的主要功能是传导兴奋。在神经纤维上传导的兴奋或动作电位称为神经冲动。冲动的传导速度受多种因素的影响：神经纤维直径越粗，传导速度越快；有髓鞘神经纤维以跳跃式传导的方式传导兴奋，其传导速度远比无髓鞘神经纤维快；温度在一定范围内升高也可加快传导速度。神经传导速度的测定有助于诊断神经纤维的疾患和估计神经损伤的预后。

神经纤维传导兴奋具有以下特征：①完整性；②绝缘性；③双向性；④相对不疲劳性。

二、神经元间的信息传递

（一）突触传递

通过突触，信息从前一个神经细胞传递给后一个神经细胞，这一信息传递过程称为突触传递（synaptic transmission）。可分为电突触传递和化学性突触传递。此处主要介绍化学性突触传递。化学性突触传递又可分为定向传递和非定向传递。

(二) 突触后电位

经突触传递过程在突触后膜上发生的电位变化称为突触后电位。突触后电位有两种，即兴奋性突触后电位和抑制性突触后电位。

1. 兴奋性突触后电位

当神经冲动到达一个兴奋性突触的突触前轴突末梢时，会在突触后膜上引起一个去极化型的局部电位，称为兴奋性突触后电位（excitatory post-synaptic potential，EPSP）。兴奋性突触后电位产生的机制是：轴突末梢释放兴奋性递质，递质与突触后膜上的特异性受体结合，使突触后膜对 Na^+、K^+，尤其是 Na^+ 的通透性升高，由于 Na^+ 内流大于 K^+ 外流，从而引起突触后膜去极化，产生兴奋性突触后电位。兴奋性突触后电位可通过时间总和或空间总和使突触后电位的幅度增大。当去极化达到一定水平时，即可在轴突的始段——轴丘引起动作电位，并沿轴突和胞体膜扩布，使兴奋传至整个突触后神经元。如果兴奋性突触后电位未达到阈电位的水平，则不能在突触后神经元引起动作电位，此时由于突触后神经元发生了去极化，其兴奋性增高，因而易于被其他刺激或冲动所兴奋，这种作用称为易化。

2. 抑制性突触后电位

当神经冲动到达一个抑制性突触的突触前轴突末梢时，会在突触后膜上引起一个超极化型的局部电位，称为抑制性突触后电位（inhibitory post-synaptic potential，IPSP）。抑制性突触后电位产生的机制是：轴突末梢释放抑制性递质，递质与突触后膜上的特异性受体结合，使突触后膜对 K^+，尤其是 Cl^- 的通透性升高，出现 Cl^- 内流和 K^+ 外流，结果使突触后膜发生超极化，产生抑制性突触后电位。在超极化的状态下，突触后神经元的兴奋性降低，不容易被其他刺激或冲动所兴奋，从而表现出抑制性效应。

(三) 非定向突触传递

交感肾上腺素能神经元的轴突末梢有许多分支，在分支上形成串珠状的膨大结构，称为曲张体。当神经冲动到达曲张体时，递质从曲张体释放出来，以扩散方式到达效应器或突触后膜上的受体，与膜上的相应受体结合，从而产生效应或使突触后膜发生反应，这种模式称为非突触性化学传递，为非定向突触传递。

(四) 突触兴奋性传递的特征

突触兴奋性传递除受到递质和受体的影响外，突触还具有可塑性。突触的可塑性（plasticity）是指突触的形态和功能可发生较为持久改变的特性或现象。这一现象普遍存在于中枢神经系统，尤其是与学习和记忆有关的部位，因而被认为是学习和记忆产生机制的生理学基础。突触的可塑性主要有以下几种形式。

1. 强直后增强

强直后增强（posttetanic potentiation）是指突触前末梢在接受一短串高频刺激后，突触后电位幅度持续增大的现象。强直后增强通常可持续数分钟，最长可持续 1h 以上。高频刺激时，Ca^{2+} 大量进入突触前末梢，使递质持续大量释放，导致突触后电位持续增强。

2. 习惯化和敏感化

习惯化是指重复给予较温和的刺激时，突触对刺激的反应逐渐减弱甚至消失的现象。习惯化是由突触前末梢钙通道逐渐失活，Ca^{2+}内流减少，末梢递质释放减少所致。

敏感化是指重复性刺激（尤其是伤害性刺激）使突触对原有刺激反应增强和延长、传递效率提高的现象。敏感化因突触前末梢Ca^{2+}内流增加，递质释放增多所致，其实质是突触前易化。

3. 长时程增强和长时程抑制

长时程增强（long-term potentiation，LTP）是指突触前神经元在短时间内受到快速重复的刺激后，在突触后神经元快速形成的持续时间较长的兴奋性突触后电位增强，表现为潜伏期缩短，幅度增高，斜率加大。与强直后增强相比，长时程增强的持续时间要长得多，最长可达数天；且其由突触后神经元胞质内Ca^{2+}增加而非突触前末梢轴浆内Ca^{2+}增加引起。

长时程抑制（long-term depression，LTD）是指突触传递效率的长时程降低。与长时程增强相反。长时程抑制也广泛存在于中枢神经系统。

（五）中枢抑制（见本章第三节）

第三节　反射活动的一般规律

一、反射与反射弧

反射（reflex）是指机体在中枢神经系统的参与下，对内、外环境刺激所做出的规律性应答。反射弧（reflex arc）是反射的结构基础，由感受器、传入神经、神经中枢、传出神经和效应器五个部分组成。感受器是指接受某种刺激的特殊装置；效应器则为产生效应的器官。神经中枢简称中枢，是指位于脑和脊髓灰质内的调节某一特定功能的神经元群。传入神经是从感受器到中枢的神经通路；而传出神经是中枢到效应器的神经通路。

根据反射活动的特点，有不同的分类方法。

按反射形成的特点，可分为非条件反射和条件反射两大类。非条件反射是生来就有的、无须后天训练的反射，它是动物在种系进化过程中建立和巩固起来的，可遗传给后代。非条件反射的反射弧是固定的，其数目有限，如牵张反射、瞳孔对光反射等。条件反射是在后天的个体生活中经过学习和训练而获得的，是反射的高级形式。如果动物的生活条件发生改变，则已形成的条件反射会消退，并可形成新的条件反射。因此，条件反射的反射弧不是固定不变的，其形式是多样的，数目是无限量的。它使动物对于千变万化的外界环境具有更大的适应性。

依据反射参与中枢神经的不同，可分为低级反射和高级反射。高级反射是经由大脑皮质参与的一系列应答反应；而低级反射的中枢神经是脊髓。

二、中枢神经元的联系方式

中枢神经元之间存在多种多样的联系方式，归纳起来主要有以下几种。①单线式联系，指一个突触前神经元仅与一个突触后神经元发生突触联系。②辐散式和聚合式联系。辐散式联系指一个神经元可通过其轴突末梢分支与多个神经元形成突触联系，从而使与之相联的许多神经元同时兴奋或抑制。聚合式联系指一个神经元可接受来自许多神经元的轴突末梢而建立突触联系，因而有可能使源于不同神经元的兴奋和抑制在同一神经元上发生整合，导致后者兴奋或抑制。③链锁式和环式联系。在中间神经元之间，由于辐散式与聚合式联系同时存在而形成链锁式联系或环式联系。神经冲动通过链锁式联系，在空间上可扩大其作用范围；兴奋冲动通过环式联系，可因负反馈而使活动及时终止，或因正反馈而使兴奋增强和延续。

三、兴奋在反射中枢传播

（一）兴奋在反射中枢传播的特征

兴奋在反射中枢部分传播时，往往需要通过多次突触传递。当兴奋通过化学性突触传递时，由于突触结构和化学递质参与等因素的影响，其兴奋传递明显不同于神经纤维上的冲动传导，主要表现为以下几方面特征。

1. 单向传递

经化学性突触传递，兴奋只能从突触前末梢传向突触后神经元，其重要意义在于限定了神经兴奋传导所携带的信息只能沿着指定的路线运行。电突触传递则可双向传播。

2. 中枢延搁

兴奋在中枢传播时往往较慢，这一现象称为中枢延搁。这是由于化学性突触传递需经历递质释放、递质扩散、递质与后膜上的受体结合，以及后膜上离子通道开放等多个环节。每个突触需用时 $0.3\sim0.5$ ms，反射跨越的突触数目越多，兴奋传递所需的时间就越长。兴奋通过电突触传递时则无时间延搁，因而电突触在多个神经元的同步活动中起重要作用。

3. 兴奋的总和

在反射活动中，因为单根纤维传入冲动引起的兴奋性突触后电位具有局部兴奋的性质，不足以引发动作电位。而若干神经纤维的传入冲动同时到达同一中枢，引起的多个兴奋性突触后电位可发生空间性总和与时间性总和。如果总和达到阈电位即可爆发动作电位；如果总和未到达阈电位，此时突触后神经元虽未出现兴奋，但膜电位与阈电位水平之间的差距缩小，此时只需接受较小刺激使之进一步去极化，便能达到阈电位，因此表现为易化。

4. 兴奋节律的改变

测定某一反射弧的传入神经（突触前神经元）和传出神经（突触后神经元）在兴奋传递过程中的放电频率，两者往往不同；主要是由中间神经元的环式联系和突触后神经元常接受多个突触的信息，最后整合所致。

5. 后发放

在兴奋通过环式联系的反射通路中可发生后发放，也见于各种神经反馈活动中。例如，当随意运动时，中枢将不断收到由肌梭返回的关于肌肉运动的反馈信息，用以纠正和维持原先的反射活动。

6. 对内外环境变化的敏感性和易疲劳性

内外环境理化因素的变化，缺氧、CO_2过多、麻醉剂以及某些药物等均可影响化学性突触传递，如咖啡因可使递质释放增加。另外，用高频电脉冲连续刺激突触前神经元，突触后神经元的放电频率将逐渐降低；而用同样的刺激施加于神经纤维，神经纤维的放电频率在较长时间内不会降低。说明突触传递容易发生疲劳，其原因可能与神经递质的耗竭有关。

（二）兴奋性突触后电位（见本章第二节）

四、中枢抑制

在任何反射活动中，中枢总是既有兴奋又有抑制。兴奋和抑制在时间和空间上的多重复杂组合是中枢神经系统具有各种调节功能的重要基础。中枢抑制（central inhibition）为主动过程，且于突触前和突触后都可发生。

（一）突触前抑制

突触前抑制（presynaptic inhibition）在中枢内广泛存在，尤其多见于感觉传入通路中，对调节感觉传入活动具有重要意义。如图9-4所示，图中轴突2与神经元3构成轴突—胞体突触，是一种兴奋性突触，能使神经元兴奋，而轴突1与轴突2构成轴突—轴突突触，轴突1与神经元不直接接触。当轴突1兴奋，末梢释放递质，使轴突2接触部位局部去极化，这时，如果轴突2的神经元冲动下达到这一区域，使动作电位幅度变小，动作电位小则递质释放量减少，因而使轴突2末梢释放兴奋性递质的能力减弱或丧失，导致神经元呈现抑制效应，这是由于神经元的兴奋性突触后电位大幅减小，而不是产生抑制性突触后电位。因其抑制产生的部位与方式，是使突触前轴突末梢局部去极化，故称它为突触前抑制。

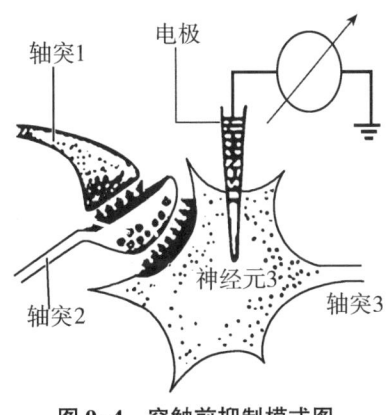

图9-4 突触前抑制模式图

突触前抑制的特点是潜伏期长，持续时间较长。它是一种很有效的抑制作用。从大脑皮质、脑干、小脑发出的下行纤维，在通过脑干、脊髓时，可分出侧支对感觉传导束发生突触前抑制。这对调节感觉传入有重要作用，可能是高级中枢能控制感觉传入，使注意力集中的原因之一。

（二）突触后抑制

突触后抑制（postsynaptic inhibition）由抑制性中间神经元释放抑制性递质，使突触后神经元产生抑制性突触后电位而引起。突触后抑制有以下两种形式（图9-5）。

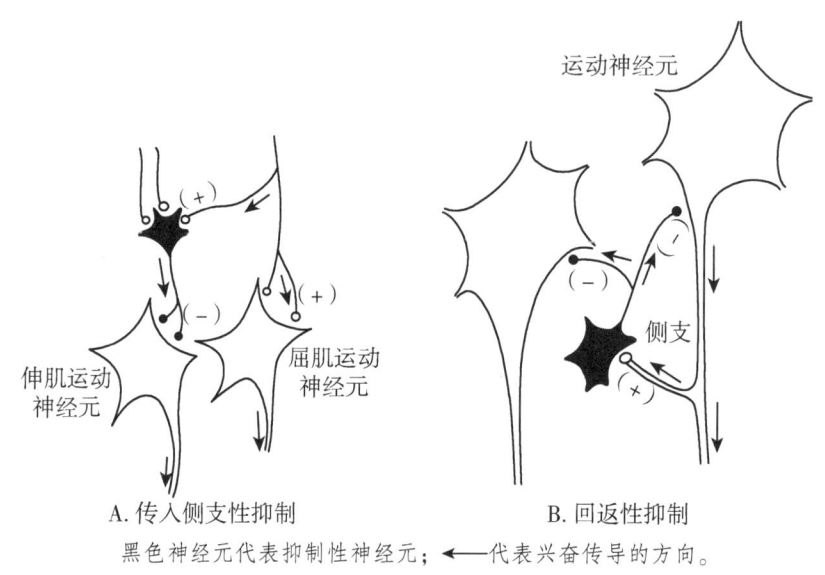

A. 传入侧支性抑制　　　　B. 回返性抑制

黑色神经元代表抑制性神经元；⬅代表兴奋传导的方向。

图9-5 两种突触后抑制模式图

（引自：邓树勋等，1999）

1. 传入侧支性抑制

传入纤维进入中枢后，一方面通过突触联系兴奋一个中枢神经元；另一方面通过侧支兴奋一个抑制性中间神经元，通过后者的活动再抑制另一个中枢神经元，这种抑制称为传入侧支性抑制（afferent collateral inhibition）或交互抑制（reciprocal inhibition）。例如，伸肌肌梭的传入纤维进入脊髓后，直接兴奋伸肌运动神经元，同时发出侧支兴奋一个抑制性中间神经元，转而抑制屈肌运动神经元，导致伸肌收缩而屈肌舒张。这种抑制能使不同中枢之间的活动协调起来。

2. 回返性抑制

中枢运动神经元兴奋时，传出冲动沿轴突外传，同时又经轴突侧支兴奋一个抑制性中间神经元，后者释放抑制性递质，反过来抑制原先发生兴奋的神经元及同一中枢的其他神经元，这种抑制称为回返性抑制（recurrent inhibition）。其意义在于及时终止运动神经元的活动，或使同一中枢内许多神经元的活动同步化。

五、反射活动的反馈调节

各种运动的完成除需由皮质运动区发出运动指令外，其精确度还有赖于完成运动时来自中枢不同部位以及外周的感觉反馈信息的传入，进行反射活动的反馈调节。实验证明，视觉反馈中，肌梭的传入信号参与运动控制的机制，除对形成运动感觉有重要作用外，由于 α-γ 耦联，它还可能起一种辅助运动的作用，其辅助运动的作用还可能通过一个包括运动皮质在内的大反馈环而实现。例如，在做伸手抓起一个放在桌上小球的动作时，如受试者只能看见小球，看不见手的运动，则不能准确地拿到小球，这说明视觉反馈对完成这样的运动是必需的。来自肌梭的信号可改变运动皮质传出神经元的输出，使肌肉收缩得到调整。如肌肉收缩由于各种因素比预计的慢时，肌梭放电增加，使肌肉更快地缩短。反之，如肌肉缩短比预计的快，则这种反馈线路会使之减慢，这种作用称为运动的伺服辅助。运动的伺服辅助还可能通过一个包括运动皮质在内的大反馈环而实现。

第四节 神经系统的感觉分析功能

体内、外各种刺激，首先由感受器感受，再由感受器转换成传入神经上的神经冲动，并通过特定的神经通路传向特定的皮质代表区，在中枢各特定部位共同活动进行综合分析完成感觉分析，形成各种感觉，如视觉、听觉、位觉、本体感觉、触—压觉、温度觉、痛觉等。

一、脊髓的感觉传导功能

深感觉，即本体感觉和精细触—压觉的传入通路为脊髓后索—内侧丘系传入系统。浅感觉，即痛觉、温度觉，以及粗略触—压觉的传入通路为脊髓丘脑侧束和脊髓丘脑前束。

二、丘脑的感觉分析功能

丘脑是除嗅觉外各种感觉传入通路的重要中继站，并能对感觉传入进行初步的分析和综合。丘脑的核团或细胞群可分为以下三大类。

第一类细胞群称为特异感觉接替核（specific sensory relay nucleus），是听觉和视觉传导通路的换元站，发出的纤维分别向听皮质和视皮质投射。

第二类细胞群称为联络核（associated nucleus），它们接受来自特异感觉接替核和其他皮质下中枢的纤维，换元后投射到大脑皮质的特定区域，其功能与各种感觉在丘脑和大脑皮质的联系协调有关。联络核参与内脏活动的调节和运动调节等。

第三类细胞群称为非特异投射核（nonspecific projection nucleus），这些细胞群通过多突触换元接替弥散地投射到整个大脑皮质，具有维持和改变大脑皮质兴奋状态的作用。

三、感觉信息的传入通路

（一）躯体感觉的传入通路

感觉神经元均在丘脑转换站更换神经元（除嗅觉外）后再向大脑皮质投射，同时进行感觉的粗略分析和综合。由丘脑向大脑皮质的感觉投射系统可分为特异投射系统与非特异投射系统（表9-1）。

表 9-1　丘脑特异投射系统与非特异投射系统的区别

项目	特异投射系统	非特异投射系统
神经通路组成	丘脑特异感觉接替核、联络核及其投射至皮质的通路	丘脑非特异投射核及其投射至皮质的通路
接受的冲动	有特异性	无特异性
传导途径	有专门传导途径	无专门传导途径
投射部位	大脑皮质特定感觉区	弥散投射至大脑皮质各区
感觉与皮层定位	有点对点的联系	无点对点的联系
功能	引起特异感觉、激发大脑皮质发放传出神经冲动	维持和改变大脑皮质的兴奋性、维持大脑清醒状态

（二）内脏感觉的传入通路

内脏感觉的传入神经为自主神经，包括交感神经和副交感神经。它们的细胞体主要位于脊髓和脑神经节内。内脏感觉的传入冲动进入中枢后，沿着躯体感觉的同一通路上行到达大脑皮质。

（三）特殊感觉的传入通路

在视觉、听觉、平衡感觉等各部分叙述。

四、大脑皮质的感觉代表区

（一）大脑皮质的功能定位

大脑分为左右半球，通过胼胝体相连互通信息。人的意识在大脑皮质产生，可以使人思考，鉴别传入的感觉刺激并随意控制动作。大脑分为五叶，位于中央的为脑岛（图9-6，内面观）。其余四叶在外层，其一般功能分别为：额叶为一般思考和动作控制；颞叶为听觉信息的接收和处理；顶叶为一般感觉信息的接收和处理；枕叶为视觉信息的接收和处理（图9-6，外面观）。

大脑皮质的不同区域在功能上具有不同的作用，称为大脑皮质的功能定位（图9-6）。各种感觉信息经特异投射系统分别投射到大脑皮质的特定区域，该特定区域称为该感觉的大脑皮质代表区。感觉区皮质的神经细胞呈纵向柱状排列，构成感觉皮质最基本的功能单位，称为感觉柱（sensory column）。同一个柱内的神经元对同一感受野的同一类刺激起反应。一个柱内细胞兴奋时，其相邻细胞柱则受抑制。

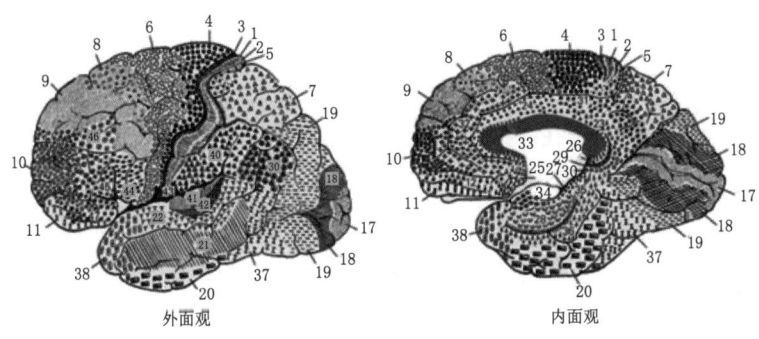

图中数字代表大脑皮层的分区。

图 9-6　人类大脑皮质分区

(引自：Eric R. Kandel, David G. Amaral, Peter L. Strick, 2015)

(二) 大脑皮质主要感觉代表区

1. 体表感觉代表区

体表感觉代表区有第一和第二两个感觉区。

第一感觉区位于中央后回（3-1-2 区）。其感觉投射规律是：①躯干四肢的感觉向皮质的投射呈左右交叉，但头面部感觉的投射是双侧性的。②投射区域具有一定的分野（代表区），呈倒置投射，即下肢的代表区在中央后回顶部，上肢代表区在中央后回中间，头面部代表区在中央后回底部。③投射区域的大小与感觉分辨的精细程度有关（图 9-7）。

第二感觉区位于大脑外侧沟的上壁，由中央后回底部延伸到脑岛的区域。第二感觉区面积小，身体各部分的定位不如中央后回那么完善和具体。切除人脑第二感觉区并不产生显著的感觉障碍。此外，第二感觉区还接受痛觉传入的投射。

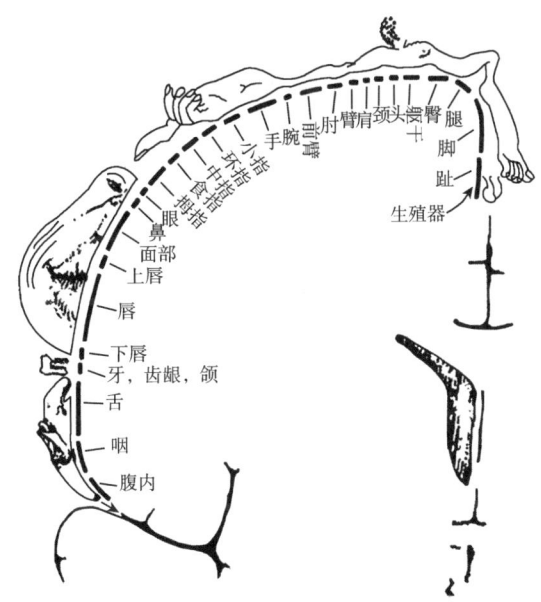

图 9-7　人类大脑皮质感觉代表区

2. 本体感觉代表区

中央前回（4区）是运动区，也是本体感觉代表区。在猫、兔等较低等的哺乳动物中，体表感觉区与运动区基本重合在一起，称为感觉运动区。在猴、猩猩等灵长类动物中，体表感觉区和运动区逐渐分离，体表感觉区位于中央后回，运动区位于中央前回。运动区主要接受从小脑和基底神经节传来的反馈投射，可能参与随意运动的启动与形成。刺激人脑中央前回，可引起受试者产生试图发动肢体运动的主观感觉。

3. 视觉代表区

视觉的代表区位于枕叶距状裂上下缘（17、18区）。来自两眼鼻侧视网膜的视神经纤维交叉而形成视交叉，投射到对侧枕叶；而来自颞侧视网膜的纤维则不交叉，投射到同侧枕叶。因此，如一侧枕叶皮质受损，可造成两眼偏盲；如双侧枕叶皮质受损，将造成全盲。

4. 听觉和前庭觉代表区

听觉的投射区域位于颞叶的颞横回和颞上回（41、42区），听觉传入神经先在同侧脑干的耳蜗神经核换元，换元后的纤维大部分交叉到对侧上橄榄核，再次换元后形成外侧丘系，小部分不交叉或于同侧上橄榄核换元或不换元并沿同侧外侧丘系上行。外侧丘系投射抵达内侧膝状体再发出投射至初级听觉皮层。由于上橄榄核以上通路是双侧性的，故该水平以上一侧通路损伤，不会产生明显的听觉障碍。

前庭感觉的投射区域可能位于大脑皮质颞叶后部。

5. 内脏感觉代表区

内脏感觉的投射区位于第一和第二感觉区。此外，边缘系统的皮质部位也有其投射区域。

6. 嗅觉和味觉代表区

嗅觉代表区随进化而渐趋缩小，高等动物嗅觉代表区仅存于边缘叶的前底部，包括梨状区皮层的前部和杏仁核的一部分。味觉代表区位于中央后回底部。

第五节　神经系统对内脏活动、本能行为和情绪的调节

植物性神经是指分布于内脏器官、心血管和腺体，调节心肌、平滑肌运动和腺体分泌活动而通常不受意志支配的内脏运动神经，也称自主神经，包括交感神经和副交感神经。在运动过程中，不仅身体各肌群之间、肌肉活动与内脏活动之间表现出同时性和继时性配合协作一致的现象，而且躯体反射性反应和内脏反射性反应的性质和强度与运动的性质和强度相适应。

一、主要调节中枢在下丘脑

下丘脑位于丘脑接替核的正下方，负责身体几乎所有和内环境稳定有关的活动。下丘脑的中枢神经主要辅助调节内脏活动、本能行为和情绪，即调节血压、心率和心脏功能、

呼吸及消化、体温、体液平衡、神经内分泌控制、情绪、摄食和饮水、清醒和睡眠周期等生物节律，使躯体反射性反应和内脏反射性反应相适应。

二、运动时植物性神经系统的作用

在环境急剧变化的情况下，交感神经系统可以动员机体许多器官的潜在功能以适应环境的急剧变化。副交感神经系统活动在于保护机体、休整恢复、促进消化、积蓄能量，以及加强排泄和生殖功能等。

人体运动时，由于摄氧量增加，机体代谢水平提高，CO_2、H^+及血乳酸堆积。为满足肌肉氧耗及排出代谢产物的需要，交感神经系统可以动员呼吸、循环、代谢及内分泌等组织器官的潜在功能以适应环境的变化。

三、中枢神经对植物性神经机能的调节

脊髓对内脏活动的调节是初级的，基本的血管张力反射、发汗反射、排尿反射、排便反射、阴茎勃起反射等活动都可在脊髓完成。平时这些反射活动受高位中枢的控制。

由低位脑干延髓发出的自主神经传出纤维支配头面部的所有腺体、心脏、支气管、喉、食管、胃、胰腺、肝和小肠。脑干网状结构中存在许多与内脏活动调节有关的神经元，许多生命活动（如循环、呼吸等）的反射调节在延髓水平已能初步完成，故延髓有"生命中枢"之称。中脑是瞳孔对光反射的中枢部位。

下丘脑参与体温调节、水平衡调节、对腺垂体和神经垂体激素分泌的调节和生物节律控制等。大脑边缘系统是一个十分重要的内脏机能调整中枢，参与呼吸、心血管和消化功能调节。

大脑新皮质与内脏活动也有密切关系。例如，当人们情绪紧张时，会出现心跳加快、出汗等自主性反应。大脑是自主性神经机能调节的最高级中枢。

四、本能行为和情绪的调节

下丘脑能产生某些行为的欲望，如食欲、渴觉和性欲等，并能调节相应的摄食行为、饮水行为和性行为等本能行为；还参与睡眠、情绪及情绪生理反应等；由欣快中枢参与愉快和痛苦情绪的调节。神经系统对内脏活动、本能行为和情绪的调节，使躯体反射性反应和内脏反射性反应相适应。

第六节 脑的高级功能

脑的高级神经精神活动，如学习、记忆、语言、思维、精神、情感这些人们特有的认知心理活动涉及人们一系列随意行为、心理行为和社会行为。脑的高级功能是运动动作技能学习、记忆与控制的神经生理学基础。

一、学习和记忆

学习（learning）是指人和动物依赖于经验来改变自身行为以适应环境获得新知识或新

技能的神经活动过程，是信息"储存"的过程。

记忆（memory）是指学习到的新知识或技能编码、贮存和"读出"的神经活动过程。

学习与记忆既有区别，又是不可分割的神经生理活动过程，本质上都是条件反射建立的过程。

二、学习与记忆的生理机制

（一）学习与记忆的条件反射机制

1. 学习过程

学习可分为非联合型学习和联合型学习两种形式。非联合型学习不需要在刺激和反应之间形成某种明确的联系，一种刺激即可产生，是比较简单的学习方式，如突触可塑性、习惯化、敏感化。联合型学习是在时间上很接近的两个事件重复地发生，最后在脑内逐渐形成联系，如条件反射的建立与消退。

形成条件反射的基本条件是强化。条件刺激要先于非条件刺激出现。在实际的研究学习与记忆中，常用操作式条件反射实验。先训练动物学会踩动杠杆而得到食物的操作。然后以灯光或其他信号作为条件刺激，建立条件反射，即在出现某种信号后，动物必须踩动杠杆才能得到食物，称为操作式条件反射。得到食物是一种奖赏性刺激，因此，这种操作式条件反射是一种趋向性条件反射。如果预先在食物中注入一种不影响食物的色、香、味，但动物食用后会呕吐或发生其他不适的药物，则动物在多次强化训练后，再见到信号就不会再踩动杠杆，这种由于得到惩罚而产生的抑制性条件反射，称为回避性条件反射。辨别性学习是指动物学习辨别时间、空间或图形的能力。迷宫学习是一种空间辨别性学习，如 Y 形迷宫，该装置一般分成三等份，即起步区、电击区和安全区，试验时将动物放入起步区，在电击区动物遭遇电击时直接逃至安全区为正确反应，反之，则为错误反应。

2. 记忆过程

在学习过程中，信息"贮存"包含对信息的选择和遗忘两个方面。通过感觉器官进入大脑的信息量是很大的，但估计仅有10%的信息能被较长期地贮存记忆，而大部分会被遗忘。能被长期贮存的信息都是对个体具有重要意义的，而且是反复作用的信息。

信息的贮存需经过多个步骤，但可简略地把记忆划分为两个阶段，即短时性记忆和长时性记忆。人类的记忆过程可细分成四个阶段，即感觉性记忆、第一级记忆、第二级记忆和第三级记忆，前两个阶段相当于短时性记忆，后两个阶段相当于长时性记忆。短时记忆时间很短，平均约几秒钟；长时性记忆时间较长，一般不容易遗忘，如经常操作的手艺或动作，通过长年累月的运用，是不易遗忘的。

根据信息储存和回忆方式可将记忆分为陈述性记忆和非陈述性记忆。

陈述性记忆是指与时间和地点有关的事实、情节和资料的记忆。可以用语言陈述或作为一种非语言的映像形式保存在记忆中，这种记忆上升到意识能被清楚地回忆，并进行推理，是有意识的记忆。它分为情节记忆和语义记忆，这种记忆建立快，但容易忘。

非陈述性记忆也称反射性记忆或程序性记忆。它是指反复从事某种技能的操作、某项课题的学习，经过长期的经验积累才能缓慢地保存下来的一种记忆。这种记忆不易忘却，不上升到意识，也不能用语言表达，具有自主或反射的性质。如动作性技巧的记忆（体育技巧、乐器演奏）、经典条件反射、习惯化、敏感化、习惯的形成等均属于非陈述性记忆。

一般情况下，学习中经常有这两类记忆同时参加。如学习驾车技能，开始需要有意识地记忆，经过反复练习，最后这种技术的操作成为无意识的习惯动作，此时，如果再有意识地考虑这些动作反而会妨碍它顺利有效地完成。

(二) 学习与记忆机制的生理基础

1. 学习与记忆的神经基础是中枢神经系统的可塑性

中枢神经系统的可塑性与神经元活动的后作用和神经元间的环路联系相关。中枢神经系统的可塑性主要是指各种因素和各种条件经过一定时间的作用后引起的神经变化，包括神经网络、神经环路及突触连接等不同水平的可塑性。

突触可塑性是指突触在一定条件下调整功能、改变形态及增减数目的能力，既包括形态结构的变化，又包括传递效能的变化，二者的物质基础都涉及神经元和突触部位的某些蛋白质、受体、神经递质、离子及信使分子的物理化学变化。目前，突触传递效能的长时程增强（long-term potentiation, LTP）和长时程抑制（long-term depression, LTD）现象，已被公认为是记忆的突触可塑性神经模式。

持久性记忆可能与新的突触可塑性有关。如大鼠生活环境不同，其大脑皮质发达程度不同，说明学习记忆活动多的大鼠，其大脑皮质发达，突触联系多。人类第三级记忆的机制可能属于这一类。

2. 较长时性记忆的物质代谢基础是脑内蛋白质与神经递质的合成

较长时性的记忆与脑内的物质代谢有关，尤其是与脑内蛋白质的合成有关，也与神经递质有关。在建立条件反射的过程中，如用嘌呤霉素注入动物脑内以抑制脑内蛋白质的合成，则动物不能建立条件反射，学习记忆能力产生明显障碍。动物学习训练后，注射拟胆碱药毒扁豆碱可加强记忆活动，而注射抗胆碱药东莨菪碱可使学习记忆减退。

3. 神经元的后作用基础是神经元的环路联系

在神经系统中，神经元之间形成许多环路联系，环路的连续活动发生神经元的后作用也是记忆的一种形式。

(三) 学习与记忆在脑的功能定位

现有研究成果认为，大脑皮质联络区是指感觉区、运动区以外的广大新皮质区，它接受来自多方面的信息，通过区内广泛的纤维联系，可对信息进行加工、处理，并成为记忆的最后储存区域。额叶皮质在短时程记忆中起重要作用。与近期记忆有关的神经结构是海马回路。丘脑的损伤也可引起记忆丧失，但主要引起顺序性遗忘，而对已经形成的久远记忆影响较小。杏仁核参与和情绪有关的记忆，主要通过对海马活动的控制而实现。

(四) 神经肽和递质对学习与记忆的调制

1. 神经肽

参与学习与记忆调制的神经肽，如促肾上腺皮质激素（ACTH）的主要作用是促进短期记忆，有助于记忆的保持及再现；促黑（细胞）激素（MSH）也有类似于促肾上腺皮质激素的作用；垂体后叶加压素（VP）是由9个氨基酸组成的多肽，对学习记忆的作用比促肾上腺皮质激素类强；β-内啡肽会损害记忆巩固过程，这种作用可被阿片受体拮抗剂纳洛酮对抗。其他神经肽，如脑肠肽、胆囊收缩素（cholecystokinin，CCK）、P物质、生长抑素及神经肽Y（neuropeptide Y，NPY）等都显示有增强记忆的作用。

2. 中枢递质

学习过程中参与调制的神经递质，如胆碱能突触的传递功能增强，主要表现在突触后膜对乙酰胆碱的敏感性增加，这种增加达到一定程度后随即下降，此时，遗忘也开始了。胆碱能突触的功能与短期或近期记忆有关。胆碱能药物对学习记忆的增强效应与用药的剂量有关，中、小剂量能显著增强记忆，大剂量反而抑制或损害记忆。

药理学分析证明，去甲肾上腺素（NE）能系统活动有利于信息的巩固和再现。其他神经递质，如5-羟色胺、多巴胺和谷氨酸均显示有一定的增强记忆的作用，而γ-氨基丁酸则可损害记忆的保持。

三、条件反射的抑制

条件反射的抑制可分为非条件性抑制和条件性抑制。条件性抑制的本质是建立条件反射（阴性条件反射）。

(一) 非条件性抑制

非条件性抑制是先天性的，是不需要后天学习训练就具有的。可分为外抑制和超限抑制两种。

1. 外抑制

在动物进行条件反射的实验时，突然出现一个新异刺激，将会引起实验动物的朝向反射（探究反射），使原来的条件反射活动减弱或消失。由于引起条件反射抑制的刺激是在条件反射中枢以外，故称为外抑制。如比赛中新异刺激引起的运动失误。

2. 超限抑制

一般情况下，条件刺激强度增加时，条件反射量也相应增大。但当刺激强度或时间超过某个界限时，条件反射量减小，甚至完全消失。这种由于过强或时间过长的刺激超过了大脑皮质神经细胞的工作承受能力，为防止皮质细胞受损害而产生的保护性抑制，通常被称为超限抑制。由此可见，超限抑制可使皮质细胞不致因过度活动而损伤，有保护性意义。如疲劳、睡眠。

(二) 条件性抑制

条件性抑制是后天获得的，需要逐渐训练学习形成和巩固。

1. 消退抑制

在条件反射形成后，如果反复应用条件刺激而不给予非条件刺激强化，已形成的条件反射就会逐渐减弱，直至消失，这种现象称为消退抑制。如运动员纠正错误动作，本质上是消退抑制。

2. 分化抑制

在条件反射形成初期，一些与条件刺激相似的刺激也或多或少地产生条件反射的效应。例如，用 120 次/分钟的节拍声音刺激与食物相结合形成的唾液分泌条件反射，若用 110 次/分钟或 130 次/分钟节拍音响刺激，也能引起该动物的唾液分泌反应，此为条件反射的泛化。如果以后只对 120 次/分钟节拍的音响刺激强化，而对其他刺激不予强化，则最终只对 120 次/分钟节拍音响产生分泌反应，此为条件反射的分化。分化的结果是对强化的刺激产生反应，而对未被强化的近似刺激产生抑制，故把这种抑制称为分化抑制。例如，在学习动作开始阶段，由于泛化现象会产生错误或多余的动作，通过对正确动作的强化（肯定）和对错误动作的不强化（否定），可以加速正确动作的掌握。

3. 延缓抑制

在建立条件反射的过程中，给予条件刺激后，再间隔一定时间才给予非条件刺激强化，如此反复多次以后，便形成延缓条件反射。这是在反射中枢产生了一定时间的抑制过程后才发生的反应，这种抑制称为延缓抑制。在体育运动中，有很多运动技术要求形成延缓抑制。例如，排球的扣球，过早或过迟起跳都会使扣球失误。因此，建立适合各种扣球技术的延缓抑制过程，才能形成准确的刺激—反应时空判断。

4. 条件抑制

已建立起的条件反射，用条件刺激与附加刺激同时作用（复合刺激）时不予强化，只对原条件刺激单独作用时给予强化，多次重复后，对单独的条件刺激仍能产生兴奋反应，而对复合刺激不产生兴奋反应。这种由于附加刺激不予强化而引起的抑制就称为条件抑制。例如，在球类运动中，许多限制性规则都具有条件抑制作用。

四、两个信号系统的概念

人类不仅可对具体的刺激建立条件反射，还可对抽象的语言和文字建立条件反射。这是人类与一般动物的主要区别之一。

巴甫洛夫把现实的具体的信号称为第一信号，如声、光、味、触等，而把相应的词语称为第二信号，是现实的抽象的信号，是表达具体信号的信号。将人类大脑皮质对第一信号刺激发生反应的系统称为第一信号系统，对第二信号刺激发生反应的皮质系统称为第二信号系统。人类的第二信号系统是在第一信号系统活动的基础上建立起来的。人类通过词语可对一切现实事物和现象进行抽象概括，借助词语来表达思维。由于人类第二信号系统的发生和发展，词语信号成为人类的主导信号，这就使人类的认识能力与适应能力大大提高，从而能更深刻地认识世界，发现并掌握它们的规律。在体育教学和运动训练中，教师的示范动作可以作为第一信号，语言讲解则作为第二信号。正确地运用动作示范和语言讲解，充分发挥第一、第二信号系统的作用，可产生良好的教学效果。

第七节 睡 眠

睡眠与觉醒的昼夜周期性交替是人类生存的必要条件。通过睡眠，可以使人的精力和体力得到恢复，使人保持良好的机能状态。

一、睡眠时相

（一）睡眠时相及意义

睡眠具有两种不同的时相，即慢波睡眠（正相睡眠）和快波睡眠（异相睡眠），前者为浅度睡眠状态，后者为深度睡眠状态。在整个睡眠期间，两种睡眠交替发生4~5次。

慢波睡眠为正常人所必需。在慢波睡眠中，机体的耗氧量下降，但脑的耗氧量不变。腺垂体分泌生长激素明显增多。慢波睡眠有利于促进生长和体力恢复。

异相睡眠是正常生活中不可缺少的生理过程，它与神经系统的成熟、发展及学习记忆活动关系十分密切，特别是在儿童生长发育过程中尤为重要，可能有利于建立新的突触联系，促进学习记忆和精力恢复。在异相睡眠中，脑的耗氧量增加，脑血流量增多，脑内蛋白质合成加快，但生长激素分泌减少。

年龄、工作性质及个体差异是影响睡眠的主要因素。

（二）睡眠异常

一般在睡眠中出现的遗尿、梦游和梦话都不能称为睡眠障碍。

睡眠中最常见的睡眠障碍是失眠、睡眠呼吸暂停综合征和嗜眠症。老年人和几乎所有失眠患者均主要缺乏深度慢波睡眠。失眠对大部分人来说不是一种疾病，因为在人的一生中，任何人都可能因偶然应激事件而有短期失眠的体验，但是持续较长时间的失眠，因会影响觉醒后的行为和工作效率必须给予适当处理。最常见的失眠现象便是入睡困难、睡眠片断化和早醒等，而忧虑是最常见的原因。

二、睡眠产生的机制

对睡眠产生的机理有两种看法：一种是根据巴浦洛夫有关条件反射的研究结果而提出的，认为睡眠是一种主动抑制过程，当抑制过程在大脑皮质内广泛扩散，并扩布到皮质下中枢时就引起睡眠；另一种认为在脑干尾端存在着能引起睡眠和脑电波同步化的中枢，这一中枢向上传导可作用于大脑皮质，并与上行激动系统的作用相对抗，从而产生睡眠。

对中枢神经递质研究的进展认为，慢波睡眠可能与脑干内5-羟色胺递质系统有关，异相睡眠可能与脑干内5-羟色胺和去甲肾上腺素递质系统有关。

三、生物钟

人类的睡眠—觉醒周期受制于体内固有的生物钟（biological clock）。在自然环境下，生物钟的昼夜节律与自然界的昼夜节律基本同步，接近于地球自转周期，昼夜各12h。一般认为，年龄、工作性质及个体差异是影响睡眠的主要因素。体力劳动者较脑力劳动者睡眠时间长，运动员大强度运动后需10h以上睡眠，故运动训练和比赛期间保证足够睡眠是取得良好训练效果和优异成绩的前提条件。

时差（time lag）事实上是因"体内时钟"和外源性"时间发生器"间相位失调而引起的反应。已知跨越1/3地球的飞行便可导致失眠、白昼嗜眠和疲倦等时差反应。

倒班（shift work）可导致全夜睡眠总量（TST）的减少，原因是觉醒—睡眠节律和体温节律间的相位失调。事实上，人类生活处处受制于地球的自转、太阳的公转和月球的圆缺。

四、运动与睡眠

在睡眠时，人的感知觉能力如嗅、视、听、触等感觉出现暂时性减退，骨骼肌反射和肌紧张性下降，并伴有植物性功能改变，如在慢波睡眠时相，心率减慢、血压下降，呼吸频率减慢，瞳孔缩小，尿量减少，代谢率及体温均下降，而生长素分泌增多，糖原和蛋白质合成代谢加强，这些都对机体积蓄能量、休整恢复十分有利；在异相睡眠中，各种感觉进一步下降，但肌肉可间断地阵发性表现，如眼球快速运动、部分躯体抽动、血压升高、心率加快、呼吸加快而不规则等。

第八节　躯体运动的神经调控

肌肉运动主要由脊髓、脑干和大脑皮质三级调控，并由小脑和基底神经节进行监控，使人体运动功能和植物性神经系统的功能整合协调一致，对体内外环境变化做出迅速而完善的适应性反应，满足当时生理活动的需要，以维持整个机体的正常生命活动。

一、脊髓对躯体运动的调控

脊髓是实现躯体运动的最低级中枢。但在正常情况下，所有脊髓反射都接受高级中枢的下行调控。

（一）脊髓的运动神经元

脊髓神经元由感觉传入神经元、各类中间神经元及运动神经元组成。在脊髓灰质前角存在大量的运动神经元，即 α、β 和 γ 运动神经元。脊髓 α 运动神经元接受从脑干到大脑皮质各级高位中枢发出的下传信息，也接受来自躯干四肢和头面部皮肤、肌肉和关节等处的外周传入信息。许多来自高位中枢和外周的各种神经冲动都在脊髓前角运动神经元处整合，最终发出一定形式和频率的冲动到达支配骨骼肌，兴奋时产生肌肉收缩，它们是各种形式躯体运动的最后公路（final common path）。会聚到运动神经元的各种神经冲动可能起以下作用：①引发随意运动；②调节姿势，为运动提供一个合适而又稳定的背景和基础；③协调不同肌群的活动，使运动得以平稳精确进行。

（二）脊髓反射

在身体活动过程中，中枢神经系统不断地调整不同部位骨骼肌的张力，以完成各种动作，保持或改正躯体各部分在空间的姿势、位置，这种反射活动总称为姿势反射（postural reflex）。

脊髓能完成的姿势反射有牵张反射、屈肌反射和对侧伸肌反射等。肌梭（muscle spindle）是脊髓反射的感受器。

1. 牵张反射

牵张反射（stretch reflex）是指骨骼肌受外力牵拉时引起受牵拉的同一肌肉收缩的反射活动。牵张反射有腱反射和肌紧张两种类型。

①腱反射（tendon reflex）是指快速牵拉肌腱时发生的牵张反射。腱反射是单突触反射。例如，当叩击髌骨下方的股四头肌肌腱时，可引起股四头肌发生一次收缩，称为膝反射。属于腱反射的还有跟腱反射和肘反射等。

临床上常通过检查腱反射来了解神经系统的功能状态。腱反射减弱或消退提示反射弧损害或中断；而腱反射亢进则提示高位中枢有病变，因为牵张反射受高位中枢的调节。

②肌紧张（muscle tonus）是指缓慢持续牵拉肌腱时发生的牵张反射，表现为受牵拉的肌肉发生紧张性收缩，阻止被拉长。肌紧张为多突触反射，是维持躯体姿势最基本的反射。例如，人体取直立姿势时，由于重力作用，头部将向前倾，胸和腰将不能挺直，髋关节和膝关节也将屈曲，但由于骶棘肌、颈部以及下肢的伸肌群的肌紧张加强，能使人体抬头、挺胸、伸腰、直腿，从而保持直立的姿势。肌紧张只是抵抗肌肉被牵拉，表现为同一肌肉的不同运动单位进行交替性的收缩，因此能持久地进行而不易发生疲劳。伸肌和屈肌都有牵张反射，人类的伸肌是抗重力肌，所以脊髓的牵张反射主要表现在伸肌。

2. 屈肌反射和对侧伸肌反射

脊椎动物在受到伤害性刺激时，受刺激的一侧肢体关节的屈肌收缩而伸肌弛缓，肢体屈曲，称为屈肌反射（flexor reflex）。若加大刺激强度，则可在同侧肢体发生屈曲的基础上出现对侧肢体伸展，这一反射称为对侧伸肌反射（crossed extensor reflex）。对侧伸肌反射是一种姿势反射，在保持躯体平衡中具有重要意义。

3. 腱器官反射

腱梭也称腱器官（tendon organ），分布于肌腱胶原纤维之间，与梭外肌纤维呈串联关系，是一种张力感受器，其传入冲动对同一肌肉的α-运动神经元起抑制作用。当整块肌肉受牵拉时，由于肌组织较肌腱组织更富有弹性，牵拉所产生的张力大部分加在肌组织上，使之明显被拉长，而加在肌腱组织上的张力则较小，长度变化也不大。所以，肌肉受牵拉时肌梭首先兴奋而产生牵张反射；若加大拉力，则可兴奋腱器官而抑制牵张反射，从而避免肌肉被过度牵拉而受损。

（三）脊髓休克

脊髓休克（spinal shock）是指人或动物的脊髓在与高位中枢之间离断后反射活动能力暂时丧失而进入无反应状态的现象。

脊髓休克主要表现为横断面以下的脊髓所支配的躯体与内脏反射均减退以致消失，如骨骼肌紧张降低甚至消失，外周血管扩张，血压下降，发汗，反射消失，粪尿潴留。脊髓休克一段时间以后，一些以脊髓为基本中枢的反射可逐渐恢复，恢复速度与动物进化程度有关。在恢复过程中，较简单和较原始的反射先恢复，如屈肌反射、腱反射等；较复杂的反射恢复较慢，如对侧伸肌反射、搔爬反射等。血压也逐渐回升到一定水平，并有一定的排便与排尿能力，但此时的反射不能很好地适应机体生理功能的需要。离断面水平以下的知觉和随意运动能力将永久丧失。

上述脊髓休克的表现并非由切断损伤的刺激本身而引起，因为反射恢复后若再次切断脊髓，脊髓休克不会重现。脊髓休克的产生与恢复，说明脊髓能完成某些简单的反射，但这些反射平时在高位中枢的控制下不易表现出来。脊髓休克恢复后，伸肌反射往往减弱，而屈肌反射往往增强，说明高位中枢平时具有易化伸肌反射和抑制屈肌反射的作用。

二、脑干对躯体运动的调控

脑干包括中脑、脑桥和延髓。脑干网状结构内有许多神经核团，它既获得来自高位中枢和脊髓各节段的传入信息，同时脑干中也存在直接支配某些肌肉的运动神经元，其作用特点与脊髓前角运动神经元相同。脑干的一般功能有：协调骨骼肌功能、维持肌肉张力、控制心血管与呼吸功能、决定清醒和睡眠意识状态。

（一）脑干网状结构对肌紧张的调节

利用脑立体定向技术刺激动物脑干网状结构的脑干中央区域（图9-8的5区），可使肌紧张加强，这一区域称为易化区。刺激延髓网状结构的腹内侧部分（图9-8的4区），可抑制肌紧张，这一区域称为抑制区。它们分别对脊髓的运动神经元具有易化与抑制作用。电刺激易化区，可使正在进行的四肢牵张反射大大加强。而刺激抑制区时，可抑制肌肉的牵张反射。从活动的强度上看，易化区活动比较强，抑制区的活动比较弱。因此，易化区在肌紧张的平衡调节中略占优势。

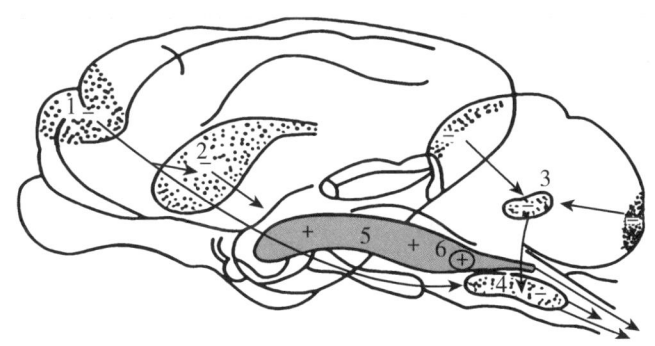

抑制作用（-）的路径：4为网状结构抑制区，发放下行冲动抑制脊髓牵张反射。这一区接受大脑皮质1、尾状核2和小脑3传来的冲动。

易化作用（+）的路径：5为网状结构易化区，发放下行冲动加强脊髓牵张反射。6为延髓的前庭核，有加强脊髓牵张反射的作用。

图9-8 猫的脑干网状结构下行抑制（-）和易化（+）系统示意图

正常情况下，由于大脑皮质运动区和纹状体等部位对脑干网状结构抑制区有控制作用，故易化与抑制作用保持着动态平衡。而当上位中枢的下行控制失去之后，这种平衡便会丧失，造成抑制区活动减弱，易化区活动加强，使伸肌紧张加强，产生僵直现象。例如，在实验室中，如果在动物中脑四叠体的上、下丘之间切断脑干，使其成为去大脑动物，此时动物全身伸肌的紧张性立即显现亢进，表现为四肢僵直，颈背部肌肉过度紧张，以致头尾呈背弓反张状态，这一现象称为去大脑僵直（decerebrate rigidity），见图9-9。

图9-9　去大脑僵直现象

（二）姿势反射

脑干参与调节的姿势反射可分为状态反射、翻正反射、旋转和直线加减速运动反射等。

1. 状态反射

状态反射（attitudinal reflex）是头部空间位置改变时反射性地引起四肢肌张力重新调整的一种反射活动。状态反射包括迷路紧张反射和颈紧张反射。迷路紧张反射是指当头部空间位置发生改变时，内耳迷路的椭圆囊和球囊的传入冲动对躯体伸肌紧张性的调节反射。颈紧张反射是指颈部扭曲时，颈椎关节、韧带或肌肉的本体感受器受刺激后，对四肢肌肉紧张性的调节反射。头部后仰引起上下肢及背部伸肌紧张性加强；头部前倾引起上下肢及背部伸肌紧张性减弱，屈肌及腹肌的紧张性相对加强；头部侧倾或扭转时，引起同侧上下肢伸肌紧张性加强，对侧上下肢伸肌紧张性减弱（图9-10）。

图9-10　状态反射规律示意图

在正常人体中，由于高位中枢的调节，状态反射常被抑制而不易表现出来。

状态反射在完成某些运动技能时起着重要作用。例如，在做体操的后手翻、空翻及跳马等动作时，若头部位置不正，就会使两臂用力不均衡，身体偏向一侧，易导致动作失误或无法完成；短跑运动员起跑时，为防止身体过早直立，往往采用低头姿势。这些都运用了状态反射的规律。但是，在运动中也有个别动作需要使身体姿势违反状态反射的规律。例如，有训练的自行车运动员在快速骑车时，做出头后仰而身体前倾的姿势。

2. 翻正反射

当人和动物处于不正常体位时，通过一系列动作将体位恢复常态的反射活动称为翻正反射（righting reflex）。翻正反射包括一系列反射活动，最先是由于头部位置不正常，视觉与内耳迷路感受刺激，从而引起头部的位置翻正。头部翻正以后，头与躯干的位置关系不正常，使颈部关节韧带或肌肉受到刺激，从而使躯干的位置也翻正。在体育运动中，很多动作都是在翻正反射的基础上形成的。例如，体操运动的空翻转体、跳水运动中转体及篮球转体过人等动作，都要先转头以带动身体，使动作迅速协调完成。

3. 旋转运动反射

人体在进行主动或被动旋转运动时，为了恢复正常体位而产生的一种反射活动，称为旋转运动反射。当身体向任何一侧倾倒时，前庭感受器将受到刺激而兴奋，通过传入神经到达中脑和延髓，反射性地引起全身肌肉张力重新调整，维持身体平衡。例如，在弯道上跑步时，身体向左侧倾斜，将反射性地引起躯干右侧肌张力增加，以保持身体姿势。

4. 直线运动反射

人体在主动或被动地进行直线加、减速运动时，即发生肌张力重新调配以恢复常态的现象，称为直线运动反射。包括升降反射和着地反射。人体从高处跳下时，在着地的一刹那，上肢紧张性加强，而下肢两脚分开顺势弯曲，以保持身体重心减少震动，这种反射称为着地反射。例如，人从体操器械掉下来时用手撑地就是一个明显的例子。但这种着地姿势容易引起尺骨鹰嘴骨折，因而在体育运动中应克服这种先天的非条件反射，即当身体从高处落下时做滚翻动作，能起到保护作用而避免出现伤害事故。

三、小脑和基底神经节对躯体运动的调控

小脑和基底神经节都是同躯体运动协调有关的脑的较高级部位。由大脑下行控制躯体运动的锥体外系包括两大途径：一是经小脑下行；二是经基底神经节下行。作为从皮质联络区到运动皮质信息流主要通路上的两个回路，皮质小脑与基底神经节参与随意运动的设计过程。这两条途径最后都通过脑干某些核团调节脊髓运动神经元，从而实现对运动的控制。

（一）小脑对运动的调控作用

小脑是脑内与随意运动有关的最大结构。从种系发生上，小脑可分为原小脑、旧小脑和新小脑。小脑不仅与前庭神经核有往返纤维联系，还与脊髓、视听传入信息及大脑皮质构成突触联系。

小脑在躯体运动调节中的作用表现为程序预编与实时校正、稳定作用、眼—手协调动作的校准等，对保持躯体平衡、调节肌张力、协调随意动作和参与运动学习起重要作用。一般认为，形态结构进化上最古老的原小脑与前庭系统相连结，又称为前庭小脑，对调节肌张力、姿位、躯体平衡和眼球运动起着重要的作用。旧小脑主要经脊髓接受来自全身的本体和体表感觉信息，与肌张力的调节有关，调节正在进行中的运动，协助大脑皮质对随意运动进行适时的控制，参与运动的执行过程。新小脑经（大脑）皮质—桥脑—小脑通路与大脑皮质交互联结，与位相性动作时的肌肉协调收缩和松弛有关，主要参与随意运动的

设计和程序的编制。作为从皮质联络区到运动皮质信息流主要通路上的两个回路，皮质小脑与基底神经节参与随意运动的设计过程。

一般认为，大脑皮质运动区的运动指令发至脊髓的同时也发至小脑，而躯体在执行运动时也即时地将各种信息经脊髓小脑束传到小脑。小脑将来自大脑皮质的运动指令与实际执行的结果进行比较，分析误差，然后通过小脑—大脑皮质联系，传回至皮质以校正运动，使运动逐步协调起来。当精巧运动逐渐熟练完善后，皮层小脑中就贮存了一整套的运动程序，当大脑皮层要发动运动时，首先通过下行通路从皮层小脑中提取贮存的程序，并将程序回输到大脑皮质运动区，通过锥体束发动运动。

切除小脑能使大脑皮质运动区发起活动推迟，肌肉活动也随之延迟。当小脑损伤时，常见的症状为随意运动障碍，出现运动过度或不足、乏力、方向偏移，失去运动的稳定性，不仅表现出共济失调性震颤，同时使运动学习的编程受到很大影响。

（二）基底神经节在运动中的调控作用

大脑皮质下的基底神经节属于古老的前脑结构，是大脑皮质的一个主要传出机构，包括纹状体、丘脑底核和黑质等。纹状体又包括尾核、壳核和苍白球。从新纹状体（尾核和壳核）到苍白球内侧部的投射途径有两条，即直接通路和间接通路。直接通路是指新纹状体直接向苍白球外侧部投射的路径，其递质是γ-氨基丁酸（γ-aminobutyric acid，GABA）；间接通路则为先后经过苍白球外侧部和丘脑底核两次中继后到达苍白球内侧部的多突触路径。从新纹状体到苍白球外侧部，以及从苍白球外侧部再到丘脑底核的纤维递质都是GABA，而由丘脑底核到达苍白球内侧部的投射纤维则是兴奋性的，递质为谷氨酸（glutamate，GLU），从黑质到达新纹状体的投射纤维递质是多巴胺（dopamine，DA），黑质多巴胺投射系统可作用于新纹状体的D1受体而增强直接通路的活动，也可以作用于其D2受体而抑制间接通路的活动（图9-11）。

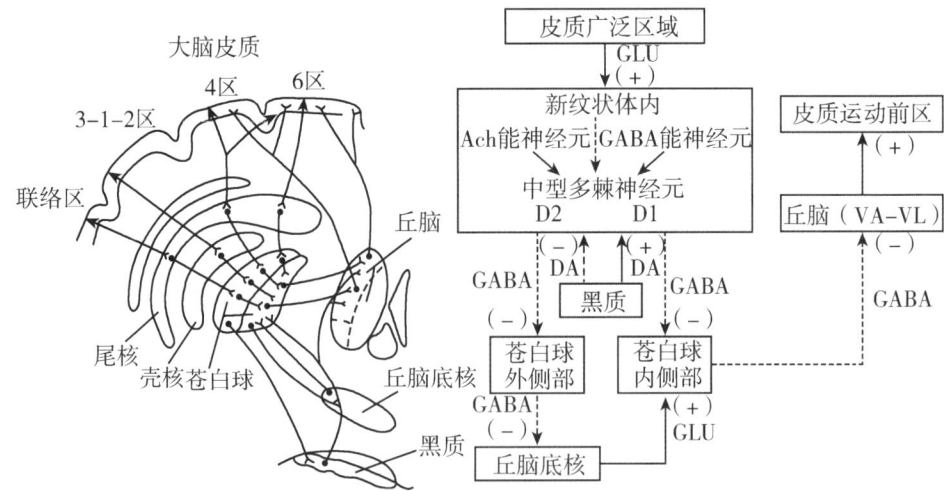

A. 联结基底神经节与大脑皮质的神经回路　　B. 直接通路和间接通路。

图9-11　基底神经节与大脑皮质之间神经回路的模式图

关于基底神经节的功能，目前仍不十分清楚。初步认为，可能与脑底核经由皮质—基底神经节—丘脑—皮质的神经回路参与运动的设计和程序编制，并将一个抽象的设计转换为一个随意运动，完成运动的计划、启动和执行，基底神经节对随意运动的产生和稳定、肌紧张的调节、本体感受传入冲动信息的处理都有关，掌握新的动作、运动的排序、对新异刺激做出运动反应等。此外，基底神经节中某些核团还参与自主神经的调节、感觉传入、心理行为和学习记忆等功能活动。

基底神经节病变时可表现出两类症状：一类是具有运动过少而紧张过强的综合征，如帕金森病，病人启动运动困难，随意运动的速度变慢，运动徐缓和幅度变小，震颤麻痹。帕金森病由于黑质致密部内多巴胺能神经元大量死亡，基底神经节间接通路中纹状体 γ-氨基丁酸/脑啡肽（ENK）能神经元活动增强而抑制苍白球外侧部的活动，丘脑底核脱抑制而促进苍白球内侧部和（或）黑质网状部的活动，导致丘脑皮质通路的更大抑制，运动皮质易化减弱，出现运动不能和运动徐缓。另一类是具有运动过多而肌紧张不全的综合征，如舞蹈病与手足徐动症等。

四、大脑皮质在运动调控中的作用

大脑中与运动最相关的三个部位分别是位于额叶的初级运动皮质、位于皮质底部白质中的基底核以及位于顶叶的初级感觉皮质。

（一）大脑皮质的运动分区

在大脑皮质运动区可见到和皮层感觉区类似的纵向柱状排列（运动柱），一个运动柱可控制同一关节的几块肌肉的活动，而一块肌肉可接受几个运动柱的控制。

运动区的功能特征有：①交叉性、②精细定位性、③倒置性。运动区的前后安排为：躯干和近端肢体的代表区在前部（6 区），远端肢体的代表区在后部（4 区），手指、足趾、唇和舌的肌肉代表区在中央沟前缘（图 9-12）。

人的大脑皮质至少可区分出四个运动区：第Ⅰ运动区（Brodmann 的 4 区）、运动前区（Brodmann 的 6 区）、运动辅助区（位于两半球纵裂的内侧壁，扣带回沟以上，4 区之前的区域）和扣带运动区（Brodmann 的 24 区）。

第Ⅰ运动区，主要与对侧身体，特别是肢体的运动控制有关。在猴的第Ⅰ运动区内，不到 10% 的传出神经元与其同侧肢体远端部分活动有关。

运动前区，主要接受来自不同皮质区的传入，特别是与需要感觉信息监控的运动有关，参与运动的准备、计划。

运动辅助区，目前认为，无论是简单运动或复杂运动，自发的运动或信号触发的运动都会激活运动辅助区，呈双侧性。运动辅助区和皮质其他运动区参与启动各种运动的准备和执行序列运动。运动辅助区对做出适当运动反应的选择起关键作用。

扣带运动区，目前研究认为，前扣带皮质通过促进恰当运动反应的执行和（或）抑制不恰当运动反应而参与对运动的控制。

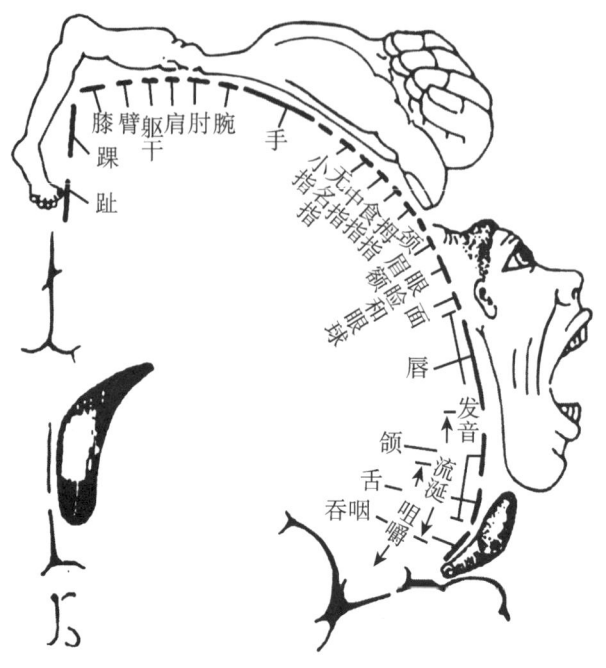

图 9-12 人类大脑皮质中央前回躯体运动代表区示意图
(引自：Penfield)

（二）运动传出通路

由皮层发出，经内囊、脑干下行，到达脊髓前角运动神经元的传导束，称为皮层脊髓束（图 9-13）；而由皮层发出，经内囊到达脑干内各脑神经运动神经元的传导束，称为皮层脑干束。皮层脊髓束和皮层脑干束是发动随意运动的初级通路。人类皮层脊髓前束在种系发生上较古老，其功能是控制躯干和四肢近端肌肉，尤其是屈肌的活动，与姿势的维持和粗略的运动有关；而皮层脊髓侧束在种系发生上较新，其功能是控制四肢远端肌肉的活动，与精细的、技巧性的运动有关。上述通路发出的侧支和一些直接起源于运动皮层的纤维，经脑干某些核团接替后形成顶盖脊髓束、网状脊髓束和前庭脊髓束，其功能与皮层脊髓前束相似，参与对近端肌肉粗略运动和姿势的调节。而红核脊髓束的功能可能与皮层脊髓侧束相似，参与对四肢远端肌肉精细运动的调节。

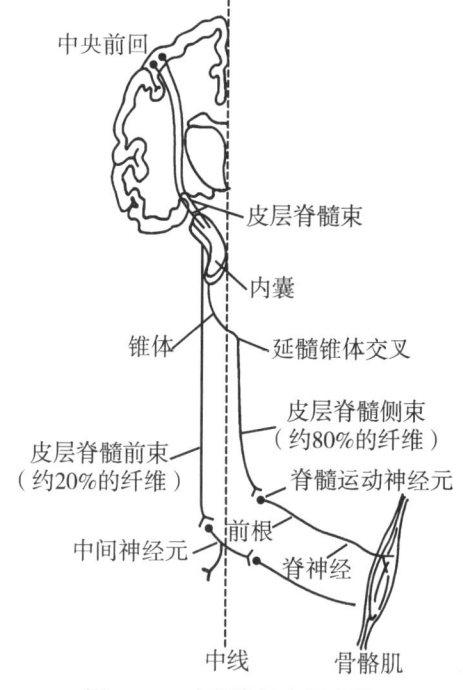

图 9-13 皮层脊髓束示意图

五、躯体运动协调的神经机理

(一) 感觉—运动整合

感觉刺激引起动作反应,感觉与运动必须相互联系,这个联系过程称为感觉—运动整合。包括下列几个环节。

①感受器接受刺激,感知。
②感受器产生动作电位通过感觉神经传到中枢神经系统(脊髓或脑)。
③中枢神经系统(脑部不同区域整合功能不完全相同)分析整合所有感觉,并与运动神经系统连接,然后决定如何反应及反射性地引起躯体运动。
④动作电位从中枢神经系统传递至 α 运动神经元。
⑤动作电位从神经元传至肌肉,产生动作反应。

产生动作反应的起点有三个:脊髓、脑干、大脑皮质运动区。感觉与运动两个系统发生感觉—运动整合,最简单的反应就是反射。感觉刺激上传到中枢不同水平引起不同的运动反射动作反应。

①感觉刺激终止于脊髓并在此整合,通常是简单的动作反射,如牵张反射。
②感觉刺激终止于脑干,通常引发下意识的运动反应,但比脊髓反射复杂些,如坐、卧、站立等姿势反射,姿势反射包括状态反射、翻正反射、直线运动反射和旋转运动反射。
③感觉刺激终止于小脑,通常也是引发下意识的运动反应,小脑的功能是协调参与动作所有肌肉的收缩,使动作连贯,保持平衡。
④感觉刺激终止于下丘脑的感觉信息开始进入有意识的层面,大脑可以分辨不同的感觉。
⑤感觉信息进入大脑皮质才能清楚地感知到各种感觉发生的位置,感觉机能定位。
⑥当感觉信息到达中枢神经系统各部位感觉代表区时,对感觉信息进行综合分析整合,整合后的信息到达大脑皮质,大脑皮质运动区把运动指令输出到小脑和基底神经节,二者参与随意运动设计,通过脑干调节脊髓实现运动控制,便会产生动作反应。
⑦脑干包括中脑、脑桥和延髓。脑干网状结构内有许多神经核团,既获得来自高位中枢和脊髓各节段的传入信息,同时脑干中也存在直接支配某些肌肉的运动神经元,其作用特点与脊髓前角运动神经元相同。脑干控制运动的主要功能是对高级中枢的下行运动指令与脊髓的上行信息进行整合,再通过脑干下行通路来调节运动神经元(包括脑干运动神经元)的活动,即起到承上启下的作用以实现对运动的控制。

(二) 反射活动及其反馈调节等机制

参与躯体运动协调的神经机理,包括反射活动、反射活动的反馈调节、条件反射的抑制,以及神经系统对内脏活动、本能行为和情绪的调节等(见本章前面几节相关内容)。

(三) 躯体运动的协调

运动中,神经系统对人体功能需要进行必要的整合。一个随意运动,即使是最简单的随意运动,如伸手取物的动作,都需要三个复杂的过程。首先,辨认物体的形状和空间位置。其次，选择行动计划，决定身体哪一部位参与该动作及其运动方向。最后，执行运动。运动计划制订后，命令由大脑皮质下行投射通路传送至脊髓运动神经元。该命令包括规定肌肉群（中和肌、拮抗肌）活动的时间顺序、肌肉收缩力的强度及关节伸屈的角度，如当手触及物体时，手腕、手掌和手指的位置如何按照物体的外形抓握它，以及肩和臂的协调等。在运动执行过程中，因负荷和阻力变化随时调整运动参数，才能完成预定的运动。为了对运动进行精细的控制，运动的编程和执行均需要不断地接受感觉信息，与此有关的感觉信号有两类：①视觉、听觉、皮肤感觉冲动，提供有关运动目标的空间位置、运动目标和机体自身所在位置的相互关系的信息；②关节和肌肉、前庭器官的传入冲动，提供有关肌肉长度和张力、关节位置、身体的空间位置等信息。这些传入信息对运动计划和运动执行的反馈调节是必不可少的。

运动中，神经系统对人体功能的整合是极其复杂的过程，运动类型、过程、条件与环境不同，神经系统整合的部位、形式与机制均不同。反射性运动是一类不受主观意识控制、运动形式固定、反应快捷的运动。节律性运动是一类几乎不受主观意识控制，大多可以自动完成的运动，因为运动区能被大脑皮质运动区的意向性指令激活，使行走等节律性运动可以随意地启动和终止。意向性运动是在运动全过程中，受主观意识支配、形式较为复杂，既可由感觉信息又可由主观意向触发的运动。

同时，神经系统借助各种传入刺激，通过分析综合及时发出相应的指令，通过植物性神经系统对各器官系统的活动进行整合，使人体心血管、内脏、内分泌系统等各器官的活动与躯体运动相匹配，表现为同时性和继时性的协调配合。

第九节　运动对神经系统的影响

神经系统是人体的主要功能调节系统，同时，神经系统对运动也会产生反应和适应。适宜的体育运动对神经系统的形态、功能及其适应能力均有明显的促进作用。

一、一次性运动时神经系统功能的变化

（一）适度运动对神经系统的影响

适度运动可以减少机体交感神经的紧张性，提高迷走神经的兴奋性，使神经、肌肉的功能活动更加协调。

人体在运动过程中，从比赛前或训练前一直持续到运动结束后的一段时间内，生理机能会发生一系列规律性的变化。在赛前状态、进入工作状态、稳定状态、疲劳及恢复的不同阶段，神经系统也会产生规律性变化。

赛前状态的生理变化主要表现为中枢神经系统兴奋性提高。其兴奋程度与比赛性质、运动员的训练水平和机能状态以及心理因素有关。中枢神经兴奋性适度提高，有利于机体更好地发挥机能，提高运动成绩。而中枢神经系统兴奋性过低或过高，会使运动员机能下降，影响运动能力发挥。因此，需要调整运动员的不良赛前状态。

运动开始时，机体需要启动神经系统、心血管系统、呼吸系统和肌肉等功能，调节肌

肉和关节，在中枢神经系统的控制与整合下完成运动反射。因此，运动前的热身，根据运动员的赛前状态进行适当的准备活动，对启动神经系统使其适度兴奋等全身各系统进入最佳运动状态具有积极的作用。

当运动过程中出现极点时，人体出现暂时性的机能紊乱，刺激传入大脑皮质，使运动动力定型遭到破坏，运动中枢抑制过程占优势。而继续运动出现去极点时，中枢神经系统兴奋性得到恢复，进入稳定工作状态。

在运动过程中，运动过度造成能源物质耗竭，代谢产物堆积，内环境稳定性失调，大脑皮质产生保护性抑制，从而引发身体工作能力下降，产生疲劳。

剧烈运动后，自主神经由紧张兴奋恢复到安静水平需要一定时间，若剧烈运动后立即坐下或躺下，可导致大脑和身体其他部分器官缺血，发生"重力性休克"，因此，运动后需要做放松体操、深呼吸等整理活动。

（二）运动可诱导脑组织神经递质的代谢变化

运动可诱导多巴胺（dopamine，DA）、5-羟色胺（serotonin，5-HT）、乙酰胆碱（acetylcholine，Ach）和氨基酸类等神经递质的代谢变化。运动时，脑组织中不同的神经递质各自发挥生理作用的同时，神经递质之间的相互作用也影响着运动能力。

DA 在基底神经节参与运动的启划，是控制人体运动的重要神经递质，是行为反应的基本条件，中枢 DA 能系统与肌紧张调节、肌群的协调、耐力等有关。中枢 DA 与中枢疲劳有关，运动时 5-HT 增多可能是导致运动性中枢疲劳的原因之一。据研究报道，运动时 5-HT/DA 比值水平低，有利于提高运动能力，而 5-HT/DA 比值提高，可使运动能力降低，是导致中枢疲劳的原因之一。运动使脑氨增多，对中枢具有毒性作用，导致运动平衡失调等。

二、长期体育锻炼对神经系统的影响

长期适度的体育锻炼可引起神经系统的形态学和功能的变化，改善中枢神经的调节控制能力，促进儿童青少年神经系统的发育完善，起到抗衰老的作用。

（一）经常参加体育锻炼可改善神经系统的调节功能

经常参加体育锻炼使神经系统产生良好适应，能改善神经系统对各器官、系统的调节功能，提高神经系统对错综复杂的变化的判断分析能力，并及时作出协调、准确、迅速的反应。运动使神经系统、内分泌系统、免疫系统功能之间建立相互作用的网络联系，调节细胞代谢，提高人体抵抗体内外不良环境刺激的适应能力。

同时，运动使大脑和神经系统得到锻炼，提高神经系统工作过程的强度、均衡性、灵活性和神经细胞长期持续工作的耐力，使神经细胞获得更充足的能量物质和氧气的供应，从而使大脑及整个神经系统在紧张的工作过程中获得充足的营养，消除疲劳。

（二）体育锻炼有益于儿童青少年智力发展

人体中神经系统发育最早，随着脑的发育，神经系统的功能也迅速发展，如语言发展、学习记忆等高级功能，肌肉活动的调节等。同时，体育运动可通过影响机体的新陈代谢及神经系统等的作用，成为促进身体发育和增强体质的有利因素。

儿童青少年的神经系统的兴奋和抑制过程发展不均衡，神经活动过程不稳定。儿童时期，神经细胞工作耐力差，容易疲劳，但由于神经系统有较大的可塑性，疲劳消除较快，神经系统功能恢复也快。体育锻炼能使大脑的兴奋与抑制过程合理交替，避免神经系统过度紧张，使原来高度兴奋的神经细胞得到良好的休息，同时又补充了氧气和营养物质。体育锻炼也能改善循环系统、呼吸系统和消化系统的功能，提高工作效率，从而促进脑的血液循环，改善脑组织的氧气和营养物质供应，使脑组织的工作效率显著提高。因此，体育活动是积极性休息，是消除用脑疲劳的有效方法，有助于形成良好的情绪，增进心理健康，使思维敏捷，提高学习效率，有益于儿童青少年适应学习任务。

近年来，我国国民体质监测结果的专家分析报告显示，儿童肥胖率增加，视力下降率也增加，且身体机能和身体素质下降幅度较大。专家认为，儿童青少年的生活方式改变，长期不运动，头脑运动取代了身体运动，引起神经系统和感觉系统功能下降，导致青少年肌肉软，关节硬，动作不协调。因此，在儿童青少年学校体育教学中应充分发挥各感觉器官的功能，如示范动作、课件图片和视频展示等，生动有趣的游戏和竞赛，有利于体育课活动的开展，使学生情绪饱满，不易疲劳，享受体育活动带来的身心愉悦，促进中枢神经系统和感官的发育，促进学生智力发展。

（三）有规律地进行体育活动能延缓神经功能的衰退

随着年龄的增加，老年人的神经系统机能也发生相应变化。如感受器退化，表现为视力、听力下降；中枢处理信息的能力降低，表现为记忆力减退；平衡能力和神经系统的工作能力下降，表现为运动协调性减退，容易跌倒；对刺激的反应迟钝，容易疲劳等。研究表明，老年人经常进行体育锻炼，在某种程度上能延缓神经肌肉功能的退行性衰老变化，其反应时较不锻炼的老年人短。

（四）长期适度运动可增强脑组织的突触可塑性，提高学习记忆功能

突触可塑性是中枢神经系统的一个重要特征。研究表明，运动可以引起脑组织锥体神经元细胞的树突棘数量增加，细胞核仁增大，细胞体积增大，大脑皮质内的神经元间通过神经元的突触连接可塑性加强，改善大脑皮质的功能，提高人的智能。运动在一定程度上可调节脑组织神经递质的释放，进而改善脑组织神经活动和对运动的适应等。

学习、记忆、语言、思维、精神、情感这些人们特有的认知心理活动涉及人们一系列随意行为、心理行为和社会行为，这些脑的高级功能是运动动作技能的学习、记忆与控制的神经生理学基础。

三、过度训练对神经系统功能的影响

运动强度或运动量过大会造成中枢神经系统抑制，产生运动性疲劳，直接表现为大脑皮质持续、有节律的自发脑电活动出现异常变化，随着神经细胞抑制过程加强，脑电图慢波成分增加，脑组织功能下降。因此，常用脑电图来监控运动员中枢神经系统的疲劳程度与消除情况。

四、体育锻炼和运动疗法对神经系统的干预效应

（一）体育锻炼对神经系统功能障碍的影响

脑源性神经营养因子是维持脑神经元的正常生理机能的重要因子，运动能使脑源性神经营养因子增加，促进脑神经元的再生和损伤的修复。

关于体育锻炼对于阿尔茨海默病、抑郁症和精神病等神经系统功能障碍的缓解和预防作用，用动物实验通过不同运动方式对脑组织的形态、功能、神经递质释放等多方面进行了深入研究，初步可见运动在一定程度上可以改善神经系统的功能，对部分神经系统功能障碍可能有一定的辅助运动疗效。但是，探讨运动干预预防和缓解神经系统功能障碍的人体试验有待深入研究。

（二）运动疗法对神经系统疾病的疗效

偏瘫是由各类疾病引起脑部血管供血、供氧及供给营养中断，导致脑部病变对侧躯体运动功能障碍。由于运动疗法能够促进中枢神经系统的结构和功能重组与调整，而中枢神经系统具有可塑性，使患者得到最大程度的功能康复。

脊髓损伤引起的运动功能障碍，可通过代偿和替代、改善与训练、学习等运动疗法促进康复。如结合拐或助行器的应用进行运动疗法，可以使截瘫患者恢复步行能力；通过肌力训练等方法可以促进残存肌肉的功能，补偿不足的肌力，同时促进"抑顿"和"冬眠"神经细胞的苏醒和恢复功能；通过神经反射再建立或神经肌肉再学习的途径，可以帮助患者完成日常生活动作。

脊髓前角灰质炎所致小儿麻痹症，通过反复训练使机体产生适应性变化，从而改善神经、肌肉和关节的功能，促进康复。

脑瘫是指患儿由于未发育成熟脑的非进展性损害引起的以运动和姿势异常为特征的综合征。通过主动活动和被动感觉刺激活动诱发运动，抑制异常运动，强化功能训练，促进自主反应和正常运动。

第十节　脑电的测试原理与应用

脑电活动源于神经元的膜电位及其变化，神经冲动的传导和突触传递过程中产生的突触后电位。脑电活动有自发脑电活动和皮层诱发电位两种形式。脑电图和其他生物电等方法可对人体机能状态进行客观判断，如觉醒与睡眠的判断、疲劳状态等，在运动实践中具有重要意义。可扫描二维码学习相关内容。

一、脑电图及波形意义

在无明显刺激情况下，大脑皮质能经常自发地产生节律性的电位变化称为自发脑电活动。经过人头皮电极引导、放大并记录下来的脑电活动图形称为脑电图（electroencephalogram，EEG）。在颅骨打开时记录到的皮层表面电位变化称为皮层电图。

常用的临床 EEG 记录标准是国际通用的 10~20 电极导联布置方式（图 9-14）。

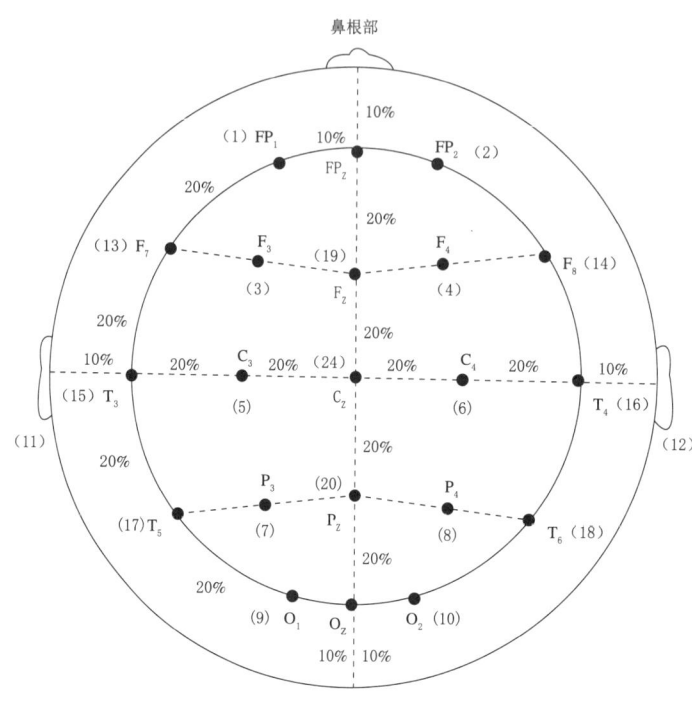

1、2 为额前两点，即发际与眉弓中间线和瞳孔中间垂直线的两个交点；3、4 为额后两点；5、6 为中央区；7、8 为顶电极；9、10 为枕线；11、12 为耳电极；13、14 为颞前太阳穴；15、16 为颞中导联；17、18 为颞后导联；19 为额顶电极；20 为中央电极。

图 9-14　国际通用的 10~20 电极系统安放位置

脑电波通常用频率、振幅和相位参数来描述其特征。人体 EEG 的频率主要为 0.5~30 Hz，振幅为 2~200μV。根据其频率和波幅分为四种波，见图 9-15。

α 波：频率为 8~13Hz，波幅为 10~100μV，是成年人清醒安静闭目状态下的正常波形。

β 波：频率为 14~30Hz，波幅为 5~25μV，成人活动时出现，在情绪紧张或服用安定等药物时，β 波急剧增多。

θ 波：频率为 4~7Hz，波幅为 20~100μV，表示大脑处于深度放松、无压力的潜意识状态，是婴儿和学龄前儿童的基本波形，成年人瞌睡状态时也会出现。

δ 波：频率为 0.5~3Hz，波幅为 20~200μV，表示大脑处于无梦深睡状态，是婴幼儿大脑的基本波形。

脑电有种属差异和个体差异，影响脑波的因素也很多。受年龄、环境温度、大气压、光线、声音、电磁场、生物电、引导电极的安放部位、作用于神经系统的药物、生理、生化、内分泌变化情况，以及体育运动等影响。随着体育运动强度而发生变化，长时间大强度运动后或疲劳时，慢波增加。因此，脑电图检查中应注意伪差识别与排除。

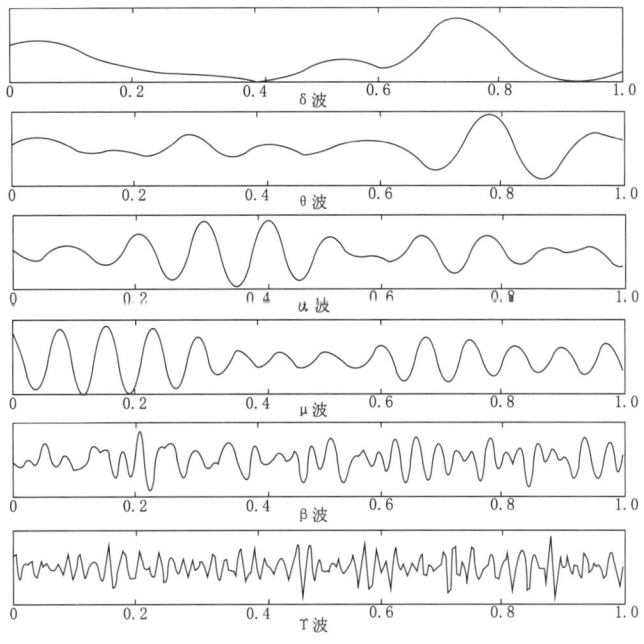

图 9-15 不同频率脑波波形

二、脑电图在运动实践中的意义

(一) 运动员脑电图记录与分析

记录运动员的脑电图,鉴于运动员的大脑改变多属功能性变化,以及为适应运动现场的记录,采用由前至后的前额、中央、顶部及枕部左右两侧共 8 个导联已足够,一般应有运动区(中央区)和枕区的记录。

除记录安静时的脑电图外,运动医学实践中也常使用各种诱发方法。如闪光刺激、过度换气(HV)试验。

(二) 运动员脑电图

运动员脑电图中 30 Hz 以下的波临床意义较大,是分析的重点。一般常规测算脑电图中各波在一定记录时间内的百分比及波的振幅高低、节律的调节、左右侧的对称性、各脑区出现不同时相波的规律性等,在综合诊断上同时参考临床的分类法,定为正常、正常范围、边缘状态、轻度不正常、中度不正常及重度不正常诸等级。由于不同人的脑电图之间存在个体差异,因此在评定上除作横向比较外,更应着重纵向比较,即连续追踪观察。

(三) 脑电图在运动训练中的应用

目前,脑电图在运动训练中主要用于:诊断脑损伤、运动负荷的监控、运动员过度训练状态的诊断、运动员选材、特殊项目(登山运动)训练监控、心理及其他方面等。

◇【思考题】

1. 牵张反射有哪些特点?举例说明它在运动中的意义。

2. 试述脊髓能完成的姿势反射。
3. 何为状态反射？有何规律特点？举例说明状态反射在完成运动技能中的应用。
4. 什么是反射？非条件反射和条件反射各有何特征？高级反射和低级反射的划分依据是什么？
5. 试述躯体运动协调的神经机理。
6. 运动对神经系统有何影响？
7. 何为脑电图？其在运动实践中的应用有哪些？

（沈阳体育学院　张日辉）

第十章 运动与内分泌

◇【教学目标】

通过本章内容的学习,掌握内分泌相关的基本概念、主要激素及其基本功能;熟悉运动的内分泌反应与适应规律;了解激素分泌的调节;培养分析和解决问题的能力,树立机体各器官系统功能普遍联系的思想。

运动是对机体稳态的应激刺激,机体在运动过程中,各系统、器官、组织和细胞在运动刺激的影响下,功能状态会发生明显的适应性改变。随着肌肉的剧烈收缩,机体能量代谢明显加快,表现为心率增加、心肌收缩力加强、心输出量增大、呼吸频率加快、肺通气量和组织摄氧量显著增加。

上述一系列变化主要通过神经、内分泌和免疫三大调节系统整合调节。神经系统通过释放神经递质,内分泌系统通过分泌激素,免疫系统主要通过产生细胞因子等信号分子构成了复杂而又精细的调节网络。通过各系统间的信息联系,调节身体各器官、系统的功能稳态。内分泌系统在实现对机体的整合调节的过程中具有极其重要的作用。

第一节 内分泌、内分泌系统与激素

内分泌系统是人体的功能调节系统,其调节功能是通过不同的内分泌组织及具有内分泌功能的细胞所分泌的各种激素来实现的。

一、内分泌与内分泌系统

(一)内分泌

人体的分泌方式包括外分泌和内分泌。外分泌是指外分泌腺体将其分泌物通过特定的管道结构释放到体腔或体外而发挥作用的分泌形式。内分泌则是指内分泌腺体或内分泌细胞将其所产生的生物活性物质——激素直接释放到体液中并发挥作用的分泌形式。

(二)内分泌系统

内分泌系统包括体内具有分泌激素功能的所有腺体、器官及组织。

内分泌腺是无分泌管的腺体,主要由排列成索状、团状或成滤泡状的腺泡上皮细胞组成，细胞间有丰富的毛细血管和毛细淋巴管，这种上皮细胞可分泌并储存激素。体内主要的内分泌腺有垂体、甲状腺、甲状旁腺、肾上腺、胰岛、性腺、松果体和胸腺等。

另外，机体内很多组织器官，如消化道黏膜、心脏、肾脏、肺、骨骼肌、脂肪、皮肤、胎盘等部位均存在各种各样的具有分泌激素或激素样物质的内分泌细胞。此外，在中枢神经系统内，特别是下丘脑也存在兼有内分泌功能的神经细胞。

（三）靶器官、靶组织或靶细胞

激素由内分泌腺分泌入血后，随着血液循环流动，可以到达机体各个器官、组织与细胞。虽然它能到达每一个部位，但并非与所有的器官、组织和细胞发生反应，而只能选择性地与某些器官、组织或细胞发生特异性反应。鉴于激素的这个作用特征，将能够与某种激素发生特异性反应的器官、组织或细胞，分别称为该激素的靶器官、靶组织或靶细胞。

（四）激素传递方式

1. 远距分泌

激素分泌入血后，经血液循环运输至远隔部位的靶组织发挥作用。"经典"内分泌的多数激素均属此类。

2. 旁分泌

分泌的激素经组织液扩散而作用于邻近的其他靶细胞。如性激素在卵巢局部的作用，血管紧张素Ⅱ在肾脏的作用。

3. 自分泌

激素可以原位作用于产生该激素的细胞，甚至可以不释放，直接在合成激素的细胞内发挥作用，后者又称内在分泌。例如，胰岛素可抑制β细胞自身分泌胰岛素的活动，肾上腺髓质激素可抑制自身合成酶的活性。

4. 腔分泌

激素直接释放到管腔中发挥作用，如某些胃肠激素可直接分泌到肠腔。

5. 神经分泌

激素由神经元合成后沿轴突运送至末梢释放，可扩散作用于邻近的靶细胞，或释放到血液循环中发挥作用。如下丘脑神经元分泌的调节肽通过垂体门静脉系统作用于腺垂体，室旁核大细胞合成的血管升压素在神经垂体释放进入血液循环。

二、激素与激素的分类

内分泌腺或散在的内分泌细胞所分泌的各种高效能生物活性物质，经组织液或血液传递而发挥调节作用，这种活性物质称为激素（hormone）。

（一）激素及其内分泌腺

随着对内分泌研究的不断深入，人们发现，激素不仅由我们通常认为的内分泌腺（"经典"内分泌腺，如垂体、肾上腺、甲状腺等）分泌，机体内许多功能器官（如心脏、肾脏等）除执行自身的主要功能外，也可分泌许多调节性激素。

"经典"内分泌腺分泌的主要激素和功能器官分泌的主要激素分别见表 10-1 和表 10-2。

表 10-1 "经典"内分泌腺分泌的主要激素

内分泌腺		分泌的主要激素
垂体	腺垂体	促甲状腺激素（TSH）、促肾上腺皮质激素（ACTH）、促卵泡激素（FSH）、黄体生成素（LH）/间质细胞刺激素（ICSH）、生长激素（GH）、催乳素（PRL）、促脂素（LPH），β-内啡肽、促黑（细胞）激素（MSH）等
	神经垂体	血管升压素（VP）/抗利尿激素（ADH）、缩宫素（OT）等
松果体		褪黑素（MLT）、8-精缩宫素
甲状腺		甲状腺素（四碘甲状腺原氨酸，T_4）、三碘甲状腺原氨酸（T_3）、降钙素（CT）
甲状旁腺		甲状旁腺激素（PTH）
胸腺		胸腺素
胰腺		胰岛素、胰高血糖素、生长抑素（SS）、胰多肽（PP）、促胃液素、血管活性肠肽（VIP）、淀粉素等
肾上腺	皮质	皮质醇、醛固酮（ALD）、雄激素等
	髓质	肾上腺素（AD）、去甲肾上腺素（NA）、肾上腺髓质素（AM）等
性腺	卵巢	雌二醇（E_2）、孕酮（P）、睾酮（T）、抑制素、激活素、松弛素等
	睾丸	睾酮（T）、雌二醇（E_2）、抑制素、激活素等

表 10-2 功能器官分泌的主要激素

功能器官	分泌的激素
下丘脑	促甲状腺激素释放激素（TRH）、促肾上腺皮质激素释放激素（CRH）、促性腺激素释放激素（GnRH/LHRH）、生长激素抑制激素（GHIH）/生长抑素（SS）、生长激素释放激素（GHRH）、催乳素释放因子（PRF）、催乳素抑制激素（PIH/DA）、促黑（细胞）激素释放因子（MRF）、促黑（细胞）激素抑制因子（MIF）、生长因子等
心脏、血管	心房钠尿肽（ANP）、内皮素、一氧化氮（NO）等
肝脏	胰岛素样生长因子-1（IGF-1）/生长激素介质（SM）、1,25-二羟维生素 D_3
胃肠道	促胃液素、缩胆囊素（CCK）、促胰液素、胰高血糖素、血管活性肠肽（VIP）等
肾脏	促红细胞生成素（EPO）、1,25-二羟维生素 D_3 等
胎盘	人绒毛膜促性腺激素（HCG）、人绒毛膜生长激素（HCS）等
骨骼肌	IL-6、IL-8、IL-15、脑源性神经营养因子（BDNF）、鸢尾素（Irisin）等

续表

功能器官	分泌的激素
脂肪	瘦素（leptin）、脂联素（adiponectin）、肿瘤坏死因子-α（TNF-α）等
骨骼	骨钙素（osteocalcin）等
其他部位	前列腺素（PG）、血小板源生长因子（PDGF）、上皮生长因子（EGF）、细胞因子、血管紧张素（ANG）等

（二）激素的分类与作用机制

激素种类繁多，来源复杂，按其化学结构可分为含氮激素（nitrogenous hormone）和类固醇激素（steroid hormone）两大类。

1. 含氮激素

又可分为肽类和蛋白质类激素、胺类激素两类。

（1）肽类和蛋白质类激素

主要有下丘脑调节性多肽、神经垂体激素、腺垂体激素、胰岛素、甲状旁腺激素、降钙素及消化道激素等。

（2）胺类激素

主要有肾上腺素、去甲肾上腺素和甲状腺激素等。

2. 类固醇激素

类固醇激素是由肾上腺皮质和性腺分泌的激素，如皮质醇、醛固酮、雌激素、孕激素和雄激素等。在肾脏产生的维生素 D_3（1，25-二羟维生素 D_3）是胆固醇的衍生物，属于类固醇激素。

此外，有人将脂肪酸的衍生物——前列腺素列为第三类激素。

类固醇激素的化学结构类似于胆固醇，实际上大多数激素的确也是由胆固醇所衍生。鉴于胆固醇属于类脂，故类固醇激素可直接穿过细胞的脂质双层膜进入细胞浆而发挥作用。

三、激素的一般生理作用和作用特征

（一）激素的一般生理作用

1. 维持内环境的自稳态

激素参与水和电解质的平衡、酸碱平衡、体温与血压等调节过程，还直接参与机体的应激反应，全面整合机体功能，保持内环境的稳态，增强机体的生存、适应能力。

2. 调节新陈代谢

多数激素都参与组织细胞的物质代谢及能量代谢的调节，维持机体的能量平衡，为机体的各种生命活动奠定基础。

3. 促进生长、发育

促进组织细胞的生长、增殖、分化和成熟，参与细胞凋亡过程等，确保并影响各系统

器官的正常生长、发育和功能活动。

4. 调控生殖过程

促进生殖器官的正常发育成熟和生殖的全过程，维持生殖细胞的生成，保证个体生命的延续和种系的繁衍。

(二) 激素对靶细胞作用的共同特征

虽然激素对靶细胞作用产生的效应不尽相同，但是不同激素在发挥调节作用时可表现出一些共同特征。

1. 激素的信息传递作用

激素并不作为某种"反应角色"直接参与细胞物质与能量代谢的具体环节，只在细胞间的通讯联络中充当"信使"(messenger)。激素的作用方式如同信使传递信息，旨在启动靶细胞固有的一系列生物效应。激素与酶不同，只对完整细胞起作用。在特定的条件下，内分泌细胞发出的调节信息以激素的形式传输给靶细胞，作为"信使"的激素与靶细胞上相应的受体结合后，通过诱导、激活细胞内的信号转导途径调节靶细胞的生理、生化过程。激素在发挥作用的过程中，对其靶细胞既不提供额外能量，也不添加新功能，而只是在体内细胞之间传递生物信息。

2. 激素作用的相对特异性

激素进入血液后可随血液循环到达全身各个部位，虽然激素与全身各处的器官、组织和细胞都有广泛接触，但激素只选择性地作用于身体内某些器官、组织和细胞，激素作用的这一特征称为激素作用的相对特异性。激素作用的特异性存在很大差异，有些激素作用的特异性很强，只作用于某一特定靶组织、靶细胞，如促甲状腺激素只作用于甲状腺，促肾上腺皮质激素只作用于肾上腺皮质，垂体促性腺激素只作用于性腺等。有些激素的作用比较广泛，没有特定的靶腺，如生长激素、甲状腺素等，它们几乎对全身组织细胞的代谢过程都可发挥调节作用。

激素作用的特异性与靶细胞上存在能与该激素发生特异性结合的受体有关，激素与靶细胞受体的特异关系是内分泌系统发挥多元、准确调节功能的基础。

3. 激素的高效能生物放大作用

激素在血液中的浓度都很低，一般每升在纳摩尔（nmol/L），甚至在皮摩尔（pmol/L）的数量级。虽然激素的含量甚微，但作用显著。激素与受体结合后，会产生瀑布式的级联放大效应，形成一个效能极高的生物放大系统，故激素作用堪称量小作用大。如1个分子的胰高血糖素将1个分子的腺苷酸环化酶激活后，通过cAMP-蛋白激酶可激活近万个分子的磷酸化酶。1个分子的促甲状腺素释放激素，可引起腺垂体释放近10万个分子的促甲状腺素。

可见，一旦体内激素偏离生理水平，不论过高或者过低，势必影响机体一系列正常功能活动。因此，机体必须维持血液激素水平的相对恒定才能保证机体功能活动的平衡稳定。在正常生理状态下，机体内各激素的分泌活动时刻处于相当严密的调控之下，保持各自的稳态。

4. 激素之间的相互作用

各种内分泌腺体和内分泌细胞虽然分散在全身，但它们分泌的激素又都以体液为基本媒介，并相互联系。每种激素产生的效应都不是孤立的，而是与其他激素的作用彼此关联，相互影响。在多种激素调节同一生理活动时，常表现出不同激素的协同作用或拮抗作用。这对于各种生理活动稳态的维持具有重要的意义。

协同作用表现为多种激素联合作用所产生的总效应大于各激素单独作用所产生效应之和，如生长激素、糖皮质激素、肾上腺素与胰高血糖素等在升高血糖水平方面具有协同作用。胰岛素则与前述几种升血糖激素的作用相反，可通过多条途径降低血糖，表现为与升血糖激素之间的拮抗作用。激素之间的协同作用与拮抗作用的机制比较复杂，可以发生在受体水平，也可以发生在受体后的信息传递过程，或者是细胞内酶促反应的某一环节。

有些激素本身并不能直接对某些器官、组织或细胞产生生理效应，然而它的存在却是另一种激素发挥效应的必要基础，这种现象称为允许作用。糖皮质激素的允许作用是最明显的。虽然它对心肌和血管平滑肌并无收缩作用，但必须有它的存在，儿茶酚胺才能很好地发挥对心血管的调节作用。

（三）激素分泌的调节

总体而言，激素的释放并非一个连续的过程，而是间歇性释放，所以激素的血浆水平会呈现短期波动，同时还会以月（如女性的月经周期）或以年为周期呈现长周期波动，形成一定的生物节律。

由于激素对细胞有非常精确的效应，其分泌活动也会受到精确的调控，否则必然导致机能失调。负反馈调控机制是内分泌系统活动保持稳态的主要机制。以血中胰岛素水平负反馈调控为例，若血糖升高，则刺激胰腺分泌胰岛素；胰岛素分泌增多，会加强机体对葡萄糖的利用，从而使得血糖降低；当血糖降低到正常值时，胰岛素分泌活动受到抑制，除非血糖再次升高。

在这种调控机制中，导致某种激素分泌减少或终止的原因，正是自身水平的变化。其调控过程是：某种激素分泌增多会引起体内发生某些变化，而这些变化最终反过来会抑制该激素的分泌活动。即某种激素的分泌活动往往是由它所诱发的特异性生理反应所"打开"或"关闭"的。

神经系统也会参与激素分泌活动的调控过程。例如，肾上腺髓质分泌肾上腺素和去甲肾上腺素的活动，受控于交感神经系统；神经垂体释放抗利尿激素（ADH）的活动，受控于大脑，而内分泌活动的最高位调控中枢——下丘脑，其自身就属于神经系统。

第二节 主要内分泌腺的内分泌功能

机体主要内分泌腺包括下丘脑、垂体（神经垂体和腺垂体）、甲状腺、甲状旁腺、胰腺、肾上腺和性腺。下丘脑是神经系统与内分泌系统相互联络的重要枢纽，其传入和传出通路复杂且广泛。机体内环境中各种形式的变化刺激均可经神经通路影响下丘脑神经内分泌细胞的分泌活动，发挥其对内分泌系统的高级整合功能。

一、下丘脑的内分泌功能

下丘脑是中枢神经系统的一个重要组成部分,是调节内脏活动的高级中枢。下丘脑的一些神经元还兼有内分泌功能,分泌神经激素。它们可将从大脑或中枢神经系统其他部位传来的神经信息,转变为激素信息,起着换能神经元的作用,从而以下丘脑为枢纽,把神经调节和体液调节联系起来。下丘脑与垂体联系十分密切,故下丘脑与垂体一起组成下丘脑—垂体功能单位。

下丘脑的神经内分泌细胞(neuroendocrine cell)是指下丘脑中具有内分泌功能的神经元,它们都能分泌肽类激素或神经肽,故统称为肽能神经元(peptidergic neuron)。

下丘脑分泌的神经肽共有九种。它们的主要作用见表10-3。其中,前五种的化学结构已阐明,故称为激素,后四种因其化学结构尚未确定故称为因子。这些激素(因子)的主要生理作用是调节下级内分泌腺(主要是垂体)的分泌活动。

表10-3　下丘脑所分泌激素的主要生理作用

激素名称	英文缩写	主要生理作用
促甲状腺激素释放激素	TRH	促进TSH和PRL释放
促性腺激素释放激素	GnRH	促进LH与FSH释放(以LH为主)
生长激素释放抑制激素[简称生长抑素(somatostatin, SS)]	GHRIH	抑制GH释放,对LH、FSH、TSH、PRL及ACTH的分泌也有抑制作用
生长激素释放激素	GHRH	促进GH释放
促肾上腺皮质激素释放激素	CRH	促进ACTH释放
催乳素释放因子	PRF	促进PRL释放
催乳素释放抑制因子	PIF	抑制PRL释放
促黑(细胞)激素释放因子	MRF	促进MSH释放
促黑(细胞)激素释放抑制因子	MIF	抑制MSH释放

二、垂体的内分泌功能

垂体包括腺垂体和神经垂体,分别分泌不同激素。

(一) 腺垂体激素

腺垂体已确定的有五种细胞,即生长激素细胞(分泌生长激素)、催乳细胞(分泌催乳素)、促甲状腺激素细胞(分泌促甲状腺素)、促肾上腺皮质激素细胞(分泌促肾上腺皮质激素)和促性腺激素细胞(分泌促卵泡激素和黄体生成素)。

在腺垂体分泌的激素中,促甲状腺激素(TSH)、促肾上腺皮质激素(ACTH)、促卵泡激素(FSH)与黄体生成素(LH)均有各自的靶腺,形成三个调节轴:①下丘脑—垂体—甲状腺轴;②下丘脑—垂体—肾上腺皮质轴;③下丘脑—垂体—性腺轴。

腺垂体细胞分泌的这四种激素是通过促进靶腺细胞分泌激素进而发挥作用的,所以称为促激素。这些促激素的主要生理作用同其命名。

另三种激素，即生长激素（GH）、催乳素（PRL）与促黑（细胞）激素（MSH）直接作用于靶组织或靶细胞，它们的主要生理功能如下。

1. 生长激素的主要生理作用

（1）促进生长发育

生长激素能促进骨、软骨、肌肉及其他组织细胞分裂增殖，蛋白质合成增加。

（2）促进代谢作用

生长激素对蛋白质、脂肪和糖代谢都有促进作用，表现在：①蛋白质代谢。生长激素促进氨基酸进入细胞，加强 DNA 合成，刺激 RNA 形成，加速蛋白质合成。②脂肪代谢。生长激素属于脂解激素，能动员脂肪组织，促进脂肪酸和甘油的释放，使血液中游离脂肪酸水平升高，促进脂肪酸在肝内氧化。生长激素对脂肪代谢的作用与胰岛素抗衡，使体脂含量减少，呼吸商减小，酮体增加，脂肪氧化利用增多，以提供有效能源物质。③糖代谢。由于生长激素能抑制外周组织对葡萄糖的利用，减少葡萄糖的消耗，故生长激素有使血糖趋于升高的作用。

（3）调节免疫功能

生长激素几乎对所有的免疫细胞都有促使分化、调节功能的作用。

2. 催乳素的主要生理作用

催乳素的化学结构与生长激素近似，故二者作用有所交叉。

（1）对乳腺的作用

催乳素发挥三方面作用，即乳腺生长、启动泌乳和乳液生成。

（2）对性腺的作用

催乳素可刺激卵巢黄体生成素受体生成，黄体生成素与其受体结合后，可促进排卵、黄体生成及孕激素与雌激素的分泌。在男性睾酮存在的条件下，催乳素可促进前列腺及精囊的生长，还可增强黄体生成素对间质细胞的作用，使睾酮合成增加。

（3）参与应激反应

催乳素是参与应激反应的主要激素之一。应激状态下，如麻醉、外科手术、电休克及剧烈的运动等，催乳素在血液中的浓度都有不同程度的升高，常与促肾上腺皮质激素和生长激素的增加一同出现。

（4）免疫调节作用

人的 B 淋巴细胞和 T 淋巴细胞都存在催乳素受体。催乳素协同一些细胞因子促进淋巴细胞的增殖，影响免疫相关细胞的功能，促进 B 淋巴细胞分泌抗体。此外，免疫细胞也可以产生催乳素，以自分泌或旁分泌的方式发挥作用。

3. 促黑（细胞）激素的主要生理作用

促黑（细胞）激素的主要生理作用是刺激黑色素细胞（melanophore 或 melanocyte），

使细胞内的酪氨酸转化为黑色素，同时使黑色素颗粒在细胞内散开，导致皮肤颜色加深。

（二）神经垂体激素

神经垂体是下丘脑组织向下延伸的部分，不含腺细胞。神经垂体激素实际上都来自下丘脑，主要有血管升压素和催产素（也称缩宫素）。

1. 血管升压素

在早期实验中，血管升压素（VP）因被发现具有强烈的缩血管作用并能使血压升高而得名。VP 是体内维持机体水平衡的重要激素之一，其主要生理作用是促进肾远曲小管和集合管对水的重吸收，即具有抗利尿作用，故又名抗利尿激素（ADH）。

2. 催产素

催产素（oxytocin，OXT）主要作用于子宫和乳腺。对子宫的作用是促进子宫平滑肌收缩，对乳腺的作用是参与射乳反射，并参与维持哺乳期乳腺继续泌乳，使乳腺不致萎缩。

三、甲状腺、甲状旁腺的内分泌功能

（一）甲状腺的内分泌功能

甲状腺是人体内最大的内分泌腺，平均重量为 20~25g。甲状腺激素主要有 T_4（四碘甲状腺原氨酸）和 T_3（三碘甲状腺原氨酸）两种，它们都是酪氨酸的碘化物。一般一个甲状腺球蛋白分子上 T_4 与 T_3 之比为 20∶1。因此，甲状腺分泌的激素主要是 T_4。

甲状腺激素的主要作用是促进机体能量和物质代谢，促进生长和发育。甲状腺激素刺激几乎所有的代谢途径，包括合成代谢和分解代谢，对机体代谢的影响十分复杂。生理水平的甲状腺激素对蛋白质、糖、脂肪的合成和分解代谢均有促进作用，而过量的甲状腺激素对分解代谢的促进作用更明显。

1. 对能量代谢的影响

提高基础代谢率是甲状腺激素最显著的效应。甲状腺激素可使绝大多数组织的产热量和耗氧率增加，尤其以心、肝、骨骼肌和肾等组织最为显著。

2. 对物质代谢的影响

甲状腺激素对蛋白质代谢的基本作用是加强基础蛋白质合成，表现为正氮平衡。对于糖代谢，甲状腺激素促进小肠黏膜对糖的吸收，增强糖原分解，抑制糖原合成，并可加强肾上腺素、胰高血糖素、皮质醇和生长激素的升糖作用。因此，甲状腺激素有升高血糖的趋势。对于脂肪代谢，甲状腺激素促进脂肪酸氧化，增强儿茶酚胺与胰高血糖素对脂肪的分解作用。T_4 与 T_3 既促进胆固醇的合成，又可通过肝加速胆固醇的降解，但分解的速度超过合成。

3. 对生长与发育的影响

甲状腺激素具有促进组织分化、生长与发育成熟的作用。人类的甲状腺激素是维持正常生长与发育不可缺少的激素，特别是对骨和脑的发育尤为重要。

4. 对器官系统的影响

对神经系统，甲状腺激素不但影响中枢神经系统的发育，对已分化成熟的神经系统也有提高兴奋性的作用。对心血管系统，甲状腺激素可使心率增快，心肌收缩力增强，心输出量与心脏做功增加。

由于甲状腺激素可显著增强机体的代谢，增加产热量、耗氧量和CO_2生成量，因而可促使外周血管舒张，血流量增加。

（二）甲状旁腺的内分泌功能

甲状旁腺分泌的甲状旁腺激素（PTH）与甲状腺 C 细胞分泌的降钙素（CT），以及维生素 D_3（$VitD_3$）三者共同调节钙磷代谢，控制血浆中钙和磷的水平。

1. 甲状旁腺激素的主要生理作用

甲状旁腺激素是调节钙磷代谢最重要的激素，是机体维持血钙稳态的主导激素，其总效应是升高血钙和降低血磷。其作用途径主要通过骨和肾脏：①甲状旁腺激素可以动员骨钙入血，使血钙升高。②甲状旁腺激素对肾的作用是促进肾远端小管对钙的重吸收，使尿钙减少，血钙升高，并能抑制近端小管对磷的重吸收，促进尿磷排出，使血磷降低。③甲状旁腺激素还可激活肾 1α-羟化酶，促进 25-OH-D_3 转变为有活性的 1，25-（OH）$_2$-D_3，进而促进小肠对钙的吸收。

2. 降钙素的主要生理作用

降钙素的主要作用是降低血钙和血磷，其主要靶器官是骨和肾脏。对骨的作用是抑制破骨细胞活动，减弱溶骨过程，增强成骨过程，使骨组织释放钙、磷减少，钙、磷沉积增加，从而使血钙与血磷下降。对肾的作用是抑制肾小管对钙、磷、钠及氯的重吸收，使这些离子从尿中排出增多。

3. 维生素 D_3 的主要生理作用

体内的维生素 D_3 也是维持机体血钙稳态的重要激素，主要由皮肤中 7-脱氢胆固醇经日光中紫外线照射转化而来，也可从动物性食物中获取。主要生理功能是：增强骨的溶解，释放骨钙入血，促进结合钙释放入血，促进小肠黏膜和肾小管对钙、磷的吸收，所以它既能增加血钙，也能增加血磷。

综上所述，体内钙、磷水平的稳态，有赖于甲状旁腺激素、降钙素和维生素 D_3 的协同作用。

四、肾上腺的内分泌功能

肾上腺包括中央部的髓质和周围部的皮质两个部分，二者在结构和功能上均不相同，因此，肾上腺皮质和肾上腺髓质实际上是两种不同的内分泌腺。

就内分泌功能而言，肾上腺皮质生成类固醇激素，肾上腺髓质生成儿茶酚胺类激素；就整体而言，尤其是在发生"应激（stress）"和"应急（emergency）"情况时，两者在功能上密切配合，共同发挥调节作用，全面提高机体的应变能力和耐受能力。

(一) 肾上腺皮质的内分泌功能

肾上腺皮质激素均属于类固醇激素，简称为皮质激素（corticoids）。肾上腺皮质分泌的皮质激素分为三类，即糖皮质激素、盐皮质激素和性激素。各类皮质激素是由肾上腺皮质不同层上皮细胞分泌的。球状带细胞主要分泌盐皮质激素，其代表是醛固酮；束状带细胞主要分泌糖皮质激素，其代表是皮质醇和皮质酮；网状带细胞主要分泌性激素，如脱氢表雄酮和雌二醇。

1. 糖皮质激素的功能

(1) 糖皮质激素的主要生理作用

糖皮质激素对许多组织都具有很强的影响代谢效应，最主要的是对肝脏的合成代谢和对肌肉、脂肪等组织的分解代谢效应。但事实上，糖皮质激素的作用既广泛又复杂，在维持代谢平衡和对机体功能的调节方面极其重要。糖皮质激素常被认为是"允许作用"激素，因为其并不总是直接引起某些反应，而是通过对特定酶的激活、诱导或者对其他激素作用环节的增强或抑制来发挥作用的。糖皮质激素对代谢和功能活动的主要作用见表10-4。

表10-4 糖皮质激素的主要生理作用

代谢或功能	调节效应
糖代谢	促进糖原分解和糖异生，维持血糖浓度，降低细胞对胰岛素的敏感性
脂肪代谢	促进脂肪分解和脂肪酸氧化，减少脂肪合成；促进肢体部的脂肪分解，增加躯干及面部脂肪沉积（脂肪重新分布）
蛋白质代谢	促进肝内蛋白质合成；促进肝外组织蛋白质分解，减少肝外组织对氨基酸的利用
水、盐代谢	减少肠道对钙的吸收和肾脏对钙的重吸收；增加骨对钙的吸收；保留Na^+，排出K^+，调节细胞外液量
血液	增加红细胞、中性粒细胞、单核细胞、血小板数量；减少感染部位中性粒细胞的积聚；减少淋巴细胞和嗜酸性粒细胞的数量
循环	增强心血管系统对儿茶酚胺和血管紧张素Ⅱ的反应性；维持心肌正常功能；维持毛细血管的完整性和循环血量
呼吸	促进胎儿肺泡Ⅱ型上皮细胞形成，增加肺表面活性物质
消化	促进消化液和消化酶分泌，特别是胃酸；提高胃腺对迷走神经和促胃液素的反应性；促进胎儿肝脏和胃肠道酶的合成
泌尿	增加肾小球血浆流量，增加肾小球滤过率，促进水的排泄
神经	维持中枢神经系统正常功能；影响胎儿和新生儿的脑发育，改变行为和认知能力
内分泌、生殖	减少垂体激素的分泌（GH，TSH，ACTH，FSH，LH）；降低性腺对GnRH的反应性
骨骼	抑制骨细胞增殖及RNA、蛋白质、胶原等的合成；促进PTH及$VitD_3$对骨的作用；降低成骨细胞活性，增加破骨细胞的数量和活性，促进骨质的溶解和吸收
免疫功能和炎症	抑制淋巴组织生长，抑制吞噬活动；影响抗体的形成和清除抗原的能力；降低毛细血管通透性，增加溶酶体稳定性；减少前列腺素合成；降低炎症反应

（2）糖皮质激素与应激反应

应激一般指机体受到一定程度内外环境和社会、心理等因素的伤害刺激时，除了引起机体与刺激直接相关的特异性反应外，还引起一系列与刺激性质无直接关系的非特异性适应反应，包括多种激素分泌的变化等。机体的这些非特异性反应称为应激反应。

当机体受到各种有害刺激时，血中促肾上腺皮质激素浓度和糖皮质激素立即增加，并产生一系列的适应性和耐受性的反应。在应激反应中，除下丘脑—垂体—肾上腺皮质系统参与外，交感—肾上腺髓质系统也参加，所以在应激反应中，血中儿茶酚胺含量也相应地增加。同时，β-内啡肽、生长激素、催乳素、胰高血糖素、血管升压素、醛固酮等均增加，说明应激反应是以促肾上腺皮质激素和糖皮质激素分泌增加为主，多种激素共同参与的使机体抵抗力增强的非特异性反应。

2. 盐皮质激素的主要生理作用

盐皮质激素的主要作用是调节体内水盐代谢。盐皮质激素可促进肾远曲小管和集合管对 Na^+ 和水的重吸收及对 K^+ 的排泄，即有保 Na^+、保水和排 K^+ 的作用。这对维持细胞外液量及循环血量的稳态具有重要的意义。

（二）肾上腺髓质的内分泌功能

肾上腺髓质嗜铬细胞分泌的肾上腺素（adrenaline，AD 或 epinephrine，E）和去甲肾上腺素（norepinephrine，NE），都属于儿茶酚胺类激素。肾上腺髓质与交感神经系统组成交感—肾上腺髓质系统，髓质激素的作用与交感神经的活动紧密联系。

肾上腺髓质激素的主要生理作用如下。

1. 在应急反应中的作用

通常将机体遭遇紧急情况时紧急动员交感—肾上腺髓质系统功能的过程称为应急反应（emergency reaction）。应急反应时机体表现包括：①提高中枢神经系统兴奋性，使机体处于警觉状态，反应灵敏。②呼吸功能加强，呼吸加深加快，肺通气量增加。③心血管活动加强，心率加快，心缩力增强，心输出量增加。动脉血压升高，血液循环加快，内脏血管收缩，骨骼肌血管舒张的同时血流量增多，全身血液重新分配，以利于应急状态时身体重要器官得到更多的血液供应。④加强能量代谢，肝糖原分解增强，血糖升高，脂肪分解加速，血中游离脂肪酸增多，葡萄糖与脂肪酸氧化过程增强，以适应在应急情况下对能量的需要。

实际上，引起机体应急反应的各种刺激，也是引起应激反应的刺激。当机体受到应激刺激时，同时引起应急反应与应激反应，两者相互协调，共同维持机体对外界刺激的适应能力。

2. 对代谢的调节作用

肾上腺素与相应的细胞膜受体结合后，通过 cAMP-PKA 信息传导系统，促进糖原分解，使血糖显著升高。肌糖原分解所形成的乳酸可随之氧化，并补充肝糖原。肾上腺素和去甲肾上腺素均能动员脂肪，而且可使机体氧耗量增加，产热量增加，基础代谢率升高。

五、胰岛的内分泌功能

根据人的胰岛细胞的形态和染色特点，可将其分为四种类型，分别为 α 细胞、β 细胞、

D 细胞及 PP 细胞。α 细胞约占胰岛细胞的 20%，分泌胰高血糖素（glucagon）；β 细胞的数量最多，约占胰岛细胞的 75%，分泌胰岛素（insulin）；D 细胞占胰岛细胞的 5% 左右，分泌生长抑素（SS）；PP 细胞的数量很少，分泌胰多肽（pancreatic polypeptide）。

（一）胰岛素的主要生理作用

胰岛素是一种作用较强的代谢调节激素，全面促进机体的合成代谢。胰岛素的基本作用是促进潜在的燃料储备，增加体内糖原、脂肪和蛋白质的贮存。

1. 对糖代谢的调节

在生理状态下，胰岛素是唯一降低血糖的激素。它通过增加血糖的去路与减少血糖来源，产生降低血糖的效应。主要途径是促进组织细胞对葡萄糖的摄取和利用，加速葡萄糖合成为糖原，贮存于肝和肌肉中，并抑制糖异生，促进葡萄糖转变为脂肪酸，贮存于脂肪组织，使血糖水平下降。

2. 对脂肪代谢的调节

胰岛素促进肝脏合成脂肪酸，然后转运到脂肪细胞贮存。胰岛素促进葡萄糖进入脂肪细胞，除了合成脂肪酸外，还可促进甘油三酯形成并贮存于脂肪细胞中。同时，胰岛素还能抑制脂肪酶的活性，减少脂肪的分解。

3. 对蛋白质代谢的调节

胰岛素可促进蛋白质的合成过程。其作用可表现在蛋白质合成的各个环节：①促进氨基酸通过跨膜转运进入细胞；②加快细胞核的复制和转录过程，增加 DNA 和 RNA 的生成；③作用于核糖体，加速翻译过程，促进蛋白质合成。

（二）胰高血糖素的主要生理作用

胰高血糖素是一种促进分解代谢的激素。胰高血糖素具有很强的促进糖原分解和糖异生的作用，可使血糖明显升高。1mol/L 的胰高血糖素可使糖原分解释出 3×10^6 mol/L 的葡萄糖。胰高血糖素通过 cAMP-PKA 系统，激活肝细胞的磷酸化酶，加速糖原分解。糖异生增强是因为胰高血糖素可加快氨基酸进入肝细胞，并激活与糖异生过程有关的酶系。胰高血糖素还可激活脂肪酶，促进脂肪分解，同时又可加强脂肪酸氧化，使酮体生成增多。

此外，胰高血糖素可促进胰岛素和胰岛生长抑素的分泌。

六、性腺的内分泌功能

人类卵巢与睾丸的基本功能是生成成熟的生殖细胞——卵子与精子，同时产生调节生殖和其他功能的性激素（gonadal hormone）等。

卵巢产生多种雌激素（estrogen）、孕激素（progestogen）等类固醇激素，以及卵泡抑素和松弛素等肽类激素。睾丸主要产生属于类固醇的雄激素（androgen）和抑制素、激活素等肽类激素。无论是卵巢与睾丸的生殖活动，还是内分泌功能，都受下丘脑—腺垂体—性腺轴的调控。

性激素的主要功能是维持人体的第二性征，具有促进和维持性器官的发育和成熟、维持性功能、调节代谢和促进蛋白质合成等作用。

七、其他内分泌腺及其激素

松果体、胸腺、前列腺等内分泌腺，可分泌多种激素。详见二维码。

其他内分泌腺及激素

第三节 其他组织器官的内分泌及激素

在体内，有一些组织器官除了具有特定的生理功能外，还具有一定的内分泌功能，如心血管系统、消化道、肾脏、骨骼肌、脂肪组织等。详见二维码。

其他组织器官的内分泌及激素

第四节 运动与内分泌功能

在运动过程中，骨骼肌收缩对机体是一个非常强烈的刺激，引起呼吸频率、心率加快，心输出量增加，以增加氧气运输，满足运动中机体所增加的氧气消耗。神经系统、呼吸系统、循环系统在运动中、运动后所发生的适应性反应引起全身器官、组织甚至细胞发生剧烈变化，机体的内环境也会发生明显变化。

一、激素对运动的基本反应和适应特征

作为机体重要的调控系统之一，内分泌系统在运动过程中也被充分动员起来，与神经系统和免疫系统相互协调，调节机体不同系统和器官的功能状态，维持机体的稳态。

运动对激素的影响分为两种情况：一种是急性运动的影响，另一种是长期慢性运动的影响。激素对前者会发生相应的应答性反应，对后者会产生相应的适应性变化。

急性运动期间，激素水平尤其是应激激素水平会发生剧烈的应答性反应。而在长期训练的影响下，内分泌系统通过调节人体机能，使之产生适应性变化以对抗运动负荷对机体的强烈刺激（表10-5）。

表10-5 激素对运动的基本反应和适应特征

激素名称	对急性运动的反应特征	对长期运动的适应特征
生长激素	随着运动负荷的增加而升高	完成同等运动负荷时反应变小
促甲状腺素	随着运动负荷的增加而升高	不清楚
促肾上腺皮质激素	随着运动强度和持续时间的增加而升高	完成同等运动负荷时反应变小
催乳素	随着运动时间升高	安静时降低
抗利尿激素	随着运动负荷的增加而升高	完成同等运动负荷时反应变小
甲状腺素	游离 T_3 和 T_4 随着运动强度的增加而升高	完成同等运动负荷时 T_3 和 T_4 比例改变
甲状旁腺素	随着运动持续时间的延长而升高	不清楚

续表

激素名称	对急性运动的反应特征	对长期运动的适应特征
肾上腺素	在约75% $\dot{V}O_{2max}$时开始升高，并随运动强度的增加而升高	完成同等运动负荷时反应变小
去甲肾上腺素	在约50% $\dot{V}O_{2max}$时开始升高，并随运动强度的增加而升高	完成同等运动负荷时反应变小
糖皮质激素	随着运动负荷的增加而升高	稍微升高
盐皮质激素	随着运动负荷的增加而升高	稍微升高
胰岛素	随着运动负荷的增加而降低	完成同等运动负荷时反应变小
胰高血糖素	随着运动负荷的增加而升高	完成同等运动负荷时反应变小
睾酮	升高	长期力量训练的男性可升高，训练使女性睾酮下降
雌二醇	升高，受月经周期影响	女性呈降低

综上所述，可将激素对急性负荷的应答特征及对长期运动的适应特征总结如下。

①应激激素水平在急性运动过程中会升高，且升高幅度与运动负荷强度和/或运动持续时间相关。

②对主要应激激素而言，运动中要引起其水平升高，需要一个激活该激素升高的运动强度阈值。而且，激活不同激素升高的阈值不尽相同。

③长期运动训练后，激素水平会发生某种程度的去"补偿"现象（decompensation），表现为开始某种负荷运动时，反应幅度比较明显；随着不断运动，反应幅度逐渐变小。这表明反应幅度更加精确，机能更加节省化。

④经过长期训练，不同激素变化的综合结果总是朝着有利于运动和健康的趋势发展。

二、激素对运动能量代谢的调控

在运动过程中，能量代谢明显加快，分解代谢占明显优势。促进能量代谢的激素种类有很多，除上述的主要应急激素和应激激素外，胰岛素和胰高血糖素也起着重要作用。它们之间相互配合、相互协调，共同维持着运动过程中明显增高的能量代谢水平，以及参与运动结束后能量物质的恢复。

（一）激素对运动过程中能量代谢的调控

能量代谢包括合成代谢和分解代谢两个对立统一的过程，正常情况下，主要的应激激素和应急激素（包括肾上腺皮质激素和髓质激素等）主要影响分解代谢，而胰岛素主要影响合成代谢，两种代谢维持着一种动态平衡关系。

但大强度运动会打破这种平衡关系，造成"失衡"，表现为分解代谢明显占优，以满足运动过程中对能量的大量需求。在剧烈运动过程中，随着肌肉运动和做功，身体的耗能量明显增加，糖皮质激素、胰高血糖素、甲状腺素、肾上腺素、去甲肾上腺素、生长激素等在血中的浓度显著升高，而胰岛素则保持不变甚至降低。在此情况下，能量物质的分解代谢明显加强，以满足运动需求。

（二）激素对运动后能量代谢的调控

运动结束后，由于身体的耗能量基本恢复到安静水平，主要的应急激素、应激激素水平急剧下降，而胰岛素水平上升，有助于能量物质的再合成，合成代谢明显占优。

在充分恢复的前提下，运动后恢复期的一段时间里，机体在运动中消耗的能量物质不仅得以恢复，而且会超过原有水平，即产生"超量补偿"（超量恢复）现象，有利于在随后进行的训练和比赛中得到更多的能量供应。这是运动取得训练效果的重要标志。

三、内分泌轴与运动

激素对身体功能的调控并非孤立地发挥作用，而是通过上位内分泌腺（下丘脑）释放促中位内分泌腺（垂体）的激素，中位内分泌腺（垂体）分泌促下位内分泌腺的激素，形成级联放大的生物效应。这种级联放大过程称为内分泌轴。

内分泌轴与运动

机体重要的内分泌轴包括：①下丘脑—垂体—肾上腺（皮质）轴，因其主要与机体的应激活动有关，也称"应激轴"；②下丘脑—垂体—甲状腺轴；③下丘脑—垂体—性腺轴，也称生殖轴。

与运动有关的主要是下丘脑—垂体—肾上腺（皮质）轴。其中，下丘脑和脑垂体分泌的促激素对运动应激起着非常重要的作用。详见二维码。

四、内分泌指标在运动实践中的应用

（一）睾酮

血清睾酮（testosterone，T）在运动训练中对人体形态和机能的改变，尤其对运动成绩的影响有着重要的作用。在考虑到年龄因素的前提下，可作为评定运动员机能状态和运动选材的重要指标。

男性睾酮的95%由睾丸间质细胞产生；女性睾酮由卵巢与肾上腺皮质合成及其分泌的前体物质转换而来，受下丘脑—垂体—性腺轴调控。一般来说，睾酮促进机体合成代谢，在身体机能良好时，血清睾酮水平变化不大，且随着体能增强逐渐增加。研究表明，一次性运动期间，睾酮会出现小幅度升高，但长期训练会使男子运动员安静值降低，当睾酮持续明显降低时，应考虑疲劳、过度训练或机能状态不佳，但此判断标准至今仍难以统一。有研究提出，由运动引起的男子血睾酮低于3.47nmol/L，女子低于0.69nmol/L，即出现过度训练状态。在运动训练过程中，如果睾酮比原水平下降25%~30%，且维持较低水平，就说明训练负荷可能安排不合理，应及时进行调整。血睾酮指标受多种因素影响，且个体差异较大。研究发现，不同的运动负荷会对血清睾酮浓度产生不同程度的影响。通过对大鼠施加3%体重的负荷，每天持续游泳60min，5周后，大鼠的血清睾酮显著降低，而以同样负荷进行5周每天60min的间歇训练（游泳15min，间歇7min，共4次）后，大鼠的血清睾酮增加。

在应用血清睾酮指导选材时，应选择正常安静状态下睾酮水平高的运动员，其力量、耐力、恢复等方面均存在优势，能够承受较大运动强度和运动量的训练负荷。

(二) 皮质醇

皮质醇 (cortisol) 由肾上腺皮质分泌，由下丘脑—垂体—肾上腺轴调控，促进脂肪分解，增强脂肪酸在肝内的氧化，有利于糖异生，是代表机体分解代谢的指标，可用于训练负荷监控和运动员恢复能力的评估。

研究发现，急性运动后，皮质醇大多呈明显上升变化，受运动强度大小和持续时间长短的共同影响，在运动应激时反馈性提高，运动结束后能迅速降至基础值，从而加速疲劳恢复。

一个周期的训练后，相同负荷运动时，血清皮质醇浓度上升的幅度下降，是适应运动量的表现，表明训练负荷适中；如上升幅度增加，表明训练负荷过大。运动后恢复期，血清皮质醇持续偏高，恢复到正常水平的时间加长，表明机能状态差或对负荷不适应。一般认为皮质醇在 276nmol/L（10μg/dL）以下时，运动员的恢复能力良好。

由于血清皮质醇受多种因素影响，所以监测时要注意控制实验条件。阿德勒克鲁兹把血清游离睾酮/皮质醇比值（FT/C）作为机能评定的敏感指标，反映身体合成及恢复状况。当血清游离睾酮/皮质醇比值下降超过 30% 或小于 0.35×10^{-3}，则可诊断为过度疲劳。

(三) 促红细胞生成素

促红细胞生成素 (erythropoiesis, EPO) 是一种调节红细胞生成的造血因子，主要作用是促进红细胞生成，维持血液中红细胞和血红蛋白的数量。有研究证实，耐力运动员的 EPO 比其他运动员高，所以 EPO 可以作为耐力运动训练的评价、预测指标。

大负荷的训练可以导致 EPO 水平的降低。如研究发现，男子游泳运动员 4 周赛前大负荷游泳训练后，EPO 与大负荷训练前相比出现明显下降，平均下降 48.5%。经 1 周调整后，出现一定回升，但与训练前相比仍低 17.2%。

当机体处于缺氧环境（高原、低压氧舱）时，EPO 促使红细胞数量上升，以代偿动脉氧含量降低。EPO 上升的幅度可反映机体对缺氧的适应程度，但 EPO 上升过多可能导致血液黏滞度增大，不利于血液携氧；相反，EPO 值过低，说明运动员身体机能较差。因此，EPO 也可以反映运动员在高原训练期间机体的适应情况。

◇【思考题】

1. 什么是内分泌、内分泌腺、激素？激素是如何分类的？
2. 激素的一般生理作用有哪些？激素作用的特征是什么？激素分泌是如何进行调节的？激素分泌的调节机制是什么？
3. "经典内分泌腺"主要包括哪些？具有内分泌功能的"功能器官"主要有哪些？分泌的主要激素是什么？
4. 主要应激激素对运动应答和适应的基本规律有哪些？
5. 在运动过程中，激素是如何调控组织能量代谢的？

(天津医科大学　傅　力)

第十一章 运动与免疫

◇ 【教学目标】

通过本章内容的学习,掌握神经—内分泌—免疫网络和运动性免疫抑制原理;熟悉免疫功能及增强免疫功能的调理方法;了解造成免疫抑制的原因;培养学生运用运动免疫抑制原理科学调理运动和营养等提高免疫机能的能力;树立适量运动提高免疫力,运动促进健康的科学理念。

免疫是人体的防御机能,包括先天形成的非特异性免疫与后天建立的特异性免疫。适量运动可对免疫系统的机能产生良好作用,而过量运动则会对免疫机能产生不良影响。

第一节 免疫机能概述

免疫系统由免疫器官、免疫组织、免疫细胞和免疫分子组成。免疫反应分为体液免疫与细胞免疫,分别由 B 细胞和 T 细胞介导。神经—内分泌和免疫系统之间相互作用、相互影响,构成完整的调节网络。

一、免疫的概念及其发展

(一) 免疫的基本概念

免疫(immunity)的原意为"免除瘟疫"。人类对免疫的认识,是从研究机体对传染病的抵抗力开始的。人们早就发现,在传染病流行过程中,得病后幸免于死的人,以后会对该疾病具备抵抗力,当该种传染性疾病再度流行时可以安然无恙。

相当长时间内,在人们的概念中,免疫仅仅指机体抗感染的抵抗力,并且对机体都是有利的。随着对免疫学的深入研究,人们对免疫现象的认识更加全面深刻。目前,对免疫最基本的认识至少应该包括下列三点:免疫应答不一定由病原因子引起;免疫功能不局限于抗感染;免疫应答并不总是对机体有利。

目前对免疫的概念比较完整的表述是:免疫指机体接触"抗原性异物"或"异己成分"的一种特异性生理反应,其作用是识别与排除抗原性异物,以维持机体的生理平衡,这些反应通常对机体有利,但在某些条件下也可能对机体有害。

（二）非特异性免疫与特异性免疫

1. 非特异性免疫

人体对抗原性异物的抵抗力，有些是天生具有的，即在种系发育进化过程中形成，经遗传获得的，称为先天性免疫。因其并非针对某一病原微生物，故又称为非特异性免疫（non-specific immunity）。非特异性免疫，由机体的解剖结构与生理功能体现。如机体的各种屏障结构（皮肤与黏膜屏障、血脑屏障、血胎屏障）、粒细胞、单核吞噬细胞，以及体液中的抗菌物质（有抑菌、溶菌与杀菌作用）。

2. 特异性免疫

个体在生活过程中，因受病原微生物感染或接种疫苗而获得的免疫称为获得性免疫。因这种免疫一般仅针对所感染的病原微生物或疫苗所能预防的疾病，故又称为特异性免疫（specific immunity）。人们一般概念中的免疫，均指特异性免疫。

（三）抗原与抗体

1. 抗原

由字面意义便可大致理解，抗原（antigen）即诱发抵抗的原因。抗原一般是指细菌、病毒、微生物等病原体微生物。随着免疫学研究的进展，人们逐渐认识到，抗原进入人体后，不仅经 B 淋巴细胞介导产生体液免疫（产生抗体），而且经 T 细胞介导产生细胞免疫。因此，20 世纪 80 年代以来，对抗原较为全面确切的概念是：能够与特异性淋巴细胞上独特的抗原受体特异性结合，诱导该淋巴细胞发生免疫应答的物质。

2. 抗体

抗体（antibody）是机体受到抗原刺激而产生的特异性糖蛋白，也称为免疫球蛋白（Immunoglobulin，Ig），常用的免疫球蛋白指标为 IgA、IgG 和 IgM。它们能与相应抗原结合形成抗原—抗体复合物。抗体一般由 B 细胞产生，分布于细胞表面、血清和其他体液中。

二、免疫系统的组成

人体免疫系统由免疫器官、免疫细胞与免疫分子共同组成。它们是机体免疫功能及发生免疫反应的物质基础。

（一）免疫器官

免疫器官是免疫细胞分化、增殖与定居的场所，分为中枢免疫器官和外周免疫器官。

1. 中枢免疫器官

骨髓和胸腺能使淋巴干细胞增殖，进行一定程度的分化，成为成熟的免疫细胞并输送到外周淋巴组织定居，因而骨髓与胸腺被称为中枢免疫器官。

2. 外周免疫器官

接受免疫细胞的组织，称为外周免疫器官或末梢淋巴组织，包括淋巴结、脾脏、扁桃体等。

(二) 免疫细胞

免疫系统主要功能是识别并排除体内的非己物质，执行此功能的细胞均属免疫细胞。换言之，凡参与免疫应答或与免疫应答有关的细胞统称为免疫细胞，包括淋巴细胞、单核吞噬细胞、粒细胞等。

1. 淋巴细胞

在免疫应答中起核心作用的是淋巴细胞（lymphocyte）。其中能接受抗原刺激而活化、增生分化、发生特异性免疫反应的淋巴细胞称为抗原特异性淋巴细胞或免疫活性细胞，即 T 细胞和 B 细胞。此外还包括 K 细胞（killer，杀伤细胞）、NK 细胞（natural killer，自然杀伤细胞）等。其中 T 细胞主要介导细胞免疫；B 细胞主要介导体液免疫；K 细胞能够杀伤被抗体（IgG）覆盖的靶细胞；NK 细胞能够直接杀伤某些肿瘤细胞或病毒感染的细胞。

T 细胞的许多功能是通过其亚群发挥的，如 TH 细胞（helper T cell，辅助性 T 细胞）在介导细胞免疫和体液免疫过程中充当着关键角色；TC（cytotoxic T cell，细胞毒性 T 细胞）和 TD（delay type T cell，迟发性 T 细胞）两者在细胞免疫应答过程中起着重要作用。

2. 单核吞噬细胞

单核吞噬细胞（mononuclear phagocyte）指血液中的单核细胞（monocyte）和组织中的巨噬细胞（macrophages）。这类细胞具有多种免疫机能，包括吞噬和杀伤作用、递呈抗原作用及分泌作用。

3. 粒细胞

粒细胞（granulocyte）包括中性粒细胞（neutrophil）、嗜酸性粒细胞（eosinophil）及嗜碱性粒细胞（basophil），其中起免疫作用的主要是中性粒细胞。它占白细胞总数的 50%~70%，是机体非特异性免疫系统的重要组成部分，具有协助对许多细菌和病毒性病原体吞噬的作用，并释放具有免疫调节作用的细胞因子。中性粒细胞被认为是体内最有效的吞噬细胞，而且在病原体入侵的早期控制中起着关键作用。

(三) 免疫分子

免疫分子包括抗体、补体与细胞因子等。

1. 补体

补体（complement，C）是指人与动物血清中正常存在的、与免疫有关的、具有酶活性的一组球蛋白。补体并非单一物质，而是包含多种成分的血浆蛋白，故又称为补体系统。其中包含了与补体激活有关的成分，也包括调控补体系统的各种灭活因子和抑制因子。主要补体包括 C_3 和 C_4 等。补体系统的生物学作用为溶菌、杀菌、细胞毒性、免疫黏附、中和及溶解病毒，以及炎症介质。

2. 细胞因子

细胞因子（cytokine）主要由淋巴细胞与单核—巨噬细胞产生，习惯上称前者为淋巴因子（lymphokine），后者为单核因子（monokine），实际上其他免疫细胞与非免疫细胞也可以产生，故统称为细胞因子。主要的细胞因子有白细胞介素（interleukin，IL）、B细胞刺激因子、淋巴霉素、肿瘤坏死因子、干扰素、集落刺激因子、转移因子等。目前研究发现，骨骼肌、脂肪可以分泌细胞因子。

在机体对"非己"物质（即抗原）进行免疫应答并加以排除的过程中，主要通过细胞因子在免疫因子和免疫细胞之间传递信息。从这个意义上讲，细胞因子对于免疫系统，正如激素对于内分泌系统、神经递质对于神经系统一样重要。此外，在神经—内分泌—免疫调节网络中，细胞因子也起着非常重要的介导作用。

三、免疫应答

抗原性物质进入机体后激发的免疫细胞活化、分化和效应的过程称为免疫应答，也称为免疫反应，包括B细胞介导的体液免疫应答反应和由T细胞介导的细胞免疫应答反应。

（一）体液免疫应答反应过程

根据反应的特征，将体液免疫（humoral immunity）过程划分为三个阶段。

1. 感应阶段

进入体内的抗原被巨噬细胞捕获，进行吞噬加工处理后，递呈给TH细胞，TH细胞受该抗原（处理过的）和IL-1诱导而活化。这是一个抗原递呈的过程。这个过程需要主要组织相容性复合体（major histocompatibility complex，MHC）参与。

2. 增殖和分化阶段

TH细胞被活化后，发生增殖并释放出IL-2（白细胞介素-2）、B细胞分化因子（B cell differentiation factor，BCDF）及B细胞生长因子（B cell growth factor，BCGF）。BCDF和BCGF能够促使B细胞成熟、增殖和分化成浆细胞（B细胞的成熟细胞）。

3. 效应阶段

首先，多数B细胞能够成为浆细胞，合成和分泌免疫球蛋白（抗体），然后由抗体直接或间接发挥免疫效应，杀灭进入人体的抗原物质。其次，部分B细胞变为记忆性B细胞。以后如果遇到相同抗原刺激时可以很快产生相同抗体，并在相当长时间内维持较高的抗体浓度，这样就对该病原体产生了抵抗力。

（二）细胞免疫应答反应过程

细胞免疫（cellular immunity）同样可划分为三个阶段。

1. 感应阶段

T细胞介导的细胞免疫应答的感应阶段，基本类似于B细胞介导的体液免疫应答过程的感应阶段。

2. 增殖和分化阶段

活化的TH细胞开始大量增殖，最终导致相应的TD细胞和TC细胞激活，进入效应阶段。同时，部分 T 细胞分化为记忆性 T 细胞。

3. TC 细胞的特异性作用

激活的 TC 细胞发挥特异性的细胞毒性作用，攻击靶细胞（病原体）。一个 TC 细胞在数小时内可杀伤数十个靶细胞。TD 细胞则释放出多种淋巴因子，参与对抗病原体感染的炎性反应。

四、神经—内分泌—免疫网络

近年来，随着神经内分泌与免疫学研究的深入，人们发现，免疫系统同神经内分泌在结构上、功能上有非常密切的共存关系。它同神经内分泌系统一起，对机体机能起到非常重要的调节作用。神经系统、内分泌系统与免疫系统之间相互联系、相互作用，在整体条件下，基本以比较完整的调节环路为单位，构成比较复杂的网络。构成复杂网络的基本器官包括下丘脑、垂体前叶、肾上腺、胸腺、性腺和单核细胞系等。

（一）神经—内分泌—免疫网络的构成特征

1. 共同的信息物质

神经系统、内分泌系统与免疫系统的作用是双向的，拥有共同的神经肽激素、细胞因子并拥有共同的受体，使系统内、系统间得以相互联通与调节。

2. 共同的交汇点

这是三大系统间交叉影响的基础。细胞免疫与体液免疫借助于血液循环、淋巴循环和组织液进行和实现免疫反应生理过程，而神经、内分泌系统的调控最终也通过循环血液和组织液完成，在此交汇路上势必发生交叉性影响。

3. 共同的调节环路

三大系统在信息分子和细胞表面标志、信息储存和记忆、周期性变化、正负反馈调节机制、衰老与性别差异等方面均有程度不等的相似之处。

生物活性物质对神经系统、免疫系统与内分泌系统的作用不是独立进行的，在整体条件下基本以比较完整的调节环路为单位。这些环路的工作方式是正反馈与负反馈，有精确调节、放大效应、整合效应、自限性及级联反应等特点。

（二）神经—内分泌—免疫网络的作用

当机体处于应激状态时，过强刺激破坏了机体内环境的稳态而引起机体非特异性反应，此状态发生的基础是体内发生一系列急剧的神经—内分泌—免疫反应，并伴随身体机能的剧烈变化。在对应激发生的应答性反应过程中，三大系统既独立工作，又相互协调。

神经系统既要调控身体的随意运动，又要通过兴奋交感神经系统、抑制副交感神经系统调节运动时血流再分配，提高心血管功能与呼吸机能等，同时还要通过下丘脑刺激与调节内分泌激素的分泌，并通过对自主神经与内分泌系统功能状态的调控影响免疫机能。

内分泌系统一方面要接受神经调节信息，改变不同内分泌腺体的功能状态以配合神经系统整合身体机能变化；另一方面要对免疫机能进行干涉与调节。

免疫系统不仅仅充当神经系统的效应器与内分泌系统的靶器官，还需要接受神经内分泌的调控并改变免疫反应，包括改变免疫器官的功能状态、改变免疫细胞及其受体的活性状态，尤其是改变免疫信息分子生成。这些变化对于维持运动时机体的稳态至关重要。运动过程中免疫功能状态的改变会给机体一个强烈的信号，同时利用免疫信息分子反作用于神经与内分泌系统，调控它们的功能状态，以便将刺激控制在机体可承受的范围之内。

免疫系统与神经内分泌系统之间之所以有如此精细的网络联系及如此复杂的作用与反作用、调控与反调控，正是为了确保发生各种应激时各大系统之间功能的精细执行与协调统一，以确保机体健康。

第二节 运动对免疫机能的影响

免疫机能作为机体抵抗力的标志，是身体体质的代表性指标之一。但运动与免疫的关系非常复杂，并非只要运动必然有益于免疫机能。研究已经表明，不同的运动对免疫机能会造成不同的影响。

适量运动可提高免疫机能，降低感染性疾病的患病风险，而大强度运动训练则对免疫机能有抑制作用。

一、适量运动与抗感染能力

大量流行病学调研结果显示，经常从事适量运动者比静坐工作者患上呼吸道感染的风险明显要低。如对体育爱好者、跑步者所做的调研结果表明，与不活动者相比，60%~90%经常参加体育活动的人患感冒的次数明显要少。

尼曼（Nieman DC）等在1996年和1998年所进行的三个随机研究表明，每日进行活动者会减少患病的天数。活动组的妇女每天快走35~45min，每周快走5天，在冬季、春季或秋季走12~15周；同时，对照组不做任何体育活动。报告的结果非常一致：活动者患感冒的天数只占对照组的一半左右。另一项为期一年的流行病学研究观察到，在547名受试者中，定期进行适量运动者与不定期进行中度到剧烈运动者相比，前者患上呼吸道感染的比率降低了23%。

还有研究表明，在适量运动期间，免疫系统会发生数种有益的变化：抑制免疫功能的应激激素和亲炎性、抗炎性细胞因子（大强度代谢活动的标志）在适量运动期间并未见升高。研究认为，每一次适量运动对人体的免疫监视功能都有一次促进作用，并且会在很长时间内降低机体感染的风险。

总体来说，这些研究结果表明，每日进行适量运动，可增强免疫功能，降低患病风险。这些研究结果对于指导全民健身有一定实用意义。

二、大强度运动对免疫机能的影响

许多人体实验和动物实验结果已经证实，长期大强度运动对免疫机能有强烈的负性影响。主要表现在以下方面。

淋巴细胞数量减少，NK细胞的细胞毒性降低，免疫球蛋白IgA、IgG，以及重要补体

C_3 和 C_4 含量显著降低。

延迟性过敏反应（delayed-type hypersensitivity，DTH）降低，涉及数种不同的细胞类型（包括 T 淋巴细胞）及化学介导物质，表现为皮肤出现红疹等。

持续时间较长、强度较大的运动训练会导致肌肉细胞受损，并继发性释放出亲炎性和抗炎性细胞因子。

三、运动免疫的基本理论

经过运动免疫研究者多年的辛勤努力，已经就许多运动免疫问题达成共识，并形成了基本理论。下面主要介绍比较成熟的"开窗"理论和"J"型曲线模式，前者主要与运动训练引起的免疫抑制有关，后者则形象地反映出不同运动对免疫机能的不同影响。

（一）"开窗"理论

这种理论认为，大强度急性运动时，应激激素的急剧升高及血流动力学发生的急剧变化，导致淋巴细胞等免疫细胞快速动员入血，使淋巴细胞等数量在运动期间急剧升高，淋巴细胞亚群比例发生明显改变。大强度运动后，淋巴细胞浓度下降，增殖分化能力及活性降低，免疫球蛋白含量及功能也受到影响，出现免疫低下期。据研究，受一次性急性运动影响，免疫低下期可持续 3~72h。在免疫低下期，各种细菌、病毒、微生物等病原体极易侵入人体，表现为对疾病的易感率升高。故一般形象地将这段免疫低下期称为"open window"，意为"打开的窗户"，以此表明此阶段外界病原体极易侵入人体，因此时机体的"窗户"未像平常那样"关闭"着将病原体拒之门外，而是被"打开"，病原体乘机进入人体，故此期运动员易感率明显上升。这就是"开窗"理论（"open window" theory）（图 11-1）。

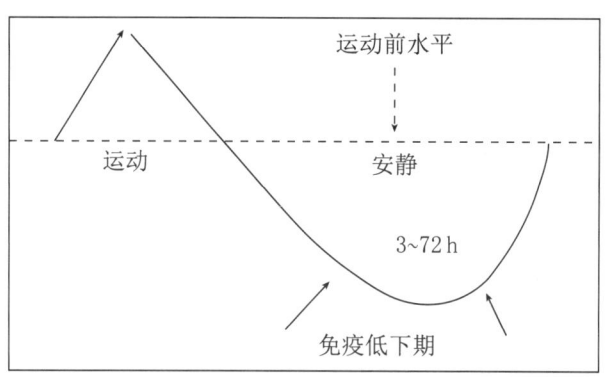

图 11-1 运动性免疫的"开窗"理论模式图

（二）"J"型曲线模式

大量的运动免疫研究观察到，人体的免疫功能状态与运动负荷、运动强度、持续时间等运动安排有密切关系。大强度、大运动负荷、较长持续时间且频度较高的运动训练，会强烈抑制免疫机能。在这两极之间，存在着适量的运动强度、运动频度、运动负荷、持续时间的组合方式，既能有效地提高身体机能，又能有效地提高免疫机能，增强身体抵抗力。依据这些研究结果，人们发现在运动强度与上呼吸道感染率之间，存在一种量效关系：若以正常不运动者安静水平作为参照，可以发现适量强度的经常性身体运动可明显降低上呼吸道感染率，而大强度运动训练则会使之明显升高。三者相比，形成一条类似"J"字形的曲线（图11-2）。

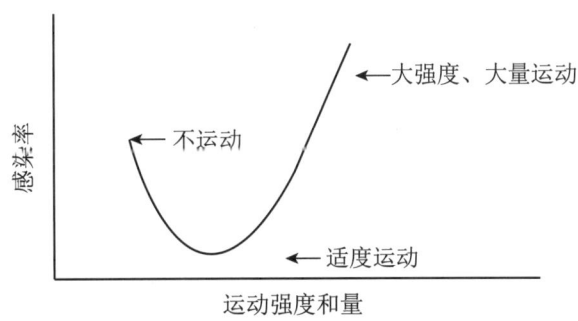

图11-2 运动性免疫的"J"型曲线模式图

第三节 运动免疫抑制现象及其调理

长期进行的大强度运动训练可导致运动性免疫抑制，使人体对感染性疾病的易感率上升。造成运动性免疫抑制的可能原因包括交感神经兴奋、应激激素升高、血糖和谷氨酰胺浓度降低、氧自由基浓度升高等。一般通过营养补充、中医中药及运动员的自我管理等措施对其免疫功能进行调理。

一、运动性免疫抑制现象

（一）流行病学调研结果

优秀的耐力性运动员和教练员一般都有这种感觉：过度训练会降低身体对上呼吸道感染疾病的抵抗力，这种现象就是运动性免疫抑制现象（exercise-induced immunosuppression）。流行病学研究结果一般都支持这样一个结论：在大运动负荷训练期间，以及参加过竞技性耐力比赛后1~2周，患上呼吸道感染疾病的风险明显升高。问卷调研证实，当优秀运动员感觉训练负荷超过自我感觉的训练阈值（最大耐受限度）之后，患病率会升高。这些数据表明运动负荷与感染有一定的联系。

（二）实验研究

大量的动物和人体实验结果表明，剧烈运动会降低免疫机能。若长期进行此种运动，免疫机能会逐渐降低，发生越来越严重的免疫抑制现象。表现为免疫细胞数量减少，淋巴细胞转化能力降低，分泌型IgA明显减少（标志着抗感染能力降低），细胞因子的生成受到影响，对内毒素引起的免疫反应降低等。

综上所述，长期的大强度运动训练可以发生比较强烈的免疫抑制现象，使人体表现出比较明显的免疫机能低下状态。

二、调理运动性免疫低下的基本方法

目前,国内外非常重视运动免疫调理措施的研究,以期在体育活动过程中尽可能保护免疫机能,在活动后尽快促进免疫机能的恢复。在国际上,主要应用营养补充进行免疫调理。在中国,除了利用营养措施外,还可利用中医中药优势,进行免疫调理的尝试。

(一)营养调理

营养调理主要是针对影响免疫机能的重要营养因素来进行的。

1. 糖的补充

这是目前国内外应用较为广泛的免疫调理手段。具体补充时间为活动前、活动中与活动后。活动前,补充时间不宜距离开始训练的时间过近,以免引起胰岛素效应导致运动时血糖浓度降低;活动中,少量多饮,浓度不宜过高;活动后,补充应在训练后抓紧进行,既有利于维持血糖水平,促进免疫机能恢复,又有利于糖原的再合成。可通过鼓励运动员多进食米饭、面条等主食增加糖的摄入量。

2. 谷氨酰胺的补充

主要应用谷氨酰胺药物制剂,多在运动后补充。

3. 抗氧化物

服用抗氧化物来对抗自由基。自由基不仅可以抑制免疫机能,而且是重要的致疲劳物质。因此,补充抗氧化物可谓"一箭双雕",不仅有利于调理免疫机能,而且有助于加快消除疲劳和促进身体机能的恢复。常用的抗氧化物包括维生素C、维生素E、胡萝卜素等。

4. 微量元素

微量元素包括硒、铁、锌、铜等。可用来保护细胞膜(包括免疫细胞),并促进身体机能的恢复。

(二)中医药调理

中医理论认为,"正气存内,邪不可干""邪之所凑,其气必虚"。免疫功能降低主要归因于正不压邪、阴阳失调。因此,对免疫机能进行调理的基本思路是扶正祛邪,调整阴阳。利用补益法从补气、补血和补阳入手,扶持正气,提高免疫机能。

中医、中药是我国特有的宝贵资源,有其他手段无法比拟的优势。相信在运动训练中,中医和中药在运动免疫调理上一定会大有作为。

(三)运动员自我管理

运动员自我管理是非常重要的因素,要做到以下几点。

①避免过度训练和慢性疲劳;保证睡眠充足;如有轻微感冒,待症状消失后再进行大强度训练会比较安全;感冒期间可进行轻度到中度活动。

②饮食时,应该按照"食物金字塔"的原则及能量需求,进食多样化以平衡膳食。

③将训练之外的生活和精神压力降至最低程度。过重心理压力可以导致上呼吸道感染

率升高。感冒较重，兼有发烧、极度疲乏、肌肉疼痛及淋巴结肿大等症状，应待症状痊愈后再恢复大强度训练。

◇ **【思考题】**

1. 简述免疫系统的组成与功能。
2. 简述神经—内分泌—免疫网络。
3. 简述适量运动对免疫机能的作用。
4. 简述调理运动性免疫机能低下的基本方法。

（武汉体育学院　孟思进）

第二篇

运动训练生理学

第十二章 运动技能学习与控制

◇【教学目标】

通过本章内容的学习,掌握运动技能概念、分类、生理学基础,以及运动技能的评定与测定方法;熟悉运动技能泛化、分化、巩固和自动化的学习进程,以及动机、大脑皮质机能状态、身体素质、感觉机能和反馈对运动技能发展的影响;了解运动技能的迁移和影响因素;培养分析运动技能特点、对运动技能进行研究的能力,并实现教学对象教学能力的提升。

人的生命活动是以各种动作为基础的。运动技能学习与控制是人类动作行为科学的重要组成部分,主要研究运动技能的学习过程,动作产生、执行和控制过程,以及影响动作学习、控制过程的各种变量,这在体育教学、教练员培训、运动训练和运动康复诸多领域有着广泛的应用价值。在运动训练的基本理论中,运动技能的形成与控制是非常重要的问题,只有掌握了运动技能的发生、发展原理及变化规律,才能够正确处理运动训练中涉及运动技能的实际问题。

第一节 运动技能概述

技能在人类生活中占有很大比重,在运动、音乐和外科手术等高水平专业活动方面也有很大的应用价值。我国运动技能的概念主要是依据巴甫洛夫理论,结合脑和神经系统在运动负荷情况下的变化规律逐渐形成的。

一、运动技能的概念

运动技能是指人体在运动中掌握和有效地完成专门动作的能力。这种能力包括大脑皮质主导下的不同肌群间的协调性。换言之,运动技能是指在准确的时间和空间内大脑精确支配肌肉收缩的能力,这需要用精确的力量和速度依一定的次序和时间去完成所需要的动作。心理学角度认为,运动技能也叫作动作技能,指表现在外部的、以完善合理方式组织起来并能顺利完成某种活动任务的复杂的肢体动作系统。

运动技能与我们平时所说的运动技术和运动技巧既有区别又有联系。其中,运动技术是人们按身体运动的规律所确立的运动的合理手段。运动技术,如人的跑、跳、投、拉、推等基本技术，是运动技能的基本结构。运动技巧是技能的高级阶段，是高度自动化的技能，技巧动作的完成表示在时间、空间等各方面都已达到高度熟练自动化的程度。

二、运动技能的分类

（一）开式和闭式技能

这种分类方式是通过预估整个运动过程中环境的稳定性和可预测程度来进行的，可以分为开式技能和闭式技能。开式技能是在运动过程中所处的环境可变且不可预测，其动作也随着外界环境的改变而改变，例如赛车、球类运动等。闭式技能是环境稳定且可以预测，其动作不会因为外界环境的改变而改变，例如游泳、田径等。这种分类方法指出了不同运动技能的关键特征，指明了运动者是否需要对环境变化做出改变，见表12-1。

表 12-1　开式和闭式技能

闭式技能 可预测环境	介于两者间	开式技能 不可预测环境
体操	走钢丝	足球
射击	开车	摔跤
链球	下象棋	跆拳道

（引自：Richard A. Schmidt 等，2014）

（二）离散、连续和串联技能

根据运动的连续程度将技能分为离散、连续和串联技能。

离散技能是指运动持续时间很短的行为，例如投球、射击等。离散技能在一些以击打、踢和投掷等动作为主导的运动和日常行动中发挥重要作用。

连续技能是指没有特定开始或结束，并且持续时间较长的运动技能，例如游泳、竞走等。离散技能和连续技能在运动形式方面是完全不同的，这就要求在教学方面有不同的侧重。

串联技能通常介于离散技能和连续技能之间，是由一系列连续的离散技能组合在一起构成的一个具有更复杂行为的运动技能，例如体操等。在串联技能中，离散动作的组合顺序是至关重要的。串联技能与离散技能的不同之处在于，串联技能的运动持续时间更长，并且其中所有的离散技能都有独立的开始和结束，见表12-2。

表 12-2　离散、连续和串联技能

离散技能 （有明确的开始和结束）	串联技能 （离散动作的组合）	连续技能 （无明确开始和结束）
投掷	敲击	赛车
开灯	体操	游泳
射击	花样游泳	竞走

（引自：Richard A. Schmidt 等，2014）

三、运动技能的生理学基础

运动技能是在大脑皮质指挥下由骨骼肌参与的随意运动。与本能不同，其是在后天生活中学习而形成发展起来的。所谓随意运动就是指受意识支配的肌肉收缩活动。

（一）随意运动的反射本质

谢切诺夫曾提出："一切随意运动，严格地讲，都是反射。脑活动的一切外部表现，确实都归结为肌肉运动。"其生理机理被认为是，人的随意运动是从感觉开始，以心理活动为中继，以肌肉的效应活动而告终的一种反射。之后，巴甫洛夫在《所谓随意运动的生理机制》一文中阐明，随意运动的生理机理是暂时性神经联系。他用狗建立食物—运动条件反射，证明大脑皮质动觉细胞可与皮质所有其他中枢建立暂时性神经联系，包括内、外刺激引起皮质细胞兴奋的代表区。随意运动的生理机理是以大脑皮质活动为基础的暂时性神经联系。因此，学习和掌握运动技能，其生理本质就是建立运动条件反射的过程。

（二）运动条件反射形成的生理机理

人体具有许多与运动有关的简单非条件反射活动，如牵张反射、状态反射、防御反射等。人的简单运动条件反射（心理反射）过程就是在这些非条件反射（生理反射）的基础上，通过视觉、听觉、触觉和本体感觉与条件刺激物多次结合实现的。例如，足球运动中，运动员在防守任意球时排列"人墙"，在明知可能被来球击中的情况下，仍然努力克服防御反射，保持防守姿势。此时，在大脑中与条件反射相关的中枢之间建立起了暂时的神经联系。

人形成运动技能就是形成复杂的、连锁的、本体感受性的运动条件反射。

运动技能与简单运动条件反射的区别是：

①复杂性。有多个中枢（运动中枢、视觉中枢、听觉中枢、皮肤感觉中枢和内脏活动中枢）参与形成运动条件反射活动。

②连锁性。反射活动是一连串的，一个接一个，前一个动作的结束便是后一个动作的开始，具有严格的时序特征。

③本体感受性。在反射过程中，肌肉的传入冲动（本体感受性冲动）起重要作用。没有这种传入冲动，条件刺激得不到强化，这个复杂过程的条件反射就不能形成，运动技能就不能掌握。

大脑皮质运动中枢内支配部分肌肉活动的神经元在机能上进行排列组合，兴奋和抑制在运动中枢内有顺序地、有规律地、有严格时间间隔地交替发生，形成了一个系统，成为一定的形式和格局，使条件反射系统化。大脑皮质机能的这种系统性就称为运动动力定型。可以更确切地说，运动技能的形成就是建立运动动力定型的结果。

运动动力定型越巩固，就越能轻松自如地完成动作。运动动力定型建立得越多，动力定型的改建就越容易，大脑皮质的机能灵活性也越高。大脑机能的可塑性表现在，在一定的条件下，新的运动动力定型可以取代旧的运动动力定型。运动实践证明，基本技术掌握得越多、越熟练，不仅学习新的运动技能越快，而且运动技能运用得越自如，在实践中才会有丰富的创造力，形成独特的技术风格。

四、运动技能的评定

在学习过程中，运动技能不断练习得到强化，训练成绩得以提高，运动技能逐渐熟练。这个过程是可以进行评定的，常用的运动技能评定方法是练习曲线法。练习曲线是指在练习中个人或群体的平均表现曲线，也称为"学习曲线"。曲线会根据练习增加或减少而发生改变，但取决于任务得分的具体方式。运动技能的提高主要表现为动作准确性的提高和练习速度的加快。通常以横坐标表示练习次数，纵坐标表示练习成绩。

练习曲线通常有以下几种趋势：练习进步先快后慢，练习进步先慢后快，练习进步先后比较一致，这都属于典型的练习曲线（图12-1）。练习曲线还存在"高原期"现象（图12-2）和练习成绩的起伏现象等不同形式。

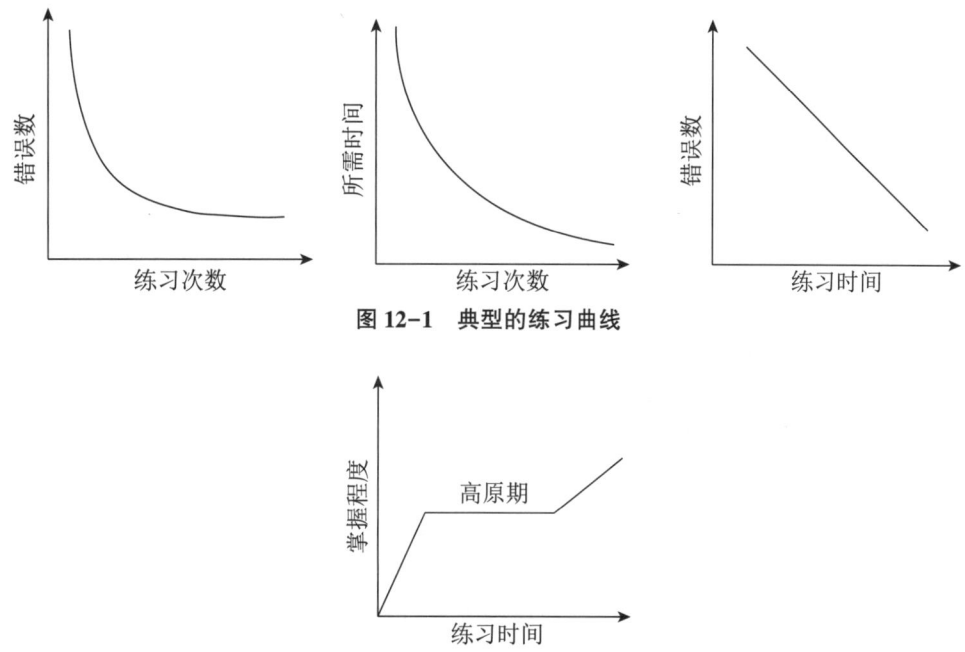

图 12-1 典型的练习曲线

图 12-2 练习曲线"高原期"现象

练习进步先快后慢是一种常见的练习曲线，其特点是初期进步较快，随后逐渐减慢，主要是因为练习初期运动技能分解，较整体练习简单。随着运动技能的提高，要求身体素质与运动技能相匹配，练习初期身体素质提升缓慢是制约运动技能提高的重要因素。此外，对过去经验的运用和心理调控等因素均可导致练习进步先快后慢。

练习曲线的"高原期"现象的特点是初始学习提高不明显，随后出现逐步提高、停滞不前和再度提高等不同时期。这种情况主要受个体的身体素质、疲劳程度、动作特点、动作难度、训练方案的合理性，以及学习态度、努力程度和心理因素等方面影响。这一现象中容易出现练习成绩的起伏，需有针对性地了解学习动机、学习注意力、身体机能和疲劳水平等情况，客观上分析学习环境、学习内容、教师讲授水平等因素。

在制作练习曲线时需要注意的是：①练习曲线与技能曲线存在差异。虽然都能以某种方式表示学习进度，但练习曲线是练习过程中对个体或群体表现的描述曲线，并不能代表个体或群体长时间技能方面取得的进展。②会掩盖主体间的相互作用。使用练习曲线的原因主要是可以平均或减少不同学习者的差异表现，例如，通过研究群体的平均水平，可以看到其平均表现的变化。③还可能掩盖个体的多样性。在研究群体的平均练习曲线时，无法观察到个别学习者的数据，会使极大值或极小值对平均水平造成的影响被忽略。

第二节　运动技能的学习进程

运动技能的形成，是由简单到复杂的过程，并有其建立、形成、巩固和发展的阶段性变化规律。只是每一阶段的长短，随动作的复杂程度而不同。一般说来，可划分为相互联系的四个阶段或过程。

一、泛化阶段

学习任何一个动作的初期，通过教师的讲解和示范及自己的运动实践，只能获得一种感性认识，对运动技能的内在规律并不完全理解。由于人体受外界的刺激，通过感受器（特别是本体感觉）传到大脑皮质，引起大脑皮质细胞强烈兴奋。另外，因为皮质内分化抑制尚未确立，所以大脑皮质中的兴奋与抑制都呈现扩散状态，使条件反射暂时联系不稳定，出现泛化现象。此时，肌肉工作的表现往往是动作僵硬、不协调，不该收缩的肌肉收缩，出现多余的动作，而且做动作很费力。这些现象是大脑皮质细胞兴奋扩散的结果。

在此过程中，教师应该正确示范、简练讲解。应抓住动作的主要环节和学生掌握动作中存在的主要问题进行教学，不应过多强调动作细节。在教学过程中应注意观察学生表现，准确判断是否应该降低难度，尽可能提供保护、助力，帮助学生掌握动作。

二、分化阶段

在持续练习过程中，初学者对该运动技能的内在规律有了初步的理解，一些不协调和多余的动作也逐渐消除。此时，大脑皮质运动中枢兴奋和抑制过程逐渐集中。由于抑制过程加强，特别是分化抑制得到发展，大脑皮质的活动由泛化阶段进入了分化阶段。因此，练习过程中的大部分错误动作得到纠正，能比较顺利地、连贯地完成完整动作技术。这时初步建立了动力定型，但定型尚不巩固，遇到新异刺激（如有外人参观或比赛等），多余动作和错误动作可能重新出现。

在此过程中，教师应做到正误对比演示。强化正确动作、模仿演示学生的错误动作，让学生体会动作的细节，以此纠正错误动作，促进分化抑制进一步发展，使动作日趋准确。

三、巩固阶段

通过进一步反复练习，运动条件反射系统已经巩固，达到了建立巩固的动力定型阶段，大脑皮质的兴奋和抑制在时间和空间上更加集中和精确。此时，不仅能做到动作准确、优美，而且某些环节的动作还可出现自动化，即不必有意识去控制也能完成动作。此时，如发生环境条件变化，动作技术也不易受破坏。同时，由于内脏器官的活动与动作配合协调，完成练习时也会感到省力和轻松自如。

形成运动技能的各个过程是相互联系的，各过程之间并没有明显的界线。训练水平高的运动员在学习掌握新动作时，泛化过程很短，对动作的精细分化能力强，掌握运动技能快。初学者在学习新动作时，泛化过程较长，分化能力较差，掌握动作较慢。动作越复杂，泛化过程就越明显，分化的难度也就越大，形成运动技能所需要的时间就越长。但是，动力定型发展到了巩固阶段，也并非可以一劳永逸：一方面，还可在继续练习巩固的情况下精益求精，不断提高动作质量，使动力定型更加完善和巩固；另一方面，如果不再进行练习，巩固了的动力定型还会消退，动作技术越复杂、难度越大，消退得也越快。

在此过程中，教师应对学生提出进一步要求，并指导学生进行技术理论学习，做到理论与实践相结合，以更有利于动力定型的巩固和动作质量的提高，促使动作达到自动化程度。

四、动作自动化阶段

随着运动技能的巩固和发展，暂时联系达到非常巩固的程度以后，动作即可出现自动化现象。所谓自动化，就是练习某一套技术动作时，可以在无意识的条件下完成。其特征是，对整个动作或者对动作的某些环节，暂时变为无意识。例如，走路是人类自动化的动作，在走路时可以谈话、看报，而不必有意识地想应如何迈步、如何维持身体平衡等。又如熟练的篮球运动员在比赛时，运球等动作往往也达到了自动化程度。

对自动化动作的生理机理的解释，是以巴甫洛夫所揭示的高级神经活动的基本规律为基础的。人类一切随意运动都必须在大脑皮质参与下方能实现，但是在大脑皮质参与下所实现的机体反应活动并不一定都是有意识的。换言之，无意识完成自动化动作，仍然要在大脑皮质参与下才能实现。在大脑皮质参与下所实现的机体的反应，有的是有意识的，有的是无意识的。

巴甫洛夫在分析有意识和无意识的生理机理时认为，只有在当时条件下具有最适宜兴奋的皮质部位所完成的活动才是有意识的。通过这种部位最容易建立新的暂时联系，也最容易形成新的分化相。当运动技能达到第三过程后，动作各环节的条件反射已逐步达到巩固过程。凡是已巩固的动作都可以由皮质被抑制的区域或兴奋较低的区域来完成。

此外，在运动技能已经巩固的时候，第一和第二信号系统之间的联系，已经成为运动动力定型的统一机能体系。第一信号系统的兴奋可以选择性地扩散到第二信号系统，所以运动员可以精确地意识到自己所完成的动作，并可以用语言将完成动作的情况表达出来。

当动作出现自动化现象时，第一信号系统的活动已经从第二信号系统的影响下相对地"解放出来"。完成自动化动作时，第一信号系统的兴奋不向第二信号系统传递，或者只是不完全地传递，这时的动作是无意识的，或是意识不完全。

自动化动作也并不是永远无意识进行的，当接受的外界刺激异常时，大脑皮质的兴奋就会提高，对自动化动作又会产生意识。例如，在悬崖上行走时，步行就成为有意识的了。此外，当运动员想要体会自己动作的某环节或肢体的某部分动作时，对这些动作则产生意识。例如，游泳运动员在加速前游时，若注意腿的用力，这时支配腿部肌肉的运动中枢则处于最适宜的兴奋状态，腿的动作就能意识到，而此时两臂的动作则成为无意识的。当快到达池边时，运动员开始注意手的动作，适宜的兴奋性就转移到支配手臂的相应皮质运动中枢,而腿的动作则改为无意识的。

动作达到自动化后,第二信号系统的活动就可摆脱第一信号系统的束缚,随着外界环境的复杂化,能更灵活地调整全身活动。例如,篮球运动员对基本动作技巧掌握熟练后,根据比赛时的复杂变化,第二信号系统的活动可以专注于战略的变化。此时,运动员常能将各种已熟练的单个技术组成联合的动作,来适应当时比赛条件的要求。

要想提高运动成绩,必须使动作达到自动化程度,但不应认为动作达到自动化后,质量就能得到保证。虽然动力定型已经非常巩固,但由于进行自动化动作时,第一信号系统的活动经常不能传递到第二信号系统中去,如果动作发生少许变动,可能一时未能觉察,等到一旦觉察,变质的动作可能已因多次重复而巩固下来。所以,动作达到自动化以后,仍应不断检查动作质量,以达到精益求精。

正如上述,在体育运动实践中,运动技能形成过程并不是截然分开的,而是逐渐过渡的,各过程的出现和持续时间的长短受许多因素的影响,既与教学方法、训练水平有关,又与学生学习的积极性和目的性有密切关系。

第三节　影响运动技能学习发展的因素

一、动机

人们的一切行动都是受一定目的支配的。这种支配人们行为的目的称为动机。动机是行为的发端。动机与运动技能的形成和运动成绩的提高及表现的关系是很复杂的,它们之间并不呈线性关系,而呈现倒 U 字形的曲线关系(图 12-3)。在训练与比赛条件相同的情况下,运动员如果处于最佳动机水平,所取得的训练效果与比赛成绩最好;如果动机水平过高或过低,训练和比赛都不可能获得理想的结果。例如,有些运动员日常训练成绩不错,但在测试、比赛等环境下就会出现紧张、考虑过多、动机太强等现象,而不能表现出自身水平。为此,在教学、训练和比赛中,教练员要善于调整运动员的动机状态,使之处于最佳水平。

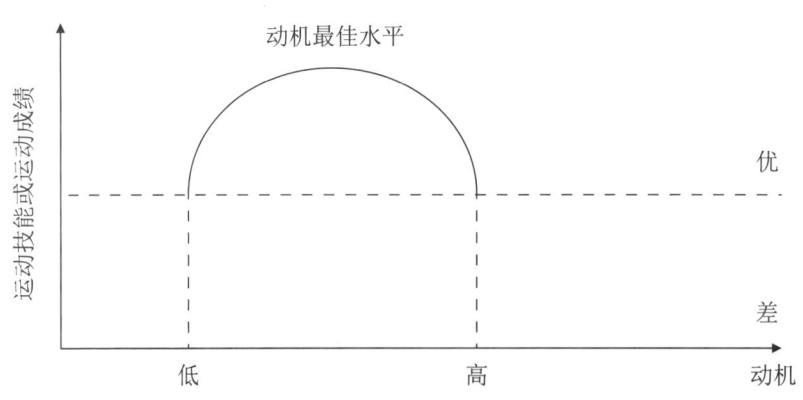

图 12-3　动机和运动技能形成的关系图

二、大脑皮质机能状态

大脑皮质机能状态在运动技能形成过程中起着重要的作用。大脑皮质兴奋性过高或过低都会影响正常运动技能水平的发挥。21世纪初，美国的耶克斯（Yekes）和多德森（Dougdsen）发现应激水平与运动技能水平之间呈倒U关系。适度的应激水平可使运动技能的发挥达到最高水平。

疲劳可以导致应激水平的降低，赛前紧张可以导致应激水平的升高。通过调整赛前状态和准备活动可以使应激水平达到最佳状态。

三、身体素质

体育运动的发展和提高，要求人们有良好的身体素质和运动技术水平。身体素质的发展，在于人体机能不断扩大和增强，而运动技能水平的提高，在于运动技术的不断改进和创新，这就对运动员身体素质的要求也越来越高。身体素质与运动技能是相辅相成的。身体素质是运动技能的基础，身体素质的提高为进一步改善运动技能打下良好的基础；随着运动技能水平的提高，身体素质也会得到发展。

从运动技能形成的生理依据来看，协调素质、柔韧素质、平衡素质、灵敏素质等与运动技能关系密切。详见二维码。

四、感觉机能

运动技能的形成过程，就是在多种感觉机能的参与下，同大脑皮质动觉细胞建立暂时性神经联系的过程。特别是本体感觉，对运动技能的形成具有特殊意义。人体各种感觉都可使肌肉产生正确的肌肉感觉，没有正确的肌肉感觉就不可能形成运动技能。所以，在运动实践中只有勤学苦练、反复实践，才能建立精确的分化，区别正确动作和错误动作的肌肉感觉，才能巩固正确动作，消除错误动作。详见二维码。

在形成运动技能时，除视觉、听觉、位觉、皮肤感觉起重要作用外，内脏感觉机能也发挥重要作用。在完成任何动作时各感觉机能都同时起作用，只不过根据运动项目的特点，对某一种感觉机能要求更高一些。因此，在运动实践中，要尽量多实践，充分发挥各感觉机能的作用，以便更有效地加速运动技能的形成。

五、反馈

反馈是对闭环控制系统的分析，是参考外在表现与期望目标状态的差异之后得到的信息。在闭环系统术语中，反馈通常被认为是提示错误的信息。然而，在人类表现系统中，"反馈"一词则具有更普遍的意义，它是关于运动和运动结果的信息，而不仅仅是错误信息。详见二维码。

首先，反馈可能有激励学习者的作用，可以使学习者对参加活动更有热情，更加努力；其次，关于运动节奏与时间的相关反馈信息可以与其他信息（如完成运动是怎样的感觉）相结合，以产生新信息；再次，反馈有助于让学习者注意到动作是如何产生的（注意的内部焦点）或最终的动作及环境对动作完成的影响（外部焦点）；最后，过量使用反馈会产生依赖性,即当反馈存在时,对运动动作产生积极影响,运动表现得以提高,而没有反馈时,运动表现下降。在实践中,反馈的四种作用同时存在,往往很难分离。①激发动机,激励学习者更加努力;②提供有关错误的信息作为修正动作的依据;③指导学员关注运动的动作或运动的目标;④过量使用会产生依赖,导致取消反馈时运动表现有失水平。

第四节　运动技能迁移

一、运动技能迁移

运动技能迁移是指已掌握的运动技能对学习新的运动技能的影响作用。对新运动技能学习有促进作用的正迁移,也称为"技能的迁移"。例如,由短跑动作训练获得的运动技能,可以"正迁移"成为跳远助跑的加速能力;技巧啦啦操在动作结构、姿态要求及身体形态等方面与竞技体操的相似之处,为两者间的运动技能正迁移提供了可能。有研究发现,通过技能正迁移的作用,攀岩运动能有效地促进中学生腰腹肌和上肢肌肉力量的发展,并且攀岩对于引体向上技能来说具有良好的迁移效果。以前获得的运动技能对新运动技能的学习起妨碍作用的称为负迁移,也称为劣性迁移。在学习过程中负迁移虽然出现较为短暂,但也时有发生。如篮球运动员在学习推铅球时,常难以适应身体大环节带动小环节发力时沿直线推出铅球的出手动作。而以前获得的运动技能对以后技能的学习没有任何影响的称为零迁移。如学习游泳对学习跳高不会发生迁移。

如果两种输入刺激的信息相同,反应也相同,就会出现最大的正迁移;如果两种输入刺激的信息相同,而反应不同或对抗,就会出现最大的负迁移;如果两种输入刺激的信息不同,反应也不同或对调,迁移效果即为零。例如,网球和羽毛球,从形式上看两者相似,都运用球拍打球,输入信息相同,但具体的击球动作要求不同,即输出反应不同:羽毛球要用手腕屈伸动作发力击球,而网球则手腕相对固定,用挥臂完成击球动作。习惯羽毛球动作后,初学网球容易产生负迁移,如翻腕动作使击球无法控制。但从另外一个角度来说,这两种运动项目在反应和判断来球的落点、空间距离、脚步移动等方面有着共同之处,又可以形成正迁移而相互促进。

在体育教学活动中,运动技能迁移是一种常用的教学手段,对于运动技能的教学,可以通过了解运动技能迁移规律,利用运动技能之间存在的相似性来实现运动技能的正迁移,从而提升教学效果。

二、运动技能迁移的形式

(一) 语言训练及运动迁移

通常在开展教学训练活动之前,教师会对学生进行语言训练,这样有利于学生更好地掌握运动技能。例如,在训练反应速度的过程中,要求学生根据教师给出的信号指令做出相应的运动动作,在这种情况下,经过语言训练的学生在反应能力上要比未经过训练的学生强得多。

（二）运动之间的相互迁移

学生以前学过的运动技能会在学习新技能的过程中产生相应的作用，可能是积极的促进作用，也可能是消极的影响作用。例如，如果学生对于单杠运动技术有所掌握，那么在对双杠运动技术进行学习时就会更加容易，但如果学生所学的是篮球技术，那么在其足球技术学习时就会形成消极影响。

（三）两侧迁移

两侧迁移从本质上来讲，就是运动技能由身体一侧迁移到另一侧。换言之，就是通过训练某一侧肢体，另一侧肢体在运动技能方面也会得到相应的提升。通过两侧迁移形式能够在人体手脚部分实现有效迁移。例如，左右手不同的练习方案对篮球运球技能的学习有影响，先左手后右手交替练习的学习方式有利于篮球运球技能的掌握。

三、运动技能迁移的应用

对于运动技能迁移规律的认识有助于明确技能练习的指导方法，合理安排各种技能的学习顺序，强化对技能技术特征的掌握。运动技能的迁移是一把双刃剑，既能产生促进训练的效果，也会有阻碍训练进行的不利影响。从体育学中的训练环节来看，良性的运动技能迁移既能够促进体育教学目标的完成，又可以促使学生快速地掌握动作技能和运动技巧。所以在体育教师对学生进行体育技能训练时就要灵活运用迁移的作用，研究运动技能迁移的规律，进行有效的利用和适当的规避，促进正迁移的发生以缩短学习和掌握技能的时间，并迅速适应新的动作技能学习情景或者解决新问题的能力，主动衔接一些能对当前训练产生正迁移的原有技能，使体育教学和运动训练过程实现效益最大化。对于能产生负迁移的技能，为了避免在新技能的学习过程中受到不良影响，教师要尽可能规避，防止不良影响的出现。例如，游泳教师在教学生基本的划水动作时，在学生下水练习之前，一般会先在陆上进行划水练习，这就是利用陆上训练到水中动作的正迁移。

◇【思考题】

1. 简述运动技能的概念和分类方法。
2. 在运动技能形成的各个阶段有什么生理特点？教学时应注意什么？
3. 如何运用非条件反射建立运动技能？
4. 反馈对形成运动技能有哪些作用？
5. 身体素质与运动技能的发展相辅相成，谈谈运动技能的学习是如何提高身体素质的。
6. 如何利用感觉间相互关系加速运动技能的形成？

（北京体育大学　于　亮　熊开宇）

第十三章 有氧、无氧工作能力

◇ 【教学目标】

通过本章内容的学习，掌握有氧、无氧工作能力的生理学基础，以及测试和评价方法；熟悉有氧、无氧工作能力的训练方法；培养学生科学训练的能力；增强运动表现和科学训练的基本素养。

人体运动中能量输出的基本过程包括无氧代谢和有氧代谢两个过程，不同运动项目需要不同代谢过程作为其能量供应的基本保证，但一切运动的能量供应都是由有氧代谢和无氧代谢以不同的比例提供的。依据能源供应方式，将运动能力分为有氧工作能力和无氧工作能力。机体在有氧代谢供能情况下进行肌肉活动的能力，称为有氧工作能力；机体在无氧代谢供能情况下进行肌肉活动的能力，称为无氧工作能力。

第一节 概 述

运动生理学的工作能力主要指肌肉在机体其他系统的配合下有效完成体力活动的能力。而肌肉完成体力活动的能力又受肌肉获取 ATP 能力的影响，后者主要表现为肌肉 ATP 生成总量和生成效率。能量代谢的底物包括氧气、糖、脂肪、蛋白质及 ADP、AMP 和磷酸等。在假设糖、脂肪、蛋白质和磷酸原充足的前提下，氧的获取和利用能力就成为影响运动能力的主要限制因素。

一、需氧量与摄氧量

（一）需氧量

需氧量（oxygen requirement）是指机体为维持某种生理活动所需要的氧量。可由两个变量决定：单位时间内的需氧量和总的需氧量。机体每分钟需要的氧量为每分需氧量，正常成人安静时需氧量约为 250mL/min。

运动强度越大，每分需氧量就越大；运动强度越小，每分需氧量就越小。但是运动所需要的总的氧量主要受运动持续时间的影响。持续时间长的运动项目总需氧量多，持续时间短的运动项目总需氧量少。例如，最大强度运动时，100m 跑的每分需氧量可高达 40L/min，其总需氧量只有 7L 左右；中等强度的马拉松跑时每分需氧量为 2~3.5L/min，但由于运动持续时间长（2h 以上），其总需氧量可达 700L 以上。可见，运动时的每分需氧量反映了运动强度的大小，总需氧量则反映运动持续时间的长短。

（二）摄氧量

通常将单位时间内机体能够摄取并利用的氧量称为摄氧量（oxygen uptake，VO_2），也称为耗氧量（oxygen consumption）。摄氧量通常以每分钟为单位计算。

安静时，机体代谢水平低，能量消耗小，单位时间内摄取的氧量完全能够满足实际需要的氧量，故每分摄氧量与每分需氧量相等。运动时，随着运动强度的增加，每分需氧量比例增加，摄氧量能否满足需氧量，取决于运动项目的特点。当运动强度增大到一定程度时，摄氧量常不能满足实际需要的氧量而出现氧的亏欠。

二、氧亏与运动后过量氧耗

（一）氧亏

在运动过程中，当机体能够摄取的氧量不能满足实际需要的氧量时，造成体内氧量的亏欠，称为氧亏（oxygen deficit），如图 13-1 所示。

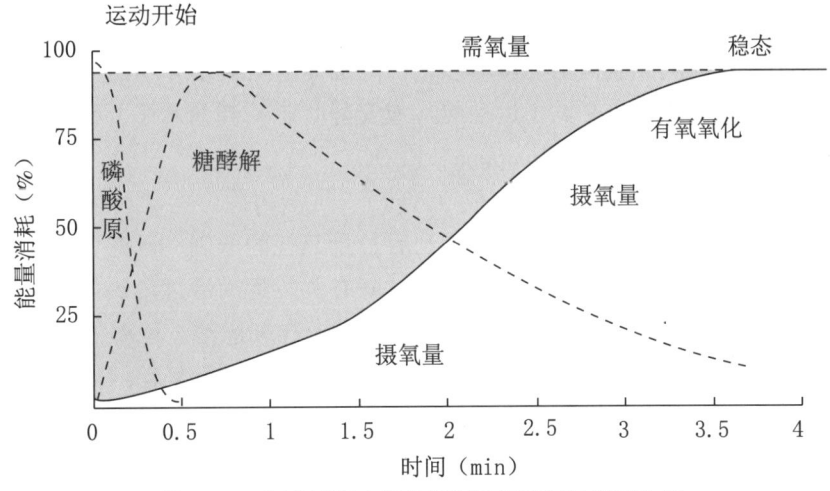

图 13-1　运动过程中机体摄氧量与需氧量关系曲线

在有氧运动开始的数分钟内，骨骼肌收缩所需要的能量主要由磷酸原和糖酵解供能系统供应，摄氧量水平尽管逐渐增加，机体仍存在氧亏（摄氧量曲线与需氧量间的阴影部分面积）。当摄氧量达到稳态水平时，能量供应主要由有氧氧化系统完成，摄氧量能够满足机体对氧的需求，需氧量与摄氧量平衡时出现稳态。

低强度运动的开始阶段会出现氧亏。此时内脏器官的生理惰性大，氧运输系统的功能不能立即提高到应有水平，其摄氧量不能满足运动的需要。在进行强度大且持续时间短的剧烈运动时，即使氧的运输系统功能已经达到最高水平，但摄氧量仍不能满足需氧量而出现氧亏。运动强度越大，每分需氧量越大，则出现的氧亏越多（图 13-2）。

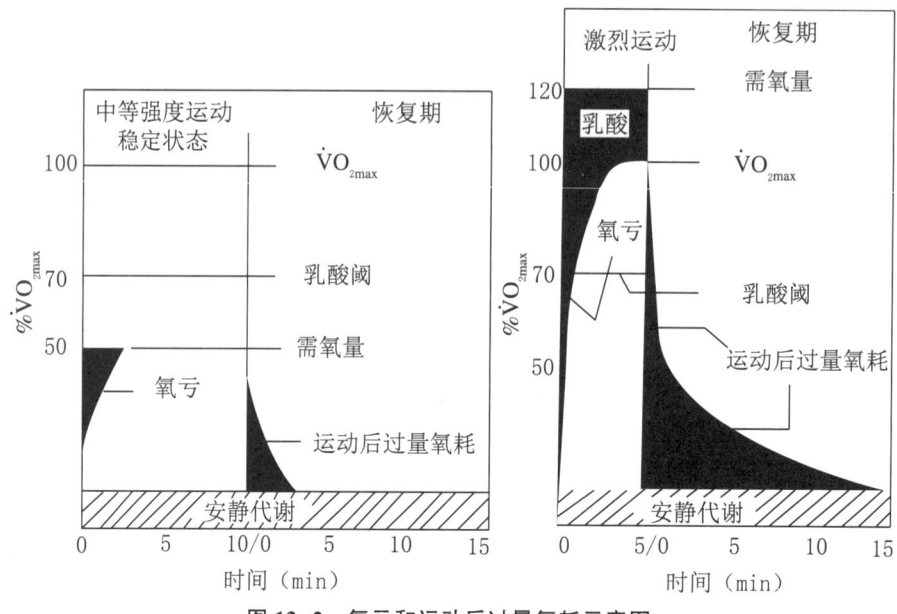

图 13-2 氧亏和运动后过量氧耗示意图

(引自：Noble, 1986)

(二) 运动后过量氧耗

运动结束后一段时间，肌肉活动虽然停止，但机体的摄氧量并不能立即恢复到运动前安静时的水平，机体的耗氧水平高于运动前（或安静状态）耗氧水平，称为运动后过量氧耗（excess post-exercise oxygen consumption，EPOC）。

运动后氧储备的恢复、磷酸原再合成（ATP）、乳酸清除、运动后仍高于运动前水平的通气量、心输出量及体温均可能是导致运动后过量氧耗的原因。研究发现，运动后过量氧耗的水平及持续时间与运动强度和运动持续时间有关。运动后过量氧耗可持续 15min 到 48h。无氧运动的运动后过量氧耗高于有氧运动。对于有氧运动，运动强度越大，运动后过量氧耗的水平越高，持续时间越长。其他可能影响运动后过量氧耗的因素还包括运动水平、运动状态、运动后体位，以及年龄和性别等。

研究表明，下列因素是影响运动后过量氧耗的主要原因。

1. 磷酸肌酸的再合成

在运动过程中，磷酸肌酸逐渐减少直至排空，在运动后磷酸肌酸需要再合成。在运动后恢复期，磷酸肌酸的再合成需要消耗一定氧。

2. 乳酸清除

在激烈运动时，肌肉中酵解形成的丙酮酸由乳酸脱氢酶转变为乳酸，使酵解过程继续进行，肌肉中的乳酸扩散到血液并随着血液进入肝细胞，在肝细胞内通过葡萄糖异生途径转变为葡萄糖，又回到血液，随血液流动供应肌肉和脑对葡萄糖的需要，这个循环过程称为乳酸循环。在运动后恢复期，血液中的乳酸再合成糖原的过程需要消耗一定量的氧。

3. 体温升高

运动使体温升高，而运动后恢复期体温不可能立即下降到安静水平，肌肉的代谢和肌肉温度仍继续维持在一个较高的水平上，经一定时间逐渐恢复。实验证明，体温和肌肉温度与运动后恢复期耗氧量的曲线是同步的。体温升高1℃时，体内的代谢率可增加13%。据赫勃格（Hegberg）计算，运动后恢复期耗氧量处于较低水平的阶段，有60%~70%的氧气耗费是由于肌肉温度升高造成的。因此，运动后体温较高是运动耗氧量保持较高水平的重要原因之一。

4. 儿茶酚胺的影响

运动使体内儿茶酚胺增加，运动后恢复期仍保持较高水平。去甲肾上腺素促进细胞膜上的钠—钾泵活动加强，因此消耗一定量的氧。

5. Ca^{2+} 的作用

运动使肌肉细胞内 Ca^{2+} 的浓度增加，运动后恢复细胞内外 Ca^{2+} 的浓度需要一定时间。Ca^{2+} 有刺激线粒体呼吸的作用，因此 Ca^{2+} 的刺激作用可使运动后的额外耗氧量增加。

6. 甲状腺素和肾上腺皮质激素的作用

甲状腺素和肾上腺皮质激素有加强细胞钠—钾泵活动的作用。运动后的一定时间内，体内甲状腺素和肾上腺皮质激素的水平仍然较高，因而刺激钠—钾泵活动加强，消耗一定量的氧。

三、最大摄氧量

最大摄氧量（maximal oxygen uptake，$\dot{V}O_{2max}$）是指人体在进行有大量肌肉群参加的长时间剧烈运动中，当心肺功能和肌肉利用氧的能力达到人体极限水平时，单位时间内（通常以每分钟为计算单位）所能摄取的氧量，也称最大耗氧量（maximal oxygen consumption）。它反映了机体吸入氧、运输氧和利用氧的能力，是评定人体有氧工作能力的重要指标之一。

最大摄氧量以 $\dot{V}O_{2max}$ 表示。其中 O_2 表示氧，V 表示容积，V 上的点表示单位时间内的氧容积；max 表示最大。$\dot{V}O_{2max}$ 的表示方法有绝对值和相对值两种。绝对值是指单位时间（1min）内所能摄入机体的最大氧量，通常以 L/min（升/分）为单位。个体间身高及体重的差异较大，因此，用最大摄氧量的绝对值进行个体间比较是不适宜的。最大摄氧量相对值则是按每千克体重计算的最大摄氧量，以 mL/（kg·min）[毫升/（千克体重·分）] 为单位。最大摄氧量相对值消除了体重的影响，在个体间进行比较更有实际意义。我国正常成年男子最大摄氧量为 3.0~3.5L/min，相对值为 50~55mL/（kg·min）（表13-1）；女子较男子略低，其绝对值为 2.0~2.5L/min，相对值为 40~45mL/（kg·min）（表13-2）。最大摄氧量受遗传因素的影响较大，并因年龄、性别和训练等因素的不同而有所差异。

表 13-1　成年男性最大摄氧量的相对值等级划分表 [mL/（kg·min）]

年龄	较差	一般	较好	良好	优秀
20~29 岁	<42	42~45	46~50	51~55	>55
30~39 岁	<41	41~43	44~47	48~53	>53
40~49 岁	<38	38~41	42~45	46~52	>52
50~59 岁	<35	35~37	38~42	43~49	>49
60~69 岁	<31	31~34	35~38	39~45	>45
70~79 岁	<28	28~30	31~35	36~41	>41

（引自：Heywood，2006）

表 13-2　成年女性最大摄氧量的相对值等级划分表 [mL/（kg·min）]

年龄	较差	一般	较好	良好	优秀
20~29 岁	<36	36~39	40~43	44~49	>49
30~39 岁	<34	34~36	37~40	41~45	>45
40~49 岁	<32	32~34	35~38	39~44	>44
50~59 岁	<25	25~28	29~30	31~34	>34
60~69 岁	<26	26~28	29~31	32~35	>35
70~79 岁	<24	24~26	27~29	30~35	>35

（引自：Heywood，2006）

第二节　有氧工作能力

有氧工作是指机体在氧供充足的情况下由能源物质氧化分解提供能量所完成的工作。氧供充足是实现有氧工作的先决条件，也是制约有氧工作的关键因素。因此，单位时间内机体的最大摄氧量水平及氧利用率是评价人体有氧工作能力的重要指标。

一、有氧工作能力的生理基础

有氧工作能力是指机体在有氧代谢供能情况下进行肌肉活动的能力，也称为肌肉摄取并利用氧的能力。因此凡是涉及肌肉摄取、利用氧的器官、系统都会成为有氧运动能力的影响因素，主要包括呼吸和循环系统，以及血液、肌肉等组织器官。

有氧工作能力是受多种因素制约的，其水平的高低主要取决于氧运输系统或心脏的泵血功能和肌组织利用氧的能力（图 13-3）。

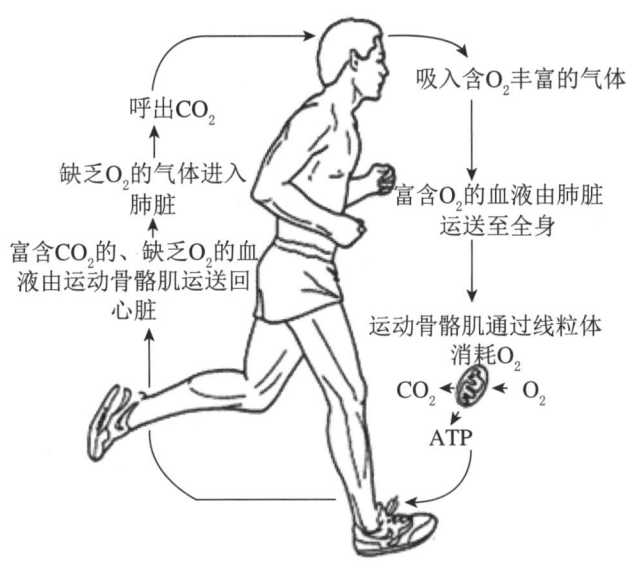

图 13-3 影响运动过程中氧气摄入并被骨骼肌利用的环节

(一) 肺的通气与换气功能

空气中的氧通过呼吸器官的活动吸入肺,并通过物理弥散作用与肺循环毛细血管血液之间进行交换。肺通气量越大,吸入体内的氧就越多,可供机体利用交换的氧就越多。肺的通气与换气机能是影响人体吸氧能力的因素之一,肺功能的改善为运动时氧的供给提供了先决条件。

(二) 血液运输氧气的能力

弥散入血的氧由红细胞中的血红蛋白携带并运输。因此,血红蛋白含量及其载氧能力与最大摄氧量密切相关。如果红细胞或者血红蛋白含量少,出现贫血现象,则运动能力下降;如果红细胞或者血红蛋白含量过多,则血液黏滞性增多,血液浓缩,氧气运输效率下降。现在有学者开始用 CO 吸入的方法测试血红蛋白总量、血液总量和血红细胞量、血浆量等来代替血红蛋白浓度,发现血红蛋白总量与有氧工作能力相关性更高。

(三) 心脏的泵血功能

血液运输氧的能力取决于单位时间内循环系统的运动效率,即心输出量的大小,受每搏输出量和心率制约。许多研究证明,运动训练对提高心率影响不大,有训练者与无训练者在从事最大负荷工作时心输出量的差异主要是由每搏输出量造成的。每搏输出量由心肌收缩能力和心容积的大小决定。优秀耐力专项运动员在系统训练的影响下出现安静心率减慢、左心室容积增大和每搏输出量增加等一系列心脏形态机能的适应性变化,表明其心脏的泵血机能和工作效率提高。由此可见,心脏的泵血机能及每搏输出量的大小是决定最大摄氧量的重要因素。这是因为要实现肺泡气与肺泡毛细血管血液间的气体交换,除了要有一定的肺泡通气外,还必须有相应数量的肺部血液灌流量与其相匹配。"通气/血流比值"指每分肺泡通气量与肺血流量(心输出量)的比值。正常人安静时其比值约为 0.84,此时通气量与血流量匹配最合适,气体交换率较高。但从安静状态转入最大强度运动时,其比值明显增大。这是由于剧烈运动时人体增加心输出量的能力远远跟不上肺通气的增加,导致部分肺泡得不到相应的血液供应,其中的气体不能实现与血液的交换,使气体交换率降低。由此可见,心脏的泵血机能是限制运动员有氧工作能力的重要因素之一。

(四) 肌组织利用氧的能力

当毛细血管血液流经组织细胞时,肌组织从血液摄取和利用氧的能力是影响有氧工作能力的重要因素。肌组织利用氧的能力一般用氧利用率来衡量。每 100mL 动脉血流经组织时,组织所利用(或吸入)氧的百分率称为氧利用率,可用如下公式表示:

氧利用率 =(动脉血氧含量-静脉血氧含量)/动脉血氧含量×100%

肌组织利用氧的能力主要与肌纤维类型及其代谢特点有关。许多研究表明,慢肌纤维具有丰富的毛细血管分布,慢肌纤维中的线粒体数量多、体积大且氧化酶活性高,肌红蛋白含量也较高。慢肌纤维的这些特征都有利于增加慢肌纤维的摄氧能力。研究发现,慢肌纤维的百分比组成与最大摄氧量有密切关系,优秀的耐力专项运动员慢肌纤维百分比高,并出现选择性肥大现象,使其摄氧和利用氧的能力增加。

可见,有氧能力的好坏不仅与肺的通气和换气功能、氧运输系统的机能密切相关,而且与肌组织利用氧的能力(肌纤维组成及其有氧代谢能力)有密切关系。

(五) 其他因素

1. 遗传

通过对双生子最大摄氧量的研究表明,最大摄氧量受遗传因素的影响较大。克索拉斯(Kessouias)等研究了 25 对双生子(15 对单卵,10 对双卵)发现,最大摄氧量的遗传度为 93.5%。许多学者的研究也指出,最大摄氧量与遗传关系十分密切,其可训练性较小,一般提高幅度为 20%~25%。

2. 年龄、性别

最大摄氧量在少儿时期随年龄增长而增加,并于青春发育期出现性别差异。男子一般在 18~20 岁时最大摄氧量达到峰值,并能保持到 30 岁左右;女子在 14~16 岁时即达到峰值,一般可保持到 25 岁左右。以后,最大摄氧量将随年龄的增加而递减。若坚持体育锻炼,最大摄氧量随年龄增加而递减的幅度将减小。最大摄氧量出现性别差异的主要原因一般认为与女子的心容积、血红蛋白含量和心输出量等均比男子低有关。

3. 运动训练

长期系统地进行耐力性运动训练可以提高最大摄氧量水平。戴维斯(Davis)对系统训练的人进行了研究,受试者的最大摄氧量可提高 25%,表明经训练最大摄氧量是可以得到一定程度提高的。最大摄氧量与运动员所从事的运动项目关系密切。横向与纵向的研究资料都表明,越野滑雪和长跑等耐力性项目的运动员最大摄氧量更高,明显高于非耐力性项目运动员和无训练者。据报道,男子最大摄氧量的最高值为越野滑雪运动员,可达 94mL/(kg·min),女子最高值达 85.1mL/(kg·min)。可见,最大摄氧量的大小与耐力训练密切相关。

同时,必须指出,如果停训或者卧床休息,心泵功能和肌肉利用氧的能力都可消退,从而使训练获得的最大摄氧量的增进随之消退,显示出训练对最大摄氧量效应的可逆性。

理论上,有氧工作能力的影响因素与呼吸、血液、心血管和骨骼肌等有关,但在实际训练过程中其影响因素并不完全一致,在不同耐力水平区间,其影响因素并不完全相同。

二、有氧工作能力的测评

(一)最大摄氧量

1. 最大摄氧量的测量

(1)直接测量法

直接测量最大摄氧量必须满足如下条件:

①进行大肌肉群参与的运动,且运动募集的肌纤维达到全身肌肉的50%,如跑步、蹬自行车、划船等。常用的实验方法有跑台运动实验、功率自行车运动实验等。实验中跑台的速度和坡度及功率自行车的速度和阻力是可控的。

②除特殊专项外,运动实验不应受到受试者体型、力量和速度素质及运动技巧的影响。

③实验应持续足够长的时间以充分调动呼吸、心血管系统机能。一般而言,实验需持续6~12min。

④要求受试者运动耐受性良好。受试者应提前接受医学检查,运动过程中应有心电监控。

由于实验要求受试者在规定时间内完成强度递增的运动,可以导致通气量及吸入气和呼出气中 O_2 和 CO_2 浓度的进行性增加。这些变量通过与受试者呼吸面罩相连的气体分析仪及电脑进行计算。当继续增加运动强度(负荷)而摄氧量不再增加时,即出现摄氧量稳态,此时的摄氧量水平被认为是最大摄氧量(图13-4)。

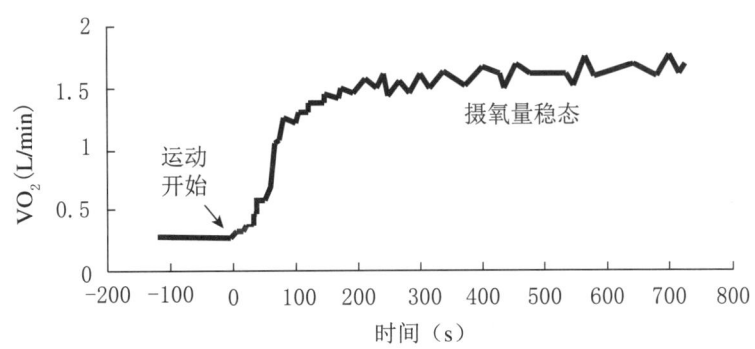

图13-4 递增负荷实验过程中摄氧量示意图

(2)间接推算法

实验室条件下直接测定的最大摄氧量,尽管其数据可靠、重复性好,并能准确客观地评定有氧工作能力,但是要求通过强烈的运动刺激来充分调动呼吸、循环机能。并非所有人群都能耐受这一刺激,如老年人,呼吸、循环系统器质性或功能性病变人群就不能耐受。此外，实验室条件下直接测定最大摄氧量实验仪器昂贵、方法复杂，这些都限制了最大摄氧量直接测定法的普及。目前比较流行的最大摄氧量的间接推算法如下。

①Astrand-Ryhmin 列线图法。受试者进行亚极量运动时，根据其心率及达到某一特定心率的做功量来推算或预测出最大摄氧量（图 13-5）。

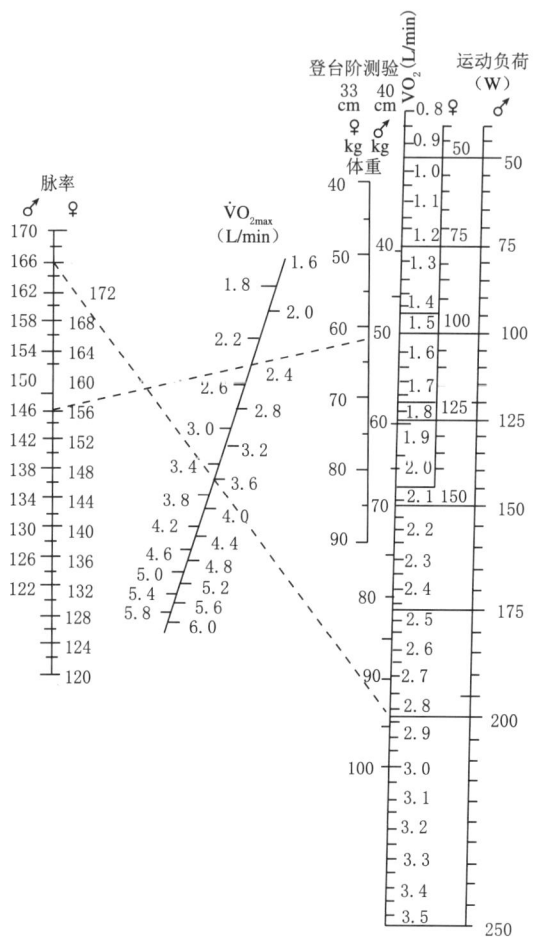

图 13-5　Astrand-Ryhmin 列线图

②Cooper 实验。通过计算全力 12min 跑的运动距离推算最大摄氧量。

$$\dot{V}O_{2max}\ [mL/(kg \cdot min)] = (d_{12} - 505)/45$$

式中 d_{12} 为 12min 跑的运动距离（m）。

如受试者 12min 跑的距离是 2980m，则：

$$\dot{V}O_{2max} = (2980 - 505)/45 = 55mL/(kg \cdot min)$$

③Fick 公式法。可通过 Fick 公式计算肌肉最大收缩时的最大摄氧量。

$$\dot{V}O_{2max} = CO(CaO_2 - CvO_2)$$

式中 O 为心输出量，CaO_2 为动脉血氧含量，CvO_2 为静脉血氧含量。

④摄氧量峰值（VO_{2peak}）摄氧量峰值是区别于最大摄氧量而反映有氧工作能力的另一指标。其运动模式、测定仪器、测试方法与最大摄氧量直接测定实验相同，区别是摄氧量

峰值测定的运动时间更加取决于受试者的感受。运动过程中，当受试者感觉不适，摄氧量达到的最大值能保持1min，即可认为此摄氧量值为摄氧量峰值。摄氧量峰值小于或等于最大摄氧量。

最大摄氧量的间接推算法及摄氧量峰值测定方法适用于运动水平较低的一般人、老年人及呼吸、循环系统器质性或功能性病变者。优秀运动员使用这些方法推算获得的数值常与实测值有较大误差。尽管应用间接法推算最大摄氧量具有简易、经济、快速等特点，但仍应考虑到误差因素的影响。

2. 最大摄氧量在运动实践中的意义

（1）最大摄氧量是评定有氧工作能力的客观指标

最大摄氧量是反映心肺功能的综合指标。许多学者对最大摄氧量与有氧工作能力之间的关系进行了研究，发现耐力性项目的运动成绩与最大摄氧量高度相关。如800m游泳成绩与最大摄氧量相关系数为-0.75；5000m跑成绩与最大摄氧量相关系数为-0.81。因此，可以根据最大摄氧量预测耐力项目的运动成绩。大量研究结果表明，最大摄氧量水平高低是耐力性项目取得优异成绩的基础和先决条件之一。在先天因素的基础上最大限度地提高一个人的最大摄氧量水平，是耐力性项目取得优异成绩的重要因素之一。

（2）最大摄氧量是评定心肺功能的指标

在运动过程中，人体达到最大摄氧量时，心肺功能达到极限水平，因此，最大摄氧量的大小可较客观地评定心肺功能。最大摄氧量越高，心肺功能越好。

（3）最大摄氧量是选材的生理指标

最大摄氧量有较高的遗传度，故可以作为选材的生理指标之一。有学者指出，最大摄氧量尤其可作为儿童、少年心肺功能和有氧耐力最好的选材指标。

（4）最大摄氧量是制定运动强度的依据

将最大摄氧量作为运动强度的设定标准，在制订训练计划中，运动强度以 $\dot{V}O_{2max}$ 为依据，使运动负荷更客观更科学，为运动训练服务。

虽然最大摄氧量在运动实践中有较高的应用价值，但它具有一定的局限性，如受实验设备等条件限制难以普遍推广和应用；其数值有时并非与运动成绩的提高绝对相关等。因此，最大摄氧量只是诸多影响运动员运动能力的因素之一。

（二）无氧阈

由于心肺机能动员较慢，当运动出现最大摄氧量时，骨骼肌已经以无氧代谢为主供应能量。因此，最大摄氧量不能精确反映骨骼肌的能量代谢状况。近几十年耐力性项目的竞技水平有了大幅度提高，但各项目运动员的最大摄氧量增加并不明显。多数专家认为，有氧工作能力是多系统、多因素共同作用下的综合表现，其水平改变往往有不同的表现形式。同最大摄氧量相比，无氧阈（anaerobic threshold，AT）更能反映骨骼肌的能量代谢状况。

1. 无氧阈测量

运动生理学的早期研究曾将递增负荷运动中血乳酸出现急剧增加的转折点定义为无氧

阈，表示随着运动强度的增加，机体从以有氧代谢供能为主过渡到以无氧代谢供能为主的临界点和转折点。这一概念在 1964 年由沃塞曼（Wasserman）首次提出，其理论基础是：肌肉组织因缺氧导致乳酸的产生，乳酸拐点的出现表明机体由有氧代谢供能向无氧代谢供能过渡或转折。但大量的研究表明，在亚极限运动时，缺氧并不是骨骼肌产生乳酸的直接原因，或者说骨骼肌在无氧代谢供能时，并不是因为组织缺氧，而是因为在大强度运动时，骨骼肌纤维内无氧代谢供能过程加强所致。在递增负荷运动过程中，骨骼肌为了满足递增负荷的需要，逐渐由以慢肌纤维参与工作为主过渡到更多的快肌纤维参与工作。同时骨骼肌内有氧代谢供能逐渐过渡到无氧代谢供能，因而出现乳酸快速上升的现象。当机体从有氧运动过渡到无氧运动时，身体会产生一系列机能和代谢方面的变化。通过此时的生理学指标的变化，可以评定无氧阈。包括乳酸无氧阈、通气无氧阈、心率无氧阈、肌电无氧阈等。

（1）乳酸无氧阈

在递增负荷运动中，血乳酸浓度随运动负荷的递增而增加。当运动强度达到某一负荷时，血乳酸浓度出现急剧增加的那一点（乳酸拐点）称为乳酸阈（lactate threshold，LT），也叫乳酸无氧阈，常以血乳酸 4mmol/L 作为正常值。乳酸阈反映了递增负荷运动过程中，骨骼肌的代谢方式由以有氧代谢为主过渡到以无氧代谢为主的临界点或转折点（图 13-6）。乳酸阈所对应的运动强度为乳酸阈强度。

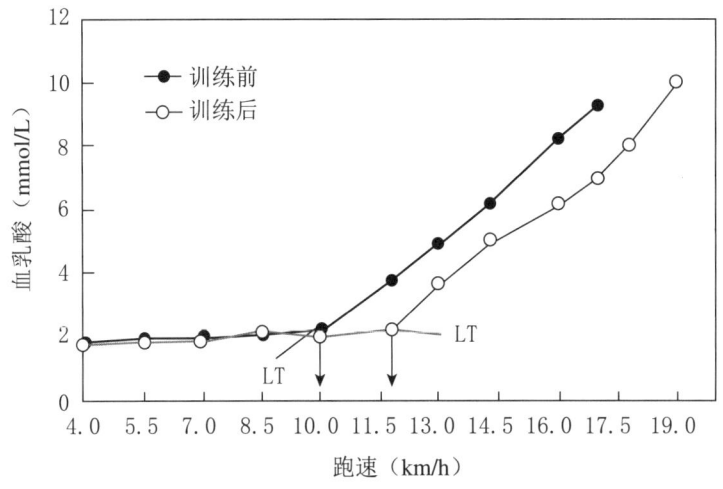

图 13-6 训练前后乳酸阈的变化

人体从事渐增负荷运动时，机体能量的供给是从以有氧代谢供能为主过渡到以无氧代谢供能为主的连续过程。随着运动强度的增加，有氧代谢产生的能量满足不了机体需要时，糖酵解供能的比例增大，导致血乳酸浓度明显增加，从而出现乳酸阈。

最大摄氧量反映了人体在运动时所摄取的最大氧量，而乳酸阈则反映了人体在渐增负荷运动中血乳酸开始积累时的最大摄氧量百分利用率，因此乳酸阈的高低是反映人体有氧工作能力的又一重要生理指标。乳酸阈值越高，表明有氧工作能力越强，在同样的渐增负荷运动中无氧代谢供能动员越晚，即在较高的运动负荷时，可以最大限度地利用有氧代谢而不过早地使乳酸积累。

乳酸代谢存在较大的个体差异,渐增负荷运动时血乳酸水平出现急剧上升时的拐点为1.4~7.5mmol/L。因此,将个体在渐增负荷中血乳酸拐点定义为个体乳酸阈(individual lactic acid threshold,ILAT)。个体乳酸阈更能客观和准确地反映机体有氧工作能力的高低,已被教练员和运动员广泛接受。

通常在实验室条件下进行渐增负荷运动(跑台或功率自行车)实验,通过连续测得血乳酸浓度的变化来确定乳酸阈。

受试者在渐增负荷运动实验中,连续采集每一级运动负荷时的血样(一般用耳垂或指尖末梢血)测得其血乳酸值。以运动负荷时做功量(W)为横坐标,血乳酸浓度为纵坐标作图,将乳酸急剧增加的拐点对应的血乳酸浓度确定为乳酸阈(或个体乳酸阈),而此时的运动强度就是乳酸阈强度。

(2)通气无氧阈

在渐增负荷运动中,将肺通气量急剧增加的拐点称为通气阈(ventilatory threshold,VT),也叫通气无氧阈(VAT)。通气阈是无损伤测定无氧阈常用的指标。研究表明,在渐增负荷运动中,气体代谢各项指标随运动强度的增加而发生相应的变化,当血乳酸急剧增加时,肺通气量、二氧化碳呼出量等指标出现明显的变化,可由此来判定无氧阈(图13-7)。其具体方法是让受试者在自行车功率计或跑台上进行渐增负荷运动,通过气体分析仪记录运动过程中的肺通气量、摄氧量和二氧化碳呼出量等生理参数,以运动负荷时做功量(W)为横坐标、肺通气量等指标为纵坐标作图,将肺通气量、二氧化碳呼出量等指标出现急剧增加(或非线性增加)的拐点确定为通气阈。

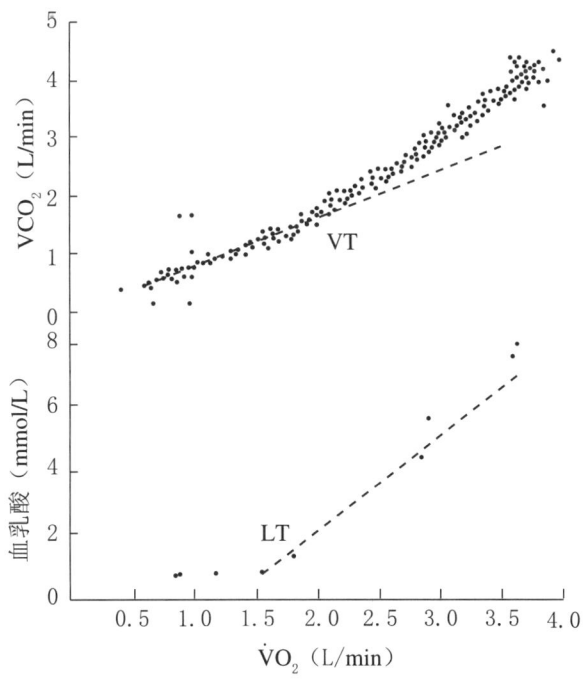

图13-7 通气阈(VT)与乳酸阈(LT)的对应关系

剧烈运动中,在乳酸阈出现的时间点附近出现通气量的相应变化,可能与血乳酸水平提高导致二氧化碳大量生成有关。随运动强度增加,当有氧代谢产生的能量满足不了运动需求时,糖酵解供能比例增大,血乳酸浓度急剧提高。由于血乳酸生成增多会造成血液 pH 值下降,血液的缓冲系统特别是碳酸氢盐缓冲系统缓冲乳酸,生成乳酸钠和碳酸。碳酸生成过多致使二氧化碳产生量增加。二氧化碳是调节呼吸运动最重要的生理性化学因素,其增加通过中枢和外周化学感受器反射性引起呼吸加深、加快,肺通气量增加,甚至产生过度通气反应。因此,在乳酸阈出现时,肺通气量及二氧化碳排出量均出现非线性增加。

(3) 心率无氧阈

在递增负荷运动过程中,随着运动强度的增加,心率也会增加。当运动强度达到一定程度时,心率增加的速度会放缓,出现心率放缓的这一拐点为心率无氧阈。

(4) 肌电无氧阈

递增负荷运动过程中,当运动负荷增加到一定程度会引起骨骼肌肌电幅值(积分肌电)由线性增加转变为非线性增加,出现的拐点称为积分肌电无氧阈(EMGAT)。

在递增负荷运动过程中,肌电的积分值会逐渐升高。运动时慢肌纤维首先被动员,随着运动强度增加,快肌纤维也逐渐被动员。由于快肌纤维的肌电幅值大于慢肌纤维的幅值,因而积分肌电的幅值变化出现拐点。肌电无氧阈是一种无损伤测定无氧阈的方法,具有简单方便、重复性高的特点,应用前景非常广阔。

以上四种判断无氧阈的方法不同,都有其优点和缺点,其精确度也不一样。在不同的条件下,应选择不同的方法进行测试和判断。

2. 无氧阈在运动训练中的应用

(1) 评定有氧工作能力

最大摄氧量和无氧阈都是评定有氧工作能力的重要指标,最大摄氧量主要反映心肺功能,无氧阈主要反映骨骼肌的代谢水平。受遗传影响,最大摄氧量的可训练性相对不高。当运动员竞技水平较高时,系统训练常不能明显提高最大摄氧量。乳酸阈较少受遗传因素影响,其可训练性较大,即使是优秀耐力运动员,系统训练仍可以大幅提高其个体乳酸阈。

(2) 制定有氧耐力训练的适宜强度

用个体乳酸阈强度进行耐力训练,既能使呼吸和循环系统机能达到较高水平,最大限度地利用有氧供能,同时又能在能量代谢中使无氧代谢的比例减少到最低限度。研究表明,优秀耐力运动员有较高的个体乳酸阈水平。对训练前后的纵向研究也表明,个体乳酸阈强度是发展有氧耐力的最佳强度。以个体乳酸阈强度进行耐力训练,能有效地提高有氧工作能力。

(三) 运动经济性

运动经济性,是指在次最大摄氧量强度下给定速度所消耗的能量,其意义是在给定速度下,消耗的能量越少、运动经济性越高,它是反映整体效率的良好指标。

在耐力项目中，神经骨骼肌系统可能在提高运动经济性方面起着重要的作用，耐力训练可诱导神经骨骼肌系统适应，降低代谢需求，提高运动成绩。运动经济性与Ⅰ型肌纤维有关，还与解偶联蛋白3（UCP3）含量、骨骼肌线粒体数量、解剖结构、生物力学等因素有关。

受试者先以较低强度跑（6~8km/h）热身3min，再以次最大摄氧量强度（12km/h或者其他）运动5~8min，当摄氧量稳定后，取最后1min的摄氧量为该强度下的摄氧量值，用来判断运动经济性。

三、有氧工作能力的训练

提高有氧工作能力的训练强度要掌握在有氧代谢范畴之内。因此，运动负荷量和负荷强度的安排至关重要。只有运动负荷量和强度适宜，即最大限度动用机体有氧代谢系统，使其处于最大应激状态下训练，才能有效地提高机体有氧工作能力。目前，用于发展有氧能力的训练方法主要有持续训练法、乳酸阈强度训练法、间歇训练法和高原训练法。

（一）持续训练法

持续训练法是指强度较低、持续时间较长且不间歇地进行训练的方法，主要用于提高心肺功能和发展有氧代谢能力。阿斯特兰德（Astrand）指出，对于发展有氧代谢能力来说，总的工作量远比强度更为重要。由于机体内脏器官的机能惰性较大，需在运动开始后约3min才能发挥最高机能水平。因此，为发展有氧代谢能力而采取的训练，练习时间要在5min以上，甚至可持续20min以上。

长时间持续运动对人体生理机能产生诸多良好的影响。主要表现在：能提高大脑皮质神经过程的均衡性和机能稳定性，改善参与运动有关中枢间的协调关系，并能提高心肺功能及最大摄氧量，引起慢肌纤维出现选择性肥大，肌红蛋白也有所增加。对发育期的少年运动员及训练水平低者，尤其要以低强度的匀速持续训练为主。

（二）乳酸阈强度训练法

如前所述，个体乳酸阈强度是发展有氧耐力训练的最佳强度。以此强度进行耐力训练，能显著提高有氧工作能力。目前，在田径中长跑、自行车、游泳及划船等训练中，已广泛采用个体乳酸阈强度进行训练。

有氧能力提高的标志之一是个体乳酸阈提高。由于个体乳酸阈的可训练性较大，有氧耐力提高后，其训练强度应根据新的个体乳酸阈强度来确定。一般无训练者，常以其50%$\dot{V}O_{2max}$的运动强度进行较长时间的运动，而血乳酸几乎不增加或略有上升；经过良好训练的运动员可达到60%~70%$\dot{V}O_{2max}$强度；而优秀的耐力专项运动员（马拉松、滑雪）可以85%$\dot{V}O_{2max}$强度进行长时间运动。这表明，运动员随训练水平的提高，有氧能力的百分利用率明显提高。在具体应用乳酸阈指导训练时，常采用乳酸阈心率来控制运动强度。

（三）间歇训练法

间歇训练法是指在两次练习之间有适当的间歇，并在间歇期进行强度较低的练习，并不是完全休息。由于间歇训练对练习的距离、强度及每次练习的间歇时间有严格的规定，往往不等身体机能完全恢复就开始下一次练习，因此，对机体机能要求较高，能引起机体结构、机能及生物化学等方面较深刻的变化。从生理学角度分析，间歇训练主要有以下特点。

1. 完成的总工作量大

间歇训练法比持续训练法能完成更大的工作量，并且用力较少，而呼吸、循环系统和物质代谢等功能能得到较大的提高。阿斯特兰德发现，让受试者用两种不同方法进行每分钟完成2160kg·m（千克·米）的工作。如果持续工作，只能进行9min，完成的总工作量为19440kg·m；如果用同样的负荷强度，每活动30s后休息30s，则可以坚持1h，总工作量为64800kg·m。对于发展有氧代谢能力来说，总的工作量远比强度更为重要。

2. 对心肺机能的影响大

间歇训练法是对内脏器官进行训练的一种有效手段。在间歇期内，运动器官（肌肉）能得到休息，而心血管系统和呼吸系统的活动仍处于较高水平。如果运动时间短，练习期肌肉运动引起内脏机能变化，都是在间歇期达到较高水平。无论在运动时期还是在间歇休息期，均可使呼吸和循环系统承受较大的负荷。因此，经常进行间歇训练，能使心血管系统得到明显的锻炼，特别是心脏工作能力及最大摄氧能力可得到显著提高。

目前在许多项目的训练中，都大量采用了间歇训练法。其方法运用成功与否的关键是要根据不同年龄、不同训练水平及不同项目的特点，科学合理地安排每次练习的距离、强度及间歇时间。

（四）高原训练法

随着运动水平的不断提高，人们在谨慎加大运动负荷的同时，着眼于提高训练难度，给予机体更强烈的刺激，以调动人体的最大潜力。高原训练法就是基于这种设想逐渐开展起来的一种训练方式。在高原训练时，人们要经受高原缺氧和运动缺氧的两种负荷，这对身体造成的缺氧刺激比平原上更深刻，可以大大调动身体的机能潜力，使机体产生复杂的生理效应和训练效应。研究表明，高原训练能使血红蛋白数量及总血容量增加，并使呼吸和循环系统的工作能力增强，从而使有氧能力得到提高。

第三节 无氧工作能力

无氧工作能力是指运动中人体通过无氧代谢途径提供能量进行运动的能力。它由两部分组成，ATP-CP分解供能（非乳酸能）和糖无氧酵解供能（乳酸能）。与有氧工作相比，无氧工作的强度提高，但持续时间减少。短时间、高效率运动，如冲刺、短跑、投掷和跳跃等活动能力均取决于非乳酸能供能能力；而乳酸能则是速度耐力的物质基础。在长时间剧烈运动的开始阶段和运动的加速过程中，无氧工作也占主导地位。

一、无氧工作能力的生理基础

纵观无氧能力的研究历史可将其分为三个阶段：第一阶段是对无氧代谢理论的探讨；

第二阶段是对无氧代谢能力测定方法与评价方法的研究;第三阶段是对无氧代谢能力与其他生理生化指标关系的研究。直到20世纪60年代末期才建立了无氧代谢能力较为完整的理论体系,提出ATP-CP系统供能的时间是6~8s,糖原无氧酵解系统的供能时间是60~90s。但人们对无氧能力的研究和了解与有氧能力的研究相比尚有较大距离,其研究进展亦较为缓慢。

(一) ATP、CP 的含量

人体在运动中 ATP 和 CP 的供能能力主要取决于 ATP 和 CP 的含量,以及通过 CP 再合成 ATP 的能力。一般来说,人体每千克肌肉中 ATP 和 CP 的含量在15~25mg。在极限强度运动中,肌肉中的 ATP 和 CP 在10s 内就几乎耗竭。因此,这一时期的最大输出功率可用于评估 ATP 和 CP 的供能能力。

通过在多种测功计上的实验表明,以全力运动前10s 的总输出功率来评定 ATP 和 CP 能力这一方法是可靠的。许多研究发现,短跑运动员的 ATP 和 CP 供能能力(以每千克体重计算)高于马拉松运动员和一般无训练者,在完成负荷相同的无氧运动时,运动员血乳酸积累的出现比一般人迟,表明运动员能通过 ATP 和 CP 供能完成更多的工作。这些发现与短跑训练引起的有关 ATP 和 CP 供能能力生理生化因素的适应性变化相一致,也为10s 极限负荷试验评价 ATP 和 CP 能力提供了依据。

(二) 糖原含量及糖酵解酶的活性

糖原含量及糖酵解酶的活性是糖无氧酵解能力的物质基础。糖无氧酵解供能是指由肌糖原无氧分解为乳酸并释放能量的过程。其供能能力主要取决于骨骼肌糖原含量及糖酵解酶的活性。研究表明,无氧训练可提高机体产生乳酸的能力和最大乳酸水平;最大乳酸值与多种以无氧代谢为主的运动项目成绩相关;短时间爆发性项目运动员的最大血乳酸高于耐力项目运动员和无训练者。

(三) 肌纤维类型组成

肌肉无氧糖酵解能力与肌纤维类型组成高度相关。骨骼肌中快肌纤维比例高,其肌糖原含量和糖酵解酶活性就高,肌肉无氧糖酵解能力就强。研究发现,优秀赛跑运动员腿肌中快慢肌纤维百分比及乳酸脱氢酶活性随项目不同而异,长跑运动员慢肌纤维百分比高,中跑居中,短跑最低;而乳酸脱氢酶和磷酸化酶的活性却相反,在短跑运动员中最高,中跑居中,长跑最低。

(四) 机体缓冲乳酸能力

在运动过程中糖无氧酵解代谢的产物乳酸一经产生后迅速进入血液,使血液酸性升高。但血液中存在多种缓冲物质,能够中和进入血液的酸性物质,使血液的酸碱度改变得较少,以维持人体内环境的相对稳定性。同时肝脏也具有缓冲和消除乳酸的能力。机体缓冲乳酸的能力主要取决于碳酸氢钠的含量及碳酸酐酶(促进碳酸分解的酶)的活性。其中,缓冲物质碳酸氢钠是最重要的一种化合物,称为"碱储备"。一些研究表明,经常进行无氧耐力训练,可以提高"碱储备",同时也可提高血液中碳酸酐酶的活性,因而认为运动训练可以提高机体缓冲和消除乳酸的能力。

（五）脑细胞耐受血液 pH 值变化的能力

乳酸增多可使血液 pH 值降低，虽然血液中的缓冲物质能中和一部分进入血液的乳酸，但有时仍不能满足需要，血液 pH 值仍向酸性方向发展。同时氧供应不足而导致代谢产物堆积，加强了其对脑细胞工作能力的影响。另外，脑细胞自身对血液 pH 值的变化又十分敏感。经常进行无氧耐力训练可提高脑细胞对这些不利因素的耐受能力，从而提高无氧运动能力。如短跑和短距离游泳运动员对静脉血 CO_2 含量增多的耐受力比长跑和长距离游泳运动员强，这是短跑和短距离游泳运动员对长期无氧训练产生的适应结果。

二、无氧工作能力测试与评价

无氧工作能力的测评包括非乳酸能供能能力测试与乳酸能供能能力测试。

（一）非乳酸能供能能力测试

测定非乳酸能供能能力的常用指标为无氧功率，指人体在最大无氧供能代谢状态下的身体做功能力，通常以最大做功功率表示。无氧功率的概念是 1921 年撒扎特（Sargent）首次提出的。在 20 世纪 60 年代以前，多数人沿用撒扎特提出的纵跳法测无氧功率。之后，玛加利亚（Magaria）创建了跑楼梯法测无氧功率。此后，有关无氧代谢测试方法的研究逐渐引起研究学者的关注，并对传统的无氧功率试验存在的不足之处进行了进一步修正。

1. 撒扎特纵跳试验

撒扎特纵跳实验主要用于测定人体的肌肉爆发力，主要用来评价非乳酸能供能能力。受试者采用蹲伏体位，低头、弯腰、屈膝、上肢摆向下后，停顿数秒调整平衡后尽最大力量起跳，同时上肢摆向上前，记录垂直纵跳前后指间差。无氧功率用以下公式推算：

$$P = \sqrt{4.9} \times W \times \sqrt{H}$$

式中 P 为无氧功率；W 为体重；H 为纵跳高度。

这种方法简便易行，但精确性较差。

2. 玛加利亚—卡拉门台阶实验

玛加利亚—卡拉门台阶实验也用于评价人体肌肉爆发力（图 13-8）。受试者从助跑线起跑，助跑距离为 6m，以三阶为一步，用最快的速度跑上九阶台阶。第三级和第九级台阶下安装压力垫，可以启动和终止连接的计时器，记录受试者通过

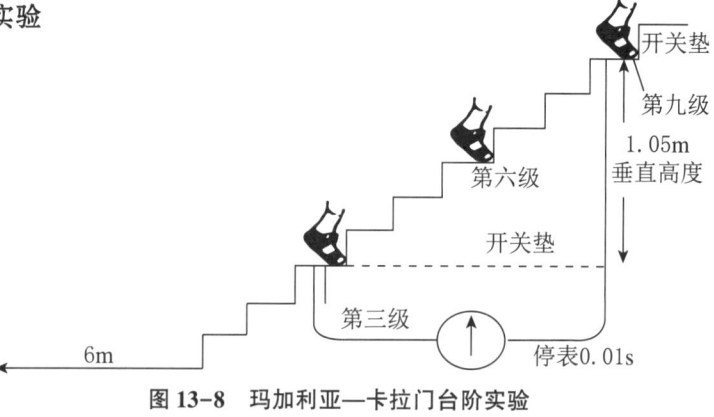

图 13-8 玛加利亚—卡拉门台阶实验

第三级至第九级台阶所需时间。实验假设运动中所有的外功均用于提升身体重心，重心的提升高度相当于第三级至第九级台阶间的垂直距离。功率输出按下式公式计算：

$$P = (W \times 9.8 \times D) / t$$

式中 P 为无氧功率（kg·m/s）；W 为体重（kg）；9.8 为重力加速度（m/s²）；D 为第三级至第九级台阶垂直距离（m）；t 为通过第三级至第九级台阶的时间（s）。

玛加利亚—卡拉门台阶实验的运动形式简便，且不会导致精疲力竭，可较准确地了解 ATP-CP 供能的能力。其缺点是对年幼和部分妇女或老年人不太适宜，并在一定程度上受主观努力和身高与腿长影响。

3. 磷酸原能商法测试

这是 1988 年在国际《奥林匹克百科全书》中介绍的一种方法。测定程序为：先测定安静时血乳酸，然后让受试者在自行车功率计上做 2~3min 准备活动后，再以 100 转/分，600W 最大用力运动 15s，记录在 15s 期间完成的总功（TWP，以千焦耳表示），并在运动后 6min 取血测定血乳酸，求出血乳酸增值，通过下列公式计算出磷酸原能商（AQ）：

$$磷酸原能商 = TWP（15s）/ 血乳酸增值（15s）$$

求得的磷酸原能商值越大，表示磷酸原供能能力越强。

（二）乳酸能供能能力测试

1. 温盖特实验

温盖特实验主要用于检测最大无氧功率和平均无氧功率。实验时先测定受试者身高、体重、肺活量及皮脂厚度，然后让受试者以 0.075kg/净千克体重为负荷，以最快速度全力蹬车 30s，同时记录蹬踏圈数和心率，并将每 5s 的蹬车数代入下面公式，单位是 W。

$$最大无氧功率（第一个 5s）= 5s 最大蹬车圈数 × 前车轮周长 × 阻力 × 6.11$$

最大无氧功率的能量来源于 ATP 及 CP 的分解。

平均无氧功率：将 6 个 5s 车轮转的圈数相加除以 6。其能量来源为 ATP、CP 及无氧糖酵解。

$$无氧功率递减率 =（最高无氧功率 - 最低无氧功率）/ 最高无氧功率 × 100\%$$

该指标代表在无氧供能条件下的疲劳程度。

温盖特实验运动强度极大，容易造成受试者肌肉损伤。实验要求受试者充分休息，无严重运动损伤，禁食 2h，4 周内身体健康，情绪良好，自愿参加实验。

2. 最大氧亏积累测试

剧烈运动时，需氧量大大超过摄氧量，肌肉通过无氧代谢产生能量造成体内氧的亏欠，称为氧亏。最大氧亏积累（maximal accumulated oxygen deficit，MAOD）是指人体从事极限强度运动时（一般持续 2~3min），完成该项目的理论需氧量与实际耗氧量之差。许多研究发现，最大氧亏积累是衡量机体无氧供能能力的重要指标。短跑运动员的无氧工作能力和运动成绩与最大氧亏积累高度相关。

最大氧亏积累是目前检测无氧工作能力的最有效方法。研究发现，不同项目运动员最大氧亏积累的分布范围较大。其中优秀短跑运动员的最大氧亏积累值明显高于耐力性项目运动员；而对有氧和无氧代谢均有较高要求的中跑运动员最大氧亏积累值介于以上两项目运动员之间；最大氧亏积累值与 2~3min 或 60s 全力运动成绩的相关系数为 0.66~0.97。有训练者和无训练者在接受无氧训练后最大氧亏积累明显增加。与此同时，运动成绩、机体缓冲能力等同步发生相应变化，说明最大氧亏积累对无氧训练具有较大的敏感性。

1988年，美保（Medbo）等将该概念进一步发展成继希尔（Hill）的氧债试验、莫洛（Monod）的临界功率试验，以及运动生理学曾经使用过的最大血乳酸试验之后的一种新的和非损伤性的无氧能力间接检测方法。

3. 恒定负荷试验

受试者在相应的运动器械上维持恒定功率负荷的运动，直至不能维持为止。最常用的是"无氧跑速试验"，即要求受试者在20%坡度的跑步机上以约13km/h的速度跑步，以受试者能够维持运动的时间长短来判定无氧做功能力。研究表明，训练有素的短跑运动员无氧作功能力明显大于耐力性项目的运动员。并且无氧做功能力与400m跑成绩有较好的相关性。但如何准确判断受试者力竭始终是难以解决且影响检测结果的一个重要问题。

三、提高无氧工作能力的训练

（一）发展ATP-CP供能能力的训练

目前，在发展ATP-CP供能能力的训练中，主要是采用无氧低乳酸的训练。其原则是：①最大速度或最大练习强度不超过10s；②每次练习的休息间歇不能短于30s，因短于30s时ATP、CP在运动间歇中的恢复数量不足以维持下一次练习对于能量的需求，故间歇时间的选用一般长于30s，以60s或90s的效果更好；③成组练习后，组间的练习不能短于3~4min，因为ATP、CP的恢复至少需要3~4min。与其他供能物质相比，磷酸原的恢复较快。剧烈运动后被消耗掉的磷酸原在20~30s合成一半，3~4min可完全恢复。因此，发展ATP-CP的训练，一般采用短时间、高强度的重复训练。

此外，需要指出的是，在短跑、跳跃、投掷和举重等项目比赛中，运动员要在10s内以最大功率输出来完成运动。从理论上来看，其能量主要由ATP-CP系统供应，但在能量供应过程中，相邻的供能系统也参与供能，且占一定的比重。研究发现，我国运动员100m跑后血乳酸为（9.46±1.33）mmol/L。所以，短时间、高强度运动项目的训练中，在注重ATP-CP供能能力训练的同时，也应注意加强糖酵解系统供能能力的训练，即应有一定比例的大于10s的无氧训练。

（二）糖酵解系统供能能力的训练

1. 最大乳酸训练

机体生成乳酸的最大能力和机体对它的耐受能力直接与运动成绩相关。研究表明，血乳酸在12~20mmol/L是最大无氧代谢训练所敏感的范围。采用一次1min左右的超极量负荷不可能达到这个高水平的血乳酸。而采用1min超极量强度跑、间歇4min共重复5次的间歇训练，血乳酸浓度能达到一个很高的水平，最高值可达31.1mmol/L，表明这种训练可以使身体获得最大的乳酸刺激，是提高最大乳酸能力的有效训练方法。为使运动中能产生高浓度的乳酸，练习强度和密度要大，间歇时间要短。练习时间一般应大于30s，以1~2min为宜。以这种练习强度和时间及间歇时间的组合训练，能最大限度地动用糖酵解系统供能。

2. 乳酸耐受训练

乳酸耐受能力一般可以通过提高缓冲能力和肌肉中乳酸脱氢酶活性而获得。因此，在训练中要求血乳酸达到较高水平。一般认为，在乳酸耐受能力训练时以血乳酸在12mmol/L左右为宜，然后在重复训练时维持在这一水平上，以刺激身体对这一血乳酸水平的适应，提高乳酸缓冲能力和肌肉中乳酸脱氢酶的活性。

◇ **【思考题】**

1. 试从理论上分析氧亏和运动后过量氧耗的氧量是否相同。
2. 最大摄氧量的影响因素有哪些？
3. 试述运动成绩与有氧、无氧工作能力的关系。
4. 试述有氧训练和无氧训练通过哪些生理因素提高有氧、无氧工作能力。
5. 如何因地制宜地选择有氧、无氧工作能力的评价方法？

(湖南师范大学　汤长发)

第十四章 身体素质

◈【教学目标】

通过本章内容的学习，掌握力量、速度、柔韧等各素质的影响因素或生理及生理学基础；熟悉各素质的训练方法；了解各素质的评定方法；培养运用生理学原理分析问题和解决问题的能力；增强科学化训练的意识。

人的日常生活、生产劳动和体育运动等，都是在神经系统支配下所实现的不同形式的肌肉活动。这些活动的基本能力可以表现在很多方面，如肌肉收缩力量的大小、收缩速度的快慢、持续时间的长短、关节活动范围的大小，以及动作是否灵敏和协调等。通常人们把人体在肌肉活动中所表现出来的力量、速度、耐力、灵敏及柔韧等机能能力统称为身体素质。

身体素质是在遗传的基础上人体在长期的生活、工作和运动中逐渐形成的身体能力要素，是人体肌肉活动基本能力的表现。身体素质的发展水平不仅取决于骨骼、肌肉本身的结构和功能特点，而且与肌肉工作时的能量供应、内脏器官的机能及神经调节能力有关。更确切地讲，身体素质是人体各器官系统的功能在肌肉工作中的综合反映。

良好的身体素质不仅是健康状况和体适能良好的标志，也是掌握运动技能、提高运动成绩及进行其他特殊专业训练（如舞蹈、戏曲演员、飞行员、消防队员等）的基础。因此，运动训练、体育教学和健身锻炼中都十分重视身体素质的训练与提高。

第一节 力 量

力量是人体对抗阻力的能力，是速度、耐力、灵敏和柔韧等身体能力要素的基础。人体姿势的维持、自身肢体的移动和克服阻力对外做功都需要一定水平的肌肉力量。肌肉力量可表现为绝对肌力、相对肌力、肌肉爆发力和肌肉耐力等几种形式。绝对肌力是指肌肉做最大随意收缩时所能产生的张力，通常用肌肉收缩时所能克服的最大阻力负荷来表示。相对肌力又叫作比肌力，是指单位生理横断面积的肌肉做最大收缩时所能产生的肌张力。肌肉爆发力是指肌肉在短时间内发挥力量的能力，通常用肌肉单位时间的做功量来表示。肌肉耐力是指肌肉长时间收缩的能力，常用肌肉克服某一固定负荷的最多次数（动力性运动）或最长时间（静力性运动）来表示。通常所说的肌肉力量主要是指绝对肌力，它是上述各种肌力形式的基础。

一、力量素质的影响因素

力量素质主要受"肌源性"和"神经源性"因素的影响。前者包括肌肉生理横断面积、肌纤维类型、肌肉收缩时的初长度等，后者包括中枢激活、中枢神经对肌肉活动的协调和控制能力、神经系统的兴奋状态等方面。此外，年龄、性别、体重等因素可通过影响上述因素而影响力量。

（一）肌肉生理横断面积

肌肉生理横断面积是指横切一块肌肉所有肌纤维所获得的横断面的面积之和，由肌纤维的数量和粗细决定，通常以平方厘米（cm^2）为单位。在其他因素相同的情况下，肌肉的生理横断面积越大，力量也越大。用超声技术对上肢屈肌肌力与横断面积的关系进行研究，发现二者之间呈线性关系，而且这种关系不受年龄和性别的影响。

（二）肌纤维类型

肌纤维类型直接影响肌肉力量。对于同样的肌纤维数量而言，快肌纤维的收缩力明显大于慢肌纤维，因为快肌纤维内含有更多的肌原纤维，无氧供能酶活性更高，供能速率更快，单位时间内可完成更多的机械功。因此，肌肉中快肌纤维百分比高的人，肌肉收缩力量也大。

（三）肌肉收缩时的初长度

肌肉收缩时的初长度对肌肉最大肌力具有极大的影响。肌肉收缩力量的大小取决于活化的横桥数目的多少，当肌肉处于某一初长度时，肌小节中粗、细肌丝的重叠状态最佳，收缩可活化（与位点结合）的横桥数目最多，因而产生的力量也最大，这一长度称为最适初长度。通常，肌肉的最适初长度稍长于肌肉在人体内的静息长度，此时肌小节长度为 $2.0\sim2.2\mu m$。肌小节过短或过长都将因肌球蛋白横桥与肌动蛋白结合的数目减少而导致肌力下降。因此，在运动实践中，肌肉在收缩前常会先被拉长，然后做向心收缩，以提高肌肉力量。例如，上肢的鞭打动作（如投掷）常先向后引臂、纵跳前常先下蹲等。收缩前牵拉肌肉使力量增加的原因，除初长度增加之外，还与牵张反射和肌肉的弹性成分有关。

（四）中枢神经系统状态与激活水平

中枢神经系统的兴奋性是发挥高水平的中枢激活作用，以及良好的中枢神经对肌肉活动的协调和控制能力的基础，对提高最大肌力有重要的作用。中枢激活指中枢神经系统募集肌纤维参加收缩的能力。中枢激活作用主要表现为支配肌肉的运动神经元的放电频率及其同步化的程度。中枢激活水平越高，募集的肌纤维数目就越多，肌肉收缩力量也越大。研究表明，当肌肉克服相当于最大肌力的20%~80%的阻力负荷时，肌肉力量的增加主要靠神经系统不断募集更多的运动单位来完成；当阻力负荷超过最大肌力的80%时，肌肉力量的增加主要靠提高神经中枢发放冲动的频率和有关肌肉中枢同步兴奋程度来实现。肌肉即使在进行最大随意收缩时，也并不是所有的肌纤维都同时参与收缩。缺乏训练的人只能动员肌肉中60%的肌纤维同时参与收缩，有良好训练的人可动员90%以上的肌纤维。

情绪和环境对中枢神经系统的兴奋性也具有影响。情绪激动时，中枢神经系统的兴奋性提高，导致肾上腺素、乙酰胆碱等生理活性物质大量释放，是影响肌肉力量的重要因素。人在极度激动或危急情况下，可发挥出平常无法达到的惊人力量。这种现象是因情绪极度兴奋时，肾上腺素大量分泌，使肌肉的应激性大幅度提高，更重要的是中枢发放强而集中的神经冲动，迅速动员"储备力量"，从而使运动单位成倍地同步动员并投入工作所造成的。

（五）中枢神经对肌肉活动的协调和控制能力

人体完成任何动作，即使是最简单的动作也需要多块肌肉（主动肌、协同肌、拮抗肌、固定肌）协调工作来实现。人体在某一运动中表现出的力量是参与该运动的所有肌肉收缩的合力。不同肌群接受不同神经中枢的支配，中枢之间良好的协调配合将减少因肌群间工作不协调所致的力量抵消和能量浪费，有利于发挥出更大的力量。

（六）年龄与性别

肌肉力量从出生后随年龄的增加而自然增长，通常在20～30岁时达到最大，以后逐渐下降。身体发育成熟以后，只有经过超负荷训练才能使肌肉力量增加。如果不进行力量训练，随着年龄的增长，肌肉力量会同其他器官系统功能一样出现衰减。如果持续进行超负荷训练，可使力量显著增大，超过刚成年时的力量水平；如果肌肉只承担较小的负荷，力量将随着年龄的增加而下降，到65岁时力量约下降20%。

青春期前男女儿童的力量没有明显差异，进入青春期后，由于雄性激素分泌的增多，有效地促进了男孩肌肉和骨骼体积的增大，使其力量明显大于女孩。成年女子由于性激素等原因，其肌肉发达程度远较男性差，故肌肉平均力量大约仅为男性肌力的2/3，但不同肌群力量差异不同。如女子前臂屈、伸肌群的力量只有男子的50%，而大腿屈、伸肌群的力量是男子的80%左右。

造成男女力量差异的另一原因是后天参加的体力活动有所不同。男子经常参加一些能发展力量和爆发力的体育活动，使他们比女子更接近自己潜在的最大力量水平。由于女子从事的活动一般多是非力量性的或力量水平较低的活动，因此，女子距她们潜在的最大力量水平甚远。虽然女子的绝对力量水平低于男子，但经过训练，男女之间的差别会逐渐缩小。如女大学生经过10周的力量训练后，其力量提高相对值较同龄的男子大。

（七）体重

体重大的人一般绝对力量较大，而体重轻的人可能具有较大的相对力量。随着体重的增加，绝对力量直线增加。当用相对力量表示总体力量时，随着体重的增加，相对力量却下降。这些关系有助于解释为什么身材较小的体操运动员往往能取得较好成绩，以及为什么体操运动员的身材要比投掷运动员小得多。为了能成功地完成体操动作，运动员需要有较高水平的相对力量，而投掷运动员需要有较高水平的绝对力量，才能将器械投掷得更远。一般来说，对仅需要克服体重但对速度、灵敏和协调性要求较高的运动项目，运动员的身材往往较小，相对肌肉力量较大；而那些必须克服外部阻力的项目（如投掷、摔跤和举重等项目）运动员的身材一般都较大，绝对力量也较大。

除了上述因素外,肌糖原、肌红蛋白含量和毛细血管分布密度等代谢相关因素也会影响肌肉力量。肌糖原和肌红蛋白是分布在肌浆中的能量物质和氧贮备物质,其含量的增加有助于肌肉长时间进行较低强度收缩时的能量和氧供应。肌肉毛细血管数量的增加有助于肌肉运动所产生的酸性物质和代谢废物的运输及氧气和营养物质的供应。这些因素都与肌肉的力量有关。

二、力量训练原则

力量训练是提高肌肉力量的重要手段,但只有遵循科学的训练原则才能有效地提高肌肉力量。

(一) 大负荷原则

大负荷原则是肌肉力量训练的一个基本原则。力量训练的负荷由负荷强度(阻力大小)、负荷量和训练频率决定。大负荷原则的生理学基础是人体对运动的反应和适应规律,即任何运动都可以引起人体的生理反应。通常,只要不超出人体的承受能力,运动负荷越大,生理反应也越大,反复多次后人体的适应性变化也越大,训练效果也越好;如果运动负荷较小,人体对该负荷已经适应,因而生理反应小,将无法获得更高水平的适应,训练效果就越差。因此,在力量训练时,训练负荷应较大,应超过训练者已经习惯或适应了的负荷。大负荷原则也称为"超负荷原则"。

在进行力量训练时,应根据不同的训练目的,灵活运用大负荷原则。如果想有效地提高最大肌力,肌肉所克服的阻力要足够大,阻力应接近或达到甚至略超过肌肉所能克服的最大负荷。由于肌肉内各运动单位的兴奋性不同,当阻力负荷较小时,中枢只能调动兴奋性高的运动单位参加收缩,随着阻力的加大,参与收缩的运动单位逐渐增多。足够大的负荷对中枢神经系统的刺激大,能使运动中枢发出更强的信号,从而调动更多的运动单位参与同步收缩,肌肉表现出的肌张力更大。通常低于最大负荷80%的力量练习对提高最大肌力的作用不明显。如果训练目的是提高肌肉耐力,选择的阻力不能太大,但应强调重复次数和持续时间,使总的训练负荷量较大。

在力量训练实践中,采用某一"大负荷"训练一段时间后,肌肉对这一负荷逐渐习惯或适应,其力量也得到提高,原来的负荷对于提高了的力量来说已不属于"大负荷"了。根据"大负荷原则",需要增加负荷以重新满足大负荷的要求,以保证肌肉力量的持续增长。

必须指出的是,在进行大负荷训练时,应全面评估人体的生理承受能力,注意防止过度训练或运动损伤的发生。

(二) 专门性原则

专门性原则是指所从事的肌肉力量练习应与相应的运动项目相适应。力量训练的专门性原则包括:①进行力量练习的身体部位的专门性;②练习动作的专门性。即进行负重抗阻练习时,应包含直接用来完成动作的肌肉群,并尽可能地模拟其实际的动作结构及动作的节奏与速度。身体部位的专门性和动作结构的专门性,有利于改善神经系统的协调控制能力,以及肌肉内一系列适应性生理和生化变化。

运动技术的专门性有时显得更为重要。在一些情况下，两类运动中动用的肌群是相同的，但运动的形式却是不同的。高水平的短跑运动员，往往不是优秀的马拉松运动员，反之亦然。同样的，训练中动作的节奏和速度是非常重要的。因此，在进行专门训练时，练习的动作节奏与速度也要和正式的运动相一致。

（三）练习顺序原则

练习顺序原则是指力量练习过程中应考虑前后练习动作的科学性和合理性。总的来说，应遵循下列原则：先练大肌群，后练小肌群；多关节肌训练在前，单关节肌训练在后；前后相邻运动避免使用同一肌群；在训练单一肌群时，大强度练习在前，小强度练习在后。其生理机制为：大肌肉在训练时运动中枢的兴奋面广，兴奋程度高，在提高自身力量的同时，由于兴奋的扩散作用，练习过程对其他肌肉也有良性刺激作用；此外，由于大肌肉相对不易疲劳，可延长练习时间，而小肌肉练习容易疲劳，将影响大肌肉练习动作的完成；前后相邻动作若使用同一肌群，由于前一动作练习已经使该肌群疲劳，所以完成后一动作时，既不能保证动作质量，又容易出现肌肉过度疲劳和肌肉损伤，而使用不同肌群甚至相拮抗的肌群，由于交互抑制的原因，一个使中枢兴奋，一个将对其拮抗中枢产生抑制，使前一运动致疲劳肌群的运动中枢受到抑制，从而使疲劳肌群得以"积极性休息"、放松。

（四）合理间隔原则

合理间隔原则就是寻求两次训练课之间的适宜间隔时间，使下次力量训练在上次训练引起的力量增长高峰（超量恢复）期内进行，从而使运动训练效果得以积累。再次训练间隔时间与训练强度和训练量有密切的关系，训练强度和训练量大，间隔时间应长。通常较小强度的力量训练在第二天就会出现超量恢复，中等强度的力量训练应隔天进行，而大强度力竭训练每周进行1~2次即可。值得提出的是，完成定量负荷，训练水平高者出现超量恢复的时间较早，超量恢复的幅度较小，其训练间隔应较短；但同样进行力竭训练，高水平者因完成的绝对负荷量大，故其超量恢复较晚出现，超量恢复的幅度较大，持续时间较长，训练间隔时间也应稍长。

三、力量训练的方法

（一）力量训练要素

力量训练效果取决于阻力负荷大小、每组练习次数、组数、组间间隔时间、完成每组练习的时间、训练频率等训练要素。在制订力量训练计划时，应根据被训练者情况、训练目的和运动专项，在确定训练需求（包括训练的主要肌群、肌肉工作方式和能量特点、损伤预防等）的基础上，合理选择和确定阻力负荷的方式，以及上述各力量训练要素。

1. 负荷强度

常用最大重复次数（repetition maximum，RM）来表示力量训练的负荷强度，也可以用最大肌力的百分比表示。RM是指肌肉收缩所能克服某一负荷的最大次数。如果某负荷（如100kg），运动员甲最多能克服3次，运动员乙最多能克服5次，则该负荷为甲的3RM，乙的5RM，很显然，乙的力量大于甲，如果采用这一负荷训练甲和乙，虽然绝对负荷相同，但相对负荷甲大于乙。RM越小，表示运动员能克服该负荷的重复次数越少，负荷强度越大。RM为1，表示进行1次本人最大负荷重量的练习。随训练目的不同，所采用的负荷强度也不同。表14-1为不同训练目的的力量练习的大致参考负荷强度。

表14-1 不同训练目的的力量练习的参考运动负荷强度

项目	训练目的	%1RM	起始负荷（RM）	调整负荷（RM）
举重等	最大肌力	90~100	1~3	3~5
健美等	最大肌力和爆发力	75~90	5~8	8~12
健身等	肌肉耐力	50~75	12~15	20~25

注：表14-1中，起始负荷（RM）是指"负荷到几RM"；调整负荷（RM）是指"训练到几RM后需调整负荷"。以训练最大肌力为例，选择起始负荷为2RM，调整负荷为4RM，即选择只能完成2次的负荷为练习强度，经过一段时间训练，练习者能克服该负荷4次了，就应该调整（增加）负荷，使练习者又只能完成2次，开始新一轮训练。

2. 每组练习次数、组数和频度

在力量训练中，每组练习次数、组数和训练频度的安排，受训练目的、运动形式和练习者训练水平等因素的影响。每组练习次数与负荷强度密切相关，负荷强度越大，每组练习次数越少。组数随训练目的的不同而异，一次力量训练课可在3~6组间选择。频度（每周训练的次数）主要取决于练习者训练水平和训练目的。研究表明，对初练者，隔天训练比每天训练的效果好。每天进行力量训练者，训练10次后，肌肉力量提高47%，而以同样训练负荷进行隔天训练，经过10次训练后肌肉力量提高77.6%。以发展肌肉最大肌力为主要目的的运动（如举重等），由于其负荷强度一般接近或达到肌肉的最大负荷能力，每组练习次数较少，练习组数至少不低于3组，训练频度则可适当减少，每周1~2次即可；以发展肌肉体积线条和爆发力为主要目的的运动（如健美等），其运动强度应适当降低，但练习组数和频度则相应地增多；以发展肌肉耐力和提高内脏机能水平为主要目的的运动，其运动强度更低，练习次数相应较多，练习频度也可有所增加。总之，运动者的训练水平（或承受能力）和身体恢复情况是决定训练频度的主要依据。

3. 每组练习的时间和组间间隔时间

每组练习的时间反映动作速度的快慢，可以影响力量训练中神经控制、肌肉肥大和能量代谢等生理过程。一般情况下，对于提高最大肌肉力量而言，训练水平低者可采用低速和中速进行训练，优秀运动员采用中、高速训练更有效；对于提高爆发力而言，除初练者采用中速外，中等训练水平以上者都应采用快速完成练习的方法；对于提高肌肉耐力而言，无论训练水平高低，都应采用中、低速完成练习。

组间间隔时间对肌肉代谢、激素分泌和心血管反应等影响明显。应根据训练目的、肌群大小等合理确定组间间隔时间。例如，为了提高最大肌力，进行多关节肌群、主要运动肌群或大肌群参与的力量训练（一般为核心练习）时，组间间隔时间至少2~3min，以保证肌肉得到充分休息；为了预防损伤或肌群间协调发展，对辅助运动肌进行力量训练（辅助练习）时，间隔时间可减少到 1~2min。

(二) 几种肌肉力量训练手段的生理学分析

抗阻力练习是肌肉力量训练的基本手段，根据肌肉工作形式的不同，常用的抗阻力练习方式有等长练习、向心练习、离心练习、等速练习等，不同的练习方式各有特点（详情见第二章）。此外，出于不同的训练目的，研究者还发展了一些新的抗阻力训练手段。

1. 超等长练习

超等长练习是对肌肉进行快速动力性负荷牵拉后产生爆发性肌肉收缩的练习方式，包括所有含离心与向心收缩周期（牵拉—缩短环）的快速练习，例如，跳深练习、快速牵拉橡皮带等。这种练习借助肌肉的牵张反射机制和肌肉的弹性回缩，旨在发展肌肉的爆发力。

2. 全幅度练习

全幅度练习是在关节所能达到的最大范围内，大幅度拉伸工作肌群，接着进行大幅度向心收缩的练习方式。这种练习克服了传统抗阻力训练对柔韧性发展的不利影响，在发展肌肉力量的同时，可发展肌肉及关节周围软组织伸展性。

3. 核心力量训练

核心力量是指附着在人体核心部位的肌肉收缩产生的力量。核心力量训练是指针对身体核心肌群及深层小肌肉进行的力量训练，旨在提高力量的传递、协调和控制肌肉的能力。核心稳定力量的训练注重在稳定或不稳定条件下对位于深层的小肌肉群的训练，提高人体在运动中稳定关节和控制重心的能力。震动力量训练和悬吊训练是主要的两种训练方法，通常使用的器械还有平衡板、泡沫桶、气垫、滑板、瑞士球和震动杆等，也可在各种垫子上做徒手练习。

四、力量训练机理分析

力量训练主要通过增长肌肉和改善神经肌肉控制实现力量增长。第一，力量训练可引起骨骼肌选择性肥大，使肌肉生理横断面积增加，肌肉代谢能力增强，从而增加力量。第二，力量训练还能够提高运动神经元的放电频率，从而提高中枢激活水平而增强力量。第三，中枢神经对肌肉活动的协调和控制能力可以通过训练得到提高。对于某一特定动作来说，动作越熟练，与其相关的神经中枢之间的协调配合也越好，因此，动作是否熟练将影响完成动作时的力量表现。力量训练是否改变肌纤维类型而增加力量尚有争议。

力量训练因强度、重复次数等参数的不同，训练效果会存在明显差异。以提高最大肌力为主要目标的训练，阻力负荷应超过最大肌力的90%或1~3RM，动作速度应较慢，一般不少于3组，组间间隔以保证肌肉恢复为依据，一般2~3min为宜，训练频度可适当减少；以提高爆发力为目标的训练，阻力负荷应达到75%~90%的最大肌力或5~8RM，动作速度应适当加快。

力量训练停止一段时间后，训练所获得的力量增加将逐渐消退。力量消退的快慢和幅度与训练频率、时间及力量增长速度有关。一般来说，训练频率越高，力量增长越快，停止训练后，力量消退也越快。研究表明，力量增长后如果每2周训练1次，肌肉力量可保持稳定；每6周训练1次，可保持较长时间；不进行训练，30周后力量消退至训练前水平。

第二节 速 度

速度素质是指人体进行快速运动的能力或最短时间完成某种运动的能力。按其在运动中的表现可以分为反应速度、动作速度和周期性运动的位移速度三种形式。

一、速度素质的生理学基础

（一）反应速度的生理学基础

反应速度（reaction speed）是指人体对各种刺激产生反应的快慢，如短跑运动员从听到发令到起动的时间等。人体对刺激的反应，是一种神经反射活动，其结构基础为反射弧。反应速度的快慢主要取决于兴奋通过反射弧所需要的时间（反应时）的长短。因此，凡能影响反射弧五个环节中任一环节的因素都会影响反应速度。

1. 反射的复杂程度与中枢延搁

从感受器接受刺激产生兴奋并沿反射弧传递开始，到引起效应器发生反应所需要的时间称为反应时（reaction time）。在构成反射弧的五个环节中，传入神经和传出神经的传导速度基本上是固定的，所以，反应时间的长短主要取决于感受器的敏感程度（兴奋阈值的高低）、中枢延搁和效应器（肌组织）的兴奋性。其中，中枢延搁又是最重要的，反射活动越复杂，历经的突触越多，反应时越长。

2. 中枢神经系统的机能状态

中枢神经系统的机能状态与反应速度有密切关系。良好的兴奋状态有利于加速机体对刺激的反应。运动员处于良好的赛前状态时，反应时缩短。反之，如果运动员大脑皮质的兴奋性降低，反应时将明显延长。

3. 运动条件反射的巩固程度

随着运动技能的日益熟练，反应速度加快。研究发现，通过训练，反应速度可以缩短11%~25%。

（二）动作速度的生理学基础

动作速度（movement speed）是指完成单个动作时间的长短，如排球运动员扣球时的挥臂速度等。动作速度主要是由肌纤维类型的百分组成及面积、肌肉力量、肌肉组织的兴奋性和运动条件反射的巩固程度等因素所决定的。

1. 肌纤维类型

肌肉中快肌纤维占优势是速度素质重要的物质基础之一，快肌纤维百分比越高，肌肉收缩速度则越快。研究证实，优秀短跑运动员腿部肌肉中快肌纤维百分比高，并且快肌纤维出现选择性肥大。

2. 肌肉力量

力量是速度的基础，在阻力负荷相同时，力量越大，加速度也越大，从而缩短了完成动作的时间。凡能影响肌肉力量的因素也必将影响动作速度。

3. 肌肉组织机能状态

肌肉组织兴奋性高时，较低的刺激强度和较短的作用时间就能引起肌肉组织兴奋。

4. 运动条件反射的巩固程度

在完成动作过程中，运动技能越熟练，动作速度越快。

此外，动作速度还与神经系统对原动肌、中和肌和拮抗肌的调节能力有关，并与肌肉的无氧代谢能力有密切关系。

（三）位移速度的生理学基础

位移速度（displacement speed）是指周期性运动（如跑步和游泳等）中人体通过一定距离的时间。以跑为例，位移速度主要取决于步长和步频两个变量，而步长和步频又受多种因素的制约（图14-1）。步长主要取决于肌力的大小、肢体的长度及髋关节的柔韧性；而步频主要取决于大脑皮质运动中枢的灵活性和各中枢间的协调性，以及快肌纤维的百分比及肥大程度。神经系统的灵活性好，兴奋与抑制转换速度快，是肢体动作迅速交替的前提；而各肌群间协调关系的改善，可以减少因对抗肌群紧张而产生的阻力，有利于更好地发挥速度。所以，在周期性运动项目中，肌肉放松能力的改善也是提高速度的一个重要因素。

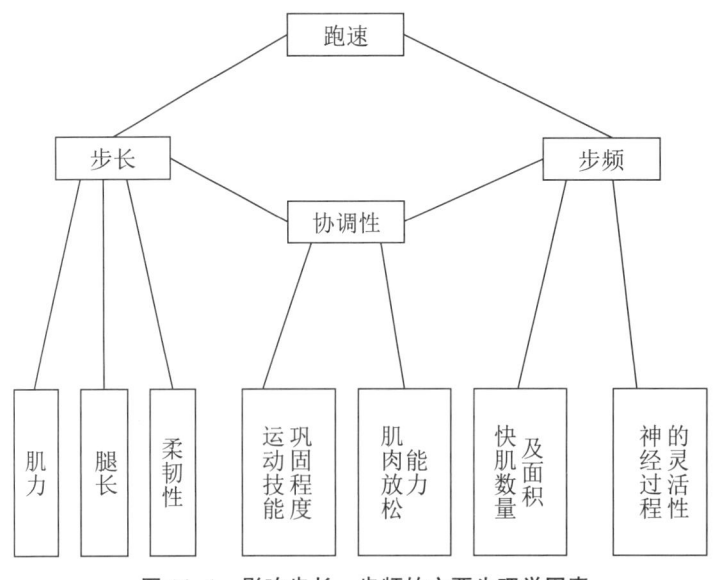

图14-1 影响步长、步频的主要生理学因素

此外，速度性练习时间短，主要依靠ATP-CP系统供能，因此，肌肉中ATP-CP含量较多是速度素质重要的物质基础。研究发现，通过速度训练，肌肉中CP的贮备量随着训练水平的提高而增加。

二、速度素质的训练

(一) 提高动作速率的训练

大脑皮质神经过程的灵活性是实现高频率动作的重要因素。为了改善和提高神经过程的灵活性，可采用变换各种信号让练习者迅速做出反应的练习，以及做各种高频率动作的练习。如牵引跑、在转动跑台上跑和顺风跑等借助外力提高动作频率的练习，都可使练习者在不缩短步长的情况下增加步频，提高神经中枢兴奋与抑制快速转换的能力。

(二) 发展磷酸原系统供能的能力

速度练习是强度大、时间短的无氧训练，主要依靠 ATP-CP 系统提供能量，因此，在提高速度的训练中，应着重发展磷酸原系统供能的能力。一般常用的方法是重复训练法，如短跑运动员常采用 10s 以内的短距离反复疾跑来发展磷酸原系统供能能力。

(三) 提高肌肉的放松能力

肌肉的协调放松能力也是影响速度素质提高的一个重要因素。肌肉放松能力的提高不仅可以减少快速收缩时肌肉的阻力，而且有利于 ATP 的再合成，使肌肉收缩速度和力量增加。

(四) 发展肌肉力量及关节的柔韧性

力量是速度的基础，对于短距离游泳、短距离径赛，以及所有鞭打动作（如投掷、扣球等），力量（特别是快速力量，即爆发力）是制约速度的关键因素。对短跑运动员来说，腿部力量对增加步长是十分重要的。除负重训练外，可进行一些超等长练习（如连续单腿跳、蛙跳等练习）来发展腿部力量。另外，改善关节柔韧性的练习也有利于速度素质的提高。

第三节 耐　力

耐力是指人体长时间进行肌肉工作的运动能力，也称为抗疲劳能力。耐力素质的分类及命名十分繁杂。按运动时的外部表现划分为速度耐力、力量耐力和静力耐力等；按该项工作所涉及的主要器官划分为呼吸循环系统耐力、肌肉耐力及全身耐力等；按运动的性质划分为一般耐力和专项耐力等。运动生理学中更多是从能量供应的角度将其划分为有氧耐力和无氧耐力。

一、有氧耐力

有氧耐力是指人体长时间进行以有氧代谢供能为主的运动能力。充分的能量底物糖的供应、氧气供应（取决于心肺功能和血液的携氧能力）及利用能力（主要取决于肌肉利用氧的能力）是影响有氧耐力的关键因素，另外，中枢神经系统对肌肉放电的均衡性、持续稳定性和对全身各器官系统的协调控制能力也极大地影响着有氧耐力水平的发挥。在运动实践中，常常采用最大摄氧量、乳酸阈或通气阈评价有氧耐力；常采用持续训练、间歇训练、高原训练等方法训练有氧耐力。

二、无氧耐力

无氧耐力是指机体在缺氧情况下较长时间进行肌肉活动的能力。肌肉内糖酵解供能的能力、缓冲乳酸的能力及脑细胞耐受酸性环境的能力是影响无氧耐力的关键因素。常采用间歇训练、高原训练、低氧训练等方法训练无氧耐力。

[注] 有关有氧耐力和无氧耐力的详细内容请参阅本书第十三章有氧、无氧工作能力。

第四节 平 衡

平衡（balance）是身体所处的一种姿态，以及在运动或受到外力作用时能够自动调整并维持姿势的能力。保持平衡是完成一切运动技能的前提。人体平衡分为静态平衡和动态平衡。静态平衡（static balance）是指人体在相对静止的状态下，保持姿势稳定的能力，如站立、金鸡独立、倒立、射箭等动作均为静态平衡。动态平衡（dynamic balance）是指人体在运动过程中，控制身体姿势的能力，如蹦床、特技、冰上舞蹈与游泳等均需要很好的动态平衡能力。

一、平衡素质的生理学基础

人体平衡的维持主要依赖于前庭功能、本体感觉和视觉的输入及中枢神经系统的整合。

（一）前庭功能

当人体进行旋转或直线变速运动，以及头在空间的位置和地心引力的方向出现相对改变时，便会刺激前庭器官的感觉细胞产生神经冲动，经前庭神经传送至中枢神经系统，引起身体空间位置改变或变速的感觉，并通过姿势反射来调整骨骼肌的张力，以维持身体的平衡。值得指出的是，前庭（位觉）感受器在调节身体平衡方面具有双重性，即一方面机能良好的前庭反射有利于维持身体平衡，另一方面如果前庭器官对位觉刺激过于敏感（前庭功能稳定性差），反而会破坏身体平衡，例如，有人会晕车、晕船和晕机等。

（二）本体感觉

本体感受器可感受肌肉张力、长度的变化，并将这类刺激转变为神经冲动，传向大脑皮质感觉区，从而产生身体各部分相对位置和状态的感觉，称为运动觉或本体感觉。当运动过程中身体平衡或动作环节遭到破坏时，本体感受器能及时地将刺激信号传向中枢，通过调节相关肌肉张力纠正偏差，确保运动技能顺利完成。实践证明，随着本体感受器功能的提高，运动技术水平、平衡能力也明显增强。

（三）视觉

视觉对于维持身体动态平衡和瞬间的静态平衡都非常重要。无论在静止还是运动状态下，清晰的视觉均有利于保持头部的正确位置，调整肌张力和维持正确姿势。例如，对着镜子做练习时，视觉可以强化本体感觉，闭眼单脚站立维持平衡的时间明显短于睁眼单脚站立时。但在特定情况下,视觉也会引起平衡能力下降,如有恐高症的人站在高处向下看时,会感到两腿发软,难以维持站立姿势。

除上述感觉机能外,中枢神经系统(特别是小脑)的机能状态和协调整合能力对平衡能力具有很大的影响;此外,对于久病卧床后恢复期的患者或老年人,提高肌肉力量对维持身体平衡、防止摔倒具有重要意义。

二、平衡素质的训练

根据影响平衡素质的主要因素,发展平衡能力应以发展前庭功能、本体感觉和视觉器官为主要目标。

(一) 前庭功能训练

前庭功能稳定性可以通过被动训练、主动训练和综合训练使其逐步提高。

1. 被动训练法

被动训练法是人在专门器械(如离心机、四柱秋千、电动转椅、过山车、极速之旅等)上被动地感受加速度的变化以提高前庭机能稳定性的方法。在训练过程中旋转速度要循序渐进,以免引起强烈的不良反应。

2. 主动训练法

主动训练法是锻炼者主动地选择各种有加速度变化的活动进行训练的方法,如球类运动、器械体操、空翻、滚翻、摇头操、吊环旋转、弹网蹦跳、铁饼、链球、荡秋千等。

3. 综合训练法

综合训练法是将主动训练法和被动训练法结合起来的训练方法。综合训练比单纯的主动训练和单纯的被动训练效果更好,同时还能全面地提高人体机能。实际上,所有体育运动均需要改变身体的姿势和位置,只要坚持体育锻炼或运动训练就可以增强机体对变速运动的适应和平衡能力。值得注意的是,前庭功能稳定性从幼年开始训练效果会更好。

(二) 本体感觉功能训练

本体感觉功能训练是指有意识地感知关节的空间位置、关节运动的方向和速度来达到改善本体感觉功能的方法。本体感觉必须经过长时间的训练,才能明显而精确地在自己的动作过程中被体验到。马特维也夫认为,在进行平衡能力训练时,掩盖视觉而使注意力集中于本体感觉,能更有效地提高平衡能力。

(三) 视觉器官功能训练

人的视力、视野受遗传和环境因素的影响,为了提高或维持视觉功能,平时应注意用眼卫生。在运动训练过程中,注意运动环境中参照物的选择、多看视频录像、仔细观察教师或教练员的示范动作、多对着镜子强化练习视觉与本体感觉的结合、多站在高处向下方和远处看等,都有利于视觉在维持身体平衡过程中发挥积极作用。

三、平衡能力的评定

平衡能力评定常用于运动员选材、人体机能评定等方面。平衡能力的评定方法详见二维码。

平衡能的评定

第五节 柔 韧

柔韧（flexibility）是人体在运动过程中完成大幅度动作的能力，即关节的主动或被动活动范围。柔韧性不足可直接影响动作的学习和高难运动技能的掌握，也会有碍于力量、速度、协调、平衡能力的发展，并易造成运动损伤。

一、柔韧素质的生理学基础

柔韧主要受运动器官的构造（包括关节结构）、关节周围组织的体积和跨关节的韧带、肌腱、肌肉及皮肤的伸展性的影响，也与神经系统的调节能力有关。

（一）关节结构

关节的结构决定着关节活动的方向和幅度，主要由遗传决定，是影响柔韧性的因素中最不容易被改变的因素。尽管运动训练可使关节发生一定的变化，如关节软骨增厚等，但这种变化十分有限。

（二）关节周围软组织的伸展性

肌肉、韧带、肌腱等软组织的伸展性与性别、年龄有关，一般女性优于男性，儿童少年优于成人。此外，体温可影响软组织的伸展性，准备活动（热身）可降低软组织黏滞性，提高伸展性。

（三）关节周围组织的体积

关节周围组织（脂肪、肌肉等）的体积是限制关节活动的重要因素。如腹部脂肪的积累势必影响体前屈的幅度，大腿后群肌肉肥大必然会影响小腿后折叠。因此，训练应正确处理柔韧与力量之间的关系，兼顾关节活动幅度和肌肉体积，有针对性地进行柔韧训练，才能更好地提高运动技能水平。

（四）神经系统的调节能力

关节活动幅度常因拮抗肌群不能充分放松而受到限制。因此，提高神经系统的调节能力，改善肌群间的协调性，特别是主动肌收缩和拮抗肌放松之间的协调，是提高柔韧性的重要因素。

（五）肌肉力量

理论上讲，发展肌肉力量有利于克服各种阻力，提高主动增大关节活动幅度的能力。需要指出的是，在发展肌肉力量时，可能会增大关节周围肌肉体积，因空间位阻效应而影响关节活动范围。

二、柔韧素质的评定及训练

(一) 柔韧素质的评定

由于人体各关节活动范围大小各异,不可能用某一项测试来评定全身的柔韧性。因此,颈、肩关节、躯干、髋关节、下肢等部位的柔韧性,必须分别进行评定。目前,对柔韧性的测定分为简易测量方法和精密测量方法。柔韧素质的评定方法详见二维码。

(二) 柔韧素质的训练

发展柔韧素质一般采用伸展性练习,即拉伸软组织,包括动力拉伸法和静力拉伸法。每种方法又可根据拉伸力量的来源分为主动拉伸和被动拉伸两种方式。主动拉伸的力量来源于练习者自身,被动拉伸的力量来源于外力。此外,在助手的帮助下,还可采用本体感觉神经肌肉促进法发展柔韧素质。

1. 静力拉伸法

静力拉伸法是指先通过动力性拉伸使肌肉等软组织拉长,然后持续保持某一特定长度的练习方法。在练习时缓慢牵拉肌肉,当肌肉感到被牵拉时,停止继续拉长,坚持10~30s后再放松。静力性拉伸练习,避免了牵张反射的副作用,其优点有效果明显、花费的时间短、可以独立完成练习且发生肌肉损伤的概率低。如扶竿控腿、成桥静止、利用肋木屈体压腿、肋木上屈体抱腿。

2. 动力拉伸法

动力拉伸法是指按照一定节奏、通过多次重复练习使软组织逐渐被拉长的练习方法。练习时,用力不宜过大,幅度应由小到大,避免拉伤。动力拉伸会引起肌肉牵张反射性收缩,反射性收缩部分抵消了主动牵拉肌肉的力量,降低了锻炼的效果。

3. PNF 练习法

PNF (proprioceptive neuromuscular facilitation) 即"本体感觉神经肌肉促进法",利用反牵张反射和交互抑制原理,促使痉挛或紧张的肌肉放松,从而加大关节活动范围。其练习的操作原则和方法是:首先在助手的帮助下,使肢体达到关节活动幅度的最大限度,然后被拉长的肌肉用力对抗助手给予的阻力,做肌肉最大强度的等长收缩,坚持 10s 左右后放松。然后再次做肌肉最大强度的等长收缩,各次之间基本没有间隔时间。一般在最初的 3~5 次,关节活动幅度提高较明显,之后提高的幅度下降,可重复至 10 次左右。PNF 练习能够有效地提高身体柔韧性,且不易引起肌肉损伤。

第六节 灵 敏

灵敏 (agility) 是运动者迅速改变体位、转换动作和随机应变的能力。它是运动员运动技能和各种运动能力在运动过程中的综合表现,其突出特点是当环境突然发生变化时,能够随机应变地完成动作,并能够创造出新的动作。灵敏可分为一般灵敏性和专项灵敏性。一般灵敏性通常以起动、急停、起跳、躲闪、维持平衡、改变动作姿态等形式表现出来；专项灵敏性常与专项技术的机敏、灵巧、准确、协调等密切相关。如体操运动员的灵敏主要表现为对身体姿势的控制和转换动作的能力，球类运动员的灵敏则主要表现为对外界环境变化能及时而准确地转换动作、做出反应的能力。

一、灵敏素质的生理学基础

灵敏是一项复杂的综合素质，它与运动员的力量、反应、速度、爆发力和协调性密切相关，主要受感觉机能、大脑皮质灵活性与分析综合能力、掌握的运动技能多少及熟练程度影响。

（一）大脑皮质神经过程的灵活性及分析综合能力

神经过程的灵活性越高，以及大脑皮质分析综合能力越强，机体对内外环境变化的应答反应越迅速，动作变换的速度越快。在激烈的对抗性运动中，如球类、击剑、拳击、摔跤等，运动中的突然起动、急停、动作的迅速转换等，均要求大脑皮质的兴奋与抑制过程迅速转换，以适应运动场上瞬息万变的情况。

（二）感觉器官的功能状态

感觉器官对运动场上环境变化的感知是机体及时做出正确应答和改变的前提，因此，视觉、位觉、本体感觉等感觉器官的敏感性是影响灵敏素质的重要因素。

（三）运动技能的掌握程度

掌握的运动技能越多、越熟练，机体运动时动作就越迅速，动作的灵敏性也就越高。

（四）其他因素

灵敏还与年龄、性别、体重和身体功能状态等有关。从儿童开始到成熟期，灵敏性逐步提高，其中青春期灵敏性发展迅速。青春期前，男孩稍优于女孩；青春期后，男孩的灵敏性远好于女孩。体重会明显影响人的灵敏性，体重过大会使身体各部分的惯性加大，增大肌肉收缩的负荷，必然在进行改变方向的动作时导致速度减慢；人在疲劳时，爆发力、动作速度、反应速度、协调性都会下降，灵敏性必然显著降低。

二、灵敏素质的评定及训练

（一）灵敏素质的评定

长期以来，多采用人工计时、目测判犯规等方法评定灵敏性，主观性和误差较大。近年来，国内外已生产出多种规格型号的灵敏素质测定仪，评价结果更加客观、准确。灵敏素质的评定详见二维码。

灵敏素质的评定

（二）灵敏素质的训练

发展灵敏素质，要从提高大脑皮质神经过程的灵活性，熟练掌握多种运动技能，增强力量、速度、柔韧、平衡和协调能力入手，并遵循如下原则。

1. 运动的专门性

不同的运动项目要求有不同的灵敏技能，如篮球运动员及拳击运动员的闪、躲、腾、跃就完全不同，为了获得良好的训练效果，应当紧密结合专项训练。

2. 结合力量、爆发力训练

灵敏动作一般会包含起动、急停、快速改变方向三个过程，以快速改变运动者自身身体活动状态为目标，力量越大，加速度（包括正、负加速度）就越大，动作速度也就越快，灵敏性自然更好。因此，提高力量（特别是爆发力）有助于提高灵敏性素质。

3. 结合反应训练

在实际的运动情境下，反应可分为两类，一类是对突然出现的刺激事先预知，并做出规律的动作反应，称为单纯反应时，如径赛及游泳赛的听到枪响出发；另一类则是动作不预定，依照刺激条件而做出不同动作反应的复杂反应时，如棒球、篮球、网球等因球的方向而决定下一个动作的运动，都属于此类复杂反应。就对灵敏性的影响而言，复杂反应显然比单纯反应更为重要。

4. 避免疲劳时进行灵敏训练

由于在灵敏性训练过程中，要求维持在最高的运动强度，疲劳时训练效果不佳，同时也容易导致运动损伤，所以要避免在疲劳的情况下进行灵敏训练。

第七节　协　调

协调性（coordination）是指人体在运动过程中身体各器官、系统在时间和空间上相互配合完成动作的能力。协调性是完成动作的基本条件之一，它贯穿于一切动作的始终，是人体速度、力量、耐力、平衡、柔韧等各种素质与运动技能协同的综合表现。只有具备良好的协调素质，动作才能做得省力、快速、舒展、流畅、准确、优美。

一、协调素质的生理学基础

协调性是人体多项身体素质或机能与运动技能结合的综合表现，涉及多个系统或器官的机能水平及彼此间的协作与配合，并与人的观察力、判断力、思维力、想象力、记忆力、鉴赏力、表现力和对动作的适应能力有着紧密直接的联系。在影响协调素质的诸多因素中，神经系统的兴奋与抑制转换、分析、整合及调节能力十分重要，肌肉、感觉的影响也不能忽视。

表面看，协调是身体各部分的配合与协同，由于身体各部分的活动由神经支配，因此，协调就是各神经中枢兴奋和抑制相互转换，在时间和空间上的配合和协同。这种配合与协同是中枢神经系统在综合分析来自内外感受器的信息的基础上，以反射活动的形式支配身体各部分而实现的。一般情况下，掌握的动作和运动技能越多、越熟练，协调性越好。其原因是：任何复杂精细的动作都是由简单的动作按照一定的时空序列组合而成的，而且运动技能具有迁移现象。

总之，在完成每项运动技能时，都依赖于大脑神经的调配，各种感受器对内、外环境变化的感受，以及肌肉之间合理用力的相互作用。无论动作怎样变化，总是先由各种感受器接受内外环境的变化刺激，再将刺激转化为神经冲动，从而发生大脑皮质的兴奋与抑制的相互转化，支配和调节肌肉的收缩活动，使动作看上去舒展、协调、合理、准确。

二、协调素质的评定及训练

由于协调性有着相对广泛而复杂的生理学基础，不同的运动练习方式对人体各器官、系统的刺激程度不一样，进而产生的适应性变化也各异。因此，要想全面提高人体的运动协调性，必须进行多种形式的训练和练习。在训练中常采用的方法有轮臂腰绕环、波浪起、跳跃摆腿、垫步高抬腿、跳跃绕腿、跳跃放松、跑跳步振臂、侧并步转体、鞭打腿行进、左右击脚跳行进等。

在发展人体协调性的训练中，除上述练习方法之外，还有很多种可促进协调性提高的方法。如单个动作系列重复练习法、条件刺激练习法、游戏练习法、持器械练习法等。因此，在实际练习过程中，要不断变换练习方法和内容，提高练习者的兴趣，消除其练习倦怠，促进协调性的全面发展。

由于协调性涉及人体多系统、器官的综合功能表现，目前尚未有十分理想的方法来评定人的协调性。

◇ 【思考题】

1. 决定肌肉力量的主要因素有哪些？
2. 简述力量训练应遵循的原则。
3. 发展最大肌力与发展爆发力所采用的训练方法有什么不同？
4. 试述影响速度素质的生理因素，并结合实际谈谈速度训练问题。
5. 平衡、灵敏、柔韧及协调素质的影响因素有哪些？
6. 如何进行平衡、灵敏、柔韧及协调素质的评定与训练？

（广州体育学院　李良鸣）

第十五章 运动过程中人体机能变化规律

◇ 【教学目标】

通过本章内容的学习,掌握人体在运动训练或比赛过程中身体生理机能发生相应变化的规律、特点和生理机制;熟悉运动疲劳产生的原因和恢复的概念及方法;了解脱训和尖锋状态训练的概念及方法;树立科学训练与健身的科学运动观;培养应用运动过程中人体机能变化规律的理论指导体育教学、运动训练和身体锻炼的意识和能力。

人体在进行强度较大的长时间运动过程中,由于受到运动条件、运动负荷刺激和身体各器官、系统生理特点的影响,其生理机能会产生特殊反应,如出现赛前状态、进入工作状态、极点、去极点、稳定状态、运动疲劳和恢复等现象。认识各种不同状态产生的生理机制及其影响因素,采取行之有效的措施和方法,来减轻或推迟不良状态的出现,促进身体机能的提高和降低运动性伤病的发生。

第一节 赛前状态与准备活动

赛前状态与准备活动是在参加正式比赛或运动训练前身体机能提前动员的两个不同阶段。前者是受运动条件刺激而引起人体生理机能发生变化的条件反射;后者是有目的的身体练习,良好的赛前状态与适宜的准备活动有利于增强运动能力和预防运动损伤。

一、赛前状态及其调整

赛前状态(pre-competitions state)是指在参加正式比赛或训练前,人体某些器官、系统产生的一系列条件反射性机能变化。它可出现在比赛前数天、数小时或数分钟,越临近比赛则表现越明显。

良好的赛前状态可预先动员人体相应器官、系统的机能,克服内脏器官的生理惰性,为即将进行的比赛或运动训练做好准备,有利于机体迅速进入最佳运动状态。不良的赛前状态,将会对比赛或运动训练造成负面影响。

(一)赛前状态的生理变化及其机制

1. 赛前状态的生理变化

赛前状态的生理变化表现为中枢神经系统兴奋性和内脏器官功能的增强,物质代谢加强、体温升高。例如，心率加快、收缩压升高、心输量增加；呼吸频率加快、呼吸深度加大、肺通气量和吸氧量增加；紧张性出汗、尿频、血糖升高及肌肉颤抖等。

赛前状态的反应程度与比赛性质、运动员的训练水平、机能状态及心理素质等有关。比赛规模越大，离比赛时间越近，赛前状态反应越明显。如运动员情绪紧张、训练水平低、身体机能欠佳、比赛经验不足、运动强度过大等均会使赛前状态反应增强。

2. 赛前状态产生的机制

赛前状态产生的机制可用条件反射加以解释，由于训练和比赛的有关运动场景信息反复刺激运动员的感官，并与肌肉收缩活动相结合，长此以往，运动场景的信息就变成了条件刺激，只要它们出现，赛前的生理变化就会以条件反射的形式表现出来。尽管在比赛或训练前没有进行肌肉活动，但只要接触或想到这些刺激，就可产生与训练或比赛时相类似的生理反应。例如，日常训练或比赛过程中的场地、器械、广播声、音乐声、呐喊声、裁判和对手的表现等都会成为产生赛前状态的刺激条件。因此，赛前状态是运动场景刺激与肌肉活动多次结合后，在大脑皮质中建立暂时性神经联系的结果。

（二）赛前状态的类型及调整

1. 起赛热症

起赛热症是因中枢神经系统兴奋性过高，表现为精神过度紧张、四肢乏力、全身微微颤抖、咽喉发堵、寝食不安、呼吸短促、尿频等不良反应，导致运动员身体机能和竞技能力下降。该症多见于比赛经验不足、参加特别重大比赛和心理负担过重的运动员。起赛热症的调整可采用：提高运动员的心理素质和自控能力，使其正确认识和对待比赛；多组织运动员参加比赛、模拟比赛或观看比赛，以适应各种比赛环境；如果运动员过度紧张，可安排一些轻松缓和、节奏感强、强度小、能够转移注意力的活动或练习；用强度小的轻揉、抚摩降低神经的兴奋性。

2. 起赛冷淡

起赛冷淡是中枢神经系统兴奋性过低，表现为情绪低落、全身乏力、反应迟钝，对比赛或训练淡漠、不愿意参加比赛或训练等，从而使运动能力下降的现象。产生的原因是由中枢神经系统过高的持续性兴奋引起的超限抑制。对起赛冷淡的调整可安排一些活跃、强度较大、时间较长、与比赛内容较为接近的练习或活动。另外，用强度较大的扣击可提高运动员的兴奋性。

3. 准备状态

准备状态是中枢神经兴奋性适度提高，该状态使植物神经和内脏器官的生理惰性减小，机体机能得到预先动员，有利于缩短进入工作状态的时间，使机体更好地发挥机能水平，提高运动成绩。准备状态是运动员良好的赛前状态表现，多见于优秀运动员。

二、准备活动

准备活动（warm-up）是指在正式比赛、训练或体育课的基本部分之前进行的身体练习。其目的是预先动员人体的生理机能，克服内脏器官的生理惰性，缩短进入工作状态的时间。

(一) 准备活动的分类及生理作用

1. 准备活动的分类

(1) 一般性准备活动

一般性准备活动是指在训练或比赛前进行的与正式比赛或训练动作结构及生理特点不相同的活动。例如，在比赛、训练或体育课前进行的走、跳、跑、徒手操、压腿和游戏等热身运动。其目的在于提高神经系统的兴奋性、体温和机体的代谢水平，增强各器官、系统的功能。

(2) 专门性准备活动

专门性准备活动是指在训练或比赛前进行的与正式比赛或训练的动作结构、节奏及运动强度相似的各种身体练习。如篮球运动员在比赛前进行的上篮跳跃等。其目的在于提高参与运动有关中枢间的协调性，强化动力定型，为比赛或训练做好技术和机能上的准备。

2. 准备活动的生理作用

(1) 提高神经系统的兴奋性

增强有关中枢间的协调性和内分泌腺的活动，使神经调节与体液调节协同调控全身有关器官的机能，确保人体迅速达到适宜状态。

(2) 增强人体氧运输能力

使肺通气量、吸氧量和心输出量增加，心肌和骨骼肌中毛细血管扩张，血流量和血流速度加大，加速氧合血红蛋白解离和释放氧气，促进工作肌的有氧代谢供能，降低血乳酸的产生。

(3) 提高体温和代谢水平

体温的适度升高可提高机体代谢酶的活性，加快物质的分解，保证运动中肌肉活动的能量供应。体温升高1℃，细胞的新陈代谢速度约增加13%。

(4) 提高肌肉的收缩能力

适度提高体温和神经系统的兴奋性，可使神经冲动的传导速度加快，肌肉的兴奋性和收缩能力增强，肌肉的黏滞性降低，肌肉与韧带的弹性和伸展性提高，以预防运动损伤的发生。希尔（Hill）发现哺乳动物的肌肉温度升高2℃时，肌肉收缩速度增加20%。研究表明，人体活动的最佳温度是37.2℃，而肌肉温度为38℃。

(5) 提高机体的散热能力

准备活动可增加皮肤的血流量，动员汗腺分泌，有利于机体散热，防止或减小正式比赛或训练时体温过高对机体造成的热应激伤害等。

(6) 调整赛前状态

改善大脑皮质的兴奋性,加快反应速度,减轻不良的赛前反应,为正式比赛或训练做好机能上的准备。

(二) 影响准备活动生理效应的主要因素

影响准备活动的因素包括准备活动的内容、形式、时间、强度,以及与正式训练或比赛的时间间隔等。

准备活动的强度和运动量过大易使机体产生疲劳,降低比赛或训练时的运动能力。准备活动的适宜强度为 $45\%\dot{V}O_{2max}$ 或心率为 $100\sim120$ 次/分钟,持续时间为 $10\sim30$ min;活动结束到正式比赛开始的时间间隔不超过 15min,体育教学课中以 $2\sim3$ min 为宜。若准备活动与正式练习之间的间隔时间过长,准备活动的痕迹效应将会消失。实验证明,准备活动后间隔 45min 其痕迹效应完全消失;若与比赛间隔时间过短,能量合成速率尚未提高,也会影响准备活动的效果。另外,准备活动还受运动者的年龄、训练水平、运动项目、季节气候及赛前状态等因素的影响,如在温暖的季节准备活动的时间可适当缩短,而在寒冷的季节则应适当延长。

第二节 进入工作状态

在运动的开始阶段,人体的运动能力不能立刻达到最高水平,要有一个逐步提高的过程。例如,100m 赛跑在 $40\sim50$m 处才能达到最高速度,篮球比赛中的投篮命中率需在开赛后的数分钟才达到最高水平。因此,运动开始后人体机能逐步提高的过程称为进入工作状态 (gradually entering the best working state)。长期的运动训练可使内脏器官与骨骼肌收缩活动高度协调与配合,从而缩短进入工作状态的时间,使机体更快地进入最佳运动状态,提高运动成绩。

一、进入工作状态产生的原因及影响因素

(一) 进入工作状态产生的原因

人体的运动能力受到自身物理惰性和生理惰性的影响。物理惰性是指人体由静止到运动,或者由低速到高速运动时所必须克服的固有惯性;生理惰性是指人体受到刺激时生理机能逐步提高的特性。生理惰性是影响进入工作状态的主要因素,具体表现如下。

1. 反射时

人体运动是在中枢神经系统的控制与整合下所实现的反射活动。而任何反射活动都需要一定的时间,运动技术动作越复杂、难度越大,刺激信号通过中枢的时间和各中枢间协调所需要的时间越长,使得进入工作状态的时间就越长。

2. 内脏器官的生理惰性

人体运动时,内脏器官必须协调配合肌肉的收缩活动和机体代谢的需要,才能有效发挥机体的运动能力。例如,运动时因肌肉收缩活动的加强而使机体能耗加大、体内要清除

的代谢产物增多,只有内脏器官功能水平提升才能满足运动机体代谢的需要。但是内脏器官受植物性神经的支配,而肌肉活动受躯体运动性神经的调节,内脏器官的生理惰性远比运动器官大。这是由于:①植物性神经兴奋传导的速度慢;②植物性神经兴奋传导途径中突触联系较多(图15-1),需时较长(神经冲动每经过一个突触需要0.3~0.5ms);③内脏器官持续活动主要受神经—体液调节,其调节过程比单纯的神经调节复杂而慢得多。因此,在运动的开始阶段,内脏器官的生理惰性是进入工作状态的最主要原因。

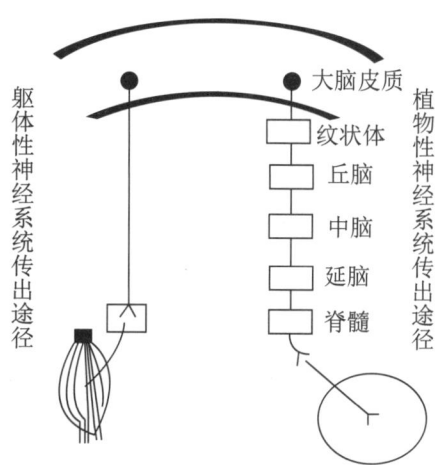

图15-1 躯体性神经和植物性神经传出途径示意图

在不做准备活动的情况下跑1500m,呼吸和循环系统的功能需要在运动开始后的2~3min才可达到最高水平,而骨骼肌在20~30s就能发挥最大的工作效率。

(二)影响进入工作状态的因素

进入工作状态所需时间的长短取决于运动强度、运动性质、训练水平、赛前状态、准备活动和个人特点及当时的机能状态等因素。在适宜运动负荷下运动强度越高,进入工作状态的时间就越短。例如,小强度有氧运动时,达到所需的吸氧量水平需要7~10min,而极限强度运动时仅需1.5~2min;动作越复杂、变换频率越快,进入工作状态就越慢;训练水平高、机能状态好,进入工作状态就快;良好的赛前状态及充分的准备活动能有效缩短进入工作状态的时间,使机体更快地发挥机能水平和运动能力;场地条件好,气候温暖、适宜能激发运动欲望,迅速调动身体机能,使其及早适应运动的需要。儿童少年进入工作状态的时间比成年人短。

二、极点与去极点

极点与去极点是人体在进入工作状态过程中先后出现的两种不同的生理反应。极点是因内脏器官的机能水平不能满足运动器官的需要而出现的暂时性的生理机能失衡;去极点则是通过自身的调整,使内脏器官与运动器官在功能上达到了高度的协调与配合,标志着进入工作状态阶段的结束。

（一）极点及其产生的原因

1. 极点及其影响因素

在强度较大、持续时间较长的运动中，开始阶段运动者常常产生一些非常难受的生理反应，如呼吸困难、胸闷、头晕、肌肉酸软乏力、动作迟缓不协调和精神低落，甚至产生停止运动的想法等，这种现象称为极点（extreme）。

极点多出现于从事中长跑等强度较大、持续时间较长的运动员或健身者中。它出现的早晚、生理反应程度和消失的快慢，与运动强度、运动项目、训练水平、赛前状态和准备活动等因素有关。运动强度越大，训练水平越低，气候越闷热，极点出现得越早，反应越明显，消失得越慢。良好的赛前状态和充分的准备活动可预先提高内脏器官的功能，从而推迟极点的出现，减弱极点的反应程度。极点出现时，采取适当降低运动强度、继续坚持运动、调整呼吸节奏、加深呼气深度等措施可减轻极点反应。

2. 极点产生的原因

极点产生的主要原因是内脏器官的机能惰性大，摄氧量水平的上升满足不了肌肉活动对氧的需求，造成体内供氧不足，导致乳酸等代谢产物积累、血液 pH 值下降、内环境发生改变等现象。这不仅使神经肌肉的兴奋性降低，还反射性地引起呼吸、循环系统活动紊乱。同时，机能失调的强烈刺激传入大脑皮质，使运动动力定型暂时遭到破坏，运动中枢抑制过程加强，表现为动作迟缓、不协调和精神低落等症状。

（二）去极点及其产生的原因

1. 去极点

极点出现后，运动者继续坚持运动，一些不良的生理反应逐渐减轻或消失，这种现象称为去极点。这时呼吸会变得均匀自如，心率趋于稳定，动作变得轻松有力，能以较好的机能状态继续运动。

［注］去极点即传统运动生理学所称的第二次呼吸（second wind）。第二次呼吸不能准确表达克服极点之后人体的机能状态，去极点所表达的词义比第二次呼吸更准确。因此，将第二次呼吸一词改为去极点。

2. 去极点产生的原因

去极点是运动中机体机能建立新的平衡的表现。产生的原因是运动中内脏器官惰性逐步得到克服、氧供应增加、乳酸逐步清除；同时极点出现时，运动强度的暂时性下降，使机体需氧量和乳酸产生减少、内环境得以改善、动力定型得以恢复。此外，去极点还与肾上腺素等运动应激性激素分泌量的增加密切相关。去极点标志着人体机能水平进入一个相对稳定的状态。

第三节　稳定状态

稳定状态（stable sport state）是指进入工作状态结束后，人体各器官、系统的机能在一段时间内保持在相对稳定的水平上，如心率、心输出量、呼吸频率、每分通气量、摄氧量和血压等生理指标均波动较小。稳定状态又可分为真稳定状态和假稳定状态。

一、真稳定状态

人体在进行强度较小（亚极限强度以下的运动）、持续时间较长的运动时，进入工作状态结束后，机体的摄氧量（$\dot{V}O_2$）能够满足需氧量，各项生理、生化指标保持相对稳定，称为真稳定状态。其特点是吸氧量和需氧量保持动态平衡。此时，机体以有氧代谢供能为主，乳酸和氧亏产生少，血液 pH 值变化小，内环境保持相对不变。真稳定状态持续时间的长短主要取决于呼吸、循环和血液对氧的摄取、运输和肌肉对氧的利用能力，运动持续时间相对较长，可达几十分钟或几小时。例如，优秀耐力运动员以 67% 最大摄氧（$\dot{V}O_{2max}$）的强度进行运动可维持 8h；以 47% $\dot{V}O_{2max}$ 的强度运动可维持 24h。在超长距离跑、竞走、游泳、划船、自行车和滑雪等项目中，运动员几乎是在真稳定状态下完成的整个运动过程。

二、假稳定状态

人体在进行强度较大（极限强度或亚极限强度运动）、持续时间较长的运动时，进入工作状态结束后，摄氧量已经达到并稳定在最大摄氧量的水平上，但仍不能满足机体的需要，无氧酵解供能比例明显增加，乳酸的产生率大于清除率，乳酸堆积，血浆 pH 值下降，这种现象称为假稳定状态。其特点是需氧量大于摄氧量，在此状态下运动时，有关的生理指标基本达到并稳定在本人的极限水平，如心率可达 200 次/分钟，心输出量达 30L/min，呼吸频率达 60 次/分钟以上，肺通气量达 120~150L/min，收缩压达 200~240mmHg 等。但是，由于这时无氧代谢供能比例显著增加、乳酸堆积快，造成神经和骨骼肌机能下降，故运动持续时间较短。

第四节　运动性疲劳

运动性疲劳是由运动负荷引起机体工作能力暂时性下降的一种正常生理现象，是机体对运动负荷刺激的反应，适度的疲劳可以刺激身体机能水平不断提高。当运动性疲劳继续发展，身体和心理均达到疲惫程度时，就会出现运动性力竭（exercise-induced exhaustion）或过度疲劳。后者可能会造成机体损伤以致损害健康。

一、疲劳的概念及分类

（一）疲劳的概念

关于疲劳的研究可以上溯至 1880 年莫索（Mosso），其后许多学者对运动性疲劳产生的原因或机制进行了大量的研究，并先后对运动性疲劳下过不同的定义，直到 1982 年在美国波士顿第五届国际运动生物化学会议上才将运动性疲劳正式定义为：机体不能将它的机能保持在某一特定的水平和（或）不能维持某一特定的运动强度，即首次将疲劳时各组织、器官的机能水平和运动能力结合起来分析疲劳发生和发展的规律,并提出了评定运动性疲劳的常用生理生化指标和方法。

综合多年的研究认为,运动性疲劳是运动本身引起的机体工作能力暂时降低,经过适当时间的休息和调整可以恢复的正常生理现象。它的发生是一个极其错综复杂的生理、生化反应过程,对人体是一种保护性机制。如果机体经常处于疲劳状态而得不到及时调整和恢复,就会产生过度疲劳。

(二)运动性疲劳的分类

由于运动性疲劳的产生原因和机制十分复杂,根据其产生的部位、运动方式和产生机制等可分为以下几种。

1. 中枢性疲劳

中枢性疲劳是指发生在大脑皮质至脊髓运动神经元的疲劳。中枢神经作为产生兴奋、发放神经冲动及调节肌肉活动的系统,其兴奋性降低会导致人体机能下降而出现运动性疲劳(图15-2)。具体表现为:①脑细胞功能降低。长时间运动至疲劳时,人脑皮质细胞中ATP含量明显减少、ADP增加、ADP/ATP变大,血糖下降,血液和脑组织中γ-氨基丁酸、5-羟色胺(5-HT)和氨含量明显升高,琥珀酸脱氢酶活性降低等,它们均可降低脑细胞内ATP再合成的速率、脑皮质细胞的兴奋性和发放神经冲动的频率,继而使中枢神经系统的调节能力和机体的运动能力下降。因此,中枢神经细胞工作能力下降是导致运动性疲劳产生的重要原因。②运动神经元功能下降。运动时,体内产生的大量代谢产物通过刺激传入神经元发放传入神经冲动,引起许旺氏细胞兴奋性增强而抑制脊髓α运动神经元发放神经冲动,从而降低骨骼肌收缩能力导致运动性疲劳。

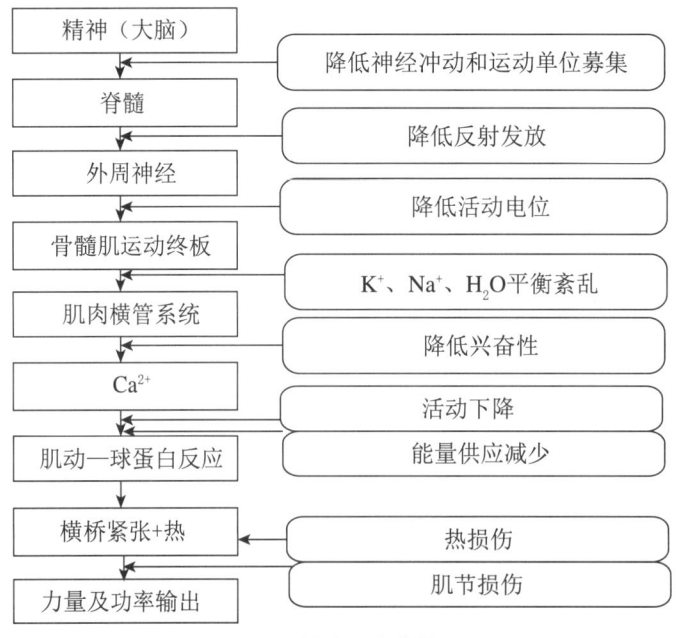

图15-2 骨骼肌疲劳控制链

2. 外周性疲劳

外周性疲劳主要发生在神经—肌肉接点、肌细胞膜、细胞器和肌肉收缩蛋白等处。

(1) 神经—肌肉接点处

在短时间剧烈运动时（如举重、投掷等），神经突触前膜释放的乙酰胆碱逐渐减少，造成神经—肌肉接点处兴奋传递障碍，肌细胞膜因去极化减弱或不能产生动作电位，导致骨骼肌不能兴奋和收缩，引起运动能力下降、产生运动性疲劳。

(2) 细胞膜

完整的细胞膜是实现细胞内外物质交换、细胞识别和信息传递及机能活动的基本条件之一。运动时，由于肌细胞膜受到机械牵拉和各种理化因素（如自由基增加）的影响，细胞膜的结构和功能发生异常变化，如细胞膜上 Na^+/K^+-ATP 酶活性下降、细胞膜损伤等，造成肌细胞膜的通透性改变和骨骼肌收缩能力下降。

(3) 收缩蛋白

骨骼肌收缩蛋白的结构、功能和数量是影响其收缩能力的最主要因素。在运动过程中，因受到诸多理化因素的影响，骨骼肌收缩蛋白的结构和功能会发生异常变化而引起骨骼肌收缩能力降低，产生运动性疲劳。如肌钙蛋白与 Ca^{2+} 亲和力下降，肌钙蛋白与原肌球蛋白相互作用减弱，横桥与细肌丝结合受阻等。此外，运动还能造成肌肉收缩蛋白结构异常，如 A 带及 I 带异常，H 区消失，Z 线消失或加宽，肌丝卷曲、断裂、排列混乱和肌蛋白溶解等。这些均可造成骨骼肌收缩能力下降，导致运动性疲劳并伴随延迟性肌肉酸痛等症状。

(4) 兴奋—收缩脱耦联

长时间运动可使骨骼肌细胞内 ATP 减少、自由基增加、Ca^{2+} 代谢异常和肌浆网释放与摄取 Ca^{2+} 能力下降等，进而引起骨骼肌发生兴奋—收缩脱耦联，导致运动能力下降，产生运动性疲劳。

另外，当线粒体的结构和功能改变时，如线粒体氧化磷酸化过程减弱，肌肉收缩能力也会下降而出现疲劳。

3. 骨骼肌疲劳、心血管疲劳和呼吸系统疲劳

骨骼肌疲劳是指由运动引起的骨骼肌收缩能力下降而产生的疲劳，如力量练习引起的肌肉酸痛、僵硬和肌力下降等；心血管疲劳是由运动引起的心血管系统功能及调节能力下降而产生的疲劳，如运动后心输出量下降、心率恢复减慢、心电图 S-T 段上抬或下移、T 波倒置等；呼吸系统疲劳是由运动引起的呼吸系统机能下降而产生的疲劳，如剧烈运动时呼吸表浅、呼吸频率加快、胸闷、通气量减少等。

4. 快速疲劳和耐力疲劳

快速疲劳是指由短时间、剧烈运动引起的身体机能下降的现象，如短跑、跳跃和拳击等项目运动所产生的疲劳；耐力疲劳是指由小强度、长时间运动引起的身体机能下降的现象，如竞走、长跑、铁人三项等项目运动引起的疲劳。

5. 整体疲劳和局部疲劳

整体疲劳是指由运动引起全身各器官机能下降而产生的疲劳，如足球、篮球和马拉松等项目运动产生的疲劳；局部疲劳是指以身体某一部位进行运动导致局部器官机能下降而引起的疲劳，如负重下蹲引起的下肢肌疲劳和卧推引起的上肢肌疲劳等。通常情况下，局部疲劳可发展为整体疲劳，整体疲劳多包含以某一器官为主的局部疲劳。

6. 轻度疲劳、中度疲劳和重度疲劳

轻度疲劳即自我感觉到有点累，稍事休息即可恢复，属正常现象；中度疲劳有明显的疲乏、肌肉酸疼、心悸的感觉；重度疲劳除有上述症状外，还有头痛、胸痛和恶心甚至呕吐等征象，持续时间较长。

此外，疲劳还可分为心理性疲劳和躯体性疲劳。心理性疲劳是由心理活动造成的疲劳状态，其主观症状有注意力不集中，记忆力障碍，理解、推理困难，反应迟钝、不准确等；躯体性疲劳是由身体活动引起的运动能力下降的现象，主要表现为动作迟缓、不灵敏、动作协调性下降、失眠和烦躁不安等。在运动竞赛和训练中产生的运动性疲劳，含有躯体性疲劳和心理性疲劳的双项成分。因此，运动性疲劳是身心疲劳。

二、运动性疲劳产生的原因

20世纪70年代以来，随着生命科学的迅速发展，一些先进的实验技术和手段不断被引用到运动生理学研究领域。因此，研究人员从不同角度对运动性疲劳进行了大量的研究，提出了许多新的理论和假说。

（一）运动性疲劳产生的主要理论和假说

1. 衰竭学说（能源耗竭学说）

该学说认为，疲劳产生的原因是机体能源物质被大量消耗所致。实验证明，长时间运动过程中，运动性疲劳产生时常伴有糖原及CP、ATP含量下降，补充能源物质后，运动能力又有一定程度的提高，表明运动性疲劳与体内能源物质的储量有关。

伯格斯特龙（Bergström，1967）发现，在短时间、大强度的运动过程中，当ATP和CP的储备率小于使用率时（合成速率小于消耗速率），机体将不能维持原有的运动能力；运动至疲劳时，肌肉中ATP含量仅稍有降低，但CP含量却明显下降，这时肌肉中CP含量只相当于运动前的20%；当极限强度运动至力竭时，CP含量接近于零。因此，ATP浓度下降不是引起短时间、大强度运动过程中运动疲劳的直接因素，而CP过度消耗才是导致其短时间、大强度运动产生运动性疲劳的主要原因。

在长时间、中等强度运动过程中，血糖的下降常伴有疲劳症状。补充糖类物质后，运动能力又有所恢复。坎农（Cannon，1914）等人发现，当狗拉车跑至精疲力竭时，血糖含量下降，注射肾上腺素后，狗的运动能力明显恢复（肾上腺素能促进肝糖原分解，使血糖浓度升高）。高尔尼克（Gollnick，1973）等人发现：小于70% $\dot{V}O_{2max}$ 强度运动时，糖原的消耗先发生于慢肌纤维，当运动至3h，慢肌纤维中糖原基本耗尽，但快肌纤维中尚有一定的糖原储备；大于150% $\dot{V}O_{2max}$ 强度运动时，快肌纤维中糖原消耗较为明显。福克斯（Fox，

1979）发现，人做单腿功率自行车运动时，运动腿疲劳时肌糖原含量明显下降，而不运动腿的糖原几乎不变。运动时间越长，疲劳程度越明显，糖原消耗就越多。可见，糖原含量与长时间、中等强度运动疲劳有密切关系。

2. 堵塞学说（代谢产物堆积学说）

该学说认为，运动性疲劳是由于运动过程中某些代谢产物在肌肉中大量堆积造成的。19 世纪，兰克等人研究发现肌肉收缩时产生的某些代谢产物，如 CO_2 和乳酸等在肌组织中堆积，可使肌肉收缩能力下降；后来的实验证明，乳酸浓度升高是引起机体运动性疲劳的原因之一。其相关因素有：①肌肉中 pH 值减小可使磷酸果糖激酶的活性下降，从而抑制糖酵解过程，导致 ATP 再合成减慢，能量供应出现障碍；②乳酸解离出的 H^+ 可与 Ca^{2+} 争夺肌钙蛋白上的结合位点，使肌钙蛋白对 Ca^{2+} 的结合量下降，影响粗、细肌丝间的相互作用，使肌肉收缩能力降低；③pH 值下降可阻碍神经—肌肉接点处兴奋的传递；④H^+ 浓度升高可抑制 O_2 与血红蛋白（Hb）的结合；⑤pH 值下降抑制肌浆网对 Ca^{2+} 的摄取，使胞浆中 Ca^{2+} 升高，降低肌肉收缩能力。此外，运动使体内血氨含量升高，不仅可增强糖酵解过程，使 H^+ 升高、pH 值下降，同时，血氨还可直接抑制骨骼肌的兴奋性和通过血液循环作用于中枢神经系统产生抑制效应，从而降低机体的生理功能。

3. 内环境稳定性失调学说

该学说认为，运动性疲劳是由于血液 pH 值下降、机体严重脱水导致血浆渗透压及电解质浓度改变，使细胞内、外离子平衡遭到破坏等因素造成的。例如，哈佛大学疲劳研究所证实，在高温环境下工作的工人，因出汗过多而产生严重疲劳时，若只给予饮水则不能缓解疲劳，如饮用 0.04%～0.14%氯化钠水溶液则可缓解或消除疲劳。另有研究报道，当机体失水量达体重的 5%时，肌肉工作能力会下降 20%～30%。

4. 保护性抑制学说

巴甫洛夫学派认为，大脑皮质在高强度或长时间工作过程中处于一种高度持续兴奋状态，导致大脑细胞消耗增多，为了防止过度消耗，大脑皮质由兴奋状态转为抑制，即为保护性抑制。

莫索等研究发现，当手指拉重物至疲劳时，若用电刺激屈指肌，手指又能拉起重物，说明上述疲劳是由神经中枢抑制造成的，并非肌肉本身所致。贝柯夫（1972）实验证明，让狗拉载重小车跑 30～60min 产生疲劳时，条件反射量明显减少，不巩固的条件反射会完全消失。

近来，学者们通过不同实验证明，当动物运动至疲劳时，其大脑皮质组织中 5-羟色胺、γ-氨基丁酸、芳香族氨基酸和支链氨基酸等中枢抑制性递质含量明显升高，这可能是保护性抑制的物质基础。

5. 突变理论

爱德华兹（Edwards，1982）认为，运动性疲劳时是由于能量消耗、肌力下降和兴奋性丧失三维空间关系改变所致，是机体为避免能量储备进一步下降而存在的一个运动能力急剧下降的过程。该理论克服了以往用单一指标解释疲劳的现象，从能量代谢和生物电的角度揭示了肌肉力量突然下降（运动性疲劳）的原因。

6. 自由基损伤学说

自由基是指外层电子轨道上带有不配对电子的原子、离子或分子基团。在细胞内，线粒体、内质网、细胞核、质膜和胞液中都可能产生自由基。主要包括氧自由基（OFR）、羟自由基（·OH）、过氧化氢（H_2O_2）及单线态氧（$^1O_2$）等。自由基可攻击细胞膜、核膜等膜性结构和遗传物质 DNA，也可使胞浆中游离蛋白质发生胶联，造成细胞功能异常、人体机能降低。剧烈运动时，因体内耗氧量增加，骨骼肌、心肌和肝脏等组织脂质过氧化反应加强，胞浆 Ca^{2+} 升高等，体内产生的自由基增加，从而导致肌浆网钙泵机能降低，肌浆中 Ca^{2+} 过量，肌纤维兴奋—收缩耦联机能减弱，骨骼肌收缩能力下降，促进疲劳的产生与发展。由此可见，剧烈运动过程中，体内自由基增加是造成运动性疲劳的重要原因之一。

7. 运动环路失调假说

该假说认为，由初级大脑运动皮质（M1 区）发放的运动信息输出主要受抑制系统和易化系统之间的平衡所调节，从外周到中枢的感觉信息输入激活抑制系统，限制运动信息输出，而动机方面的输出激活易化系统而增加运动信息输出，形成运动信息输出的调节环路（图 15-3）。运动疲劳时，来自外周的感觉信息输入到达初级运动皮质，抑制系统性能加强，而易化系统因为基底神经节（basal ganglia，BG）的调控不能有效兴奋，降低运动信息输出而产生中枢疲劳。基底神经节在易化系统中处于中心地位，基底神经节相关核团的神经递质和受体之间的失衡可能是造成运动环路失调的关键。

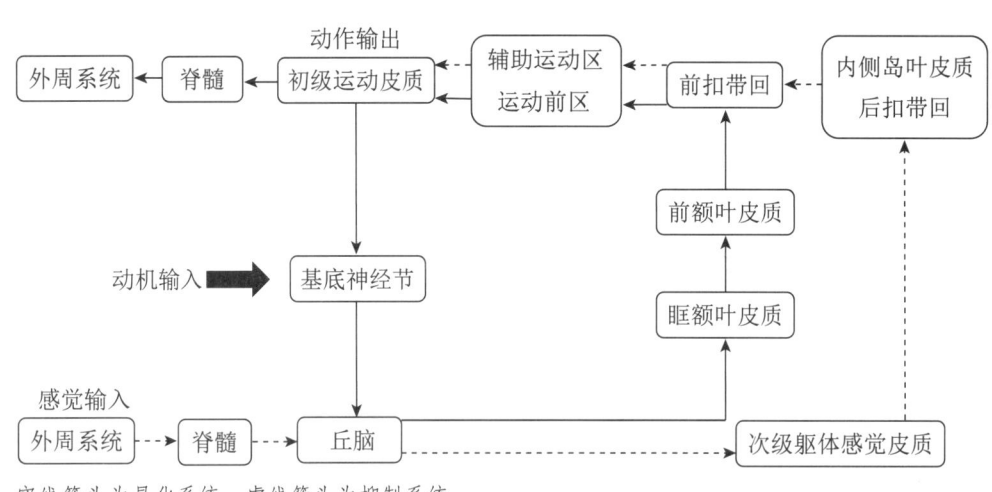

实线箭头为易化系统，虚线箭头为抑制系统。

图 15-3 疲劳调控模式示意图

（引自：Tanaka M, et al, 2012）

除此之外，神经—内分泌—免疫调节网络系统机能的变化也会引发运动性疲劳。该理论认为，神经、内分泌和免疫三系统之间通过某些共同的生物信息介导物质，例如，细胞因子、激素、神经递质和神经肽类物质等，对它们自身的机能、运动器官和全身各器官的机能进行调节，形成了神经—内分泌—免疫调节网络。若该调节网络的某一环节因运动而受到抑制，运动能力即会下降。

（二）不同运动专项产生疲劳的原因

运动性疲劳的产生是一个极其复杂的生理过程，与运动持续时间、运动强度和能量代谢特征等因素密切相关。因此，不同类型的运动产生的疲劳具有不同的特征（表 15-1）。

表 15-1 不同代谢类型运动疲劳的代谢特征

疲劳因素	磷酸原型	磷酸原—糖酵解型	糖酵解型	糖酵解—有氧代谢型	有氧代谢型
ATP 下降%	30	90	20~30	30	不变
CP 下降%	90 以上	90	75~90	65	50
乳酸积累	少	中	最多	较多	少
肌 pH 值下降	少	少	6.6	6.6	少
肌糖原消耗	—	—	少	中	75%~90%以上
肌内离子变化	—	Ca^{2+}下降	Ca^{2+}下降	K^+下降，Na^+上升	离子紊乱

（引自：冯炜权，1995）

1. 短跑、跳跃运动

短跑、跳跃是短时间、最大强度的运动（如 100m、200m 跑等），由于中枢神经系统，尤其是运动皮质细胞高强度、高频率发放神经冲动，造成神经递质的快速消耗和 CP 耗竭，引起 ATP 转化速率降低，导致神经系统机能下降。加之骨骼肌细胞中 CP、ATP 的迅速消耗使其供能速率降低，导致骨骼肌收缩能力下降而发生运动性疲劳。

2. 中跑运动

中跑是短时间、次最大强度的运动（如 800m 跑等），主要以糖酵解系统供能为主，造成骨骼肌和血液中乳酸大量堆积和 pH 值降低，导致神经细胞和骨骼肌细胞的兴奋性下降而产生疲劳。

3. 长跑运动

长跑属于典型的有氧运动，有氧系统供能约在 80% 以上，无氧糖酵解供能为 5%~15%，磷酸原系统供能约占 5% 以下。整个运动过程中主要靠氧化糖分解供能，造成肌糖原和肝糖原大量消耗、血糖浓度下降、体温升高、内环境稳定性失调、循环功能降低和骨骼肌氧气供应减少及神经系统活动能力下降等而诱发运动疲劳。

4. 马拉松

马拉松是典型的超长跑运动，运动时间长，耗能量巨大，对机体的刺激达到极限程度，故而产生疲劳的原因较为复杂：①肌糖原和肝糖原的极量消耗造成血糖浓度下降，导致中枢神经细胞 ATP 合成减少，引起大脑运动皮质发放神经冲动的频率和强度降低，触发骨骼肌收缩活动的能力下降；②当糖原氧化供能几尽耗竭时，脂肪分解供能迅速增加，尤其是马拉松后半程，80%的能量由脂肪氧化供给，而脂肪氧化分解不彻底，造成骨骼肌细胞内大量的代谢产物堆积，使骨骼肌细胞的兴奋性和收缩下降；③骨骼肌超长时间的收缩活动，导致肌小节结构改变、细肌丝断裂，加之大量自由基的危害，造成骨骼肌细胞严重受损；④超长时间的大量氧耗，造成呼吸、循环系统机能过度下降，出现运动性疲劳；⑤体内大量热量的淤积，导致体温升高，可达42℃并大量地排汗，使机体水和电解质丢失过多而出现代谢异常。

5. 足球

足球属于同场对抗性极强的集体运动项目，由于比赛场地大、运动时间长，加之技术动作的复杂性和多变性，故对运动员的速度、耐力、反应、灵敏和意志要求极高。因此，足球运动员产生疲劳的主要原因有：①能源物质的大量消耗，尤其是肌糖原和ATP-CP的过度消耗，造成ATP的合成和供给速度受限；②脱水引起电解质丢失、体温升高使酶的活性变性，导致机体代谢发生紊乱；③酸性代谢物的堆积使体液pH值下降、肌质网释放钙离子的速度减慢，影响骨骼肌的收缩能力；④呼吸、循环系统机能下降，造成氧供不足；⑤长时间中枢神经系统的高度紧张，最终出现保护性抑制。

6. 篮球

由于篮球运动是以无氧酵解供能为主的大强度运动，无氧供能占整个供能过程的90%，造成肌组织中乳酸的堆积和血液pH值下降，从而抑制糖酵解酶的活性和肌细胞与神经细胞的兴奋性，导致糖酵解速率下降、ATP合成量减少和骨骼肌收缩能力下降。同时，运动过程中，运动员要在极短的时间内做出各种不同的非周期性动作和快速反应，使大脑相关皮质的兴奋与抑制转换过程过快，容易造成原有动力定型被破坏和皮质功能紊乱，从而引起各器官系统的功能失调而发生运动性疲劳。

7. 排球

排球运动是一项以有氧供能为基础、有氧和无氧相结合的典型运动。因此，训练和比赛过程中，循环系统机能的下降、交感神经的高度紧张和骨骼肌中肌糖原、CP贮备的大量消耗和乳酸的堆积使其收缩能力下降等因素造成运动性疲劳的发生。

8. 乒乓球

乒乓球运动属于高强度的有氧和无氧耐力运动，在整个训练和比赛过程中因视觉器官、反应中枢、运动中枢和交感神经处于高度的紧张状态下，造成神经细胞内大量神经递质和能量的消耗而使中枢神经系统调控机能下降。同时，呼吸频率、心率和血压的急促升高与内脏器官血流量的快速下降，易造成运动员氧运输系统机能下降和植物系统器官功能紊乱，出现呼吸困难、胸闷、腹痛等现象。加之乒乓球是较长时间的单一肢体剧烈运动，会使局部肌肉耗能激增、乳酸堆积，导致肌肉酸胀、僵硬而收缩能力降低等是造成乒乓球运动员产生疲劳的主要原因。

9. 举重

举重是在极短时间内几乎动员全身肌肉最大爆发力来完成的运动。因此，在举重训练过程中，中枢神经系统以最大强度的持续兴奋来动员骨骼肌同步快速收缩产生爆发力，易造成相关运动皮质细胞内神经递质和能量过度消耗而使其兴奋性下降，加之骨骼肌长时间的强直收缩，肌肉中血液供应减少及过度憋气导致心、肺功能下降等产生运动疲劳。

10. 武术

武术是一种运动时间短、强度大、种类繁多的运动项目。绝大多数套路演练时间为60~120s，以无氧供能为主、有氧供能为辅；而太极拳类需5~10min，以有氧供能为主。因此，在运动训练和表演过程中，引起武术运动员产生运动性疲劳的主要原因为：①磷酸源系统供能急剧下降、骨骼肌乳酸快速升高，导致骨骼肌收缩能力下降；②因武术表演或比赛时要达到"情绪饱满、神情专注、内外合一、形神兼备、意识与呼吸、动作协调一致"，加之动作的多变性和复杂性，要求大脑皮质神经细胞兴奋和抑制的转换速率和各通路之间神经冲动的传递速度加快，造成神经递质和能量的快速消耗、相应的神经细胞产生保护性抑制。另外，太极拳类运动员疲劳与呼吸、循环系统功能下降有关。

三、运动性疲劳的生理学判断

不同的运动性疲劳具有其不同的生理特征，因此，判断疲劳的方法具有多样性，在运动实践中常用的方法主要有以下几种。

（一）感觉器官指标的评价

1. 反应时

疲劳时，反应时明显延长。

2. 皮肤空间阈

皮肤感觉能分辨出的最小距离叫作皮肤两点辨别阈。机体疲劳时，皮肤空间阈增大。与安静值（未疲劳）比较，比值大于1.5而小于2.0为轻度疲劳；大于或等于2.0为重度疲劳。

3. 闪光融合频率

闪光融合频率（flicker fusion frequency，FFF）是指能够引起视觉闪光融合感觉刺激的最小频率，也称为闪光融合临界频率或闪烁临界频率。它代表视觉分辨时间能力的极限。运动性疲劳时，视觉机能下降，闪光融合频率阈值降低。当阈值变化为1.0~3.9Hz时为轻度疲劳；4.0~7.9Hz为中度疲劳；8.0Hz以上为深度疲劳。

4. 膝跳反射阈

机体疲劳时，膝跳反射的敏感性降低，引起膝跳反射所需的叩击力量增加。如果引起膝跳反射的最小叩击力量（一般以锤子下落角度表示）较运动前增加5°~10°为轻度疲劳；增加15°~30°为中度疲劳；增加30°以上为重度疲劳。

（二）生物电的评价

1. 心电图

身体疲劳时，心电图出现S-T段下移，T波可能倒置。

2. 肌电图

身体疲劳时肌电振幅增大,频率降低,电机械延迟(EMD)延长。随着肌肉疲劳程度的增加,积分肌电(IEMG)逐渐加大,均方根振幅(RMS)明显增加。

3. 脑电图

运动疲劳时,由于神经元抑制过程占优势,可表现为脑电图的慢波成分增加。

(三)主观感觉判断

瑞典生理学家冈奈尔·鲍格(Borg,1961)认为:"运动时来自骨骼肌、呼吸、疼痛、心血管各方面的刺激,均会传向大脑,引起大脑感觉系统的应激。"因此,可根据运动员在运动时的自我体力感觉来判断疲劳。主观感觉运动负荷评估等级表如表15-2所示。

表15-2 主观体力感觉等级(Rate of Perceived Exertion,RPE)表

等级	自我感觉	等级	自我感觉
6	根本不费力	14	—
7	极其轻松	15	费力
8	—	16	—
9	非常轻松	17	很费力
10	—	18	—
11	轻松	19	极其费力
12	—	20	尽最大努力
13	稍费力		

(引自:Borg,1970)

(四)运动系统指标的评价

1. 肌力

可早晚各测一次,求出其数值差。如次日晨已恢复,可判断为正常肌肉疲劳。

2. 骨骼肌硬度

是反映骨骼肌放松程度的指标,骨骼肌硬度增加表明骨骼肌有疲劳积累。判定方法为:①运动后即刻或运动后第二天,自我感觉肌肉酸胀、僵硬和疼痛,表示肌肉硬度增加。②使用肌肉硬度计测定肌肉收缩及放松状态的硬度或肌肉附近组织的硬度。

3. 肌围

一次长距离走、跑或者站立性工作,可引起下肢围度增加,在一次长时间运动后,下肢围度增加与疲劳程度成正比。

(五) 呼吸、循环系统机能的评定

1. 肺活量

可连续测 5 次肺活量，每次测定间隔 30s，疲劳时肺活量逐次下降。

2. 基础心率

基础心率是指清晨、清醒、起床前静息状态下的心率。一般情况下，基础心率保持相对稳定。如果大运动量训练后，经过一昼夜恢复，基础心率较平时增加 5~10 次/分钟以上，可认为机体有疲劳积累现象；如果连续几天心率持续增加，则表明运动量过大，应及时调整。

3. 定量运动负荷心率

在一段时间内，机体从事同样负荷运动时，运动中心率增加，则表示机体机能下降，有疲劳积累现象。定量负荷运动后，心率恢复时间明显延长，表明身体机能下降。

4. 血压体位反射

血压体位反射是反映植物性神经调节能力的指标。运动后，因为植物性神经调节能力下降，血压体位反射会发生异常变化。用血压体位反射评定心血管系统疲劳程度的具体方法是：让受试者坐位静息 5min，测定其安静血压，随即让受试者保持仰卧姿势 3min；接着让受试者恢复坐姿（推受试者背部使其被动坐起，不能让受试者自己坐起），立即测定血压，并每隔 30s 测定一次，测试持续时间为 2min。如果 2min 内完全恢复，即为正常；恢复一半，为轻度疲劳；完全不能恢复，可视为深度疲劳。

除上述指标外，血尿素、血清睾酮/皮质醇比值（T/C）、血乳酸、尿蛋白、尿胆原等生化指标也可应用于判断运动性疲劳的发生。

第五节　恢复过程

恢复过程（recovery）是指人体在运动过程中和运动结束后，身体生理机能和运动中消耗的能源物质逐渐恢复到运动前水平的过程。运动时消耗的物质，在恢复期完全恢复后，人体机能才能得以提高；反之，将会出现过度训练或过度疲劳，使运动能力下降，甚至出现运动性损伤。因此，在运动训练和运动健身实践中，恢复过程与运动过程同等重要，只有机能得到充分的恢复才能取得良好的训练和健身效果。

一、恢复过程的一般规律

（一）恢复过程的阶段特征

恢复过程可分为三个阶段，即运动时恢复阶段、运动后恢复阶段和超量恢复阶段（图 15-4）。

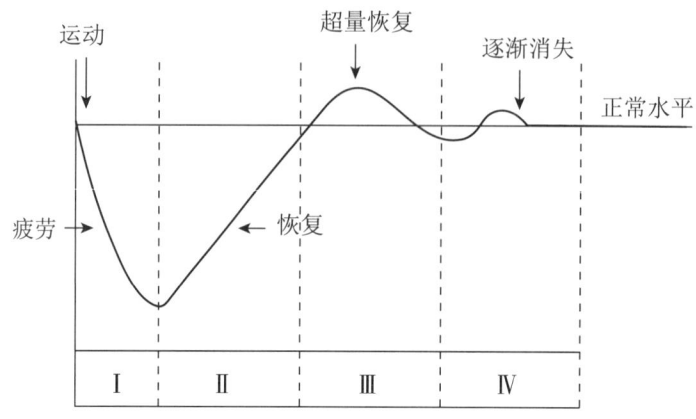

Ⅰ：消耗和出现疲劳阶段　Ⅱ：休息期的恢复阶段
Ⅲ：超量恢复阶段　　　　Ⅳ：超量恢复逐渐消失阶段

图 15-4　消耗与恢复过程示意图

1. 运动时恢复阶段

运动时能源物质消耗占优势，尽管恢复存在于整个运动过程中，但是消耗大于恢复，因此，能源物质逐渐减少，各器官和系统的功能持续性下降。

2. 运动后恢复阶段

运动结束后消耗过程减弱，恢复过程占优势，能源物质和各器官、系统的功能逐渐恢复到运动前水平。

3. 超量恢复阶段

运动时消耗的能源物质和各器官、系统的机能恢复超过原有的水平称为超量恢复（over-recovery）或超量补偿。超量恢复保持一段时间后又会回到原有的水平。

超量恢复的程度和出现的时间早晚与运动量（或消耗程度）密切相关。在一定的范围内，运动量越大，物质消耗得越多，超量恢复越明显，但出现的时间会延迟；反之，超量恢复不明显，但出现的时间较早。若运动量过大，超过了生理范围，恢复过程将会进一步延长（表 15-3）。

表 15-3　动物在进行不同活动量肌肉收缩时肌糖原的消耗与恢复

组别	活动量		肌糖原（mg%）		
	肌肉收缩 （次/分钟）	持续活动 时间（min）	活动停止后	活动后 4h	活动后 24h
1	30	30	−140	−31	+16
2	60	15	−381	−194	+18
3	104	9	−519	—	+45
4	208	4.5	−785	−517	−49

不同能源物质出现超量恢复的快慢不同。如剧烈运动后 CP 在 20~30s 仅能恢复 50%，需要 3~5min 才能出现超量恢复；短时间、大强度运动后，肌糖原约在运动后 15min 出现超量恢复，而蛋白质出现超量恢复相对较晚；马拉松运动后，脂肪出现恢复的时间发生在第 3 天；游泳运动员在进行大运动量训练后的第 1~3 天，身体机能明显下降，到第 3~5 天恢复到原来水平，第 5~8 天才出现超量恢复（图 15-5）。

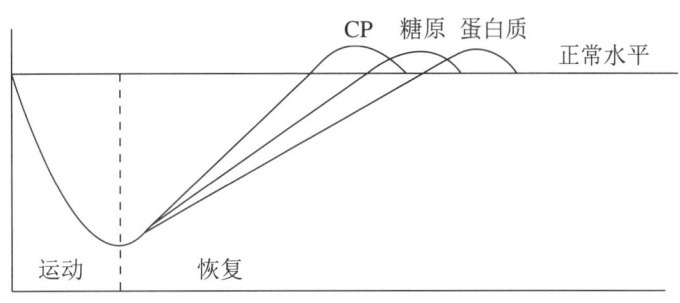

图 15-5　超量恢复的异时性原理

此外，超量恢复与膳食和运动模式有密切的关系。研究发现，让受试者以 75%$\dot{V}O_{2max}$ 运动强度进行单腿蹬自行车运动，另一条腿为安静对照。当运动至精疲力竭时，运动腿股外肌的肌糖原含量接近于零。运动结束后连续 3 天食用高糖膳食而不参加任何运动，结果显示，运动腿股外肌肌糖原数量超过安静时的水平，是安静腿的 2 倍，而安静腿肌糖原水平仅略有波动（图 15-6）。

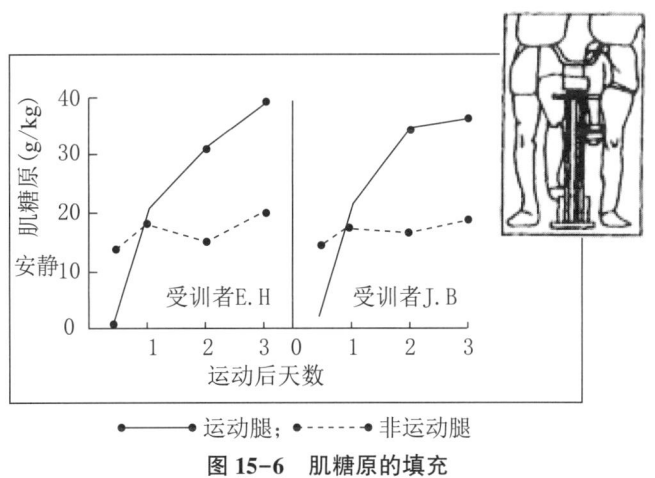

图 15-6　肌糖原的填充

关于超量恢复的原因，尚无明确的结论。国外有研究认为，超量恢复与运动结束后线粒体活动能力增强、能量代谢增加所引起的 CP、糖原、蛋白质等物质合成速度加快有关。此外，超量恢复还与神经、激素调节等因素密切相关。

超量恢复期间，机体具有较高的机能水平和承受负荷的能力，是运动员体能储备和获得良好运动成绩的最佳时期。不同类型的运动具有不同的物质代谢特征，不同的能源物质具有不同的恢复特征（超量恢复的快慢和程度）。因此，超量恢复原理是选择训练休息间歇、确定负荷强度和负荷量及实施合理营养补充的重要依据。

(二) 能源贮备与氧合肌红蛋白的恢复

1. 磷酸原的恢复

磷酸原是恢复速度最快的能源物质,运动后 20~30s 就能恢复约 50%、2~5min 即可基本恢复。剧烈运动后,当磷酸原恢复至 50% 以上时,机体就可以维持原有的运动强度。因此,两次剧烈运动的时间间隔不能短于 30s;组间休息时间间歇应控制在 4~5min 为宜,以保证磷酸原完全恢复。磷酸原的恢复主要由有氧氧化系统提供能量。

2. 肌糖原贮备的恢复

肌糖原是机体进行有氧氧化和无氧酵解供能的能源物质,充足的肌糖原储备可减少运动时骨骼肌对血糖的利用,延缓血糖下降,推迟运动性疲劳的出现,提高机体的运动能力。因此,运动后肌糖原储量的恢复水平对维持和提高机体的运动能力具有非常重要的意义。

影响肌糖原恢复速度的主要因素有运动强度和运动持续时间及膳食成分。长时间运动(1h 耐力性运动后,再进行 1h 最大力量性运动)致使肌糖原耗尽后,如果用高脂肪与蛋白质膳食 5 天,肌糖原恢复很少;如果用高糖膳食 46h 即可完全恢复,而且前 10h 恢复最快。因此,在耐力性运动后应特别注意运动后恢复初期 10h 高糖膳食的补充,尤其是在运动后 2h 内增加食物中的糖量,而在随后的 46h 至 5 天,也应注意补充高糖膳食。

在进行短时间、大强度间歇性运动后,肌糖原恢复速度受膳食影响相对较小,无论食用普通膳食还是高糖膳食,肌糖原的完全恢复都需要 24h,而且在前 5h 恢复最快。

3. 乳酸的再利用

乳酸是糖酵解的终末产物,因其蕴藏大量的能量,可作为氧化底物进入有氧氧化供能系统分解供能,每分子乳酸彻底氧化可生成 18 个分子的 ATP,为肌肉的收缩活动提供能量。与此同时,乳酸又可通过糖异生途径转变成葡萄糖和肝糖原。

骨骼肌不仅通过无氧酵解供能产生乳酸,同时也可再利用乳酸。布鲁克斯(Brooks,1986)研究认为,肌肉收缩时产生的乳酸经由乳酸穿梭系统进行转运,约有半数以上是在工作肌不同类型的肌纤维中通过重新分配而被利用(继续氧化分解)。乳酸穿梭转运的形式有:①工作肌中乳酸穿梭。即运动时骨骼肌产生的乳酸在不同类型的肌纤维中进行重新分配和代谢的穿梭转运形式。剧烈运动时,Ⅱb 型快肌纤维中产生的乳酸通过乳酸穿梭系统不断"穿梭"进入邻近的Ⅱa 型快肌纤维或Ⅰ型慢肌纤维,随后,乳酸被氧化为丙酮酸,最终通过三羧酸循环氧化为二氧化碳和水,并释放能量合成 ATP,以供骨骼肌收缩之用。②血管的乳酸穿梭。即运动时骨骼肌产生的乳酸借助肌纤维与血液中的乳酸和 H^+ 浓度梯度,穿越肌细胞膜弥散进入毛细血管,再通过血液循环将乳酸运输到体内其他器官进行代谢的穿梭转运形式。乳酸经血液循环既可进入心肌和非运动肌被氧化利用,又能进入肝和肾脏作为糖异生作用的底物转变成葡萄糖或糖原,葡萄糖释入血液后又可被肌细胞利用合成肌糖原或补充血糖的消耗。

4. 氧合肌红蛋白的恢复

肌红蛋白是存在于骨骼肌中的一种结合蛋白,具有和 O_2 结合的位点,每 1000g 骨骼肌约含 11mLO$_2$。在骨骼肌收缩时氧合肌红蛋白能迅速解离释放 O$_2$ 进入线粒体氧化能源物质分解供能，而运动后几秒钟就可完全恢复。并且，它的恢复又可促进运动性疲劳的消除。

二、促进恢复的措施

只有消除运动性疲劳、促进身体机能和能量物质的恢复才能使人体在"疲劳—恢复—再疲劳—再恢复"的良性过程中得到发展，因此，恢复是运动训练学中被长久研究的热点之一，在运动实践中，现已摸索出许多促进恢复的措施和方法。

（一）运动性手段

1. 整理活动

整理活动是指运动后进行的各种较为轻松的身体练习，其目的是消除疲劳，促进体力恢复。运动结束后，通过整理活动使参与运动的骨骼肌做一些伸展或牵拉练习，可减少肌肉的延迟性酸痛和硬度，加速骨骼肌机能的恢复。剧烈运动后，进行 3~5min 的整理活动能促进血液循环、加速乳酸的消除和利用。例如，在力竭性运动后，如果机体处于完全休息状态，乳酸的半时反应为 25min；但进行整理活动时，乳酸的半时反应可缩短为 11min。

运动结束后，不做整理活动而骤然静止，会影响血液循环和呼吸运动，使氧气的补充及静脉回流受阻，心输出量减少，血压下降，脑组织暂时性缺血，会引起一系列不良反应，甚至出现"重力性休克"。此外，剧烈运动时，由于骨骼肌持续紧张收缩，使大量代谢产物堆积，肌肉硬度增加，导致机能下降，出现疲劳。

运动结束后，通过整理活动，可减少肌肉的延迟性酸痛，有助于消除疲劳。

2. 积极性休息

积极性休息是指运动过程中为了消除疲劳而采取的各种变换动作或运动强度的练习。积极性休息更适合于少量骨骼肌群参与工作所引起的局部疲劳，或运动强度较大而引起的快速疲劳。如长时间慢跑所导致的下肢疲劳，可通过一些轻微的上肢活动得到消除；引体向上产生的上肢疲劳，可通过慢跑活动得以消除等。谢切诺夫于 1903 年研究发现，右手握测力器工作至疲劳时，以左手继续工作来代替安静休息，右手恢复得更快、更完全。他认为，在休息时，来自左手肌肉收缩时的传入冲动能加深支配右手的神经中枢的抑制过程，并使右手血流量增加，从而促进恢复。积极性休息与被动性休息相比较，积极性休息能使积累的乳酸的消除速度提高一倍。如让 5 名受试者以 150% $\dot{V}O_{2max}$ 强度在功率自行车上进行 60s 运动后，接着以 30% $\dot{V}O_{2max}$ 强度踏车 20min 进行积极性休息，结果显示，积极性休息者乳酸的消除速度远远快于静止休息者。脑力劳动者若以骨骼肌运动作为积极性休息，对疲劳的消除速度将会明显加快。可见，在运动训练过程中，采取调整训练内容、变换运动形式的积极性休息，对于消除疲劳、促进恢复具有重要作用。

（二）睡眠

睡眠是大脑皮质抑制过程的表现。睡眠时机体与外界环境之间的主动联系减少，全身骨骼肌处于放松状态，能量消耗较少，合成代谢占优势。因此，良好的睡眠是最有效的疲劳恢复措施。在平时训练期间，每天睡眠时间不应少于 8h，并应安排 1~2h 的午睡；在大运动量训练（如冬训期）或比赛期间，睡眠时间也应适当延长。

（三）消除疲劳的营养学手段

加速运动疲劳消除和身体机能恢复的关键在于尽快补充机体的能量贮备，因此，合理的膳食及科学的营养搭配是促进恢复的有效手段之一。例如，长时间运动（连续3天长跑）后，运动员食用高糖膳食，肌糖原可在48h完全恢复，若食用高脂肪和高蛋白膳食，运动结束后第5天仍未完全恢复。

1. 三大能源物质的补充

不同的运动项目对营养供应要求各异：若按运动中供需平衡的原则，对多数项目运动员来说，膳食中补充三大能源物质即蛋白质、脂肪、糖所占比例应为1.2∶1∶4.5；从事耐力性项目的运动员其三者的供应比例为1.2∶1∶7.5；而运动负荷量比较小的项目，其搭配比例为1∶0.6∶3.5。以力量为主的运动中，运动后应多增加蛋白质的补充，如举重运动员每日膳食中蛋白质的含量应为150g；游泳和冰雪运动员应适当提高脂肪的补充比例。

2. 抗氧化剂和维生素的补充

运动员和常人需要补充的有效抗氧化剂有维生素E、维生素C、谷氨酰胺和谷氨酰胺肽、类胡萝卜素、辅酶Q、番茄红素、螺旋藻系列产品、牛磺酸、N-乙酰半胱氨酸、硒、锌，以及某些中药成分（如人参、黄芪）等。另外，还需补充维生素B_1、B_2、B_6等。

（四）消除疲劳的中医学手段

应用中医学的药物调理、推拿按摩和针灸等手段可改善人体的代谢能力，延缓疲劳的出现，加速疲劳的消除，促进人体机能的恢复。

1. 中药调理

应用中药来消除运动性疲劳，恢复与提高身体机能，应从健脾益气、补肾壮阳或补益气血方面入手，针对不同的疲劳症候，做到辨证施治，对症下药。用药方式分为内服和外用两种。

内服中药主要有：①复方补益中药。针对运动性疲劳出现的气、血两虚症状，以补肾、脾和肝为主，复方主要成分有黄芪、人参、鹿茸、枸杞、党参、肉桂、当归、山药、五味子、仙灵脾、肉苁蓉等。此类中药具有增强人体免疫力、增加糖原含量和调解内分泌等功效。②复方调理中药。主要以健脾理气、疏肝理血、活血化瘀、补脾活血为宗旨，复方主要成分有玄参、生地、泽泻等。如"四物汤""补脾活血复方""调肝汤"等均属此类方剂。③单味中药。如人参、黄芪、党参、鹿茸、山药、三七、五味子等单味中药能增强机体免疫和清除自由基的能力，加快疲劳的消除。④中药单体。中药单体提取的活性成分，具有成分单一、药理作用明显、生物活性较高等优点，如人参皂苷、人参二醇、人参三醇、红景天苷、当归多糖、枸杞多糖及人参中的麦芽醇等。

中药外用主要是在按摩或药熏时加入中草药，例如，汤剂熏洗法，利用川芎、当归、苍术等制成的中药汤剂就具有扩张外周血管，促进血液循环，提高机体运输氧能力，维持机体内环境稳定，加快疲劳恢复等作用。

2. 按摩

按摩可以改善局部或全身的血液循环，加速新陈代谢，促进骨骼肌中乳酸的消除和肌糖原与修复蛋白质的合成，减轻肌肉的酸痛、僵硬和痉挛，提高各关节的灵活性和肌肉的收缩能力。同时，按摩对中枢神经系统具有镇静、清脑的功效，可以降低交感神经的兴奋性。尤其是穴位刺激结合按摩，对各种运动性疲劳的恢复十分有效。因此，训练课后，应要求队员互相放松肌肉 20~30min。促进恢复的按摩每周可进行 2~3 次，每次为 30~35min。按摩顺序为先大肌肉群，后小肌肉群，着重下肢、腰部等承受负荷较大的肌肉。手法多采用重按压、抖动、搓、叩打等，也可在环跳、承山、委中、足三里、昆仑、三阴交等穴位处点穴。当运动员极度疲劳时可进行全身按摩，按照大腿、小腿、臀部、腰背、上肢顺序依次按摩，必要时可对头部进行按摩，全身按摩时间需 0.5~1h。

（五）水浴

首先让运动员泡在浓度为 1~3g/L 的盐水中，然后水按摩 15~30min，每周 2~3 次。从血乳酸浓度的变化及肌张力的恢复都可发现，这种方法有利于促进疲劳恢复。

另外，水疗可以利用水流的动力和水温的刺激来扩张血管、加速代谢产物的消除、促进肌肉放松和睡眠。热水浴（40~44℃，10~30min）、温水浴（37~39℃，10~20min）、冷水浴（15℃，10~20min）可交替进行，水浴之后再进行按摩效果更好。

（六）心理学手段

长时间的运动疲劳积累会导致过度训练，使运动员表现出主观感觉乏力、兴趣减退、意志减弱、厌倦、动机水平下降、抑郁等不良心理症状，严重时，会出现下丘脑—垂体—性腺轴功能紊乱、免疫抑制、慢性感染及运动损伤等现象。大多数学者认为，神经系统功能降低、神经细胞抑制过程加强是引起不良心理反应的主要因素，与训练负荷安排不当、恢复措施不足等因素有密切关系。因此，采用合理的心理调节是促进疲劳恢复、提高训练效果的重要手段。常用的心理恢复手段有心理暗示法、意念放松法、肌肉放松法、呼吸调整法、音乐放松法、心理调整法（包括各种消遣和娱乐活动，如散步、听歌、下棋、谈心等），以及赏识、激励和人文关怀等。

除上述几种方法外，促进运动性疲劳恢复的方法还有火罐、针灸、热敷、负氧离子、理疗、悬垂倒立法、吸氧和气功等。

第六节　脱训与尖峰状态训练

运动训练是挖掘运动潜力和提高运动成绩的主要手段，在长期系统的训练过程中，某些运动项目在训练周期的不同阶段或比赛前进行主动或被动的训练调整，例如脱训和尖峰状态训练，会给人体的生理机能和运动能力带来积极或消极的影响。

一、脱训

脱训（detraining）又称停训，是指由于运动训练停止或运动负荷减少，使先前训练所产生的解剖、生理适应和提高的运动成绩完全或部分消退。研究发现，短期的休息或减少几天训练不会引起运动能力下降，还有可能对运动能力有促进作用。而长时间减少训练或完全停训会对身体机能和运动能力产生不良影响。

（一）脱训对身体机能的影响

1. 对心、肺功能的影响

较为长期的运动训练或健身锻炼可以明显提高心、肺功能，增强机体的氧运输能力，而脱训会使已提高的心肺功能显著下降。图 15-7 显示连续 84 天脱训者的 $\dot{V}O_{2max}$、CO、SV 等指标的变化情况。研究发现，受试者的 $\dot{V}O_{2max}$ 越大，脱训后其下降的幅度也越大，并且脱训导致的心、肺功能下降比同期出现的肌肉力量、功率的下降更明显。因此，运动员在非比赛期应特别注意保持耐力运动水平，一旦心、肺功能水平明显下降，则需要相当长时间的训练才能恢复到原有巅峰状态。

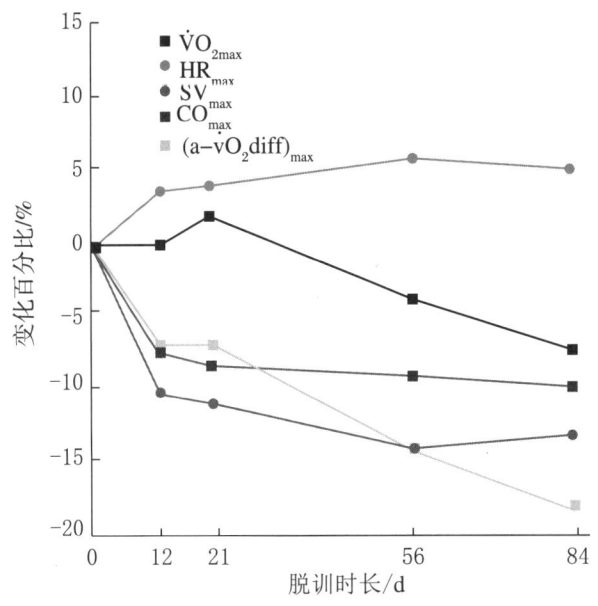

图 15-7 脱训后，$\dot{V}O_{2max}$ 与心血管变量关系的时间变化流程图

（引自：Scott KP, et al, 2009）

2. 对不同身体素质的影响

脱训后，运动员的肌肉力量和功率会下降，但这种变化在最初的几个月表现得并不明显；脱训 2 周后，肌肉耐力开始下降，而速度和灵敏素质的消退相对较慢，柔韧性却下降很快，后者的下降更容易导致运动员发生损伤。所以，运动员应全年进行柔韧性练习。

（二）脱训后身体机能的变化特征与注意事项

训练有素者比初训者在脱训后有更多的损失，即从训练中得到的越多，脱训后失去的越多。

脱训后，心、肺功能的下降幅度远大于肌肉力量、耐力和功率的下降。因此，为保持心、肺功能和有氧耐力，每周至少应训练 3 次，训练强度至少应达到原来正常训练强度的 70%。

脱训会引起骨骼肌萎缩、肌力和功率的下降。但是，在脱训期，只需很少的运动刺激就可以保持骨骼肌力量和功率的稳定。

二、尖峰状态训练

尖峰状态训练（tapering for peak performance）又称赛前减量训练，是指在运动员参加大赛前的最后几天降低他们的训练负荷，使其在比赛中取得优异成绩的训练。降低训练负荷包括训练强度的下降和训练频率、持续时间的减少等。尖峰状态训练期可以是 4~28 天，甚至更长，这主要取决于运动项目的特点、运动环境及运动员的机能状态。但是，尖峰状态训练不一定适合所有的运动项目。典型的运动项目如田径、游泳、自行车、帆船及铁人三项较为适用；而对那些参赛频率少于 1 周的运动项目，休息可能效果更好。通过尖峰状态训练，可以使肌肉力量得到提升、能源储备得到恢复、$\dot{V}O_{2max}$ 维持平衡，使运动成绩得以提高。

◇【思考题】

1. 赛前状态产生的机制和主要表现是什么？如何克服不良的赛前状态？
2. 准备活动与整理活动有何区别？如何应用？
3. 在运动实践中如何对待极点和去极点？
4. 运动性疲劳发生的机理有哪些？
5. 试述恢复过程的阶段性特点及超量恢复的实践意义。
6. 适宜的脱训和尖峰状态训练在运动实践中有何意义？

（曲阜师范大学　刘洪珍）

第十六章 特殊环境与运动

◇【教学目标】

通过本章内容的学习,掌握处于特殊环境下保持和提高运动能力的生理学原理;熟悉特殊环境下运动性伤病的防治办法;了解不同特殊环境的特点及身体应激反应;培养学生应对复杂环境的能力;促进学生解决问题、适应挑战等实践创新素养的养成。

当处于缺氧、高温、失重等特殊环境时,人体运动时的生理负荷会发生改变,导致身体机能产生不同于一般环境时的改变,有些改变是有益的,有些可能是不利的。运动中要尽量扬长避短,发挥优势,同时还要预防运动性伤病。

第一节 高原环境与运动

高原环境低氧的特点,带给机体各器官、系统一定的挑战,加之运动引起的双重缺氧,一定程度上刺激了机体的造血能力和氧运输能力。但高原训练是否能够有效地提高运动成绩,还与海拔、训练强度、训练持续时间等因素有关。此外,在高原(低氧)环境开展全民健身活动也越来越受到关注。

一、高原自然环境特点

高原通常是指海拔在 1000m 以上的地区。高度在 500~1500m 的地域一般称为亚高原。高原环境气候特点具体如下。

1. 低气压和低氧

海拔越高,空气越稀薄,气压也越低,氧分压也随之降低。由于空气中含氧量减少,人体肺泡和动脉氧分压也随之降低,引起人体缺氧。

2. 寒冷

海拔越高,气温越低。一般海拔每升高 100m,气温就下降 0.6℃。高原气温的特点是日差和向阴向阳面温差较大而年度温差较小,年无炎夏,日有四季。

3. 干燥、多风

由于降水量少、降水集中(集中在 7~9 月)、日照长、蒸发快,因此高原气候十分干燥，且多风，给人体健康带来不利影响。

4. 高原辐射

由于海拔高、空气稀薄、空气洁净度高，直射光和雪的反射光皆强；高原太阳辐射强度增加，紫外线的比例也高，海拔每升高 100m，紫外线强度增加 1.3%。

二、急性高原暴露时的应激反应与健康风险

当平原地区的人急速进入高原时，由于对高原低氧等环境不适应，造成机体氧供应不足，氧的运输和利用受到阻碍，有些人员就会产生急性缺氧反应，常见的症状有头痛、失眠、食欲减退、疲倦、呼吸困难等，即所谓急性高山病（acute mountain sickness, AMS）。其中头痛是最常见的症状，主要是脑缺氧引起的，脑组织对缺氧最敏感，最易受损。另外，由于体液滞留在脑部或肺部，容易发生高原脑水肿或肺水肿而危及生命。

（一）急性高原暴露时的应激反应

1. 呼吸系统

轻度缺氧时，仅表现为呼吸深度增加。缺氧继续加重，则呼吸频率随之加快、胸廓运动增加。突然严重缺氧，呼吸深度和频率增加的同时，还可出现呼吸节律的改变、肺水肿，少数人会出现昏厥等。肺通气量的加大是人体缺氧情况下的代偿适应性机能。由于氧气压力较低，人体会因缺氧而过度换气、通气。

2. 循环系统

（1）脉搏

平原地区正常人每分钟脉搏为 75 次；初到高原时由于缺氧，为保证组织器官的血氧供应，心跳加速，脉搏可增至 80~90 次/分，甚至高达 100 多次，居住一段时间后，又可恢复。

（2）血压

初进入高原，由于血管感受器作用和体液等影响，心脏收缩力加强，体内的血液重新分配，致使皮肤及某些内脏血管收缩，而脑血管及冠状血管舒张、血流增加，动脉血压升高。

（3）血液氧转运能力

进入高原后 2h，由于缺少氧气，机体开始产生过多的红细胞以适应缺氧环境，血红蛋白亦表现为升高，并随海拔增高，数值增加更多。

3. 消化系统

进入高原后消化腺的分泌和胃肠道蠕动受到抑制，因此，会出现食欲不振、腹胀、腹泻或便秘、上腹疼痛等一系列消化系统紊乱症状。

4. 泌尿系统

由于缺氧，肾脏的血流量下降，从而使肾的泌尿等功能受到影响。另外，缺氧状态

时，人体无氧代谢增加，酸性代谢产物增多，容易引起机体酸碱平衡失调。

5. 免疫系统

在高原环境，担当人体免疫重任的 T 淋巴细胞会受到损害，使机体非常容易遭受细菌感染。

6. 神经系统

中枢神经系统特别是大脑对缺氧极为敏感。在轻度缺氧时，整个神经系统兴奋性增强，如情绪紧张、易激动、出现欣快感等，继而出现头痛、头晕、失眠、健忘等症状。如进入较高海拔，则由兴奋转入抑制过程，表现为嗜睡、神志淡漠、反应迟钝，少数重者意志丧失甚至昏迷，若转入低地后又恢复正常。

此外，低氧可抑制视网膜感光细胞的机能，使视觉感受器对光的敏感性降低。

（二）健康风险

当平原地区的人急速进入高原时，会造成机体氧供应不足，氧的运输和利用受到阻碍，而缺氧可引起交感神经兴奋和儿茶酚胺释放，引起心率加快，同时，可使脑血流量显著增高。在缺氧环境下，血管内皮释放一氧化氮减少，导致肺血管收缩。持续的肺血管收缩可导致肺血管阻力增加，并由此导致高原性肺水肿等严重的致命性并发症。

1. 急性高山病

初到高原，机体因缺氧而产生一系列机能反应，会出现头痛和呼吸困难等所谓急性高山病（AMS）。这主要是脑缺氧引起的，脑组织对缺氧最敏感、最易受损。紧急情况下，高压氧急救袋的使用是非常有效的。严重的急性高山病的有效治疗方法是退回到较低海拔地带。

2. 高原肺水肿

高海拔高原肺水肿是肺内液体的积聚，症状表现为休息状态下呼吸困难、咳嗽、虚弱且活动量明显减少，前胸有堵塞感，皮肤苍白且发绀，心率增快。高原肺水肿可通过增加氧气供给的方法进行治疗或是将患者移至低海拔地带。

3. 高原脑水肿

高原脑水肿是颅腔内液体积聚，表现为急性高山病的症状，无法走直线，出现精神异常。可通过增加氧气供给，迅速下降至低海拔地带等方法进行治疗，如果高度下降不及时会形成永久性的损害。

三、高原适应

高原的低氧环境给呼吸循环机能带来不利的影响。但是，在高原地区停留一定时期，机体通过对低氧环境产生各种适应性反应，提高对缺氧的耐受能力，这种现象称为高原习服（altitude acclimatization）。高原习服是循序渐进的，到达 2300m 高度约需两周时间适应，然后每增加 600m，需多一周时间适应。高原习服可分为短期习服（几天、几周或几个月）和长期习服（数年）。一般将人体对高原环境的长期习服过程称为高原适应（altitude adaptation)。

高原的长期适应最重要的调节机制包括：①肺通气量的增加和体内酸碱平衡的调节；②红细胞生成增加，以及局部循环和细胞代谢的变化。血液与局部循环方面的调节将明显有利于氧的运输和利用。

四、高原训练的要素及方法

高原训练（altitude training）是一种在低压、缺氧条件下的强化训练。这种训练对人体有两种负荷，一种是运动本身所引起的缺氧负荷，即运动性缺氧负荷，另一种是高原性缺氧负荷。这两种负荷相加，造成比平原更为深刻的缺氧刺激，可调动身体的机能潜力。高原训练要取得好的效果取决于合理安排高原训练的诸要素。

（一）高原训练的要素

1. 适宜海拔

高原训练的高度从理论上讲在 1000~3000m 都有效。一般认为，世居平原的运动员高原训练的最佳高度应为 2000~2500m。低于 2000m，低氧缺氧刺激较少，不利于充分挖掘机体的潜力；高于 2500m，则机体难以承受较大的训练负荷，并且不利于训练后的恢复。我国运动员高原训练多在 1890m 的昆明（中长跑、游泳、足球等）及 2366m 的西宁多巴（中长跑、竞走、自行车等）。总之，适宜的高度应具备两个条件，即此高度能对机体产生深刻的缺氧刺激，同时机体又能承受比较大的训练量和强度。

2. 适宜训练强度

训练强度是决定高原训练成败的关键。强度过低，刺激小，难以收到成效；强度过高，刺激深，对适应和恢复不利。一般应遵循下面几个原则：①根据运动员训练水平的高低来定，水平高的强度可大些，反之强度则适当减少；②根据比赛的强度而定，应安排部分接近比赛强度的训练；③将高原训练的强度和下高原后的训练强度衔接起来，下高原后期阶段训练强度应提高；④需根据机体对高原环境的适应阶段来安排训练强度。

3. 训练持续时间

根据大量的高原训练实践经验得出，适宜的持续时间应为 3~8 周。因为从平原到高原会有一个适应过程，高原训练时间过短，不利于机体产生适应性变化；高原训练时间过长，则不利于机体回到平原后的适应性调整。而且，在确定高原训练时间时，需要考虑运动项目的差异。耐力性项目应持续时间长些，而速度及速度耐力性项目应稍短些。

4. 出现最佳训练效果的时间

下高原后，何时出现最佳训练效果，对此没有统一的看法，其与个体的适应能力及高原训练的负荷有密切关系。目前普遍认为，长跑和马拉松项目的最佳比赛时间为下高原后 4~5 天；中长距离项目为 10~14 天；短距离项目为 20~26 天。我国游泳项目则多采取回到平原 5~6 周时参加比赛，以保证下高原后能有较多的时间加强速度和力量训练。总而言之，不同的运动项目，高原训练具体的组织实施，运动员的高原训练经历、运动水平、身体状况及营养、下高原后的调整等都是影响何时返回平原、何时参加比赛的因素。

（二）高原训练方法

高原训练方法主要有高住高练法、高住低练法、低住高练法、亚高原训练法、间歇性低氧训练法和模拟高原训练法等。

1. 高住高练法

高住高练法（living high-training high，Hi-Hi）是指在高原居住，在高原训练。不同海拔的高住高练所产生的训练效果有所差异，因此，在高住高练法具体应用时往往采用改变海拔的方法，以谋求最佳效果。例如，运动员先在海拔1500~1900m高度训练一段时间后，再到海拔2000~2500m高度训练，然后回到海拔1500~1900m高度训练，最后返回平原。高住高练法能充分利用高原低氧环境，取得低氧训练的效果，但是训练强度不宜过大。

2. 高住低练法

高住低练法（living high-training low，Hi-Lo）是由勒文（Levine，1991）最先提出的，是让运动员在较高的高度（2500m）居住，而在较低的高度（1300m）训练。这样，既可以充分调动机体适应高原缺氧环境，挖掘本身的机能潜力，又可达到相当大的训练量和强度。

此种训练法已得到国际上的认可，并已应用于高原训练实践中。

3. 低住高练法

和高住低练法相反，低住高练法（living low-training high，Lo-Hi）是让运动员居住在较低的高度（1300m或平原），在海拔较高的高度（2500m）进行训练。既能保证运动员进行低氧训练，也能促进运动员的恢复。

4. 亚高原训练法

一般认为，亚高原训练是指在海拔500~1500m的地点进行训练，它既能满足运动员达到足够的训练强度，又能对运动员的携氧能力产生积极的刺激作用。目前，亚高原训练在赛艇、短跑、马拉松等项目中均有应用，在摔跤、举重、散打等力量项目中也有应用。它对于准备亚高原比赛所进行的适应性训练比较有效。此外，也可作为高住高练法之前的过渡性训练。

5. 间歇性低氧训练法

间歇性低氧训练（intermittent hypoxic training，IHT）是20多年来在俄罗斯、英国和美国等国家逐渐发展起来的一种新的仿高原训练法。是采用呼吸气体发生器吸入低于正常氧分压的气体，使体内适度缺氧，从而产生一系列有利于提高有氧代谢能力的抗缺氧生理适应，以达到高原训练的目的。

6. 模拟高原训练法

芬兰学者拉斯考（Rusko，1995）提出"Hi-Lo"方案的"高原屋"，即让运动员生活在模拟海拔2500m高原状态的"高原屋"中，然后在1300m高度训练。目前这一高原训练计划已在芬兰、挪威、瑞典和中国等国家实施。其中，日本通常使用的是可移动的帐篷，帐篷内是仿高原环境；美国发明生产了一种可调氧分压式睡仓，可供1名运动员在仓内休息。这些仿高原训练法，既不需要高原训练基地，又免去往返迁移，同时可使运动员机能潜力得到最大发展，达到高住低练的效果。

第二节 高温高湿环境与运动

工业化的发展，导致相当多的烟尘颗粒、碳化合物、硫氧化物等大气污染物被排放到空气中，其中，二氧化碳能够吸收来自地面的长波辐射，使近地面层空气温度增高，形成温室效应；同时，空气中的微粒，具有凝结水汽的作用，增加了降水天气，这些均导致高温高湿天气增加。长时间处于高温高湿环境中会引发热痉挛、热衰竭和中暑等热病。高温高湿环境下运动会影响身体的散热，从而导致机体核心温度（core temperature，T_c）升高，机体核心温度升高引起心血管等与运动能力密切相关的系统、器官机能下降，导致疲劳提前发生。

一、高温高湿环境

气温、空气和气流的综合影响，可引起人体过热或温度过高。根据环境温度与人体热平衡之间的关系，通常把35℃的生活环境和32℃以上的训练环境视为高温环境，相对湿度在60%以上的环境称为高湿环境。温度和（或）湿度过高都会影响运动员的运动能力。例如，相对湿度为30%、温度为40℃，相对湿度为50%、温度为38℃，相对湿度为85%、温度为30~31℃时，运动员体能均会难以发挥，甚至中暑。

高温高湿环境中运动能力的降低和疲劳的提前与体温过高、心血管系统不稳定、中枢疲劳及代谢异常等因素密切相关。高温抑制了机体热辐射、热传导与热对流等散热途径，高湿也阻碍了机体的蒸发散热，因此机体运动中产生的热量无法很好地排出体外，体内的热蓄积就会引起机体核心温度升高。研究表明，热疾病的发生与机体的T_c升高显著相关。

二、高温高湿环境中的生理反应与适应

人体在高温高湿环境中运动时，由于代谢产热和环境热两种因素的共同作用，机体处于热应激状态，使其发生一系列生理反应与适应。

（一）高温高湿环境中的生理反应

1. 心血管系统

高温环境下人体运动存在临界核心温度值，机体核心温度达到此值时，即会产生疲劳。高温引发的心血管系统功能下降是疲劳发生的主要原因。

高热运动时，心率显著增加，最大心输出量和最大摄氧量均下降。最大心输出量减少的主要原因是每搏输出量大大减少，而每搏输出量的减少可能与下列因素有关：①运动时血流重新分配，体表血流量增加使心脏的循环血量减少；②排汗增多，血液浓缩，血黏滞性增加，回心血量减少；③心率显著增加，心室充盈时间缩短；④心脏温度升高，心收

缩力减弱,心率的代偿性增加不足以弥补每搏输出量的减少,因而在炎热环境下运动时最大心输出量下降。

2. 机体核心温度

汗液蒸发是机体主要的散热方式,随着脱水程度增加,体温升高幅度也会增加,每丢失1%体重的水,机体核心温度会升高0.1~0.23℃,严重脱水时皮肤血管由舒张变为收缩,进一步降低了机体的散热能力,会导致体温进一步升高。

3. 神经内分泌系统

人体在高温高湿环境下,神经内分泌系统反应加强,其中,垂体释放抗利尿素以增加肾小管对水的重吸收,因而尿液浓缩,尿量减少。血液中相关激素浓度增加,引起机体耗氧量和产热升高,因而中枢神经系统出现先兴奋后抑制的现象。如果抑制占优势,则导致动作的准确性和协调性降低,容易发生运动损伤。

4. 物质代谢

在热环境进行次极限强度运动时,机体更多依赖无氧代谢,导致乳酸过早堆积和糖原的储备量减少。乳酸堆积的可能原因:①热环境运动时,由于肝脏血流量减少,使乳酸转化率下降;②用于体表散热的血流量增加,减少肌肉的血液循环,导致在热环境中运动时乳酸相对增多,疲劳过早出现。但也有人认为,在高热环境中运动时,高热环境对疲劳的影响比代谢变化的影响更大。

(二) 热习服

人体长期处于高温高湿环境中,机体在一定范围内逐渐产生对这种特殊环境的适应,称为热习服(heat acclimatization),也称热适应。有研究者认为,运动员对高温环境的热习服周期通常为7~14天。热习服主要表现为体温调节、水盐代谢和心血管机能等方面的改善。具体表现如下。

1. 体温调节

热习服时最大排汗率由1.5L/h增加至2.5~3L/h,从而使散热增加。福克斯(Fox,1981)指出,无运动训练经历和对热环境不适应者的排汗阈值高,在身体内部温度达到37.7℃时有排汗反应。既有训练经历又对热环境适应者,其排汗阈值显著下降,体内温度达到37.2℃即有排汗反应;有运动训练经历但对热环境尚不适应者的排汗阈值居中,在体内温度达到37.5℃时有排汗反应。运动训练可提高排汗反应的敏感性和排汗能力。

2. 水盐代谢

热适应时肾脏和汗腺对Na^+重吸收增加,汗液中Na^+浓度下降。Na^+在体内保留,使血浆和细胞外液的容量增加,内环境相对稳定。

3. 心血管机能

热习服后心功能得到改善,心率减慢,每搏输出量增加,而心输出量及动脉血压基本保持不变。同时,血流量重新分配,使皮肤血流量减少,肌肉血流量增多,提高了肌肉的工作能力。

在炎热环境中进行运动训练可加速热习服效果。热习服训练所需的时间与训练的气候条件和运动强度有关。

(三) 热病及其防治

在高温高湿环境中进行剧烈运动时，可因热对机体造成危害而发生热病，热病主要包括热痉挛、热衰竭和中暑等。

1. 热痉挛

热痉挛常出现在剧烈运动中或运动后，主要是因为脱水和无机盐的丢失及体液水平和电解质浓度不平衡导致大面积肌肉群出现严重的疼痛性痉挛。表现为排汗多、肌肉痉挛、呼吸细微、呕吐及晕眩，但体温尚正常。

出现热痉挛时，应将患者移至阴凉的地方休息，解开衣扣、腰带，敞开上衣，再喝些凉开水或盐水，如意识丧失、痉挛剧烈，应让患者侧卧、头向后仰，保证呼吸道畅通，同时快速通知急救中心。

2. 热衰竭

热衰竭常出现在对热尚未适应的人开始进行剧烈运动时，主要是由于循环系统的调节机能障碍和大量排汗导致细胞外液，尤其是血浆量减少造成的。血液滞留在扩张的体表血管中，使循环血量及心输出量显著下降。表现为虚弱、脉搏加快、直立时血压低、头痛和头晕等，排汗可能稍减少，体温会有升高（通常低于39.5℃）。出现热衰竭时应停止运动，并到阴凉地方休息，补充水分，必要时输液。

3. 中暑

中暑是最严重和复杂的热应激疾病，是由体温过高致下丘脑体温调节机能障碍而造成的。通常排汗停止，皮肤干燥而发烫，体温升高至41.5℃以上，虚脱、意识丧失，甚至导致死亡。对于中暑，早发现、早处置非常有必要。当在高温环境中工作一段时间后，出现轻微的头晕、头痛、耳鸣、眼花、口渴、浑身无力及行走不稳等中暑先兆时，应使患者迅速脱离高热环境，移至通风好的阴凉地方，解开衣扣，让患者平卧，用冷水毛巾敷其头部，扇扇子，并给予清凉饮料。

近年来冷环境刺激常被用于高热环境中的预冷降温，从而调节运动员高热环境下的运动能力。目前常使用的方法包括冷水浸泡、冷水饮用、穿着降温背心和暴露在冷环境中，以及混合使用的方式。

第三节 冷环境与运动

在冷环境中进行运动训练或比赛，低的气温会给机体带来一些不利的影响。寒冷的环境往往会限制机体运动，更严重的会损伤机体功能，如速度、力量及肢体的灵巧度。冷环境还增加了能量代谢和耗氧量，造成碳水化合物消耗大幅增加，并增加了脂肪的氧化分解作用。

较长时间处于冷环境，各系统对冷环境会逐渐适应，机体的心血管功能得到改善，散热也会减少，能最大限度地节省糖原，将能量用于肌肉运动，从而提高运动能力。但过度暴露于冷环境中也会造成机体损伤。

一、冷环境

冷环境一般是指0℃以下或者更低的环境。冷环境是运动员经常遇到的一种外界环境。对于运动员来说，冷环境主要见于运动员从热带到温带比赛或在冬季进行室外运动训练与比赛，以及在低温水中的游泳训练与比赛。在冷环境中，机体通过两种调节机制防止体温下降：一是通过寒战增加代谢产热；二是通过外周血管收缩减少热量散失。如果这两种调节机制不能保持机体产热和散热的平衡，机体深部温度就会降低。

二、冷环境中的生理反应与适应

（一）冷环境中的生理反应

人体处于冷环境中，能量消耗大大增加，出现体温下降、呼吸和循环功能改变、骨骼肌协调性下降等反应。

1. 体温

在冷环境中进行长时间运动（1~4h），会导致身体热量过度散发，超过机体对体温调节控制的能力，引起过低体温。除了环境温度的原因外，冷环境体温调节还与其他因素有关。如水的导热率大，约为静止空气的240倍。另外，在冷环境中运动时通气量增大，呼出时带走大量体热，也会加剧体温的降低。当人体热量流失大于热量补给，造成人体核心区体温降低，并产生一系列寒战、迷茫、心肺功能衰竭等症状，甚至最终造成死亡的病症，叫失温。

2. 物质代谢

冷环境可使交感神经系统兴奋，血液儿茶酚胺浓度升高，引起肢端末梢血管和皮肤血管的收缩，心率加快，心输出量增加，造成碳水化合物利用率大幅度增加，同时伴有中度的脂肪氧化作用。

3. 骨骼肌机能

研究表明，温度每下降10℃，神经传导速度降低15m/s。局部温度为8~10℃时，神经传导即完全阻滞。因此，四肢受冷会使工作能力明显下降，表现为肌肉的力量、速度、输出功率会下降，手的灵巧度也会降低，从而影响运动成绩。

冷环境还可影响外周神经系统，造成皮肤和肢端感觉性下降、骨骼肌的协调能力减弱，关节的灵活性减弱，容易发生肌肉和肌腱撕裂、抽筋等运动性损伤。

（二）冷习服

运动员要获得在冷环境中身体功能的适应，必须经过冷习服（cold acclimatization）。冷习服是指人体较长期暴露于冷环境中，经过自身各系统生理生化的调节，对冷环境产生适应的过程，也称为冷适应。

冷习服形成后，机体的心血管功能改善，外周及肢端血管收缩的状况减弱、排尿量减少、血容量保持较多，这些均有利于运动能力的提高。从事水中运动的运动员，冷习服的结果主要是减少人在低水温中的散热，最大限度地将能量用于肌肉运动。冷习服后机体对脂肪动员的能力增强，而使机体保存肌糖原和肝糖原的能力也相应增强。

（三）冷环境致运动损伤及防治

在冷环境中过度暴露可对机体造成潜在的损伤，包括外周组织及心脏、呼吸系统。

1. 心脏损伤

体温过低导致死亡的原因是心脏骤停。温度低主要影响心脏起搏器——窦房结，导致心率逐渐降低，最终骤停。

2. 呼吸系统

过度冷暴露会通过降低呼吸频率及通气量来影响呼吸系统功能。

3. 冻伤

在极冷环境中，皮肤血流量减少致氧气和营养物质缺乏，出现组织坏死，即为冻伤。如果治疗不及时，冻伤可严重到坏疽和组织坏死的程度。

低体温程度轻时，将患者安置在温暖环境换上干衣物与暖被即可。中等以上程度的低体温患者需要简要处理，防止出现心律失常。严重体温过低的患者需要医疗设备和药物治疗。

冷环境也有有利的一面。近年来全身冷冻治疗促恢复技术（WBC）被应用于运动医学领域，这种疗法能够最大限度缩短运动员受伤后、运动训练或比赛后的恢复时间，减少过度训练和疲劳的发生，提高训练和比赛的质量，受到国内外优秀教练员与运动员的青睐。

4. 失温

预防冷环境引起的失温，首先要注意保暖防护。寒冷天气出行，应做好防风防护措施，保暖的帽子、手套、围脖、防风衣、厚袜子、防风面罩都是必备物品；要注意选择快干排汗的内衣，切忌棉质内衣；随身携带保暖衣物，途中及时更换，避免着凉。其次要及时补充体能，避免过度出汗和疲劳，防止脱水，备好食物和热饮以及时补充身体热量。

第四节　失重环境与运动

人类在进化过程中，逐渐形成了与地球重力相适应的人体结构和功能，而太空失重的环境，会给宇航员的心血管系统、运动系统等重要器官、系统带来不利的影响。而在临床上，因各种原因，患者需要长时间卧床休息和制动，肌肉形态结构也会发生改变，表现为肌肉萎缩、肌力下降。适度的运动可以减少这些不利影响，使患者较大程度地保持运动能力和身体健康。

一、失重环境

失重环境指失去重力或重力可以忽略不记的环境,如太空中的失重环境。由于失重状态的形成较为困难,失重或模拟失重模型主要是航天失重飞行、头低位卧床和大、小鼠尾部悬吊。通常采用大鼠吊尾(后肢去负荷)模型来模拟失重环境,以此观察失重状态下肌肉所发生的相应改变。

临床上,因机体患病(如瘫痪、心血管疾病等)或治疗措施(如骨折固定)的要求,患者需要长时间的卧床休息和制动,如果不进行康复治疗,肌肉形态结构会发生改变,最直接的变化是肌肉萎缩,称为废用性肌萎缩。主要表现为肌肉质量下降、肌力减弱、体积减小、肌纤维横截面积减小及肌纤维类型发生改变;肌肉功能的变化主要表现为肌肉力量下降、肌肉神经功能和抗疲劳能力等发生改变。

二、失重环境中的生理反应与适应

失重环境是对正常人体功能的一种挑战。当人体失去重力作用,支撑体重的骨骼和抗重力肌肉就会失去负荷,从而发生退化,功能减退。同样的变化也见于心血管系统等其他系统。

(一)失重环境中的生理反应

1. 心血管系统

人体处于失重环境时发生的反应之一是血浆容量减少。失重时人体的流体静压丧失,血液和其他体液不像在重力条件下那样惯常地流向下身。相反,下身的血液回流到胸腔、头部,使回心血量增加,心输出量增加和动脉血压升高,肾动脉血压随之升高,引起尿量增加,血浆容量减少。

当航天员返回地球表面时,普遍出现心血管功能失调,引起立位耐力不良,出现心慌气短及体位性晕厥等表现,直接威胁航天员着陆后即刻的应急离舱能力,以及返回后对地球重力环境的再适应能力。

2. 肌肉

研究表明,当肢体用石膏固定或后肢悬吊后,肌肉结构和功能迅速发生变化,表现为肌肉蛋白质合成减少,肌肉萎缩。大鼠实验也证实,不活动后最初数小时,蛋白质合成率下降约35%,数天后下降约50%,肌萎缩可持续很长时间。

同时,肌肉力量的减少要比肌肉结构的变化更大。研究显示,太空微重力条件下飞行180天后,下肢肌肉最大爆发力减少到飞行前的45%,并且飞行后肌肉爆发力的丧失程度,远远大于肌容积的丧失程度。

3. 骨骼

长期失重会引起人体骨钙质代谢紊乱。人体失重后,作用于腿骨、脊椎骨等承重骨的压力骤减,同时,肌肉运动减少,对骨骼的刺激也相应减弱,骨骼血液供应相应减少,在这种情况下,成骨细胞增殖、分化功能减弱,而破骨细胞数量增多、功能增强,使得骨质大量脱钙并经肾脏排出体外,造成骨质丢失和骨质疏松,并可能引起肾结石。

失重所导致的骨丢失随飞行时间的延长而持续，而且这种骨质疏松一旦形成，即使返回到地面重力环境后其所损失的骨质可能也难以完全恢复。

4. 体重和体成分

卧床休息和空间微重力环境可以引起体重和体成分的改变。空间飞行后，宇航员的体重可减轻。1~3天空间飞行所致的体重减轻很大程度上是由体液丧失所致。12天以上空间飞行的体重减轻，体液丧失起了一半的作用，另一半是由脂肪和蛋白质丧失引起的。其中，脂肪的丧失是由能量摄入不足造成的。

（二）失重环境中的运动适应

空间运动训练是可选择的应对失重环境的措施之一。资料显示，增加运动时间，提供多种运动器材，可以有效减轻肌肉力量下降，甚至增加最大摄氧量，大负荷的抗阻力训练也能维持承重骨的钙含量。目前，在太空飞行中，航天员主要采用的体育锻炼方法有拉力器锻炼、自行车功率计锻炼、跑台锻炼、肌肉电刺激等。

拉力器锻炼主要是锻炼手、躯干和腹部的肌肉，可有效地预防一些肌肉群的萎缩和力量减弱，但对调节整个人体功能的作用较小。

航天员进行自行车功量计锻炼对防止心脏功能和骨骼肌质量下降及呼吸功能降低有一定作用，并可以增加循环血量，改善组织器官的血液供应，但是它对防止矿物质丧失和立位耐力降低的作用不大。

跑台运动是一种全身性的运动，运动量较大，对航天员的心血管、骨骼、肌肉系统都是一种很好的刺激。此外，它还可以促使神经—肌肉功能的协调，减轻航天员返回地面后行走的困难。跑台锻炼被认为是当前太空飞行中航天员最有效的一种锻炼方法。

地面医学和临床研究结果表明，电刺激肌肉可以维持肌肉的功能状态，促进失去活动能力的肌肉恢复，增加骨细胞内钙含量，促进骨形成和骨愈合。因此，航天医学工作者认为适当、有目的的电刺激可补偿太空飞行中航天员肌肉活动的不足，并可减轻失重飞行引起的骨质疏松和肌肉萎缩，还有利于血液循环和减轻疲劳及航天运动病症状。

第五节　水环境与运动

水环境较大的阻力、较高的导热性及较低的水温，使人体在水中运动时热量散失快、能量消耗大，对呼吸系统和心血管系统带来较大的挑战。长期水中运动，会提高各主要器官、系统的功能，并提高机体的体温调节能力。

一、水环境

水的浮力、密度及导热性等特性，对人体生理功能及运动能力有较大的影响。与陆地上的运动不一样，水的浮力作用使人在水中的重量只相当于自身重量的10%，人在悬浮状态时不需要用多大的力就可以运动自如。水的密度比空气大，因此，水的阻力比空气阻力大820倍。人体在水中的速度每增加2倍，则水的阻力增加4倍。因此，游泳速度越快，所受到的阻力就越大，因而消耗的能量也就越多。同时由于水的导热性比空气大25倍，所以在水里人体热量散失得快。

冬泳作为一项冬季室外的游泳运动，不仅具有游泳运动的好处，还结合了冷水刺激的双重健身作用。例如，在12℃的水中停留4min所散发的热量相当于在陆地1h所散发的热量。水温越低，停留时间越长，消耗能量就越多。

冬泳的适宜温度是8~14℃，水温在14℃时，一般可游泳14min，以后水温每降低1℃应同步减少冬泳时间1min，也就是到1℃左右的水温时只冬泳1min左右。

二、水环境中的生理反应与适应

相比空气，水具有高浮力、高密度及导热性好等特性，水中活动能量消耗较多，长期水中运动能增强人体各器官、系统的功能，改善身体机能。

（一）水环境中的生理反应

1. 呼吸机能

在水中运动对呼吸机能的影响较陆地上大。这是由于水的密度比空气大，在齐胸深的水中，胸部承受12~15kg的压力，使呼吸较为困难。长期锻炼，可使呼吸系统产生良好的适应，从而提高肺活量。

游泳项目的呼吸方式（快速吸气和慢速呼气）、肢体摆动方式（蛙泳的扩胸和自由泳的展腹等）、潜水（憋气）等都会迅速使胸腔产生负压，从而逐渐提升胸腔体积，改善呼吸机能，肺活量也会逐渐增加。

2. 心血管机能

游泳时的体位及所处的特殊环境对循环功能也有影响。游泳时水平的体位使静脉血较易回到心脏，因而静脉回流量会增加。游泳时呼吸加深，加强了呼吸运动对静脉回流的抽吸作用；肌肉的有节律的舒缩活动，对静脉有挤压作用（唧筒作用）；水对皮肤的压力，增加了外周静脉压。以上这些因素都有利于静脉回流。

冬泳运动被称为"血管体操"，即由于冷刺激造成血管收缩和舒张，从而提升血管弹性，心肌收缩力也逐渐加强，使心脏功能的适应性增强。

3. 能量代谢

游泳时身体直接浸泡在水中，水不仅阻力大，而且导热性能非常好，散热速度快，因而消耗热量多。实验证明，人在标准游泳池中游泳20min所消耗的热量，相当于在陆地上的1h，由此可见，在水中运动，可有效降低体重。

冷水中运动，由于肌肉收缩和肾上腺素分泌增多，促使肌糖原分解为葡萄糖，以及皮下和肌肉脂肪分解为脂肪酸以供给能量，肌糖原耗尽后完全转向脂肪分解，故可降低游泳者体脂重量和体脂比，从而有利于改善身体成分结构。

（二）水环境的生理适应

1. 呼吸机能

肺活量大是游泳运动员的一大特点。游泳运动员的肺活量可以达到4000~6000mL，甚至 7000mL，呼吸差 12~15cm，剧烈运动时最大吸氧量为 4.5~7.5L/min，比安静时增大 20 倍。而一般健康男子肺活量只有 3000~4000mL，呼吸差仅为 4~8cm，剧烈运动时的最大吸氧量为 2.5~3L/min，比安静时大 10 倍。

2. 心血管机能

运动员游泳时的最大心率比跑时平均低 10~15 次/分钟，游泳时动脉血压高于跑步，这是由于水对身体的压力增加及水温较低，使皮肤血管收缩、外周阻力增加所致。

坚持长期游泳锻炼，心脏体积呈运动性增大，心肌收缩有力，安静心率减慢，每搏输出量增加，血管壁增厚，弹性加大，心血管系统的效率得到提高。

3. 骨骼特征

游泳运动是一项全身性运动，它通过全身骨骼肌的活动和水的压力，产生对骨的机械应力，刺激骨细胞活性，增加骨矿物质的沉积，促进骨的再建，同时还可以促进 Ca、P 等营养元素的吸收，增加骨血量，促进骨形成增加，提高骨量储备，减缓随年龄增长发生的骨丢失，对骨质疏松起到预防作用。

根据国内外的相关研究显示，游泳运动是防治腰部骨质疏松和下腰部疼痛较好的锻炼方法之一。

4. 体温调节能力

经常在水环境中活动，会逐渐适应水环境，改善产热和散热过程，提高体温调节能力。游泳时水温较低，体温调节活动会发生一系列变化，大致可分四个阶段。第一阶段，刚入水，冷刺激引起散热减少，产热加强（发白阶段）；第二阶段，皮肤血管反射性舒张，血液流向皮肤，皮肤发红，有温暖感觉（发红阶段）；第三阶段，身体散热过多，会出现寒战（发抖阶段）；第四阶段，若继续停留太长时间，会引起小动脉收缩，小静脉扩张，血液滞留在皮下静脉中使皮肤和嘴唇紫绀（发紫阶段）。寒战是体热消耗过度的信号，所以在身体感觉寒冷时应上岸擦干身体，做些轻微活动以加强产热。

◈【思考题】

1. 高原环境对机体的影响有哪些？
2. 如何提高高原训练的效果？
3. 高温高热环境下运动对机体有哪些影响？热习服后的表现有哪些？
4. 冷环境影响运动能力的机制是什么？冷适应后有哪些改善？
5. 失重是如何影响人体正常功能的？
6. 水环境对人体运动能力的影响体现在哪些方面？
7. 如何预防失温？

（辽宁师范大学　苏艳红）

第十七章 运动机能的生理学评定

◇【教学目标】

通过本章内容的学习,掌握运动机能生理学评定的基本知识;了解各系统机能评价指标和方法;培养在运动实践过程中进行各系统机能生理学评定的能力;树立科学评价、科学训练的基本素养。

第一节 运动员身体各系统机能评定指标及方法

运动时人体内一系列生理变化是机体对所承受运动负荷的客观反映,体现了机体对运动训练的应激能力。训练负荷太小,运动能力提高不明显;训练负荷过大,不仅不能提高运动能力,反而会损害身体健康。因此,在运动训练中,合理运用基础理论、实验技术和测定方法评定运动员机能状态,对运动员选材、医务监督、控制训练负荷、判断运动性疲劳、防止过度疲劳和运动损伤的发生,以及有效地挖掘人体运动潜力、提高竞技能力,均有十分重要的意义,并已经成为科学训练的重要内容。

一、运动系统测试指标

(一)肌力

肌力评定主要包括最大肌力、爆发力和肌肉耐力等,有等长力量、等张力量和等动力量三种形式。

等长力量又叫静止力量,常采用测力计完成,在测试过程中肌肉或肌群做等长收缩,无关节活动。此方式主要用来了解在某一固定关节角度时肌肉或肌群所能克服的最大阻力负荷(最大肌力)或克服70%最大阻力的最长时间(肌肉耐力)。

等张力量又叫动态力量,常用测力计、杠铃、哑铃及力量练习器械来测定。其对最大肌力的测定是以受试者能克服一次最大阻力值来表示(1RM),在克服所给予阻力后休息2~3min,再克服新的阻力值,通常每次增重不超过2~4kg,直到最高阻力值。等张耐力的测定通常以能持续克服最大等张力量70%负荷的次数作为评定指标,通常一般人可连续完成12~15次,而运动员则可完成20~25次。爆发力是指在最短时间爆发出最大速度和最大力量的能力,可以用等动力量练习器进行测定。

等动力量的测试需要利用专门的等动测力计完成。与等长力量和等张力量的区别在于，等长力量只能测出某一关节角度的最大肌力，等张力量只能测出肌肉收缩过程中关节处于最不利收缩角度时的最大肌力，在其他收缩角度时所测出的肌力都小于最大肌力。而等动力量的测试过程中，由于运动阻力是随关节活动而不断变化并自动调节的，因而只要肌肉进行最大收缩，就可准确测出肌肉或肌群在整个关节运动范围的最大肌力。

（二）肌电图

肌电图是通过肌电仪将肌纤维兴奋时所产生的动作电位进行放大并记录所得到的图形。通过计算机可对其进行振幅、频域和时域分析，从而对肌肉兴奋程度、机能状态进行评定，其详细内容可见本书第二章。

（三）关节伸展度

通过测定受试者的相关关节的活动幅度，可以评价运动员的柔韧性。

（四）血清酶活性

通过测定血清中一些酶的活性，可以评定骨骼肌系统与组织的损伤程度和恢复情况，如血清肌酸激酶（CK）、乳酸脱氢酶（LDH）、血清谷草转氨酶（GOT）和谷丙转氨酶（GPT）、血清肌红蛋白（Mb）、血清丙二醛（MDA）和尿3-甲基组氨酸（3-MH）等。运动引起血清酶活性增高的原因，主要是运动牵拉使细胞膜通透性增加、儿茶酚胺类物质释放增多，或组织细胞损伤等，引起酶从细胞漏出进入血液增多。在大运动量训练时，血清酶活性通常会升高，而后又逐渐恢复正常。训练后血清酶活性升高的幅度与恢复的快慢，可反映运动强度和训练量的大小及身体的适应情况。

二、心血管系统测试指标

心脏作为人体循环系统的动力器官，在维持正常的血液循环，确保各组织、器官的血液与营养物质的供应上发挥着重要作用。而心脏生理功能的实现主要在于其能自动地、有节律地发生兴奋和舒缩活动，构成了心脏泵血功能的基本条件。而心脏泵血功能的强弱主要由心肌收缩性能、心脏前后负荷及心率决定。对运动员而言，良好的心脏泵血功能尤为重要。因此，运动员心血管系统结构与功能的诊断与监护作为运动医学监督的中心环节，在运动员身体机能评定与训练监控中发挥重要作用。目前，对心血管系统机能进行评定的常用生理指标有心率、血压和心电图等。

（一）心率监测及其在运动实践中的应用

常用的心率监测指标有基础心率、安静时心率、运动中心率和运动后心率。

1. 基础心率

基础心率是清晨起床前空腹卧位心率，基础心率一般较为稳定。基础心率随着训练年限的延长和训练水平的提高而减慢，基础心率突然加快或者减慢往往提示有过度疲劳或疾病的存在。

2. 安静时心率

安静时心率变化有明显的个体差异。一般新生儿的心率较快，可达130次/分钟。正常健康成人的心率为60~100次/分钟，而运动员的安静时心率一般较低，出现窦性心动徐缓，可以低于60次/分钟。耐力项目运动员的安静时心率低于其他项目运动员，最低可达36次/分钟左右。评定运动员的安静心率时，应采用自身前后比较，多用于运动时的对照。

3. 运动中心率

运动中心率分为极限负荷心率（心率达180次/分钟以上）、次极限负荷心率（170次/分钟左右）和一般负荷心率（140次/分钟左右）。运动中心率增加到最大限度时叫最大心率。最大心率随年龄增长而逐渐降低，一般用220减年龄估算最大心率。最大心率与安静时心率之差称为心搏频率储备，表示人体运动时心率可能增加的潜在能力。可用运动后即刻10s的心率代替运动中心率。一般情况下，运动中心率的快慢与运动强度有关，强度越大，则心率越快；同等运动强度下，运动中心率增加越多，表示心脏机能越差。

4. 运动后心率

在运动结束后测量心率，运动后心率下降速度的快慢，反映运动员身体机能的恢复情况。

（二）血压监测及其在运动实践中的应用

人体或动物的动脉血压都有一定的相对稳定性，其相对稳定性具有一定的生理意义。如果血压过低，供血量减少，不能满足身体组织的代谢需要，各组织可能因缺血、缺氧而引起各种疾病；如果血压过高，心室射血时所遇到的阻力过大，会使心肌的负荷加重。安静状态时，我国健康成人收缩压为90~140mmHg，舒张压为60~90mmHg。运动员的血压水平一般和健康青年血压值相当。晨起卧床时血压较稳定，若安静血压比平时上升20%左右且持续2天以上，可视为机能下降或过度疲劳的表现。训练中血压的变化与运动强度有关，大强度训练后收缩压上升和舒张压下降明显，且恢复较快，表明身体机能良好。训练后收缩压明显上升、舒张压亦上升，或血压反应与强度刺激不一致、恢复时间延长等，都说明机能状况不佳。

联合机能实验是运动实践中评价运动员心血管功能的常用方法。总体负荷由三部分组成：30s内20次深蹲，然后连续测试脉搏和血压3min；15s原地快跑，然后连续测试脉搏和血压4min；3min原地慢跑，然后连续测试脉搏和血压5min。一般正常反应是脉搏和收缩压适当增高，在负荷后1min达到高峰，舒张压变化不大，而且恢复较快。

（三）心电图监测及其在运动实践中的应用

用引导电极置于肢体或躯体的一定部位记录出来的心脏电变化曲线称为心电图。综合国内外对运动员心电图的研究，其主要可分为以下几种变化。

1. 电压增高

表现为QRS波高电压，在运动员中较为常见，可以诊断为左室高电压。但要诊断左心室肥厚，除电压增高外，还应综合参考心电轴左偏、QRS波时间延长、ST-T段改变等心电图变化。

2. 激动起源异常

运动员中常见窦性心动过速或过缓。长期体育运动使心脏功能得到改善，迷走神经功能增强，心率减慢。运动员中窦性心率不齐占 30%～78%。

3. 激动传导异常

运动员会出现不完全性或完全性右束支传导阻滞，另有Ⅰ度或Ⅱ度房室传导阻滞。运动员中常可见到非特异性 T 波，若出现平坦、双向或倒置的 T 波，可能与过度紧张或过度训练有关。

三、呼吸系统测试指标

呼吸机能是保证机体在新陈代谢过程中实现气体交换的重要条件，呼吸机能的好坏严重影响人体的能量代谢系统，并影响人体的运动能力。呼吸系统测试指标主要包括肺活量、连续肺活量、时间肺活量和最大通气量，具体见本书第五章。

四、能量代谢系统测试指标

运动能力是运动员竞技能力的重要组成部分，是身体各种机能活动的综合体现。物质代谢和能量代谢是人体各种器官机能活动的基础。应用物质代谢和能量代谢的规律来掌握运动员的机能水平，把握恢复规律，指导其训练，可以有效促进其运动能力提高，是训练科学化的标志之一。有氧、无氧代谢是能量代谢的基本过程，可细分为三大供能系统，即磷酸原供能系统、糖酵解供能系统和有氧代谢供能系统。不同专项运动的能量代谢类型和供能比例都不相同，因此对三个供能系统的准确评定，将为运动员选材和训练效果的客观评估提供重要的参考依据。

（一）有氧代谢能力的评定

1. 最大摄氧量（$\dot{V}O_{2max}$）的测定

最大摄氧量是在心肺功能和全身各器官、系统充分动员的条件下，在单位时间内机体吸入和利用的氧量，它的意义在于反映人体最大有氧代谢能力，反映心肺功能氧的转运能力（包括心排量、血红蛋白、毛细血管密度）和肌肉对氧的吸收、利用能力（包括线粒体多少、酶活性等）。测试方法包括最大摄氧量直接测定法、间接测定法和最大摄氧量平台的测定等。

最大摄氧量可以作为评定运动能力变化的指标，因为运动员在不同训练阶段和训练状态时最大摄氧量有所不同，尤其是耐力运动项目更为明显；可以作为选材的生理指标；可以反映运动员在不同训练状态时心肺功能的变化，当运动员由于过度训练等原因引起心肺功能下降时，在运动负荷量未达到极量时，摄氧量已达到"极限"，此时摄氧量的增加主要依靠肺通气量的增加，能量消耗大，氧利用率低，完成负荷时，呼吸频率快而表浅。具体内容见第十三章。

最大摄氧量平台持续时间（$\dot{V}O_{2max}$ plateau duration，$\dot{V}O_{2max}$ PD）是指在测试 $\dot{V}O_{2max}$ 时，当运动强度持续增加，而 VO_2 水平不再增加时，VO_2 在最高水平维持的时间，与耐力项目的运动能力密切相关。通常把渐增负荷过程中达到 $\dot{V}O_{2max}$ 所需的最低运动强度看作一种阈值，称为最大有氧阈或者最大摄氧量临界强度。多数耐力项目运动员此时的心率在 180～

185次/分钟，在此强度上进行训练，一方面可以充分体现心肺功能和组织氧化能力；另一方面又不至于使无氧代谢过多地参与而使体内代谢发生过于剧烈的变化，使疲劳过早出现，从而可以延长平台持续时间而增强有氧代谢能力。

2. 无氧阈

无氧阈（anaerobic threshold，AT）是指人体在递增工作强度时，由有氧代谢供能为主开始转换成无氧代谢供能为主的临界点（拐点）。当拐点出现时，血乳酸含量达到4mmol/L，将此血乳酸浓度定义为乳酸阈，乳酸阈所对应的运动强度为乳酸阈强度。

在乳酸阈强度，心率、肺通气等与代谢有关的指标也会出现拐点现象，肌纤维募集方式也会出现改变。因此，在实践中除了可直接测定血乳酸来评定无氧阈外，也可通过测定通气量、心率等指标评定无氧阈，肌电图测试也可以判断无氧阈，分别称为乳酸无氧阈、通气无氧阈、心率无氧阈和肌电无氧阈。以不同方法测试的无氧阈可能有一定的差异。

无氧阈对耐力的评定、训练强度控制方面都有重要的实用价值。最大摄氧量虽然是评定耐力的可靠指标，但随着运动员耐力不断提高，运动成绩不断被刷新，运动员的最大摄氧量的提高幅度很小。运动员耐力提高不但取决于心血管系统的改善，还和骨骼肌氧化代谢能力的提高有关，即在长时间持续运动中，运动员在血乳酸没有明显堆积之前能够达到较高的摄氧能力，说明其有氧代谢水平较高。

目前无氧阈可以用于评定运动员运动能力和评价训练效果。当无氧阈负荷增大时，运动员运动能力强，反之则差。也可根据运动员的无氧阈安排运动训练强度。

3. 运动经济性

运动经济性（running economy，RE），是指在次最大摄氧量强度下给定速度所消耗的能量，其意义是在给定速度下，消耗的能量越少，运动经济性越高，它是反映整体效率的良好指标。具体见第十三章。

4. 最大乳酸稳态

最大乳酸稳态（maximum steady state of lactate，MLSS）代表在固定负荷做功中，血乳酸浓度达到平稳状态，即达到稳态乳酸浓度的上限（一般为3mmol/L）。稳态测试用于评定氧转运系统的适应性和专项耐力运动的能力，而不是调查运动员的最大有氧运动能力。由于这一有氧能力的测试方法无须机体达到力竭程度，它将成为监测耐力训练效果和评定机能的主要手段之一。具体方法为：运动员在训练前后接受亚极量稳态实验，训练后稳态实验时血乳酸和心率明显下降，表示运动员有氧代谢能力改善。

（二）磷酸原代谢能力的评定

测定磷酸原代谢能力，一般是通过10~15s的最大能力持续运动实验来完成的。基本评价标准是：无氧输出功率越高，血乳酸上升越少，磷酸原能力越强。包括磷酸原能商法、玛加利亚-卡拉门台阶实验、Quebec10s无氧功实验和10s最大负荷测试法等。主要反映速度爆发力项目的运动机能。

（三）糖酵解代谢能力测定

测定糖酵解代谢能力，一般是通过30~90s的最大能力持续运动实验来完成的。基本评价标准是做功的量越大，运动前后血乳酸的增值越大，是糖酵解代谢供能能力强的标志。包括 Wingate 无氧功率试验、Quebec90s 实验、60s 最大负荷测试和无氧功跑台测试等。主要反映速度耐力项目的运动机能。

五、神经系统及感觉机能测试指标

神经系统是人体功能的主要调节系统。在神经系统直接或间接的调节和控制下，人体各器官、系统的功能才能相互配合、相互制约，维持人体整体水平的协调统一，并适应身体内外环境的变化，保证生命活动的正常进行。感觉是感受器和感受器官接受外界刺激后通过神经冲动传到大脑皮质，并经过大脑皮质精确分析和综合后形成的。在体育运动实践中，各种运动技能的形成，以及每个动作的完成，都依赖于对内外环境变化的感受和各种感受器的相互作用。

研究表明，过度的运动训练会造成中枢神经系统抑制，出现运动疲劳，直接表现为大脑皮质持续有节律的变化（自发脑电活动）出现异常，通过大脑皮质完成的一些感觉机能下降等。因此，在运动训练实践中，常用脑电图和一些感觉机能指标从整体的角度来评定运动员中枢神经系统的疲劳与恢复情况，如两点辨别阈、闪光融合频率、主观体力感觉等级值等。具体见第十五章。

六、身体形态学指标的测定

（一）体重测试

体重在一定程度上能够反映人体骨骼、肌肉、皮下脂肪及内脏器官增长的综合状况和身体发育的充实度。一般来讲，体重与横断面积的发育成正比，与肌肉量成正比。影响体重的因素主要有遗传因素、生活环境和营养状况、体育锻炼等。如果运动员体重呈进行性下降，则有可能是出现了过度训练或者是患有某种疾病。一般来说，参加全年训练的运动员体重是相对稳定的，或只有轻微的波动。在一次训练课中，由于出汗及体内能量物质的消耗，体重也可能减轻 0.5~1.5kg，但一般次日清晨就能恢复。

（二）身体成分测试

人体重量由脂肪重量和去脂体重组成，对人体脂肪重量及体脂百分比的测试可以反映人体的营养状况，身体成分测试对人体的生长发育和健康状况具有重要的意义。由于实验技术的飞速发展，体成分测定的研究手段较为丰富，目前常用的有水下称重法、皮褶厚度测量法、生物电阻抗法、体重指数法、超声测定法、核磁共振测定法、双光子 X 射线扫描法、血氧稀释法及呼吸商测定法等。各种测试方法都有自己的优点和缺点，在具体应用中应根据实际情况进行选择。

（三）其他形态指标测试

身高、坐高、胸围、腰围、臀围和各部位肌肉围度等其他形态指标的测量，可以反映身体形态和生长发育状况，对运动员和普通大众身体机能的评定具有重要意义。

七、其他机能评定指标

在机能评定中还常通过专门仪器测试运动医学和运动生物化学方面的指标，如血乳酸、尿蛋白、血红蛋白、血尿素、睾酮等相关激素水平及与代谢有关的酶类活性。此外，尚有心理方面的指标，如注意分配实验等，与生理学指标共同对被试者做出较全面的机能评定。

第二节 身体机能的综合评定

一、运动训练对身体机能的影响

长期系统的运动训练对人体各器官、系统的形态、结构和机能水平都会产生影响，从而形成独特的运动员形态和机能特征。如果用临床医学的诊断标准来评价运动所引起的身体形态和机能变化，会得出许多不利于运动员的诊断结论，如将因运动所引起的心脏结构和机能变化称为运动员心脏综合征。而运动员形态和机能的变化是机体对运动负荷主动适应的结果，是身体机能水平提高的表现，并提出运动员心脏、运动员血液、肌肉功能性肥大、运动性心动徐缓等针对运动员生物学特征的专业术语。由于长期系统训练所形成的运动员生物学特征可表现在安静状态、运动过程中和运动后的恢复期，并因其运动项目特点而表现出不同的特征。

（一）安静状态下运动员的生物学特征

1. 运动系统

运动训练对骨骼的影响主要表现在骨密度（BMD）的变化。不同的运动项目由于对骨的刺激作用不同，骨密度亦表现不同的变化特点。力量性运动项目，如举重运动员的骨密度最高，其身体各部位的骨密度绝对值都高于其他项目运动员和普通人；而耐力性运动项目的骨密度最低，有研究表明甚至低于正常人。究其原因，为过量运动使女子运动员血中雌激素水平和男运动员血中雄激素水平降低，使骨代谢过程中骨的吸收大于骨的形成，从而使骨密度降低。此外，运动员不同身体部位的骨密度亦有所不同。网球运动员持拍手的骨密度高于非持拍手，足球运动员股骨近端骨密度远高于身体其他部位。

运动对骨骼肌的影响主要表现在肌肉的功能性肥大和肌力增加。肌肉功能性肥大的主要机制在于，运动导致肌肉组织的卫星细胞、生长因子和 RNA 等细胞和物质的增加。卫星细胞分布在骨骼肌细胞的肌膜与基膜之间，主要作用是促进肌肉中新细胞核的生成，从而修复损伤肌肉或促进肌肉肥大。生长因子的作用主要是刺激卫星细胞分裂与激活。RNA 的主要作用是加强肌肉收缩蛋白的合成，促进肌肉肥大。实际上，运动对肌肉的影响是通过肌肉的物质消耗、结构损伤、修复和再生等过程，使肌肉在结构和功能等方面出现适应，从而肌肉出现功能性肥大和肌肉力量增加，尤其是在速度和爆发力项目的运动员。

2. 血液循环系统

运动员的血液指标与一般人相比并无明显差异，仅在某些项目如耐力性项目运动员出现红细胞和血红蛋白值有所增加、个别酶活性高于常人的现象，而在心血管形态和机能方面则表现出明显的不同于常人的特点。运动员的心脏表现为功能性肥大，主要是心肌肥厚和心腔扩大。研究表明，力量性运动主要导致心肌的肥厚，心腔扩大较小，甚至有研究提出力量训练导致心脏出现向心性肥大；而耐力性运动主要表现为心腔的扩大，心肌也出现一定程度的肥厚，但肥厚程度远小于力量项目；速度类项目运动员的心脏没有力量和耐力项目运动员变化大。运动性心脏肥大与临床上的冠心病、肺心病、风湿性心脏病等病理性心脏肥大有本质的不同，主要区别在于运动性心脏肥大的同时，心肌收缩性和心脏泵血功能得以提高，每搏输出量明显高于普通人，心力贮备也大大提高，停止运动负荷刺激后其结构和机能具有可恢复性。

在心肌收缩性和心脏泵血功能方面，安静时运动员心脏出现明显的心动徐缓现象，一般都低于正常值下限，但同时，其每搏输出量则明显高于普通人。安静时运动员的每分心输出量与一般人无明显差异，但普通人是以较高的心率和较低的每搏输出量来保证机体供血，而运动员则是以较低的心率和较高的每搏输出量来保证供血，既降低了能量消耗，同时为提高心力贮备提供了可能。

3. 呼吸系统

安静状态运动员的肺活量明显高于普通人，呼吸频率减少，呼吸深度增加，但肺通气量一般并无差异。一般人安静时的呼吸频率为 12~18 次/分钟，呼吸深度约 500mL，而运动员可降至 8~12 次/分钟甚至更少，呼吸深度可达 1000~1500mL。因此，同样的肺通气量，由于运动员的肺泡通气量更大，其通气效率更高。

4. 神经系统

长期系统运动训练对神经系统结构和功能出现适应性改变，如脑神经细胞肥大，神经突触增多，神经元细胞之间的联系更加紧密，神经元放电更有规律。如速度爆发力、球类运动员，脑神经细胞放电频率明显加快，兴奋与抑制转换能力加强，外在表现为比较灵活，反应速度比较快，性格外向；耐力性运动员表现为大脑皮质神经过程的均衡性和稳定性，改善参与运动有关中枢间的协调关系，外在表现为持久性、稳定性，性格也显得内向。

5. 内分泌系统

长期系统训练，运动员内分泌功能会通过自身形态、结构和机能的一系列适应性变化，对抗运动负荷对机体的强烈刺激，如激素调节更加敏感，运动对激素刺激反应减弱或者加强。总之，经过长期系统训练后，不同激素变化的综合结果总是朝着有利于运动和健康的趋势发展。

由此可见，运动员在安静状态下机能系统表现出自身特征，在总体上体现出经济实用的能量节省化现象。

（二）运动时和恢复期运动员的生物学特征

运动员在开始运动时的机能动员较无训练者快，表现在各系统的机能进入工作状态阶段短，极点症状反应较小，能较快地进入稳定状态；参与运动的肌群协调性和节奏感好。呼吸运动的节律和呼吸深度能很快适应运动形式。

在完成定量运动负荷时，运动员更表现出与普通人较大的机能差异。首先，完成同样的负荷，运动员肌肉活动的程度较小，主动肌、协同肌和对抗肌能较好地协同工作，因而肌电放电节律清晰，肌电振幅和积分值较小。而普通人由于动作协调性和熟练性较差，在完成运动时主动肌、协同肌和对抗肌的紧张性增加，表现出肌电放电节律紊乱，肌电振幅和积分值较大。另外，运动员在完成定量负荷时的心肺功能变化亦较小，表现在心率提高幅度和呼吸频率增加较小，但每搏输出量和呼吸深度则增加较多。这表明运动员较一般人有较高的通气和泵血效率。

在完成最大运动负荷时，机体需全力以赴去克服运动阻力，此时运动员表现出远高于普通人的机能水平。一方面，肌肉的最大做功量和做功效率明显高于普通人，能克服更大的运动阻力。另一方面，作为衡量机能水平重要指标的最大摄氧量，普通人只有 2~3L/min，而优秀的耐力运动员可以高达 5L/min 以上，这可保证运动员在高强度运动状态下，能获得较多的氧气供机体代谢所用。在运动时，运动员的心力贮备充分动员，主要表现在心率增快和心输出量增加，心率最高时可达 200 次/分钟以上。优秀运动员最大每搏输出量出现在心率为 140~160 次/分钟时，且能维持此水平到最高心率，因此心输出量可高达 35~45L/min 以上。而普通人最大每搏输出量出现在心率为 120~130 次/分钟时，且当心率超过 150 次/分钟时，每搏输出量明显减少，因而最大心输出量仅能达 20L/min 左右。

运动结束后，运动员的机能恢复比一般人快。研究表明，完成同样的运动负荷，运动员肌肉的收缩能力和心肺功能指标，如心率、心输出量、肺通气量等恢复的绝对值和相对速率都快于一般人，血乳酸消除速率也较一般人更快。

综上可见，长期系统的运动训练使运动员机体形态和机能对运动产生适应性变化。与一般人相比，表现在安静状态机能水平较低，开始运动时机能动员较快，定量运动负荷时机能变化幅度较小，最大运动负荷时机能水平较高及运动后机能恢复较快等。

二、身体机能综合评定的一般步骤

（一）明确机能评定目的及范围

机能评定的范围很广，测试指标内容繁多，在一次评定中要全部测完十分困难。此外，运动员、普通健康人、伤病康复者等不同受试者所测内容各异，测试目的亦不同。运动员机能测试通常为了解最大机能水平，所用运动负荷强度很大，常处于极限或亚极限运动状态；普通健康人机能评定常完成同年龄群体机能测试内容，以了解自身的生理年龄和机能状况；伤病康复者通常了解受伤部位机能恢复情况或病愈后相关机能水平。因此，应根据被测者实际情况予以分别处理。在确定测试范围时，首先要了解被测者的年龄、性别、职业、身体基本状况及测试目的，才能确定其具体的测试项目。

（二）常规健康检查

常规健康检查主要了解被测者基本身体状况、有无运动禁忌证等。健康检查的内容和项目较多，应因人因条件等不同而异。一般应包括下列项目：一般史（既往病史和生活史）、运动史、体表和肌肉骨骼检查、人体测量、各系统和器官检查、心肺机能试验、心电图等。其检查重点是肌肉骨骼系统、心血管系统、神经系统和心理状态。

(三) 机能测试过程

机能测试与评定通常遵循以下步骤完成，其具体测试内容因人而异。

首先，被测者填写基本情况表，主测者询问相关情况。其次，测试受试者安静状态指标，如身高、体重、形态学指标、运动系统指标和其他系统的指标；测试运动状态指标，如一般运动机能水平、最大运动机能水平、康复运动机能水平；测试恢复过程机能指标，如机能恢复速率、绝对恢复值、相对恢复值等。

(四) 评定报告及运动处方和膳食处方

根据所测结果对被测对象身体形态和机能状态做出全面客观的评价，并结合其实际情况提出与身体状况相适应的运动方案和饮食建议，供受试者了解和应用。

三、运动员身体机能评定工作的组织和实施

运动员机能评定是辅助教练员开展科学化训练的重要方法，日益受到广大教练员和运动员的重视。运动员机能评定工作的组织和实施应该紧密联系运动训练实践，为运动训练实践服务。因此，从事运动员机能评定工作的科技工作者必须掌握运动训练学理论和方法，研究所服务运动项目的运动训练学特征和生物学基础，了解运动员遗传特点、生长发育特点和训练特点，把握教练员的训练指导思想、训练规划和具体训练方法。在运动员机能评定工作的组织和实施中，必须重视标准化，加强系统性。

(一) 结合教练员训练周期的安排制订机能评定计划

科研人员在了解项目基本特征、教练员训练思路和优秀运动员机能特点的基础上，对机能评定工作进行统一规划，统筹安排。在集训前或训练阶段开始前，根据教练员的训练周期和比赛安排制订系统的机能评定计划，使教练员和运动员在集训前就知道什么时间、什么地点能够测试什么指标及获得什么信息。

(二) 结合项目和运动员特点进行有层次的机能评定工作

第一层次是进行一些基本机能测试，如晨脉、血压、体重等无损伤且简易的指标。目的是让教练员、运动员自己检测和评价。可以让他们掌握自身情况，培养他们的科研意识，这有助于素质的提高，还可以为收集运动员日常生理方面的情况打下基础。

第二层次是进行系统生理指标测试，如血红蛋白、白细胞、血尿素、血清肌酸激酶（CK）及睾酮等。让各队队医和科研人员参与其中，为运动员建立系统的生理指标数据库，并帮助教练员分析问题；结合运动员的数据库来评判运动员生理机能；掌握运动员健康状况，采取预防措施，预防疾病等。

第三层次是有针对性地开展系统研究，目的是解决训练实践中常遇到的问题。例如，高原训练和月经周期对不同女运动员的影响、训练方法的研究与讨论、赛前调整训练的监控等。

第四层次是进行深入的基础应用研究，目的是提高机能评定的精确性。如肌酸激酶同工酶的研究、贫血各项指标的研究等。

（三）机能评定工作标准化

为提高运动员机能评定工作的准确性和可比性，结合测试各项指标，建立标准测试流程。包括统一规范测试时间、运动员测试前的注意事项、测试方法及具体过程、测试人员、测试仪器、获得数据的方式及建立数据库和提出分析报告格式等都要标准化。

（四）建立重点运动员机能评定档案

运动员流动性很大，为提高运动员机能评定工作的系统性，建立重点运动员机能评定档案，此档案必须随运动员流动，为教练员和科研人员进行机能评定提供全面的参考。

（五）建立运动员机能测试、比赛测试及训练计划数据库

在运动员不同训练、比赛阶段建立不同的数据库，为运动员的训练、比赛提供参考依据。

第三节　适宜运动量的生理学评定

运动效果的生理学评定，主要应着眼于远期效果的评定，但远期效果是日常运动训练效应的积累所产生的质的飞跃。因此，没有经常定期的检查评定和对计划与方案实行反馈调整或再调整，就不能保证获得远期效果。

运动量的安排是否得当是取得运动效果的前提。运动量怎样才算适宜，目前尚无衡量的标准。运动员的身体状况千差万别，个体间或个体在不同机能状态下，对运动量的负担能力不尽相同。评定运动量是否适宜，最好通过多途径、多指标、多学科进行同步测试，再做综合分析，至少应包括以下几方面的材料。

一、生理指标的检查

运动训练对人体机能引起的深刻变化，即使是大运动量也必须在2~3天恢复。要及时掌握恢复情况，为此，一般在早晨起床前后的基础状态下进行各种简易指标的测试（如脉搏、呼吸、血压、体重等），至少每周周末安排一次检查。数日内如有脉搏、血压明显持续上升，或肺活量、体重等明显持续下降，则说明运动量偏大，有疲劳积累的征兆。

了解高级神经活动的变化是评定适宜运动量的又一个方面，可用反应速度和建立分化抑制的准确程度来评定皮质机能的恢复情况。如反应速度不变或加快、分化能力不变或提高、视觉基强度不变或下降，说明皮质机能恢复良好。反之，则说明由于运动量偏大，运动员没有得到良好的恢复，疲劳尚未消除。再如感官的阈限和平衡觉等机能变化，也都能反映疲劳消除的程度。

在有些运动项目中，身体局部负担很大，但整体反应并不明显。其结果往往导致局部疲劳积累，进而可造成局部肌肉出现慢性劳损。为此，可用肌电图研究肌肉活动的潜伏期。即看到刺激信号时肌肉做快速收缩；而当收缩期间看到刺激信号时做快速放松。研究发现，未消除疲劳的肌肉，收缩和放松的潜伏期均延长，尤以后者最为突出。

运动心电图试验是近年来广泛用于判断疲劳程度的重要指标。研究表明，过度疲劳时

心电图发生变化的阳性率达 50%。

此外，诸如肺的最大通气量、尿的成分、气体代谢、体温等指标的变化，也都可以作为观察疲劳消除的依据。

根据上述指标的变化，一般说来，小运动量导致的疲劳，24h 之内即应消除，而大运动量后的恢复一般不宜超过 3 天。

二、运动员的自我感觉及教育学观察

疲劳程度不深时，运动员主观感觉的变化不大，食欲和睡眠也都正常，微感困倦、思睡，缺乏完成训练任务后所出现的安慰感。如在此基础上继续追求大运动量，可能造成疲劳积累，久之，运动员即可产生许多异常感受，如食欲不振、不易入睡、多梦、乏力、易汗、心悸、自信心动摇，以及对体育场地、器材、练习信号产生厌恶感等。这就是不合理的大运动量训练所致的过度疲劳，此种现象易于在自觉性高、意志力强的运动员身上发生。在检查运动员的训练日记时，应予重视，以便做出防患于未然的调整。

在疲劳继续发展的过程中，教师和教练员还可应用教育学指标对运动员进行观察。即运动员在训练过程中是否出现烦躁不安、脸色苍白、眼光无神、表情淡漠、反应迟滞、协调性差、注意力不集中及运动成绩明显下降等。哪怕只有部分现象出现，也都意味着疲劳积累已经达到必须调整运动量的程度了。

◇【思考题】

1. 运动员身体机能的生理学评定包括哪些测试指标？
2. 长期运动训练对运动员身体机能有何影响？
3. 如何对运动员进行综合机能评定？
4. 如何对适宜运动量进行生理学评定？

(北京体育大学　汪　军)

第三篇

运动健身生理学

第十八章 运动与代谢综合征

◇【教学目标】

通过本章内容的学习，掌握代谢综合征概念和运动改善代谢综合征的基本原则与方法；熟悉糖代谢异常、脂代谢异常、心脑血管机能异常及其运动的改善作用；了解代谢综合征产生的原因及机制；树立运动促进健康的观念，养成科学运动预防和改善代谢综合征的健康生活方式。

代谢综合征是目前全球人口健康面临的新问题。运动可有效地改善代谢综合征、糖代谢异常、脂代谢异常和心脑血管机能异常对人体造成的不良影响。

第一节 代谢综合征

代谢综合征是威胁人类健康的一大类疾病的总称。

一、代谢综合征概述

代谢综合征（metabolic syndrome，MS）是指机体的蛋白质、脂肪、碳水化合物等物质发生代谢紊乱，在临床上出现一系列综合征，其特征是一组以非传染性且疾病进程缓慢，以中心性肥胖、高血糖、血脂紊乱和高血压及心脑血管疾病等为主要表现的临床综合征，属于慢性非传染性疾病的重要临床表现。目前 MS 的病因尚未完全明确，研究证实与遗传、免疫和环境等因素均有关系。例如，糖代谢紊乱时出现糖耐量减低导致糖尿病；脂代谢紊乱时出现高脂血症、脂肪肝、肥胖症、高血黏稠度等；蛋白质代谢障碍时出现高尿酸血症（痛风）等，其并发症如高血压及心脑血管疾病等。我国目前习惯采用两个诊断标准。一是有以下两种以上者即为代谢综合征：①腰臀比（WHR）男（女）>0.9（0.85）或身体质量指数（BMI）≥30kg/m^2；②甘油三酯（TG）≥150mg/dL 或高密度脂蛋白胆固醇（HDL-C）男（女）<35mg/dL（45mg/dL）；③血压≥140/90mmHg；④尿白蛋白排除率>20μg/min。二是定义为中心性肥胖，并有以下两种以上者即为代谢综合征：① TG≥150mg/dL；② HDL-C 男（女）<40mg/dL（50mg/dL）；③ 血压≥130/85mmHg。

目前我国成人 MS 的患病率逐年增加并呈现年轻化趋势。与无 MS 的人群比较，MS 患者在 5~10 年患 2 型糖尿病的风险约增加 5 倍，发生心血管疾病风险约增加 1.53 倍。其特点为：①多种代谢紊乱并存，续发诸多慢性非传染性疾病。如肥胖、高血糖、高血压、血脂异常、高血黏稠度、高尿酸、高脂肪肝发生率和高胰岛素血症。多种代谢紊乱是心脑血管病变和糖尿病的病理基础。② 有共同的病理基础。其共同病因是肥胖，尤其是中心性肥胖导致的胰岛素抵抗、高胰岛素血症和无菌性炎症。③ 诱发多种疾病。如高血压、冠心病、脑卒中甚至某些癌症，包括与性激素有关的乳腺癌、子宫内膜癌、前列腺癌，以及消化系统的胰腺癌、肝胆癌、结肠癌等。④ 有共同的预防和治疗措施。防治一种代谢紊乱，有利于其他代谢紊乱的防治。

二、代谢综合征发生机制

代谢综合征发生机制目前尚未完全阐明，一般认为，代谢综合征是遗传、环境和生活方式等因素共同作用的结果，胰岛素抵抗是重要的病理生理环节。

（一）胰岛素抵抗

胰岛素抵抗（insulin resistance，IR）即胰岛素降低血糖的能力下降，其发生的具体原因尚未完全阐明，目前认为与遗传、环境和生活方式等密切相关。能量摄入过多会产生IR，引起脂肪利用或/和贮存障碍，脂肪细胞肥大，内脏脂肪组织聚集和异位分布；IR可使脂肪组织的脂解作用增强，血浆游离脂肪酸（FFA）浓度升高，HDL-C浓度降低，低密度脂蛋白（LDL）浓度升高；循环中高浓度FFA通过抑制细胞对葡萄糖的摄取和利用，使血糖浓度升高，进一步加重IR；另外，IR与炎症密切相关，伴有炎症因子的升高。因此，IR不仅与MS发病有关，也是导致各种心血管病（CVD）危险因素聚集的重要内在因素。

（二）超重与肥胖

超重与肥胖人群常并存IR和2型糖尿病及合并血脂代谢紊乱，伴随IR导致脂蛋白脂酶（lipoprotein lipase，LPL）活性降低，使TG和LDL清除障碍；肥胖与高血压存在相关性，是高血压独立危险因素之一；神经内分泌调节紊乱，交感—肾上腺活性增加，细胞膜协同转运功能发生缺陷，钠—钾泵活性异常等，是肥胖导致高血压的机制。目前研究认为，肥胖基因、脂肪因子和肠道菌群紊乱也是导致肥胖的重要因素。

（三）炎症

炎症介质与炎症细胞的相互作用构成炎症反应。炎症因子，如C反应蛋白（CRP）等不仅与身体质量指数（Body Mass Index，BMI）呈正相关，也与MS的组分如IR、2型糖尿病、肥胖、血脂代谢紊乱及高血压等相关。

超重与肥胖引起的低度系统性炎症反应会导致糖尿病、骨关节炎、肝硬化等多种并发症。在肥胖症患者体内，辅助性T细胞（helper T cells，TH，又称为$CD4^+$细胞，具有协助体液免疫和细胞免疫的功能）的细胞因子分泌偏多，异常多的T细胞会向非淋巴组织浸润（如脂肪组织和动脉壁等），脂肪组织内存在较高的辅助性T细胞和干扰素（IFN-γ）水平。

动物实验表明，高脂喂养的小鼠体内$CD4^+$细胞的促炎症反应显著增加。在饱和脂肪酸的影响下，$CD4^+$细胞通过PI3K p110d-Akt信号通路，使趋化因子受体3（CXCR3）表达水平升高，表现出促炎症反应的特殊表型。这表明，肥胖可导致炎症的发生。

(四) 神经内分泌异常

下丘脑是大脑调节内脏活动的高级中枢，可调节体温、摄食、水盐平衡和内分泌腺活动等。下丘脑神经元异常可导致正常能量平衡负反馈调节紊乱，出现能量失衡，继而引发机体代谢紊乱，促使肥胖症和2型糖尿病的发生发展。

(五) 遗传及其他因素

代谢综合征是在多基因遗传基础上发生的多种代谢异常。遗传因素在其发病中起着重要作用。诸多研究表明，代谢综合征与老龄、膳食和长时间静坐等因素相关。代谢综合征发病诱因和临床特征及诱发疾病如图18-1所示。

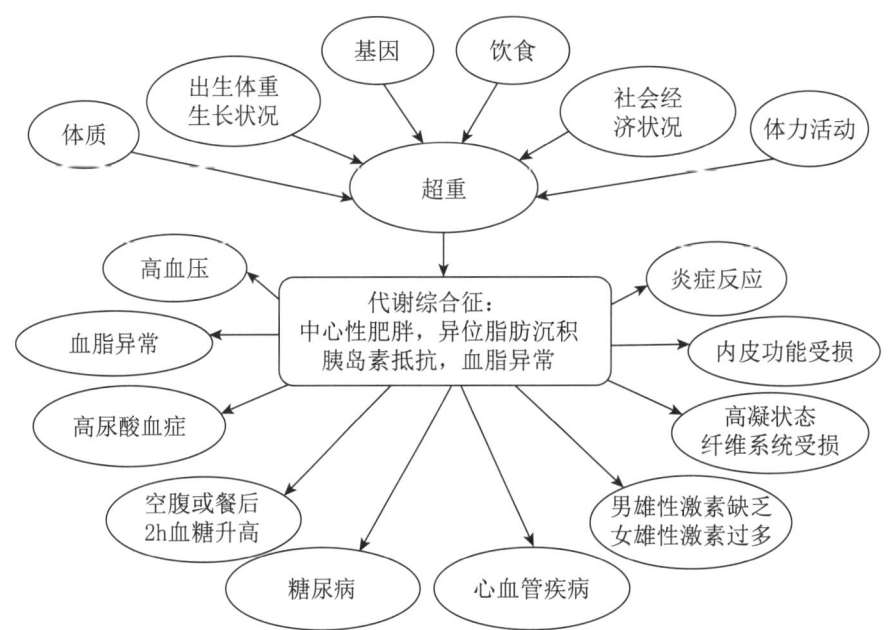

图 18-1　代谢综合征发病诱因和临床特征及诱发疾病

三、运动改善代谢综合征的基本原则与方法

由于代谢综合征中的各组分均为心血管病的危险因素，其联合作用危险更高，被认为是"死亡四重奏"（中心性肥胖、高甘油三酯血症、高血糖和高血压）。生活方式和运动干预均应围绕降低各组分危险因素为目的，包括控制体重、血糖和血压，减轻胰岛素抵抗，改善脂代谢紊乱。运动锻炼和饮食干预对机体代谢产生很大影响，两者有协同改善代谢紊乱的良好作用，美国糖尿病学会（American Diabetes Association，ADA）第56届年会提出，运动锻炼是目前可供医治MS的"最佳药物"，在预防和控制2型糖尿病和心血管疾病的发生发展中具有良好效果。

(一) 基本原则

1. 坚持治疗原发性疾病

凡发现患有高血压、高脂血症、高尿酸血症、糖尿病、肥胖症等，均应尽早在正规医院坚持系统治疗。如出现胰岛素抵抗,应采用胰岛素增敏剂等药物治疗。积极预防和及时治疗代谢综合征并发症。如遇突发性患者应采取紧急措施护送医院进行抢救。

2. 注重预防和康复

MS 疾病前期和医学救治的康复期宜采用运动、营养和生活方式等综合干预,进行预防和康复。

(二) 基本方法

1. 减轻体重

主要通过饮食和生活方式干预,包括运动锻炼和必要的药物治疗。研究表明,肥胖患者体重长期降至正常状态的可能性较小,减肥目标是至少保持体重持久降低 5%~15%。遵医嘱合理用药,减轻胰岛素抵抗,通过抑制胃肠道胰脂肪酶,减少脂肪吸收,控制摄食,减轻体重。

2. 饮食调节

减少脂肪摄入,控制总热量。对于 $25kg/m^2 \leqslant BMI \leqslant 30kg/m^2$ 人群,给予 1200 千卡/天(5021 千焦)低热量饮食,使体重控制在合适范围。

3. 运动锻炼

每日进行轻至中等强度体力活动至少 30 min。一般来说,耐力运动和力量练习均可防治代谢综合征的发生发展。如持续和间歇有氧运动、抗阻力练习等方式,可以降低体重,减轻机体脂肪含量,特别是内脏脂肪含量,促进糖、脂分解与合成代谢,缓解高血压,降低心脑血管疾病风险。

4. 养成规律的生活习惯

合理安排作息时间,劳逸结合,避免熬夜,提高工作效率,减轻心理压力,养成早睡早起的好习惯。注重科学饮食,维护肠道菌群健康,少吃油炸辛辣食物,多吃蔬菜水果、五谷杂粮和富含膳食纤维的食物,促进胃肠蠕动,对预防 MS 至关重要。

另外,运动前的医学体检不可忽视,目的是排除机体器官相关疾病并发症的运动禁忌,降低运动风险和意外。根据患者体重和机体各器官并发症,选择合适的运动方式、运动量和运动强度。

第二节 运动与糖代谢异常

糖代谢异常可引发糖尿病及其诸多并发症。

一、糖代谢异常概述

糖代谢异常是指与正常血糖浓度(空腹:3.9~6.1mmol/L,餐后 2h:3.9~7.8mmol/L)比较,由遗传、环境或疾病等因素作用,机体胰岛素或相关激素/酶的结构、功能及浓度异常导致的血糖浓度调控紊乱。其临床表现为血糖浓度过高或过低,引起机体组织、器官发生病理性变化，导致多种糖代谢紊乱等相关疾病。

中国是全球糖尿病第一大国，如果不加干预，预测我国2040年糖尿病患者数量将上升至1.54亿。糖尿病最主要的致死因素是心血管并发症，80%的糖尿病患者合并心脑血管疾病高危风险，全球约50%的2型糖尿病患者死于心血管疾病。72%的2型糖尿病患者合并高血压或血脂紊乱，近60%的患者体重超重或者肥胖，其发生心脏衰竭风险升高2~3倍。中国人群多数血糖控制不达标，仅有39.7%得到良好控制，而血糖、血压、血脂同时控制达标的仅5.6%。因此，糖尿病患者除了重视强效持久降糖外，对血压和体重等危险因素应进行综合管理。

糖代谢异常包括高血糖症、低血糖症和糖代谢先天异常三大类：第一类是高血糖症，包括空腹血糖异常（空腹血糖在6.1~7.0mmol/L，餐后2h血糖<7.8mmol/L）、糖耐量降低（空腹血糖>7mmol/L，餐后2h血糖7.8~11.1mmol/L）和糖尿病（空腹血糖2次测试>7.0mmol/L或餐后血糖2次测试>11.1mmol/L）；第二类是低血糖症（成人空腹血糖浓度<2.8mmol/L或全血葡萄糖浓度<2.5mmol/L，糖尿病患者血糖值≤3.9mmol/L）；第三类是糖代谢先天异常（糖代谢相关酶类发生先天性异常或缺陷，导致某些单糖或糖原在体内贮积并从尿中排出）。

二、糖代谢异常的诱因及发生机制

血糖浓度受多种激素精细调节，包括升血糖激素（如胰高血糖素、肾上腺素、生长激素和糖皮质激素等）和降血糖激素（如胰岛素）。激素调节障碍和其他病理因素可导致糖代谢异常。

（一）高血糖症的诱因及发生机制

1. 胰岛素分泌障碍

胰岛素由胰岛β细胞分泌，一方面促进血糖合成糖原，加速血糖氧化分解并促进血糖转变为脂肪等非糖物质；另一方面又能抑制肝糖原分解和非糖物质转化为葡萄糖。遗传、环境和自身免疫因素可导致胰岛β细胞损伤，导致胰岛素分泌障碍。遗传因素主要为基因突变促发的胰岛β细胞自身免疫性损伤；环境因素包括病毒感染、化学物质损伤和饮食刺激；免疫因素主要是细胞免疫介导或自身抗体形成导致胰岛细胞自身抗体产生，损伤β细胞，或由于炎性因子，如白细胞介素-1（IL-1）、干扰素（IFN）和肿瘤坏死因子（TNF）等产生，诱导胰岛β细胞凋亡，导致胰岛素分泌不足。

2. 胰岛素抵抗

胰岛素作用的靶组织和靶器官（如肝脏、肌肉和脂肪组织）对胰岛素作用的敏感性降低产生胰岛素抵抗，引起高血糖症，而血液中胰岛素水平可正常或高于正常值。发生胰岛素抵抗的原因主要分为受体前缺陷、受体缺陷和受体后缺陷。受体前缺陷指胰岛β细胞分泌的胰岛素生物活性下降，失去对受体的正常生物作用；受体缺陷指细胞膜上胰岛素受体功能下降或者数量减少，胰岛素不能与受体正常结合，使胰岛素不能发挥降低血糖的作用；受体后缺陷指胰岛素与靶细胞受体结合后，胰岛素信号转导障碍，不能发挥下游的生物学效应。

3. 胰高血糖素分泌失调

胰高血糖素由胰岛α细胞分泌，主要作用于肝脏，促进肝糖原分解进入血液，促进脂肪酸和氨基酸等非糖物质转化为葡萄糖,最终使血糖浓度升高。胰高血糖素分泌失调原因包括抑制胰高血糖素分泌功能的受损、胰岛 α 细胞分泌胰高血糖素功能失调、胰高血糖素对 β 细胞的作用异常等。

4. 甲状腺激素异常

不同器官中甲状腺激素过多或缺少可导致糖代谢异常。甲状腺功能亢进症与糖耐量异常,甚至与糖尿病酮症酸中毒有关,而甲状腺功能减退症也会导致外周组织的胰岛素抵抗。

5. 肝源性高血糖

肝脏是稳定血糖的关键器官,可通过神经—激素的作用,改变肝细胞内各种糖代谢途径的酶活性,维持血糖浓度。当肝功能严重受损时,进食糖类或输注葡萄糖液均可发生一过性高血糖甚至糖尿。

6. 高血糖症发生的新机制

目前研究发现,多种因素包括肾损伤和肾回收血糖异常、氧化应激和炎症反应、神经内分泌调节异常、肠道及肠道菌群影响血糖控制激素分泌、妊娠和药物等均可引发高血糖。氧化应激是糖代谢异常发病机制的重要环节。早期血糖升高加重细胞代谢负荷,线粒体产生过量活性氧(ROS),启动炎症反应,引起胰腺 β 细胞的胰岛素分泌异常,以及肌肉和脂肪等组织发生胰岛素抵抗。

研究发现,胰腺 α 细胞的 *Dnmt*1 和 *Arx* 基因敲除 7 周后,α 细胞转化为 β 细胞。这表明,*Dnmt*1 和 *Arx* 基因调控胰腺 α 细胞和 β 细胞的转化。该结果将对 1 型糖尿病治疗带来新药物筛选靶点;肥胖症患者聚集的脂肪细胞在血糖和尿苷水平调节中发挥关键作用。研究发现,尿苷具有糖原积累、蛋白质和脂质的糖基化、细胞外基质合成和异源物质解毒等功能。进食状态下肝脏是尿苷的主要生产者。禁食状态下脂肪细胞是尿苷的主要生产者。脂肪细胞—肝脏—尿苷信号轴调节失衡,是肥胖症诱发糖尿病的新机制(图 18-2)。

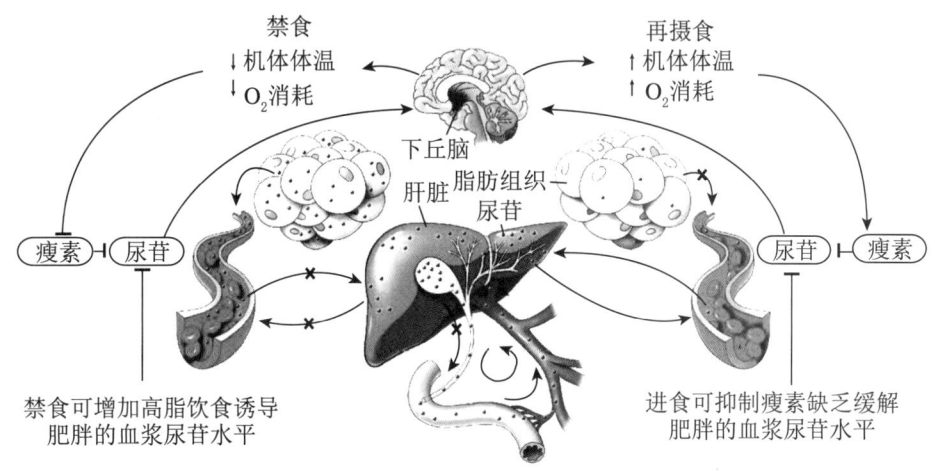

图 18-2 肥胖症通过脂肪细胞—肝脏—尿苷调节失衡诱发糖尿病

(引自:*Science*,2017)

肥胖症过多的白色脂肪组织聚集引发 2 型糖尿病。白色脂肪组织聚集可激活血小板源性生长因子受体 α 阳性细胞的 CD9$^+$ 高表达，引起细胞外基质过度沉积和纤维化等现象，导致白色脂肪的代谢和内分泌紊乱，引发 2 型糖尿病、心血管和肝脏疾病等多种并发症。

（二）低血糖产生原因及发病机制

1. 胰岛源性因素和胰岛素拮抗激素缺乏

由于胰岛 β 细胞功能亢进、α 细胞功能低下导致内源性胰岛素分泌过多，血糖浓度降低，常见的有胰岛素瘤、自身免疫性低血糖等，可导致空腹低血糖症；胰岛素拮抗激素如胰高血糖素、生长激素、皮质醇等缺乏。

2. 肝源性因素

肝癌、糖原积累病等病理变化造成肝脏代谢异常，饥饿时则可出现低血糖症状。

3. 神经内分泌调节异常

神经系统通过调节下丘脑和自主神经系统控制激素分泌，影响血糖来源与去路关键酶的活性。当垂体、肾上腺皮质功能低下时，可引起肾上腺素和胰高血糖素等激素分泌减少，影响关键酶活性，导致血糖降低。

4. 药物和其他因素

药物因素，如注射胰岛素、磺脲类降糖药物、水杨酸和饮酒等可导致低血糖。其他因素，如肿瘤（胃癌等胰外肿瘤）、重症疾病（肝衰竭、心力衰竭、肾衰竭、营养不良等）、饥饿或不能进食均可导致低血糖的发生。

此外，糖类代谢酶先天性缺乏，如遗传性果糖不耐受症等、特发性反应性低血糖症、滋养性低血糖症（包括倾倒综合征）、功能性低血糖症及 2 型糖尿病早期出现的进餐后期低血糖症等均可导致餐后低血糖的发生。

三、运动对糖代谢异常的改善作用

（一）运动显著改善糖代谢异常和 2 型糖尿病表型

1. 适度运动调节 1 型糖尿病患者血糖水平

运动和胰岛素对 1 型糖尿病人的血糖调节具有协同作用。数周连续运动可使糖尿病患者每日加倍摄取糖类食物，而每日胰岛素治疗量不增加甚至减少。采用胰岛素控制的糖尿病患者进行耐力运动时和运动后的血糖显著降低，但运动能否完全有效控制 1 型糖尿病患者的血糖，目前尚不确定。

2. 适度运动和控制饮食有效改善 2 型糖尿病患者表型

体育锻炼程度与 2 型糖尿病发病率呈负相关，有运动训练者比无运动训练者的胰岛素敏感性更强。老年人缺乏运动，可增加糖耐量异常和 2 型糖尿病发病率。每天规律运动可使糖尿病发病风险下降 15%～60%，且运动强度越大，发生糖尿病的相对危险性就越低。抗阻训练较有氧训练更显著增加胰岛素敏感性和糖酵解代谢能力，可纳入糖尿病的运动处方。

3. 适度运动通过降低机体代谢紊乱改善糖代谢异常

运动可改善糖尿病患者的糖化血红蛋白（HbA1c）水平，该效应与饮食和药物治疗效果相当。规律运动锻炼可显著降低 HbA1c、TG、TC 水平，提高 HDL-C 水平并降低 LDL-C 水平。

4. 适度运动通过降低并发症改善糖代谢异常

研究发现，包括运动在内的生活方式干预，可降低心血管事件的发生风险和视网膜病变的发病率，降低死亡率。每周 3 次太极拳运动可改善血糖水平，每周 4h 快走可显著延缓糖尿病引起的运动和感觉神经病变，改善运动感知功能。抗阻力训练可显著改善糖尿病肾病患者骨骼肌力量和生活质量。

（二）运动改善糖代谢异常的可能机制

目前认为，运动通过改善胰岛素敏感性、增强骨骼肌功能、降低发病因素、降低代谢紊乱和不良心理状态等途径，改善糖代谢异常。

1. 运动通过增强胰岛素分泌功能及组织对胰岛素的敏感性，改善糖代谢异常

动物实验表明，运动训练可增强糖尿病大鼠胰岛 β 细胞分泌胰岛素的功能，改善糖代谢紊乱。运动训练时，肌肉等组织在血浆胰岛素较低的条件下对葡萄糖进行摄取，可使机体外周组织对胰岛素的敏感性增强。主要是通过运动激活肌细胞内转运蛋白 GLUT-4 转运通路，提高葡萄糖摄取能力，改善骨骼肌细胞的胰岛素敏感性。同时，增加机体能量消耗，减少脂质在骨骼肌、胰腺和肝脏细胞中的堆积，减少其毒性作用，增加胰腺细胞分泌胰岛素的能力。

2. 运动通过抑制骨骼肌萎缩，增加其收缩能力，改善糖代谢异常

糖尿病患者骨骼肌发生严重萎缩，代谢能力和收缩功能显著下降。运动可改善糖尿病患者骨骼肌功能，并通过改善骨骼肌的胰岛素敏感性，提高骨骼肌细胞摄取、利用葡萄糖和脂质代谢的能力，诱导线粒体再适应，修复糖代谢异常导致的骨骼肌萎缩。

3. 运动通过加强脂肪和蛋白质代谢，改善糖代谢异常

糖代谢异常可导致机体脂质和蛋白质代谢紊乱。脂肪组织中的 TG 代谢缺陷会导致肝脏 FFA 上升，进而导致高 TG 血症。运动可改善糖尿病引起的脂质和蛋白质代谢紊乱，增加热能消耗，促进儿茶酚胺和肾上腺皮质激素的分泌，抑制胰岛素分泌，提高脂肪酶活性，促进脂肪分解。

胰岛素可刺激细胞蛋白合成、抑制其分解。胰岛素不足或作用下降可导致体内蛋白合成减弱，分解增加，出现负氮平衡。运动可逆转糖尿病患者负氮平衡。中等强度运动可改善老年相关的骨骼肌胰岛素抵抗，恢复胰岛素的骨骼肌细胞蛋白合成代谢效应。

4. 运动通过控制体重，降低肥胖诱导的糖代谢异常

肥胖是糖代谢异常的关键风险因素。超重成人每天进行 45~60min 中等强度运动，可有效提高肥胖患者交感神经活性，增强脂肪组织对儿茶酚胺的脂解作用，增加能量消耗，提高运动后静息代谢率，结合饮食控制，可有效减轻体重，降低血糖水平。消瘦型糖尿病患者，采用药物和运动疗法使病情得到改善后，可增加瘦体重。但也有研究表明，运动降低糖尿病和糖尿病前期的发生风险是独立于体重下降产生的效应。

此外，长期规律运动可增强机体抗氧化酶活性，提升机体抗氧化应激的能力，减低休息和运动后的氧化应激水平，预防和治疗糖代谢异常导致的相关疾病及其并发症，也可通过改善患者心理状态，降低糖尿病的发病因素。

有文献表明，除运动锻炼之外，通过升高过氧化物酶体增殖活化受体γ共激活因子-1α（PGC-1α）乙酰化水平，降低肝脏葡萄糖生成，可达到降血糖、提高胰岛素敏感性和改善葡萄糖平衡的效果。PGC-1α的乙酰化水平受GCN5酶调控，在能量代谢平衡中起到重要作用。PGC-1α能辅助其转录因子肝细胞核因子4α（HNF4α）发挥作用，激活 *Pck*1 和 *G6pc* 等参与糖异生过程的基因。当肝细胞过度表达PGC-1α时，如在空腹或饥饿时，肝脏葡萄糖生成迅速增加。当PGC-1α乙酰化水平升高时，肝脏葡萄糖生成减少。

(三) 糖代谢异常与运动不良反应

虽然运动在糖尿病防治中具有重要地位，但由于糖尿病患者特殊的病理生理特点，其运动锻炼需要专业人员指导和监督。

低血糖事件是运动中糖尿病患者最常见的不良反应。由于糖尿病患者的血糖调节受损，运动时的能量消耗增加及降糖药物等的联合作用，不恰当的运动锻炼会导致低血糖事件的发生。

此外，由于高血糖、糖基化终产物、胰岛素抵抗及机体其他物质代谢异常，导致糖尿病患者在运动中更易出现运动性损伤。过度运动也会给糖尿病患者带来严重不良影响，如引起能量平衡紊乱、酮体大量生成、体重异常下降等不良反应。

第三节　运动与脂代谢异常

脂代谢异常是指脂类物质在体内合成、分解、消化、吸收、转运发生异常，导致机体各组织器官中的脂质过多或过少而影响身体机能的情况。脂代谢异常是一种生理病理过程，包括体内脂肪聚积过多和（或）分布异常、血脂异常。

超重与肥胖主要表现为体内脂肪聚积过多和（或）分布异常，是由于长期的热量摄取超过机体正常消耗，多余热量以脂肪的形式贮存，而导致体内脂肪过多聚积和（或）分布异常的现象。目前全球肥胖发生率逐年升高，我国儿童和成人肥胖人数已居世界前列。超重与肥胖是引发多种常见慢性非传染性疾病的重要危险因素，是世界卫生组织公认的导致死亡的第五大危险因素，如2型糖尿病、高血脂症、心血管疾病等。

血脂异常主要表现为高水平的总胆固醇、低密度脂蛋白胆固醇（LDL-C，"坏胆固醇"）和甘油三酯，以及低水平HDL-C，是肥胖症、2型糖尿病、动脉粥样硬化、脂肪肝、癌症、高血压、心梗和脑梗等诸多疾病的主要危险因素。近30年来，中国人群的血脂水平逐步升高，血脂异常患病率明显增加。久坐和饱和脂肪酸、胆固醇及反式脂肪酸摄入过量等不良生活方式是主要的诱发因素。

规律的身体活动和饮食调节等生活方式干预对防治脂代谢异常及诱发疾病具有积极效应。

一、超重与肥胖概述

世界卫生组织（World Health Organization，WHO）对超重和肥胖的定义是：肥胖是可能导致健康损害的异常或过多的脂肪堆积，而超重是一种由正常体重向肥胖发展的中间状态。身体质量指数（BMI）是目前国际上常用来衡量人体肥胖及健康程度的标准，适用于18~65岁人群，但不适用于孕妇、哺乳期妇女、老人及运动员。

（一）判断超重与肥胖的参考值

WHO通常采用身体质量指数（BMI）和腰臀围比值（WHR）作为肥胖的判断标准（表18-1）。

表18-1 BMI和WHR临界点、体重分级和健康判断标准（WHO）

方法	计算方法	判断标准（成年男性）	判断标准（成年女性）
BMI（kg/m^2）	体重（kg）÷身高（m^2）	≥30kg/m^2	≥30kg/m^2
WHR	腰围（cm）÷臀围（cm）	>0.9	>0.85

BMI临界（kg/m^2）			体重分级	腰围（中国）	健康判断
WHO标准	亚洲	中国			
<18.5	<18.5	<18.5	过轻	—	消瘦
18.5~24.9	18.5~22.9	18.5~23.9	正常	—	健康人
25.0~29.9	23.0~24.9	24.0~27.9	超重	男≥90cm，女≥80cm	健康肥胖人
30.0~34.9	25.0~29.9	≥28.0	肥胖1级	男≥102cm，女≥88cm	非健康肥胖症
35.0~39.9	≥30.0		肥胖2级	—	病态肥胖症
>40.0			肥胖3级	—	重症肥胖症

（二）超重与肥胖的分类

超重与肥胖可按照病因与机制、脂肪分布部位、年龄与性别及体型特征等进行分类。

1. 按照病因分类可分为原发性（单纯性）肥胖和继发性肥胖

原发性（单纯性）肥胖与生活方式密切相关，在遗传的基础上主要是由于活动量减少及饮食结构变化造成能量的摄取远大于消耗，导致多余脂肪在体内贮存。原发性肥胖属于非病理性肥胖，是最常见的一种肥胖，占肥胖人群的95%左右。原发性肥胖又分为体质性肥胖和获得性肥胖两类。体质性肥胖（幼年起病型肥胖）是由于自幼因体内合成代谢超过分解代谢，从而导致脂肪细胞的增生及肥大。获得性肥胖又称营养性肥胖（成年起病型肥胖），这种肥胖多由身体活动减少、饮食热量摄取过多而引起的脂肪细胞的肥大。

继发性肥胖是由于某种原发疾病导致的症状性肥胖，包括脑垂体-肾上腺轴发生病变、内分泌紊乱或代谢障碍及其他疾病、外伤引起的肥胖，约占肥胖人群的5%。

2. 按照脂肪分布部位，肥胖可分为中心型肥胖和周围型肥胖

中心型肥胖或中央型肥胖，即腹型肥胖，脂肪堆积在腹部，由于形如苹果，也称为"苹果"型肥胖。

周围型肥胖的体内脂肪主要积聚在腹部、臀部、大腿等部位，躯体呈现上窄下宽，看起来像鸭梨，又称为"梨"型肥胖，多见于女性，大多从小就胖或青春期开始肥胖。另外，产后发胖、中老年女性肥胖者也多属此类（表18-2）。

表18-2 苹果型和梨型肥胖WHR参考值

体型特征		男性	女性
梨型 腹部以下脂肪囤积在腹部以下 / 苹果型 腹部脂肪多 腰围大 腹部以上	梨型（下身肥胖）	<0.85	<0.85
	正常	0.85~0.95	0.85~0.95
	苹果型（上身肥胖）	>0.95	>0.95
	异常	≥0.9	≥0.9

3. 按照性别和生活方式诱发的肥胖体型

可分为：①上身赘肉型肥胖（男性）；②腰部赘肉型肥胖（男性）；③下身赘肉型肥胖（女性）；④小腹赘肉型肥胖（女性）；⑤下身及小腿赘肉型肥胖（女性）；⑥腹部及背部赘肉型肥胖（男性）六大类（图18-3）。

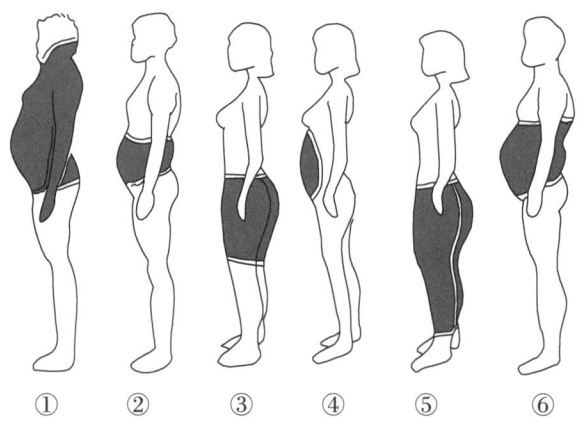

图18-3 性别和生活方式诱发的肥胖体型分类

4. 按照容易发胖的体质类型

可分为中胚层体型、外胚层体型和内胚层体型。

- 中胚层体型（肌肉型）：特征为体态挺拔，骨骼强健，肩部和胸部较为伸展；女性髋部约与肩同宽，男性会更窄。

- 外胚层体型（纤瘦型）：特征为骨架较小，肩膀窄而四肢纤长，少肌肉且肌力较差，不容易长胖，但想增重或变得强壮较困难。
- 内胚层体型（易胖型）：特征为消化系统发达，脂肪沉积丰富，骨架宽大，尤其下半身容易肥胖。

二、超重与肥胖发生的原因

超重与肥胖是由遗传、环境和激素等多因素相互作用引起的代谢综合征，病因复杂，其机制迄今尚未完全阐明，常作为主要致病原因，与 2 型糖尿病、冠心病、高血压、高脂血症等疾病并存，是我国居民的主要致死原因之一。医学界把肥胖引发的糖尿病、高血压、高脂血症、冠心病、脑卒中称为"死亡五重奏"。

超重与肥胖发生的原因

超重与肥胖的特征是进食调控和能量代谢紊乱，发病过程复杂，脂肪代谢调节失常，存在严重的脂代谢紊乱。其主要病因是机体能量代谢失衡导致的功能异常，即热量摄入量超过消耗量，多余热量以脂肪形式贮存于体内，且储存量超出正常生理需要量。诸多原因可导致机体能量代谢失衡，如遗传因素、神经内分泌、代谢因素、环境因素、行为因素和社会因素等，以上因素综合作用是肥胖症发生的主要病理生理学机制。具体详见二维码。

三、运动对超重与肥胖的改善作用

运动不足是导致机体热量失衡和超重与肥胖的主要原因之一。因此，超重与肥胖的预防和改善需要在控制饮食、纠正不良生活方式、必要的药物治疗等基础上，坚持运动进行预防和改善。目前，以个人行为治疗为主导，坚持采用饮食控制结合适量运动是公认的防治超重与肥胖的最佳方案。适量运动通过增加机体能量消耗、适度降低食欲、提高静息代谢率、抑制脂肪生成等途径减少脂肪积累，起到改善肥胖症的作用。

（一）运动可以增加机体能量消耗

适量运动尤其是长时间耐力运动可消耗大量能量，而脂肪是机体氧化供能的主要形式，因此适量耐力运动的效果最明显。运动过程中机体内脂肪的利用主要受脂肪水解、动员、脂肪酸运输、骨骼肌对血浆游离脂肪酸的摄取等因素影响。适量耐力运动不仅可以加强脂肪酸和甘油磷酸的氧化，也可抑制脂肪酸和甘油三酯的合成，从而达到减少体脂、控制肥胖、改善肥胖症的目的。

（二）运动可以适度降低机体食欲

运动对机体食欲的影响较为复杂。在食欲方面，运动对体脂百分率和体脂分布不同的人群效果相同，尤其对于代谢紊乱的肥胖症患者来说，适量运动可以抑制食欲。正常状态下随着运动量的增加，机体为了保持能量平衡促使食欲和摄食量增加，弥补运动导致的能量消耗。但运动量与食欲及摄食量二者并非按比例增加，当运动量增加至一定程度时，机体能量消耗过多会导致运动性疲劳，降低食欲，有利于减少肥胖症患者的热量摄入量。

(三) 运动可以增加机体基础代谢率

单纯依靠减少能量摄入控制体重，会因为基础代谢率（basal metabolic rate，BMR）降低而抵消。由于 BMR 与机体瘦体重呈正相关，适量运动在增加机体瘦体重前提下，增加 BMR，防止因能量摄入减少导致能量代谢降低。因此，控制饮食和适量运动相结合对肥胖症患者起到显著改善作用。

(四) 运动可以抑制机体脂肪生成

适量运动下调脂肪酸合成酶（fatty acid synthase，FAS）基因表达，减少或抑制脂肪合成。高脂饮食导致脂肪生成加强，运动干预可有效减少脂肪生成。运动通过降低血浆胰岛素水平和减少 FAS 促发因子的表达，下调 FAS 基因表达，抑制机体脂肪生成，有效改善肥胖症患者的体脂率。

四、运动与血脂代谢异常

血脂代谢异常是指血浆中脂质的量和质的异常变化，由于脂质不溶或微溶于水，在血浆中必须与蛋白质结合。因此，血脂异常表现为脂蛋白异常血症，可作为代谢综合征的组分之一，以高密度脂蛋白（HDL）异常降低，低密度脂蛋白（LDL）、胆固醇（TC）和甘油三酯（TG）异常升高为主要表现的临床综合征，即通常所说的高脂血症或高血脂。以低密度脂蛋白胆固醇（LDL-C）或 TC 升高为特点的血脂异常，是动脉粥样硬化性心血管疾病（ASCVD）的重要危险因素。降低 LDL-C 水平，可显著减少 ASCVD 的发病及死亡风险。改变饮食、积极运动和控制体重是控制血脂代谢异常的基本方法。依据 ASCVD 发病的危险程度，采取不同强度的运动干预是血脂异常防治的核心策略。

(一) 血脂代谢异常的分类

根据血脂代谢异常的表型、临床检测和病因对血脂代谢异常进行分类，具体如下。

1. 按照表型将高脂蛋白血症分类

可分为六种类型（Ⅰ、Ⅱa、Ⅱb、Ⅲ、Ⅳ、Ⅴ型，表18-3）。高脂蛋白血症分型是描述脂蛋白异常的表现方法，不代表特定疾病，分型有助于临床治疗对策的选择。

表 18-3 高脂蛋白血症临床分型法（以 Fredrickson 的工作为基础经 WHO 修订）

表型	血浆 4℃ 过夜外观	TC	TG	CM	VLDL	LDL	备注
Ⅰ	奶油样顶层/下层透明	↑→	↑↑↑	↑	↑	↓	易发胰腺炎
Ⅱa	透明	↑↑	→	→	→	↑↑	易发冠心病
Ⅱb	透明	↑↑	↑↑	→	↑	↑	易发冠心病
Ⅲ	奶油上/下层混浊	↑↑	↑↑	↑	↑	↓	易发冠心病
Ⅳ	混浊	↑→	↑↑	→	↑↑	→	易发冠心病
Ⅴ	奶油上/下层混浊	↑	↑↑	↑↑	↑	↑→	易发胰腺炎

注：↑示浓度升高；→示浓度正常；↓示浓度降低。

2. 按临床检测分类

可分为高 TC 血症（血清 TC 水平升高）、混合型高脂血症（血清 TC 与 TG 水平均升高）、高 TG 血症（血清 TG 水平升高）、低 HDL-C 血症（血清 HDL-C 水平降低）四类。

3. 按病因分类

可分为原发性血脂代谢异常和继发性血脂代谢异常两类。

（二）血脂代谢异常的标准

关于血脂代谢异常诊断目前国内外尚无统一标准。血脂代谢异常的临床表现主要包括黄色瘤（脂质在真皮内沉积）和动脉粥样硬化及其诱发的冠心病与周围血管病等（脂质在血管内皮沉积）两大类。美国胆固醇教育计划委员会成人治疗组（ATP Ⅲ）制定的高脂血症诊断标准如表 18-4 所示。

表 18-4 高血脂症诊断标准（美国，ATP Ⅲ，2001 年）

指标	血浆总胆固醇（TG）		血浆低密度脂蛋白（LDL）		血浆甘油三酯（TG）	
	mmol/L	mg/dL	mmol/L	mg/dL	mmol/L	mg/dL
理想水平	<5.2	<200	<2.6	<100	<2.3	<150
临界高值	5.2~6.2	200~240	3.4~4.1	130~159	2.3~4.5	200~400
高脂血症	>6.2	>240	>4.2	>160	>4.5	>400
低 HDL-C 血症	<0.9	<40	—	—	—	—

目前国内尚无公认的血脂参考值。多数学者认为，血浆 TC>6.2mmol/L（240mg/dL）为高 TC 血症；血浆 TG >2.0mmol/L（180mg/dL）为高 TG 血症；HDL-C< 0.91mmol/L（35mg/dL）为低 HDL-C 血症。各地由于测试人群不同和测试方法差异，高脂血症诊断标准不一致。

（三）血脂代谢异常的原因

血脂代谢异常产生的原因尚未完全阐明，一般认为与遗传、生活习惯和环境等因素均有关系。目前认为，脂质代谢异常的发生机制是脂蛋白合成增加、脂解作用减少及受体介导的清除障碍导致高脂蛋白血脂。详见二维码。

血脂代谢异常的原因

（四）运动对血脂代谢异常的改善作用

1. 运动可改善血脂代谢异常

改变饮食、积极运动和控制体重是防治高脂血症的基本步骤，且运动疗法是治疗高脂血症的重要手段。适度运动锻炼可增加机体能量消耗，有效改善血浆脂蛋白成分，降低血液 LDL-C 水平。运动预防冠心病主要是通过促进 HDL 介导的胆固醇逆向转运（RCT）。运动通过降低血压、TG、TC、LDL 水平，提高 HDL 水平，特别是 HDL2 亚组分的水平，且与运动强度和频率密切相关。还可能与其他个体因素（性别、年龄、个人生活习惯、营养摄取和遗传等）有关。

长时间低强度至中等强度运动可诱导脂质负平衡，发生良性改变，主要是通过提高脂解酶活性，降低血清 TG 和增加自身合成的 HDL 颗粒；提高卵磷脂—胆固醇酰基转移酶活性，增加 HDL 生成；降低肝脂酶（HL）活性，减缓 HDL 的降解。

2. 运动改善血脂代谢异常的可能机制

研究表明，运动改善血脂代谢异常是通过多途径、多靶点、多环节而产生效应。运动通过增加脂蛋白脂酶（LPL）活性，促进运动中和运动后脂肪分解和脂肪作为能量的利用，以及提高 TG 表面成分向 LDL 转移，增加 LDL 分子量，促进 HDL 形成；运动通过提高肝脏 LDL-R 的表达，促进体内 LDL 清除；运动通过骨骼肌以 FFA 氧化作为主要能量来源，增加 FFA 利用，提高血清 TG 分解代谢，降低血清 TG 水平，升高 HDL-C 水平；运动通过增加体内 FFA 消耗，加速乳糜微粒和极低密度脂蛋白分解；运动通过增加 LPL 活性，使毛细血管内皮 LPL 得到补充，血浆 TG 脂解增加，从而降低 TG 水平；耐力运动可降低高脂膳食后的糖原贮存，加快脂肪氧化，减少脂肪堆积。

第四节　运动与心、脑血管机能异常

心、脑血管机能异常是高血压、冠心病、脑卒中等疾病发生的主要表现，高血压发展缓慢，病因复杂，累及损害的器官多，是威胁人类健康的重大疾病。心脑血管疾病目前是我国致死率最高的疾病，严重威胁人类的健康和寿命，且有年轻化发展的趋势。

一、心、脑血管机能异常概述

心、脑血管机能异常诱发心、脑血管疾病，包括心脏和脑及其血管疾病，一般是指由人体血压、血脂、血糖异常升高及血液黏稠、动脉粥样硬化等症状所引起的心脏、脑及人体各组织器官发生缺血或出血现象的疾病。它是全身性血管病变或系统性血管病变在心脏和脑部的表现，如冠心病、脑卒中等疾病。

截至 2019 年底，我国心、脑血管疾病患者约 3.3 亿，每 10s 就有 1 人死于心、脑血管疾病，是危害人类健康的"头号杀手"。积极探索引起心、脑血管疾病发生发展的危险因素及致病机理，有效预防心、脑血管疾病，已成为健康医学、运动科学及相关交叉学科共同关注的问题。血管机能异常导致高血压病，并累及心脑等重要器官功能的改变，有关血压分类、心脑血管机能异常的特点、诱发因素及诱发的疾病的内容见二维码。

血压水平分类标准与临床表现

二、心、脑血管机能异常的发生机制

心、脑血管机能异常导致的心、脑血管疾病的病理生理过程复杂，其机制尚未完全阐明，存在多种学说。目前，公认的心、脑血管疾病的基本病因是动脉粥样硬化，由此引起的一系列心、脑、肾等的器官损害，并且是全身性的。不同的病因如高血脂、高血压、高血糖（俗称三高）和肥胖症等风险因素单一或联合作用，导致心血管疾病的机制存在差异。其发展步骤为：高脂血症→血管壁增厚硬化→血压

动脉粥样硬化的诱发原因、机制

升高→内皮损伤→动脉狭窄或堵塞→心脑供血不足→心脑血管意外（如冠心病、脑卒中等）。冠心病、脑卒中、高血压、阿尔茨海默病、糖尿病等老年性疾病均存在合并高脂血症，预防高脂血症和动脉粥样硬化对防治心、脑血管疾病具有重大意义。

动脉粥样硬化发病机制的研究曾有多种学说，包括脂质浸润学说、血栓形成学说、平滑肌细胞克隆学说等。近年来，多数学者支持内皮损伤反应学说，认为动脉粥样硬化是动脉内膜损伤产生炎症反应的结果。常见的诱发原因及机制包括糖代谢异常、血管机能异常、Ca^{2+}超载、炎症反应、氧化应激和血管病变等方面。详见二维码。

三、血管机能异常的诱发因素

很多因素与血管机能异常导致的高血压发病有关，主要有遗传、饮食、肥胖、不良生活习惯、年龄、环境和激素等。

（一）血管机能异常的诱发因素

1. 遗传

原发性高血压病是多基因遗传性疾病，具有家族集聚性。双亲高血压患者子代（儿童或少年）血压正常时，其血浆去甲肾上腺素、多巴胺水平也高于正常血压家族人群，发生高血压的比例也高。与无高血压家族史者比较，亲代一方的高血压患者，其子代高血压患病率高于正常血压家族人群的1.5倍，双亲高血压患者则高2~3倍。

2. 饮食与肥胖

饮食不当会直接诱发高血压病，如盐多量摄入、偏食导致钾钙等摄入量不足、脂肪摄入量过多等。肥胖人群高血压患病率比消瘦人群高2~3倍以上。其中男性肥胖患者高出3倍以上，女性则高出6倍。

3. 不良生活习惯

如嗜烟、酗酒、情绪波动和久坐等。吸烟者高血压发病率高于不吸烟者，吸1支烟后收缩压可增加10~25mmHg，每分钟心搏增加5~20次。血压不稳定的非高血压患者（如临界高血压），吸烟后收缩压上升30mmHg，易发生恶性高血压，其危险性增加3倍。少量饮酒虽然对血压无显著作用，但收缩压和舒张压与日饮酒量成正比。经常超量饮酒可导致血压升高。少饮酒或禁酒是预防高血压的有效措施之一。情绪波动如暴怒、忧虑、激动和精神过度紧张可导致血压升高。通过心理疏导和心理监护，可改善高血压临床症状。

4. 年龄、环境和激素

高血压患病率随年龄增加而增加。40岁以后血压有逐渐升高的趋势，且以收缩压升高为特征。因此，40岁以上人群高血压患病率是15~39岁人群的3.4倍。噪声、水质、环境和心理等因素与高血压的发生发展有关。激素如女性长期口服避孕药后血压均有所升高，随服用时间而增加，尤其对35岁以上女性更明显。但口服避孕药引起高血压通常为轻度和可逆的，中断避孕药后的3~6个月可恢复。

（二）血管机能异常的机制

血管机能异常导致的高血压发生机制至今尚未完全阐明，目前主要有交感神经系统活性亢进学说、肾素—血管紧张素—醛固酮系统（RAAS）激活学说、细胞膜离子转运异常学说、肾钠潴留学说、胰岛素抵抗学说和血管内皮功能紊乱学说等。多数学者认为，高血压的发病机制，是多因素、多机制并存，相互联系，互相影响，互为因果，共同参与的复杂过程（图18-4）。可归纳为神经学说、肾源学说和内分泌学说等。详见二维码。

高血压的发病机制

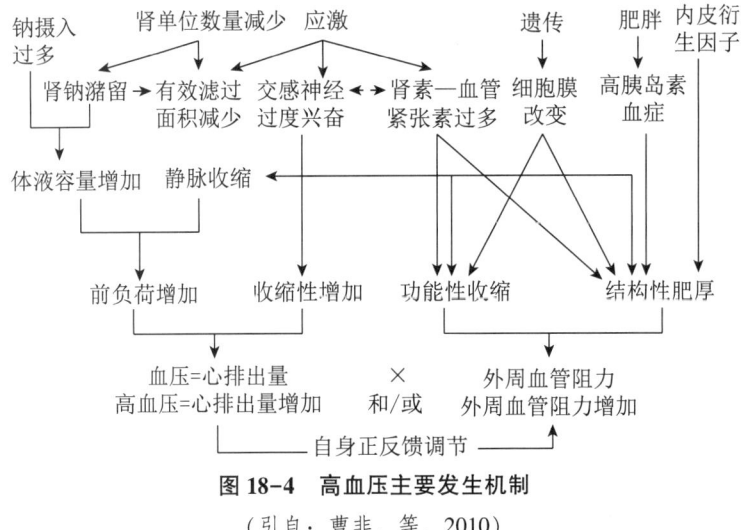

图 18-4　高血压主要发生机制

（引自：曹非，等，2010）

四、运动对心、脑血管机能异常的改善作用及其机制

科学运动可以有效降低心、脑血管疾病发病率和死亡率。通过有效强度的运动刺激，可以降低心、脑血管疾病的危险因素，改善血管内皮功能，稳定冠状动脉斑块，促进侧支循环建立，改善缺血器官功能，提高生活质量。

（一）运动对血管机能异常的改善作用及其机制

服用降血压药物是临床常见的治疗高血压的手段。运动、饮食和规律生活等生活方式干预可有效防治高血压。但运动降低血压机制尚未明了，目前认为可能的机制有以下四个方面。

1. 神经调节机制

运动可抑制交感神经活动，兴奋迷走神经，缓解小动脉痉挛达到降低血压的效果；运动锻炼通过调节大脑皮质及皮质下运动中枢，降低其紧张度，重新调定机体的血压调控水平，使运动后血压平衡在较低水平，使血压降低。

2. 体液调节机制

运动锻炼通过降低血管紧张素Ⅱ（AngⅡ）水平，减轻AngⅡ的升压作用，对预防和降低高血压具有积极作用。

运动降低去甲肾上腺素（NE）水平。NE 是人体内源性儿茶酚胺，可兴奋交感神经，激活交感神经系统，使血压升高。运动锻炼通过一系列体液调节机制减少血浆 NE 水平，使血压降低。

运动刺激血管内皮生成的血管活性物质发生反应性变化。一氧化氮（NO）具有强烈的扩张血管、抑制血小板黏附与聚集等作用，可抑制血压升高。运动锻炼可促进 NO 合成释放，增强一氧化氮合酶（NOS）活性，恢复舒血管作用，使血压下降。内皮素（ET）可与血管平滑肌细胞的受体结合，产生缩血管和促细胞增殖作用。运动锻炼降低血浆 ET-1 水平，减少 ET-1 介导的血管紧张度调节，导致动脉顺应性增加，使血压降低。

运动刺激机体激素分泌水平发生变化。运动通过减少升压激素儿茶酚胺、5-羟色胺水平，提高降压激素多巴胺、前列腺素 E、血浆心钠素水平，促进尿钠排泄，减少血容量，减轻心脏负荷，扩张毛细血管，减少外周阻力，使血压降低。

3. 神经体液调节机制

运动刺激调节反射中枢变化降低血压。运动引起压力感受性反射和化学感受性反射，二者共同作用于心血管系统调节中枢，减弱交感神经兴奋性，加强心迷走神经兴奋性，使心率降低，外周阻力下降，血压降低。

运动激活大脑中枢的脑啡肽系统降低血压。β-内啡肽是由垂体系统分泌，可调节某些与血管活动相关中枢神经系统的神经核团，抑制交感神经兴奋性，增强心迷走神经兴奋性，还可作用于大脑中枢的边缘系统参与情绪反应机制，降低中枢儿茶酚胺的释放。运动通过激活大脑中枢的脑啡肽系统和边缘系统，发挥降压作用。

4. 运动减少高血压相关可控危险因素

运动降低血压应激的反应阈值。运动通过调节人体对应激反应的适应性，提高机体自我调节的适应能力，降低血压应激的反应阈值。

运动降低机体脂代谢紊乱。运动可降低血液 LDL 水平，提高血液 HDL 水平，降低血流阻力，增加血管壁弹性，降低血压，有利于动脉粥样硬化的防治。

运动降低胰岛素抵抗。原发性高血压前期进行长期有氧运动，通过降低阻力血管 G 蛋白偶联受体激酶 2（GRK2）蛋白水平和活性，显著改善血管胰岛素敏感性和胰岛素诱导的 Akt-eNOS 信号通路，降低高血压的发展。

运动改善情绪紧张引起的高血压。长期情绪紧张，如各种负性（消极）精神状态（焦虑、恐惧、愤怒和抑郁等）均可导致血压升高。运动通过中枢和体液等血压调节机制，改善患者情绪，使患者解除身心紧张，改善血压调节异常，减轻心脏负荷。

同时，运动作为一种积极主动、科学合理的治疗方法，几乎无副作用，不仅可以平稳降压，还能减少高血压相关可控危险因素。所以，运动疗法不但可以作为轻中度高血压的主要治疗手段，还可作为各种高血压病治疗的基础疗法，应加以提倡和推广。但对于重度高血压病人，由于运动的短时间血压升高而增加其危险性，所以在血压未得到控制情况下应禁用运动疗法。

(二) 运动对心脏机能异常的改善作用及其机制

1. 运动改善自主神经调控

有氧运动可使迷走神经活动增强、交感神经活动减弱；合理的体育锻炼可能通过提高迷走神经张力，增强自主神经抗炎效应，对心肌具有保护作用，对缺血性心脏病有预防和康复作用，且不同的运动方式作用效果不同。

2. 运动促进缺血组织的血运重建

运动具有明确的血管新生效应，血管新生的来源包括多种途径，如体内干/祖细胞的动员，促血管生长因子及其受体的基因和蛋白表达增加，血管抑制因子及其受体的基因和蛋白表达降低等。各调控因素之间的相互作用决定了血管新生的程度。

3. 运动改善脂质代谢异常，降低氧化应激和脂质过氧化

合理的运动锻炼可以提高血浆脂蛋白酯酶的活性，增加脂肪作为能量的利用，降低血液 LDL 和 TG 水平，提高 HDL 水平。运动可通过提高冠心病患者体内抗氧化能力，降低氧化应激和脂质过氧化水平，缓解冠心病患者心脏的氧化应激损伤。

4. 运动改善心肌的病理性重构，抑制心肌细胞凋亡

合理运动可改善钙离子调节功能和受损心肌的收缩力，改善循环中炎症因子（如 IL-1、IL-6 和 TNF-α 等）的表达。运动促进缺血心肌的线粒体增生，能增强线粒体呼吸酶链复合体 1（COX-1）活性，增加三磷酸腺苷的生成率。长期运动锻炼可以降低血羧甲基赖氨酸复合物（CML）的表达，阻止年龄相关的心肌胶原纤维交联，延缓心肌纤维化。运动可抑制线粒体过度自噬和心肌细胞凋亡，减轻缺血性心脏病的心肌组织病理重塑。

◇【思考题】

1. 解释代谢综合征、超重与肥胖、糖代谢异常、血脂代谢异常、高血压、心血管病。
2. 运动改善代谢综合征的基本原则与方法有哪些？
3. 简述血脂代谢异常的分类与标准。
4. 简述运动对超重与肥胖的改善作用。
5. 简述血压分类和分级标准。
6. 试述血管机能异常的诱发因素和可能机制。
7. 试述运动对心脏机能异常的改善作用及机制。
8. 运动减少高血压相关可控危险因素有哪些？
9. 试述运动对血管机能异常的改善作用及机制。

(陕西师范大学　田振军　宋　伟)

第十九章 儿童少年生长发育与体育运动

◎【教学目标】

通过本章内容的学习，掌握儿童少年各项身体素质发展的敏感期和儿童少年主要身体素质发展特点；熟悉儿童少年运动表现变化趋势、儿童少年对运动的生理应激，以及儿童少年对运动训练的生理适应；了解生长、发育和成熟的概念，儿童少年生长发育的规律，影响儿童少年生长发育的因素；具备儿童少年生长发育的基础知识，提升有针对性地进行身体素质训练的能力。

在生长发育过程中，儿童少年各组织、器官的机能快速增强，体内新陈代谢活跃、旺盛，身体各部分均具有较大的发展潜力和可塑性，因此，需要把握生长发育的关键期和敏感期，遵循身体素质的发展规律，积极鼓励、正面引导、正确指导他们参加体育运动。

第一节 生长发育概述

儿童少年身体素质和运动能力的提高，是以形态、机能的发育作为生物学基础，并受生长发育的规律所支配。生长一般沿着从头到脚和从躯干到四肢的模式进行。按从头到脚模式，生长（尤其在胎儿时期）始于头部，逐渐向下发展至颈部、肩部和躯干。按从躯干到四肢模式，生长始于身体躯干部位，逐渐移向四肢。在人的一生中，在胎儿时期和出生后第一年的生长速度快于其他任何时期。在童年早期，身体以相对一致和稳定的速度生长。在童年中后期，生长相对缓慢，此过程在青春期早期和进入青春期之前相对平静。青春期生长突增是身体生长中性别差异和运动能力变化的标志。在成年早期，身体发育开始逐渐减缓。随着年龄进一步增长，身体比例发生变化，肌肉体积减少，体重增加。

一、生长、发育和成熟

在人体的成长过程中，生长、发育和成熟是最为重要的三个概念。生长是指人体随着年龄的增长，机体内细胞繁殖、增大及细胞间质的增加，表现为组织、器官及身体形态和重量的变化，以及身体化学组成成分改变的过程。发育是指各器官、组织、细胞形态的改变与功能逐渐完善的过程，包括心理、智力持续发展、运动技能不断获得和提高的过程。因此，生长是量的增加，而发育是质的变化。虽然生长和发育有着不同的概念和内涵，但在人体生长发育过程中两者是相互依存的,通常所用的"发育"一词,实际上包括了生长和发育两方面。而成熟则是指生长发育过程达到一个比较完备的阶段,标志着个体发育在形态、生理、心理方面全面达到成人阶段。上述过程主要受遗传因素,以及营养、疾病、季节气候、体育锻炼等因素共同影响,表现出连续发展、阶段发展的特点,在不同阶段均是由量变到质变的完整过程。

二、儿童少年生长发育的规律

根据生长发育的规律,以及形态、生理和心理的特点,通常将 7~17 岁总称为儿童少年时期,将儿童少年时期连同新生儿期和婴儿期共划分为以下六个时期。

儿童少年生长发育规律

新生儿期:出生至 4 周。

婴儿期:出生后 4 周至 1 岁。

儿童早期:1~6 岁。

儿童中期:7~10 岁。

儿童后期(发育期):女性 9~15 岁;男性 12~16 岁。

青少年期:发育期至成年。

在此阶段存在一个关键时期——青春发育期,是由儿童少年时期过渡到成人的一个迅速发育的阶段,以生长突增为青春发育期开始的标志,以性成熟为结束。由于在身体的成熟和生长方面出现许多快速变化,此阶段也被称为青春期生长突增,由此带来的变化主要受遗传因素和激素调控影响。

女性青春期生长突增一般始于 10~13 岁,男性始于 12~15 岁,持续 2~3 年。女性青春期的时间较男性稍短,与男性相比,一般约提前 2 年成熟。个体进入青春期的年龄范围很广,个体差异在总体中表现相当明显。女性生长突增为性成熟的开始,乳房和阴毛首次出现,这一时期发育重点在于通用的成熟标志——月经初潮,即首次月经的时间。月经初潮出现的平均年龄是 12.5 岁,许多女性月经初潮提早至 10 岁出现,而出现较晚的为 15.5 岁。男性成熟指标包括阴毛和胡须、声音的变化,以及生殖器官体积增加。

从婴儿出生到发育至成年人,机体出现了重大的变化。在这段时间内,机体内持续进行着生长发育的过程,然而这个过程并非一个简单的匀速增长的过程,而是一个既连续又分阶段,在很多方面呈现不同步和不均衡性发展的发育过程。可扫描二维码学习相关内容。

三、儿童少年生长发育的影响因素

儿童少年的生长发育存在显著的个体差异,造成这种差异的原因,除了机体自身的遗传因素之外,还受到各种因素的影响,如营养、疾病、体育运动等。

(一)营养

儿童少年处在生长发育的关键阶段,必须由外界吸收足够的各种营养素作为生长发育的物质基础。营养丰富又平衡的膳食能促进生长发育;反之,缺乏营养的膳食不仅会影响发育，而且会导致疾病，影响学习和劳动能力。

（二）疾病

急性疾病对儿童少年的生长发育影响最为明显。严重的慢性病、传染病、流行病和地方病，对儿童少年生长发育的影响很大。目前，近视眼、沙眼、龋齿、结核、缺铁性贫血、维生素 A 缺乏症及蛔虫等疾病，在儿童少年中患病率很高；呆小症、垂体矮小症、风湿病、肝炎、肾炎、慢性扁桃体炎和地方性甲状腺肿，也是影响儿童少年健康成长的常见病。

（三）气候和季节

气温等自然环境条件，对儿童少年的生长发育有一定的影响。生活在热带和温带地区的儿童少年，性成熟期出现较早，身体发育水平略低；而生活在寒冷地区的儿童少年，则性成熟期出现较晚，身体发育水平也略高。同一地区的各个季节对生长发育也有影响，春季身高增长最快，秋季体重增长最快。

（四）社会因素

社会因素对儿童生长发育的影响是综合性的。其中，主要的决定因素是经济发展的情况，以及与之有关的营养、居住、医疗和体育等条件。在同样的经济条件下，子女多的家庭对生长发育的影响很大。环境污染、家庭吸烟环境、食物污染、有害物质及不良习惯也是影响儿童少年生长发育的重要社会因素。

（五）体育运动

体育运动和身体活动是促进身体发育和增强体质的最有利因素。体育锻炼通过调节机体的新陈代谢及神经内分泌系统的作用机制，对人的形态、功能、素质和适应能力起到明显的促进作用，从而增强了人的体质。但是，这需要一个长期的、科学的积累过程，运动不足和运动过量都会阻碍少年儿童的生长发育过程。

第二节　儿童少年运动时的生理应激

人体的各个生理系统在完全成熟时，人体所有系统的生理机能都会逐步提高，达到最高水平后维持一段时间，直到随着年龄继续增加而下降。

一、力量

儿童少年时期随着年龄的增加，骨骼肌机能开始不断增强。女性的力量在 20 岁达到峰值，男性的力量可在 20~30 岁达到峰值。这是儿童青少年在青春期激素的变化下促进了肌肉生长的结果，尤其是男孩的力量增加得更为明显。但由于性成熟前很多运动神经的髓鞘未彻底形成，神经对于骨骼肌的控制十分有限，因此在神经机能完全发育成熟之前，是无法体现出个体最大力量、爆发力及高水平运动技能的。

7~18 岁男性腿部力量变化情况显示（图 19-1）：在 7~18 岁的纵向研究中发现，代表腿部力量的折线在 12 岁时斜率明显增加，意味着力量增加的速度加快，而此时恰好为青春期开始的年龄。这表明，青春期开始时男孩力量迅速地增加。对同样年龄跨度的女性进行类似的研究则未得到上述结果，研究发现，女性的力量增加得更为缓慢，其青春期开始时力量增加的速度也没有出现明显的变化。

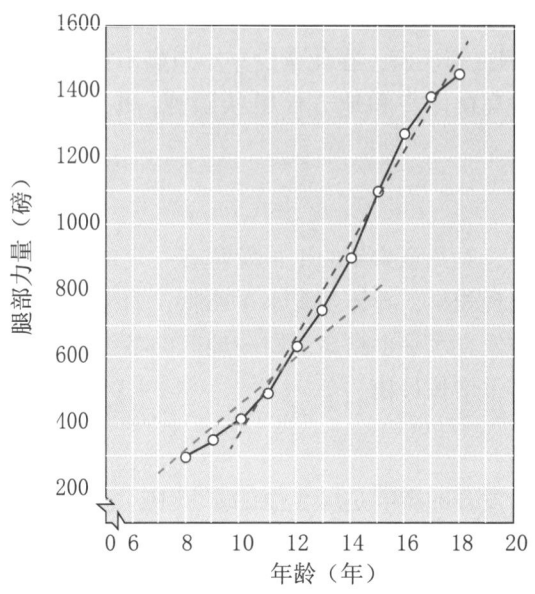

图 19-1　7~18 岁男性腿部力量变化

（引自：王瑞元，汪军. 运动生理学 [M]. 北京：北京体育大学出版社，2011.）

二、心血管和呼吸机能

（一）静息和亚极限运动

在静息状态和亚极限运动状态下，儿童少年的血压在 20 岁之前呈现渐进性升高直至成人水平，在此期间血压在总体上低于成人水平。血压与体型密切相关。身材高大的人血压通常较高，因此儿童少年血压较低的一部分原因是体型较小导致的。另外，由于儿童少年血管的外周阻力较小，在身体活动时集中至骨骼肌的血液多于成年人，这也是造成儿童少年血压低的原因。

心输出量是指每分钟一侧心室射入动脉的血量，等于每搏输出量和心率的乘积。儿童青少年的心脏较小，总血容量低，无论静息状态还是运动状态，其总心输出量都低于成年人。在一定强度的亚极限负荷运动时，由于耗氧量绝对值是相等的，儿童青少年的心脏出现代偿性反应，其心率高于成年人。随着儿童少年年龄的增加，心脏大小和血容量同身材一起增长。因此随着身材增大，每搏输出量增加，心脏输出功率也增加。

然而儿童少年在亚极限状态下，虽然心率较高，但仍无法完全弥补每搏输出量较低的不足。所以，在一定的运动负荷强度运动时，儿童少年的心输出量略低于成年人。亚极限运动时，运动肌群的血流量增加，为了保证足够的摄氧量，儿童少年的动脉—静脉血氧含量差增大，可进一步弥补较低的每搏输出量（图 19-2）。

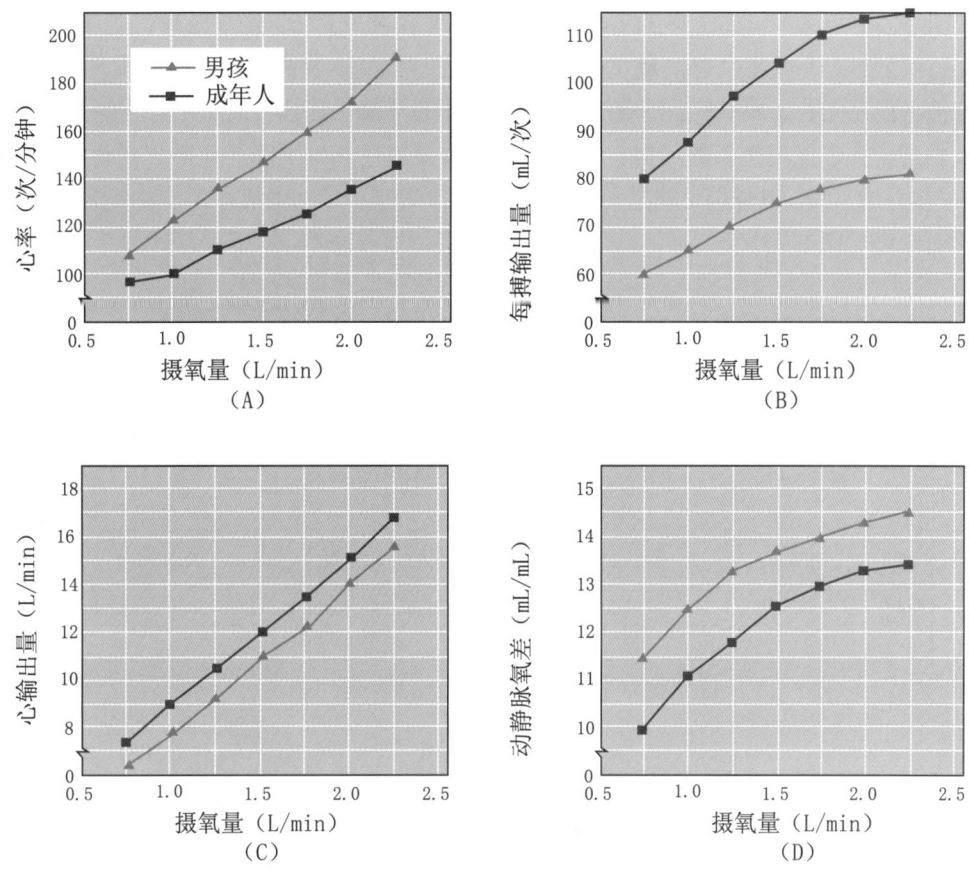

图 19-2　同样摄氧量的情况下 12 岁男孩和成年人的亚极限（A）心率、（B）每搏输出量、（C）心输出量、（D）动静脉氧差

（引自：王瑞元，汪军. 运动生理学［M］. 北京：北京体育大学出版社，2011.）

（二）最大强度运动

儿童少年的最大心率高于成年人的水平，但随着儿童少年年龄的增加呈线性下降趋势。不足 10 岁的儿童的最大心率可超过 220 次/分钟，而 20 岁时的成年人最大心率约为 195 次/分钟。随着年龄的不断增加，横向研究结果表明，最大心率以每年略低于 1 次/分钟的速度下降。纵向研究显示，最大心率每年下降 0.5 次/分钟。

在最大强度运动中，儿童少年同样由于心脏较小和血容量较少，而使每搏输出量受限，单一地增加最大心率并不能完全弥补上述问题。与成年人相比，儿童少年的心输出量较低，氧运输能力不及成年人，这限制了儿童少年在运动负荷较高时的运动能力。但在移动自身体重等相对负荷较高的情况下运动时，儿童少年最大心输出量较低的限制就不那么明显。

三、代谢机能

（一）有氧能力

在不同程度的运动中，心血管和呼吸机能适应性变化的目的是保证骨骼肌运动时氧的供应。儿童少年在生长过程中随着年龄增加心血管和呼吸机能的提高，表明有氧能力（$\dot{V}O_{2max}$）增强。1938 年，鲁滨逊（Robinson）通过对 6~91 岁男性进行研究发现：最大摄氧量的峰值出现在 17~21 岁，然后随着年龄的增长呈线性下降。后续其他研究也证实了上述观点。针对女性的研究也发现类似的趋势，但女性的最大摄氧量开始下降的年龄比男性早，通常在 12~15 岁便开始下降，其原因可能是女性更早地倾向于静坐少动的生活方式。最大摄氧量随年龄的变化而变化（图 19-3）。

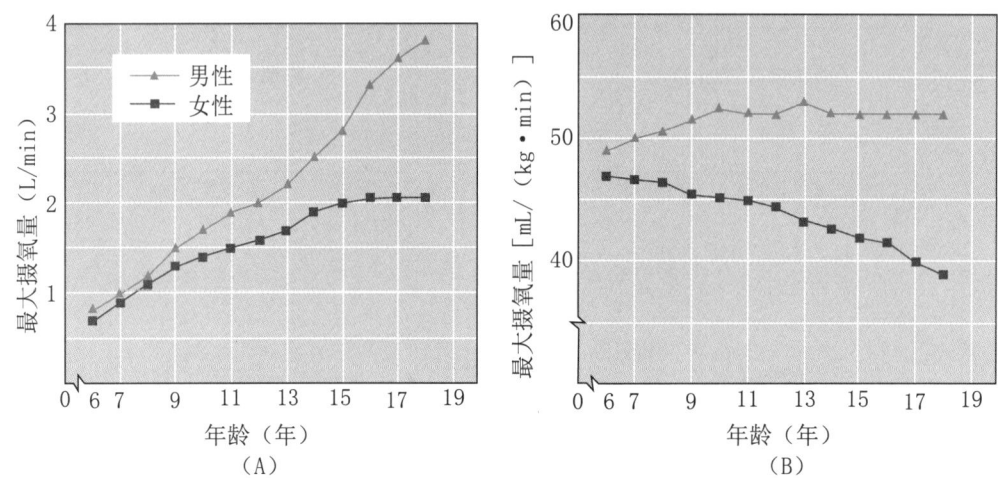

图 19-3 最大摄氧量绝对值和相对值随年龄变化的趋势

（引自：王瑞元，汪军. 运动生理学 [M]. 北京：北京体育大学出版社，2011.）

男孩从 6 岁到成年期最大摄氧量的值几乎没有什么变化。而女孩从 6~13 岁几乎没有变化，但在 13 岁之后，女孩的有氧能力开始逐渐降低。绝对值的变化可能无法准确反映儿童少年生长过程中运动能力的变化，以及循环系统的发育状况，因此多用体重变化反映心脏呼吸机能和代谢系统的变化，即最大摄氧量的相对值。

虽然用相对值表示最大摄氧量有诸多优势，但不应该用体重去衡量身材不一致的儿童少年的最大摄氧量。首先，尽管用相对体重表示的最大摄氧量，随年龄保持稳定或者有所下降，但是耐力运动能力却平稳增加。虽然 14 岁男孩和 5 岁男孩用相对体重表示的最大摄氧量是相似的，但 14 岁男孩的跑速要比 5 岁男孩快 1 倍。其次，随着耐力训练，儿童少年最大摄氧量的增加幅度较成年人小，但儿童少年运动能力提高的幅度却相对较大。因此，对于不同身材的儿童少年来说，最大摄氧量并不是计算有氧能力最适宜的指标。

（二）无氧能力

儿童少年进行无氧运动的能力是有限的。在最大极限运动时，儿童少年肌肉或血液中乳酸浓度都未达到成年人的水平，表明儿童少年的糖酵解能力较低。乳酸水平较低意味着无氧糖酵解过程中重要的限速酶——磷酸果糖激酶的浓度较低。儿童少年的乳酸脱氢酶活性似乎也较低。用最大摄氧量来反映有氧无氧代谢情况时，发现影响儿童少年乳酸阈除上述酶的原因外，还有磷酸原系统供能情况。儿童少年的乳酸阈接近甚至略高于有训练的成年人，而且儿童少年在安静情况下的 ATP-CP 水平与成年人的水平相近，表明儿童少年在

15s 以内的运动项目中是极具竞争力的。因此，在 15~120s 无氧糖酵解供能的运动项目中，儿童少年的能力相对较弱。儿童少年在最大运动或力竭性运动中呼吸商不高，很少达到 1.1，有时候甚至低于 1，但成年人的呼吸商通常达到 1.1，甚至高于 1.15，表明在相同耗氧量的情况下儿童少年体内产生的 CO_2 较少，提示体内乳酸的缓冲较少。

儿童少年在温盖特无氧功率测试中，平均无氧功率值和最大无氧功率值与成年人相比都较低。图 19-4 表明，不同年龄人群进行同样功率测试的结果，发现 9~10 岁组的无氧功率明显低于 14~15 岁组、21 岁组，在此范围内随着年龄增长，无氧功率不断增加。

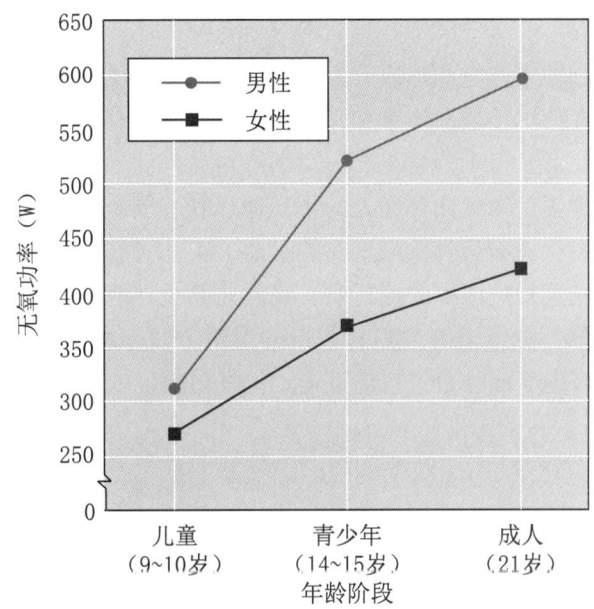

图 19-4　9~10 岁组、14~15 岁组、21 岁组的无氧功率峰值

（引自：王瑞元，汪军. 运动生理学 [M]. 北京：北京体育大学出版社，2011.）

另有学者用成年人后的数据作为标准，总结 9~16 岁不同性别儿童少年有氧、无氧运动能力发育的特征。发现男孩的有氧能力保持稳定，女孩在 12~16 岁出现有氧能力下降。参考成年人的数据后，提出 9~12 岁女孩的有氧能力高于 18 岁女孩。无论是男孩还是女孩，从 9~15 岁，无氧运动能力都在增长。

(三) 运动经济性

儿童少年在生长过程中有氧能力的变化是如何影响运动能力的？由于任何运动都受规律的制约，例如，完成功率自行车运动时，儿童较低的最大摄氧量限制其运动能力，但长跑时体重是运动的主要阻力，儿童的身体条件并不都是劣势，因为按照相对体重判断，其最大摄氧量的相对值已经达到或接近了成人水平。但是儿童少年在跑步经济性方面与成年人具有一定的差别，无法像成年人一样保持跑步的速度。在跑台上按照既定速度进行亚极限跑步时，儿童少年单位体重的耗氧量高于成年人。儿童少年在跑速比成年人慢的时候，就可能达到与成年人相同的相对耗氧量，并且在此时达到乳酸阈，所以无论是否进行训练，最大摄氧量是否提高，提高跑步经济性将提高儿童青少年的长跑能力。有学者提出，儿童少年生长发育过程中步频的增加是提高跑步经济性最重要的因素。

第三节　儿童少年对运动训练的生理适应

儿童少年与成年人在身体机能方面存在差异，需要根据这些差异有针对性地安排儿童少年的训练计划。训练可以提升儿童少年的力量、有氧能力和无氧能力。一般来说，儿童少年能够适应成年人的训练计划，但儿童少年的训练内容应根据年龄及发育因素进一步规划。

一、体成分

儿童少年在训练过程中体重和体成分方面的变化与成年人相似。在抗阻训练和有氧训练中，无论男孩还是女孩均体现出体重和脂肪含量减少、瘦体重增加，与青少年和成人相比，瘦体重增加使得儿童显得十分瘦小。运动训练对骨骼生长具有显著的促进作用，参加运动训练的儿童少年骨生长速度比普通人的生长速度快。有研究认为，青春期前几年骨密度增加、骨膜伸展增大，为增长骨量最重要的时期。

当前肥胖已成为欧美发达国家的流行病，我国儿童少年和成年人的肥胖比例也逐步升高。在生长发育过程中，身体训练过程和积极的生活方式至关重要，这样可以保持合理、健康的体成分，并且可以养成终身进行体育运动的好习惯。

二、力量

多年来，对青春期之前或青春期的儿童少年进行肌肉力量和耐力训练的做法始终备受争议。很多人认为，儿童少年进行负重训练会致使运动损伤，甚至影响生长发育。但有学者推测，青春期之前男孩的雄激素水平较低，抗阻训练可能对肌肉影响较小，甚至没有影响。

动物实验结果表明，大负荷抗阻训练可以使骨骼更加坚硬、结实。但人类可能无法承受施加于动物的负荷，所以并不能证明大负荷抗阻训练对人具有良好的作用。有研究发现，青春期之前或青春期儿童少年进行抗阻训练时，发生运动损伤的风险并不高。相反，抗阻训练可加强关节周围的肌肉力量，还起到预防损伤的保护作用。目前，值得推荐的方法是为儿童少年制定抗阻训练的运动处方，按照运动处方进行训练。诸多针对儿童少年进行抗阻训练的研究发现，抗阻训练中合理的运动强度和运动量，对肌肉力量的提高非常有效。而且，儿童少年力量增加百分比与成年人相似。

影响力量变化的因素包括动作技巧协调性、运动单位的动员程度、神经肌肉适应等。在青春期之前，力量的增加与肌肉体积的变化之间关系不大，为上述因素变化所致。青春期力量的增加主要源于神经适应和肌肉大小、特异紧张状态的增强。在训练计划及运动处方中，7岁以下需要了解并进行负重运动，理解训练阶段的概念，掌握运动技巧，进行基本体操或双人活动，进行轻度的抗阻运动，维持小运动量。8~10岁逐渐增加更多运动项目，进行运动机能训练，逐渐给予运动负荷，保持简单动作，略微增加运动量，监控运动的耐受程度。11~13岁学习全部的基本运动技术，逐渐增加各个项目的负荷，逐步学习更高难度的技术，保持之前的运动负荷，进行青少年适应的抗阻训练，学习并掌握运动项目的特异性，逐渐增加运动量。14~15岁进行青少年适应的抗阻训练，学习并掌握运动项目的特异性，强调运动技术、技巧，逐渐增加运动量。16岁以上掌握全部背景知识、训练经验，尝试进行初步的成年人训练计划，根据个体情况调整运动量。需要强调的是，任何儿童少年进行抗阻训练计划都必须由专业人士进行指导。

三、有氧能力

青春期之前的儿童能否通过有氧训练来促进循环系统机能发展，也是具有争议的内容。早期的研究结果表明，儿童进行运动训练后无法改变其最大摄氧量，但运动能力却显著提高。近期研究发现，青春期之前的儿童训练后有氧能力小幅提高（提高5%~15%），但提高的幅度却不及青少年和成人（15%~25%）。目前尚不清楚是什么原因使得儿童少年在青春期时便出现了最大摄氧量的变化。在此阶段，每搏输出量是有氧运动能力的主要限制因素，有氧能力的增长更依赖于心脏的生长。

四、无氧能力

无氧训练可显著改善儿童少年无氧能力。通过训练，儿童少年安静时磷酸肌酸、三磷酸腺苷和糖原水平增加；磷酸果糖激酶活性提高；最大血乳酸水平提高。通气阈是乳酸阈的非创伤性表示方法，研究发现，10~14岁男孩耐力训练可以提高通气阈。提高儿童少年有氧和无氧能力的训练方案，其训练原则要减少运动伤害和过度训练发生，并使儿童少年保持对运动的兴趣。

第四节　儿童少年主要身体素质发展特点

身体素质是机体各器官和系统功能的综合表现。儿童少年随生长发育而身体素质得到发展，又由于从事体育锻炼和训练而得到提高。在体育教学和训练中，应根据儿童少年身体素质发展的年龄特点，采取科学的训练方法，促进身体素质的发展和运动技术水平的提高。

儿童少年各项素质随年龄增加而增长的现象，称为身体素质的自然增长。在不同年龄段，各项身体素质的增长速度不同，即使在同一年龄阶段，不同的身体素质的发展变化也不一样。在青春发育期，身体素质自然增长的速度快且幅度大；在性成熟期结束时，身体素质增长的速度开始减慢，直到25岁左右身体素质的自然增长即已结束。若不进行训练，身体素质一般不再进一步提高。

一、各项身体素质发展的敏感期

在不同的年龄阶段，各项素质增长的速度不同。把身体素质增长速度快的年龄阶段叫作身体素质增长敏感期。以年增长率的均值加一个标准差作为确定敏感期范围的标准。年增长率大于或等于标准值的年龄阶段为敏感期，小于标准值的为非敏感期。根据发展模型，在5~8岁时主要以发展包括平衡、灵敏、柔韧在内的协调素质为主，随着年龄的增加适当进行反应速度和最大速度练习，在12岁左右才逐步加入无氧耐力、力量耐力、爆发力和最大力量（表19-1）。

表 19-1 身体素质敏感期

年龄（岁）	5~8	8~10	10~12	12~14	14~16	16~18	18~20	20以上
最大力量				+女	++女 +男	+++女 ++男	+++女 +++男	+++女 +++男
爆发力			+女	++女 +男	+++女 ++男	+++女 +++男	+++女 +++男	+++女 +++男
力量耐力				+女	++女 +男	+++女 ++男	+++女 +++男	+++女 +++男
有氧耐力		+女 +男	+女 +男	++女 ++男				
无氧耐力				+女	++女 +男	+++女 ++男	+++女 +++男	+++女 +++男
反应速度		+女 +男	+女 +男	++女 ++男				
最大速度			+女	++女 +男				
协调	++女 ++男	++女 ++男	++女 ++男	+++女 ++男	+++女 +++男	+++女 +++男	+++女 +++男	+++女 +++男

（引自：穆伦堡学院青少年运动员体能发展计划，2018）

注："+"代表需要发展的程度。

二、儿童少年主要身体素质发展特点

（一）力量素质

力量可由等张收缩、等长收缩等多种形式表现并进行测量。对儿童的静力性力量发展测定都采用手握式测力仪，对于身体的其他部分采用电极张力仪来测定。近年来，随着仪器技术和即时性显微技术的发展，可以随时监测在运动中肌肉力量和运动的变化。

力量的主要表现形式包括速度力量、力量耐力、绝对力量、相对力量。通过对绝对力量和相对力量的测试发现，肌肉力量会随着年龄增长并在25~29岁达到高峰，但是在不同性别之间差异很大。身体左右两侧的肌肉力量发展基本都是平衡发展的，优势侧的力量会更大一些。腿部的力量占全部力量的60%左右。在儿童时期，男性和女性的力量随着年龄的增长而增长。在3岁时，男性的力量有略微的增长。在青春期时，男性由于雄激素的原因，在肌肉的力量和重量上都要更高。

当评估男女肌肉差异时，这三个因素应该作为参考：肌肉的横截面、绝对力量和体重（瘦体重）。在不考虑性别因素的情况下，对人类肌肉的横截面分析发现，肌肉每平方厘米的力量为3~4kg，在人体的主要肌肉群上，男性要比女性多30%~50%，两者在躯干和腿部的肌肉差异要小于肩部和手臂。早期研究表明，上述差异主要与青春期后雄激素分泌的增加及体重的增长有关。通过训练可以提高雄激素水平，进而促使肌肉体积增加。成年男性的雄激素含量要比女性和儿童的激素含量高10倍。

肌肉力量在达到峰值（25~29岁）以后开始下降，表现为肌肉重量的降低。随着年龄的增长会减少25%~30%。所以，儿童少年力量素质发展的敏感期主要为女性11~15岁，男性12~16岁。在青春发育期前期，由于肌肉主要是纵向发展，肌肉长度增加，此期如想使肌肉变粗，效果不是很明显；而在中后期肌肉开始横向发育，此时肌纤维逐渐增粗，肌力逐渐增加，及时进行力量训练，效果会比较明显。

儿童少年的速度力量（如立定跳远）自然增长最快时期，男性在7~16岁，女性在7~13岁；男性16岁以后、女性13岁以后趋于稳定。绝对肌力（如背力、握力）的自然增长，男性和女性都是15~17岁增长速度最快。男性和女性都在10~14岁时，相对力量（如握力、背肌力指数）自然增长最快，16~17岁时趋向稳定。力量耐力的自然增长，男性从7~17岁、女性7~13岁前是持续上升的，但女性在15岁后则开始停滞，甚至下降。

总的来说，儿童少年力量素质在自然增长过程中，速度力量增长的百分率最少，说明速度力量更受先天遗传的影响；而绝对力量的变化，除随年龄的增长肌肉体积增加而增大外，更受环境与训练的影响，即后天训练能有更大的提高；相对力量受遗传的影响较大，后天变化较少。

（二）速度素质

速度素质包括反应速度、动作速度和位移速度。目前认为，速度素质发展的敏感期是7~12岁，是提高短跑成绩的黄金时期，抓住这一有利阶段对儿童少年进行科学的教学和训练，对挖掘未来速度的潜力有较大的影响，如果在7~11岁时不予以训练，再提高步频几乎是不可能的。

反应速度（如反应时）作为速度素质的一种，其发展时期也较早，儿童少年8~12岁反应速度大幅提高。国外的神经生理学研究结果认为，人的反应速度是天生的，是一个纯生理过程，这个生理过程主要是由先天遗传决定的，在以后的训练中很难提高，训练只能把获得的遗传因素巩固下来。但是，注意力的集中和对信号反应的动作熟练程度也会影响反应速度，所以后天训练仍是必要的，特别是对注意力的培养及对动作熟练程度的训练，对提高反应速度十分关键。反应速度在9~12岁时提高最为显著，应抓紧这个时期训练反应速度。

动作速度和位移速度不仅具有性别差异，还要依靠后天训练提高。哈尔维森（Halverson）等（1982）研究动作速度发现，儿童少年随着生长发育投掷速度大幅度提高，在9岁时的投掷速度可达3岁时的2倍左右，性别差异也很早就体现出来。在位移速度方面，随着年龄增加、体型改变和肌肉力量增加会提高跑速。埃斯沙德（Espenschade）等（1960）发现，男孩随着年龄的增加，直至17岁时，速度会不断加快，而女孩从13岁开始速度便不再增加，甚至减慢。也有研究提出，13岁或14岁时女孩的跑速没有下降，但确定儿童少年的速度峰值处于17岁。速度的发展与动作频率有着密切的联系。儿童从7岁起步频有较快的自然增长，13岁后下降，故7~13岁是训练动作频率的敏感期，在此阶段可对儿童少年进行提高步频的训练。

（三）耐力素质

耐力素质包括有氧耐力和无氧耐力。目前认为，有氧耐力发展的敏感期，男性为10~17岁，女性为9~14岁及16~17岁。如果是以提高心肺功能和整体健康为目的的有氧练习，其强度较小，可以较早进行，特别在青春期给予着重发展。因为只有增强内脏器官的功能，才能提高身体健康水平。如果是以提高耐力专项能力为目的的大强度训练必须相对较晚，通常为16～17岁。

最大摄氧量是评价有氧耐力的重要指标。在儿童时期最大摄氧量是随着年龄增长而增长的。在12岁前，男性和女性的最大摄氧量基本相同，男性的最大摄氧量在18岁时达到峰值，女性14岁之后的最大摄氧量变化很小。男性最大摄氧量与其雄激素水平的增长有着显著的相关性。男性和女性通过训练可以提高有氧能力的5%～20%。最大摄氧量与体重、遗传等因素之间有很强的相关性。

无氧工作能力在儿童时期与年龄的增长关系不大，与体重也没有明显相关性。在1min或更短的无氧工作能力测试中，儿童的得分要比青少年和成年人低。由于无氧工作能力与体重无显著相关性且可能随着体重的增长而降低，因此无氧工作能力是随着发育而增长的。女性的无氧工作能力不如男性，尤其是青春期后。目前认为主要原因包括激素分泌、肌肉组成的差异及运动单位动员等。

儿童少年的无氧耐力发展的敏感期，男性为10～20岁，女性为9～18岁。由于儿童少年的糖无氧酵解能力和无氧代谢能量储备不及成年人，限制了儿童少年速度耐力练习的适应能力。一般说来，儿童少年应在青春发育期以后进行无氧耐力训练更为合理。

综上所述，一般认为儿童少年从8岁起可以进行有氧耐力的练习，多利用慢跑的方法进行心肺功能的适应性练习；11～12岁以有氧耐力训练为主，改进氧气输送系统和肌肉代谢的功能；15～16岁无氧训练可逐步增多；16～17岁能进行大强度的有氧及无氧耐力训练。

（四）柔韧素质

柔韧是人体在运动过程中完成大幅度运动技能的能力，较好的柔韧性可有效预防运动损伤的发生。大多数的柔韧性测试都要涉及身体具体长度和宽度测量，并且要针对身体单一部位的运动进行测量。目前最常用的方法是通过曲率仪和量角器，以及坐位体前屈幅度来进行测量。

有研究认为，关节活动度在儿童时期是比较大的，但男性通常在10岁左右的时候柔韧性开始下降，女性在12岁时柔韧性开始降低。这些结果是矛盾的。坐位体前屈是最好的柔韧性测试方法，可显示出柔韧性从儿童时期的晚期开始降低，直到整个成人阶段。总体来说，从5岁开始，女性的柔韧性要优于男性，主要受具体的运动模式、肢体长度、体型、体成分和性激素水平等因素影响。另外，随着体表面积的增长，柔韧性会下降。如青春期后的男性不进行针对性运动锻炼的话，其柔韧性会逐步降低。因此，提示儿童少年要尽早进行柔韧性练习。

三、儿童少年运动表现变化趋势

运动表现的变化与个体自身经验水平、身体增长、生理发育和神经功能的变化有关。随着年龄的增长，体型、肌肉量、力量、心肺功能等方面的变化，都会使运动表现呈现上升趋势。详见二维码。

儿童少年运动表现变化趋势

◈ 【思考题】

1. 正确解释生长、发育、成熟、青春发育期的概念。
2. 如何划分儿童少年的年龄阶段？
3. 儿童少年的体质发育特点是什么？
4. 各项身体素质发展的敏感期是什么？
5. 如何根据儿童少年身体素质发展规律安排体育教学和训练？

(北京体育大学　于　亮)

第二十章 女性与体育运动
CHAPTER 20

◎【教学目标】

通过本章内容的学习,掌握女性生理机能特点、女运动员"三联征"的概念及防治方法;熟悉妊娠女性运动原则;了解运动性月经失调产生原因、经期运动及妊娠期运动对身体健康的影响;培养学生自我认识、自我管理的能力;促进学生养成理性思维、勇于探究的科学精神。

女性在不同的生理阶段有其特殊的生长发育和生理机能特点,因此女性运动时需要考虑这些因素。女运动员在训练中可能会出现运动性月经失调、痛经和女运动员"三联征"等特殊问题。妊娠期运动对母体和胎儿的健康都有深刻的影响,妊娠女性需了解妊娠期的运动风险和指南,科学地进行身体锻炼。

第一节 女性生长发育及衰老的阶段划分

女性从胎儿形成到衰老是连续的生理过程,根据女性性腺卵巢分泌机能的变化,可将这一过程划分为五个生理阶段:幼年期、青春期、性成熟期、更年期和老年期。各期间没有明显的时间界限,它与遗传、周围环境和营养条件等诸多因素有关。

一、幼年期

幼年期指卵巢机能尚处幼稚状态的年龄阶段,一般为12岁之前。在9~10岁时,女孩的身高、体重一般会超过同龄的男孩。

二、青春期

青春期指卵巢机能由幼稚向成熟状态过渡的年龄阶段。此阶段从10~12岁开始到17~18岁结束,女孩以月经来潮为进入青春期的标志。女性在青春期发育后至绝经期前,一般情况下每月均有一次月经,同时伴有局部和全身性的变化。女孩在青春期的显著特点是卵巢及生殖器官明显发育。

女孩进入青春期的时间一般较男孩早2年左右,结束也早2年左右。12~13岁以后,男孩开始迅速发育,其身高、体重(尤其是瘦体重)、肌肉力量和运动能力又迅速赶上并超过同龄女孩。青春期后期，女性除骨盆较宽、皮下脂肪较多外，其余多项形态和机能指标均落后于同龄男性。

三、性成熟期

性成熟期指卵巢功能成熟的年龄阶段。约从 18 岁开始，持续近 30 年。该阶段性腺及性器官发育完全成熟，卵巢有周期性排卵，并分泌雌激素；子宫内膜出现周期性脱落，产生月经周期。该期为女性生殖机能最旺盛的时期，又称为生育期。

四、更年期

更年期又称为绝经期，是女性从性成熟期进入老年期的过渡时期。更年期指卵巢功能由旺盛向衰退过渡直至萎缩的年龄阶段，一般在 44~54 岁。该时期的显著特点是，月经由不规律到完全停止（闭经），生殖能力丧失。更年期结束，即意味着老年期的开始。

五、老年期

女性的老年期指卵巢功能完全终止的年龄阶段，年龄为 60 岁以上。在此阶段，人体各器官的机能能力均明显降低。

第二节 女性生理机能特点

对女性进行体育健身指导或运动训练时，必须考虑到女性的解剖生理特点，如运动系统、心血管系统、呼吸系统和生殖系统，以合理安排运动方式和运动量。

一、运动系统

不同生长发育阶段的女性运动系统有明显的差异，主要表现为骨骼生长发育和肌肉力量的变化。

（一）骨骼

女性的骨骼细小，骨密质的厚度较薄，骨骼内水分及脂肪的含量相对较多，无机盐含量较少。女性骨骼重量占体重的 15%，较男性轻 10% 左右，抗弯能力较差，但韧性较佳。脊柱椎骨间软骨较厚，弹性和韧性优于男性，但随着年龄的增长，其柔韧性也会降低。女性上体长而窄，下肢短而粗，肩窄骨盆宽，这种特殊体型使身体重心低且稳定性好，有利于完成平衡动作，但奔跑速度及负重能力均受到一定限制。

随着机体的生长发育，女性的骨骼在青春期快速生长，并在青春期后期达到个体的最高水平。女性在 30 岁以后，随着年龄的增长，骨量逐渐丢失。女性骨质的显著衰退由更年期开始。在更年期前，骨量流失率只有约 25%。在更年期，骨量的流失率显著增加。骨量丢失的主要原因是女性雌激素水平的降低。绝经后女性骨量减少更加明显，极易产生绝经后骨质疏松症（postmenopausal osteoporosis，PMO）。

许多研究已证实，运动能有效减少女性骨钙的自然流失。更年期女性应多进行一些有氧运动和力量训练，不仅可以防治骨质疏松，还可以维持体内雌激素水平、延缓衰老。

（二）肌肉力量

一般女性的肌肉力量弱于男性，女性身体肌肉占体重的21%~35%，仅为男性肌肉重量的80%~89%。有资料显示，女性上肢的肌肉力量比男性弱40%~60%，下肢肌肉力量比男性弱25%~30%。这种差异主要是由于女性比男性的肌肉体积和肌肉重量小很多。评价肌肉力量更为精确的方法是肌肉力量/体重或者肌肉力量/瘦体重。如果采用肌肉力量/体重的计算方法，女性下肢肌肉力量仍然比男性弱5%~15%，但如果采用肌肉力量/瘦体重的方法计算，这种差异就不存在了。有人通过CT扫描体育专业男女生的上臂和大腿的肌肉算出肌肉的体积和横截面积，虽然两组男性的绝对力量都远远高于女性，但当用每单位肌肉横截面积的肌肉力量来表示时，女性和男性之间无差异。

二、心血管系统

女性心脏重量较男性轻10%~15%，体积约小18%，容量小150~200mL。安静状态下女性心率较快，快于男性10次/分钟左右，每搏输出量少于男性10~15mL，收缩压平均低于男性10.5mmHg，舒张压约低5.1mmHg。一般女性的心血管机能弱于男性，运动中须依靠加快心率来保证足够的心输出量。运动后的恢复过程中，女性心率的恢复速度较慢。

女性血量约占体重的7%，男性则达8%；女性的红细胞数量为每立方毫米380万~460万，血红蛋白为110~150g/L，均低于男性，女性每千克体重的血红蛋白约为8.3g，男性则可达11.6g，全血中血红蛋白的总量女性仅为男性的56%。因此，女性机体运输氧的能力较男性差，有氧工作能力较男性低，约为男性的70%。

三、呼吸系统

女性胸廓和肺部的容积都较小，男性肺总容量为3.61~9.41L，而女性仅为2.81~6.81L，再加上女性呼吸肌力量较弱，胸廓活动度小，因此女性的肺通气功能和换气功能都较低，这导致女性安静时呼吸频率较男性快4~6次/分钟，且呼吸深度浅。女性的肺活量约为男性的70%，最大摄氧量比男性少0.5~1L（表20-1）。因此，女性的呼吸机能较男性低，制约了女性运动中机体氧的供应。

表20-1 男女呼吸机能的比较

指标	呼吸频率（cpm）	肺通气量（L/min）	肺活量（mL）	氧吸收量（mL/min）	最大体力负荷时氧吸收量（L/min）
男	16~18	5~7	3500~4000	180~250	4~5
女	18~20	4~6	2500~3500	150~160	3~4

四、生殖系统

女性子宫位于骨盆正中央，呈前倾位，其正常位置的维持，依靠子宫韧带及腹壁、盆底肌肉的张力。由于女性腹腔、盆腔内，向下的压力方向与骨盆出口平面几乎垂直，而骨盆底的出口较大，骨盆底肌肉将承受较大的腹压，倘若骨盆底肌肉不够紧张有力，就会造成子宫位置改变下移,严重时有可能影响日后生育。因此,腹壁肌肉、骨盆底肌和横膈膜三者对保持一定的腹腔、盆腔压力有重要的作用。

第三节 女性运动的特殊问题

虽然训练对男性和女性身体影响的机理和方式大都是相似的,但女性在运动过程中仍然面临着一些特殊问题,如月经周期和运动性月经不调、妊娠和女运动员"三联征"。

一、月经周期与运动性月经不调

月经周期是女性正常的生理现象,也是女性特有的生理现象。月经周期不同阶段的女性运动能力有差异。运动性月经不调是女性运动员参加训练后常见的医学问题。

(一) 月经周期

卵巢具有生殖和内分泌功能,表现为排卵和分泌雌激素。在垂体、卵巢内分泌周期性变化的影响下,子宫内膜出现周期性的增殖、血管增生和腺体高度分泌。此时,卵细胞若未受精,由于卵巢黄体逐渐萎缩、退化,增生的子宫内膜逐渐坏死、脱落并引起出血,血液及破碎的子宫内膜碎片经阴道排出体外,即为月经。月经来潮的第一天到下一次月经来潮的第一天,称为一个月经周期。根据子宫内膜的周期性变化将月经周期分为经前期、月经期、经后期和排卵期,见图20-1。

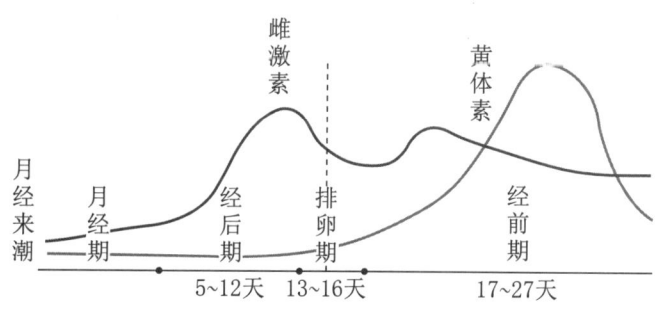

图20-1 月经周期

月经周期平均一般为28天,各人可能略有差异,即使同一人,其前后各次月经周期的时间长短也不尽相同,一般月经周期在21~35天,可视为正常。正常情况下,经期时间为2~7天,多数为3~5天。经量平均约50mL,少则10mL,多则100mL。一般月经第2~3天出血量多。经血多为暗红色,呈碱性,除血液外,还夹有子宫内膜碎片。第一次月经来潮,称为月经初潮,一般在12~15岁。初潮年龄一般受遗传、营养、健康与社会环境等因素的影响。运动员选材时,常把女运动员月经初潮的早晚作为判断发育早晚的条件之一。

月经期部分女性有下腹部及乳房胀感、腰酸等现象,少数人有头痛、失眠、疲倦或嗜睡、情绪波动及便秘或腹泻等全身反应。这些反应大都与大脑皮质的兴奋性变化有关,属于正常生理现象。女性到45~50岁时,卵巢逐渐萎缩,内分泌功能下降,可使月经周期发生紊乱,这个时期称为更年期。之后月经周期停止,即进入绝经期。

(二) 月经周期中运动能力的变化

女性月经周期对运动能力的影响早已引起注意，月经周期中由于雌激素水平的规律性波动，导致机体的运动能力发生相应变化。在月经周期不同时相中，人体运动能力的变化具有明显的个体差异。

月经周期与女性的运动能力密切相关。有研究证实，女性有氧工作能力及整体体能以黄体期为最强，卵泡期及排卵期次之，经前期及月经期最弱。月经前期女性运动员的身体机能状况最差，我们称为月经前综合征。月经前综合征易受血内激素浓度的影响，可表现为痉挛性锐利腹痛、盆腔部位膨胀感，有时伴有腹泻、头痛、疲乏、头晕、恶心、呕吐、协调能力差和注意力不集中等症状。虽然大多数年轻女运动员在月经期不影响运动成绩，但有个体差异。因此，女性运动员在月经期是否能参加比赛也是因人而异的。

在女性运动员的训练和竞赛安排中，应充分注意其体能与月经周期的关系，根据各时相体能的变化规律合理安排训练负荷量，大负荷训练应与体能的高峰时期相吻合，以使负荷作用达到最佳状态，从而提高训练效果和比赛成绩。大多数治疗师认为，健康的运动员在经期无须停止训练或比赛，而且，经常会有处于经期中的女运动员在赛场上表现出优异的成绩甚至打破世界纪录的情况。

(三) 运动性月经失调

大多数运动项目对女性的月经周期没有影响，但高强度、长时间的剧烈运动则易引起运动性月经失调（athletic menstrual cycle irregularity，AMI），表现为周期延长或缩短、月经过多或过少，甚至闭经。据报道，女运动员运动性月经失调的发病率以长跑运动员为最高，可以达到36%。女大学生运动员的发病率也高达31%，而普通女性发病率仅为2%~5%。据统计，长跑运动员约有20%发生长期闭经或月经过少。我国女运动员中闭经的发生率为17%。

运动性月经失调的发生与运动强度、体脂含量、运动项目、饮食营养、应激等因素有关。长期运动训练中，下丘脑—腺垂体—卵巢轴的功能状态对月经周期具有重要的影响。这条轴的任何一个环节出现障碍，均可能引起月经失调。剧烈运动及长期运动训练应激下，机体应激激素及抗生殖激素（内源性阿片肽、催乳素等）水平升高，通过直接或间接抑制作用，使性腺轴的下丘脑—垂体环节分泌受抑，因而卵巢雌激素、孕激素分泌减少，发生运动性月经失调。

目前大多数研究认为，运动性月经失调可以作为女运动员过度训练的标志。运动性月经失调是可以逆转的，当运动员停止训练后，月经周期将逐渐恢复正常。

(四) 痛经与运动

痛经（dysmenorrhea）是指月经期前后或行经期间出现的下腹剧烈疼痛、腰酸，甚至恶心、呕吐的现象，是女性的常见病。多数痛经出现在月经时，部分人发生在月经前几天。月经来潮后腹痛加重，月经后又恢复正常。痛经的常见高危因素有青春期、压力性焦虑、体重指数大于$30 kg/m^2$、与饮食紊乱相关的抑郁、家族史、初潮早、月经量过多、不规则子宫出血、未产妇、吸烟等。

痛经是女性运动员的常见问题，且女运动员比不运动的女性患有痛经的比例高。痛经的确切病因至今尚不明确，没有一个理论能全面解释此症候群。虽然女性运动员不必因为痛经停止训练，但身体的不适会使训练的效果大大降低。因此，痛经严重的情况下，女性运动员需要及时就医，按医嘱服用抗前列腺素等药物来缓解疼痛。

二、妊娠

妊娠是女性的一个特殊生理过程，妊娠期母体体型的改变、体重和腹压的增加等，都加重了心血管系统和呼吸系统的负担，内分泌和物质代谢也都发生了变化（图20-2）。由于这些变化，运动对妊娠期女性和胎儿的生理影响有特殊性。

图 20-2　妊娠对女性生理机能的影响

（引自：Ruben Barakat, et al, 2015）

（一）妊娠期运动对胎儿健康的影响

妊娠期运动对胎儿的生长发育、子宫血流、胎儿心率和胎儿体温都有较大的影响。由于研究的局限性，运动对胎儿健康的影响尚存在争议。

关于妊娠期运动对胎儿生长发育的各种研究，并没有一致性结论。有研究认为，母体在运动时（哪怕强度很小的一次性运动），肌肉利用血糖来供能的程度会加强。剧烈的母体运动，尤其在妊娠第7~9个月时会导致母体低血糖症，会使胎儿的葡萄糖摄取量下降。母体血糖经常处于较低水平会导致胎儿营养不良，胎儿在子宫内的生长受到限制，最终会使出生婴儿体重降低。但也有不同的研究结果。多数人认为，孕期锻炼对胎儿和出生后幼儿的健康没有不良影响。这些观点不一致是由不同的运动方案（妊娠女性的运动类型、运动强度、持续时间和运动频率等）造成的。

由于子宫中胎儿的不可接近性，妊娠期运动对于胎儿的影响，常使用超声诊断技术进行检测。胎儿对母体运动最常见的反应是胎儿的心率基线上升，并且常常伴随暂时性胎儿心率反应性降低。母体在进行运动时，血流被重新分配而离开子宫，流向母体正在收缩的骨骼肌。由于血液动力学的改变，可能对胎儿的生长和发育有不良的影响。但大多数研究显示，中等强度的运动对母体—胎儿的血流速度没有明显的影响，不仅如此，孕期进行运动还可以增加妊娠女性胎盘的总血容量、表层的毛细血管数量和实质的密度。

在妊娠期间，妊娠女性的体温和体温调节发生了重大变化。妊娠女性体内黄体酮水平的升高，能够引起妊娠女性基础体温的升高。而妊娠女性安静时，胎儿的核心温度比母体体温高约 0.6℃，这是由胎儿生长发育引起代谢率增高所致。妊娠女性运动时，由运动引起的母体内中心温度增加，胎儿会从母体得到热量，过高的温度对胎儿的发育有不良影响。然而众多研究显示，母体运动并不会导致显著高热，似乎妊娠女性对高热有很好的自我防护能力，而且经常运动的妊娠女性，血管舒张能力及汗液生成的启动速率均比不运动的妊娠女性快，体温调节功能更好。

（二）妊娠期运动对母体健康的影响

为了满足胎儿生长的需要，母体各器官系统的功能几乎都发生了相应的变化。妊娠期运动对妊娠女性的体重、激素分泌和代谢、心血管系统、呼吸系统、妊娠性疾病和分娩有深刻的影响。

1. 妊娠期运动对母体体重的影响

大多数女性在妊娠期体重增加会过多。体重的剧增不仅给孕期带来不利因素，还可能导致妊娠性高血压、糖尿病和巨大儿等疾病。对于妊娠期女性锻炼的指导应该考虑体重和饮食这两个重要因素。超重或肥胖妊娠女性的运动方案中如果不注意饮食控制，可能无法达到理想的体重。妊娠期女性的身体锻炼计划应该根据个体的具体情况有针对性地制订，从而保持体重的正常增长速度，促进产后体形的恢复。

2. 妊娠期运动对母体激素分泌和代谢的影响

妊娠期运动会引起体内相关激素和葡萄糖水平的显著变化。在妊娠的第二阶段，胎盘激素的作用会导致机体对胰岛素敏感性增加。急性运动会引起妊娠女性交感肾上腺、神经内分泌活动的增强，从而导致血浆胰岛素浓度降低，以及去甲肾上腺素、皮质醇、胰高血糖素和生长激素浓度增加。

不断生长的胎儿需要足够的营养，但母体的运动（即使低强度的一次性运动）也需要增加糖的摄取，这可能会使母体产生低血糖并影响胎儿对糖的摄取。更多的研究认为，妊娠女性运动后血糖水平的下降并不是单纯由运动引起的，可能与妊娠女性糖异生和肝糖原的分解代谢受损有很大关系。

运动时蛋白质的利用率增加，胎儿所需的氨基酸供应可能会受到影响。目前，对孕期运动时能量代谢和物质利用的研究较少，而且这一问题涉及多个因素，例如运动强度、时间、类型、膳食、孕周、既往训练状态和激素反应等。

3. 妊娠期运动对母体心血管系统的影响

妊娠期积极锻炼的妊娠女性心血管机能比不锻炼者好。妊娠期母体和胎儿对一次性极量运动或次极量运动反应的相关研究十分有限。从现有的研究可以看出，与妊娠前相比，妊娠女性对急性运动的生理反应比较明显（表20-2）。

表20-2 急性运动对妊娠女性心血管系统的影响

指　标	变化
摄氧量（在体重-依赖的运动中）VO_2	增加
心率	增加
每搏输出量	增加
心输出量	增加
潮气量	增加
每分通气量（VE）	增加
氧通气当量（VE/VO_2）	增加
二氧化碳通气当量（VE/VCO_2）	增加
收缩压（SBP）	无变化/下降
舒张压（DBP）	无变化/下降

（引自：Wolf，2005）

妊娠和有规律的训练都具有增加血量和左心室质量的作用，相比之下妊娠的作用要更明显。训练引起的安静和运动状态每搏输出量的变化取决于血量和静脉回流量的增加。妊娠期运动造成的心率下降是在亚极量运动负荷练习中观察到的，随着练习强度的增加变得更加明显。

4. 妊娠期运动对母体呼吸系统的影响

妊娠过程中，胸腔膈膜中央部位的升高减少了呼吸容量储备、补呼气量和功能残气量。尽管肺容量适当减少，但妊娠女性肺活量没有明显的变化，主要的通气指标也没有变化。一些对妊娠后期运动的相关研究表明，在递增负荷练习测试的最大负荷峰值和（或）练习后最大乳酸浓度峰值出现时，呼吸交换率（RER）下降。为了母亲和胎儿的安全，对母体进行最大负荷的实验研究非常少见。研究报告中训练对于最大摄氧量的影响效果也说法不一。与非妊娠状态相比，有下降、不变和增加多种情况。产生这些矛盾结果的原因可能与受试者妊娠前的有氧能力水平和身体活动方式有关。

（三）孕期运动指南

大多数人认为，孕前健康状况良好的女性，在妊娠后仍可从事规律的运动。妊娠女性在锻炼过程中，应避免剧烈运动以免给母体和胎儿带来不良的影响。孕期运动锻炼需考虑的因素主要有：①运动的类型；②运动的强度和持续时间；③孕前的锻炼水平；④孕期其他会使母体和胎儿有风险的因素。

妊娠女性在运动过程中应该及时自我监测,运动强度的把握可依据心率(脉搏)进行监测,心率应控制在年龄规定的范围内(表20-3)。运动过程中应避免体温升高过多(核心温度增加1.5°C以上)。而妊娠前不经常锻炼的妊娠女性,应该在医生的指导下进行运动。

表 20-3 妊娠女性中等强度运动时的心率范围

年龄(岁)	心率范围(次/分钟)
<20	140~155
20~29	135~150
30~39	130~145
>40	125~140

(引自:Davies, et al., 2003)

1. 孕期运动的风险和禁忌证

孕期运动有一定的风险和禁忌证,运动风险包括母体会出现低血糖、疲劳和骨骼肌损伤等,胎儿会出现急性缺氧、高热、急性血糖利用率减少,先兆流产、诱发早产和体重下降等。

妊娠女性运动前应进行运动风险的评估,了解妊娠女性可能存在的禁忌证,对于医生和妊娠女性都非常重要。妊娠期的运动禁忌证,分为绝对禁忌证和相对禁忌证。绝对禁忌证包括妊娠性高血压、先兆子痫、宫颈闭锁不全、中后孕期阴道出血、多胎妊娠且有早产迹象、前置胎盘和早产等。相对禁忌证包括宫内发育迟缓、超重和低剂量药物控制的疾病等(如1型糖尿病、惊厥和甲状腺疾病等)。

2. 妊娠女性的运动指南

美国运动医学学会(ACSM)推荐普通妊娠女性应尽可能每天坚持运动,运动时间不低于30min,中等强度运动(心率控制标准见表20-3)。

妊娠3个月后的妊娠女性应注意避免以下几方面:仰卧位的运动、长时间站立的运动、与其他队员肢体碰撞的运动(如篮球或足球)、易跌倒和腹部受伤的运动(体操、山地自行车和骑马等)、海拔超过1600m的运动(易造成胎儿缺氧)及潜水运动。

[普通妊娠女性孕期的运动建议]

没有运动绝对禁忌证和相对禁忌证的妊娠女性应遵循以下运动建议。

1. 每次至少运动30min,中等强度,5次以上/周。
2. 避免运动中出现下列情况:
(1) 3个月后仰卧位的运动;
(2) 长时间站立;
(3) 肢体接触、摔倒和腹部受伤概率较高的运动;

(4) 海拔超过1600m的运动；
(5) 潜水。

3. 出现下列症状之一立即停止运动：

(1) 阴道出血；
(2) 头晕眼花；
(3) 小腿疼痛或肿胀；
(4) 胸痛；
(5) 早产；
(6) 胎儿活动频率降低；
(7) 羊水减少；
(8) 运动前呼吸困难。

（引自：Sally K. Hinman, et al., 2015）

妊娠期的运动可选择散步、瑜伽等方式，不宜进行剧烈运动或参加比赛。运动量的大小因人而异，运动中应注意自我保护，避免跳跃、速度、力量、耐力及灵敏性的运动项目。妊娠期还应进行放松盆底肌肉的练习，有助于顺利分娩。在运动过程中，应注意避免过度疲劳，防止出现下肢过度水肿的现象。

三、女运动员"三联征"

运动可以增强体质、增进健康，但同时也引发了不少独特的健康问题。在女性运动员中，最常见的问题是能量摄入不足、饮食障碍、闭经和骨质疏松症等。1997年，美国运动医学学会（ACSM）首先提出女运动员"三联征"这一概念。2005年11月，国际奥委会（IOC）一致通过由医学委员会（IOCMC）提出的关于防治女运动员"三联征"的提案，把保护运动员的健康作为IOCMC的首要任务。

（一）"三联征"的概念及相互关系

女运动员"三联征"（female athlete triad）是指在运动训练影响下，以连锁形式出现的一组综合症候群，表现为膳食障碍、闭经和骨质疏松，由于最初发现于运动员人群而得名。

这三种症状经常同时出现，尤其是体脂或体重要求较高项目的女运动员，更易出现这些问题。女运动员"三联征"的症状之间是相互关联的，如图20-3所示。国际运动医学界认为，"三联征"的核心和起始是饮食紊乱，而在饮食紊乱和长期低雌激素的影响作用下，骨钙沉积不良、骨密度低下，逐渐产生骨量降低和骨质疏松。女运动员为了刻意追求苗条的身材，经常采取挨饿、过度运动和服用泻药等方法来减肥，结果有可能会导致过度消瘦、闭经甚至死亡。正常饮食和充足的营养是女运动员保持身体健康的前提。有些项目的女运动员，训练过量或节食都可能会引起饮食异常，这对于运动员保持良好的体能状态和提高运动表现是没有益处的。

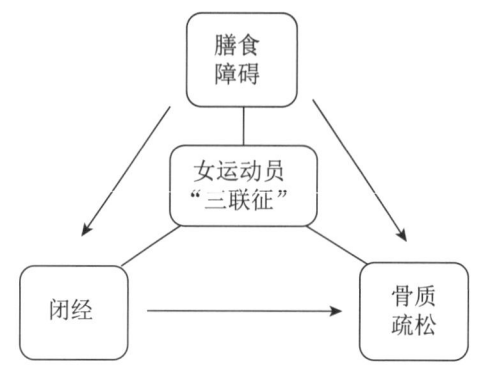

图 20-3　女运动员"三联征"各要素的关系图

膳食障碍可能会导致月经不调或停经，停经会导致雌激素分泌不足，而膳食障碍会引起钙摄取不足，这两个因素都会影响骨质流失，从而使女运动员发生骨质疏松的危险性增加。另外，女运动员训练和比赛的巨大压力会引起月经周期中激素分泌紊乱，再加上长期能量摄入不足，钙质、维生素 D 缺乏，从而造成骨矿物质流失过多或骨质疏松。

女运动员"三联征"的发生与运动项目有密切关系。国外调查显示，越野跑、长跑、花样滑冰、芭蕾舞和体操是"三联征"发病率最高的项目。另外，一些普通女性为减体重而采取的多种对健康有害的过度节食行为（饮食控制，并发贪食—厌食综合征等长期的饮食混乱行为），也可导致"三联征"。

（二）女运动员"三联征"的防治

女运动员"三联征"的发展是有阶段性的，早发现早治疗是防治的关键。膳食障碍是引起女运动员"三联征"的核心问题，因此防治的首要任务是调整饮食结构，保证充足的热量摄入和营养平衡，改善能量负平衡的状况。其次，通过减小训练强度和训练量，恢复正常的月经周期，同时合理补充雌激素，减少骨矿物质的进一步丢失，预防"三联征"的出现。

对于职业女性运动员，预防和治疗"三联征"应该采取综合干预的方法，组建专业的干预团队。干预团队不仅要有医生、营养师和保健人员，还要有心理医生，这样才能有针对性地找到"三联征"的各种诱发因素并解决问题。女运动员"三联征"对女性的生活和健康构成了重大威胁。因此，从事高强度运动的女性应掌握预防、识别和治疗这些症状的知识和方法，以确保运动的最大效益和运动成绩的提高。

◇【思考题】

1. 女性的骨骼和形态有何特征？这对于运动有何益处或障碍？
2. 女性的上、下肢肌肉力量和瘦体重较男性有何差异？抗阻训练是否能增强女性的肌肉力量？
3. 女性心血管系统较男性有何差异？原因是什么？
4. 女性呼吸系统较男性有何差异？原因是什么？
5. 什么是运动性月经失调？诱发因素有哪些？
6. 妊娠期体育锻炼有哪些风险和禁忌证？

7. 妊娠期运动对母体健康有何影响？
8. 妊娠期运动对胎儿健康有何影响？
9. 结合相关生理学知识，分析"三联征"给女性可能造成哪些危害？如何预防女运动员"三联征"？

（郑州大学　高晓娟）

第二十一章 衰老与运动

◇ **【教学目标】**

通过本章内容的学习，掌握衰老的概念、老年人应遵循的健身原则、运动对老年人身体各系统的益处；熟悉老年人的生理特征；了解衰老的机理；培养科学指导老年人进行运动健身的能力；增强科学健康的意识。

随着社会发展和科技进步，人类平均寿命在逐年增加。人口统计学显示，中国老龄化进程加快，老年人口的相对数和绝对数都不断增加，预计到2050年，80岁以及高龄人口将达到9448万，占老年人口的21.78%。人口统计数据不仅展现了人口动态变化，也预示在未来20年内将会发生年龄层的转移。研究老年人的健康问题，重视加强老年人保健措施，早期预防、延缓衰老过程成为重要的研究课题。

第一节 衰老的概念与机理

一、衰老的概念与老年人划分标准

衰老又称老化，是生物体自成熟期开始，随增龄发生的、渐进的、受遗传因素影响的、全身复杂的形态结构与生理功能发生不可逆的退行性变化，具有普遍性、内因性、进行性、累积性及有害性等特点。衰老是生物体生命过程中不可避免的阶段。

衰老的过程是同一生物种属随年龄增长发生的普遍现象，主要是由于内在因素而不是单纯由于外部环境因素造成的结果，是逐渐发生的不可逆过程，并且机体功能减退和器官形态结构改变乃至死亡。这种变化或结果往往发生在生殖成熟期后，具有累积性的特点，与时间有关但并不是单纯的时间依赖性关系，一些伴随时间发生的变化不一定引起衰老。人类的衰老变化是循序渐进的，它受到先天遗传因素和后天环境因素等多方面的影响。因此，老年人的个体差异很大，机体不同的器官其衰老的速度也不同。一个人的年龄或衰老程度主要受实际年龄、生理年龄、心理年龄等多方面的影响。实际年龄是一种不以人类意志为转移的客观现象，年复一年地增加；生理年龄、心理年龄会受到人体组织结构、生理功能、心理状态等因素的影响。因此，不能划定一个年龄作为所有器官衰老的起点。一般来说，现划定60岁以上为老年人。世界卫生组织对老年人的划分标准，如表21-1所示。

表 21-1　世界卫生组织提出老年人划分标准

年龄（岁）	称呼
≤44	青年人
45~59	中年人
60~74	年轻的老年人
75~89	老年人
≥90	长寿老人

二、衰老的机理

衰老机理的探索既是一个古老的问题，又是一个崭新的科学领域。20 世纪 40 年代，衰老机制的研究才进入生理、生化等细胞水平和分子水平，特别是近几十年来，随着现代遗传学、分子生物学、细胞生物学和分子免疫学等边缘学科的飞速发展，人们对衰老的机理有了深层次的认识，在大量实验证据的基础上提出了许多新的学说，但是目前尚无一个为学术界所公认。尽管如此，科学还是在衰老的成因方面进行了长时间的探索。目前按照学说的内容将影响较为深远的学说归纳为四个研究层面：随机理论、系统理论、细胞理论和基因调节理论。

（一）随机理论

有四个学说体现了衰老发生的随机性，即自由基学说、交联学说、差错成灾学说、耗尽学说。其中多数学者认可的是自由基学说。交联学说与自由基学说在一定程度上有交叉，自由基增多是造成大分子交联的重要诱因。详见二维码。

随机理论

（二）系统理论

系统理论总结和综合了与衰老密切相关的两大系统的研究成果，提出了神经内分泌学说和免疫学说。详见二维码。

系统理论

（三）细胞理论

细胞理论以细胞为单位，认为单个细胞内部成分 DNA 的改变，是衰老发生的诱因。包括体细胞突变和 DNA 损伤学说、程序衰老学说、线粒体 DNA 突变、端粒学说。

（四）基因与基因调节理论

长寿基因和衰老基因，泛指那些具有引起或延缓衰老作用的基因，又可称为衰老相关基因。在人类细胞衰老基因研究方面，近年也取得了较大进展。以细胞融合技术将永生化细胞与正常细胞融合，发现永生化细胞存在衰老相关基因的隐性缺陷。同时研究表明，至少有四组基因属于衰老相关基因（senescence associated gene，SAG），如 DNA 合成抑制蛋白（senescent cell-derived inhibitor of DNA synthesis）的基因，在人衰老的成纤维细胞中表达比在年轻细胞中高。详见二维码。

拉姆的衰老综合机制

研究表明，长寿老人都具有一种重要的遗传长寿体质。长寿家庭与其后代子孙间的纵向关系可归纳为：多代连续长寿、隔代遗传和两代连续长寿三种模式。20世纪90年代以来，研究表明，人的1、4、7号染色体与X染色体存在衰老相关基因。

尽管老化的机制可以是多方面的、与生物种属相关的，尤其在诱因和发生机制上，但其最终导致的老化在细胞和组织器官水平上应具有结构、功能和生物化学方面的共性或共同机制，详见二维码。

基因调节理论（gene regulation theroy）认为，衰老是由于在生物体分化生长过程中某些基因发生了有顺序的激活和阻遏：负责分化生长期的基因产物刺激负责生殖期的基因，而生殖期的某些基因产物转而阻遏分化生长所需的某些基因。连续生殖又可使某些因子耗尽引起某些基因关闭，最终导致功能减退。物种的发育期、生殖期及衰老期的长短取决于被顺序地激活和阻遏的若干套特殊的基因，这些时期的持续时间在一定限度内可以改变，并可受内在因素及一些外在因素如营养等的影响，于是形成了同一物种不同个体间寿命的不同。

第二节　老年人生理特点

在衰老过程中，有许多显而易见的生理学改变。随年龄的增长，肾脏功能下降，心指数下降，神经传导速度下降，并伴随感觉（听觉、视觉、味觉、触觉、嗅觉）准确性下降，同时关节炎发作。在激素平衡紊乱时，最明显的结果就是绝经期的出现，这使骨质疏松的发生率提高。

一、神经系统

伴随衰老，神经系统发生了许多重要改变，包括功能能力和认知能力的改变。人类在30岁时，脑部就已开始出现组织的丢失，从30~90岁，脑的重量可减少约10%。大脑皮质平均组织丢失估计为14%，海马可达35%，大脑白质则为26%。有报道称，额叶、顶叶和颞叶组织丢失率极高。衰老时也观察到脑内特定酶、受体和神经递质的下降。此外，神经细胞也出现树突及突触联系的丢失，并伴随脂褐素的沉积和神经原纤维缠结等微观改变。脊髓中的细胞数目也会随着衰老而降低（达37%）。但是，绝大多数老年人的智力足以维持他们独立生活，故神经系统的功能还是有显著富余的。

衰老过程同时伴随着姿势控制系统的退化，限制其精确控制身体运动的能力，导致平衡能力和运动协调性减退，这些退行性改变有时显得微不足道，但是这些缺失累加在一起，就将增加不正确或无应答的风险并随后带来平衡能力的丢失，使老年人跌倒风险增加。

在外周神经系统，由于脱髓鞘作用，神经传导时间随着衰老而下降，使神经系统的反应时增加，启动运动的时间增加，表现为单纯反应时和复杂反应时变慢，运动时延长。如65岁的老年人反应时比20岁年轻人延长了50%。但外周神经功能改变并不明显。

二、感觉系统

老年人存在多种感觉系统功能下降，最常见的改变之一就是视觉灵敏性的下降。眼部的一些改变在 30 岁时就已出现，等到 50 岁时，绝大多数人都至少在部分时间里需要佩戴眼镜。随着衰老，眼部发生显著的结构改变，如角膜形状从原先的肾形变得更加平整，致使光线发散的增加导致视觉模糊；虹膜肌力的下降导致瞳孔变小，对光的反应减慢，在黑暗环境中扩大的速度也减慢，使得从暗处走到明处或由明处到暗处时视物更加困难；晶状体变厚并呈现淡黄色以致抵达视觉感受器的信号减少。其他与运动有关的视觉改变包括空间辨别能力的下降，双眼向上凝视受限及追踪物体的能力下降。

另一个衰老特征就是听力的受损，通常比视觉改变更晚出现。听觉感受器和相关的神经通路均出现功能下降，听力的受损使人丢失了辨别区分声音的能力。30%的 65~74 岁的老人均不同程度地受听力丢失的影响，而在 75~80 岁的老人中听力受损可达 50%。听力受损引起有效的交流能力下降并可能导致自卑和抑郁。此外，前庭器官也会发生形态学的改变，这使得对空间方向的探查能力下降。

嗅觉和味觉感受器也同样受年龄的影响，味觉和嗅觉是在出生时就已经非常敏感的化学性感受。但从 40 岁开始，味觉和嗅觉便开始减退。到 60 岁时，这些衰退的感觉会使食物清淡无味，胃口也随之急剧下降。超过 70%的老年人有潜在的味觉和嗅觉敏感性的丢失。这种丢失平均在 70~80 岁时变得显著。而这些感觉的丢失可能引起胃口下降及营养状态变差。

三、运动系统

（一）骨骼肌

骨骼肌随着衰老发生的最明显改变就是骨骼肌横截面面积下降和收缩蛋白量减少。肌纤维功能、运动单位动员性质、骨骼肌的有氧能力等方面也会发生改变。老年人由于肌肉质量的丢失，取而代之的是不断增加的脂肪组织，使其力量变弱。研究发现，从 70 岁开始，骨骼肌中可兴奋运动单位数目呈现显著的下降。应用核磁共振技术对不同年龄健康人群的肌肉横断面面积进行准确测试，发现与年轻人相比，老年人大腿肌肉体积显著下降（25%~35%），但是上肢肌肉萎缩并未达到相同的程度。这种差异提示腿部肌肉体现了废用性肌萎缩（如老年人停止了对这些肌肉的锻炼），其中关注较多的是股外侧肌。尸检研究发现，肌纤维总数随着年龄的增长而大量减少，到 80 岁时老年人肌纤维数比年轻人减少了 50%。肌纤维萎缩只是发生在Ⅱ型快肌纤维，Ⅰ型慢肌纤维并未观察到此现象，目前尚不清楚Ⅱ型快肌纤维随年龄增长退化的原因。体弱的老年人肌肉萎缩比健康老年人更为显著。

肌纤维和运动单位的改变还导致肌肉收缩速度变慢。收缩速度减慢使老年人肌肉在保护性反射（如当受到冲击或需要阶段反应时）时迅速发力的能力下降。这些因素又通常伴有神经肌肉系统的其他改变，从而导致其功能缺陷的加大。例如，当老年人站在障碍物上，他的运动觉和痛觉紧张度会降低，神经冲动在反射环路中传递的将会减慢。信号到达骨骼肌后，储备力矩的生成将会减慢，不能够及时产生力量以防止身体失衡。此外，肌肉收缩速度的减慢与拮抗肌中结缔组织逐渐增加有关，它是阻碍快速伸展及老年人特别是老年妇女关节转动的限制因素。

（二）关节

随着年龄增长，关节的稳定性和活动性逐渐变差。衰老常伴有胶原纤维降解，关节软骨变薄及钙化、弹性丧失，滑膜面纤维化、关节面退化。骨关节变性会使关节僵硬，活动范围受限制。但老年人的骨关节炎是衰老的结果还是反复损伤（引起病理性）的结果尚不清楚。

（三）骨骼

骨质疏松是老年人中较普遍的现象，尤其是绝经后女性更普遍，绝经后女性至少有1/4的人出现骨质疏松。患有骨质疏松症的人极易发生骨折，70岁以上的人中40%发生过骨折。骨质疏松症发生是一个渐进的过程，女性约从30岁开始骨矿物质逐渐丢失，而男性约从50岁才开始。60岁以上的老年人由于骨矿物质的丢失及多孔疏松，会导致骨质量减少30%~50%。随着年龄增长，骨质疏松引起骨密度和抗张强度下降，使骨折发病率随之升高。脊柱、髋部、腕部是骨折的易发部位，而髋部骨折在老年人尤为多见。同时，由于脊柱侧弯、驼背或者扁平足的因素，老年人体型也会变得更矮。

四、心血管系统

在20世纪70年代之前，根据尸检数据认为，心脏体积随年龄增长而减小。尽管这从病理学角度在一定程度上是成立的，但超声心动图、核磁共振等技术的应用和纵向研究提示，心脏的质量可能随着年龄的增长而增加。人们观察到在健康人群中，随着衰老发生，左心室会由于心肌的肥大而增厚，这是心肌对衰老时血管硬化（外周血管阻力增加）带来的更高工作负荷的一种适应。因为：①肌质网上钙泵蛋白对钙的重摄取变慢；②心肌肌球蛋白重链的位置改变；③动作电位延长。这些改变使老年人心肌在收缩后放松较为缓慢，从而增加了心律失常和纤维性室颤的风险。脂肪和胶原蛋白的过度沉积也能增加血管硬度，降低心肌顺应性。衰老时，心脏的调控系统也会发生改变。目前已经观察到衰老时窦房结起搏细胞数目及房室结、房室束和浦肯野纤维细胞减少。随着年龄增长，静息时心率的变化很小，而最大心率却下降。25岁的青年最大心率（最大心率=220-年龄）为195次/分钟，而65岁老年人则下降到155次/分钟。

年龄增长还会使血管壁的结构发生变化，血管壁变得僵硬，使血管的承受能力减弱。这些变化通常发生在大血管中，如主动脉和颈动脉。同时，血管内皮细胞功能下降。上述变化最终引起衰老时心血管疾病和高血压的发生率增加。同时，由于脑动脉硬化和椎动脉血流受阻，老年人中有15%~24%的人会出现体位性低血压。衰老还使氧运输和氧摄取的能力下降。最大摄氧量在20多岁开始，以每年0.4~0.5mL/kg速率递减，到65岁时下降30%~40%。有氧能力的下降受氧运输系统的中枢机制和外周机制功能下降的影响（表21-2）。

表21-2　男子年龄增长时机能能力和身体成分的变化

指标	年龄	
	20岁	60岁
最大摄氧量[mL/(kg·min)]	39	29

续表

指标	年龄	
	20 岁	60 岁
最大心率（b/min）	194	162
安静时心率（b/min）	63	62
最大每搏输出量（mL）	115	100
最大动静脉氧差（mL/min）	150	140
最大心输出量（L/min）	22	16
安静时收缩压（mmHg）	121	131
安静时舒张压（mmHg）	80	81
肺总容量（L）	6.7	6.5
潮气量（L）	5.1	4.4
肺余气量（L）	1.5	2.0
脂肪百分比（%）	20.1	22.3

（引自：Brooks，1988）

五、呼吸系统

随着衰老发生，肺泡和毛细血管的数目会逐渐减少。同时，由于肺泡内胶原蛋白改变导致肺泡弹性减弱，剩余肺泡的体积将会显著增大。较大的肺动脉存在增厚的现象。此外，随年龄增加呼吸肌日趋萎缩，肋骨钙化，肺组织的纤维组织增多，弹性降低，肺泡萎缩，胸廓的活动幅度减小，致使呼吸机能下降。

肺功能指标随着年龄的增长而衰退。肺活量、最大通气量、时间肺活量等指标下降，肺泡内 CO_2 分压增加，动脉血氧饱和度下降，这将导致呼吸肌的工作量增加近 20%。有资料表明，老年男女每秒用力呼气量分别以每年大约 32mL 和 25mL 的速度下降。老年男性第一秒肺活量从正常的 82% 下降到 75% 左右，女子则从 86% 下降至略少于 80%，故随衰老发生残气量能增加 30%~50%。但 65 岁的健康老人仍具有相当程度的肺通气贮备。到 70 岁时，肺活量能下降 40%~50%，就会使氧气摄入下降。

六、消化系统

老年人胃肠黏膜变薄，胃肠道的腺体和黏膜上的绒毛逐渐萎缩，肌纤维萎缩而弹性降低，肝脏和胰腺重量减轻，功能减退。因此，老年人容易出现胃肠扩张、下垂、消化不良和便秘现象。另外，老年人胃肠道的分泌能力减弱，各种消化酶的分泌随着年龄增长而减少，胃液量和酸度也逐渐下降，易产生贫血。牙齿的缺失，可使咀嚼能力降低，加重胃肠的负担。

七、血液系统

随着年龄的增长，老年人血液出现浓、黏、聚、凝等状态，临床上称为高黏滞血症

（HVS）。高黏滞血症可使微循环的血管形态、血液流变发生异常，直接影响组织、器官的生理功能。血液的黏稠度主要取决于红细胞的压积、血浆黏度与红细胞的变形能力。随年龄增长，老年人的纤维蛋白原增加，而纤溶能力下降，使血浆黏度增加。另外，机体造血机能下降会使血液中年轻的红细胞数量减少，衰老的红细胞数量增加，过氧化脂质在体内不断积聚及血管的硬化等因素都引起血液黏度升高。红细胞变形能力是影响血液黏度和血流阻力的重要因素。随着衰老过程的发展，红细胞膜弹性下降、血沉增加，导致变形能力下降。血液黏度的升高和红细胞的变形能力下降，使血液的流变性降低，循环阻力增加，心脏负担加重。因此，心输出量、有氧能力及清除代谢产物等机能都将减弱，成为诱发心血管疾病的主要因素。

八、免疫系统

随着年龄的增长，免疫系统的功能显著降低（表21-3）。表现在免疫细胞数量的减少和活性的下降、T细胞增殖反应、白细胞介素-2（IL-2）水平、受体表达、信号传送及细胞毒作用等下降。尤其是T细胞功能受到的影响更明显，功能性T细胞数量下降及T细胞亚群比值发生了改变。60岁以上的老年人外周血中T淋巴细胞的数量可降至青年时期的70%左右，这是由于胸腺随着年龄的增长发生退化所引起的。白细胞介素-2对辅助性T细胞（CD_4^+）和抑制性T细胞（CD_8^+）的增殖、分化有重要作用。衰老过程使白细胞介素-2受体的数量、亲和力、表达等下降。白细胞介素-2的减少对机体免疫反应有负面影响，使T细胞信号传送减少，钙调节障碍。免疫系统功能衰退将直接影响老年人的身体健康。

表 21-3　天然免疫系统中与年龄相关变化

细胞类型	年龄相关的变化
中性粒细胞	在血液和骨髓中的数量不变，从骨髓中释放变慢，吞噬能力有轻度下降
巨噬细胞	数量不变，吞噬能力下降，细胞因子和趋化因子产生能力降低
NK细胞	数量增多，黏附作用和细胞毒作用不变，趋化因子产生能力不变

九、抗氧化系统

衰老机理的"自由基学说"认为，自由基在人机体衰老过程中起重要作用。通常认为，过氧化脂质（LPO）含量表示自由基损伤的程度，而超氧化物歧化酶（SOD）活性反映身体内自由基清除系统的功能状况。人体各组织中的过氧化脂质随着年龄的增长而升高，而细胞内的超氧化物歧化酶随着年龄的增长而下降。

十、体成分和体重

随着年龄的增长，机体会趋于变矮和变胖。女性身高降低大多发生在40~50岁，男性则在50~60岁。60~80岁身高的下降速度加快，每10年约降低2cm。身高降低主要是由老龄化早期椎间盘的挤压和骨质疏松导致身体的姿势改变造成的。体重增加通常发生在25~45

岁，而且主要是因为体力活动减少和热量摄入过多。体重增加伴有体脂增加和去脂体重下降。男女老年人的体脂平均值一般分别约为26%（男青年为15%）和38%（女青年为25%）。过了45岁，体重将在10~15年内维持稳定，然后随着身体骨钙的流失及肌肉质量的减少而减轻。很多过了65~70岁的人都感到食欲不振，因此不能摄取足够的热量来维持体重。

大约从40岁开始，男性和女性的瘦体重会逐步减少。老年人的瘦体重较年轻人小，老年男性的瘦体重为47~53kg（青年男子为56~59kg），女性为31~41kg（青年女子为38~42kg）。肌肉和骨量的减少是瘦体重减少的原因，其中肌肉重量的减少主要是因为肌肉占瘦体重的50%左右。肌肉减少症就是指与衰老过程有关的肌肉重量的流失。骨质丢失指衰老过程中比骨质疏松症相对较少的骨量流失。女性在30~35岁，男性在45~50岁，骨矿物质含量开始显著减少。在整个生命周期中，骨不断地由成骨细胞的形成和破骨细胞的吸收相互作用而成。在生命的早期，吸收率低于合成率，所以骨质增加。随着衰老进展，吸收率超过合成率，从而导致骨量的减少。肌肉和骨量的减少至少有一部分原因可归因于体力活动的减少，尤其是抗阻运动的缺乏。青年人骨矿物质含量不足体重的4%。因此，瘦体重减少过程中，骨质流失的影响要小于肌肉流失。

十一、血脂代谢

血液中脂质水平增高称为高脂血症，它是动脉粥样硬化（AS）的启动因素。动脉粥样硬化是常见的老年性疾病。体内的胆固醇（TC）、甘油三酯（TG）及载脂蛋白等的代谢与动脉粥样硬化密切相关。高密度脂蛋白胆固醇（HDL-C）具有促进外周组织胆固醇消除的作用，其增高有助于减少患动脉粥样硬化的风险。低密度脂蛋白胆固醇（LDL-C）和血清总胆固醇（VLD-C）的作用是将全身脂肪转向细胞，包括血管内皮细胞。当低密度脂蛋白胆固醇被氧化时，容易形成动脉血块及脂肪斑块而导致动脉粥样硬化。所以，低密度脂蛋白胆固醇和极低密度脂蛋白胆固醇（VLDL-C）水平增高可增加冠心病（CHD）的发病率。

第三节　运动对老年人健身作用

衰老使老年人活动能力下降，导致原来健康状态减退，并且由于各种急慢性伤病常使老年人被迫制动和休息，这种制动和休息虽然使残损所带来的功能障碍得到部分恢复，但是会带来整个全身器官、系统的废用性变化，这一现象称为失健。运动训练可对人体各种功能产生相应的影响，不仅重新获得原有丧失的功能，并有可能比原有的功能获得更高的功能。训练所引起的效应称为健化。这种失健和健化的过程极为复杂，以及受神经体液、肌肉、骨骼及脏器功能相互调节的影响，也受环境因素的影响。

经过系统的运动干预后，机体可出现形态和机能上的暂时不可逆改变，运动时，心率和血压反应降低，耗氧量减少，出现机能节省化，工作效率的提高，称为人体对运动的适应。规律的运动可使老年人身体各系统产生适应性变化，可以使得机能维持在较好的功能状态，延缓衰老的过程，提高老年人的认识能力、活动能力和日常生活自理能力（表21-4）。

表 21-4 运动对老年人身体的益处

	锻炼后引起的变化	运动的益处
心血管系统	增加每搏输出量	增加组织血流量
	降低动脉血管阻力	降低血压
	降低低密度脂蛋白胆固醇水平	降低冠状动脉疾病风险
	增加血容量	增加静脉回流，减低充血性心力衰竭的风险
肌肉	增加线粒体数量	增加合成 ATP 的有氧代谢能力
	增加毛细血管密度	增加运输氧的能力
	增加胰岛素敏感性/葡萄糖的摄取	降低 2 型糖尿病的风险
	增加肌纤维的复位/动作电位的阈值	增大力量
身体成分	减少体内脂肪含量	降低冠状动脉疾病，2 型糖尿病和某些癌症的风险
	增加肌肉质量	增加力量、稳定性和静息代谢率
肺和呼吸系统	增加肺毛细血管密度	增加肺换气—灌注量
	增加肋间肌的强度	呼吸更省力
	维持肺组织弹性	呼吸更省力
	维持肺泡大小	无效腔不发生变化，维持适当的扩散面积
骨骼系统	增加骨密度	增加骨强度，降低骨质疏松症的风险
	提高形成红细胞和白细胞的速率（骨髓）	增加血液运输氧的能力，提高天然免疫系统能力

一、神经系统

运动作为神经系统有效的刺激因素，不仅能够促进生长发育中脑的可塑性，对成年大脑功能重组和代偿也有积极的作用。研究表明，适当运动可以帮助维持中枢神经系统的紧张度，调节自主神经系统的兴奋性。经常进行体育锻炼的老年人，其反应时较不锻炼的老年人短。连续 20 年体育运动的老年男子的动作反应时与 20 岁无运动的青年男子相似或更快。因此，有规律地进行体育活动，在某程度上能延缓神经肌肉功能的生物学衰老。

二、运动系统

（一）骨骼

经常参加运动的人群，其骨密度明显高于没有体育锻炼习惯的人群，尤其是前者的股骨、胫骨、跟骨的骨密度明显高于后者，其下肢骨折发生率明显低于后者。科罗伦（Knolnen）通过对 50~73 岁有前臂骨折史的女性的研究发现，运动训练可以抑制中年妇女骨质丢失速度，对创伤性骨丢失具有逆转作用。日本学者研究发现，行走、慢跑等有氧运动，对骨骼刺激时间较长，影响骨密度的作用也较大。一般认为，以 40%~80% 最大摄氧量的中等强度的运动能使骨量增加，若运动强度超过 80% 反而使骨量减少。

运动使骨密度的增加受负荷方式、骨骼局部应力及运动量等因素的影响。负重运动能增加负重骨的骨质量，使骨骼变得粗壮；没有负荷应激时则骨质减少。即使是80岁老人，坚持每日步行1.609千米（1.609千米=1英里）也能有效地减少骨质丢失，预防骨质疏松的发生。

（二）骨骼肌

老年人最大力量的下降为18%~20%，肌肉力量下降的速度与肌肉活动情况有关。经常进行抗阻训练，能促进蛋白质的合成，保持肌肉体积及力量，降低其衰老的速度。例如，以80%最大肌力进行抗阻练习，屈膝力量和伸膝力量都增加，随着力量的显著增长，肌纤维也产生适应性肥大。老年人运动训练引起的力量变化和年轻人是相似的。老年人进行步行或慢跑训练，可选择性地使Ⅰ类和Ⅱa类肌纤维横断面增大，毛细血管和肌纤维比值、毛细血管的数目、密度增加，线粒体增大、增多，琥珀酸脱氢酶活性增加。

三、心血管系统

缺乏体育活动与衰老本身都能导致老年人心血管机能下降。适宜的有氧运动能改善心血管机能。耐力训练可使老人的心脏机能和肌肉的有氧代谢能力提高。进行耐力训练后，老年男女的最大摄氧量分别增加了19%和22%，增加程度与年轻人相似。同时，适宜运动导致的血流加快有刺激血管内皮、促进血管内皮舒张因子释放、改善血管功能的作用。研究表明，心脏病患者运动后血浆心钠素水平增高，而心钠素可舒张血管，降低血压，减少静脉回流和心房充盈压。此外，心钠素可明显扩张冠状动脉，增加冠脉血流量，改善心肌营养。

规律性有氧运动还可减轻增龄性中心动脉血管顺应性下降，并恢复先前缺少运动的中、老年人血管顺应性至中年水平。习惯性运动是降低人群中心血管危险度的机制之一，规律有氧运动有抗心血管衰老作用。美国国家衰老研究所研究人员对302名70~92岁老年人进行运动调查，经过6年随访，发现爱运动的老年人死亡率为12.1%，不爱运动的老年人死亡率为24.7%，运动可降低心血管疾病的风险，从而降低死亡率。

四、呼吸系统

老年人肺的通气、换气功能都会下降，从而影响氧的运输能力。经常运动可增加呼吸肌的力量和耐力及肺通气量，提高肺泡张开率，保持肺组织的弹性、胸廓的活动度，延缓因肺泡活动不足而加厚的老化进程。系统锻炼可使安静时的呼吸频率减少到8~12次/分钟，肺活量均比一般老年人大，改善肺脏的通气和换气功能，从而提高全身各内脏器官的新陈代谢。有氧训练可提高老年人的肺功能能力，使最大通气量增加，其增长速度与心输出量的增长相适应。坚持体育锻炼能预防老年人慢性支气管炎和肺部其他疾病。

五、血液系统

长期进行慢跑、快走、打太极拳等有氧运动可以改善老年人的血液循环。由于血容量增加，血液相对稀释，降低了血液黏稠度，减少血液循环的阻力和负荷，改善了老年人的机能状况，对提高自身的身心健康和预防心血管等老年性疾病有积极的意义。长期进行冬泳、门球、太极拳、长跑、散步和舞蹈等锻炼均可对老年人血液流变学指标产生良性影响。

六、免疫系统

适当的运动可使机体免疫系统的功能增强。坚持冬泳、慢跑、太极拳、网球等锻炼会对老年人自然杀伤细胞活性及数量产生良好影响。坚持海水冬泳的老人 $CD4^+$ 升高幅度要大于 $CD8^+$，故 $CD4^+/CD8^+$ 细胞比值增高，提示免疫功能增强。在实际生活中，常参加锻炼的人患感冒少，因而由感冒引起的一系列疾病，如扁桃体炎、气管炎、肺炎等呼吸道疾病就不容易发生。伍兹（Woods）报道，老年人每周运动 3 次，每次大于 15min 中等量有氧运动，持续 6 个月，结果发现免疫功能显著高于不运动组，因此认为老年人中等强度运动可增强免疫功能。

七、抗氧化系统

运动训练使机体对自由基损伤产生适应，长期运动训练可提高器官、组织的血供调节能力，组织相对缺氧较轻。另外，运动可提高体内抗氧化系统功能，以致能迅速有效地清除产生的自由基。研究证明，长期健身运动均能不同程度地提高老年人抗氧化系统的功能。可阻止血清过氧化脂质的升高及减慢中老年人体内超氧化物歧化酶的下降速率，使机体自由基清除系统中的酶活性维持在较高的功能状态，减少对正常细胞组织的攻击作用。锻炼有天然的抗氧化作用，有规律地运动，可加强某些抗氧化剂作用，增高抗氧化酶水平。运动可改善老年人抗氧化能力，增强超氧化物歧化酶基因表达，增强老年人抗氧化能力。

八、其他

有氧运动可有效地氧化体内脂肪而使体脂下降，增强肌肉含量。抗阻运动对减少体脂和增加瘦体重均有良好效果。老年人进行抗阻运动后，会引起骨骼肌产生适应性肥大、质量增加，而骨骼肌中约 73% 是水，所以表现为瘦体重增加。如果坚持体育运动，体成分又保持不变的话，最大摄氧量递减率为每年 0.25mL/kg，无训练者的最大摄氧量递减率是有训练者的 2 倍。所以过于肥胖或活动少的人将会加快最大摄氧量的下降速率。

中等强度有氧运动能有效地改善脂蛋白和载脂蛋白的代谢。长期坚持健身跑、太极拳、太极剑、步行、健身舞锻炼可有效提高高密度脂蛋白胆固醇水平，降低血清甘油三酯、低密度脂蛋白胆固醇、极低密度脂蛋白胆固醇及载脂蛋白水平。而抗阻练习对血中胆固醇、甘油三酯及脂蛋白的水平影响不大。

第四节 老年人健身运动原则

老年人进行健身运动要想达到健身祛病、防病延衰、延年益寿的目的，就必须遵循科学的锻炼原则。

一、重视有氧运动原则

老年人进行健身运动时，适宜从事耐力性项目，而不宜进行速度性项目。在耐力健身运动项目中常采用的有步行、健身跑、游泳、自行车、登山、跳健身舞等，有条件时还可打网球、门球、高尔夫球等。在我国传统体育项目中，可选择健身气功、太极拳、太极剑等。还有自然锻炼法（如日光浴、空气浴和冷水浴等）和医疗体育锻炼都可增进老年人的身心健康。建议老年人每周都应进行 3~5 次、每次持续 30~60min 的不同类型运动，如游泳、慢跑、散步、骑车等，强度可以从温和到略微剧烈不等。这也就是说，锻炼时以 55%~70% 最大心率为宜。

二、适当加强力量练习原则

适度的力量练习可以减缓中老年人骨质流失的速度，对于防止肌肉萎缩、维持各器官的正常功能均能起到积极的作用。当然，中老年人在进行力量练习时，应选择那些轻量、安全的训练项目，如举小沙袋、握小杠铃、拉轻型弹簧带等，每次练习的时间不宜过长，以免对身体造成伤害。由于中老年人的软组织退化较快，且损伤后不易恢复，所以这一点尤其需要注意。

三、循序渐进原则

在进行健身运动的初期运动负荷和运动量要小，经过锻炼对运动负荷和运动量适应后再逐步增加和达到适宜的运动负荷和运动量。经过一段时间锻炼后，如运动时感到发热、微微出汗，运动后感到轻松、舒畅、食欲、睡眠均好，说明运动负荷和运动量恰当。锻炼的动作应由易到难、由简到繁、由慢到快，时间要逐渐增加。老年人运动时，可用运动后即刻脉搏变化和恢复时间来控制运动量。老年人的适宜运动量可用 "170-年龄" 这个公式来掌握，例如，60 岁的人运动后即刻脉搏达到 110 次/分钟，5~10min 内脉搏恢复到安静时水平较为适宜。

四、经常性原则

健身运动一定要持之以恒。每周锻炼不应少于 2~3 次，每次锻炼不低于 30min。同时要合理安排锻炼时间，养成按时锻炼的良好习惯。只有这样的锻炼才可使身体结构和机能发生良好的变化，增强身心健康。

五、个别对待原则

老年人在锻炼前应做一次全面的身体检查。通过检查可了解自己的健康状况和各脏器的功能水平。要根据老年人的年龄、性别、体力特点、健康状况、运动基础及运动习惯来选择最适宜的运动项目，并制订合理的锻炼计划，要因人而异。

六、自我监督原则

老年人参加体育锻炼要加强医务监督。要学会观察、记录自己的脉搏、血压及健康状况，以便进行自我监督，防止过度疲劳，避免发生运动损伤，提高锻炼效果和健康水平。运动时要注意适当安排短暂休息，运动前后要认真做好准备活动和整理活动。老年人锻炼时气氛应轻松愉快和活跃，应尽量避免做憋气的动作和参加精神过于紧张的比赛活动。如在运动中出现脉搏过快或过慢，或变得不规则时应停止锻炼，去医院检查。遇有感冒或其他疾病、身体过度疲劳时，应暂停锻炼，并及时进行治疗或休息。

◈ **【思考题】**

1. 如何认识人体衰老产生的机制？
2. 衰老过程中人体机能能力下降的主要表现是什么？
3. 健身运动对延缓衰老过程有哪些影响？
4. 老年人最适宜的运动项目有哪些？体育锻炼时应注意哪些生理学原则？

(北京体育大学　何　辉　赵　丽)

第二十二章 运动健身的生理学基础

◇【教学目标】

通过本章内容的学习,掌握运动对机体肌肉骨骼、心血管、呼吸、内分泌、运动系统等健康影响的生理学机制,运动处方中运动强度、频率和运动量的推荐;了解运动处方制订的基本流程、实施中的注意事项。

运动对健康的促进作用已成为当今研究的热点。科学、规律地运动可以延缓慢性非传染性疾病的进程,提高其预防、治疗和康复的效果。制订规范化、个性化的运动处方是实施科学运动的基本手段、方法。

第一节 运动对健康的促进作用

世界卫生组织报告,在全球范围内引起死亡的主要危险因素中,缺乏体力活动已位于第四位(6%),仅次于高血压(13%)、吸烟(9%)、高血糖(6%),高于超重和肥胖(5%)。21%~25%的乳腺癌和直肠癌、27%的糖尿病和30%缺血性心脏病与缺乏体力活动密切相关。运动促进健康的生理学作用主要表现在以下方面。

一、健身运动对肌肉骨骼系统的影响

人体是由骨骼肌收缩带动的骨、关节运动,因此骨骼肌收缩是人体运动的动力。长期坚持运动会对肌肉骨骼产生有益作用。

(一) 对骨骼肌的影响

运动会增加肌肉体积、肌肉力量,提高肌肉对糖、脂肪、蛋白质的代谢和有关代谢酶的活性,降低发生糖脂代谢紊乱、肌少症的风险。

1. 肌纤维选择性肥大,调节肌纤维类型的比例

长期运动能增加骨骼肌纤维的体积,使其围度增加。其中耐力项目的运动可以引起慢肌纤维的选择性肥大,速度、爆发性运动可以引起快肌纤维的选择性肥大。由于运动方式对不同骨骼肌纤维的影响存在差异,会导致肌纤维类型的百分比发生改变。

2. 提高骨骼肌的代谢能力

耐力运动可增加骨骼肌肌纤维中线粒体的数量和体积，提升与氧化供能有关的代谢酶活性，骨骼肌有氧氧化能力明显提高。速度、爆发力运动可以增加肌纤维的体积，但不能增加肌纤维中线粒体的数量和体积，因此不能增加肌肉的有氧氧化能力。

3. 改善肌肉的协调和控制能力

力量运动使支配各部位肌群的中枢之间能够准确、及时地产生兴奋与抑制的转换，提升主动肌与拮抗肌、协同肌之间的协调性，肌肉能够产生更大的力量。

（二）对骨骼、关节的影响

1. 促进骨的生长发育、提高骨密度

经常进行运动，可以有效促进儿童少年的骨骼生长发育，使骨骼变得更加致密、粗壮，提升骨骼抗弯、抗压、抗骨折、抗扭转的功能，防止骨骼变形。对于成年人和老年人，长期运动可以减缓增龄引起的骨量丢失，维持骨密度，延缓骨质疏松症的发生。

2. 提高关节的稳固性和灵活性

运动通过增强关节周围的肌肉力量来提升关节的稳固性，改善肌肉、肌腱和韧带的伸展性来提升关节的灵活性。关节稳固性和灵活性的提升对预防、治疗和康复身体不同部位的运动损伤有良好的作用。

二、健身运动对心血管系统的影响

当人体处于安静状态时，心率通常维持在 60~100 次/分钟，心脏每分钟射出的血量大约是 5000mL，主要供应肝脏（27%）、肌肉（20%）、肾脏（22%）、大脑（14%）、皮肤（6%）、心脏（4%）和其他部位（7%）。当人体进行大强度运动时，心率可上升到 180~200 次/分钟，甚至更高，心脏每分钟射出的血量大约会增加到 25000~30000mL，其中大部分血液都供应肌肉（84%），小部分供应心脏（4%）、大脑（4%）、肝脏（2%）、皮肤（2%）、肾脏（3%）和其他部位（1%）。

规律的运动可通过改善中枢和外周的适应能力来提高最大摄氧量；改善心肌血流的灌注；降低运动时心率和血压上升的幅度，使心脏的做功减少；提高心绞痛发作的阈值；增加骨骼肌毛细血管密度等。

（一）提高心脏泵血能力

长期运动，能够提高心肌收缩能力、增大心脏容积，进而提高心脏泵血功能。主要表现为心脏的每搏输出量增加，安静时心率降低。在同等强度的运动中，心脏每搏输出量增加、心率减慢，心肌可得到较长时间的血供，有利于改善心肌的血液循环、增加氧气的供应。

（二）增加冠状动脉血流，促进侧支循环的形成

运动对冠状动脉血流的直接影响，主要是由于运动引起心肌代谢能力增强、耗氧量提

高而刺激心肌血流量增加，继而引起冠状动脉舒张。侧支循环的建立是心肌适应缺血的自我防御措施之一。长期坚持运动，可以促使冠状动脉侧支循环的形成，增加缺血区域的血液供应，提高心肌供氧量。

（三）延缓冠状动脉粥样硬化的进展

长时间规律运动对机体脂代谢有良好的调节作用，可使血液中低密度脂蛋白胆固醇（LDL-C）下降，高密度脂蛋白胆固醇（HDL-C）升高，减少胆固醇在冠状动脉管壁上的沉积，从而缓解动脉粥样硬化的进展，减轻冠状动脉的狭窄或阻塞，改善心肌血液供应。

（四）改善冠状动脉血管内皮功能

血管内皮细胞通过分泌多种生物活性物质参与血管舒缩、抗血栓、免疫等功能。参与血管舒缩功能的血管活性物质主要有一氧化氮（NO）、内皮素-1（ET-1）等。NO和ET-1组成一对生理性拮抗剂，NO具有舒张血管、降低血压、抑制平滑肌细胞增殖和血小板黏附等作用，NO浓度的降低会导致血管内皮功能障碍。而ET-1是目前已知的最强的血管收缩物质，ET-1浓度与冠心病的病情严重程度呈正相关性。运动可以通过增加NO与降低ET-1的浓度，改善冠状动脉血管内皮功能的障碍。

（五）减轻心脏的后负荷

通过运动，机体的交感神经兴奋性下降，血液中儿茶酚胺浓度降低，动脉管壁的紧张度随之下降，血压下降，从而减轻心脏的后负荷。

对于中老年人，长期参加体育活动可以使小动脉管壁的弹性不随年龄的增加而减弱，保持较好的弹性，加上安静时交感神经的紧张性减弱，外周血管阻力较小，使安静时血压处于相对较低的水平。

三、健身运动对呼吸系统的影响

运动时机体为适应高代谢的需求，会摄入更多的O_2、排出更多的CO_2，通气功能会发生相应的变化。具体表现为呼吸加深、加快，潮气量从安静时的500mL上升到2000mL以上，呼吸频率随运动强度而增加，可由每分钟16~18次增加到40~60次。由于潮气量与呼吸频率的变化，运动时的每分通气量可从安静时的6~8L增加到80~150L，较安静状态增加10~20倍。

运动对呼吸系统产生良好效果的机制包括：①呼吸加深、加快，提高肺通气量；②提高运动时的氧利用率，可由安静时的26%升高到77%~100%；③躯干部位肌肉力量的加强，可以确保O_2的快速吸入和CO_2缓慢呼出，降低气道发生呼气性塌陷的危险；④可促进体位性引流和痰液的排出；⑤消除不良的心理因素。

有氧运动是治疗、康复某些慢性呼吸系统疾病（如哮喘、慢性阻塞性肺疾病等）非常有效的方法。如游泳对改善哮喘特别有帮助，一方面是因为游泳需要掌握调节呼吸的方法，另一方面是由于游泳需要在潮湿的环境中进行运动，而周围潮湿的空气相对于其他干燥的运动环境而言，更有助于减少黏液分泌，降低运动性支气管痉挛的发生。

四、健身运动对消化系统的影响

人们一直认为运动时胃肠血液循环减少,会降低胃肠吸收功能,但在实际观察中未能证实。因为只有血流量下降超过50%时,才有吸收功能下降。进行中等强度运动引起的血流重新分布,胃肠的血流量仅下降40%。长时间运动后可使谷丙转氨酶、胆红素、碱性磷酸酶升高,但要与肝病相区别。

经常从事适量运动,对胃肠道功能有着良好的促进作用。有研究发现,进行间歇、长时间的踏车运动可加速胃排空。然而,在一些大强度的运动训练及比赛中,运动者经常会出现腹泻、腹痛、呕吐、恶心和吐酸水等胃肠症状,运动医学中将这种由运动引起的胃肠系统功能紊乱现象称为运动性胃肠综合征。发生机制可能与胃肠道血流量、血流动力改变、机械性震动,以及神经、内分泌、免疫功能的变化有关。

五、健身运动对泌尿系统的影响

正常安静时,心脏排血量的20%可通过肾小球滤过。在运动时肾血流量减少,剧烈运动时可减至安静时的50%及以上。虽然运动时肾血流量减少,但肾小球滤过率仅下降30%,因此滤过分数反而会提高20%。

适宜的有氧运动对肾脏有良好影响。有研究证明,长期低强度游泳运动对预防老年高脂饮食性肾微结构损伤起到保护作用,其机制可能与运动调节血脂、提高胰岛素敏感性、增强抗氧化能力有关。大强度过量运动可能会出现运动性血尿或运动性蛋白尿。

在剧烈运动开始时,组织代谢导致组织高渗性,使水分从血液中外移至活动细胞中以弥补水分丢失,如继续运动,则以后细胞间或细胞内水分减少。当水分丢失达到体重6%时,血浆渗透压可升高约20mmol/L。当水分进一步丢失、血浆渗透压发生变化会影响电解质浓度。

六、健身运动对神经系统的影响

运动能够影响中枢神经系统某些神经元的生理活动,包括多巴胺能神经元、去甲肾上腺素能神经元、5-羟色胺能神经元、谷氨酸能神经元和γ-氨基丁酸(gamma-amino butyric acid,GABA)能神经元等。运动时5-羟色胺增多可能是导致中枢疲劳的因素之一;运动使脑氨增多,对中枢具有毒性作用;运动能改变海马众多基因的表达水平,促进神经组织再生与结构变化。

长期的运动可以提高中枢神经系统的兴奋或抑制能力,提高运动者的反应速度、神经动员能力及精确动作的神经控制能力。

七、健身运动对内分泌系统的影响

内分泌系统是机体重要的调节系统。运动应激对相关激素的刺激反应可表现为升高、降低和不确定。大多数激素表现为升高,如生长激素、促甲状腺激素、促肾上腺皮质激素、催乳素、内啡肽、抗利尿激素、皮质醇、醛固酮、儿茶酚胺(肾上腺素、去甲肾上腺素)、甲状腺素、三碘甲状腺原氨酸、甲状旁腺素、孕激素、睾酮、心房钠尿肽等。在各种形式的运动中，胰岛素几乎都出现浓度的下降，胰岛素敏感性增加，黄体生成素、卵泡刺激素等激素的变化不确定。

胰岛素起着促进糖原合成、抑制糖原分解的作用。运动时胰岛素的分泌受到抑制，血浆胰岛素浓度下降，同时胰高血糖素分泌增加。其结果是有助于肝糖原分解，满足肌肉收缩的需要，同时抑制非运动组织糖原的合成，减少其对糖的消耗。运动促进肌肉局部血流增加，但血浆胰岛素浓度较低，故强化了胰岛素与肌细胞膜上受体的结合能力，即提高了胰岛素受体的敏感性。

经常进行运动，胰岛素受体敏感性提高，能使肌肉在血浆胰岛素浓度降低的情况下，加强对葡萄糖的摄取和利用，这正是运动防治糖尿病的机制。运动促进脂肪的利用，减轻肥胖，提高肌细胞对胰岛素的敏感性，便于糖的利用，纠正胰岛素相对不足带来的糖代谢紊乱，对于非胰岛素依赖的 2 型糖尿病患者，是一种极有意义的病因治疗。

八、健身运动对血液的影响

长时间从事耐力运动，人体循环血容量增加。这种血容量增加包括血浆容量和红细胞容量，但是血浆容量增加相对于红细胞容量增加更显著，所以红细胞压积减少，单位容积中的红细胞数和血红蛋白含量减少，血液相对稀释。

运动加快了对衰老红细胞的更替，被更年轻的红细胞代替，降低红细胞膜的刚性，增加红细胞膜的弹性，导致红细胞变形能力增加，加上运动使血液相对稀释，上述两个因素会引起血液的黏度下降，改善血液流变性。

运动可以刺激组织释放纤维蛋白溶酶，激活纤维性蛋白的溶解作用，具有抗血栓形成作用。这种纤溶能力增加并不完全表现为"亢进"，而是具有双向性调整作用，即对纤溶能力不足的通过运动可调整为增加，而对于过分"亢进"的，通过运动又能调整为正常。

九、健身运动对免疫系统的影响

长期运动可以预防肿瘤，尤其是结肠、直肠肿瘤。运动可以增加某些酶的活性，能够破坏产生癌症的诱发因素；运动能改善免疫功能，增加全身免疫和 T 细胞、B 细胞数目和功能，增加杀伤细胞的数目和能力。

运动对免疫系统的影响与运动强度、持续时间、运动方式、运动量有关。长期规律性运动可以提高机体非特异性免疫功能，而对特异性免疫功能影响不大。剧烈运动可使运动者出现运动性免疫功能低下，导致对疾病的抵抗力削弱，上呼吸道感染的发生率升高，其原因与机体黏膜防御系统的改变有关，即与分泌型免疫球蛋白 IgA（s-IgA）的降低有关。

运动不但能够改善人体的生理机能，健身运动特别是参加娱乐性运动还可改善心情，促进运动者的心理健康。

十、健身运动对心理、睡眠健康的影响

运动对改善心理健康状态有很显著的积极作用。研究表明，有氧运动可以降低焦虑和抑郁情况，能够有效分散个体对挫折、焦虑、忧虑情绪的注意力，从而使其消极情绪得到

一定程度的缓解，使个体的负性情绪得到较好的宣泄，使其情绪更加平稳。

焦虑和抑郁是造成睡眠障碍的重要原因。有规律的有氧运动对整体睡眠质量有良好的改善作用，包括睡眠潜伏期缩短、总睡眠时间和深度睡眠时间增加、睡眠效率提高等。

第二节　运动处方的基本理论

运动处方（exercise prescription）最早是在20世纪50年代由美国生理学家Peter Karpovich提出的。从20世纪60年代开始，随着康复医学的发展及对冠心病患者实施运动康复训练，运动处方开始受到人们的重视。1969年，世界卫生组织（WHO）开始使用运动处方术语，从而在国际上得到认可。

运动处方是由运动处方师、运动健康指导师、康复医师、康复治疗师、社会体育指导员和临床医生等专业人员依据参加体育活动者的年龄、性别、个人健康信息、医学检查、体育活动的经历及心肺耐力等健康体适能测试结果，并根据健身目的，用处方的形式制订的系统化、个性化的体育活动指导方案。它是指导人们有目的、有计划、科学地进行运动的一种重要方法。

一、制订运动处方的基本流程

由于运动者可能存在发生心血管疾病的危险因素，也可能存在发生肌肉、骨骼、关节等部位运动损伤的风险，因此在制订运动处方前，首先应该进行较全面、系统的身体健康检查，在此基础上选择一定的方法手段进行健康体适能水平的测评（如心肺耐力、肌肉力量耐力、柔韧性、身体成分等），最后充分考虑不同个体目前的体力活动水平、是否服用某些药物、生活方式特点、运动目标等因素，进行运动处方的制订与实施，并在实施过程中进行监测、定期反馈与调整。

（一）健康筛查

通过询问、观察和运动者本人填写调查问卷等方式全面了解受试者的病史、症状和体征、运动习惯等，主要包括如下内容。

1. 病史

目前有无心血管、代谢性或肾脏疾病等，如冠心病（心绞痛、心肌梗死）、末梢动脉疾病、脑血管病或一过性脑缺血、冠状动脉支架植入、冠状动脉搭桥、高血压病、高血压性心脏病、风湿性心脏病、慢性心瓣膜病、瓣膜置换术、心脏起搏器等。

2. 症状、体征

主要包括：①因心肌缺血引起的胸、颈部疼痛或不适；②休息或中等体力活动时呼吸困难；③头晕或晕厥；④端坐呼吸或突发性夜间呼吸困难；⑤脚踝水肿；⑥心悸或心动过速；⑦间歇性跛行；⑧已知的心脏杂音；⑨异常疲劳。

3. 体力活动水平

通过问卷或当面咨询了解受试者日常生活中的体力活动水平、有无规律运动的习惯，为制订运动处方中的运动强度和运动时间提供重要依据。对运动习惯情况的了解应包括：①参加运动的方式、运动频率、每次锻炼的时间、运动中的主观感觉、有无运动强度的控制和监测，以及有无运动性伤病的发生；②是否进行过运动测试和相关测试的结果与评价。如果受试者近3个月以来，没有坚持每周至少3天、每天至少30min的中等强度有氧运动，此人就属于久坐少动的生活方式。

4. 心血管疾病危险因素

通过有资质、专业的健康管理人员、运动医学专业人员确定受试者是否存在心血管疾病（cardiovascular disease，CVD）危险因素，对确保运动测试和运动处方实施的安全性至关重要。CVD危险因素主要包括年龄、家族史、吸烟史、肥胖、高血压、糖代谢异常、脂代谢异常、久坐少动的生活方式等。每个危险因素及诊断标准如表22-1所示。

表22-1 心血管疾病（CVD）危险因素及判断标准

正性危险因素	标　准
年龄	男性≥45岁，女性≥55岁
家族史	在一级亲属（父母、兄弟姐妹及子女）中，男性亲属在55岁之前、女性亲属在65岁之前发生心血管事件
吸烟	现行吸烟者或戒烟6个月以内
高血压	SBP≥140mmHg或/和DBP≥90mmHg，至少在两个不同时间测量后确定
糖尿病	空腹血糖≥7.0mmol/L和/或口服糖耐量试验（OGTT）2h血糖≥11.1mmol/L或HbA1C≥6.5%
脂代谢紊乱	LDL-C>3.37mmol/L、HDL-C<1.04mmol/L、TG>1.7mmol/L、TC>5.7mmol/L，或者正在服用降血脂药物者
肥胖	BMI≥28kg/m^2，或腰围：女性≥85cm，男性≥90cm
久坐少动的生活方式	至少3个月，每周参加中等强度（40%~60%VO$_2$R）体育活动时间少于3天，每天少于30min
负性危险因素	判断标准
HDL-C	≥1.55mmol/L

SBP：收缩压；DBP：舒张压；LDL-C：低密度脂蛋白胆固醇；HDL-C：高密度脂蛋白胆固醇；TC：总胆固醇；TG：甘油三酯；VO$_2$R：储备摄氧量。

（二）基于体力活动水平的运动风险评估

由于心血管疾病及体力活动水平是诱发运动性心血管疾病风险的主要原因，根据美国运动医学会（ACSM）的推荐，首先应对受试者的体力活动水平进行调查，然后根据有无心血管、代谢或肾脏疾病，有无心血管、代谢或肾脏疾病的相关症状、体征来决定是否进行医学检查。具体流程见图22-1。

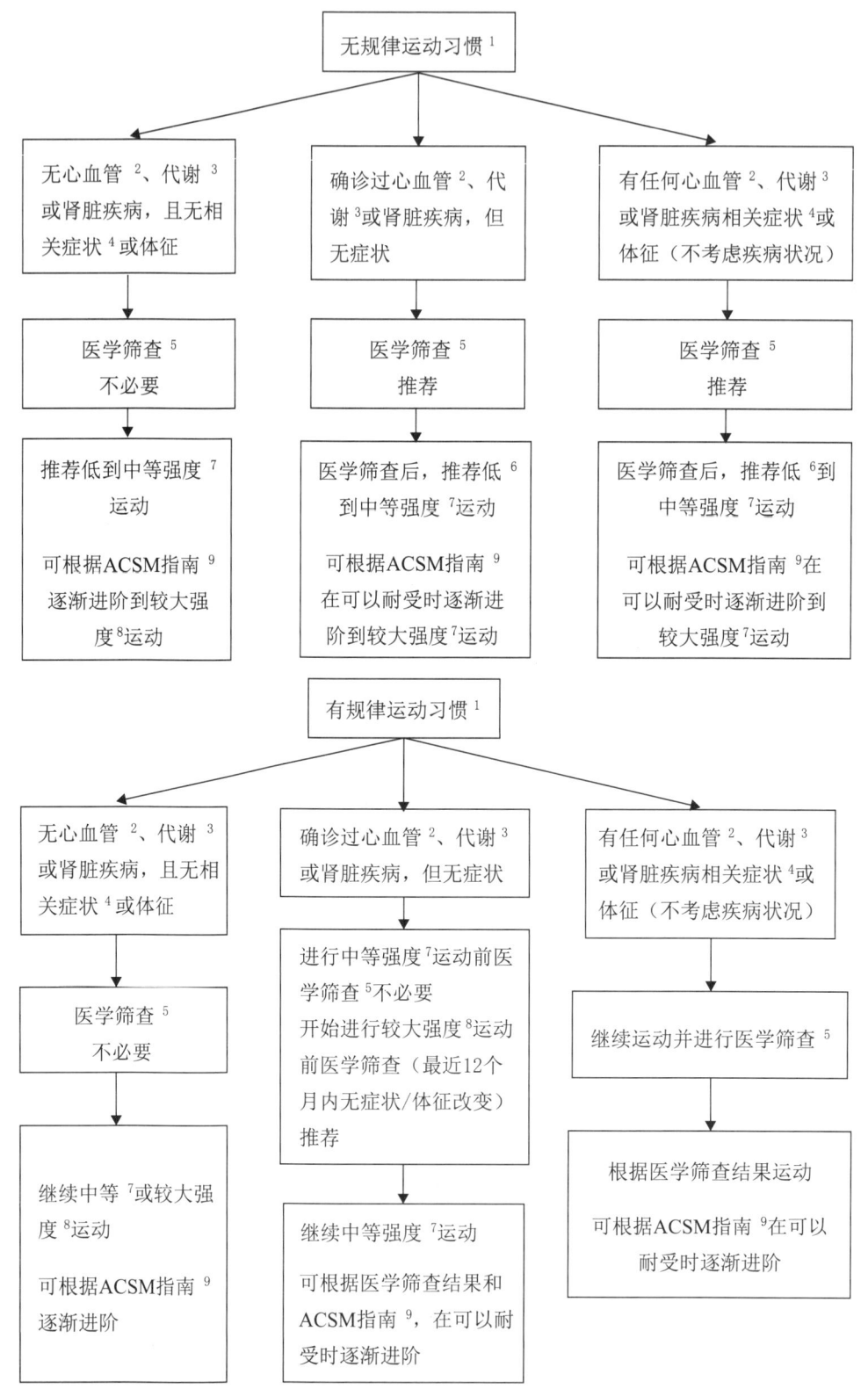

1 运动习惯：进行至少 3 天/周、30 分钟/天、中等强度的有计划、系统性的体力活动，持续至少 3 个月。
2 心血管（CV）疾病：心脏、外周血管或脑血管疾病。

3 代谢疾病：1 型和 2 型糖尿病。

4 症状和体征：安静或活动时。包括：疼痛，可能由缺血引起的胸、颈、下颌、手臂或其他部位的不适，安静或轻度用力时呼吸困难，眩晕或晕厥，端坐呼吸或夜间阵发性呼吸困难，脚踝水肿，心悸或心动过速，间歇性跛行，确诊的心脏杂音，常规运动时出现异常疲劳或呼吸困难。

5 医学筛查：健康管理专业机构提供运动许可证明。

6 低强度运动：30%~39% HRR 或 VO_2R；2~2.9 METs，RPE9-11，HR 和呼吸略加快。

7 中等强度运动：40%~59% HRR 或 VO_2R；3~5.9 METs，RPE12-13，HR 和呼吸明显加快。

8 较大强度运动：≥60% HRR 或 VO_2R；≥6 METs，RPE≥14，HR 和呼吸显著加快。

9 ACSM 指南：见 ACSM 运动测试与运动处方指南，第 10 版，2019.

图 22-1　基于体力活动水平的运动风险评估

（引自：王正珍. ACSM 运动测试与运动处方指南［M］. 10 版. 北京：北京体育大学出版社，2019.）

（三）健康体适能测评

1. 概述

体适能（fitness）是指人们除了足以胜任日常工作外，还能够从事休闲活动、应对压力和突发状况的身体适应能力，是从体育学角度评价健康的一个综合指标。根据体适能与健康水平、竞技水平的关系可分为健康体适能和竞技体适能两类。其中健康体适能主要由心肺耐力、肌肉力量与肌肉耐力、身体成分、柔韧性五大要素组成。它是机体维护自身健康的基础，是机体保持愉快、完成日常工作和降低慢性疾病发生的前提，其目的是追求健康的身体和优质的生活。

2. 心肺耐力测试

心肺耐力是健康体适能的核心要素，反映心血管、呼吸系统有效地向肌肉提供足够氧气和能量物质、维持机体从事体力活动的能力。由于心肺耐力高的人通常具有较好的运动耐力和有氧运动能力，所以心肺耐力又称为有氧耐力。

心肺耐力的测评方法很多。直接测试法可通过反映心脏泵血功能的最大心输出量测量和反映机体氧气摄取和利用能力的最大摄氧量来获得；间接测试法可采用场地测试、跑台测试、功率车测试和台阶试验等各种运动负荷试验来推测机体的心肺耐力。由于间接测试法简便且易被接受，因此成为心肺耐力测评的常用手段。

运动负荷试验常采用的方法是"递增运动负荷试验"。对于运动能力较高的运动员及青年运动爱好者，可采用极量运动负荷试验。对于普通无运动经历的健康者，可采用亚极量运动负荷试验和症状限制性运动负荷试验。对于已确诊有心血管疾病的患者，通过详细的医学检查，排除运动试验的禁忌证，方可进行运动负荷试验。可采用低运动负荷试验或症状限制性运动负荷试验，要求有密切的监护及必要的急救设施。

3. 肌肉力量、耐力的测评

肌肉力量、耐力是完成日常生活、体力劳动和体育运动的基础。肌肉力量常用测试方法有握力、背力、等速肌力测试等。肌肉耐力测试的方法有俯卧撑、仰卧起坐、引体向上、仰卧举腿、30s 手臂弯举、30s 坐站等。

4. 柔韧性测评

柔韧性是身体不同部位关节的活动幅度及伸展能力，与关节本身的解剖结构、周围的韧带、肌肉、肌腱的延展性有关。良好的柔韧性可有效增强身体活动能力，降低运动和日常生活中的损伤发生率。常用的测试方法有坐位体前屈试验（评价躯干、下肢柔韧性）、坐椅前伸试验（评价躯干、下肢柔韧性，适用于年老、体弱多病的人群）、双手背勾试验（评价肩关节柔韧性）等。

二、制订运动处方的基本原则

制订运动处方需要遵循的基本原则是FITT-VP，即每一种运动处方都应该包括运动频率（frequency，F）、运动强度（intensity，I）、运动方式（type，T）、运动时间（time，T）、运动总量（volume，V）和运动进阶（progression，P）六个方面。其中运动强度应设定出安全有效的范围，运动时间应设定出最低有效的推荐量。

（一）运动方式

根据改善身体运动能力的不同可分为有氧运动、抗阻运动、柔韧性运动和平衡、协调性运动等。运动方式选择的基本原则是：

①以有氧耐力性运动为主，兼顾个人运动习惯和爱好。

②参与运动的主要大肌群动力性运动与静力性运动结合，全身运动与局部运动结合，以全身动力性运动为主、局部静力性运动为辅。

③对于不常运动的人，动作结构上选择以周期性运动为主，因为动作简单、强度易于控制。

提高心肺耐力的有效手段是有氧运动。有氧运动是全身大肌肉群参加的、周期性中低强度、连续不断、较长时间的运动，如步行、慢跑、快跑、骑自行车或功率车、上下台阶、登山、游泳、滑雪、滑冰、非竞赛性球类运动，以及我国传统体育项目，如太极拳、五禽戏、八段锦、扭秧歌等。步行是一种被人们普遍接受的运动方式。对于久坐少动的人群，即使是以较慢的速度步行（4km/h，约3METs）也可以有效提高低运动者心肺耐力，减轻其体重和身体脂肪重量，改善其心肺功能。对于一位健康、习惯步行的人来说，以4.7~6.3km/h的速度步行能够获得心肺耐力的刺激。对于50岁以上的运动者来说，这种健步走的速度相当于50%HRR或70%HR_{max}的运动强度。

在确定运动方式时还应注意高撞击性运动和重复性多的运动项目会与运动损伤发生的风险呈正相关，特别是超重或刚开始参加运动者，可以采用多种不同的运动方式进行运动，以减少对局部骨骼和肌肉的压力。

（二）运动强度

运动强度是指运动中的费力程度。有氧运动的强度取决于走、跑速度，蹬车的功率、爬山时的速度与坡度等。在力量和柔韧性运动中，运动强度取决于给予的阻力、关节活动的范围等。运动强度是运动处方的重要组成要素，是决定运动量的基础。运动强度是否恰当，关系运动的效果和运动者的安全，应该根据个人的特点，确定运动时应达到的有效强度和安全有效范围。

主观用力感觉等级（rating of perceived exertion，RPE）是对机体运动时主观上的用力感觉进行描述，是评价运动强度常用的主观指标。通常选择的等级划分是6~20，其中6~7是安静坐位时的主观感觉，19~20是人体运动达到力竭状态时的主观用力感觉。对于一般的运动者来说，运动时的主观用力感觉等级在12~15，说明运动强度属于中等，是合理的，而中老年人达到11~13级即可定为适宜的中等强度。

运动强度和运动持续时间决定运动中的能量消耗。一方面可以通过低强度-长时间的方法获得运动带来的益处，另一方面也可以采用高强度-短时间（<10min）的方法提高心肺耐力，但是后者发生骨和关节损伤的概率明显增加，仅适用于体适能状态较好的个体。

在确定运动强度之前应考虑：①运动强度的设定应当与运动者的健身目标一致。低运动能力人群、久坐少动人群和某些疾病患者进行低强度长时间的运动可以改善身体素质；运动能力较高人群，应选择推荐强度范围的上限以改善和维持身体素质；运动员的运动强度在90%VO_2R以上可达到提高竞技水平的目的。②运动者是否患有相关疾病，如骨关节疾病、哮喘或代谢性疾病等。③是否服用了影响心率的药物。④运动者对运动强度的适应性。

在实施心肺耐力运动处方时，关键是控制好运动强度。确定科学、合理运动强度的最好方法，是将运动中的心率（靶心率）和主观用力感觉两种指标相结合。评定运动强度的客观指标有摄氧量、梅脱（METs）、心率（HR），主观指标有主观用力感觉等级（RPE）。以靶心率为指标，健康成年人的中等强度为年龄预测最大心率的64%~76%。

（三）运动时间

运动时间指每次运动持续的时间，是组成运动量的另一重要因素。在持续的周期性运动中，运动时间×运动强度就是每次的运动量。因此，运动时间根据运动强度而发生变化。在制订运动处方时，可采取较低的运动强度和较长的运动时间，也可采用短时间高强度的运动。运动强度确定后，完成该强度的运动时间就成为影响运动效果的主要因素。运动时间过短，对机体不能产生一定的应激，达不到理想的效果；运动时间过长，又可能超过机体的承受能力，造成疲劳积累而损害身体。因此，确定运动时间应根据运动目的及运动强度来设定能引起机体产生最佳效果的运动时间。

在有氧运动处方中，主要采用"持续训练法"，确定有氧运动持续的时间；在肌肉力量运动处方和柔韧运动处方中，则需要规定完成每个动作的重复次数、每组练习所需要的时间、共需要完成几组、两组的时间间隔等。

提高心肺耐力的有氧运动处方，有效的运动时间至少应在10min以上（不包括准备、整理活动）。主要原因是：①在进行运动时，人体各器官系统的工作效率是在运动开始后一段时间内逐步提高的，人体开始运动20~60s后心率即可达到一定水平，而心输出量、摄氧量和氧脉搏在开始运动后2~3min才急剧增加，逐渐增加到较高水平需4~7min；②人体从安静状态进入适宜强度的运动状态，每次运动持续30~60min对于提高心血管系统机能和有氧运动能力较适宜。

（四）运动频率

运动频率是指每周运动的次数。健身运动的效果，是一个由量变到质变的过程，是在每次运动对人体产生积极作用的积累中逐渐显示出来的,所以要求经常运动,或根据运动目的不同,实施一定周期的运动。如果一次运动后,运动对机体的良性作用完全消退后再进行第二次运动,则前一次运动的效果不能被蓄积;如果一次运动后,运动对机体的良性作用还未出现(也就是前一次运动的疲劳尚未消除)就紧接着进行第二次运动,则会造成疲劳连续积累。以上两种运动间隔方式都不能取得满意的效果,第二种形式如果持续时间较长会引起机体过度疲劳,甚至导致一定程度的伤病,因此运动频率在制订运动处方中的作用也是非常重要的。

要根据运动目的和身体情况的不同而正确地设定运动频率。每周进行 3~5 次、每次 30~60min 中等强度的有氧运动,即可达到维持心肺耐力水平的作用,如果每天都运动可以达到更好的运动效果。对某些慢性疾病的患者,可以将每天的运动时间分段进行,适当增加运动次数。如对于糖尿病患者,每天 2 次、每次均选择餐后 1h 运动 20~30min,可以对调节血糖产生有益的作用。每周进行 2~3 次力量练习,两次练习之间休息 24~48h,可以使机体得到"超量恢复",避免肌肉损伤,获得更好的运动效果。

每周以 64%~76% 最大心率或 40%~60% 储备心率的强度运动 3 次,能够有效地改善和维持最大摄氧量。但是每周运动的次数少于 2 次,则不能引起最大摄氧量的改变(图 22-2),机体获得的益处甚微。以增加能量消耗、减肥为目的的运动者,应注意增加每周的运动次数(> 5 次/周或每天 1 次)。

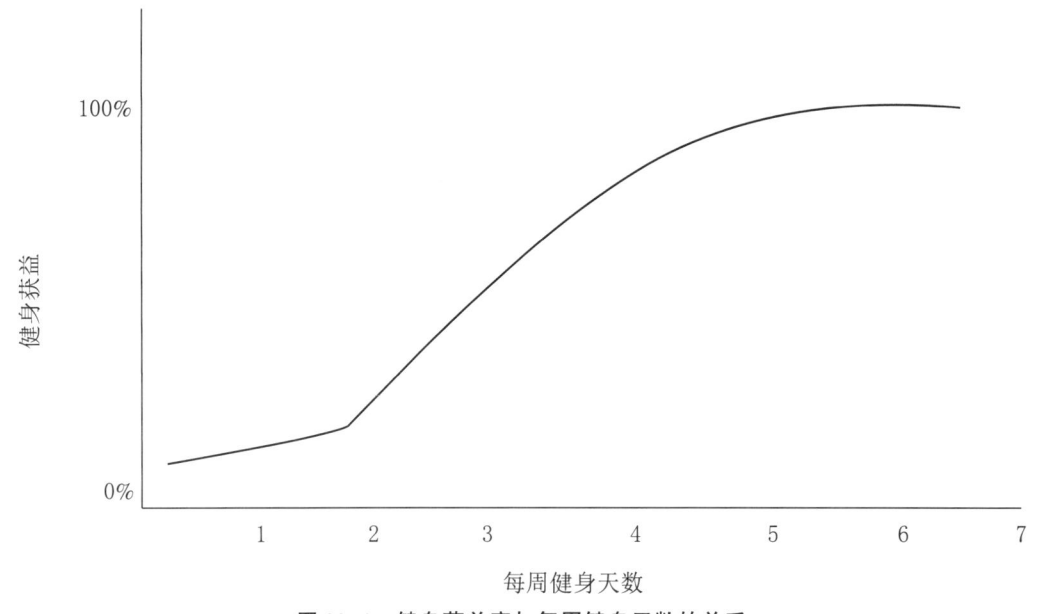

图 22-2 健身获益率与每周健身天数的关系

(五)运动总量

2018 年,美国卫生与公众服务部(HHS)发布了《美国人身体活动指南》(第 2 版),此指南为 6~17 岁的儿童青少年、健康成年人和老年人、特殊人群和慢性疾病人群提供了基于循证医学证据的建议,以安全、有效的身体活动来促进健康。

1. 6~17 岁儿童青少年运动量推荐

①有氧运动：每天 60min 或更长时间的中等或较大强度有氧运动，每周应该至少进行 3 天。

②肌肉力量练习：作为日常身体活动 60min 或更长时间的一部分，每周至少进行 3 天肌肉力量练习。

③骨强化活动：作为日常身体活动 60min 或更长时间的一部分，每周至少进行 3 天的骨强化活动。

2. 成年人运动健身推荐

①成年人应该全天处于多动少坐的状态，动则有益。成年人少坐并进行任何剂量中等到较大强度的运动均可获得一定的健康益处。

②成年人应该每周至少进行 150~300min 的中等强度有氧运动，或 75~150min 较大强度的有氧运动，或中等、较大强度有氧运动的等效组合，并将每周的有氧运动量分布在每周的大多数日子里。

③每周超过 300min 的中等强度身体活动，可获得额外的健康益处。

④成年人还应该每周进行 2 天或更多天、涉及全身主要肌群的中等或更高强度的肌肉力量练习，可获得更多的健康益处。

3. 老年人运动量推荐

①老年人应进行多种形式的身体活动，包括平衡练习、有氧运动和肌肉力量练习。

②老年人应确定相对于适合自己体适能水平的身体活动强度。

③患有慢性疾病的老年人应该了解他们的病情是否影响、如何影响他们安全进行规律的身体活动的能力。

④当老年人由于慢性疾病而不能完成每周 150min 中等强度的有氧运动时，他们应该在力所能及的条件下进行身体活动。

4. 慢性疾病及残障成年人运动量推荐

①患有慢性疾病或残疾的老年人，如果能够完成，应该每周至少 150~300min 的中等强度有氧运动，或 75~150min 较大强度的有氧运动，或中等、较大强度有氧运动的等效组合，并将每周的有氧运动量分布在每周的大多数日子里。

②患有慢性疾病或残疾的老年人，如果能够完成，应该每周进行 2 天或更多天、涉及全身主要肌群、中等或更高强度的肌肉力量练习，可获得更多的健康益处。

③当患有慢性疾病或残疾的成年人不能满足上述指南要点时，应根据自己的能力进行规律的身体活动，应该避免不进行活动。

（六）运动进阶

运动处方实施进阶取决于机体的健康状态、年龄、个人运动爱好和目的，以及机体对当前运动水平的耐受能力。对于健康成年人来说，运动处方的实施进阶应包括三个阶段，即起始阶段、提高阶段和维持阶段。

1. 起始阶段

起始阶段应该包括中低强度的有氧运动、小强度的肌肉耐力和柔韧性运动，这些运动不会产生明显的肌肉酸痛和不适感，并将运动损伤降到最低程度。此阶段的长短取决于运动者的适应程度，一般会持续3~4周。在起始阶段，每次运动的时间从15~20min开始逐渐延长至30min。参加中、低强度运动的个体应该每周运动3~4次。

应注意及早建立运动目标，这些目标必须是切实可行的，同时应该建立相应激励机制，以帮助运动者顺利完成此过程。

2. 提高阶段

此阶段的目标是通过逐渐增加的运动负荷刺激机体来明显提高健康体适能水平。该阶段运动强度逐渐增加，每2~3周逐渐增加运动持续时间，直至运动者能够连续以中等到较大强度运动30~60min。运动频率和运动强度的大小应根据运动者对运动项目的耐受程度而决定。一般而言，机能水平较低的个体、年龄较大的个体对运动的适应时间要长一些，通常提高阶段应持续5~6个月。

3. 维持阶段

此阶段的运动目标是维持提高阶段已经达到的健康体适能水平，通常是在运动开始后6~8个月。在该阶段，已经形成的运动习惯能够维持他们已经获得的健康状态。

三、注意事项

为保证运动安全、有效，应遵循运动处方的基本科学原理，按照一定程序、根据运动者的具体情况，提出运动时应当注意的事项。如运动时心率不应超过靶心率，对患有慢性疾病的患者注意监测疾病状态，进行肌肉力量练习时注意预防肌肉拉伤、骨折等意外事故。以治疗、康复为目的的运动处方，应指出禁忌参加的运动项目、运动中自我观察指征和停止运动的指征，重视做好准备活动和整理活动等，同时要让参加运动的人掌握和了解一些必要的体育卫生知识。例如，疾跑后不要立即停下来，以免由于重力性休克出现头晕或其他不适感觉；运动后不能立即吃生冷食物、不能马上游泳或洗澡等。高血压患者应注意运动前后血压监测、避免使血压剧烈升高的运动方式；糖尿病患者应注意运动前后的血糖监测、预防低血糖发生及现场低血糖急救的方法，运动时注意鞋袜合适等。

在运动处方的注意事项中，还应关注每日运动的时间段（即在每日早、中、晚何时进行运动、饭前还是饭后运动等）。应根据人的生物节律周期及日节律来合理安排运动的时间段。例如，高血压患者运动的时间段，白天比清晨要好，原因是人体血液流变学各项指标从20点至凌晨6点呈不同程度的上升趋势。其中血液黏度、红细胞压积和红细胞聚集指标呈线性上升，尤其零点至6点升高明显。这与临床资料显示的脑血栓发生在凌晨数小时内明显增多极为相关。在寒冷的冬天，由于早晨气温低，血压很容易升高，此时进行强度较大的运动可能会引起高血压患者脑出血。所以对中老年人及有慢性疾病的患者而言，选择运动的时间段非常重要。

◈ **【思考题】**

1. 简述运动对人体健康的生理学影响。
2. 简述制订运动处方各个要素的生理学基础。
3. 简述运动处方制订的基本流程和主要内容。
4. 简述心血管疾病危险因素的评估方法和标准。

(北京体育大学　王　艳)

参考文献

[1] 王瑞元,苏全生. 运动生理学 [M]. 北京:人民体育出版社社,2011.

[2] 威尔莫尔,科斯蒂尔,凯尼. 运动生理学 [M]. 王瑞元,汪军,译. 北京:北京体育大学出版社,2011.

[3] 坎德尔,施瓦茨,杰塞尔. 神经科学原理 [M]. 5版. 北京:机械工业出版社,2013.

[4] Grech R, Cassar T, Muscat J, et al. Review on solving the inverse problem in EEG source analysis [J]. J Neuroeng Rehabil, 2008 (5):25.

[5] Siemionow V, Yue G H, Ranganathan VK, et al. Relationship between motor activity-related cortical potential and voluntary muscle activation [J]. Experimental Brain Research, 2000, 133 (3):303-311.

[6] Schmidt RA, Lee TD. Motor Learning and Performance-5th Edition:From Principles to Application [M]. Champaign IL:Human Kinetics, 2013.

[7] 张英波. 运动技能学理论与实践 [M]. 北京:高等教育出版社,2012.

[8] 邓树勋,王健,乔德才. 运动生理学 [M]. 北京:高等教育出版社,2015

[9] Flaherty G, O'Connor R, Johnston N. Altitude training for elite endurance athletes:A review for the travel medicine practitioner [J]. Travel Med Infect Dis, 2016, 14 (3):200-211.

[10] Ranković G, Radovanović D. Physiological aspects of altitude training and the use of altitude simulators [J]. Srp Arh Celok Lek, 2005, 133 (5-6):307-311.

[11] 赵杰修,张漓,路瑛丽,等. 高原(低氧)和高温环境下运动训练生理生化监控研究进展 [J]. 中国运动医学杂志,2016, 35 (12):1165-1171.

[12] 徐旻霄,吴赵昭,赵杰修. 预冷对高温环境下运动能力调节的研究进展 [J]. 中国运动医学杂志,2014, 33 (11):1109-1118.

[13] Hitoshi W, Juha O, Michael J. Exercise performance in acute and chronic cold exposure [J]. J Phys Fitness Sports Med, 2015, 4 (2):177-185.

[14] 钟国徽,凌树宽,李英贤. 失重/模拟失重条件下心肌萎缩的发生机制 [J]. 生理学报,2016, 68 (2):194-200.

[15] 张铭. 冬泳对人体健康影响的研究进展 [J]. 体育与科学,2011, 32 (5):100-103.

[16] Carl P Gabbard. Lifelongmotor development [M]. 7 th ed. Amsterdam:Lippincott Williams & Wilkins, 2016.

[17] V Gregory Payne, Larry D Isaacs. Humanmotor development a lifespan approach [M]. 8 th ed. New York: McGraw-Hill Education, 2011.

[18] 王庭槐. 生理学 [M]. 3 版. 北京: 高等教育出版社, 2015.

[19] Powers SK, Howley ET. Exercisephysiology: theory and application to fitness and performances [J]. Medicine & Science in Sports & Exercise, 1995, 27 (3): 466.